Les régions du guide :
(voir la carte à l'intérieur de la couverture ci-contre)

Pays de la Loire

Collection Le Guide Vert sous la responsabilité d'Anne Teffo

Édition
Françoise Rault, Nicolas Peyroles, Chloé Tassel

Rédaction
Cécile Bouché-Gall, Béatrice Brillion, Lionel Crooson, Léa Delpont, Anne Duquénoy, Florent Gaillard, Isabelle Gaudino, Christine Gelot-Bray, Laurent Gontier, Thierry Guidet, Françoise Klingen, Aymar de la Bretesche, Anne-France Mattlet, Véronique Molin, Aulde Moreau, Sybille d'Oiron, Philippe Orain, Nicolas Peyroles, Emmanuelle Souty, Thierry Théault, Mai Tran, Magali Triano, Amaury de Valroger

Cartographie
Michèle Cana, Géraldine Deplante, Aurore Colombani, Stéphane Anton, Leonard Pandrea, Augustin Ciuraru, Severin Vlad

Relecture
Marion N. Enguehard

Remerciements
Mathieu Bourdenet, Didier Broussard, Marie-France Dupas, Sonia Lambert, Kumemi Richard, Delphine Storelli

Ce guide a été réalisé en partenariat avec la Société Publique Régionale, agence régionale de développement économique, pour le compte de la région des Pays de la Loire.

Conception graphique
Christelle Le Déan

Régie publicitaire et partenariats
michelin-cartesetguides-btob@fr.michelin.com
Le contenu des pages de publicité insérées dans ce guide n'engage que la responsabilité des annonceurs.

Contacts
Michelin
Guides Touristiques
27 cours de l'Île-Seguin, 92100 Boulogne-Billancourt
Service consommateurs : tourisme@tp.michelin.com
Boutique en ligne : www.michelin-boutique.com

Parution 2012

Note au lecteur
Michelin a apporté le plus grand soin à la rédaction de ce guide et à sa vérification. Toutefois, les informations pratiques (formalités administratives, prix, adresses, numéros de téléphone, adresses Internet...) doivent être considérées comme des indications du fait de l'évolution constante de ces données.
Il n'est pas totalement exclu que certaines d'entre elles ne soient plus, à la date de parution du guide, tout à fait exactes ou exhaustives. N'hésitez pas à nous signaler toute omission ou inexactitude que vous pourriez constater, ainsi qu'à nous faire part de vos avis et suggestions sur les adresses contenues dans ce guide.
Avant d'entamer toute démarche, formalités administratives ou douanières notamment, vous êtes invité à vous renseigner auprès des organismes officiels. Ces informations ne sauraient, de ce fait, engager notre responsabilité.

Le Guide Vert, mode d'emploi

Le Guide Vert, un guide en 3 parties

- **Organiser son voyage :** les informations pratiques pour préparer et profiter de son séjour sur place
- **Comprendre la destination :** les thématiques pour enrichir son voyage
- **Découvrir la destination :** un découpage en **régions**

(voir carte générale dans le 1er rabat de couverture et sommaire p. 1)

En ouverture de chaque **région**, retrouvez un sommaire et une **carte** qui indiquent :

- les villes et sites traités dans le chapitre
- les circuits conseillés

Pour chaque chapitre, consultez « **Nos adresses...** » :

- des informations pratiques
- des établissements classés par catégories de prix
- des lieux où boire un verre
- des activités à faire en journée ou en soirée
- un agenda des grands événements de l'année

En fin de guide

- un **index général** des lieux et thèmes traités
- un **index** des cartes et plans du guide
- la légende des symboles du guide
- la liste de nos publications

Et en complément de notre guide

- Créez votre voyage sur **Voyage.ViaMichelin.fr**

Sommaire

1/ ORGANISER SON VOYAGE

2/ COMPRENDRE LES PAYS DE LA LOIRE

3/ DÉCOUVRIR LES PAYS DE LA LOIRE

1 NANTES ET LE NORD DE L'ESTUAIRE

2 AU SUD DE L'ESTUAIRE DE LA LOIRE

3 LE LITTORAL VENDÉEN

4 MARAIS POITEVIN ET BOCAGE VENDÉEN

5 ANGERS, L'ANJOU BLEU ET LES MAUGES

6 LE SAUMUROIS ET LE BAUGEOIS

7 LAVAL ET LE SUD DE LA MAYENNE

8 LA HAUTE MAYENNE ET LE PAYS DES COËVRONS

9 LE MANS ET LA VALLÉE DE LA SARTHE

10 LA VALLÉE DU LOIR

1/ ORGANISER SON VOYAGE

Venir dans les Pays de la Loire

Par la route

LES GRANDS AXES

L'A 10 puis l'A 11 (l'Océane), depuis Paris, permettent de rejoindre Le Mans en 2h20, Angers en 3h15 et Nantes en moins de 4h30. L'A 81 dessert Laval, l'A 85 Angers et l'A 87, Cholet et La Roche-sur-Yon. L'A 83 longe le Marais poitevin (Fontenay-le-Comte), situé à 1h25 au sud de Nantes.

INFORMATIONS AUTOROUTIÈRES

Informations autoroutières – ✆ 0 892 681 077 - www.autoroutes.fr.

LES CARTES MICHELIN

Cartes Départements – **310** (Mayenne, Orne, Sarthe), **316** (Loire-Atlantique, Vendée) et **317** (Indre-et-Loire, Maine-et-Loire)
Carte Région 517 (Pays-de-la-Loire)
Carte de France nº 721.
Carte Michelin 726 (grands circuits, temps de parcours, circuits de dégagement, prévisions de circulation, radars)
En ligne : calcul d'itinéraires sur **www.ViaMichelin.fr**.

COVOITURAGE

www.123envoiture.com
www.covoiturage.fr

En train

LE RÉSEAU GRANDES LIGNES

Le TGV relie **Paris-Montparnasse** à **Nantes** en 2h *via* Le Mans (55mn) et Angers (1h46). À Nantes, certains

DISTANCES	Bordeaux	Lille	Lyon	Marseille	Paris	Strasbourg
Angers	384	513	589	920	297	775
Cholet	322	574	669	969	358	837
Laval	469	500	702	978	284	762
Le Mans	427	425	628	887	209	687
Nantes	334	602	666	970	385	863
La Roche-sur-Yon	283	639	658	917	423	901
Les Sables-d'Olonne	321	676	696	955	460	939
Saumur	335	538	533	864	322	800
St-Nazaire	400	656	750	1050	439	918

DISTANCES RÉGIONALES EN KM	Angers	Laval	Le Mans	Nantes	Les Sables-d'Olonne	Saumur
Angers		86	96	88	167	67
Laval	86		86	139	255	147
Le Mans	96	86		186	263	122
Nantes	88	139	186		104	156
Les S.-d'Olonne	167	255	263	104		175
Saumur	67	147	122	156	175	

trains poursuivent jusqu'au Croisic *via* St-Nazaire et La Baule, ou vers La Roche-sur-Yon et Les Sables-d'Olonne.

Informations et réservations – ✆ 3635 (0,34 €/mn) - www.voyages-sncf.com - réserver un voyage : ✆ 0 892 335 335 (0,34 €/mn) - suivre sa commande : ✆ 09 70 81 00 35.

Bon à savoir – Échange ou remboursement gratuit jusqu'à la veille du départ. Le jour même, une retenue est imposée. Au-delà, aucun échange ou remboursement.

LES TRAINS EXPRESS RÉGIONAUX

Les **TER** et lignes d'**autocars** sillonnent la région au départ des villes principales.

Informations et réservations sur le réseau régional – ✆ 3635 (0,34 €/mn) ou 0 810 324 324 (0,23 €/mn) - www.ter-sncf.com/pays_de_la_loire.

En avion

LES COMPAGNIES AÉRIENNES

Plus de 70 villes d'Europe, d'Amérique et du Maghreb sont reliées à Nantes par vols directs.

Air France – ✆ 3654 (0,34 €/mn) - www.airfrance.fr. La compagnie dessert Nantes depuis une quinz. de villes de France métropolitaine et d'Outre-Mer.

TGV Air – Possibilité de pré ou post-acheminement sur les vols internationaux atterrissant à Roissy ou Orly : billet d'avion comprenant la correspondance TGV directe. ✆ 3654 - www.airfrance.fr.

Ryanair – ✆ 0 892 232 375 (0,34 €/mn) - www.ryanair.com. Liaisons avec Marseille et les îles britanniques.

Easyjet – ✆ 0 820 420 315 (0,12 €/mn) - www.easyjet.com. Vols au départ de Nantes à destination de Toulouse, Lyon, Genève, Bâle - Mulhouse et Londres.

LES AÉROPORTS DE LA RÉGION

Aéroport Nantes Atlantique – CCI - 44345 Bouguenais Cedex - ✆ 02 40 84 80 00 (24h/24) - www.nantes.aeroport.fr.

Angers-Loire-Aéroport – 49140 Marcé - ✆ 02 41 33 50 20 - www.angersloireaeroport.fr - 25 km au nord-ouest d'Angers.

LES BONS PLANS

Sur le Net, notamment :
www.airfrance.fr
www.lastminute.com
www.opodo.fr
www.anyway.com
www.voyagermoinscher.com
www.belvedair.com
www.govoyages.fr
www.easyjet.com
www.voyages-sncf.com

Avant de partir

Météo

Services téléphoniques de Météo France
Composer le ✆ **3250** suivi de :
1 – météo d'une commune, d'un département ou de l'outre-mer ;
2 – météo du prochain w.-end ;
3 – météo activités bord de mer et navigation ;
4 – météo montagne ;
5 – météo des routes.
Accès direct aux prévisions du département – ✆ **0 892 68 02** (0,34 €/mn).
En ligne : **www.meteo.fr**.
Prévisions pour l'aviation ultralégère (vol libre et vol à voile) – ✆ 892 681 014 (0,34 €/mn) - www.meteo.fr.

LE CLIMAT

La région bénéficie dans son ensemble d'un climat océanique, caractérisé par la faiblesse des amplitudes saisonnières, qui limite les rigueurs hivernales et les grosses chaleurs d'été. Le ciel ne s'obscurcit jamais bien longtemps, car le vent d'ouest chasse les nuages. Les averses sont régulières et franches (650 à 700 mm par an). On relève toutefois quelques contrastes entre les zones intérieures (val de Loire, Perche sarthois), moins tempérées, et les littoraux, soumis aux embruns. De même, sur le littoral, le climat de la Vendée se distingue de celui de la Loire-Atlantique, qui se rattache peu ou prou au climat breton. Dans toute la zone littorale, notez l'influence des marées : le temps peut changer avec elles, et les périodes de grandes marées s'accompagner de pluie. Le vent est une constante importante, particulièrement dans les îles, et, sur la côte, on compte en moyenne deux ou trois épisodes de vent fort par an.

ÉTÉ

Les températures sont clémentes et rarement caniculaires, en tout cas sur les côtes, où la brise marine rafraîchit constamment le littoral, et dans le nord de la région. L'Anjou, en revanche, peut subir localement des vagues de chaleur, atténuées le soir par des ondées.
Le nombre de jours de pluie est à son minimum en juillet, tandis que la température de l'eau atteint son point culminant au mois d'août.

PRINTEMPS ET AUTOMNE

C'est l'époque des grandes marées, toujours spectaculaires, qui permettent d'éviter au mauvais temps de s'installer trop durablement. Les éclaircies subliment alors l'arrière-pays qui se pare de mauve et de rose.

HIVER

La saison est caractérisée par des températures assez clémentes (de 4 à 5 °C en moyenne) et des neiges rares. Des tempêtes peuvent survenir sur les côtes tandis que des brouillards inondent parfois les terres à l'aube ou au crépuscule.

LES MARÉES

Vous trouverez les horaires et les coefficients des marées dans la presse locale et dans les offices de tourisme ainsi que sur les sites www.horaire-maree.fr et http://maree.frbateaux.net.

La Loire à Vélo

un parcours unique

Crédit photos : Mauves-sur-Loire © J.M. Mouchet / Nantes © J.D. Billaud Nautilus

EuroVelo 6 · UNESCO · Val de Loire entre Sully-sur-Loire et Chalonnes inscrit sur la Liste du patrimoine mondial en 2000

La Loire à Vélo · Région Centre · Région Pays de la Loire

www.loire-a-velo.fr

Coefficient de marée : proportionnel à l'amplitude de la marée, il s'exprime en centièmes.	
Coef. 120	Marée exceptionnelle de vive-eau ;
Coef. 95	Marée moyenne de vive-eau ;
Coef. 70	Marée moyenne ;
Coef. 45	Marée moyenne de morte-eau ;
Coef. 20	Marée la plus faible de morte-eau.

Adresses utiles

LES INSTITUTIONS

Société publique régionale des Pays de la Loire – 1 pl. de la Galarne - BP 80221 - 44202 Nantes Cedex 2 - ✆ 02 40 89 89 89 - www.enpaysdelaloire.com.

Comités départementaux de tourisme

Loire-Atlantique – 11 r. du Château-de-l'Eraudière et 6 allée Brancas (vitrine touristique départementale) - BP 20502 - 44005 Nantes Cedex 1 - ✆ 02 51 72 95 40 - www.loire-atlantique-tourisme.com, www.ohlaloireatlantique.com.
Vendée – 8 pl. Napoléon - BP 233 - 85006 La Roche-sur-Yon Cedex - ✆ 02 51 47 88 20 - www.vendee-tourisme.com.
Anjou (Maine-et-Loire) – Pl. du Prés.-Kennedy - BP 32147 - 49021 Angers Cedex 02 - ✆ 02 41 23 51 51 - www.anjou-tourisme.com.
Mayenne – 84 av. Robert-Buron - BP 0325 - 53003 Laval Cedex - ✆ 02 43 53 18 18 - www.tourisme-mayenne.com et www.reservation-mayenne.com.
Sarthe – 31 r. Edgar-Brandt, ZA de Monthéard - 72000 Le Mans - ✆ 02 43 40 22 50 - www.tourisme-en-sarthe.com.

Offices de tourisme

Vous trouverez les adresses des offices de tourisme au fil des rubriques « S'informer » de la partie « Découvrir la région ».
Une mine d'information pour faire du tourisme en France sur : **www.franceguide.com**.

TOURISME DES PERSONNES HANDICAPÉES

Le symbole ♿ signale les sites accessibles aux personnes à **mobilité réduite**. Il est recommandé d'appeler avant tout déplacement.

Accessibilité des infrastructures touristiques

Sites labellisés **Tourisme et Handicap** : www.franceguide.com rubrique « Voyageurs », puis « Tourisme et Handicap ».
Association Tourisme et Handicaps – 43 r. Max-Dormoy - 75018 Paris - ✆ 01 44 11 10 41 - www.tourisme-handicaps.org.
Association des paralysés de France – Direction de la Communication - 17 bd Auguste-Blanqui - 75013 Paris - www.apf.asso.fr.
Le site **http://museofile.culture.fr** répertorie nombre de musées accessibles aux personnes atteintes de handicaps moteurs ou sensoriels.

Accessibilité des transports

Train – Un guide gratuit *Mobilité réduite* est disponible dans les gares et boutiques SNCF.
SNCF Accès Plus – ✆ 0 890 640 650 (0,11 €/mn, 7h-22h) - www.accessibilite.sncf.fr. Service gratuit facilitant le voyage des personnes handicapées, disponible sur réservation 48h avant le départ dans 350 gares de France.
Avion – Air France propose aux personnes handicapées le service d'**assistance Saphir** - ✆ 0820 01 24 24 (0,12 €/mn) - www.airfrance.fr.

Se loger

Retrouvez notre sélection d'hébergements dans « Nos adresses à… » situées en fin de description des principaux sites de la partie « Découvrir ».

Bon à savoir – Les comités départementaux de tourisme et certains offices de tourisme proposent un service de réservation en ligne, mais aussi parfois des formules thématiques de courts séjours et des offres promotionnelles.

NOTRE SÉLECTION

Hôtel ou chambre d'hôte, à vous de choisir ! Pour vous aider, nous vous fournissons une **fourchette de prix** *(voir tableau ci-dessous)* : pour l'hébergement, les prix communiqués correspondent aux tarifs minimum et maximum d'une chambre double, en **haute saison**.

Pour compléter : **Le Guide Michelin France** et le **Guide Camping Michelin France**, qui propose tous les ans une sélection de terrains visités par nos inspecteurs.

Adeptes du camping-car, prévoyez vos étapes dans les campings ou sur les aires de service adaptées : www.france-guide.com, www.camping-car.org.

LES SERVICES DE RÉSERVATION

Réseau national des destinations départementales (RN2D) – 74-76 r. de Bercy - 75012 Paris - ✆ 01 44 11 10 20 - www.destination-france.net. Regroupant les agences départementales de réservation, il propose des hôtels et chambres d'hôtes, mais aussi des hébergements locatifs labellisés (Gîtes de France, Clévacances…) et des courts séjours thématiques.

Fédération nationale Clévacances – 54 bd de l'Embouchure - BP 52166 - 31022 Toulouse Cedex - ✆ 05 61 13 55 66 - www.clevacances.com. Locations de vacances ou chambres d'hôtes.

HÉBERGEMENT RURAL

Maison des Gîtes de France et du Tourisme vert – 59 r. St-Lazare - 75439 Paris Cedex 09 - ✆ 01 49 70 75 75 - www.gites-de-france.com.

Fédération des Stations vertes de vacances – BP 71698 - 21016 Dijon Cedex - ✆ 03 80 54 10 50 - www.stationverte.com. Parmi les 33 villes et sites de la région portant ce label : Saint-Michel-Chef-Chef en Loire-Atlantique, Montreuil-Bellay en Anjou, Ste-Suzanne en Mayenne, Sillé-le-Guillaume dans la Sarthe et Talmont-St-Hilaire en Vendée.

Pour les randonneurs

www.gites-refuges.com.

Bienvenue à la ferme – Guide édité par l'Assemblée permanente des chambres d'agriculture (9 av. George-V - 75008 Paris - ✆ 01 53 57 11 44 - www.bienvenue-a-la-ferme.com).

NOS CATÉGORIES DE PRIX				
	Hébergement		Restauration	
	Province	Grandes villes	Province	Grandes villes
Premier prix	jusqu'à 45 €	jusqu'à 65 €	jusqu'à 14 €	jusqu'à 16 €
Budget moyen	plus de 45 € à 65 €	plus de 65 € à 100 €	plus de 14 € à 25 €	plus de 16 € à 30 €
Pour se faire plaisir	plus de 65 € à 100 €	plus de 100 € à 160 €	plus de 25 € à 40 €	plus de 30 € à 50 €
Une folie	plus de 100 €	plus de 160 €	plus de 40 €	plus de 50 €

Les auberges de jeunesse

Ligue française pour les auberges de jeunesse – 67 r. Vergniaud - bâtiment K - 75013 Paris - ✆ 01 44 16 78 78 - www.auberges-de-jeunesse.com.

Fédération unie des auberges de jeunesse (FUAJ) – Centre national - 27 r. Pajol - 75018 Paris - ✆ 01 44 89 87 27 - www.fuaj.org.

POUR DÉPANNER

Les chaînes hôtelières

À moins de 50 € la chambre double, l'hôtellerie dite « économique » peut rendre service. Souvent à proximité des grands axes routiers, ces établissements n'assurent pas de restauration.

Centrales de réservation des principales chaînes hôtelières :

B & B – ✆ 0 892 78 29 29 (0,34 €/mn) - www.hotel-bb.com.

Etap Hôtel – ✆ 0 892 688 900 (0,34 €/mn) - www.etaphotel.com.

Campanile – www.campanile.fr.

Kyriad – ✆ 0 825 003 003 (0,15 €/mn) - www.kyriad.fr.

Ibis – ✆ 0 825 882 222 (0,15 €/mn) - www.ibishotel.com.

HÉBERGEMENT EN CHÂTEAUX

Pour entamer (ou achever) la visite des châteaux de la Loire :

Château de Brissac – 49320 Brissac-Quincé - ✆ 02 41 91 22 21 - M. et Mme Charles-André de Brissac - 2 ch. et 2 suites - avr.-oct. - www.chateau-brissac.fr.

Château de Verrières – 53 r. d'Alsace - 49400 Saumur - ✆ 02 41 38 05 15 - Yolaine de Valbray-Auger - 9 ch. et 1 suite - fermeture occasionnelle pour travaux - www.chateau-verrieres.com.

Château des Briottières – 49330 Champigné - ✆ 02 41 42 00 02 - Hedwige et François de Valbray - 11 ch. et 1 appart. - www.briottieres.com.

Château de la Montchevalleraie – 49500 Aviré - ✆ 02 41 61 32 24 - Christian Boulmant-Nomballais - 2 ch. dont 1 suite - mai-sept - www.chateaulamontchevalleraie.com.

Château de la Morinière – 49600 Andrezé - ✆ 06 03 02 55 16 - Pascal Pringarbe - 3 ch. et 1 suite - www.chateau-de-la-moriniere.com.

Château de Craon – 53400 Craon - ✆ 02 43 06 11 02 - M. et Mme Loïk de Guébriant - 5 ch. et 1 suite - de mi-mars à mi-nov. - www.chateaudecraon.com.

Château de Mirvault – 53200 Château-Gontier - ✆ 02 43 07 10 82 - Brigitte et François d'Ambrières - 1 ch. et 1 suite - http://chateau.mirvault.chez-alice.fr.

Château de Saint-Paterne – 4 r. de la Gaité - 72610 Saint-Paterne - ✆ 02 33 27 54 71 - Ségolène et Charles-Henry de Valbray - 4 ch. et 6 suites - fermé janv.-fév. - www.chateau-saintpaterne.com.

Château de la Volonière – 49 r. Principale - 72340 Poncé-sur-Loire - ✆ 02 43 79 68 16 - Claude Becquelin - 4 ch., 1 suite et 2 appart. - http://chateaudelavoloniere.com.

Château de Beauchamps – 72400 Villaines-la-Gonais - ✆ 02 43 71 78 23 - Jacqueline et Roger Bodiguian - 3 ch. et 4 suites.

Château de Monhoudou – 72260 Monhoudou - ✆ 02 43 97 40 05 - M. et Mme Michel de Monhoudou - 5 ch. - www.monhoudou.com.

Château de Vaulogé – 72430 Fercé-sur-Sarthe - ✆ 02 43 77 32 81 - Marisa Radini - 1 ch. et 4 suites - www.vauloge.com.

Consultez également le Guide Vert Châteaux de la Loire.

Se restaurer

Retrouvez notre sélection de restaurants dans « Nos adresses à… » de la partie Découvrir.

NOTRE SÉLECTION

Pour répondre à toutes les envies, nous avons sélectionné des **restaurants** régionaux bien sûr, mais aussi classiques, exotiques ou à thème… et des lieux plus simples, pour manger sur le pouce.
Pour vous aider, nous vous communiquons une **fourchette de prix** *(voir tableau p. 13)* : les prix mentionnés correspondent aux tarifs minimum et maximum des menus proposés sur place.
Voir aussi **Le Guide Michelin France** et le réseau des **fermes-auberges** (www.bienvenue-a-la-ferme.com).

LES LABELS

Sites remarquables du goût

Label attribué à des sites dont la richesse gastronomique s'appuie sur des produits de qualité dans un environnement culturel et touristique intéressant. Dans ce guide : la **distillerie Cointreau** à St-Barthélémy-d'Anjou, pour sa liqueur d'orange, **Guérande** en Bretagne sud pour son sel, les marais salants et la plaine agricole de **Noirmoutier** (sel et pomme de terre iodée, cultivée sur goémon) et enfin **St-Gilles-Croix-de-Vie** (pêche et mise en conserve de la sardine). En ligne : www.sitesremarquablesdugout.com.

Autres labels

Les **Assiettes de terroir** en Sud-Vendée : www.sudvendeetourisme.com.
Les **Villes de terroir** (Cholet, dans ce guide) : leur offices de tourisme mettent l'accent sur des circuits originaux et des parcours de découverte hors des sentiers battus. www.villes-de-terroir.com.

Sur place de A à Z

Les **comités départementaux** et **comités régionaux** de tourisme *(voir p. 12)* mettent à votre disposition de nombreuses documentations.

Pour trouver d'autres adresses de prestataires, reportez-vous aux rubriques « Visite » et « Activités » dans « Nos adresses à… » de la partie « Découvrir ».

AÉRIEN

Toute l'année, en fonction de la météo, on peut survoler la région en ULM, planeur, hélicoptère, monomoteur à ailes hautes et en montgolfière.

N'oubliez pas de consulter la météo avant de partir en vol.

ULM

Fédération française de planeur ultraléger motorisé – 96 bis r. Marc-Sangnier - 94704 Maisons-Alfort Cedex - 01 49 81 74 43 - www.ffplum.com.

Vol libre

Fédération française de vol libre (deltaplane et parapente) – 4 r. de Suisse - 06000 Nice - 04 97 03 82 82 - http://federation.ffvl.fr.

Vol à voile

Les écoles de pilotage, généralement situées sur les aérodromes, proposent des baptêmes de l'air, des vols et des cours de pilotage (vols en biplace, planeur, vol à voile, etc.).

Fédération française de vol à voile – 29 r. de Sèvres - 75006 Paris - 01 45 44 04 78 - www.ffvv.org.

Hélicoptère

Idéal pour admirer l'estuaire de la Loire et les îles vendéennes.

Pornichet – Jet Systems Hélicoptères - Port de Plaisance de Pornichet - 0820 820 698 et 06 13 60 22 92- www.jet-systems.fr.

La Baule – Aérozais - Aérodrome La Baule-Escoublac - 06 07 25 84 16 - www.aerozais.com.

Île d'Yeu – Oya Vendée Hélicoptères - 5 rue Gabriel Guist'hau - 02 51 59 22 22 - www.oya-helico.com. Circuits touristiques et vols réguliers au départ de Fromentine pour l'île d'Yeu.

Ballons et montgolfières

Au plaisir de découvrir d'en haut (et sans bruit de moteur!) la vallée de la Loire, l'agglomération nantaise ou encore le bocage vendéen, s'ajoute le charme suranné des voyages en ballon.
Le décollage a lieu, en général, au petit matin ou en fin de soirée. Les vols proprement dits durent de 1h à 1h30, mais il faut pratiquement tripler ce temps pour tenir compte de la préparation du vol, des aléas du vent, du temps de rapatriement par le véhicule de récupération qui suit en permanence la progression de l'engin.

Comité régional du tourisme des Pays de la Loire – www.enpaysdelaloire.com. Liste des clubs disponible sur le site Internet rubrique « À faire, à pratiquer ».

BAIGNADE

En mer

De la presqu'île de Guérande au marais maritime, les plages de sable fin ne manquent pas dans les Pays de la Loire. Près d'une cinquantaine sont labélisées « Pavillon Bleu », garantissant la qualité des eaux de baignade.

En lac et en rivière

Certaines rivières et plans d'eau peuvent être accessibles à la baignade. Pour les connaître, renseignez-vous auprès des offices de tourisme locaux, mentionnés au fil des rubriques « S'informer » de la partie « Découvrir ».

CANOË-KAYAK

Les cours d'eau de la région sont idéaux pour s'initier au canoë-kayak. Sur la côte vendéenne et la presqu'île de Guérande, essayez le kayak de mer.

Fédération française de canoë-kayak (FFCK) – 87 quai de la Marne - BP 58 - 94344 Joinville-le-Pont Cedex - ✆ 01 45 11 08 50 - www.ffck.org. La Fédération édite avec le concours de l'IGN une carte, « Les rivières de France », avec tous les cours d'eau praticables.

Comité régional Pays de la Loire Canoë-kayak – 75 av. du Lac-de-Maine - 49000 Angers - ✆ 02 41 73 86 10 - www.canoekayakpaysdelaloire.fr Guides et textes réglementaires accessibles sur www.ffck.org (rubrique « sites de pratique »).

CHAR À VOILE ET SPEED-SAIL

Ces disciplines se pratiquent de septembre à juin à marée basse, quand la mer laisse une large surface de sable mouillé. Renseignements auprès des offices départementaux de tourisme *(voir p. 12)*.

Fédération française de char à voile – 17 r. Henri-Bocquillon - 75015 Paris - ✆ 01 45 58 75 75 - www.ffcv.org.

CHASSE

Fédération nationale des chasseurs – 13 r. du Gén.-Leclerc - 92136 Issy-les-Moulineaux Cedex - ✆ 01 41 09 65 10 - www.unfdc.com.

GOLF

Les comités régionaux du tourisme éditent une plaquette répertoriant la plupart des clubs de leur région.

Fédération française de golf – 68 r. Anatole-France - 92309 Levallois-Perret Cedex - ✆ 01 41 49 77 00 ou 0 892 691 818 - www.ffgolf.org.

Ligue de golf des Pays-de-la-Loire – 9 r. du Couëdic - 44000 Nantes - ✆ 02 40 08 05 06 - www.ligue-golf-paysdelaloire.asso.fr. Liste des golfs, détail des parcours et des tarifs.

NATURE ET ENVIRONNEMENT

Les marais, la forêt, le bocage vendéen, les tourbières, l'observation des oiseaux, les jardins sauvages ou paysagers : voici quelques-uns des centres d'intérêt variés que recèle la région.

Parc naturels

Parc interrégional du Marais poitevin – 2 r. de l'Église - 79510 Coulon - ✆ 05 49 35 15 20 - www.parc-marais-poitevin.fr.

Parc naturel régional de Brière – 177 île de Fédrun - Maison du parc 44720 Saint-Joachim - ✆ 02 40 91 68 68 - www.parc-naturel-briere.fr.

Parc naturel régional Loire – Anjou-Touraine – Maison du Parc - 15 av. de la Loire - 49730 Montsoreau - ✆ 02 41 38 38 88 - www.parc-loire-anjou-touraine.fr.

Parc naturel régional Normandie-Maine – Maison du Parc - 61320 Carrouges - ✆ 02 33 81 75 75 - www.parc-naturel-normandie-maine.fr.

jardins et parcs

Label « Jardin remarquable » – Depuis 2003, ce label est attribué chaque année par le ministère de la Culture. www.parcsetjardins.fr.

Oiseaux

Et si vous profitiez de votre séjour pour les observer ? Plusieurs organismes et Maisons de la nature vous fourniront de précieux conseils.

La **Ligue pour la protection des oiseaux** sauvages et de leur environnement – LPO Anjou ✆ 02 41 44 44 22 - LPO Loire-Atl. ✆ 02 51 82 02 97 - LPO Sarthe ✆ 02 43 85 96 65 - LPO Vendée ✆ 02 51 46 21 91 - Mayenne Nature Environnement ✆ 02 43 02 97 56

La LPO propose toute l'année visites guidées, séjours-conférences, expositions, croisières sur la Loire et sur l'Erdre. Si vous découvrez un oiseau blessé, contactez la LPO qui vous orientera vers le centre de sauvegarde de la faune sauvage le plus proche.

NAVIGATION

Tourisme fluvial

La navigation en **bateau habitable** se pratique sur :

la **Loire**, 84 km d'Angers à Nantes ;

la **Maine**, 8 km (au confluent de la Mayenne et de la Sarthe) ;

la **Mayenne**, 131 km entre Mayenne (la ville) et la Maine ;

l'**Oudon**, 18 km entre Segré et Le Lion-d'Angers ;

la **Sarthe**, 136 km entre Le Mans et la Maine ;

l'**Erdre**, 22 km, de Nort-sur-Erdre à Nantes ;

le **canal de Nantes à Brest**, ouvrage exceptionnel de 360 km, dont 67 km (et 17 écluses) en Loire-Atlantique.

Cet ensemble navigable place la région parmi les grands bassins français. Les bateaux se conduisent sans permis ; ils peuvent accueillir de 2 à 12 personnes dans un espace de vie convivial, pour une découverte en famille du patrimoine culturel, naturel et gastronomique de la région.

Sur le canal de Nantes à Brest, deux bases fluviales :

- Sucé-sur-Erdre - ✆ 02 40 77 79 51 ;
- Nort-sur-Erdre - ✆ 02 40 72 25 92.

Sur la Sarthe, la Mayenne, l'Oudon et la Maine, quatre bases fluviales :

- Angers - ✆ 02 41 79 31 69 ;
- Daon - ✆ 02 43 06 90 31 ;
- Chenillé-Changé - ✆ 02 41 95 10 83 ;
- Sablé-sur-Sarthe - ✆ 02 43 95 14 42.

Il est possible de naviguer toute l'année. Toutefois, avant de choisir son itinéraire et la période de navigation, il faut se renseigner sur les « écourues » (tronçons fermés pour travaux, généralement pendant l'arrière-saison, du 15 sept. au 30 oct.), sur les écluses (elles peuvent être fermées à certaines heures), il faut savoir que la vitesse de croisière est de 6 à 8 km/h et, enfin, être averti que la navigation de nuit est interdite.

Voir nos adresses de prestataires dans les rubriques « Activités » de *Nos adresses* (partie « Découvrir »).

Plaisance

La côte et l'estuaire comptent beaucoup de grands et petits ports de plaisance comme, par exemple, Les Sables-d'Olonne, Saint-Gilles-Croix-de-Vie, Noirmoutier-en-l'Île, Pornic, Nantes-Trentemoult et Nantes-Erdre.

Pensez à réserver vos anneaux bien en avance, car les ports affichent souvent complet.

Fédération française des ports de plaisance – 17 r. Henri-Bocquillon - 75015 Paris - ✆ 01 43 35 26 26 - www.ffports-plaisance.com. Cette fédération regroupe la majorité des ports de plaisance maritimes, lacustres et fluviaux français.

Voile et vieux gréements

Les côtes de Vendée et de Loire-Atlantique attirent de nombreux véliplanchistes. La planche à voile se pratique aussi sur les lacs à l'intérieur des terres. Ce sport est affilié à la Fédération française de voile.

Fédération française de voile – 17 r. Henri-Bocquillon - 75015 Paris - ✆ 01 40 60 37 00 - www.ffvoile.org.

France Station Nautique – 17 r. Henri-Bocquillon - 75015 Paris - ✆ 01 44 05 96 55 - www.station-nautisme.com.
Il est possible d'embarquer pour une demi-journée, une journée, un w.-end ou le temps d'une longue croisière sur un vieux gréement. Tout au long de ce guide, « Nos adresses à… » vous renseignent sur ces merveilleux voiliers restaurés.

PÊCHE

Pêche en eau douce

Les eaux vives ou dormantes de la Loire et de ses affluents offrent à l'amateur de pêche des ressources aussi attrayantes que variées.
Quels que soient l'endroit et le type de pêche, nous rappelons qu'il existe une réglementation nationale et locale, qu'il convient de s'affilier pour l'année en cours, dans le département de son choix, à une association de pêche agréée par la préfecture ; d'acquitter les taxes afférentes au mode de pêche pratiqué et d'obtenir, pour pêcher dans des eaux du domaine privé, l'autorisation du propriétaire riverain.
La **carte jeune**, destinée aux moins de 16 ans (au 1er janvier de l'année en cours), autorise tout mode de pêche réglementaire, en 1re et 2e catégorie piscicole.
La **carte vacances** permet de pêcher pendant une période de quinze jours consécutifs comprise entre le 1er juin et le 30 septembre. Cette carte est valable pour tout mode de pêche réglementaire, en 1re comme en 2e catégorie piscicole.
Longueur minimale des prises – Réglementation nationale : le pêcheur est tenu de rejeter à l'eau tout poisson n'atteignant pas la taille minimale requise : 50 cm pour le brochet, 40 cm pour le sandre, 23 cm pour la truite (cette taille peut être portée à 25 cm par le préfet), 50 cm pour le saumon, 9 cm pour l'écrevisse.

Fédération nationale de la pêche en France et de la protection du milieu aquatique – 17 r. Bergère - 75009 Paris - ✆ 01 48 24 96 00 - www.federationpeche.fr. On peut se procurer des cartes et informations locales auprès des fédérations départementales pour la pêche et la protection du milieu aquatique.
Fédérations départementales
Maine-et-Loire – Montayer - 49320 Brissac-Quincé - ✆ 02 41 91 24 25 - www.fedepeche49.fr - juil.-août : lun.-vend. 14h-18h.
Mayenne – 78 r. Émile-Brault - 53000 Laval - ✆ 02 43 69 12 13 - www.fedepeche53.com.
Sarthe – 40 r. Bary - 72000 Le Mans Cedex - ✆ 02 43 85 66 01 - www.federation-peche-sarthe.com.
Loire-Atlantique – 1 r. Eugène Varlin - BP 90419 - 44104 Nantes Cedex 4 - ✆ 02 40 73 62 42 - www.federationpeche44.fr.
Vendée – 10 bis r. Haxo - BP 673 - 85016 La Roche-sur-Yon Cedex - ✆ 02 51 37 19 05 - www.unpf.fr/85
Conseil supérieur de la pêche – Immeuble Le Péricentre - 16 av. Louison-Bobet - 94132 Fontenay-sous-Bois Cedex - ✆ 01 45 14 36 00. Il publie et diffuse une carte-dépliant commentée, *Pêche en France*.

À pied

Sur le littoral, outre les crabes, les crevettes grises et les « bouquets » (grosses crevettes), on trouve des bigorneaux, des palourdes, des coques, quelques praires, des couteaux, des moules et, bien sûr, des huîtres. La taille et le nombre de fruits de mer étant en régression, des réglementations limitent les prises. Bien que souvent synonymes de mauvais temps, les grandes marées sont propices à ce type de pêche. Prenez garde à ne pas vous faire encercler par la marée montante.
La pêche pratiquée à pied ne demande aucune démarche

particulière, sauf pour l'usage des filets qui nécessite une autorisation délivrée par les Affaires maritimes. Par ailleurs, vérifiez qu'aucune interdiction sanitaire n'a été décrétée là où vous comptez pêcher (des restrictions locales peuvent exister et diffèrent selon le littoral et les zones).

En mer

Des petits patrons de pêche accueillent à leur bord des touristes attirés par la sportivité de la pêche en mer. Rappelons que la plupart de ces pêches ont lieu sur des bateaux de petite taille et dans des mers tourmentées par la houle et des courants violents.

Les plaisanciers peuvent pratiquer la pêche en mer à partir de leur navire ou la chasse sous-marine, à titre d'agrément exclusivement.

La liste des engins de pêche autorisés figure sur leur titre de navigation. La chasse sous-marine est quant à elle soumise à une réglementation stricte et il convient de s'informer préalablement auprès du service des Affaires maritimes.

Fédération française des pêcheurs en mer – Résidence Alliance, centre Jorlis - 64600 Anglet - ✆ 05 59 31 00 73 - www.ffpm-national.com.

PLONGÉE SOUS-MARINE

La région possède, avec l'île d'Yeu, un site idéal pour la pratique de ce sport. Au large des Sables-d'Olonne et à Noirmoutier, vous découvrirez des épaves sous-marines.

Le **Comité interrégional Bretagne-Pays de la Loire de la Fédération française d'études et de sports sous-marins** (39 r. de la Villeneuve - 56100 Lorient - ✆ 02 97 37 51 51 - www.cibpl.fr) fournit tous les renseignements nécessaires sur les sites de plongée.

RANDONNÉES ÉQUESTRES

Célèbre pour ses haras et son École nationale d'équitation à St-Hilaire-St-Florent, près de Saumur, la région offre de nombreux centres équestres ouverts aux amateurs. Des topoguides de randonnée équestre indiquent parcours et gîtes d'étape. Les offices de tourisme fournissent également tout renseignement sur les centres équestres de la région.

Fédération française d'équitation - Comité national de tourisme équestre – Parc équestre fédéral - 41600 Lamotte-Beuvron - ✆ 02 54 94 46 80 - www.ffe.com. Leur brochure annuelle, *Cheval nature, l'officiel du tourisme équestre,* répertorie les adresses d'équitation de loisir et les hébergements accueillant cavaliers et chevaux.

Comité régional de tourisme équestre des Pays-de-la-Loire – 3 r. Bossuet - 44000 Nantes - ✆ 02 40 48 12 27 - www.crte-paysdelaloire.com.

Vous trouverez également au fil des pages de ce guide une sélection d'établissements organisant des randonnées ou des séjours équestres.

RANDONNÉES PÉDESTRES

Plusieurs sentiers de grande randonnée sillonnent la région : le **GR 3** longe la vallée de la Loire, le **GR 3d** traverse le vignoble du Layon, le **GR 35** suit la vallée du Loir ; le **GR 36** joint Le Mans à Montreuil-Bellay et le **GR 364** traverse une partie de la Vendée. Les chemins de halage et les voies vertes sont également très appréciés.

Fédération française de la randonnée pédestre – 64 r. du Dessous-des-Berges - 75013 Paris - ✆ 01 44 89 93 90 - www.ffrandonnee.fr.

Centre d'information – *(même adresse)* - ✆ 01 44 89 93 93.

Tracé détaillé des GR, GRP et PR et conseils utiles.
Parmi les titres de la collection « Les sentiers de promenade et randonnée » : *Les Pays de la Loire à pied, La Sarthe à pied, De l'Anjou au Pays nantais à pied, La Vallée du Loir à pied.*

Conservatoire du littoral, ONF, parcs naturels régionaux… – Ces organismes proposent des randonnées ou de la documentation bien utile pour découvrir la région. Les syndicats d'initiative et les offices de tourisme offrent également des dépliants de balades et de randonnées.

ROUTES HISTORIQUES

Société historique des Plantagenêts – 60 r. des Francs-Bourgeois - 75003 Paris - ✆ 01 44 78 99 28. Elle se propose de favoriser une meilleure connaissance de la civilisation européenne du 12e s. par une découverte de sites et monuments témoins de la dynastie anglo-angevine des rois plantagenêts.

Route du circuit sud-vendéen – M. Henri de Fontenioux - château de Terre-Neuve - 85200 Fontenay-le-Comte - ✆ 02 51 69 17 75 - www.vendee-touristique.com. Tout empreint du souvenir d'Aliénor d'Aquitaine, de Richard Cœur de Lion ou encore de Rabelais, ce circuit autour de Fontenay-le-Comte dévoile une douzaine de sites majeurs dans un décor de marais, de forêts et de plages.

Découverte des moulins d'Anjou – L'Association des amis des moulins de l'Anjou (AMA) donne la liste des moulins et leurs conditions de visite – 17 r. de la Madeleine - BP 70725 - 49007 Angers Cedex 01 - ✆ 02 41 59 23 77.

SOUVENIRS

Les adresses de boutiques ou d'artisans que nous avons retenues se trouvent dans la rubrique « Achats » dans *Nos adresses* (partie « Découvrir »).

Brocante et antiquités

Certains magasins d'antiquités ayant pignon sur rue répondent présents dans les marchés aux puces. Pour les brocantes et les vide-greniers, organisés dans les villages ou les stations balnéaires, l'été est la saison privilégiée.

Spécialités à déguster

À proximité des zones giboyeuses, on peut acheter terrines et pâtés. Parfois, certaines charcuteries sont plus inattendues : à base de bison (à Cerqueux-sous-Passavant) ou d'autruche, par exemple. À Angers, le cochon est roi ; rilles, rillauds, rillons et rillettes se déclinent à l'infini. À vous de faire la différence… chez le bon traiteur ! Challans est réputé pour ses canards et poulets noirs, Noirmoutier pour ses pommes de terre et ses huîtres, et Saint-Gilles-Croix-de-Vie pour ses sardines.

Boissons – De St-Barthélemy-d'Anjou, il faut rapporter la fameuse (et délicieuse) bouteille carrée de Cointreau, liqueur à l'orange. Base de cocktails, d'apéritifs ou de préparations pâtissières savoureuses, elle se déguste en digestif (en dry)… avec modération ! Dans le nord de la Mayenne et de la Sarthe, le savoir-faire normand fournit le calvados : familièrement appelée « calva », cette eau-de-vie est obtenue par distillation du cidre. En Vendée, optez pour les curieux apéritifs locaux : kamok (Luçon), trouspinette, qui se décline en plusieurs parfums, et trinquet.
Mais les Pays de la Loire sont surtout connus pour leurs vins (Muscadet, Anjou, Saumur…). Lors des visites de caves, les producteurs vous conseilleront volontiers en alliant compétence et amour du travail bien fait. « Dégustation », au bord de la route, est le mot magique.

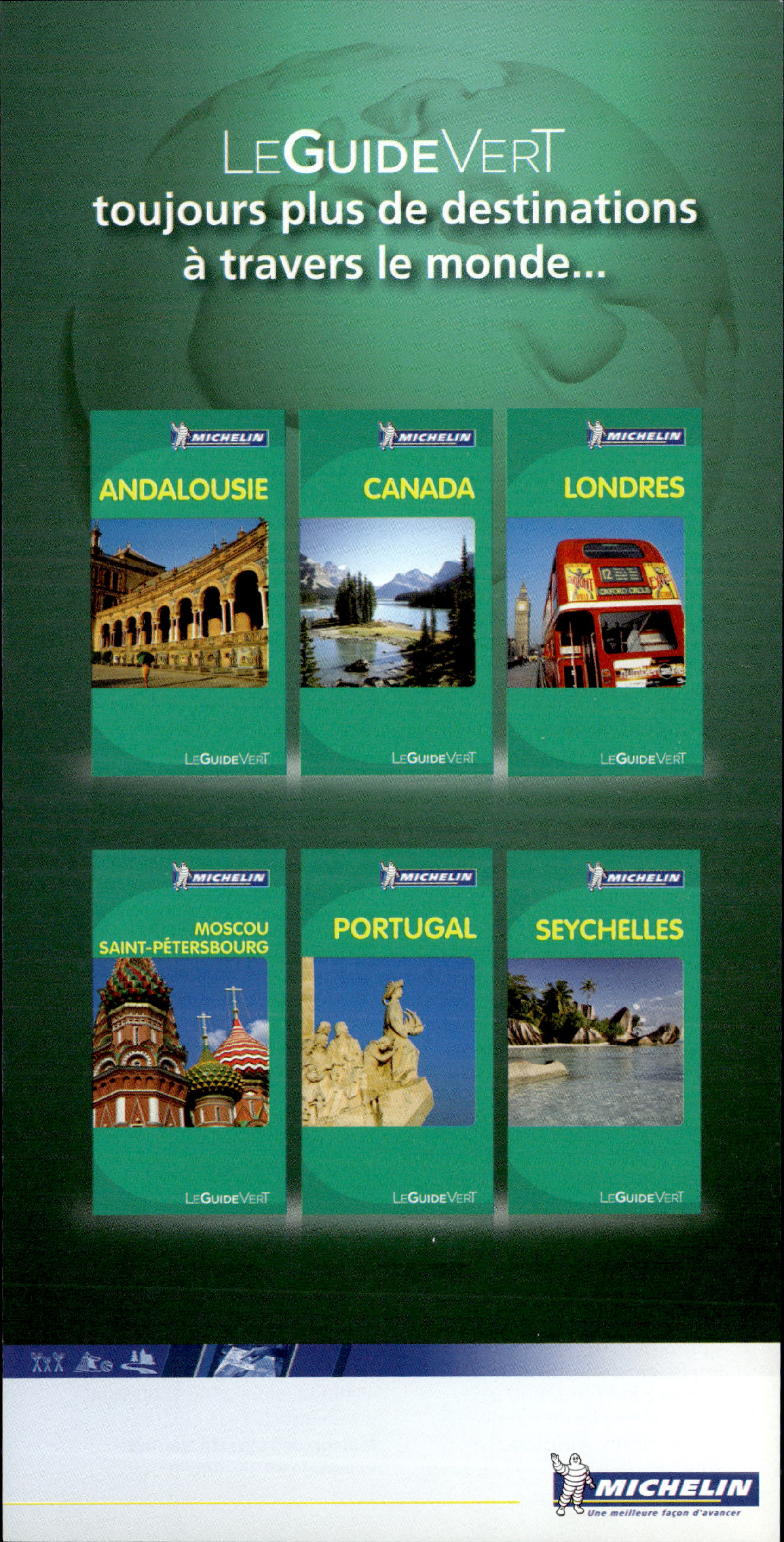

LeGuideVert
toujours plus de destinations
à travers le monde...
MICHELIN
ANDALOUSIE
LeGuideVert
MICHELIN
CANADA
LeGuideVert
MICHELIN
LONDRES
LeGuideVert
MICHELIN
MOSCOU
SAINT-PÉTERSBOURG
LeGuideVert
MICHELIN
PORTUGAL
LeGuideVert
MICHELIN
SEYCHELLES
LeGuideVert
MICHELIN
Une meilleure façon d'avancer

Condiments – Le sel de Guérande (gros sel et fleur de sel), premier produit marin à avoir obtenu le label Rouge (1991), est à se procurer auprès d'un paludier. Goûtez aussi la fleur de sel de Noirmoutier.
Douceurs – La vallée de la Loire est renommée pour sa confiserie. Les quernons d'ardoise, fabriqués à Angers, sont des plaquettes de nougatine présentées sous une couverture de chocolat bleu. Symbole de la ville de Sablé-sur-Sarthe, les sablés sont des galettes de 5 cm de diamètre, pur beurre, craquantes et fondantes à la fois. À savourer aussi, le far aux pruneaux parfumé à la cannelle, le *kouign-amann*, les niniches de La Baule, les caramels à la fleur de sel, et les biscuits et berlingots nantais.

Vêtement et déco

Vous rapporterez de la presqu'île de Guérande les célèbres vêtements de marins bretons : le pull bleu marine ou blanc ligné de bleu, les bonnets et casquettes bleus, l'inimitable vareuse sans oublier le traditionnel ciré jaune. À Pornic, remarquez les belles faïences. Aux Herbiers, profitez des prix intéressants des magasins d'usine sur les vêtements et les chaussures. Les mouchoirs de Cholet sont un achat utile et un cadeau souvent apprécié.

THALASSOTHÉRAPIE ET BALNÉOTHÉRAPIE

La côte atlantique est réputée pour son climat tonique. L'air y est à la fois pur et riche en oligo-éléments. Les instituts de thalassothérapie (à La Baule, Pornichet, Pornic, Saint-Jean-de-Monts et aux Sables-d'Olonne) y proposent des stages de remise en forme, de beauté, des séjours pour futures ou jeunes mamans, des forfaits antistress, antitabac, etc. Consultez nos adresses dans la partie Découvrir.

France Thalasso – Syndicat officiel de la thalassothérapie en France - www.france-thalasso.com.

URGENCES

Police Secours – ✆ 17.
Pompiers – ✆ 18 ou 112.
Samu – ✆ 15.
SOS Médecins – ✆v3624 (0,12 €/mn).
En cas de vol
Chéquiers – ✆ 0 892 68 32 08 (0,34 €/mn).
Carte Visa – ✆ 0 892 705 705 (0,34 €/mn).
American Express – ✆ 01 47 77 72 00.
Mastercard – ✆ 0 800 90 13 87.
Orange – ✆ 0 800 100 740.
Bouygues Télécom – ✆ 0 800 29 10 00.
SFR – ✆ 06 10 00 19 00.

VINS

Visites et promenades dans le monde vinicole

Les offices de tourisme (spécialement à Angers et Saumur) peuvent donner tous les renseignements. **InterLoire**, l'Interprofession des Vins de Loire, regroupe négociants et vignerons de l'Anjou, du Saumurois, de la Touraine et du Nantais.
InterLoire (siège) – 12 r. Étienne-Pallu - 37000 Tours - ✆ 02 47 60 55 00 - www.vinsdeloire.fr
Maison du vin de l'Anjou – 5 bis pl. Kennedy - 49100 Angers - ✆ 02 41 88 81 13 - www.vinsdeloire .fr.
Hôtel des Vins – La Godeline - 73 r. Plantagenêt - 49100 Angers - ✆ 02 47 60 55 00.
Maison du vin de Saumur – Quai Lucien-Gautier (près de l'OT) - 49400 Saumur - ✆ 02 47 60 55 00 - www.vinsdeloire.fr.
Maison des vins de Nantes – Bellevue - BP 33 - 44690

CHÂTEAUX DE LA LOIRE		Microrégion (département et ville proche)	Style dominant	Intérieur	Jardin
Angers	★★★	**5** (49)	Forteresse médiévale	Tenture de l'Apocalypse	Nombreux jardins★ dans la ville
Brézé	★★	**6** (49 Saumur)	Renaissance	Meublé	Parc à l'anglaise
Brissac	★★	**6** (49 Angers)	Baroque 17e s.	Meublé	Parc à l'anglaise
La Lorie	★	**5** (49 Angers)	Classique 17e s.	Meublé	Jardin à la française Parc
Le Lude	★★	**10** (72 La Flèche)	Renaissance Classique	Meublé	Jardin à la française Parc à l'anglaise
Montgeoffroy	★	**6** (49 Angers)	Classique 18e s.	Meublé	-
Montreuil-Bellay	★★	**6** (49 Saumur)	Forteresse médiévale	Meublé	-
Montsoreau	★	**6** (49 Saumur)	Forteresse médiévale	Imaginaires de Loire (présentation de maquettes de bateau)	-
Le Plessis-Bourré	★★	**5** (49 Angers)	Pré-Renaissance	Meublé Plafond à caissons de la salle des Gardes	-
Le Plessis-Macé	★	**5** (49 Angers)	Gothique flamboyant	Boiseries gothiques de la chapelle St-Michel	-
Saumur	★★	**6** (49)	Forteresse médiévale	Musée des Arts décoratifs Musée du Cheval	-
Serrant	★★★	**5** (49 Angers)	Renaissance	Meublé	Jardin

La Haye-Fouassière - ✆ 02 47 60 55 00 - www.vinsdeloire.fr.

VISITES GUIDÉES

Elles sont organisées toute l'année dans les grandes villes et en saison dans les plus petites. Dans tous les cas, informez-vous du programme à l'office de tourisme et pensez à vous inscrire.

Petites cités de caractère

Elles doivent avant tout présenter un ensemble urbain homogène et préservé. La charte de ces cités prévoit en sus la disparition des antennes de télévision et le contrôle de la pertinence et de l'esthétique des enseignes commerciales. Si l'on ajoute à cela la volonté de développer les circuits piétons et l'information touristique, les petites cités de caractère sont particulièrement attrayantes pour les touristes. Liste sur www.pcc-paysdelaloire.fr.

Villes et Pays d'art et d'histoire

Ce réseau propose des visites (1h30 ou plus) conduites par des guides-conférenciers et des animateurs du patrimoine agréés. Visites-découvertes et ateliers du patrimoine pour les enfants *(merc., sam. et vac. scol.)*. Sont classés dans ce guide : Angers, Guérande, Fontenay-le-Comte, Laval, Le Mans et Nantes, ainsi que le Perche sarthois, la vallée du Loir et le pays de Coëvrons-Mayenne. Renseignements auprès des offices de tourisme des villes ou sur le site **www.vpah.culture.fr**.

La Loire à vélo

Un des plus beaux fleuves d'Europe pour une promenade royale : tel est le programme alléchant dont les cyclistes profitent sur les bords de Loire et dans les terres.
Nul besoin d'être un sportif confirmé car les dénivelés des circuits proposés restent faibles. Sécurisés et balisés, les itinéraires offrent aux cyclotouristes le cadre d'une balade paisible, loin des voitures, et pleine de belles surprises.

D'UNE RÉGION À L'AUTRE

En 1995, deux régions (Centre et Pays de la Loire), six départements (Cher, Loiret, Loir-et-Cher, Indre-et-Loire, Maine-et-Loire et Loire-Atlantique) et six grandes agglomérations (Orléans, Blois, Tours, Saumur, Angers et Nantes) ont décidé d'unir leurs efforts afin d'aménager et de signaliser l'itinéraire **La Loire à vélo**.
Couvrant 800 km, de la région de Nevers à l'océan, l'itinéraire de La Loire à vélo longe le fleuve sur environ deux tiers de ses axes. Ceux-ci sont pour une bonne part des voies vertes, routes à faible circulation, pistes et bandes cyclables.
Au fil de l'eau, ce parcours dévoile châteaux de la renaissance, villes et ports fluviaux.
Sur le trajet, une vingtaine de gares SNCF sont accessibles aux vélos et des aires d'arrêt sont prévues pour accueillir les cyclotouristes.
Plaquette de présentation : *La Loire à vélo, 800 km de découvertes*, Régions Centre / Pays de la Loire - édition 2011 *(disponible gratuitement dans les OT)*.

DE L'ATLANTIQUE À LA MER NOIRE

La Loire à vélo s'inscrit au sein du projet de l'**Eurovélo 6**, lequel a pour ambition de relier en vélo l'Atlantique à la mer Noire, grâce à trois grands fleuves : la Loire, le Rhin et le Danube.

AUTRES ITINÉRAIRES

La région des Pays de la Loire propose, outre La Loire à vélo, de nombreux itinéraires thématiques et circuits couvrant les cinq départements : **Vélocéan**, les sentiers cyclables des îles vendéennes (www.ohlaloireatlantique.com), les tourbières de la **Brière**, la vallée de l'**Erdre**, les coteaux du **Layon**, les **forêts sarthoises**, le chemin de halage de la **Mayenne**... Pour les cyclotouristes plus confirmés, les **Alpes Mancelles** vous attendent.
Sur place, les offices de tourisme fournissent généralement la liste des loueurs de cycles.

POUR EN SAVOIR PLUS

Cartes, descriptions, informations pratiques et adresses sur : *www.loireavelo.fr* et *www.eurovelo6.org*.

Voies vertes
D'anciennes voies ferrées, des chemins forestiers ou de halage ont été réhabilités pour accueillir les sportifs et les familles, en toute sécurité. *www.voiesvertes.com*.

Fédération française de cyclotourisme – 12 r. L.-Bertrand - 94207 Ivry-sur-Seine Cedex - ✆ 01 56 20 88 88 - *www.ffct.org*.

France Vélo Tourisme – *francevelotourisme.com*.

SNCF – Formules train + vélo possibles : *www.velo.sncf.com*.

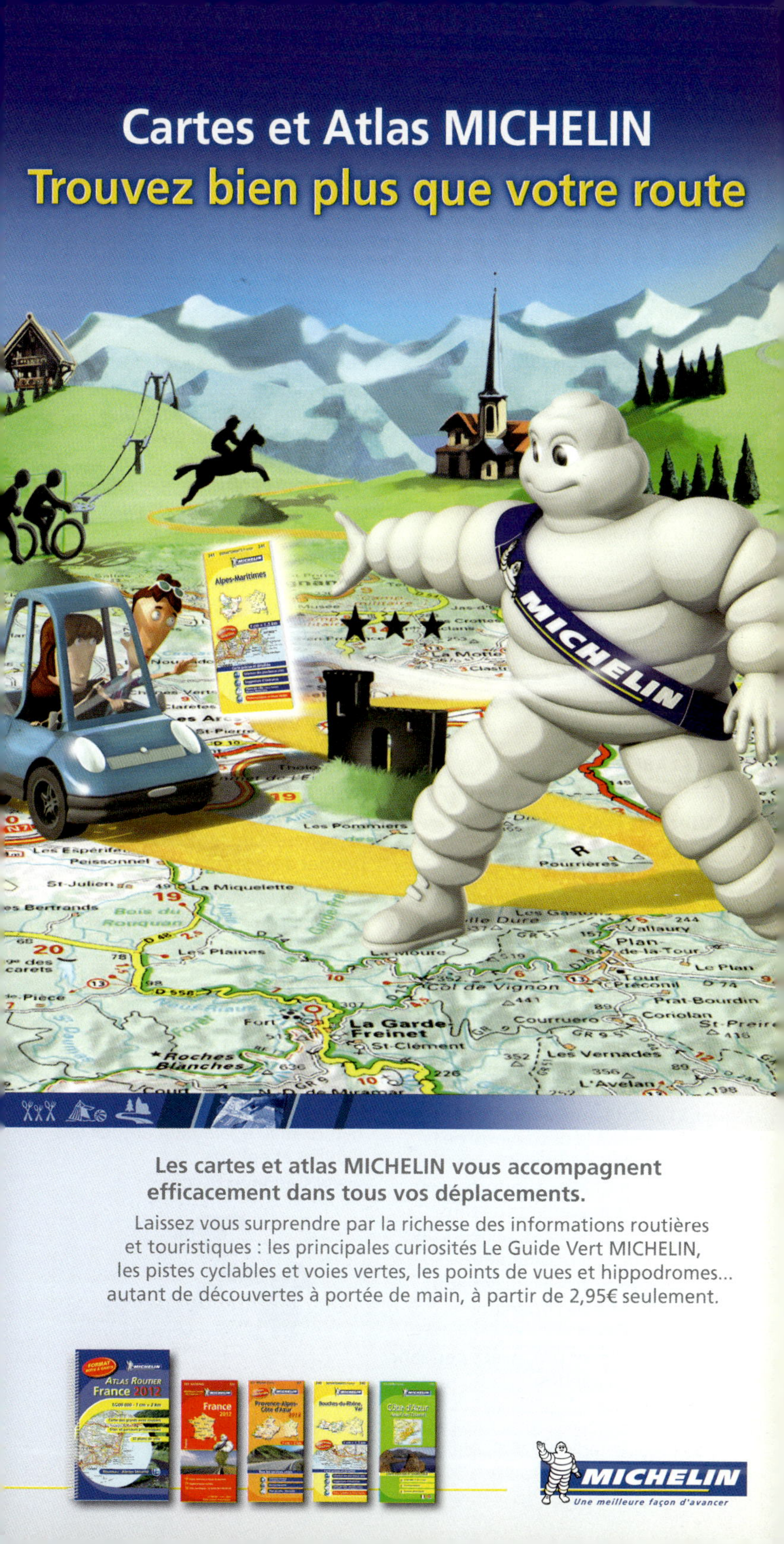
Cartes et Atlas MICHELIN
Trouvez bien plus que votre route
MICHELIN
Alpes-Maritimes
Les cartes et atlas MICHELIN vous accompagnent efficacement dans tous vos déplacements.
Laissez vous surprendre par la richesse des informations routières et touristiques : les principales curiosités Le Guide Vert MICHELIN, les pistes cyclables et voies vertes, les points de vues et hippodromes... autant de découvertes à portée de main, à partir de 2,95€ seulement.
Atlas Routier France 2012
France 2012
Provence-Alpes-Côte d'Azur
Bouches-du-Rhône, Var
MICHELIN
Une meilleure façon d'avancer

En famille

Les infrastructures touristiques des Pays de la Loire sont de plus en plus adaptées aux enfants.
Tout le long du littoral, les plages sont équipées de clubs de voile ou d'activités accessibles dès 3 ans. Dans les terres, l'accent est davantage porté sur les activités nature grâce à des sorties guidées, liées notamment à la reconnaissance d'espèces.
Nous avons sélectionné un certain nombre de sites *(voir le tableau ci-contre)*. Vous les repérerez dans la partie « Découvrir » grâce au pictogramme .

LES LABELS

Villes et Pays d'art et d'histoire

Le réseau des Villes et Pays d'art et d'histoire *(voir la rubrique « Visites guidées », p. 25)* propose des visites découvertes et ateliers du patrimoine aux enfants les mercredis, samedis et durant les vacances scolaires. Munis de livrets-jeux et d'outils pédagogiques adaptés à leur âge, les enfants s'initient à l'histoire et à l'architecture et participent activement à la découverte de la ville. En atelier, ils s'expriment à partir de multiples supports et au contact d'intervenants de tous horizons : architectes, tailleurs de pierre, conteurs, comédiens…

Bon à savoir – En juillet-août, dans le cadre de l'opération « L'Été des 6-12 ans », ces activités sont également proposées pendant la visite des adultes.

Famille Plus

Les communes labellisées s'engagent auprès des familles et des enfants à tout faire pour leur assurer un accueil adapté et des vacances réussies. Accueil personnalisé, animations pour tous les âges, commerces et services sous la main…
Dans la région : Noirmoutier-en-l'Île, N.-D.-de-Monts, Piriac-sur-Mer, St-Gilles-Croix-de-Vie, La Tranche-sur-Mer - www.familleplus.fr.

OH LA L.A. Quelle Aventure !

Réseau de 20 sites touristiques de Loire-Atlantique offrant des activités et un accueil de qualité à destination des familles. Tout en proposant un regard sur l'histoire et les richesses du territoire, le réseau permet d'amusantes découvertes.
www.ohlaloireatlantique.com.

BON PLAN

Station verte

Ces communes touristiques de l'espace rural répondent à une charte de qualité : attrait naturel, environnement préservé, qualité de l'accueil et loisirs de pleine nature, mais également accueil des familles et enfants.
www.stationverte.com.

SITES OU ACTIVITÉS À FAIRE EN FAMILLE			
Chapitre du guide	**Nature**	**Musées**	**Loisirs**
Angers	Jardins des plantes, du Mail et St-Nicolas, Terra Botanica	Parcours-découverte du château, musée de l'Air, m. de la Communication, m. des Sciences naturelles, château du Plessis-Macé	Lac de Maine
Baugé		Le château, l'apothicairerie	
La Baule	Balade à vélo, kayak		
Canal de Nantes à Brest	Balade sur les bords du canal	Parc et château de Trévarez	Sentier du moine Guenael, la ferme de l'Orme
Château-Gontier	Promenade sur le chemin de halage, jardins de Montriou	Refuge de l'Arche, haras national du Lion d'Angers	
Cholet	Maulévrier (parc), Camifolia	Musée du Textile, Maison du potier, musée des Métiers	Sports de plein air, lac de Ribou
Clisson	Balade en barque sur la Sèvre	Parc de la Garenne-Lemot	Volière à papillons du château de Goulaine
Le Croisic		Le Grand Blockhaus	L'Océarium
Doué-la-Fontaine		Musée aux Anciens Commerces, bioparc, maisons troglodytiques de Forges, cave aux sculptures de Dénezé-sous-Doué	
La Ferté-Bernard			Découverte de la ville en bateau
La Flèche			Lac de la Monnerie, Zoo du Tertre-Rouge
Forêt de Bercé	Sentier pédagogique de la fontaine de la Coudre		Circuits à VTT
Fresnay-sur-Sarthe	Beaumont-sur-Sarthe et Vivoin, labellisées « Station verte de vacances »		
La Grande Brière	Les réserves ornithologiques, le dolmen de Kerbourg		La Chaumière des Marionnettes, une promenade en chaland
Presqu'île de Guérande		Musée de la Poupée	Visites-jeux du château de Careil
Haut Anjou segréen		Châteaux de Pouancé et de la Motte-Glain	Domaine de la Petite Couère
Laval		Lactopôle	
Loire saumuroise			Animations du château de Brissac
Le Mans	L'Arche de la nature	Musée des 24h	Spaycific'Zoo
Marais poitevin	Baie de l'Aiguillon, Parc ornithologique Les oiseaux du Marais poitevin	Maraiscope de la Maison du Marais poitevin - Maison du Petit Poitou	Promenade en barque ou en petit train à travers les marais
Nantes	Le jardin des Hespérides	Muséum d'histoire naturelle, musée Jules-Verne, musée d'Histoire de Nantes	Planétarium, les Machines de l'Île, la volière à Goulaine
Pornic	Balades nautiques		Planète sauvage
Le Puy du Fou	Allée des volières Vallée fleurie		Toutes les attractions du parc, sans oublier le grandiose Cinéscénie !
Les Sables-d'Olonne	Observatoire d'oiseaux de l'île d'Olonne	Muséum du Coquillage	Activités nautiques
Saint-Jean-de-Monts (Marais breton vendéen)	Plages, dunes, forêts, pistes cyclables		Parc Arbre et aventure, surf
Saint-Nazaire	Plages	Escal'Atlantic	
Saulges	Visite des grottes, escalade		Animations, atelier préhistorique
Saumur	La Loire de lumière	École nationale d'équitation, musée du Champignon, parc Pierre et Lumière, châteaux de Brézé, Gizeux et Montsoreau	La Loire en bateau traditionnel, spectacles équestres
Tiffauges	Centre d'interprétation de la Maison de la Rivière	Animations costumées au château de Barbe Bleue	

Mémo

Agenda

Retrouvez ces manifestations, ainsi que d'autres de moindre importance, dans la rubrique « Agenda » de « Nos adresses à… » dans la partie « Découvrir ».

Bon à savoir – De nombreuses associations adhèrent à la Fédération française des fêtes et spectacles historiques. Un guide est disponible sur le site **www.fffsh.eu**.

Pour plus de précisions, parcourez les sites Internet de la région.

JANVIER-FÉVRIER

Angers – Festival 1ers plans : premiers films de cinéastes européens - 02 41 88 92 94.

Nantes et sites en région – La Folle Journée : musique classique (fin janv. - déb. fév.) - 0 892 705 205 (0,34 €/mn)- www.follejournee.fr.

AVRIL

Saumur – Concours international de voltige - 02 41 67 36 37 - www.cadrenoir.fr

Cholet – Festival des arlequins, rencontres francophones de théâtre amateur - 02 41 49 26 00 - www.ville-cholet.fr/arlequins
Carnaval : défilé de jour et de nuit - 02 41 62 28 09 - www.ville-cholet.fr/carnaval.

Le Mans – « 24 Heures moto » - 02 43 40 24 24 - www.lemans.org.

Nantes – Carnaval (mi-carême) - 02 40 35 75 49 - www.nantes-tourisme.com.

MAI

Saumur – Concours complet international (fin du mois) - 02 41 67 36 37 - www.cadrenoir.fr.

Le Mans (abbaye de l'Épau) – Festival de l'Épau - 02 43 27 40 60 - www.festivaldelepau.com.

Château-Gontier – Manifestations hippiques au château de la Maroutière - 02 41 21 18 28.

Guérande – La Fête médiévale (3e w.-end) - 02 40 15 60 40 ou 0820150044 - www.ville-guerande.fr.

La Baule – Jumping international de France (4 j. durant la 1re quinz.) - 02 40 60 02 80 - www.labaule-cheval.com.
Défi de La Baule (fin mai) : course de bateaux.

JUIN

Saumur – Le Cadre noir, Printemps des écuyers (1er w.-end) - 02 41 53 50 81 - www.cadrenoir.fr

Le Mans – Le Mans fait son cirque (fin du mois) - 02 43 28 17 22.
Course des 24 Heures (automobile) - 02 43 40 24 24.

MAI-JUIN

Nantes – Printemps des arts : musique baroque et classique (de mi-mai à fin juin) - 02 40 20 69 70 - www.printempsdesarts.fr.

JUIN

Anjou – Festival d'Anjou (de mi-juin à déb. juil.) : théâtre en plein air dans des demeures et monuments historiques du département - 02 41 88 14 14 - www.festivaldanjou.com.

Nantes – Le Voyage à Nantes (mi-juin-sept.) - www.levoyageanantes.fr.

JUILLET

Doué-la-Fontaine – Journées de la rose et concours d'art floral, dans les arènes (sem. autour du 14) - ✆ 02 41 59 20 49.

St-Lambert-du-Lattay – Fête des vins et de l'andouillette (2e w.-end) - ✆ 02 41 78 49 07.

La Ménitré – Assemblée des coiffes et costumes anciens de la région (4e dim.) - ✆ 02 41 45 63 63.

Saumur – Carrousel de Saumur : festival des arts équestres - ✆ 02 41 40 20 60 (OT).

La Baule – Écrivains en bord de mer (mi-juil.) - www.ecrivainsenborddemer.fr.

Pontmain – Bénédiction autos-motos (2e dim. du mois) - ✆ 02 43 05 07 26.

Clisson – Les Médiévales de Clisson (dernier w.-end) - ✆ 02 40 54 02 95 - www.lesmedievalesdeclisson.fr.

JUILLET-AOÛT

Le Mans – Dans la Cité Plantagenêt : La Nuit des Chimères (mar. soir au sam. soir), théâtre d'images et espaces sonores) ; Les Chimériques, promenade théâtralisée et musicale - ✆ 02 43 28 17 22.

Département de la Mayenne (Ste-Suzanne, Jublains, Laval…) – Les Nuits de la Mayenne (de mi-juil. à mi-août) : spectacles dans une quinz. de sites - ✆ 02 43 53 63 90 - www.nuitsdelamayenne.com

Sablé-sur-Sarthe – Festival Rock Ici Mômes (fin juil.) - ✆ 02 43 62 22 22.

AOÛT

Guérande – Les Celtiques de Guérande (1re quinz.) - ✆ 02 40 24 96 71 ou 0 820 150 044 - www.ot-guerande.fr.

Pontmain – Pèlerinage à la Vierge (le 15) - ✆ 02 43 05 07 26 - www.sanctuaire-pontmain.com

Nantes – Les Rendez-vous de l'Erdre (dernier w.-end) - ✆ 02 51 82 37 70 - www.rendezvouserdre.com.

St-Nazaire – Escales : deux jours et deux nuits de musique (déb. du mois) - ✆ 02 51 10 00 00 - www.les-escales.com.

Sablé-sur-Sarthe – Festival de musique baroque - ✆ 02 43 62 22 22 - www.sable-sur-sarthe.fr.

Laval – La Face des Étoiles (dernier w.-end) : bal, spectacles… - ✆ 02 43 49 46 46.

SEPTEMBRE

Saint-Nazaire – Consonances (mi-sept.) - ✆ 02 51 10 18 78 - www.consonancessaintnazaire.fr.

Saint-Jean-de-Monts – Caval'Océane : festival du cheval sur la plage - www.saint-jean-de-monts.com.

Angers – Festival « Les Accroche-cœurs » : fête et spectacles de rue - ✆ 02 41 23 50 00.

Château-Gontier – Manifestations hippiques au château de la Maroutière - ✆ 02 41 21 18 28.

OCTOBRE

Saumur – Musicales du Cadre noir - ✆ 02 41 53 50 81/50 60. www.cadrenoir.fr.

Lion-d'Angers – « Mondial du Lion ». Haras national de l'Isle-Briand : concours international d'équitation (av.-dernier w.-end) - ✆ 02 41 95 86 51.

NOVEMBRE

Nantes – Festival des Trois Continents : films (dernier w.-end) - ✆ 02 40 69 74 14 - www.3continents.com.

Bibliographie

PRESSE

Ouest France (1er quotidien français, 800 000 ex/jour).
Presse Océan

MAGAZINES/PÉRIODIQUES

303 : la revue culturelle des Pays de la Loire
Beaux arts, création contemporaine et recherche : une revue illustrée qui met en lumière les richesses culturelles de la région. Pourquoi 303 ? La simple addition des codes départementaux : 44, Loire-Atlantique + 49, Maine et Loire + 53, Mayenne + 72, Sarthe + 85, Vendée.
4 numéros trimestriels et 1 hors-série thématique par an - Disponible en librairie et dans les maisons de la presse - www.revue303.com

ART ET ARCHITECTURE

Manny by Tetrarc for Coupechoux, éditions Joca Seria, coll. Architecture, mars 2011.
Guide d'architecture contemporaine Nantes/St Nazaire 2000/2010, Coiffard Éditeur, 2010.
Nantes, histoire et géographie contemporaine, Olivier Petre-Grenouilleau, éditions Palantines, 2008.
Le rêve d'une ville, Nantes et le surréalisme, Musée des Beaux-Arts de Nantes, 1995.
Architectures remarquables 1945-2000, éditeur Nantes Aménagement, 2000.
Villas de Pornichet, Geste Éditions, 2011.
Villas et édifices balnéaires des Sables-d'Olonne, Éditions de Baupré, juin 2011.
Architectures et Patrimoines du 20e s. en Loire-Atlantique, Coiffard Éditeur, 2006.
L'Apocalypse de Saint Jean, Éditions Diane de Selliers, 2010.
Les vitraux de la cathédrale d'Angers, CTHS (Comité des Travaux historiques et scientifiques), 2010.
Saumur, urbanisme, architecture et société, éditions 303, 2011.
Demeures du Roi René en Anjou, L'Inventaire, 2009.
Fontenay Le Comte, urbanisme et architecture, L'Inventaire, 2008.
Poteries et faïenceries de la Sarthe, éditions de la Reinette, 2002.
Poteries de Malicorne, éditions de la Reinette, 2001.
Merveilles de l'espace faïence, Malicorne, éditions de la Reinette, 2011.

LITTÉRATURE, ROMANS

La Forme d'une ville, Julien Gracq, éditions José Corti, 1985.
Les Mauvaises gens (BD), Etienne Davodeau, Éditions Delcourt, 2005.
Histoires vraies en Pays de la Loire, Annick Caraminot, Papillon rouge Éditeur, 2011.
Nantes dans la littérature, anthologie, Coiffard Éditeur, 2006.
Les Mouchoirs rouges de Cholet, Michel Ragon, Le Livre de poche, 2004.
La Dame de Monsoreau, Alexandre Dumas, Gallimard, 2008.

FAUNE ET JARDIN

Jardins de l'Atlantique, Éditions Alizés, 2008.

HISTOIRE/ÉCONOMIE

LU Une usine à Nantes, L'Inventaire, 1999.
Raffinages et raffineries de sucre à Nantes, éditions Memo, Carnet d'usine, février 2011.
Tissus topiques Toiles de Mayenne, éditions Gallimard, 2006.
L'Agriculture en terre vendéenne, Somogy éditions d'art, 2011.

GASTRONOMIE, VIN

Vins, mets et alcools des Pays de la Loire, portraits œnologiques, Jean Michel Monnier, éditions Siloë, 2005.
Muscadet. Histoire et Géographie du vignoble nantais, Raphaël Schirmer, Presses Universitaires de Bordeaux, 2010.
Véritable Petit Beurre LU, les 30 recettes culte, Catherine Quévremont, éditions Marabout, collection Les touts petits, 2011.

Filmographie

Pittoresque, admirablement préservée, la ville du Mans propose un décor historique idéal aux metteurs en scène du 7e Art. Tout comme, au sud, le célébre circuit automobile des 24h. Voici une liste non exhaustive de films tournés dans la cité sarthoise.

23h58, Pierre-William Glenn, 1991.
Le Beau Mariage, Éric Rohmer, 1982.
Les Blessures assassines, Jean-Pierre Denis, 2000.
Bobby Deerfield, Sydney Pollack, 1976.
Le Bossu, Philippe de Broca, 1997.
Le Bouc émissaire, Robert Hamer, 1958.
Les Dames galantes, Jean-Charles Tacchella, 1990.
L'Homme au masque de fer, Randall Wallace, 1997.
Jean de La Fontaine, Daniel Vigne, 2006.
La Ligature, Gilles Cousin, 1979.
La maison du chat qui pelote, Jean-Daniel Verhaeghe, 2008.
Le Mans, Lee H. Hatzin, 1970.
Mask of Dust, Terence Fisher, 1954.
Michel Vaillant, Louis-Pascal Couvelaire et Luc Besson, 2002.
Molière, Laurent Tirard, 2006.
Question humaine, Nicolas Klotz, 2006.
Que la fête commence, Bertrand Tavernier, 1974.
Rouget le Braconnier, Gilles Cousin, 1988.
Les Sœurs fâchées, Alexandra Leclère, 2004.
Vive la République ! Éric Rochant, 1997.

2/ COMPRENDRE LES PAYS DE LA LOIRE

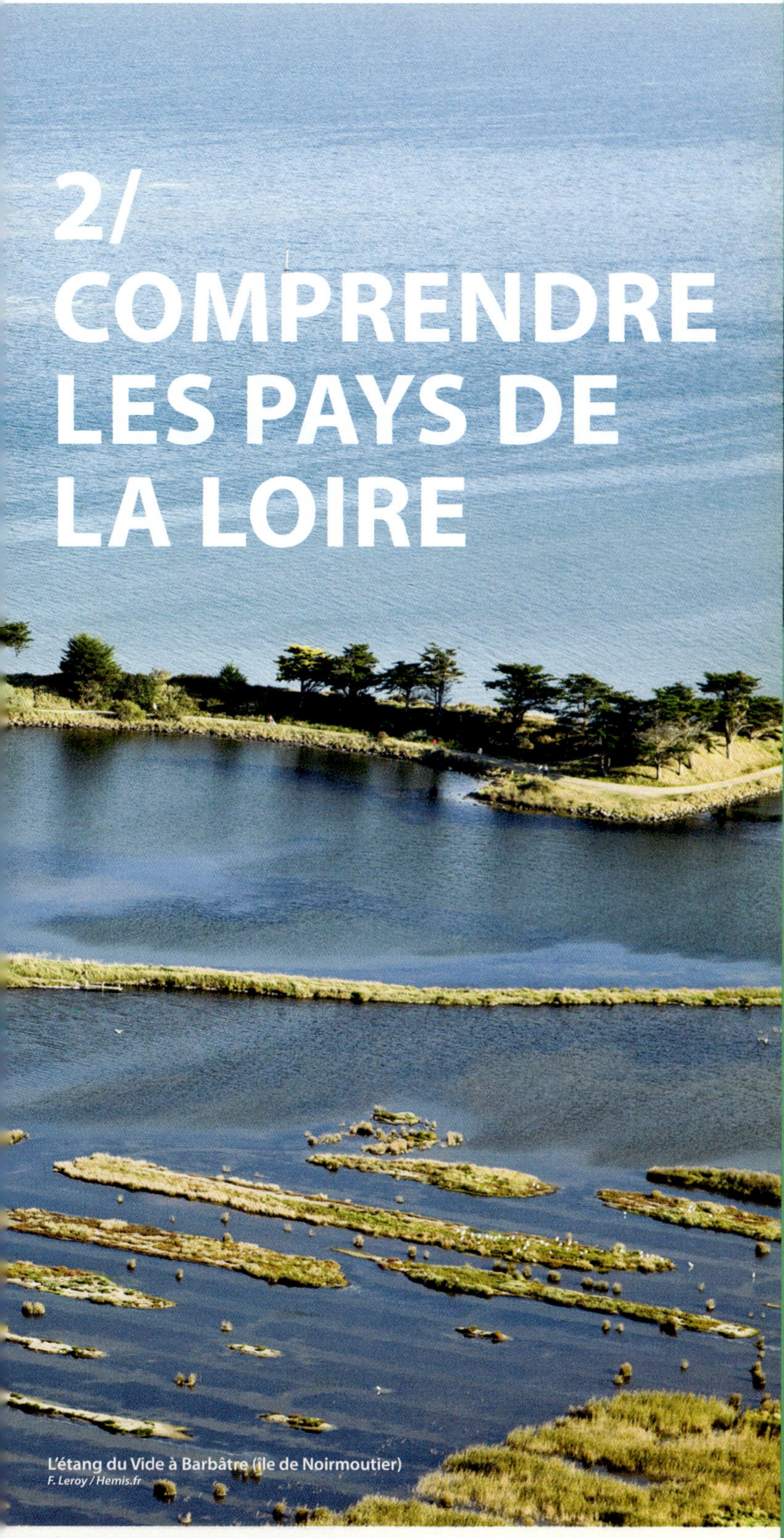

L'étang du Vide à Barbâtre (île de Noirmoutier)
F. Leroy / Hemis.fr

Les Pays de la Loire aujourd'hui

UNE DÉFINITION POUR COMMENCER

Les Pays de la Loire… Tout – ou presque – est dans le pluriel. Des « pays » regroupés en une région administrative, dépourvue d'existence historique, mais dont le fleuve ferait l'unité.
En effet, les cinq départements de la région appartenaient à quatre provinces différentes : la Bretagne, le Poitou, le Maine, l'Anjou.
Et ce sont des considérations d'aménagement du territoire qui ont fait de Nantes – historiquement bretonne – la capitale d'une région neuve.
Mais le terme a quelque chose de trompeur : d'Orléans à Tours en passant par Blois, le Val de Loire et ses châteaux, classé au patrimoine mondial de l'humanité, appartient pour l'essentiel à une autre région : la région Centre. Et dans les Pays de la Loire, seuls deux départements sur cinq, la Loire-Atlantique et le Maine-et-Loire, sont baignés par le fleuve, à la différence de la Sarthe, de la Mayenne et de la Vendée qui regardent vers d'autres directions.
D'ailleurs, plus que la Loire, c'est probablement les axes ferroviaire et autouroutier Nantes-Angers-Le Mans qui constituent à présent la véritable épine dorsale de la région.
Faut-il en déduire que les Pays de la Loire seraient privés de toute identité ? Surtout si on les compare à leur voisine, la Bretagne, ancien duché indépendant. Pas si simple. D'abord, d'autres régions françaises sont tout aussi composites, ainsi Midi-Pyrénées, ce puzzle assemblé autour de Toulouse. Ensuite, un territoire existe autant par des projets communs que par un passé partagé.

UNIE PAR SON DYNAMISME

De ce point de vue, les Pays de la Loire ne manquent pas d'atouts : la proximité de Paris mais aussi un littoral de 450 kilomètres et une population – plus jeune que les moyennes européenne et nationale – de 3,6 millions habitants, qui les place au cinquième rang français. Les Pays de la Loire sont aussi la deuxième région agricole de France, la troisième région industrielle derrière l'Île-de-France et Rhône-Alpes, en raison notamment de la place prise par l'agro-alimentaire et la cinquième région pour la formation de produit intérieur brut.
Et puis, au-delà de la variété de leurs paysages, les Pays de la Loire partagent, avec une bonne partie de la France de l'Ouest, un certain attachement à des valeurs traditionnelles aujourd'hui réinterprétées à la lumière d'évolutions sociologiques et

politiques considérables. Ce socle anthropologique se traduit par un fort engagement associatif, des inégalités économiques plutôt moins fortes qu'ailleurs, un taux de participation électorale qui demeure élevé, une croyance à l'importance de la réussite scolaire, un intérêt marqué pour l'entraide internationale… Le tout est attesté par une batterie de statistiques. Voilà qui pourrait bien faire des Pays de la Loire une terre d'équilibre, de nuances et, disons-le, de tolérance, cette vertu d'avenir, qui n'est pas réservée aux tièdes.

Savoir, recherche et développement

Plus de 100 000 étudiants arpentent chaque année les couloirs des universités des Pays de la Loire, quatrième académie de France par sa population scolaire. Structurés autour des villes universitaires de Nantes, Angers et du Mans, les pôles d'excellence de la région sont en liens étroits avec la recherche et le monde du travail.

RÉSEAU STRATÉGIQUE DE L'ENSEIGNEMENT

Chacune des trois villes universitaires de la région, **Nantes**, **Angers** et **Le Mans**, a développé une stratégie d'expansion, disposant d'antennes dans les villes moyennes qui leur permettent de mettre en place un véritable réseau, en lien avec des professionnels et la recherche régionale.

NANTES, UNE VILLE UNIVERSITAIRE D'ENVERGURE

Nantes fait partie des villes les plus jeunes de France et accueille chaque année 50 000 étudiants. La ville devient incontournable, avec son université pluridisciplinaire et ses nombreuses écoles d'envergure nationale : Audencia (pôle européen de management), École nationale des ingénieurs, des techniques, des industries agricoles et agroalimentaires, École Centrale de Nantes, École du Livre de Nantes… De plus, la façade atlantique de la région et la tradition de commerce maritime de la ville font de Nantes le siège de plusieurs écoles maritimes. L'École Nationale Supérieure Maritime forme la marine marchande, quant à l'École des Affaires Maritimes, elle prend en charge la formation initiale et continue des officiers et agents des affaires maritimes.

RECHERCHE ET PARTENARIAT

La recherche s'organise autour de **pôles d'excellence** en coopération directe avec les universités et grandes écoles de la région : le **végétal** à Angers, le **génie naval** à Nantes-St-Nazaire, l'**acoustique** et les **matériaux** au Mans, l'**électronique** à Laval, la **physique nucléaire** et les **technologies de l'information et de la communication** à Nantes sont particulièrement réputés.
La création du **technocampus EMC²**, en stimulant la recherche et le partenariat, a résolument tourné la région vers l'innovation industrielle. Rappelant la célèbre formule d'Einstein, cet « ensemble métallique et composite complexe », pôle international multi-compétences, a pour fondateurs quatre leaders (les trois premiers à l'échelle mondiale) dans leur domaine : **Airbus**, **Alstom marine**, **Bénéteau** (navigation de plaisance) et **DCN** (construction navale militaire). Disposant de plus de 30 laboratoires de recherche et de centaines de partenaires (entreprises, écoles de formation, universités), il mène à bien des projets en commun autour des matériaux et procédés ainsi que des process et systèmes complexes,

et travaille sur des actions d'accompagnement en veille et intelligence économique.

MÉDECINE ET CYCLOTRON

Centré autour de Nantes et Angers, le pôle santé ligérien est spécialisé et réputé dans des domaines très pointus allant de l'immunologie au diagnostic génétique. Le **cyclotron** du cancéropole Grand Ouest à Nantes, le plus puissant jamais construit pour la recherche médicale, utilise la physique nucléaire et les traitements par irradiation pour la lutte contre le cancer.

Économie

Le tissu économique des Pays de la Loire présente une grande diversité d'activités. Solide, l'industrie est dotée de secteurs particulièrement performants comme l'aéronautique, la construction navale, le nautisme et l'agroalimentaire. Le territoire connaît le plus faible taux de chômage des régions françaises. Les Chantiers de l'Atlantique ont fait de Saint-Nazaire le symbole de la construction navale, des paquebots transatlantiques aux navires techniques modernes, tandis que Nantes, entre la Loire et l'Océan, porte un long héritage commercial et que la Vendée s'affirme comme championne de la navigation de plaisance. Quant à la pêche, elle reste une des ressources principales des villes de tout le littoral atlantique.

INDUSTRIE

Aéronautique

Deux des usines d'Airbus sont implantées dans l'estuaire de la Loire : à Nantes sont fabriqués les caissons de traversée de voilure tandis qu'à Saint-Nazaire, on pré-assemble les premiers tronçons des fuselages. Ces deux usines ont ainsi participé à la construction du nouvel A380. Les besoins de l'aéronautique ont notamment contribué à développer la métallurgie dans la région.

Construction navale

Avec la révolution industrielle du 19e s. et le développement des navires en partance pour l'Amérique, les nouveaux bateaux commerciaux s'avèrent trop grands pour franchir les 60 km qui séparent Nantes, où sont alors construits les navires, de l'Océan. Tête de ligne pour l'Amérique du Sud depuis un décret de 1840, Saint-Nazaire est choisie par Napoléon III pour accueillir le nouveau chantier naval de la façade Atlantique. Un écossais, John Scott est dépêché pour la construction de ce gigantesque chantier rendu indispensable par le développement des liaisons transatlantiques dans les années 1860. Le 28 avril 1864, le premier paquebot construit sur les Chantiers de l'Atlantique, *l'Impératrice Eugénie* (108 m de long) est mis à flot. Si les chantiers, mal gérés, connaissent une faillite passagère, ils sont réhabilités en 1882 quand une compagnie nantaise, les Ateliers et Chantiers de la Loire, s'y installent définitivement. Premier employeur des Pays de la Loire (plus de 4 000 salariés), les **Chantiers de l'Atlantique**, filiale d'Alstom, attirent aujourd'hui de nombreuses entreprises sous-traitantes, tant dans le secteur de la mécanique que dans celui du travail des matériaux. Navires techniques et pétroliers mais surtout paquebots de luxe sont devenus la spécialité du chantier, réputé pour son très haut niveau technologique de conception et de réalisation. Le *Normandie* en 1935, le *France* en 1962, le porte-avions *Foch* en 1960 ou encore le *Queen Mary 2* en 2003 sortent des Chantiers de l'Atlantique.

À visiter : les Chantiers de l'Atlantique (*p. 139*)

Le port de Saint-Nazaire.
B. Rieger / hemis.fr

Industrie textile et mode

Au 1er rang national pour la fabrication de chaussures, avec en tête Éram, l'un des leaders européens, le Maine-et-Loire s'est taillé une réputation internationale dans les secteurs du textile (New Man, One Step, Thierry Mugler, Georges Rech…). **Longchamp** fabrique son célèbre sac et de multiples autres articles dans ses six sites de production basés dans les Pays de la Loire, principalement à Segré, près d'Angers. Quant au maroquinier de luxe, **Louis Vuitton**, il a choisi, à la fin des années 1990, d'implanter une usine en terre vendéenne, à Sainte-Florence, au nord-est de la Roche-sur-Yon.

La région de Cholet est un leader européen dans la **mode enfantine** (Bébé Confort, Génération Y2K – alliance de Catimini et d'IKKS/Jean Bourget, Sucre d'Orge…).

COMMERCE MARITIME ET PÊCHE

Port de Nantes-Saint-Nazaire

Long de 65 km et aménagé sur plusieurs sites très diversifiés, Nantes-Saint-Nazaire est le premier port de la façade atlantique et le quatrième port français : 26 000 personnes vivent des activités portuaires. Chaque année, plus de 30 millions de marchandises y transitent, en partance pour près de 400 destinations sur les cinq continents.

Pêche et aquaculture

La pêche demeure une importante ressource pour le littoral et continue d'alimenter un certain nombre de conserveries. Cependant, la raréfaction des ressources en mer se traduit par des restrictions de plus en plus sévères imposées par l'Union européenne. Ainsi, la Commission européenne demande aux États membres de l'UE et aux pêcheurs d'accepter, d'une part, des quotas encore plus restrictifs de capture, et, d'autre part, la diminution de jours de mer autorisés. La profession semble donc condamnée à diminuer son rendement. À titre d'exemple, l'île d'Yeu pratiquait traditionnellement la pêche aux filets dérivants. Après

une lutte de plusieurs décennies pour maintenir l'un des rares métiers de l'île, son interdiction a été prononcée. Les pêcheurs se tournent donc vers les moindres prises de la pêche au filet posé (sole, bar, merlu), au casier (crabe, homard, araignée) ou à la palangre (ligne garnie de plusieurs hameçons) pour les bars et le thon.
L'île d'Yeu (thon), Saint-Gilles de Croix-de-Vie (sardine et maquereau), le Croisic (crustacés)… D'autres facteurs comme l'augmentation du coût du carburant et les modifications de l'environnement (qualité des eaux côtières) fragilisent la pêche maritime. La région représente actuellement 9 % de l'activité de pêche française en termes de navires et d'emploi. Les 450 km de côtes de la région abritent une douzaine de ports principaux : La Turballe, Le Croisic, Nantes - Saint-Nazaire, Noirmoutier, Yeu, St-Gilles-Croix-de-Vie et les Sables-d'Olonne.
L'**aquaculture** de la région comprend l'élevage d'huîtres (1 400 ha de parc en mer), de moules (360 km de bouchots), ainsi que l'élevage de poissons en eau de mer et en eau douce. La production ostréicole des Pays de la Loire s'est développée après la Seconde Guerre mondiale à l'initiative de quelques Charentais dans la **baie de Bourgneuf** au nord de la Vendée, qui porte aujourd'hui le nom de **Vendée Atlantique**. Le territoire de cette marque collective s'étend sur 80 km de la baie de Bourgneuf à la baie de l'Aiguillon et produit quelque 10 000 t d'huîtres chaque année. Grâce à la proximité de l'estuaire de la Loire et aux variations salines, l'huître de Vendée Atlantique est en effet particulièrement appréciée pour sa saveur et pour sa chair ferme. Dans la partie Sud du littoral vendéen, la **baie de l'Aiguillon** abrite un vaste centre de production de moules. Celles-ci se fixent et engraissent sur des pieux plantés dans la vase : ce sont les bouchots que les « boucholeurs » disposent en files ou réunissent en assemblages.

NAVIGATION

Ports de plaisance sur la façade atlantique

Avec le développement du tourisme balnéaire et l'afflux de touristes sur la côte en provenance de Paris (Paris-La Baule en 3h en TGV, Paris-Les Sables-d'Olonne en 3h30), de nombreux ports de pêche appréciés pour leur côté pittoresque se transforment en ports de plaisance à la haute-saison.

La réussite de Bénéteau

Bénéteau a débuté son aventure en 1884 à Saint-Gilles-Croix-de-Vie en Vendée avec la construction d'un bateau de pêche à voile. Spécialisé dans la construction de bateaux de plaisance et de voiliers de luxe, le groupe industriel français dispose aujourd'hui d'une gamme très complète. Il a contribué à faire de la Vendée la seconde patrie de la voile après la Bretagne, comme en témoigne la célèbre course Vendée Globe.

Vendée Globe

Ce tour du monde en 87 jours, à peine plus que Phileas Fogg, voit s'affronter tous les quatre ans des voiliers en solitaire sur 43 000 km sans escale et sans assistance, en passant par le Cap de Bonne-Espérance, le Cap Leeuwin et le Cap Horn pour terminer aux Sables-d'Olonne devant plus de 100 000 personnes. Michel Desjoyeaux a remporté la dernière course 2008-2009.

AGRICULTURE

Au 2e rang national pour la production agricole, les Pays de la

Loire se distinguent par la qualité de leurs produits avec plus d'une centaine de labels, 31 AOC et 75 200 ha dédiés aux productions biologiques.

Vergers et maraîchages

En Vendée, la polyculture se raréfie, aux dépens des **asperges, haricots verts, oignons, poireaux et pommes de terre**.

La vallée Angers-Saumur est connue pour ses **cultures sous serres**. Mûres 15 jours avant la région parisienne, celles de plein champ – **pommes de terre de Saumur**, **oignons et échalotes d'Anjou**, **artichauts d'Angers** – sont expédiées en grande quantité vers les halles de Rungis.

La **mâche nantaise**, « or vert » des maraîchers est insensible aux rudes températures de l'hiver. Recouverte d'une fine couche de sable elle arrive à maturité au bout d'un à trois mois et se savoure crue ou cuite. Chaque année la région produit 85 % de la mâche consommée dans l'Hexagone et place la France au premier rang de la production européenne.

Les carrières de tuffeau dans le Saumurois abritent plus de 60 % de la production française de **champignons de couche**, dits « de Paris » (cultivés dans les caves de la capitale sous Napoléon Ier).

À visiter : Champignonnière du Saut-aux-Loups à la sortie de **Montsoreau** (*p. 365*).

Dans la Sarthe, la **pomme** est au centre de la production ainsi qu'en Anjou, avec la poire. Aux portes d'Angers, des vergers sont dédiés à la science.

À visiter : production de pommes tapées, le Troglo des pommes tapées à **Turquant**.

Élevage

Très diversifié, l'élevage (**boeuf**, **mouton** mais surtout **volailles**) se caractérise par la présence de nombreux labels et une orientation marquée vers l'élevage biologique. (*Viandes et charcutailles p. 44*).

Le secteur du luxe est également présent, notamment grâce au **foie gras** qui représente plus de 25 % de la production nationale.

AGROALIMENTAIRE

Premier pourvoyeur d'emplois dans la région avec plus de 50 000 personnes, l'agroalimentaire est en nette croissance. De nombreuses entreprises régionales comme Lactalis, Brioche Pasquier, L.D.C. ou Celia (groupe laitier) font la renommée des Pays de la Loire. La Vendée accueille Fleury-Michon (jambons et plats cuisinés), Maître Coq (volailles), La Boulangère (brioche vendéenne) et Sodebo (leader français du marché traiteur frais, en particulier les pizzas).

Les vedettes du biscuit

La production industrielle du Petit Beurre nantais, inventé au 19e s. pour concurrencer les cookies anglais, commence avec les usines LU qui fabriquent 300 kg de biscuits par jour en 1890 et jusqu'à 20 t. journalières à la veille de la Première Guerre mondiale.

La Biscuiterie Nantaise (BN) se développe à partir de 1896 et ambitionne de rivaliser avec LU. En 1930 apparaît le célèbre « choco-BN » qui reste aujourd'hui encore apprécié dans les cours de récré.

À visiter : usine LU (*p. 90*).

HORTICULTURE

Les Pays de la Loire sont également réputés pour l'horticulture. Première région de France pour les productions horticoles, elle fournit l'Europe entière et a créé Végépolys, le pôle « végétal spécialisé », centré sur la recherche dans ce domaine.

Le Maine-et-Loire est le 1er département **horticole** de

France et la première zone semencière d'Europe. Le département collectionne les trophées : 1er rang mondial des producteurs de la filière végétale, 1er rang pour les semences potagères, 2e pour les semences florales, 1er producteur d'Europe d'hortensias et 1er de France en plantes médicinales, bulbes et plantes en pots.
À visiter : **Terra Botanica** (*p. 314*).

Végépolys

Basé à Angers, ce pôle de compétitivité à vocation mondiale est spécialisé dans huit filières de la production végétale. Il regroupe 5 000 étudiants, 1 000 chercheurs, des centaines d'entreprises horticoles de la région et des fleurons du secteur, tels l'Institut national d'horticulture, l'Institut national de la recherche agronomique (Inra) et l'Office européen des variétés végétales.

TOURISME

Les Pays de la Loire représentent aujourd'hui la 4e destination des séjours touristiques français. La métropole Nantes-St-Nazaire attire un tourisme d'affaires et un tourisme urbain tandis que La Baule, la presqu'île guérandaise et la côte vendéenne invitent à des séjours balnéaires. La Vendée constitue le 2e département français en nombre de touristes accueillis. Par son patrimoine naturel exceptionnel et ses richesses culturelles et historiques, le Val de Loire séduit de nombreux touristes.

Tourisme balnéaire

Avec leurs kilomètres de côtes alternant falaises escarpées et plages de sable fin, les Pays de la Loire ne pouvaient échapper à l'essor des stations balnéaires. De la tradition mondaine du 19e s., aux cures de thalassothérapie, le tourisme balnéaire a une longue histoire dans la région, relayée par des stations comme **Saint-Nazaire**, pionnière du genre, **La Baule**, grande star du balnéaire, **Pornichet**, **Le Pouligen** et **les Sables-d'Olonne**, plus familiale.

Naissance de la mode balnéaire

Née sous le Second Empire sous l'impulsion de l'impératrice Eugénie, la mode balnéaire s'est épanouie à partir de 1880. La vogue des bains de mer, l'air iodé, le varech abondant, le goût du loisir ou du repos et l'arrivée du chemin de fer ont favorisé cette villégiature maritime, rendant accessible des plages qui étaient autrefois réservées aux notables de la région et à leurs chalets d'été en raison de leur difficulté d'accès. Le train arrive ainsi à Saint-Nazaire en 1857, aux Sables-d'Olonne en 1866 et enfin à La Baule en 1879. Devenues lieu de villégiature, ces villes du littoral se couvrent de villas pour les plus aisés et d'hôtels pour les autres. Côté loisirs, on construit jardins, établissement de bains et casino, comme aux Sables-d'Olonne qui fut la première station balnéaire à en ouvrir un.

DÉVELOPPEMENT DU TOURISME BALNÉAIRE

Le 11 juin 1936, le Front Populaire vote la loi accordant aux salariés 12 jours annuels de congés payés. L'accès aux loisirs ne dépend plus de la classe sociale. Grâce au développement du chemin de fer et à la construction d'hôtels dans les stations balnéaires, il devient envisageable pour les personnes à plus bas revenus de passer quelques jours sur la côte. De 1936 à 1939, une nouvelle classe de vacanciers fait son apparition dans les villes balnéaires. Ce n'est qu'après-guerre que cet afflux devient massif.

LA MÉDECINE PAR LES BAINS DE MER

Au 18e l'aristocratie européenne pense qu'un bain de mer est une pratique de santé permettant de régénérer l'organisme par la suffocation que l'on éprouve suite à l'immersion brutale dans l'eau froide de la mer. Descendant d'Hippocrate et de l'alchimie, cette théorie veut qu'en contact avec les quatre éléments, le sable et donc la terre sous ses pieds, l'eau dans laquelle on est plongée, l'air environnant et le feu sous la forme du soleil, on retrouverait son tonus corporel. Vers le 19e, les bains de mer réparateurs pour natures fragiles deviennent surtout un prétexte pour aller mener une vie mondaine sur le littoral.

Thalassothérapie

Pratiquée exclusivement en bord de mer, la thalassothérapie utilise les bienfaits du milieu marin, dans un but médical, curatif ou bien préventif. Elle se pratique sous surveillance médicale. En vogue depuis quelques années, plusieurs établissements des Pays de la Loire la pratiquent, en particulier à La Baule, Pornichet, Pornic, St-Jean-de-Monts et aux Sables-d'Olonne *(voir p. 24)*.

Parcs de loisirs

Les Pays de la Loire offrent un voyage dans le temps et dans l'espace avec plusieurs **parcs de loisirs** et d'autres lieux grandioses et insolites.

En Vendée, au cœur d'une forêt centenaire, le **Puy du Fou** (*p. 255)* invite à découvrir de grands moments de l'histoire au travers de plusieurs espaces thématiques : jeux du cirque au Colisée dans la Rome Antique, attaques de drakkars vikings, joutes chevaleresques, fauconnerie et aventures de capes et d'épées. Des spectacles historiques passionnants se succèdent, où la pyrotechnie s'ajoute au talent des cascadeurs, dresseurs et figurants. Consécration d'une journée au Puy du Fou, la **Cinéscénie** déploie 700 ans d'Histoire sous les yeux du spectateur, sous forme d'une immense fresque son et lumière.

Pour partir à la découverte des paquebots transatlantiques, direction le port de Saint-Nazaire. Amarré dans l'ancienne base de sous-marin, l'**Escal'Atlantic** (*p. 136)* propose une croisière à bord des plus beaux paquebots. Vous évoluez dans l'univers, hallucinant de réalisme, de ces rois des mers. Pour ceux qui voudraient prolonger l'exploration maritime de Saint-Nazaire, le sous-marin l'**Espadon**, lancé en 1958, accueille les visiteurs pour revivre l'expédition de 1964 au Pôle Nord ; et les **Chantiers de Saint-Nazaire** proposent des visites guidées, avec découverte des navires en cours de construction.

Véritable vitrine du pôle végétal d'Anjou, **Terra Botanica** a ouvert ses portes *(p. 314)* près d'Angers en 2010 avec l'ambition de présenter une vision planétaire du végétal, mêlant découverte, sciences et développement durable. Une quarantaine d'attractions et d'animations font vivre l'aventure du végétal.

Cyclotourisme

Deux eurovéloroutes se croisent dans les Pays de la Loire : la Vélodyssée et La Loire à vélo.

La **Vélodyssée** est la partie française de l'eurovélo 1 qui va de la Norvège juqu'au Portugal. Dans la région, elle suit le canal de Nantes à Brest, traverse Nantes, rejoint l'Atlantique à St-Brevin et emprunte le littoral en Vendée.

La Loire à vélo s'inscrit dans l'eurovélo 6 qui suit le cours des

trois plus grands fleuves d'Europe (la Loire, le Rhin et le Danube), de l'Atlantique (Nantes) à la mer Noire en Roumanie.
www.loireavelo.fr, www.eurovelo6.org *(voir aussi p. 26)*.

INDUSTRIE, CULTURE ET ARTISANAT

Quelques industries ou artisanats, liés au tourisme industriel et technique sont ouverts au public. Ces centres actifs font partie intégrante de la vie de la région et de son patrimoine.
Champignonnière du Saut-aux-Loups à la sortie de **Montsoreau** (*p. 364*).
Distillerie Cointreau à **St-Barthélemy-d'Anjou** (*p. 312*).
Cave des Vignerons de Saumur à **St-Cyr-en-Bourg** (*p. 385*).
Vins effervescents de Saumur, Bouvet-Ladubay à **St-Hilaire-St-Florent** (*p. 366*).
Production de pommes tapées, le Troglo des pommes tapées à **Turquant**.

CHEVAUX DE MONTE ET D'ATTELAGE

De nombreux **haras** continuent l'élevage de chevaux de sang, de course et de trait, le **Haras national du Lion d'Angers** étant le plus prestigieux d'entre eux. L'Anjou reste une terre de savoir-faire en matière d'équitation, qui lui procure un apport économique non négligeable : plus de 20 compétitions internationales et nationales sont organisées sur ses 13 champs de course et 1 000 éleveurs y travaillent. Célèbre pour son école nationale d'équitation et le célèbre **Cadre noir**, **Saumur** est aussi réputée bien au-delà de nos frontières pour ses bottiers et ses selliers.
Dans le Maine et le Perche, l'élevage du percheron – cheval de trait qui tient son nom du Perche – perdure et se développe grâce à l'attelage.

Gastronomie et vins de Loire

La gastronomie des Pays de la Loire offre un large panel de choix : saveurs de la mer et des terres, sans oublier le beurre blanc, le sel de Guérande ou encore les douceurs nantaises. Quant aux vins de Loire et d'Anjou, rouges, blancs, rosés, secs, effervescents, moelleux ou liquoreux, par une diversité d'appellations extraordinaire, ils déclinent le meilleur de leurs cépages et de leurs arômes.

SAVEURS RÉGIONALES

Viandes et charcutailles

Région d'élevage, les Pays de la Loire fournissent boeufs, moutons et volailles. La **Rouge des Prés** et sa saveur persillée, et le **cul-de-veau,** cuit jusqu'à en être fondant, font la renommée de la viande bovine angevine. Les marchés aux bestiaux de Château-Gontier (veaux) et de Cholet (1er de France pour les gros bovins) constituent un spectacle haut en couleurs.
L'aire du **mouton** couvre les plateaux calcaires du haut Maine.
La production avicole se caractérise par la présence de nombreux labels et une grande diversité du banal poulet à l'ensemble des espèces de gibier à plume (**volailles fermières** de Mayenne et de Loué élevées en liberté, **pigeonneau** de Maulévrier, **oies** du Maine-et-Loire, **chapons** du Mans et **poulardes** de la Flèche). **Rillauds**, **rillons**, **rillettes** sont dérivés de « rille » (au 16e s. petits morceaux de porc). Les rillons, cuits longuement jusqu'à ce qu'ils soient dorés, sont dit parfois « grillons ». Hachés finement, remis au feu et doucement mijotés, ils deviennent rillettes ; après mise en pot, la graisse remontée en surface se fige, assurant une

longue conservation. Il existe aussi de savoureuses rillettes d'oie. Les **rillauds d'Anjou**, morceaux de poitrine, cuisent durant des heures dans un bouillon de légumes parfumé d'herbes aromatiques. Après réduction, on ajoute du saindoux ou de la graisse de porc. À servir avec un vouvray… ou un montlouis, sec ou demi-sec. Quand aux **rillettes du Mans**, le plus souvent fabriquées à Connerré, la viande de porc ou de canard est répartie dans le gras sans qu'il soit visible, d'où son goût fin.

Produits de la pêche

Avec la Loire, ses rivières, ses lacs, ses étangs et son ouverture sur la côte atlantique, la région Pays de la Loire propose une grande variété de fruits de mer et poissons. La **sandre**, l'**anguille** et le **brochet angevins**, consommés en friture ou au beurre blanc, la **lamproie** au vin rouge de la Loire Atlantique, la **sole sablaise** au jus de citron, la **sardine** de Saint-Gilles-Croix-de-Vie grillée au barbecue et le **thon blanc (ou germon)**, cuisiné au four, garniront les tables de la région. Les marais de la région ne sont pas en reste : l'**anguille de Brière** ou **de Grand Lieu** se mange en matelote ou grillée sur feu de bois à l'ail, farcie au beurre d'ail ou rôtie au jus de cidre. Côté crustacés, on dégustera l'**huître Vendée atlantique** ou les **fruits de mer** de la Loire Atlantique vendus à la criée.

Beurre blanc et produits des marais salants

À base d'échalotes hachées avec un peu de vinaigre et du poivre blanc, la **sauce au beurre blanc**, inventée au 19e s. par la tenancière d'un estaminet des bords de Loire près de Nantes, accompagne à merveille les poissons de Loire (brochet ou alose).

Très riche en magnésium, le **sel de Guérande** est cultivé dans les marais salants selon une technique ancestrale. Ce produit haut de gamme, blanc ou gris, se présente sous la forme de gros sel ou de fleur de sel. Aux abords des marais salants de l'île de Noirmoutier pousse la **salicorne**, qui se déguste à la poëlle ou en condiment.

Fromages

En Anjou, on découvre le **chouzé** de Saumur, le **caillebotte d'Anjou**, le **saint-paulin ;** dans la Loire-Atlantique, le plus vieux fromage de Retz, le curé nantais, est un fromage au lait cru et entier affiné sur des planches d'épicéa à Pornic.

Desserts et douceurs

La région ne manque pas de douceurs qui vous raviront les papilles : la **brioche vendéenne** parfumée à l'eau-de-vie ou à la fleur d'oranger, les **niniches** de La Baule, les **françoises de foix** de Châteaubriant (praliné au beurre frais), le **plantagenêt** angevin (gâteau alliant biscuit praliné et bavaroise au Cointreau parsemé de griottes), les **berlingots** et les **rigolettes** nantais ou encore les **petits sablés** sarthois.

QUELQUES SPÉCIALITÉS

Mogettes vendéennes

Cultivées dans les marais de Vendée, il s'agit d'haricots blancs à écosser que l'on trouve secs ou demi-secs. Ces haricots accompagnent le jambon de pays généralement servi chaud. Les connaisseurs apprécient les grillées de mogette : des tartines de pain préalablement frottées avec une gousse d'ail, beurrées et recouvertes de mogettes bien chaudes.

Marmite sarthoise

Marmite où l'on plonge poulet de Loué, arrière de lapin, jambon, champignons, carottes et choux, le tout arrosé d'un fond de veau, de crème et de vin blanc de Jasnières. Ce plat traditionnel vous régalera.

Fricassée de poulet à l'angevine
Elle s'accompagne d'une sauce au vin blanc, à la crème, aux petits oignons et aux champignons, servie avec un bourgueil, un chinon ou un saumur-champigny.

Le Châteaubriant
Du nom de son fief d'origine au nord de la Loire Atlantique, cet épais filet de boeuf est cuit à feu cru, saisi à l'extérieur et chaud au coeur pour donner une viande délicieusement fondante.

Préfou
En Vendée on avait coutume pour vérifier la température du four à son ouverture d'y faire cuire un morceau de pâte à pain aplati sur une tuile chauffée. Appelé préfou, ce morceau de pâte était alors frotté d'ail, graissé de beurre avant d'être mangé encore chaud. Aujourd'hui, on le consomme en accompagnement d'un apéritif.

GRAND CHEF DE LA RÉGION

La Plaine-sur-Mer
Philippe Vételé est un autodidacte qui a conforté son inspiration culinaire par des stages chez les plus grands. Il propose une cuisine axée sur les beaux produits (pêche locale ou terroir) qu'il affectionne de préparer pour des menus à thèmes ou des associations mets-vins, aidé en cela par son épouse Michèle, sommelière. Son souci d'être à l'écoute de la clientèle le conduit régulièrement en salle.
Anne de Bretagne - port de Gravette - ✆ *02 40 21 54 72.*

VINS DE LOIRE

Vins de Loire : une origine ancienne
La découverte à Cheillé, près d'Azay-le-Rideau, des restes d'un vieux pressoir en pierre témoigne de la culture de la vigne en Val de Loire dès l'époque romaine, vers le 2e s. Au 4e s., saint Martin aurait fait planter les premières vignes sur les côtes de Vouvray et les « filles » de l'abbaye auraient répandu la culture de la vigne en Anjou. Du 12e au 17e s., le commerce hollandais joua un grand rôle et les Anglais importaient le vin de la Loire avant de se replier sur l'Aquitaine. Depuis… ce n'est qu'une longue histoire d'amour entre le vignoble et le Val de Loire. Aujourd'hui, d'après une étude de l'Association de la presse du vin, les vins de Loire sont les plus vendus dans les restaurants français.

Vignobles d'Anjou
Environ 60 % de la production est en blanc, 30 % en rouge et 10 % en rosé. L'influence océanique et le millésime déterminent le caractère du vin. L'Anjou a accueilli au cours des siècles des plants de vigne de différentes régions, ce qui explique la variété des cépages.
Le cépage blanc le plus fameux est le **pineau de la Loire**, nom local donné au chenin blanc. C'est celui des plus grands moelleux et liquoreux d'Anjou-Saumur : **coteaux-du-layon**, **quarts-de-chaume**, **bonnezeaux**, **coteaux-de-l'aubance**, et, de l'autre côté de la Loire, les vins secs et nerveux de **savennières**, qui englobent la coulée de Serrant et la Roche-aux-Moines. **Saumur** est également un centre de production de vin effervescent de grande classe, sans compter le **crémant de Loire**, fabriqué selon la méthode traditionnelle, mais dont l'élevage est moins long.
Le cépage rouge le plus renommé est le « **breton** », cabernet franc d'origine bordelaise, qui donne les **bourgueils** tourangeaux, les **saint-nicolas-de-bourgueil**, à la fois fins et légers, et le **chinon**, plus parfumé. Issus d'un cépage un peu rustique, ces vins nécessitent une garde prolongée pour s'assouplir. Parmi les

vins d'Anjou, le **saumur-champigny**, de longue garde, a une belle robe et un goût léger de framboise. Le **rosé sec de Saumur** ne manque pas d'élégance. Les multiples appellations du Val de Loire prêtent parfois à confusion : l'**anjou blanc** et le **saumur blanc** sont fruités ; l'**anjou rouge**, produit autour de Brissac, est léger ; sur les trois **anjous rosés**, le rosé de Loire est sec, le rosé d'Anjou, vif et fruité, et le délicat cabernet d'Anjou, demi-sec.

Fiefs vendéens

Brem-sur-Mer, Pissotte, Mareuil-sur-Lay et **Vix** forment les quatre Fiefs Vendéens. Le vignoble vendéen est constitué de cépages **chenin** et **chardonnay** pour les vins blancs et de cépages **gamay**, **pinot noir**, **cabernet** et **négrette** pour les vins rouges et rosés. L'appellation Fiefs Vendéens, qui couvre une superficie de 470 ha pour une production de 25 000 hl, a obtenu le label VDQS en 1984. Les blancs de Brem sur Mer accompagnent délicieusement les spécialités de poissons et de crustacés.

Muscadet et Gros-Plant

Les Nantais entourent le **muscadet**, qui bénéficie de l'appellation d'origine contrôlée depuis 1936, d'un culte jaloux. Son cépage, le melon de Bourgogne, cultivé depuis le début du 17e s., donne un vin sec et fruité, particulièrement recommandé pour la dégustation des poissons et fruits de mer. Le **gros-plant-du-pays-nantais**, vin blanc sec, a reçu l'AOC en 2011.

LIQUEURS DU PAYS

Liqueurs angevines

Fondées entre 1820 et 1850, les distilleries angevines et saumuroises exportent un joli bouquet de liqueurs. Parmi les plus emblématiques le **guignolet**, issu de la macération des cerises, et le **Cointreau**, résultant de la macération d'oranges douces et amères dans de l'alcool neutre, tous deux de la maison Cointreau, la **menthe pastille** de la maison Giffard, une liqueur blanche au goût de menthe et l'**élixir** de Combier, à Saumur.

L'absinthe de Combier

La « fée verte » ou absinthe, tant prisée au 19e s. des poètes et des peintres, avait été interdite en 1915. Accusée alors de « rendre fou », elle dut attendre le 21e s. pour être réautorisée. Aujourd'hui, la maison Combier la distille et la fait déguster dans l'esprit du 21e s. : servie traditionnellement avec une cuillère spécifique et le verre surmonté d'un sucre.

Alcool vendéen

En Vendée, on trinque volontiers à la **Troussepinette**. Cet alcool surprenant est obtenu par fermentation d'une plante appelée l'épine. Il en existe des versions aromatisées, aux fruits rouges ou encore aux noix.

BIÈRE NANTAISE

Si la tradition brassicole nantaise remonte au 17e s., il faut attendre le 20e s. pour que la bière nantaise prenne son essor. Peu alcoolisée, « Pure Malt », la **Blonde de Bouffay**, du nom du château où elle était produite à La Chapelle sur Erdre, est aujourd'hui proposée dans cinq brasseries à Monceaux, La Chapelle-Basse-Mer, Treffieux, Pornic et Saint-Lyphard. On peut y visiter la production

Nature et paysages

Côtes rocheuses, plages et dunes le long de la façade atlantique, alternance de vallées et de plaines, de bocages, de collines et de marais à l'intérieur des terres : les Pays de la Loire offrent une multitude de paysages. Avec 370 km de littoral atlantique et 18 000 km de cours d'eau, l'eau est un élément essentiel de la région. Le territoire possède deux îles importantes, l'île de Noirmoutier et l'île d'Yeu, et compte plusieurs Parcs naturels régionaux qui abritent une faune et une flore d'une étonnante diversité.

La Loire, épine dorsale

LA LOIRE ET SES RIVIÈRES

Les Pays de la Loire ont en commun l'omniprésence de l'eau. Deux de ses départements, le Maine-et-Loire et la Loire-Atlantique, sont traversés par la Loire et voient leurs paysages marqués par le fleuve royal sur 200 km de long : vastes prairies et coteaux, bancs de sables et îles boisés accueillent animaux et végétaux sauvages. La Loire, axe majeur, accueille les grandes agglomérations : Angers (sur la Maine), Nantes, capitale régionale, et St-Nazaire.

Pour le reste du territoire, affluents et rivières ne manquent pas : le **Loir** et la **Sarthe** traversent, pour l'un, forêts denses et vignobles à flancs de coteaux et, pour l'autre, les Alpes mancelles par une vallée encaissée puis la campagne mancelle jusqu'à Écouflant, au nord d'Angers où elle rejoint la Mayenne. La **Mayenne** est connue comme une très belle voie navigable entre Mayenne et Angers, en passant par Laval et Château-Gontier. Son chemin de halage, entièrement réhabilité sur 100 km, invite aux promenades fluviales. L'**Erdre**, quant à elle, serpente entre les châteaux et les villages de la Loire-Atlantique. Aux frontières des paysages angevin et vendéen la **Sèvre nantaise** traverse bocage et vallons tandis qu'au cœur de la Vendée la **Sèvre niortaise** irrigue le marais poitevin. Tous ces affluents se jettent dans la Loire où vit une faune très diversifiée.

LES ÎLES ET GRAVIÈRES

Au milieu du chenal, les îles, longs bancs de sable et hautes herbes, constituent des dortoirs tranquilles où peuvent se reposer en toute quiétude, le **héron cendré**, le **grèbe huppé**, le **grand cormoran** ou le **martin-pêcheur**. La reproduction de ces oiseaux est liée au régime irrégulier du fleuve, qui, par ses crues, maintient un réseau important de grèves

Couple au bord de la Loire angevine
S. Rabouan / hemis.fr

dégagées, propices à l'édification de leurs nids.

LE LONG DU FLEUVE ROYAL

Les paysages des Pays de la Loire varient au gré du fleuve, des falaises blanches du Saumurois à l'estuaire Atlantique. La Loire marque une frontière entre le nord armoricain, composé de collines de schistes (Segré, Châteaubriant), et le sud, aux vallées étroites et encastrées, creusées dans le granit par les rivières du nord de la Vendée, et au climat méridional propice aux vignobles.
Le **Saumurois** s'étend au sud de la Loire, de Fontevraud et Montsoreau jusqu'à la vallée du Layon : un pays de bois, plaines et coteaux couverts de vignes produisant d'excellents vins. Sur la rive Nord du fleuve, les sables du **Baugeois** favorisent bois de chênes, de pins, de châtaigniers et de guérets mais aussi les vergers.
Si l'**Anjou**, comme la Touraine, n'a guère d'unité physique, la « douceur angevine » que vanta Du Bellay n'a rien d'un mythe. Autour d'**Angers**, la floriculture est omniprésente ; la vigne réapparaît en aval de la ville. La **région d'Angers** présente elle aussi de beaux vignobles.
Décidément armoricain, l'**estuaire de la Loire,** long (60 km) et vaste, présente des avancées rocheuses

LES BOIRES DE LA LOIRE

De part et d'autre du lit du fleuve, les boires forment un réseau de fossés remplis d'eau stagnante qui communiquent avec le fleuve au moment des crues. Certains oiseaux apprécient ces lieux discrets où viennent frayer les gardons, les tanches et les perches ; c'est le cas du butor étoilé, de la gallinule poule-d'eau, de la foulque macroule, de la sarcelle d'été et des petits passereaux comme la rousserolle turdoïde ou l'effarvatte, qui suspendent leur nid à 50 cm au-dessus de l'eau, solidement fixé à 3 ou 4 tiges de roseaux.

du Pays de Retz à la presqu'île de Guérande. Les eaux océaniques entrent profondément dans le fleuve et se mêlent aux eaux douces, suscitant le développement d'un écosystème singulier, auquel se rattachent le lac de **Grand-Lieu**, les marais de la Brière et ceux de Guérande. Sur ces zones humides (marais, vasières découvertes à chaque marée basse, roselières et prairies salées) prolifère une flore particulièrement variée.
Située dans l'estuaire de la Loire, à 50 km de la côte Atlantique, **Nantes** se trouve au confluent de la Sèvre et de l'Erdre. Deuxième ville du département, **St-Nazaire** veille à l'entrée de l'estuaire. Elle constitue, avec Nantes, le premier complexe portuaire de la façade atlantique.

La côte Atlantique

AUTOUR DE L'ESTUAIRE LIGÉRIEN, SABLE ET CÔTES ROCHEUSES

De part et d'autre de l'estuaire de la Loire, la côte égrène ses stations balnéaires **(La Baule, Pornic, Le Croisic, St-Brevin)** et ses îles. Ici, où les embruns fouettent le visage et où l'air iodé regonfle les poumons, vous trouverez des plages de sable fin et des bois odorants, mis en valeur par un microclimat exceptionnel et une lumière à nulle autre pareille.
En général peu élevées, quelques **falaises** bordent au nord la **Côte de Jade**, la Côte sauvage de l'**île d'Yeu**, et la Côte vendéenne entre Sion et Brétignolles. Elles révèlent les secrets de l'histoire géologique de la région, point de contact entre le **Massif armoricain**, dont on retrouve là les schistes, et le **Bassin aquitain**, dont on rencontre les calcaires beaucoup plus au sud, dans quelques estrans rocheux, le plus souvent à gradins, à partir de la pointe du Payré (au sud des Sables-d'Olonne).

PLAGES ET DUNES DE VENDÉE

En Vendée, si le rivage est dominé par la présence des plages de sable, c'est sous l'effet de l'érosion. Ce qu'elle a arraché là-bas, elle le dépose ici. Elle ne cesse de former ainsi des flèches littorales et des cordons dunaires dont la présence domine sur l'ensemble de la côte. À La Faute-sur-Mer, la **pointe d'Arçay** continue d'avancer, au rythme spectaculaire de 25 m environ par an. Ces cordons peuvent boucher des baies et ceindre des zones humides telles que les marais breton-vendéen et poitevin.
Autre particularité régionale, la conche est une plage en forme de croissant logée entre deux falaises mais attention : dans le Marais poitevin, le terme prend une autre signification et désigne un petit canal.
Le long de la côte, diverses plages de sable fin s'étendent sur plusieurs kilomètres : **St-Jean-de-Monts**, **Les Sables-d'Olonne**, **La Tranche-sur-Mer**.
À l'île d'Yeu le rivage de falaises basses et de grottes est entrecoupé de petites baies aux fonds de sable bordées de chênes verts.

À L'ÉCART DU RIVAGE

En s'éloignant un peu du rivage, les forêts épaisses comme celle d'**Olonne** reprennent leurs droits. Chênes, verts, pins maritimes, acacias, érables, frênes et peupliers occupent plus de 1 000 ha de dunes. Le cordon de dunes forme une digue qui retient les eaux saumâtres ou les dépressions humides et c'est parfois la baie toute entière qui s'enlise, comme à la **baie de l'Aiguillon**. Les oiseaux prolifèrent dans ce milieu, et en particulier les oies bernaches, les canards, les hérons et les cigognes.

Les marais

MARAIS SALANTS

Isolés par le dépôt de sable, des marais se sont constitués tout le long de la côte, derrière les dunes. Ils sont formés de débris accumulés par les courants marins d'un côté et les cours d'eau de l'autre. La région compte plusieurs **marais salants**, alimentés essentiellement par la mer, à Guérande, sur l'île de Noirmoutier et à Olonne.

MARAIS PRÉ-SALÉS ET DOUX

Les **marais bretons** sont issus de la rencontre entre l'eau salée et l'eau douce, lorsque des dépressions inondables se forment à l'arrière du rivage. L'ancien golfe de Machecoul est ainsi devenu l'actuel **Marais breton-vendéen**. Abritées par les dunes du pays de Monts, les îles de Bouin, Beauvoir, Monts et Riez se sont retrouvées jointoyées par le dépôt d'alluvions et ont fermé le golfe. Ces marais sont propices à la conchyliculture, à l'ostréiculture et à l'aquaculture et l'on peut y voir des buzards cendrés (d'avril à juin) avant qu'ils ne repartent vers l'Afrique et son milieu tropical.
Enfin, les Marais poitevins et de la Brière sont irrigués par les rivières. Le **Marais poitevin** est le plus important milieu humide de la façade atlantique et le second après la Camargue. Il s'est substitué à l'ancien golfe du Poitou, par lequel la mer venait jusqu'à l'actuelle ville de Niort, où débouchait alors l'estuaire de la Sèvre Niortaise. Aujourd'hui encore, on y reconnaît d'anciennes îles rocheuses sur lesquelles furent élevées des villes (Grues, Marans, Champagné, Elle, St-Michel-en-l'Herm ou Maillezais en Vendée). On peut aussi repérer les premières hauteurs à l'intérieur des terres marquant le dessin de l'ancienne côte, aux alentours de Longeville-sur-Mer ou Luçon. Ces zones côtières furent progressivement colmatées par les courants accumulant des alluvions à l'entrée des golfes.
Pays d'eau, de tourbe et de roseaux, le **marais de la Brière** est quadrillé de canaux.
Dans ces marais d'eau douce et pré-salés, le balbuzard pêcheur, qui avait quasiment disparu de France dans les années 1940, voit maintenant sa population augmenter, et c'est un spectacle unique que de le voir plonger serres en avant, après un vol d'observation stationnaire, et capturer des poissons de 30 à 40 cm. Quant au râle d'eau, il aime la végétation haute des roselières et des joncs. Le chevreuil y est également de plus en plus visible.

CONQUÊTES DE L'HOMME

À l'action de la nature s'est associée celle de l'homme. Dans le double but de produire du sel avec les marais salants et de gagner des terres sur la mer, des canaux furent creusés et des digues érigées.
Entre le 9e et le 15e s., d'abord les moines, puis de grands travaux d'assainissement et de comblement sous François Ier et sous Henri IV, ont protégé ou agrandi les marais. Grâce aux ingénieurs hollandais, ces travaux se sont poursuivis jusqu'au 18e s.
Le paysage nu et plat du Marais breton-vendéen et du Marais desséché porte encore la marque de ce savoir-faire, si typique qu'on se croirait parfois dans les polders des Flandres. L'activité traditionnelle a longtemps été l'élevage de vaches laitières : on identifie encore des prairies naturelles humides, devenues le havre de nombreux oiseaux.
Bordant de près la Sèvre Niortaise et le canal du Mignon, la partie occidentale du Marais poitevin est dénommée Marais mouillé.

Son paysage se distingue radicalement de celui du Marais desséché parce qu'il est boisé de peupliers, d'aulnes ainsi que de frênes, le plus souvent taillés en têtards. Il était régulièrement inondé par les crues des rivières (Sèvre Niortaise ou Vendée) et, sous Napoléon III, des travaux d'assèchement y furent poursuivis, lui donnant sa configuration actuelle. Plusieurs rivières alimentent un vaste réseau de canaux rectilignes qui courent autour d'une multitude de parcelles.

Le bocage

LE BOCAGE VENDÉEN

Bas et Haut-Bocage

Au sud et à l'ouest du Thouet, dans la Gâtine de Parthenay et la majeure partie de la Vendée règne le **bocage**. Façonné par l'homme, ce paysage est paradoxalement peu boisé : moins de 5% de sa surface est dévolue aux forêts, la plus importante étant celle de Mervent-Vouvant. Mais il présente un véritable maillage arboré. Protégées des vents, engraissées de fumier et travaillées, les terres avaient entre le 16ᵉ et le 18ᵉ s. des rendements comparables à ceux de la plaine. Depuis la période des guerres de Vendée, ce maillage a beaucoup perdu de sa densité : le remembrement, sévère dans les années 1970, a divisé par deux la densité de haies par hectare. C'est donc un bocage éclairci qu'on découvre aujourd'hui : les prairies sont coupées de haies d'aubépines ou de genêts, dominées par de grands chênes sessiles ou pédonculés, et sillonnées de chemins conduisant à des fermes basses cachées dans la verdure, les **borderies**.

L'habitat, très dispersé, se regroupe autour des points d'eau qui sont nombreux, le **Bas-Bocage** au sud-ouest étant, quant à lui, irrigué de nombreux petits fleuves côtiers qui se déversent dans les marais. L'élevage prévaut toujours dans les prés qui engraissent les bœufs de race parthenaise, désormais souvent parqués dans des stabulations. De-ci de-là apparaissent vergers de pommiers et champs de plantes fourragères nécessaires à l'alimentation du bétail.

Une chaîne de sommets arrondis forme l'arête de la Gâtine et de la Vendée. Ce **Haut-Bocage**, dernier vestige des montagnes hercyniennes de l'ère primaire, représente l'arête dorsale de la Vendée et constitue ce que l'on appelle les **collines vendéennes**. Entre Sèvre Nantaise et bocage, leurs monts s'alignent des Herbiers à St-Pierre-du-Chemin (au sud-est de Pouzauges), se prolongeant par les hauteurs de la Gâtine jusqu'au sud de Parthenay. Ils sont couverts de landes désertiques relevées de jaune vif dès la fin de l'hiver par les ajoncs, puis les genêts.

Arrosée par les nuages atlantiques qui viennent se déchirer sur ses pentes, la chaîne se relève au nord-ouest où elle domine le bocage vers la mer. C'est là que se concentrent les principales hauteurs : **mont des Alouettes** (231 m), **puy du Fou**, **mont Mercure** qui, avec ses 285 m, revendique le titre de point culminant du massif, **bois de la Folie** (278 m) et **puy Crapaud** (270 m). Elles eurent à diverses reprises un rôle militaire et stratégique.

Plaines, brandes et plateaux

Prise entre le bocage et le marais, l'étroite **plaine vendéenne** affiche des terres rouge franc : issus de la décomposition du calcaire, ces argiles qu'on appelle terres de groie se distinguent par leur perméabilité (il n'y a donc pas de ruisseaux, mais d'importantes nappes phréatiques) et leur fertilité, notamment pour les céréales et les plantes fourragères (trèfle, luzerne).

LE BOCAGE MAYENNAIS

Entre la Bretagne et la Normandie, le bocage mayennais s'adosse aux Alpes Mancelles dont le point culminant est le **mont Avaloirs** (417 m). Crêtes de grès et filons de schiste entourent de petites vallées où se dressent de temps à autre des croix de granit. C'est sur les pentes des collines et au fond de ces vallées que l'on trouve les paysages caractéristiques du bocage, les champs et les prés enclos par des levées de terre portant des haies hautes et épaisses. Des chênes et des pommiers mais aussi des genêts, de la bruyère et des myrtilles y prospèrent. Les oiseaux comme le faucon crécerelle, la chouette hulotte et de nombreux passereaux, de la fauvette au bouvreuil ont élu domicile.

Les parcs naturels

Dans les Pays de la Loire, trois parcs naturels régionaux et un parc interrégional protègent un patrimoine naturel et culturel varié, insolite et exceptionnel.

Parc naturel régional de Brière

Niché au cœur de la presqu'île guérandaise, ce parc est né en 1970 afin de protéger et de valoriser les marais briérons et leur immense richesse écologique, menacés à l'époque par l'expansion urbaine liée à la proximité de Saint-Nazaire et de Nantes. C'est l'un des premiers parcs naturels créés en France. Prairies humides, buttes, roselières, canaux sont les paysages caractéristiques de ce précieux territoire qui présente une faune et une flore d'une grande diversité.

Parc naturel régional Normandie-Maine

À l'intérieur des terres, le parc se déploie sur deux régions, la Basse-Normandie et les Pays de la Loire, et quatre départements en un « haut pays » (crêtes, barres et escarpements boisés des Alpes mancelles) et un « bas pays » (bocage, douces collines du Saosnois et campagnes ouvertes de Sées et Alençon).

Parc naturel régional Loire-Anjou-Touraine

La Loire et ses confluences avec l'Indre, la Vienne et le Thouet ont façonné le visage de ce parc, à cheval sur le Maine-et-Loire (Pays de la Loire) et l'Indre-et-Loire (Centre). Il offre ainsi des paysages variés, typiques d'un territoire de confluence : vallées inondables, landes, forêts, tourbières, marais et bocages. À ce riche patrimoine naturel, s'ajoutent de jolis villages et des châteaux, splendides demeures des seigneurs et des rois de France, érigées le long du fleuve et témoins de différentes époques.

Le parc interrégional du Marais poitevin

Occupant un territoire entre la Vendée et la Sèvre Niortaise sur 4000 kilomètres de voies d'eau, ce parc veille à la protection de la deuxième plus grande zone humide de France après la Camargue, progressivement menacée d'assèchement à cause de l'extension des cultures céréalières.

La Loire et les mariniers

LE FLEUVE DE LA MARINE DE LOIRE

Longtemps la Loire fut la principale voie de communication du pays. Entre Nantes et Roanne, puis par des affluents et des canaux vers Paris, le Rhône et la Méditerranée, toutes sortes d'embarcations, gabarres, salembardes et chalands, sillonnaient ce chemin qui marche… Le vin, le bois, les couteaux d'Auvergne, les faïences de Nevers, le charbon du Forez, les livres imprimés à Lyon ou à Genève viennent de l'amont. Depuis Nantes le sucre des Antilles, le sel, les huîtres de la baie de Bourgneuf remontent le courant.

Pour les hommes aussi, la Loire est plus rapide et plus sûre que les mauvais chemins. Madame de Sévigné écrit à sa fille : « Vous souvient-il du joli voyage que nous y fîmes ? » La Fontaine s'extasie devant la largeur du fleuve. En 1830, Balzac et sa maîtresse Laure de Berny, font de Tours au Croisic « le plus poétique voyage qui soit possible en France. » Stendhal, Hugo les imitent à bord de bateaux à vapeur munis de roues à aubes. Entre Angers et Nantes, des navires de 45 mètres de long, équipés de salons et de restaurants, font alors l'aller et retour dans la journée.

LA FIN D'UN MONDE

Mais cette grande époque de la marine de Loire ne durera pas. Le train arrive en 1848 à Saumur, en 1849 à Angers, en 1851 à Nantes. Pour la première fois dans l'histoire, le fleuve n'est plus le moyen de transport idéal.

C'est la fin d'un monde, celui de tout un petit peuple de l'eau, qui vivait de la Loire et qui lui donnait vie. On dénombrait 15 000 mariniers dans l'ensemble du bassin du fleuve

LES MARINIERS

Ces marins d'eau douce avaient une lourde responsabilité : manoeuvrer les bateaux d'une part, entretenir le fleuve, ses berges et s'assurer que les droits de passage étaient acquittés d'autre part. Pour ce qui est des matelots, garants de la sécurité du transport de marchandises qui engageaient des sommes énormes, ils étaient payés à la mesure de leur responsabilité : grassement. Vêtus de bleu, munis d'un foulard et d'une ceinture rouges, des anneaux d'or aux oreilles, les « chalandoux » étaient de rudes gaillards.

La Possonnière, fête de la Loire et de la batellerie.
Alain Le Bot / Photononstop

NT1991

LE DERNIER FLEUVE SAUVAGE

La Loire reste un fleuve capricieux et violent, celui de France qui présente les écarts de débit les plus accentués. Les hautes eaux surviennent avec les pluies d'automne et la fonte des neiges au printemps. La majeure partie des eaux vient du Massif Central. Le danger des crues est accentué par l'imperméabilité des terrains, la forte inclinaison des pentes et la concentration des affluents à la hauteur de Tours. Contrairement à tous les autres fleuves d'Occident, le cours de la Loire reste libre. Cette liberté permet tout au long de l'axe ligérien la permanence d'une grande variété de milieux semi-humides, en voie de disparition sur notre planète, et une diversité remarquable d'espèces animales et végétales. Dernier fleuve sauvage d'Europe, donc ? Et pourtant… Deux barrages, très en amont – les barrages de Villerest (près de Roanne) sur la Loire, et de Naussac, sur l'Allier (près de Langogne, au nord de la Lozère) –, régulent son débit. Leur rôle est crucial : maintenir un débit suffisant pour assurer le refroidissement de ses quatre centrales nucléaires.

à la fin de l'Ancien Régime. De cette civilisation ligérienne, il ne reste plus que des objets exposés dans les musées, des quais plus ou moins entretenus, les vestiges de péage comme celui de Montsoreau, à la limite de la Touraine et de l'Anjou où l'on prélevait sur les cargaisons de poissons une lamproie sur douze, plus douze sols « pour la sauce ».

VERS UNE RENAISSANCE

Pourtant, depuis une trentaine d'années, un peu partout, des passionnés sauvent de la ruine ou reconstruisent de toutes pièces des embarcations traditionnelles, telle La Montjeannaise, entre Chalonnes et Saint-Florent-le Vieil. Des rassemblements de vieux gréements, comme les Rendez-vous de l'Erdre, chaque année à Nantes, accueillent ces superbes navires.

Subsistent aussi quelques pêcheurs professionnels qui traquent l'anguille au filet sur les portions de fleuve que leur loue l'État et organisent souvent des promenades en bateau pour les touristes. Ils sont beaucoup plus nombreux en aval de Nantes, dans l'estuaire, pendant l'hiver et au début du printemps. C'est la période où la civelle, cette minuscule anguille venue de la mer des Sargasses, s'efforce de remonter le fleuve. Vendue à prix d'or, elle est pêchée de nuit au tamis.

L'ancestral métier de passeur de Loire renaît à Nantes avec le Navibus, mis en service en 2005 par la Compagnie de transports urbains. Pour le prix d'un ticket de tramway, il permet à des centaines de voyageurs de traverser chaque jour le fleuve bien plus vite qu'en voiture. Un peu en aval, au Pellerin et à Basse-Indre, deux bacs affrétés par le Département transportent passagers et autos tous les quarts d'heure d'une rive à l'autre. En revanche, les tentatives de faire renaître la « Loire navigable » n'ont pas été couronnées de succès.

Les eaux trop basses en amont de Nantes ont découragé les essais d'acheminement d'hydrocarbures, de céréales ou d'engrais jusqu'à Angers.

Même si, comme dans tous les estuaires, le trafic n'a cessé de dériver vers l'aval, les terminaux nantais accueillent encore 10 % du trafic total de Nantes-Saint-Nazaire, soit environ 3 millions de tonnes de marchandises par an et

Gabare flottant sur la Loire.
H. Hughes / hemis.fr

le port à bois reste le premier de France tandis que des paquebots de croisière viennent, de temps à autre, s'amarrer à un quai de la ville. À mesure que l'estuaire s'élargit le trafic se fait plus dense : des tronçons d'Airbus descendent sur des barges de Nantes à Saint-Nazaire, le terminal méthanier de Montoir-de-Bretagne, le plus important d'Europe, importe du gaz naturel liquéfié, des paquebots géants sortent des chantiers navals de Saint-Nazaire, etc. Mais sommes-nous encore sur la Loire ou déjà sur l'Océan ?

BATEAUX D'AVALAISON ET DE REMONTE

Sur la Loire les bateaux étaient de deux sortes : d'avalaison (descente vers l'estuaire et la mer) et de remonte.

Bâtis pour un voyage unique, les bateaux d'avalaison étaient démembrés à leur arrivée, leurs planches et membrures revendues notamment pour la charpente des maisons riveraines. D'une vingtaine de mètres de long sur 3,50 m de large, 7 hommes les construisaient en deux jours avec une dizaine d'arbres. Les bateaux de remonte suivaient le fleuve, par voilage ou halage, impressionnant lorsqu'une file procession de navires amarrés les uns aux autres passaient sous un pont « à la volée », descendant et remontant successivement leurs mats.

Histoire

D'origine très récente, la région administrative des Pays de la Loire est néanmoins installée au carrefour de royaumes au passé complexe : France, Bretagne et Anjou. Tous trois ont été marqués par d'importants conflits, couronne française contre couronne anglaise tout d'abord quand la guerre de Cent Ans fait rage, puis protestants contre catholiques, dans le sillage de la Réforme, affrontements entre paysans et révolutionnaires lors des guerres de Vendée et enfin lutte entre Alliés et Nazis, concentrée sur la base sous-marine de Saint-Nazaire. Quant au duché de Bretagne, ancien foyer des ducs dont Nantes est la capitale, il a longtemps été distinct de la couronne de France. Ainsi la région conserve l'empreinte et le riche héritage de la lignée des Plantagenêts, ducs d'Anjou, mais aussi de la grande Anne de Bretagne, reine de France par deux fois.

Chronologie

987-1040 – Profitant des rivalités entre Touraine, Blésois, Anjou et Maine, Foulques Nerra ravit une partie des domaines du comté d'Anjou. Devenu lui-même comte d'Anjou, il unifie l'Anjou et étend son territoire aux Mauges, au Saumurois, à la Saintonge, à Tours et à Blois. En Bretagne, dont Nantes est la capitale, les ducs de Normandie imposent leur tutelle.

12e s. – Apogée des comtes d'Anjou avec Henri II Plantagenêt, roi d'Angleterre en 1154, et son épouse Aliénor d'Aquitaine. L'abbaye de Fontevraud est fondée en 1101. Les Capétiens luttent contre leurs puissants voisins pour faire valoir leurs droits de suzerains : Jean sans Terre se fait dépouiller par Philippe Auguste de ses fiefs français au début du 13e s.

1226-1270 – Saint Louis laisse le Maine et l'Anjou à son frère Charles qui devient comte d'Anjou, du Maine et plus tard de Provence par alliance.

1258 – Traité de Paris : les Plantagenêts reconnaissent l'appartenance de l'Anjou à la France.

1337 – Début de la guerre de Cent Ans (1337-1453) qui oppose la France à l'Angleterre. Les Pays de la Loire restent en guerre durant toute cette période.

1341 – La Bretagne est disputée par la France et l'Angleterre à l'occasion des guerres de succession de cette dernière qui commence.

1360 – L'Anjou érigé en duché, connaît une période faste et de développement des arts et de l'architecture. Le Poitou et l'Aquitaine, eux, sont toujours dominés par l'Angleterre.

1381 – Second traité de Guérande : le duché de Bretagne se rapproche de la couronne française et connaît un siècle d'âge d'or qui profite particulièrement à Nantes, sa capitale.

1453 – Fin de la guerre de Cent Ans : l'Angleterre perd toutes

Fontevraud l'Abbaye, tombe d'Henri II.
Philippe Lissac/Godong/Photononstop

ses possessions, dont le Poitou et l'Aquitaine qui redeviennent français.

1491 – Mariage d'Anne de Bretagne (qui conserve son duché) avec Charles VIII. Elle devient reine de France.

1498 – Charles VIII décède après s'être assommé contre le linteau d'une porte au château d'Amboise. Son successeur, Louis XII, épouse aussi Anne de Bretagne et obtient le maintien permanent de son duché dans le domaine royal.

1517 – Début de la réforme protestante en Europe. Les idées de Luther et Calvin gagnent les milieux aisés et les villes. À partir de 1540, Angers, Saumur et Baugé deviennent d'importants foyers protestants.

1532 –Ratification de l'union de la Bretagne à la France.

1561 – Le Parlement de Bretagne passe de Nantes à Rennes, ce qui fait perdre de son importance à Nantes.

1598 – Signature de l'édit de Nantes.

1685 – Révocation de l'édit de Nantes par Louis XIV. De nombreux protestants s'expatrient.

1793-1796 – Guerres de Vendée.

1939-1945 – La région est occupée par les Allemands. Saint-Nazaire devient une importante base de sous-marins.

1941 – La ville de Nantes et la Loire-Atlantique, alors appelée Loire-Inférieure, sont séparées de la Bretagne par le régime de Vichy. Ce découpage sera repris sous la IVe République, avec le rattachement administratif de la Loire-Atlantique aux Pays de la Loire.

1942 – Audacieux coup de main anglo-canadien contre la base de St-Nazaire.

11 mai 1945 – Saint-Nazaire est la dernière ville libérée en Europe.

1972 – Création de la région administrative Pays de la Loire.

1989 – TGV Atlantique.

2000 – Le Val de Loire est classé au Patrimoine de l'Unesco. La partie ouest de ce territoire, de Montsoreau à Chalonnes-sur-Loire, est rattachée aux Pays de la Loire.

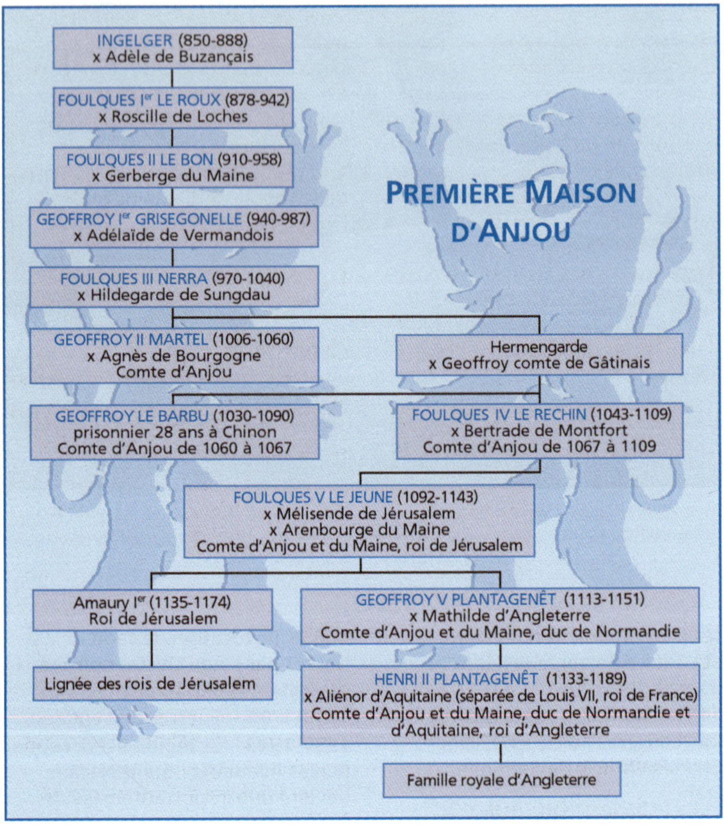

D. Broussard / MICHELIN

Les Plantagenêts, comtes d'Anjou

Déjà puissants autour de l'an 1000, ils atteignent leur apogée en 1154 quand Henri II Plantagenêt devient roi d'Angleterre. L'ombre portée sur le royaume de France est immense.

INSTAURATION D'UNE DYNASTIE

Après la conquête d'une partie de la Gaule par **Clovis**, roi des Francs (481-511), le Val de Loire encore romain est rattaché à la Neustrie. Menacé, d'abord par les Bretons, puis par les invasions normandes du 9e s., il adopte un système féodal : les chefs les plus forts deviennent suzerains et, en échange d'un serment de fidélité, le vassal reçoit une terre. C'est alors que se constituent les seigneuries et qu'apparaissent les comtes d'Anjou.

C'est **Charles le Chauve**, roi de France, qui nomme **Ingelger** préfet de Tours puis lui remet une partie du comté d'Anjou et le marie à la fille du comte du Gâtinais. **Foulques le Roux**, leur fils, inaugure le titre de comte d'Anjou et acquiert Loches par son mariage en 886. Son fils, **Foulques II le Bon** laisse, en 960, un territoire rebâti à **Geoffroy Ier**, dit Grisegonnelle,

qui aide Hugues Capet à s'emparer de la couronne de France en 987. Quand **Hugues Capet** est élu roi, son domaine est réduit ; une partie est entre les mains d'hommes plus puissants que lui, comme les comtes d'Anjou ou de Blois, grands rivaux. Chacune des maisons a ses positions avancées : les Blois à Chinon et Saumur, les Anjou à Langeais, Loches et Amboise. Cette rivalité marque le paysage par l'édification de nouveaux postes de défense : les donjons.
Foulques III Nerra succède à Geoffroy Ier : il règne sur l'Anjou jusqu'en 1040. Puissant et redouté, le plus célèbre des comtes d'Anjou est un personnage important du Moyen Âge. Il bat définitivement les Bretons en 992 (vainqueur du comte Conan de Rennes) et étend sa domination à l'est, sur Saumur et la Touraine. Guerrier brutal, il se rend quatre fois en Terre sainte pour expier ses méfaits. Également grand bâtisseur de châteaux forts et d'abbayes, il inaugure le donjon carré en pierre dont Langeais (994) est l'exemple le plus ancien.

PLUS PUISSANT QUE SON ROI

Un siècle plus tard, **Geoffroi V le Bel** dit **Plantagenêt** (une branche de genêt orne son casque) hérite de l'Anjou, du Maine et de la Touraine. Son mariage avec Mathilde, fille du roi d'Angleterre, étend son influence sur la Normandie et l'Angleterre. Leur fils, Henri II, par son mariage en 1152 avec Aliénor d'Aquitaine, s'allie tout l'ouest de la France. Lorsqu'il succède en 1154 au roi d'Angleterre, il étend sa domination de l'Écosse aux Pyrénées. Vassal du roi de France mais beaucoup plus puissant, Henri II doit combattre Louis VII et son successeur Philippe Auguste. La lutte entre Capétiens et Plantagenêts se poursuit avec **Richard Cœur de Lion**, fils d'Henri II. À sa mort, en 1199, **Jean sans Terre**, son frère, assassine son neveu, Arthur de Bretagne, et prend la succession. Utilisant ce prétexte, **Philippe Auguste** confisque ses terres du nord de la Loire. Le 18 septembre 1214, le traité de Chinon consacre le retour du Berry, de la Touraine, du Maine et de l'Anjou dans le domaine royal.

Le protestantisme

LA RÉFORME

Issue des idées du théologien allemand **Martin Luther** (1483-1546), la Réforme s'oppose, au nom de la morale chrétienne, à la vente des indulgences et soumet toutes les affaires ecclésiastiques à l'épreuve des Écritures saintes.
En France, un autre théologien de la Réforme, le Français **Jean Calvin** (1509-1564), répand sa doctrine et clame la souveraineté de Dieu, la référence aux Écritures comme norme unique de la foi, la suppression du célibat des prêtres et le culte en langue courante.
Calvin séjourne à Angoulême en 1533 où il expose ses idées qui seront adoptées ensuite par des nobles, des commerçants et des universitaires. Elles gagneront Angers, Saumur et Baugé qui deviennent dès les années 1540 d'importants foyers protestants.

LES GUERRES DE RELIGION

C'est en 1562 que débute la première guerre de Religion entre catholiques et protestants. Marquée par des massacres dans les deux camps, elle se termine en 1563 par la victoire des catholiques. La plupart des églises de la région sont pillées, vidées de leur mobilier. Les protestants lors du siège d'Angoulême détruisent le second clocher de la cathédrale en 1568 et commettent des exactions dont la ville a du mal à se relever. Angers pour sa part devient brièvement protestante en 1562 avant d'être immédiatement reprise par les catholiques. Entre 1568 et 1570 a lieu une autre guerre, étape déterminante durant laquelle en mars 1569, le chef protestant Louis de Condé est tué à Jarnac. Quelques mois plus tard, Poitiers tombe du côté catholique, malgré un long siège échafaudé par Coligny. C'est La Rochelle qui prend la relève sous l'action de **Jeanne d'Albret** (1528-1572), reine de Navarre et mère du futur roi Henri IV. Elle est à la tête du parti protestant de La Rochelle de 1568 à 1571. Après la St-Barthélemy, qui a de terribles répercussions à Saumur et à Angers, les protestants de la région se réfugient dans la ville qui supportera un siège tenu par l'armée royale en 1572-1573 et qui en ressort libre. D'autres guerres civiles suivent jusqu'en 1589.

LES DIVISIONS RELIGIEUSES DE LA RÉGION

Comme la France, les régions qui forment aujourd'hui les Pays de la Loire sont très divisées. Du côté des catholiques se trouvent des villes comme Nantes et Cholet mais aussi le Maine, à l'image du duc de Mayenne, membre de la famille de Guise. Côté protestant, les nobles d'Anjou et de Vendée, comme ceux du Poitou voisin, embrassent la cause des réformés. L'Académie et les collèges de Saumur forment les pasteurs. La ville est d'ailleurs ce qu'on appelle une place de sûreté : dotée d'une certaine autonomie, elle accueille des institutions et des troupes protestantes. Les catholiques n'abandonneront jamais complètement ces places de sûreté, essayant, comme à Saumur, de les reconvertir par des pèlerinages et l'ouverture de fondations.

L'ÉDIT DE NANTES

Henri de Navarre, devenu le roi Henri IV en 1589, se convertit au catholicisme en 1593. En 1598, il promulgue l'édit de Nantes, rétablissant la paix religieuse dans le pays et accordant des places de sûreté aux protestants. Le roi réorganise son royaume et rétablit l'économie du pays. En 1610, il est assassiné par Ravaillac, un moine qui, par ce geste, croit sauver la religion catholique…

LA RÉVOCATION DE L'ÉDIT DE NANTES ET SES CONSÉQUENCES

Lorsqu'en 1685, le roi Louis XIV révoque l'édit de Nantes, l'ordre est donné de détruire dix-sept temples protestants en Poitou, tandis que de terribles dragonnades – persécutions par les dragons ou « missionnaires bottés » – contraignent par la force les protestants à changer de religion. Les conversions au catholicisme sont massives et les nouveaux convertis, surveillés de près. Mais ces abjurations n'ont été qu'apparentes et les fidèles organisent des réunions clandestines, les assemblées du Désert où, par centaines, ils se retrouvent. C'est à cette époque-là que beaucoup de protestants choisissent de quitter le royaume prenant le bateau à La Rochelle pour émigrer vers l'Europe du Nord ou l'Amérique.

Guerres de Vendée

LA VENDÉE CONTRE LA CONVENTION (1793-1796)

On appelle « Vendée militaire » les territoires qui se soulevèrent en 1793 contre la Convention (Assemblée constituante) : en Anjou, les **Mauges**, autour de Cholet ; en Poitou, la **Gâtine**, le **Bocage** et le **Marais vendéen**, le pays de Retz, autour du lac de Grand-Lieu. Ces régions de pénétration difficile, coupées de haies et de cours d'eau, forment un terrain favorable aux embuscades. On distingue la Vendée militaire, contrôlée par l'armée catholique et royale, des pays de chouannerie (Maine, Normandie, Bretagne), où les royalistes opérèrent en ordre dispersé.

VIVE DIEU ! VIVE LE ROI !

Si les premières années de la Révolution ne provoquent aucun rejet de la part de la paysannerie locale, l'opposition entre la Vendée et Paris se noue autour de la persécution des prêtres réfractaires à la Constitution civile du clergé. Cette répression donne lieu à des révoltes sporadiques.
L'exécution de Louis XVI, mais surtout la conscription forcée, est à l'origine de l'insurrection qui éclate en mars 1793 à St-Florent-sur-Loire, puis qui s'étend rapidement à toutes les Mauges angevines et au Bas-Poitou.
Dirigés au début par des chefs issus du peuple, comme **Cathelineau**, colporteur au Pin-en-Mauges, ou Stofflet, garde-chasse à Maulévrier, les paysans font ensuite appel à leurs « messieurs ». Dans les Mauges, les gars de Beaupréau vont chercher **d'Elbée** et ceux de St-Florent le **marquis de Bonchamps**. Au cœur du bocage et du marais, **Sapinaud** et le **chevalier de Charette** conduisent leurs fermiers, comme en Gâtine le jeune châtelain de la Durbelière, **La Rochejaquelein**, et celui de Clisson, **Lescure**.
Ces « Brigands » armés de faux, de fourches et de quelques fusils, puis d'armes de guerre prises aux Républicains, sont groupés en paroisses.
Tous portent le scapulaire, une étoffe ornée du Sacré-Cœur enflammé surmonté d'une croix, que l'on passe sur les épaules et qui couvre le dos et la poitrine.
Le drapeau des Vendéens est blanc, semé de fleurs de lys, et porte souvent la devise « Vive Louis XVII ». La base de leur tactique est la surprise, les bons tireurs enveloppent la force adverse et, dissimulés dans les haies, déciment l'ennemi. Puis tout le monde se jette à l'assaut au cri de : « Rembarre ! Vive la Religion ! Vive le Roi ! ».

LA GUERRE CIVILE

En avril 1793, les **Bleus** (républicains) ont réagi et, malgré un grave échec à Chemillé, ont repoussé l'armée catholique et royale sur la Sèvre.
Puis celle-ci reprend l'avantage et s'empare de l'Anjou en juin. Mais son premier chef Cathelineau est tué lors des assauts infructueux contre Nantes ; d'Elbée prend alors le commandement.
La menace extérieure des armées coalisées étant en partie levée, la Convention s'inquiète de ce conflit intérieur qui lui semble le plus important : l'armée de Mayence, conduite par **Kléber**, **Westermann** et **Marceau**, est envoyée en Vendée militaire. Vaincue d'abord à Torfou, cette armée remporte la sanglante bataille de Cholet que l'armée vendéenne essaie de reconquérir. Lescure et Bonchamps sont mortellement atteints ; en se retirant sur St-Florent, Bonchamps,

mourant, fait libérer des milliers de prisonniers.
Puis l'armée catholique et royale passe la Loire, dans l'espoir de rejoindre à Granville une flotte anglaise. Elle échoue dans cette tentative, les déroutes du Mans et de Savenay finissent de désagréger ce qui en reste.

LA GUÉRILLA ET LA RÉPRESSION

Décrétée par la Convention, la répression commence alors. Elle est véritablement effroyable durant l'hiver 1794, s'accompagnant d'exécutions massives et de la destruction de la Vendée. Deux armées, commandées par le général **Turreau**, sont divisées en colonnes ayant chacune un itinéraire précis. La mission de ces **Colonnes infernales** est d'exterminer les combattants, les femmes, « sillons reproducteurs », et les enfants, « futurs brigands », et de détruire l'habitat et les cultures.
Cependant, au cours de cette année 1794, la Vendée résiste encore et mène une guerre d'usure contre l'occupant. Dans les Mauges, Stofflet tient la campagne et défait les Bleus sur plusieurs sites ; dans le Marais et le Bocage, Charette harcèle les républicains par de petits raids inopinés. Cette guérilla, la mort de Robespierre, l'action pacificatrice de Hoche font qu'au début de 1795, la paix est signée avec Charette à La Jaunaye, avec **Stofflet** à St-Florent.
Quelques mois plus tard toutefois, à l'instigation du comte d'Artois, Charette et Stofflet reprennent la lutte. Mais la Vendée est à bout de souffle et, le frère du roi ne secourant pas ses fidèles, **Hoche**, habile et généreux, réussit à pacifier la région ; en obligeant d'Hervilly à se réfugier dans la presqu'île d'Oléron, il assure la victoire de la République en juillet 1795.
En 1796, Stofflet, pris à côté de Jallais, est fusillé à Angers ; Charette, capturé à la Chabotterie, subit le même sort à Nantes et meurt, le 29 mars au cri de « Vive le Roi ! ».

Quelques personnalités

ANNE DE BRETAGNE (1477-1514)

Les ducs de Bretagne

De 1364 à 1468, les ducs de la maison de Montfort relèvent la Bretagne. C'est la période la plus éclatante de son histoire. Les ducs, véritables souverains dont le château se trouve à Nantes, ne rendent qu'un hommage théorique au roi de France. À la mort du duc François II en 1488, entré dans la coalition féodale dirigée contre la régente de France Anne de Beaujeu, sa fille Anne de Bretagne lui succède. Elle n'a que 12 ans.

Deux fois reine

Très vite, elle est promise à Maximilien d'Autriche, futur empereur et le mariage religieux a lieu en 1490 par procuration. Mais le roi Charles VIII, sollicite pour lui-même la main de la duchesse. Il l'obtient finalement après un refus et le siège de Rennes, en 1491. Anne de Bretagne devient alors reine de France. À la mort accidentelle de Charles VIII en 1498, elle retourne en Bretagne. Un an plus tard, elle redevient reine de France en se mariant à Louis XII, son duché toujours distinct de la couronne. Anne reste reine de France jusqu'à sa mort en 1514.

Le rattachement de la Bretagne à la France

La fille d'Anne de Bretagne, Claude de France, devient l'épouse de François Ier, qui obtient la ratification de l'union définitive de la Bretagne et de la France en 1532.

RICHARD CŒUR DE LION (1157-1199)

Troisième fils d'Henri II Plantagenêt, roi d'Angleterre, et d'Aliénor d'Aquitaine, Richard, né à Oxford, est élevé en Aquitaine à la cour raffinée de Poitiers. N'étant pas appelé à régner, en raison de son rang de naissance, il reçoit le duché d'Aquitaine en 1168, à l'âge de onze ans. Après la mort subite de son frère aîné, le roi Henri le Jeune en 1183, il devient héritier de la couronne d'Angleterre, mais aussi de la Normandie, du Maine et de l'Anjou, possessions des Plantagenêts.

Le preux chevalier

Richard reçoit une formation de lettré, comme son père, ce qui ne l'empêche pas d'apprendre tôt le métier des armes et de parfaire son éducation seigneuriale grâce aux voyages et cérémonies qu'organise sa mère auprès de ses vassaux. Son adolescence est marquée en outre par des révoltes fréquentes contre son père ou ses frères, au cours desquelles son ardeur au combat lui vaut le surnom de « Cœur de Lion ».

Un roi pour deux terres

Il est donc préparé pour affronter Philippe Auguste, auquel il s'était pourtant auparavant allié contre son propre père. Il entend défendre ses territoires sur le continent, lesquels menacent l'intégrité du royaume capétien. C'est en se battant pour la Normandie qu'il est atteint par un trait d'arbalète. Il succombe à sa blessure dix jours plus tard, auprès de sa mère accourue à son chevet. Richard Cœur de Lion ne laissant pas de descendance, la couronne revient à son cadet, Jean sans Terre. Moins habile que son frère, ce dernier perd une bonne partie des possessions Plantagenêt au profit de Philippe Auguste.

Le glaive et la plume

En dépit de la brève durée de son règne (dix ans) et d'une absence quasi permanente du territoire anglais – ses combats l'appelant en France ou en Terre sainte –, Richard Cœur de Lion est l'un des rois les plus populaires d'Angleterre. Il doit sa notoriété à ses exploits guerriers autant qu'à son esprit raffiné et aux poèmes qu'il a laissés.

Art et architecture

Les Plantagenêts, les ducs de Bretagne et les seigneurs du Val de Loire ont attiré de nombreux talents dont le pays garde la trace. Les Pays de la Loire recouvrent des parties des anciennes provinces d'Anjou, de Bretagne, du Maine, du Perche et du Poitou. Influences normande, poitevine, aquitaine, bretonne et parisienne ont donc façonné le développement artistique de la région, avec le fleuve royal comme séparation naturelle, entraînant ainsi le perfectionnement de techniques différentes de part et d'autre de son cours.

Préhistoire et époque gallo-romaine

LES MÉGALITHES PRÉHISTORIQUES

On retrouve encore dans les Pays de la Loire de nombreux menhirs, pierres dressées tantôt isolées, tantôt en alignement et plus rarement en cercle, ainsi que plusieurs dolmens, tombeaux formés de pierres horizontales posées sur des pierres verticales et parfois recouvertes d'un tumulus ou amas de pierres. Si la région qui va d'Avrillé à Longeville-sur-Mer, en Vendée, est appelée le **Carnac vendéen**, c'est dans le Saumurois qu'on trouve la plus grande concentration de menhirs. Le **Grand Dolmen de Bagneux** est l'un des sites les plus remarquables d'Europe.

L'ÉPOQUE GALLO-ROMAINE

La région faisait partie de deux grandes provinces romaines : l'Aquitaine romaine, qui comprenait la Vendée et les marches du Poitou, et la Lyonnaise, formée du reste des Pays de la Loire actuels et s'étendant jusqu'à l'Armorique. Des témoignages de l'architecture de cette époque persistent encore aujourd'hui : les plans des villes de **Portus Namnetum** (Nantes), **Juliomagus** (Angers) et de **Subdunum** (Mans) et même une cité entière, la **ville romaine de Jublains** ou Noviodonum, remarquable par sa conservation et la diversité des vestiges qu'elle abrite (forteresse gallo-romaine, thermes, théâtre, temple).

Du roman au gothique

LE ROMAN (11e-12e S.)

L'époque pré-romane

Après les périodes troublées du haut Moyen Âge, marquées par les conflits entre grands féodaux, l'an mille marque un renouveau : conditions de vie meilleures, épanouissement dans le domaine des arts. Un élan de foi se développe, concrétisé par des croisades et de grands pèlerinages. La région se christianise à partir du 3e s., à Nantes et à Angers d'abord,

Galerie David d'Angers dans la capitale angevine.
B. Gardel / hemis.fr

au Mans et dans les autres villes ensuite. Le christianisme n'atteint les campagnes que plus tard, relayé par des foyers catholiques comme l'**abbaye bénédictine de Saint Michel en l'Herm**, en Vendée, prospère jusqu'au 9e s., ou le **monastère bénédictin de Noirmoutier** aujourd'hui disparu et remplacé par l'église St-Philibert. Jusqu'au 9e s. les constructions, pré-romanes, restent très simples. Les églises sont très souvent en bois et de taille modeste. Ce sont les Carolingiens qui, à partir du 10e s., encouragent la construction religieuse.

Un style grandiose

Le style roman des Pays de la Loire se fait de plus en plus ambitieux ; des églises disproportionnées par rapport à la taille de la cité sont construites par des architectes toujours plus ingénieux. L'**abbaye de Fontevraud** témoigne de cette grandeur. Ses hautes voûtes de pierre, son chœur et son chevet s'inscrivent dans la grande tradition de l'art roman du 12e s.

Autres témoignages remarquables des 11e-12e s. : les édifices de la région de Baugé et de Saumur. L'architecture romane pouvait offrir une belle place aux **fresques** puis aux **peintures murales** : les parois intérieures ne sont pas encore évidées par les grandes ouvertures gothiques. Ainsi, de splendides œuvres instruisent les fidèles dans le cloître St-Aubin d'Angers. Les figures à l'ocre rouge, se détachant sur des fonds clairs (la barbe et les yeux, exécutés à la détrempe, moins durable, ont souvent disparu), sont relevées de touches de noir, de vert et de ce bleu céleste caractéristique de la région.

Les différentes influences

La Loire marque une frontière entre deux styles romans dans les Pays de la Loire. Au nord le granit et le schiste, trop cassants, ne permettent pas de développer une réelle sculpture de détail. La statuaire est d'abord en bois. Ce n'est que plus tard qu'apparaissent des décors travaillés, comme les chapiteaux de la collégiale Saint-Aubin à Guérande, construite en granit. Au Sud et à l'Est, la pierre calcaire, friable, se prête au travail des sculpteurs, influencés par les écoles poitevine et d'aquitaine. En Vendée, les églises de Vouvant, dont il ne reste aujourd'hui que trois murs, de Fousséais-Payré et de Chaize le Vicomte en sont des exemples. La Sarthe et la Mayenne pour leur part ont subi les influences de la Normandie et du Bassin parisien. Piles fortes et faibles sont ainsi alternés dans la nef et l'on trouve parfois des chevets à déambulatoire et des chapelles rayonnantes.

DU STYLE ANGEVIN AU GOTHIQUE (12e-15e S.)

Le **style Plantagenêt**, dit aussi **angevin**, tient son nom d'Henri II Plantagenêt. Il se caractérise par des voûtes ogivales bombées, des chapiteaux richement sculptés et de vastes baies en plein cintre. Il atteint son apogée au début du 13e s. et s'éteint avant la fin du siècle : les meilleures illustrations en sont, à Angers, la cathédrale, la nef unique de St-Serge, la salle de l'hôpital St-Jean (musée Jean-Lurçat) et, au Mans, N.-D.-de-la-Couture. L'architecture **gothique flamboyante** orne la façade occidentale des cathédrales de Nantes et d'Angers ou encore le portail principal de l'Eglise Notre-Dame de Fontenay-le-Comte.
L'élégance des **châteaux** bâtis au 14e s. pour les ducs d'Anjou (Saumur, Baugé) imprègne ceux qui se multiplient au siècle suivant, les manoirs et les hôtels urbains à tourelle d'escalier en saillie et hautes lucarnes dans la région Centre voisine. De très beaux ensembles de maisons en brique à pans de bois se trouvent au Mans. Des **édifices mi-forteresse mi-palais** sont construits dans le même temps en Loire Atlantique. Contrastant avec l'élégance des précédents, l'impressionnant château des ducs de Bretagne regroupe divers bâtiments bâtis entre le 14e et le 18e s., enceints par un rempart du 15e s.
Il faut attendre le 15e s. et la fin de la guerre de Cent Ans pour retrouver des **peintures murales**. À noter dans la Sarthe, deux ensembles étonnants dans les églises voisines d'Asnières-sur-Vègre et d'Auvers-le-Hamon.

COULEURS ET PERSPECTIVES DES VITRAUX

Le vitrail est un assemblage de panneaux de verre coloré, sertis de plomb, fixés à une armature de fer. Le verre, teinté dans la masse lors de la fusion au moyen d'oxydes métalliques, est découpé selon un modèle, au fer chaud, puis, à partir du 14e s., au diamant. L'artiste précise les détails au pinceau avec une peinture bistre (grisaille). Les nuances varient à l'infini, en fonction du degré de cuisson au four.
Les premiers connus, dont celui de l'Ascension de la cathédrale du Mans, datent des 11e-12e s. Aux 12e et 13e s., les sujets, disposés dans des médaillons superposés, arborent des coloris francs à dominantes bleu et rouge. Les cisterciens utilisent des verrières d'un vert pâle nacré, avec parfois un décor végétal sur fond quadrillé donnant une apparence de gris, d'où leur nom de « grisailles ». Aux 14e et 15e s., les maîtres verriers découvrent le jaune d'argent ; les tonalités s'éclaircissent. Au 16e s., ils reproduisent les peintures de la Renaissance, avec un souci du détail et de la perspective.

LES TAPISSERIES

Destinées à parer les églises et autres vastes salles, les tentures brodées, déjà connues au 8e s., se multiplient au 14e s. Parallèlement, les tapisseries de haute ou basse lisse deviennent pur investissement ou cadeau diplomatique, quittant les résidences pour pavoiser les rues. La plus fameuse et la plus ancienne de ce type est celle de l'Apocalypse, conservée à Angers. Elle fut tissée au 14e s. à Paris, capitale de cet art en France (il n'y eut qu'un lissier en Val de Loire, au début du 16e s.). À la fin du 15e s. se développent des tapisseries profanes dites mille-fleurs, retraçant des scènes de la vie seigneuriale ou champêtre sur fond de fleurs, de plantes variées et de petits animaux. Il s'en trouve de fort belles à Angers.

Renaissance et classicisme

LA RENAISSANCE

Avant les guerres d'Italie, des artistes italiens avaient déjà été appelés à la cour d'Anjou et de France. Cependant, l'arrivée d'artistes amenés de Naples par Charles VIII, fin 1495, renouvela l'art local. À commencer par la **sculpture** : Michel Colombe (vers 1430-1514) qui allie les traditions gothiques et les nouveautés italiennes réalise le tombeau du duc de Bretagne, François II de Bretagne et de Marguerite de Foix, dans la cathédrale de Nantes.

La Renaissance est aussi prodigue en **hôtels de ville** (Saumur) et en hôtels construits pour des bourgeois enrichis dans le négoce et la finance, comme l'hôtel Pincé à Angers. Les façades des églises Renaissance s'inspirent de modèles italiens : arc en anse de panier ou en plein cintre, nombreuses niches abritant des statues. La cathédrale de Nantes est particulièrement intéressante.

Le célèbre Clément Janequin (1480-1565), maître de la musique religieuse et profane, angevin d'adoption, fut longtemps directeur de l'école de musique de la cathédrale à Angers.

Des peintures du 16e s. sur les murs des églises subsistent encore : la Mise au tombeau de l'église de Jarzé et les peintures de la salle capitulaire de l'abbaye de Fontevraud.

ÉPOQUE CLASSIQUE (17E ET 18e S.)

Le classicisme est caractérisé par un rigoureux équilibre des formes. L'architecture religieuse classique aspire à la majesté : à Saumur, N.-D.-des-Ardilliers porte une vaste coupole. Le 18e s. fait surtout œuvre d'urbanisme : on construit à Angers de magnifiques ponts à tabliers horizontaux.

Le 19e et le 20e s.

Au 19e s., le graveur-sculpteur **David d'Angers** (1788-1856) accède à la notoriété pour ses centaines de médaillons, qui nous font découvrir les profils des personnalités de son temps, et ses statues, comme le tombeau de Bonchamps (1825) dans l'église de St-Florent-le-Vieil.

Au 19e s., l'architecture se libère du carcan classique et s'inspire de toutes les époques : néoclassique pour les mairies et écoles, néogothique pour les églises (Loire-Atlantique). Caractérisé par une imitation des formes gothiques, le gothique troubadour eut son heure de gloire dans les nombreux

châteaux reconstruits après la Révolution (Les Essarts).
Au 20e s., Roland Castro, architecte urbaniste et professeur à Paris-La Villette est reconnu comme le spécialiste de la conception et de la réalisation d'espaces publics. Il a conçu entre autres l'hôtel du département de Vendée à La Roche-sur-Yon, en collaboration avec Jean-Luc Pellerin.

Moulins et habitat traditionnel

La grande variété des paysages qui composent les Pays de la Loire suppose des adaptations différentes de l'habitat selon ces milieux. Multiples et principalement ruraux, les habitats traditionnels de la région vont de la cabane de pêcheurs sur pilotis aux maisons troglodytes en passant par les bourrines des marais. Cet héritage traditionnel ajoute encore au charme de la région.

LES MOULINS

Comment imaginer l'Anjou et la Vendée sans leurs moulins ? Le réseau hydraulique important a donné très tôt naissance à de nombreux **moulins à eau** de tous types, et le territoire, balayé une grande partie de l'année par des vents de sud-ouest à nord-ouest, a favorisé l'installation d'une multitude de **moulins à vent** qui font aujourd'hui partie du paysage. Certaines installations sont parfois ouvertes aux visites. Les moulins à vent sont répartis en trois types principaux.
Le moulin **cavier** : c'est le plus caractéristique de l'Anjou, il est composé d'une tour habituellement cylindrique se terminant en cône qui supporte la cabine de bois, ou « hucherolle ». Dans les moulins semi-troglodytiques, la cave et la salle des meules sont en partie creusées dans le calcaire. Les caves servaient d'entrepôt (grain, farine), de magasin (pièces de rechange) et, parfois, d'écurie et de remise.
Le moulin **pivot** (parfois « moulin de plaine » ou « chandelier ») est fait d'une grande cage en bois supportant tout à la fois les ailes, les meules et tout le mécanisme. Le bois, matière première de cette construction, est l'une des causes de sa rapide disparition, car l'axe se détériore faute d'entretien.
Le moulin **tour** reste le plus répandu et le mieux conservé jusqu'à nos jours. Le toit conique, à calotte tournante, reçoit les ailes.

L'HABITAT TRADITIONNEL

Maisons troglodytes

En **Anjou**, caves et logements étaient creusés à moindre frais dans les coteaux ou les plateaux calcaires. Ces **habitations troglodytiques** sont nombreuses aux abords de la Loire et de ses affluents (Loir, Cher et Vienne)

FOLIES NANTAISES

Soucieux d'affirmer leur ascension sociale, de riches armateurs et négociants nantais décidèrent, au 18e s., de se faire construire une maison de plaisance, lieu de détente et de réception, sur les rives de l'Erdre. Le terme « folie » vient du latin Folia et désigne des demeures noyées dans la verdure, suggérant aussi l'extravagance de cette dépense. L'édifice est souvent classique, flanqué d'ailes en retour et toujours agrémenté d'un somptueux parc aux essences exotiques. Les environs de Nantes abritent une trentaine de ces « folies ».

Façade d'une habitation troglodyte à Doué-la-Fontaine.
H. Hughes / hemis.fr

et autour de Doué-la-Fontaine (Saumurois). À l'abri des vents, elles sont fraîches l'été et tempérées en hiver; leur température est régulière et oscille entre 9 et 15 °C. Nombre d'entre elles sont toujours habitées.

L'Anjou en noir et blanc

Les constructions en calcaire de l'**Anjou blanc**, à l'est, se distinguent de celles de schiste de l'**Anjou noir**. L'ensemble de la province, sauf dans les Mauges, se pare de fine ardoise bleutée, toujours exploitée à Trélazé, dans le bassin d'Angers. Le schiste est extrait jusqu'à 480 m de profondeur et dans plus de 300 km de galeries. Désormais réduite, la production s'axe sur des **ardoises** de couverture haut de gamme. Filiale du groupe IMERYS, les Ardoisières d'Angers emploient environ 200 personnes et fabriquent plus de 11 000 tonnes d'ardoise Angers-Trélazé®. Cette entreprise insolite travaille avec une soixantaine de mineurs de fond, les derniers de France à descendre sous terre.

Pêcheries

Le pays de Retz, Pornic, ou la Plaine-sur-Mer abritent encore quelques **pêcheries** : ces petites cabanes en bois juchées sur leurs interminables pilotis sont reliées au rivage par des pontons.

Chaumières briéronnes

La presqu'île guérandaise concentre quelques chaumières briéronnes. Jusqu'à la Seconde Guerre mondiale, le chaume des roseaux, présents dans les marais, était en effet utilisé pour coiffer les toitures. Depuis les années 1970, le Parc naturel régional de Brière tente d'encourager de nouveau l'exploitation de la roselière pour entretenir les toitures des maisons briéronnes. Ainsi, le charmant bourg du **Kerhinet** à Saint-Lyphard regroupe de beaux exemples de chaumières restaurées et offre la possibilité de visiter un habitat briéron traditionnel.

Maisons vendéennes

Le Marais breton-vendéen cache encore quelques **bourrines**, petites maisons basses en « bourre » (terre malaxée avec de la paille), blanchies à la chaux et couvertes de « rouches » (roseaux), tandis que, dans le Marais desséché, les maisons isolées parmi les cultures et les prairies sont de grandes exploitations dont seul le corps de logement possède un étage. Le bocage abrite de vastes **métairies** (bâtiments entourant une cour) et de grosses **fermes** bâties sur un plan plus simple (quadrangulaire).

L'ARCHITECTURE BALNÉAIRE

La fin du 19e s. s'accompagne d'un essor des stations balnéaires. La plupart des stations de la région sont alors bâties selon un schéma identique, une rue principale reliant l'agglomération balnéaire au centre historique, l'extension urbaine s'étendant ensuite le long du littoral. Souvent extravagante, l'architecture des villes balnéaires mêle divers styles, d'inspiration exotique ou régionale, au grè des goûts et de l'excentricité du propriétaire. Les maîtres mots sont l'assymétrie et l'éclectisme : de matériaux, de couleurs, de volumes. Belvédère, tourelle et véranda font leur apparition. Le point commun des « **villas balnéaires** » est d'être en phase avec la nature et largement ouvertes sur l'extérieur. Le jardin est essentiel, on s'y délasse en regardant l'océan. Ombragé par les arbres et les pergolas, il devient un véritable salon d'été. Certaines élégantes villas du front de mer ont malheureusement disparu dans les années 1960 au profit de grands immeubles de béton, comme à La Baule.

Art contemporain

Le paysage de l'art contemporain dans les Pays de la Loire peut s'enorgueillir d'abriter de grandes figures reconnues sur le plan international, tels Fabrice Hyber, François Morellet, Pierrick Sorin ou encore Philippe Cognée. Loin de former un quelconque courant artistique collectif, ils convoquent, à leur manière, un même esprit situationniste, empreint de fantaisie, digne héritier du passé littéraire surréaliste. La nouvelle génération issue des très actives écoles des beaux-arts régionales, comme Wilfrid Almendra, Benoît-Marie Moriceau ou Vincent Mauger, contribue à renforcer l'aura d'une région qui n'aura de cesse, depuis les années 1980, de diffuser et de promouvoir la création contemporaine.

MUSÉES, CENTRES D'ART, ASSOCIATIONS

Une offre riche et exigeante d'expositions, de résidences et d'événements qui invite, aussi, à une découverte d'architectures les plus diverses. Une villa néo-classique à la Garenne-Lemot à Clisson, une usine à gâteaux (le célèbre « lieu unique » à Nantes), une chapelle romane à Château-Gontier, un ancien centre commercial à Cholet, une base sous-marine ou encore un café à Saint-Nazaire… L'architecture actuelle procure par ailleurs aux artistes des conditions renouvelées pour exposer leur travail, avec par exemple celle d'Antoine Stinco au musée des Beaux-Arts d'Angers ou celle de Stanton et Williams au musée des Beaux-Arts de Nantes, qui sera complètement rénové en 2013.

Dès les années 1980, le musée des Beaux-Arts de Nantes, le musée de l'Abbaye Sainte-Croix aux Sables d'Olonnes et le Fonds régional d'art contemporain des Pays de la Loire ont su accueillir des artistes nationaux et internationaux et créer sur place une dynamique favorable.

Une volonté commune propulse des événements majeurs comme les Allumées de 1990 à 1995 : durant 6 jours et 6 nuits, des spectacles élaborés autour du thème d'une ville – Barcelone, Le Caire, Saint-Pétersbourg, etc. – envahissent Nantes, tout ceci orchestré par Jean Blaise, initiateur d'une politique culturelle aussi populaire qu'expérimentale.

Les années 1990 et 2000 voient alors la scène artistique contemporaine se renforcer au gré d'initiatives personnelles : à Nantes, en 1997, avec Zoo Galerie, dotée de la revue d'art *Zérodeux*, et Ipso Facto avec ses expositions (aujourd'hui RDV), puis Tripode à Rezé en 2002 et la galerie privée Mélanie Rio en 2008.

Dans des zones plus rurales naissent des centres d'art comme le Carré à la Chapelle du Genêteil de Château-Gontier et le centre d'art de Pontmain, puis celui de la Chapelle des Calvairiennes (2004) en Mayenne. En 2008 se crée une association d'art contemporain atypique à Piacé-le-Radieux dans la Sarthe sur les traces d'un projet architectural utopique de Le Corbusier et Norbert Bézard au cœur d'une Ferme radieuse.

Le Grand Café, centre d'art de Saint-Nazaire, devient dès 2004 un acteur essentiel de la scène nationale et internationale, alors que le musée de la Roche-sur-Yon se spécialise en photographie contemporaine.

LE VOYAGE A NANTES

Sous couvert de politiques culturelles innovantes et de la notoriété grandissante dont bénéficie la région, le lieu unique, inauguré en 2000 à Nantes, crée l'événement en 2007, 2009 et 2012 avec la manifestation « Estuaire Nantes-Saint-Nazaire ». De Nantes à l'embouchure de la Loire, des installations disséminées sur les rives de l'estuaire réinventent l'espace et le rapport de l'homme à son milieu. Une programmation d'expositions dans des lieux inédits (le Life à Saint-Nazaire, le Hangar à bananes à Nantes, le Château du Pé, etc.) et une production d'œuvres monumentales le long de la Loire font l'objet de publications, éditées par la luxueuse revue de recherche en région, *303*. Du bateau mou d'Erwin Wurm au pendule de Roman Signer, de la suite de triangles de Felice Varini aux constructions des Japonais Tadashi Kawamata et Tatsu Nishi, nombreuses sont les communes des Pays de la Loire qui peuvent se féliciter de se trouver aux avant-gardes artistiques contemporaines.

ABC d'architecture

Les dessins présentés dans les planches qui suivent offrent un aperçu visuel de l'histoire de l'architecture dans la région et ses particularités. Les définitions des termes d'art permettent de se familiariser avec un vocabulaire spécifique et de profiter au mieux des visites des monuments religieux, militaires ou civils.

Architecture religieuse

LE MANS – Plan de la cathédrale St-Julien (12e au 15e s.)

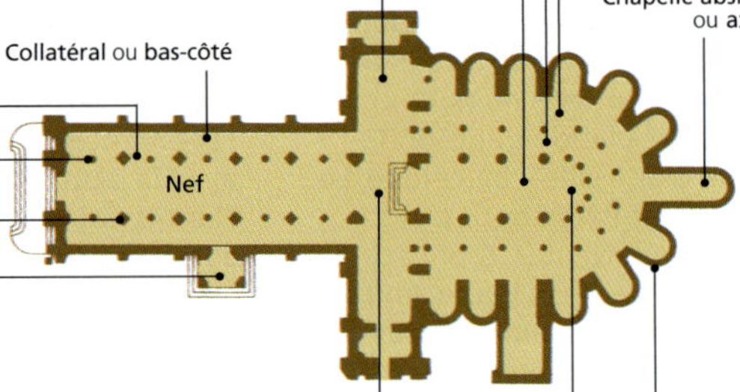

ANGERS – Voûtes de l'église St-Serge (début du 13e s.)

À la fin du 12e s., les voûtes angevines s'allègent ; les nervures plus nombreuses et plus gracieuses retombent sur de sveltes colonnes rondes. Au début du 13e s. s'élèvent des vaisseaux dont les hautes voûtes à liernes s'ornent d'élégantes sculptures.

LE MANS – Chevet de la cathédrale St-Julien (13e s.)

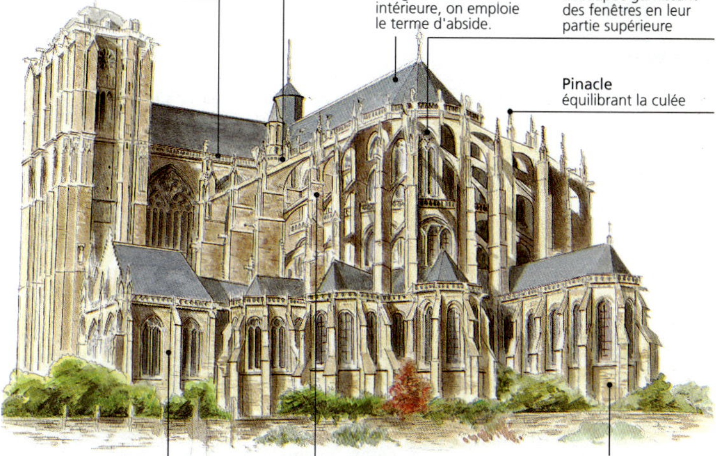

ANGERS – Chaire à prêcher de la cathédrale St-Maurice (19e s.)

Cette œuvre (1855) de l'abbé René Choyer est un pastiche de l'art gothique du 13e s. ; l'ensemble de la chaire résume toute la connaissance de l'architecture et de la sculpture médiévales.

R. Corbel/MICHELIN

3/ DÉCOUVRIR LES PAYS DE LA LOIRE

Passage en gabare sur la Loire saumuroise.
J.B. Rabouan / Hemis. fr

Nantes et le nord de l'estuaire 1

Carte Michelin Départements 316 – Loire-Atlantique (44)

La côte sauvage au Croisic.

F. Guiziou / hemis. fr

NANTES ET LE NORD DE L'ESTUAIRE
0
10 km
NANTES
★★★ Vaut le voyage
La Baule
★★ Mérite un détour
St-Nazaire
★ Intéressant
Blain
À voir
Ville de départ du circuit
N
MORBIHAN
Vilaine
D 873
D 164
N 165
D 773
Missillac
Calvaire de la Madeleine
Pontchâteau
Herbignac
Parc naturel régional
D 774
D 47
D 51
D 50
La Grande Brière
Pointe du Castelli
Kerhinet
Bréca
Île de Fédrun
Trescalan
D 99
Guérande
D 47
La Chaussée-Neuve
Presqu'île de Guérande
D 92
N 171
de Brière
D 92
La Baule
Tumulus de Dissignac
N 171
Pont routier St-Nazaire-St-Brévin
Le Croisic
D 245
Batz-s-Mer
Pornichet
D 77
D 114
Le Pouliguen
D 92
St-Nazaire
La Côte Sauvage
St-Marc-sur-Mer
Escal' Atlantic
D 723
OCÉAN
ATLANTIQUE
D 86
D 213
D 266
Entre mer et Brière
La Côte Sauvage
Tout autour du parc
Forêt du Gâvre
A
B
1
2
3

C
RENNES
D
1
2
3
Vilaine
N 137
D 771
Châteaubriant
N.-D.-de-la-Trinité
D 775
D 163
D 771
D 178
D 2
Abbaye
de Melleray
La Magdeleine
Forêt
du Gâvre
D 35
Le Gâvre
D 42
D 15
Grand Réservoir
de Vioreau
D 18
Erdre
Blain
Canal
de
La Groulais
Nantes
à
Brest
La Ferme de l'Orme
ANGERS
N 165
N 137
Vée de l'Erdre
D 178
A 11
LOIRE-ATLANTIQUE
D 723
5
Estuaire de la Loire
NANTES
LOIRE
N 444
LOIRE
D 723
D 763
2
N 249
C
NIORT
D
CHOLET

Nantes

★★★

270 251 Nantais (agglomération : 590 000 habitants) – Loire-Atlantique (44)

NOS ADRESSES PAGE 102

S'INFORMER

Nantes Tourisme – *9 r. des États - ✆ 0892 464 044 (0,34 €/min.) - www.nantes-tourisme.com - vend.-mer. 10h-18h, jeu. 10h30-18h.* Visites guidées, centrale de réservation et mise à disposition du **Pass Nantes** : valable 24h (20 €), 48h (30 €) ou 72h (38 €), cette carte donne accès à 30 sites, dont le musée du château des ducs de Bretagne et la galerie des Machines, à l'ensemble des transports en commun, au bus touristique, aux visites guidées de la ville et à des offres spéciales shopping, sorties et activités. Également disponible, le plan du parcours Le Voyage à Nantes *(voir ci-dessous)*.

Vitrine OH LA L.A! – *6 allée Brancas - ✆ 0 810 044 001 - www.ohlaloireatlantique.com - lun.-sam. 10h-18h (19h de mai à oct.).* Accueillante et riche d'informations, la vitrine du comité départemental de tourisme : renseignements, documentation, idées de séjour, forfaits, dégustations et petite boutique du terroir. Une foule d'idées pour les visites en famille.

SE REPÉRER

Carte de microrégion CD 3-4 (p. 81) – *Carte Michelin Département 316 G4.*
Nantes est située sur l'estuaire de la Loire, à une soixantaine de kilomètres de son embouchure. Le centre-ville s'organise autour d'une colonne

LE VOYAGE À NANTES

Une structure, un parcours pérenne, un événement ! Né de la volonté de modifier le regard traditionnel porté sur la ville, **Le Voyage à Nantes** se veut l'intermédiaire privilégié entre les acteurs qui, depuis plus de 20 ans, ont fait de la métropole un pôle artistique majeur du pays.

Avec cette **structure**, Nantes souhaite décloisonner la culture, briser les frontières géographiques et mentales de son territoire, et faire de celui-ci non plus un simple musée à ciel ouvert mais une œuvre unique, monumentale, dont les éléments dialoguent à l'envi : vestiges réhabilités de la cité ducale, scènes pour la création artistique, héritages industriels de l'île de Nantes, œuvres d'art en plein air, friches entre terres et eaux le long de l'estuaire de la Loire…

Pour aider le visiteur à comprendre cet espace riche de sens, Le Voyage à Nantes a mis en place un **parcours** comprenant une trentaine de sites à découvrir à pied, à vélo, en transports en commun ou en bateau. Son inauguration, le 15 juin 2012, sera fêté durant tout l'été par un **événement** qui intégrera la nouvelle édition d'**Estuaire** (reportée pour l'occasion, *p. 101*) et mettra, jusqu'à Saint-Nazaire, l'art à l'honneur : installations et expositions dans des lieux insolites, opérations dans les rues de Brigades d'Intervention plastique… Un rendez-vous incontournable !

Pour en savoir plus : www.levoyageanantes.fr

Nantes, musée des Beaux-Arts.
B. Rieger / hemis. fr

vertébrale, le **cours des Cinquante-Otages**, qui distingue le quartier médiéval du Bouffay, la cathédrale et le château des ducs, à l'est, des quartiers des 18e et 19e s. avec le passage Pommeraye, la place Graslin et la place Royale, à l'ouest. Au sud de l'axe reliant le quai de la Fosse au château et à la gare SNCF, s'étendent les anciennes îles Feydeau, Gloriette, de la Madeleine et, longue de près de 5 kilomètres, l'île de Nantes.

SE GARER

La capitale des ducs de Bretagne est un casse-tête pour l'automobiliste ! Dans le centre, en zone rouge, le stationnement sur voie est limité à 2h. La zone jaune englobe l'hypercentre, on peut y stationner 3h. En périphérie, vous trouverez des parkings relais *(panneau P + R)* où vous pourrez laisser gratuitement votre véhicule et prendre le tramway.

À NE PAS MANQUER

Le château des ducs de Bretagne et son musée, le passage Pommeraye, les œuvres du musée des Beaux-Arts, le lieu unique, les Machines de l'Île, la collection à ciel ouvert Estuaire et une croisière dans la vallée de l'Erdre.

ORGANISER SON TEMPS

Profitez de la matinée pour visiter l'un ou l'autre musée et flâner dans le centre-ville. Réservez l'après-midi pour une escapade sur l'Erdre ou une balade sur l'île de Nantes, avant de rejoindre, au coucher du soleil, Trentemoult en bateau.

AVEC LES ENFANTS

Découvrez les animaux du Muséum d'histoire naturelle, les souvenirs de Jules Verne, la course des étoiles au planétarium, le Grand Éléphant des Machines de l'Île, le parcours ludique du musée d'Histoire de Nantes, la volière du château de Goulaine et les fruits du jardin des Hespérides.

NANTES ET LE NORD DE L'ESTUAIRE

A B

SE LOGER

- All Seasons Centre 7
- Amiral (Hôtel) 6
- Cholet (Hôtel) 11
- Coin chez soi (Un) 12
- Colonies (Hôtel des) 2
- Domaine d'Orvault 1
- Graslin (Hôtel) 4
- Loft de l'Opéra 13
- Nantes Camping 9
- Pommeraye (Hôtel) 10

SE RESTAURER

- Ardoise (À l') 5
- Atelier d'Alain (L') 16
- Atlantide (L') 4
- Bouteilles (Les) 6
- Chez l'Huître 11
- Cigale (La) 13
- Embellie (L') 17
- Enfants Terribles (Le Bistrot des) 19
- Guinguette de Trentemoult (La) 23
- Heb-Ken (Crêperie) 20
- Maison Baron-Lefèvre 15
- Paludier (Le) 3
- 1 (Le) 21

INDEX DES RUES

- Bouffay (Pl. du) 1
- Flesselles (Allées) 3
- Fosse (R. de la) 5
- Kervégan (R.) 7
- Paix (R. de la) 9
- Petite-Hollande (Pl. de la) 11
- Pré-Nian (R.) 13
- St-Léonard (R.) 15
- St-Vincent (Pl.) 17
- Ste-Croix (Pl.) 19

NANTES

RENNES
JARDIN DES HESPÉRIDES 9
C
1 GARE FLUVIALE
D
PARC DE LA CHANTRERIE
PARC FLORAL DE LA BEAUJOIRE
PARC DU GRAND BLOTTEREAU
A 11 PARIS, ANGERS
CHOLET, CLISSON, VERTOU POITIERS
PORNIC, LA ROCHE-S-YON
LA ROCHELLE
1
2
Pl. Waldeck-Rousseau
POL
CENTRE CAMBRONNE
Rue Desaix
Maison de l'Erdre
Île de Versailles
Jardin japonais
Quai H.-Barbusse
R. de Bouille
R. de la Distillerie
Pl.de Chateaubriand
Pont St-Mihiel
R. Pitre-Chevalier
Av. Chanzy
R. F.-Farineau
R. Amiral-Ronar'ch
R. du Général
R. de Coulmiers
Turpin
I.U.T.
Gaston
R. Russeil
Rue de Bel-Air
Paul Bellamy
Rue Talensac
Q. de Versailles
Erdre
R. du Préfet Bonnefoy
R. Sully
R. Lebrun
R. Mal Joffre
ST-CLÉMENT
R. Gambetta
BOUTEILLERIE
HÔTEL DU DÉPARTEMENT
ST-SIMILIEN
R. J.-d'Arc
Crs des 50-Otages
Pl. Mal Foch
Pl. R. Salengro
Musée des Beaux-Arts
R. S.-Baudry
Jardin des Plantes
Lycée Clemenceau
R. J.-Jaurès
Pl. du Pt Morand
Rue L.Cassegrain
Pte St-Pierre
CHAPELLE DE L'ORATOIRE
Pl.de Bretagne
R. Mercoeur
TOUR BRETAGNE
R. de Strasbourg
Cathédrale St-Pierre
Pl. St-Pierre
L'IMMACULÉE
La Psalette
Rue Henri-IV
R. Bossuet
R. de Verdun
Château
Gare-Nord
R. de Budapest
R. de Feltre
Pl. de l'Écluse
Pl. du Pilori
R. de la Juiverie
R. Ste-Croix
Kennedy
Gare-Sud
Quai de Malakoff
Calvaire
ST-NICOLAS
Pl. du Change
R. de la Bâclerie
Ste-Croix
Crs J.-F.
Le lieu unique
Pl. Royale
SQ. ELISA MERCŒUR
Baco
Canal St-Félix
Rue Crébillon
Pl. du Commerce
Crs O. de Clisson
Allée
Av. Carnot
Pass. Pommeraye
Pl. de la Bourse
Ancne Île Feydeau
Péhant
Cité des Congrès
Av. J.-C.
R. J.-J.-Rousseau
Bd Jean-Monnet
Chée de la Madeleine
Rue des Olivettes
R. Fouré
Pt de Tbilissi
ANC. ÎLE GLORIETTE
FACULTÉ DE MÉDECINE ET DE PHARMACIE
C.H.U. HÔTEL DIEU
Aée de l'Île-Gloriette
R. G. Veil
Rieux
Bonduel
R. de
Magellan
Q. Morice
Pont A.- Briand
Q. de Tourville
Q. Moncousu
André
Bras de la Madeleine
Pont Haudaudine
Pont Gén. Audibert
Bd Gaston-Doumergue
Mitterrand
Square Mabon
L'Absence
Bras de Fer
Q. A. Rhuys
Q. Hoche
Gâche
R. L. Blanc
ÎLE DE NANTES
Pl. de la République
Bd Vincent
Bd de la Prairie-au-Duc
Bd Babin-Chevaye
NANTES
0 300m
N

Élégante, bourgeoise et dynamique, Nantes semble à l'équilibre parfait entre son riche passé et le vent de modernisme qui souffle sur la cité depuis une quinzaine d'années. Capitale de la région Pays de la Loire, elle est aujourd'hui la sixième ville de France et se situe au centre d'une agglomération de plus de 590 000 habitants. Sa douceur de vivre, son patrimoine historique, sa vitalité culturelle mais aussi la formidable réhabilitation de l'île de Nantes, où les anciens hangars côtoient des immeubles d'habitation rivalisant de contemporanéité, ont attiré un afflux record de citadins et séduit de plus en plus de touristes. Pour découvrir la cité des ducs, il convient de flâner dans les rues du centre, d'emprunter le tramway, qui fut le premier à être réhabilité en France, ou encore les Bicloo, les vélos en libre-service.

Se promener Plan de la ville p. 84-85

★★ AUTOUR DU CHÂTEAU

Comptez environ 3h30.

Place Maréchal-Foch CD1

Ancienne place Louis-XVI, c'est l'un des rares lieux publics en France où subsiste une statue du souverain, juchée ici sur une colonne de 28 m. Commandée en 1790, elle fut inaugurée en 1823. Hôtels du 18e s. bâtis selon les plans de Ceineray (1722-1821).

Porte Saint-Pierre D1

Bâtie sur les fondations de l'enceinte gallo-romaine du 3e s., cette porte du 13e s. a été surmontée au 15e s. d'un élégant logis à tourelle.

★ Cathédrale Saint-Pierre-et-Saint-Paul D1

Pl. St-Pierre.

Commencé en 1434, achevé en 1891 et restauré après l'incendie de 1972, cet édifice imposant surprend par l'austérité de sa façade : deux tours sans fantaisie encadrent une grande baie flamboyante. Les trois portails, en revanche, présentent des voussures finement sculptées. Une statue de saint Pierre se dresse au milieu du portail central. Sur le côté droit, la chaire extérieure est à nouveau visible depuis les années 1950. L'ensemble est particulièrement bien mis en valeur le soir, grâce à un éclairage nocturne, discret mais précis.

★★ **Intérieur** – Le tuffeau remplace le granit des cathédrales bretonnes. Moins lourde, cette pierre blanche a permis d'élever des voûtes jusqu'à 37,50 m de hauteur – elles sont plus hautes qu'à Notre-Dame de Paris. Il en résulte un vaisseau de style gothique aux lignes très pures.

Placez-vous sous la tribune d'orgues pour apprécier les cinq travées : une double haie de lignes verticales fuse jusqu'aux clefs de voûte où elles s'entrecroisent. Les nervures des piliers masquent les pans de mur qui les séparent et toutes les lignes des arcades ou du triforium qui pourraient rompre l'harmonie de cette perspective.

Faites le tour du vaisseau par la droite.

Dans le croisillon droit, le **tombeau de François II★★**, commandé par Anne de Bretagne à Michel Colombe (1502-1507), en hommage à son père, le duc François II (1435-1488), et à sa mère, Marguerite de Foix, est l'œuvre maîtresse de la cathédrale et l'une des grandes productions de la Renaissance.

Nantes au cœur de l'histoire

NANTES, CAPITALE DE LA BRETAGNE

La ville doit son nom aux Namnètes, un peuple gaulois qui occupait la région située au nord de l'estuaire de la Loire, vers 70 av. J.-C. D'abord gauloise, puis romaine, Nantes est mêlée aux luttes sanglantes qui opposent les rois francs aux comtes et ducs bretons. Mais ce sont les Normands qui lui portent les pires coups. En 937, **Alain Barbe-Torte**, descendant des chefs bretons réfugiés en Angleterre, délivre la Bretagne des Normands. Au Moyen Âge, Nantes lutte pour son titre de capitale contre Rennes. Les Montfort, principalement **François II**, la choisissent comme résidence principale.

L'ÉDIT DE NANTES

En 1597, la Bretagne, lasse des troubles engendrés par la Ligue et par les ambitions séparatistes de son gouverneur, Philippe de Lorraine, adresse un appel à **Henri IV** pour qu'il vienne rétablir l'ordre. Devant le château, le roi s'écrie, admiratif : « Ventre-Saint-Gris, les ducs de Bretagne n'étaient pas de petits compagnons ! » Durant son séjour, le 13 avril 1598, il signe l'édit de tolérance qui, en 92 articles, règle la question religieuse – du moins le croit-il.

CANNE À SUCRE ET « BOIS D'ÉBÈNE »

De la fin du 17e au début du 19e s., la vente aux Antilles des Noirs, troqués sur les côtes africaines contre des marchandises françaises, permet l'achat de canne à sucre, cacao, café, tabac et coton, qui sont ensuite revendus à Nantes. Les philosophes tonnent contre cette traite inhumaine. Mais Voltaire, dont on connaît le sens aigu des affaires, détient une part de 5 000 livres chez un négrier nantais ! Le commerce triangulaire, dénommé « commerce du bois d'ébène », participe en grande partie à la richesse de Nantes au 18e s. Premier port négrier de France, la ville développe des chantiers navals et des fabriques de toiles indiennes. Sa flotte compte 2 500 navires. Les gros armateurs, qui forment de véritables dynasties, se font construire les immeubles du quai de la Fosse et de l'ancienne île Feydeau.

LE TEMPS DES INDUSTRIES

L'abolition de la traite en 1815, la fabrication du sucre à partir de la betterave et l'ensablement de la Loire marquent la fin d'une époque. La ville, tout en poursuivant la construction navale, se tourne vers la métallurgie et les fabrications alimentaires : biscuiteries, conserveries... En 1856, on établit un avant-port à St-Nazaire. Au tournant du 20e s., un canal latéral à la Loire est créé et on ouvre l'estuaire aux cargos de 8,25 m de tirant d'eau. De 1926 à 1948 sont comblés l'Erdre et les bras nord de la Loire.

UNE NOUVELLE VITALITÉ

En 1987, Nantes subit la fermeture des chantiers navals et le déclin de l'industrie agroalimentaire. Mais la « belle endormie » se réveille : création du périphérique et du pont de Cheviré, inauguration du TGV et du tramway. Aujourd'hui, le tertiaire représente l'essentiel de son activité économique. Avec son université et ses 12 grandes écoles, Nantes accueille plus de 50 000 étudiants. En 10 ans, elle s'est propulsée parmi les villes les plus jeunes de France. Plus de 35 % de sa population a moins de 25 ans.

Le duc et la duchesse sont couchés sur une dalle de marbre noir fermant le tombeau de marbre blanc. Le lion couché aux pieds du duc est l'emblème de la Puissance; le lévrier de Marguerite, celui de la Fidélité. Les anges qui soutiennent leur tête représentent l'accueil céleste. Dans les angles, des statues personnifient les vertus cardinales : la Justice (couronne en tête, glaive en main) et la Force (casque, armure, arrachant un dragon d'une tour) reviennent au duc; la Prudence et la Tempérance, à la duchesse. La Prudence, vertu qui s'inspire du passé pour envisager l'avenir, a deux visages : une jeune fille au miroir et un vieillard. La Tempérance tient un mors rappelant la retenue des passions, et une horloge qui symbolise la mesure.

Au-dessous des gisants, douze niches abritent les statuettes des apôtres, auxquelles s'ajoutent celles de saint François d'Assise et de sainte Marguerite (les patrons du duc et de la duchesse), de Charlemagne et de Saint Louis. Au niveau inférieur, seize pleureuses, statuettes en partie mutilées, symbolisent la douleur du peuple.

Ce magnifique ensemble est éclairé par une **verrière** moderne de Chapuis, haute de 25 m : elle est consacrée aux évêques et saints de Bretagne. Dans le bas-côté droit, une toile triptyque du Nantais Alain Thomas figure une Adoration des Mages dans un style assez naïf.

Dans le croisillon gauche, on découvre le **cénotaphe de Lamoricière★**, exécuté en 1879. Grand soldat d'Afrique, ce général captura Abd el-Kader avant d'être exilé par Napoléon III. Le sculpteur Masseron l'a représenté couché sous un linceul. Les quatre statues en bronze symbolisant la Méditation, la Charité, la Force guerrière et la Foi sont dues à Paul Dubois.

Cryptes – La crypte romane du 11e s. abrite le **trésor** de la cathédrale (ornements liturgiques et orfèvrerie). Dans la seconde, du 19e s., des panneaux, sculptures et une remarquable maquette du 17e s. retracent l'histoire de la cathédrale.

Longez la façade de la cathédrale et franchissez le porche à gauche.

La Psalette D1

Cette ancienne maison (15e s.) du chapitre, dotée d'une tourelle polygonale, forme un tout avec la sacristie. Par le passage voûté à droite, on rejoint le square, où l'on découvre l'autre façade de la Psalette.

Prenez à droite l'impasse St-Laurent, puis à gauche la rue Mathelin-Rodier (nom de l'architecte de la cathédrale et d'une partie du château).

Dans la **maison** du n° 3 fut arrêtée en 1832 la **duchesse de Berry**. Elle s'était cachée avec trois fidèles dans un réduit ménagé dans la cheminée. Elle avait été dénoncée et les gendarmes à sa recherche dans la maison firent du feu et eurent la surprise de la voir surgir couverte de suie.

Traversez le cours St-Pierre pour rejoindre la rue Georges-Clemenceau.

★★ Musée des Beaux-Arts D1

Fermeture du musée jusqu'en 2013, à l'exception de la chapelle de l'Oratoire qui propose un programme d'expositions et de rencontres - 10 r. Georges-Clemenceau - ☎ 02 51 17 45 00 - www.museedesbeauxarts.nantes.fr - ♿ - tlj sf mar. 10h-18h, jeu. 10h-20h - possibilité de visite guidée sur réserv. (7 j. av.) - fermé 1er janv., lun. de Pâques, 1er et 8 Mai, 1er et 11 Nov., 25 déc. - 6 €, gratuit 1er dim. du mois.

Créé en 1800, le musée s'est installé dans un édifice de la fin 19e s. Ses importantes collections, enrichies par des pièces en dépôt, couvrent l'histoire de la peinture du 13e s. à nos jours. Autour d'un patio qui diffuse un doux éclairage zénithal s'ordonnent des galeries où les œuvres sont exposées dans un ordre chronologique. Cafétéria, boutique et intéressantes expositions temporaires.

NOYADES EN SÉRIE

En octobre 1793, la Convention dépêche **Jean-Baptiste Carrier** à Nantes, pour « purger le corps politique de toutes les mauvaises humeurs qui y circulent ». Les prisons sont déjà remplies de Vendéens, de prêtres, de suspects. Pour faire de la place, Carrier recourt à la noyade : les condamnés sont entassés dans des chalands qu'on saborde en Loire. Avertie, la Convention rappelle son représentant à Paris. Renvoyé devant le tribunal révolutionnaire de Nantes, il est guillotiné en 1794.

Écoles anciennes – Voyez le *Saint Sébastien* du Pérugin (vers 1448-1523), le *Vielleur*, le *Songe de saint Joseph*, le *Reniement de saint Pierre* de Georges de La Tour (1593-1652), où l'influence du Caravage est sensible dans les couleurs éteintes et les tonalités sourdes, le *Guitariste* de Greuze (1725-1805) et *Arlequin, empereur dans la Lune* de Watteau (1684-1721).

19e s. – Admirez le très beau portrait de Mme de Senones par Ingres, *Kaïd, chef marocain* de Delacroix et les *Cribleuses de blé* de Courbet, d'une grande modernité. Les œuvres romantiques méritent d'être contemplées, ainsi que l'indolente *Esclave blanche* de Lecomte du Nouy.

Art moderne – Une première série est consacrée à l'impressionnisme et au fauvisme. On remarque *Gondoles à Venise* de Monet, l'école de Pont-Aven avec *Le Gaulage des pommes* d'Émile Bernard, *Nu jaune* de Sonia Delaunay et *Le Roulis transatlantique* du Nantais Jean-Émile Laboureur.

Les œuvres de **Wassily Kandinsky** – un ensemble sans doute unique dans un musée de province – furent peintes à l'époque où il enseignait au Bauhaus (1922-1933). L'homogénéité de cette collection, dont l'importante *Trame noire* et le lumineux *Événement doux*, est fondée sur la notion de « microcosme ».

À voir aussi, *Deux Femmes debout* d'un Magnelli à la croisée du futurisme et du cubisme, *Cheval rouge* de Chagall, ainsi qu'un ensemble abstrait de l'école de Paris où se distinguent Manessier, Poliakoff, Hartung et Soulages.

Art contemporain – Les quatre salles, dont l'accrochage est souvent remanié, présentent des réalisations tardives de Dubuffet et Picasso, de Gaston Chaissac, des œuvres de Martin Barré et **François Morellet**, originaires de la région, ainsi que des sections consacrées au nouveau réalisme (Tinguely, Raysse, Villeglé, Dufrêne) et au groupe Support-Surface (Viallat, Dezeuze).

Le musée des Beaux-Arts n'oublie pas les écoles étrangères, notamment l'Italie avec Fabro, Paolini, Spalleti, Penone et Boetti, aux côtés de Richter, Rebecca Horn et Joan Mitchell.

Lycée Clemenceau D1

R. Georges-Clemenceau.

Créé par Bonaparte en 1803, puis reconstruit sous la IIIe République par les architectes Antoine Demoget et Léon Lenoir, cet établissement voit naître en 1886 la première association sportive scolaire de France. Plusieurs élèves de ces années-là deviendront célèbres parmi lesquels l'écrivain Aristide Briand. Longtemps seul lycée de Nantes et du département de Loire-Atlantique, il a joué un rôle non négligeable dans l'histoire de la ville et même dans l'évolution de l'enseignement secondaire en France.

★ Jardin des Plantes D1

11 bd de Stalingrad (face à la gare) ou pl. Sophie-Trébuchet - ✆ 02 40 41 65 09 - www.seve.nantes.fr - ♿ - 20 mars-22 oct. : 8h30-20h ; 15 janv.-19 mars et 23 oct.-17 nov. : 8h30-18h30 ; reste de l'année : 8h30-17h30 - gratuit.

Ce jardin paysager de 7 ha, entrepris dès 1807, s'agrémente de nombreuses cascades et pièces d'eau. La flore bretonne y côtoie les végétaux d'Amérique, d'Asie et d'Afrique : remarquables camélias, rhododendrons, palmiers et magnolias, dont celui d'Hectot : cet arbre, le plus vieux du jardin, fut planté en 1807, à l'âge de 20 ans. Des serres sèches abritent l'une des plus riches collections de cactées en France. Un buste de Jules Verne rappelle que le romancier est né à Nantes (*p. 96*).
Rejoignez le cours J.-F. Kennedy et traversez la voie ferrée.

★ Le lieu unique D1

02 40 12 14 34 - www.lelieuunique.com - mar.-sam. 13h-19h, dim. 15h-19 - fermé lun. et j. fériés - 2 € (-12 ans gratuit).
En face du château, de l'autre côté de la voie ferrée, se dresse un curieux clocheton bleu, blanc et rouge : c'est l'ultime vestige de la biscuiterie installée ici en 1885 par Louis Lefèvre-Utile, succédant à ses parents Jean Romain Lefèvre et Pauline Utile qui avaient créé une pâtisserie en 1854. Mariant leurs initiales, il créa l'**usine LU**, où naquit l'année suivante le « Petit Beurre »… Depuis 1986, les machines ont déménagé à La Haie-Fouassière, au sud de Nantes. En 1999, l'ex-usine réhabilitée sur 8 000 m² par l'architecte Patrick Bouchain a été rebaptisée Lieu unique. Dans ses murs quasi nus, de béton et de briques, le Centre de recherche pour le développement culturel (CRDC) propose un cocktail tous azimuts : danse, théâtre, arts plastiques, musique… On y vient pour flâner dans la librairie, dénicher des objets d'artistes ou de designers à la boutique, siroter un verre au bar, se prélasser au hammam ou visiter la fameuse **tour** équipée d'un « gyrorama », qui offre un panorama intéressant et propose une rétrospective sur l'ancienne usine *(tlj 13h-19h - possibilité de visite guidée)*.

Quartier Madeleine-Champ-de-Mars D2

Emblématique du renouveau urbain nantais, ce quartier a engagé une mutation profonde sous la houlette de l'architecte-urbaniste Jean-François Revert. Des reconversions originales de bâtiments industriels ont renouvelé l'activité et l'animation du quartier, qui abrite galeries d'art, bars et restaurants.
La **Cité des Congrès**, œuvre de l'architecte Yves Lione (1992), dispose d'un grand auditorium de 2 000 places qui accueille régulièrement des opéras produits par Angers-Nantes Opéra.

★★ Château des ducs de Bretagne D1

4 pl. Marc-Elder - 0 811 464 644 (0,34 €/min.) - www.chateau-nantes.fr - ♿ - juil.-août : musée 10h-19h, site 9h-20h ; sept.-juin : musée tlj sf lun. 10h-18h, site 10h-19h - réserv. possible de billets et de visite guidée (1h30 - 9 €) - fermé 1er janv., 1er mai, 1er nov., 25 déc. - 5 € (-18 ans gratuit), accès à la cour, aux douves et aux remparts gratuit - restaurant et boutique.
À l'époque du duc François II, le train de vie au château est royal : 5 ministres, 17 chambellans, une foule de domestiques, une cour fastueuse aux mœurs très libres. C'est lui qui décide de le reconstruire en 1466. Les travaux se poursuivent avec sa fille, Anne. De Charles VIII à Louis XIV, maints rois de France y séjournent. En 1499, Louis XII y épouse Anne de Bretagne. En 1598, Henri IV y élabore l'édit de Nantes. À partir du 18e s., l'administration militaire prend possession de l'édifice et taille, rogne, élève des bâtiments au style sans apprêt. La construction d'un quai au 19e s., puis le comblement du bras de la Loire au 20e s., modifient encore le site. Il abrite aujourd'hui le musée d'Histoire de Nantes.
★★ **Musée d'Histoire de Nantes** – *Possibilité de visiter avec audioguide.* Un parcours en sept séquences à travers l'histoire de Nantes. De François II,

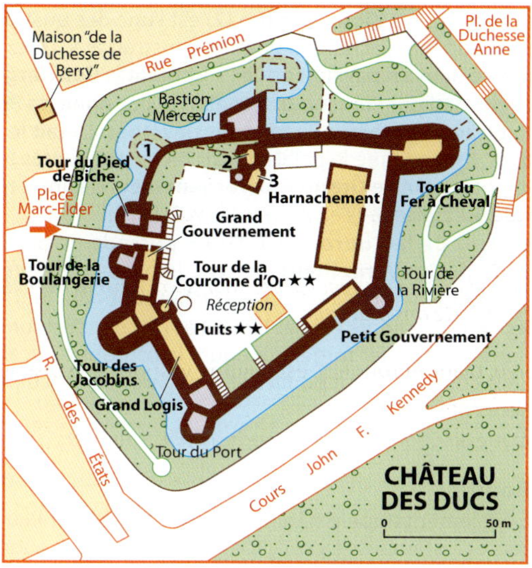

fondateur du château et père d'Anne de Bretagne, à nos jours, on découvre la vie de l'estuaire et des mariniers sur la Loire puis l'orientation vers l'océan avec le négoce des esclaves (remarquer les impressionnants dessins de la *Marie-Séraphique* et de son chargement) et le commerce du sucre. On admire au passage les toiles imprimées inspirées des Antilles ou d'autres terres coloniales.

Tout en haut, sous la charpente en carène de bateau renversée, sont exposés les magnifiques meubles en acajou des riches armateurs, surnommés « les messieurs du commerce ».

Ensuite on redescend à travers le Nantes industriel, illustré par les maquettes des usines, les affiches et, plus récemment, les mouvements sociaux. Une magnifique maquette de Nantes en 1900 montre l'importance des chantiers navals et des usines à cette époque.

Les dernières salles sont consacrées au renouveau actuel de Nantes, et la visite se termine par la présentation d'une œuvre de Pierrick Sorin s'inspirant de l'histoire de la ville.

Forteresse – Avant d'entrer dans la cour, on peut contourner les tours massives, typiques de l'architecture militaire à la fin du 15e s. La **tour du Pied-de-Biche** doit son nom à la forme d'une salle basse. La **tour de la Boulangerie** servit de prison : elle est surnommée tour de l'Enfer. La **tour des Jacobins** accueillit également une geôle. Au temps d'Anne de Bretagne, et jusqu'au début du 20e s., la Loire baignait encore la muraille reliant la **tour du Port** à la **tour de la Rivière**. La **tour du Fer-à-Cheval** fut également bâtie à cette époque.

Le **bastion Saint-Pierre** fut ajouté durant les guerres de Religion (16e s.) par le duc de Mercœur, puis arasé en 1904. La **tour des Espagnols (1)** était utilisée comme poudrière, et sauta accidentellement en 1800 *(les bâtiments démolis sont indiqués par un tireté sur le schéma ci-dessus)*. Un pont du 18e s. rejoint l'ancien **pont-levis**.

Le **circuit des remparts** permet d'effectuer un tour complet de l'enceinte de l'édifice, qui offre des points de vue intéressants sur le site et sur la ville.

Bâtiments sur cour – Le **Vieux Donjon (2)** est l'une des quatre tours polygonales qui encadraient le château primitif, construit aux 13e et 14e s. : il est en partie enclavé dans un pavillon du 18e s. abritant la **Conciergerie (3)**.
Le **Grand Logis**, bâti par François II et rehaussé par Anne de Bretagne, est orné de cinq lucarnes gothiques à pinacles ouvragés. C'était le lieu d'habitation des ducs, tout comme le palais ducal : reconstruit après l'incendie de 1670, celui-ci prit le nom de **Grand Gouvernement** et devint la résidence du gouverneur de Bretagne.
La gracieuse **tour de la Couronne-d'Or★★** possède de belles loggias à l'italienne. Le **Petit Gouvernement**, de style Renaissance, a été édifié sous François Ier. Le bâtiment militaire de l'**Harnachement** date de 1784.
Enfin, le **puits★★**, qui remonte probablement à François II, est surmonté d'une magnifique armature en fer forgé, qui figure la couronne ducale. Autrefois dorée à l'or, elle comporte sept poulies et sept gargouilles sculptées sur une margelle à sept côtés.
Empruntez la rue du Château pour rejoindre la place du Pilori.

Quartier Bouffay C1

Ce quartier, également appelé « Sainte-Croix », est le haut lieu des soirées nantaises. Bars et restaurants s'y succèdent, et les terrasses gagnent le pavé dès les premiers beaux jours.
Son labyrinthe de ruelles recèle des maisons à colombages des 15e et 16e s. : **rues de la Juiverie** *(n° 7)*, **Ste-Croix** *(n° 7)*, de la **Bâclerie** *(nos 8 et 10)*, **Bossuet** *(n° 5)*, **place du Change**.
L'**église Ste-Croix** (17e s.) surprend par sa façade classique surmontée du beau **beffroi★** de la ville, couronné d'anges sonnant de la trompette. À l'intérieur, le chœur à voûte nervurée en palmier contraste avec la voûte ronde en berceau de la nef. Elle jouxte les bâtiments d'un prieuré du 11e s. rénové durant trois ans et transformé en espace culturel : le **Passage Sainte-Croix** *(9 rue de la Bâclerie - ✆ 02 51 83 23 75 - mar.-sam. 12h-18h30)*. Conférences, concerts et expositions se tiennent dans les salles de cet élégant passage alliant pierre, verre et métal, et dont la cour pavée a été surmontée d'une verrière.
Pour rejoindre le cœur du vieux Nantes, prenez le cours Franklin-Roosevelt, puis le cours Olivier-de-Clisson jusqu'à la rue Kervégan.

★ AU CŒUR DU VIEUX NANTES

Comptez environ 3h.

★ Ancienne île Feydeau C2

Marécageuse, l'île fut lotie au début du 18e s. selon un cahier des charges qui devait lui donner toute sa régularité. Malgré une belle harmonie apparente, celle-ci fut entamée par l'abandon de plusieurs constructions en raison des sols instables.
Ces immeubles d'opulents négociants enrichis par le commerce triangulaire (*p. 94*) s'ornent de mascarons – masques de fantaisie (*l'encadré ci-contre*) – et de balcons galbés. Certains penchent terriblement, témoignant d'une construction difficile. L'île a été rattachée à la ville entre 1926 et 1938, par le comblement des bras de la Loire pour fluidifier la circulation automobile.

★ Quartier Graslin BC2

Receveur général des fermes à la fin du 18e s., Jean-Jacques Graslin fit réaliser le quartier qui porte son nom. Sur la **place du Commerce**, la Bourse a été

Les Machines sur l'île de Nantes.
E. Berthier / hemis. fr

construite par Crucy de 1811 à 1813 : elle abrite la Fnac. On atteint la **place Royale**, où la fontaine érigée en 1865 symbolise la ville de Nantes.

★ **Passage Pommeraye** – Dans la rue Santeuil s'ouvre cette galerie couverte, ouverte en 1843 sur trois niveaux, à l'initiative d'un notaire. C'est l'un des lieux les plus attachants de Nantes, avec son escalier de bois et de métal dont les contremarches sont ornées de souris, ses colonnes cannelées, ses balustrades ajourées et ses statues d'enfants surmontées de torchères. Jacques Demy y tourna *Lola* en 1961.

Place Graslin – Étroite, très commerçante, la **rue Crébillon**, est très animée. On y vient « crébillonner » (flâner). Elle mène à cette esplanade où s'élève le grand théâtre (1783) de style corinthien, un des hauts lieux de la vie culturelle nantaise avec les productions du Angers Nantes Opéra. À l'angle de la brasserie La Cigale (intérieur 1900 aux belles mosaïques, classé monument historique) s'amorce le noble **cours Cambronne★**. Réalisé par Mathurin Crucy, il est bordé sur 180 m de maisons à pilastres, commencées sous Napoléon Ier et terminées sous le Second Empire.

Après l'avoir traversé, tournez deux fois à gauche, puis à droite vers le quai de la Fosse.

LES MASCARONS NANTAIS

Le premier mascaron nantais apparaît à la fin du 17e s., mais c'est au 18e s. que les armateurs négriers vont en développer l'usage. Le terme de mascaron vient de l'arabe « mascaro » (bouffonnerie) et sert à cacher l'agrafe, c'eSt-à-dire la partie centrale sur laquelle repose l'arc de porte. Inspirés par la mythologie et l'exotisme, les mascarons des façades de l'île Feydeau témoignent du riche passé colonial de la ville. Décorant portes, corniches, entablements et consoles, comme dans un théâtre de plein air, le spectacle s'anime encore aujourd'hui de mille visages de pierre.

Musée de l'Imprimerie B2

24 quai de La Fosse - ✆ 02 40 73 26 55 - www.musee-imprimerie.com - ♿ - mai-sept. : lun.-sam. (juil.-août : lun.-vend.) 10h-12h, 14h-17h30 ; oct.-avr. : dim. 14h-17h - possibilité de visite guidée (14h30) - fermé j. fériés - 6 € (enf. 3,50 €).

Il retrace l'histoire des métiers du livre. Lithographies, enluminures, bois gravés… des professionnels présentent les techniques de composition et d'impression en utilisant des machines et des outils anciens en parfait état de marche.

Aux abords du quai de la Fosse B2

Plusieurs demeures du 18e s. donnent sur le quai. Remarquez les nos 17, 54, 70 et, au no 86, l'hôtel Durbé, dont les communs servaient d'entrepôt à la Compagnie des Indes.

LE COMMERCE TRIANGULAIRE AUX17E ET 18E S.

Port d'importance depuis le Moyen Âge, Nantes s'enrichit grâce au commerce triangulaire qui se développe au XVIIe s. La ville, qui gère la répartition des produits de la Compagnie des Indes, comme le sucre et le cacao, réexporte peu à peu une partie de ces marchandises vers l'Afrique pour les échanger contre des esclaves qui travailleront dans les plantations antillaises. Le commerce triangulaire propulse rapidement le port de Nantes, devenue premier port négrier européen, au premier rang national. Ce commerce ne cesse totalement qu'avec l'abolition de l'esclavage en 1848. Devenu trop petit, le port de Nantes fusionne en 1866 avec ceux de Saint-Nazaire, de Donges, et plus tard Montoir.

Mémorial de l'abolition de l'esclavage B2

Quai de la Fosse.

C'est en 1998, lors du 150e anniversaire de l'abolition de l'esclavage, qu'a été signé l'accord sur l'édification d'un monument commémoratif dans celle qui fut la plus importante ville négrière de France : de 1700 à 1830, près de 400 000 captifs, hommes, femmes et enfants, furent l'objet de ce commerce triangulaire surnommé « or noir ». Café, cacao, épices, bois exotiques ou encore canne à sucre étaient débarqués sur ce quai, où se déploie désormais l'œuvre monumentale de l'artiste polonais Krzysztof Wodiczko, une esplanade piétonne hérissée de 2 000 plaques commémoratives. Sous ce vaste espace végétalisé, un passage souterrain bordé d'une plaque de verre gravée de textes liés à l'abolition de l'esclavage, symbolise l'enfermement des esclaves dans les cales des navires.

Le mémorial, outre le devoir de mémoire, s'inscrit dans la politique urbaine de réaménagement des quais de Loire.

Remontez vers la place du Sanitat.

Église Notre-Dame-de-Bon-Port

Également appelé église St-Louis, cet édifice (1846-1858) est coiffé d'un dôme de style byzantin. À l'intérieur, de lourds piliers hexagonaux soutiennent la coupole, couronnée alternativement de vitraux et de fresques.

De là, vous pouvez redescendre sur le quai et traverser le pont Anne-de-Bretagne pour rejoindre l'Île de Nantes (p. 96) ou revenir vers le centre par la rue Dobrée puis la rue Voltaire.

★ Musée archéologique B2

18 r. Voltaire ou r. Durand-Gasselein - fermé pour travaux, réouverture prévue en 2015.

Les amateurs de pièces anciennes y verront de la céramique grecque et étrusque, ainsi qu'une section égyptologique : sarcophages, vases canopes, statuettes de bronze et de bois, stèles, momies d'animaux, reconstitution d'un tombeau du Moyen Empire.

Une section est consacrée à la civilisation régionale, de la préhistoire à l'arrivée des Vikings : armes, outils, vases, bijoux, statuettes, collections néolithiques et de l'âge du bronze provenant de St-Nazaire et de Rezé.

★ Musée Dobrée B2

18 r. Voltaire ou r. Durand-Gasselein - fermé pour travaux, réouverture prévue en 2015.

Cet étonnant palais néoroman abrite les collections réunies par le fils d'armateur Thomas Dobrée : sculptures romanes et gothiques, armes (collection Rochebrune), émaux, ivoires.

Au 1er étage : collections chinoises, mobilier (très beau cabinet anversois du 17e s.), céramiques, portraits de la famille Dobrée et de la duchesse de Berry. Le musée conserve également le reliquaire en or rehaussé d'émail du cœur de la duchesse Anne de Bretagne (1514).

À l'ouest du palais, sur une tour carrée, Thomas Dobrée fit inscrire en breton quelques mots exprimant son inquiétude métaphysique : « *Ann dianaf a rog ac'hanoun* » ; c'eSt-à-dire : « L'inconnu me dévore. » Cette devise est surmontée d'un dragon, agrippé à un cœur de pierre rouge.

Face au musée Dobrée se dresse le **manoir de la Touche** *(ouvert lors d'expositions temporaires).* Il fut construit au début du 15e s. par l'évêque Jean de Malestroit. Jean V, duc de la maison de Montfort, y mourut en 1442. Le terme de « tousche » désigne un petit bois, qui couronnait jadis la colline.

★★ Muséum d'histoire naturelle B2

12 r. Voltaire - ✆ 02 40 41 55 00 - www.museum.nantes.fr - ♿ - 10h-18h - possibilité de visite guidée (1h) - fermé mar., 1er janv., lun. de Pâques, 1er et 8 Mai, jeu. de l'Ascension, 1er et 11 Nov., 25 déc. - 3,50 € (gratuit -18 ans et 1er dim. du mois de sept. à juin).

Ouvert en 1799, le Muséum a été inauguré dans cet ancien hôtel de la Monnaie en 1875. Il abrite d'importantes collections : zoologie générale, faune régionale, ostéologie, paléontologie, préhistoire, sciences de la terre, minéralogie, ethnographie.

La galerie de zoologie, réamenagée en 2008, abrite un impressionnant squelette de baleine.

La section de conchyliologie se distingue par la beauté et la variété des coquillages. Un vivarium présente des reptiles et batraciens de toutes origines.

BUTTE SAINTE-ANNE ET QUARTIER CHANTENAY

Escorteur d'escadre Maillé-Brézé A2

Quai de La Fosse - ✆ 09 79 18 33 51 - www.maillebreze.com - visite guidée à bord (1h), bord et machines (1h30) juin-sept. : 14h-18h ; oct.-mai : 14h-17h - fermé 1er janv., 25 déc. - 5 € (-12 ans 4 €), bord et machines 7 €.

Ce bâtiment (132,65 m de long, 12,70 m de large) a été mis en service en 1957 et désarmé en 1988. On découvre les pièces d'armement anti-sous-marines et anti-aériennes, les systèmes de détection, le poste de commandement, ainsi

1

que plusieurs locaux réservés à l'équipage. Intéressante visite des machines. Dans le carré des officiers, évocation de la vie de l'amiral français Jean Armand de Maillé (1619-1646), duc de Brézé.

Planétarium A2 en dir.

8 r. des Acadiens - accès par le quai E.-Renaud et la r. de l'Hermitage - ✆ 02 40 73 99 23 - www.nantes.fr - ♿ - séance (1h) tlj sf sam. 10h30, 14h15, 15h45, dim. et j. fériés 15h, 16h30 - fermé 1er janv., 1er mai, 1er nov., 25 déc. - 5 € (5-18 ans 2,50 €).

On y propose, grâce à toutes sortes d'effets scéniques, des spectacles permettant de s'initier à l'astronomie : mouvement des planètes, simulation de la voûte céleste, immersion au cœur d'une pluie d'étoiles filantes…

En suivant le quai E.-Renaud et la rue de l'Hermitage, vous accéderez à la butte Ste-Anne. Depuis la table d'orientation, la **vue★** se déploie sur l'île de Nantes et les anciens chantiers de construction navale.

★ Musée Jules-Verne A2 en dir.

3 r. de l'Hermitage - ✆ 02 40 69 72 52 - www.julesverne.nantes.fr - juil.-août : tlj sf mar. 10h-18h ; reste de l'année : tlj sf mar. 10h-12h, 14h-18h, dim. 14h-18h, visite-conférence (1h30) dim. 15h30 - fermé j. fériés - 3 € (-18 ans gratuit), gratuit 1er dim. du mois (sf juil.-août).

Une demeure du 19e s. sert de cadre à ce musée où de nombreux souvenirs retracent la vie de l'écrivain : autographes, meubles, maquettes, objets personnels (provenant de la donation Jean Verne, son petit-fils), portraits, bustes, affiches évoquant ses ouvrages publiés chez Hetzel, jeux et objets divers inspirés par ses livres, planisphère lumineux reproduisant *Les Voyages extraordinaires*.

Site OH LA L.A. Quelle aventure! Des bornes interactives installées au fil des salles permettent d'approfondir la connaissance de l'auteur. Un livret de découverte sous forme de jeu de piste est remis gratuitement aux enfants à l'entrée.

Devant l'entrée du musée se dresse la **statue de sainte Anne**, bénissant le port.

Fresques des Acadiens A2 en dir.

Situées rue des Acadiens, près de la butte St-Anne, ces fresques commémorent l'épisode des Acadiens déportés du Canada par les Anglais. La moitié d'entre eux périrent pendant ou à cause de la déportation dans la période 1775-1785.

La première fresque « Le port de Nantes, 1785 », réalisée par Robert Daffort en 1993, montre l'embarquement des Acadiens réfugiés à Nantes, sur les 7 bateaux qui devaient les amener vers La Nouvelle-Orléans.

La seconde, montre l'arrivée de ces mêmes Acadiens en Louisiane (réplique de celle du même Robert Dafford, à St-Martinville en Louisiane).

L'ÎLE DE NANTES

Face au quai de la Fosse, l'**île de Nantes** était autrefois en partie occupée par les chantiers navals. Elle est aujourd'hui l'objet d'un vaste programme d'urbanisme.

En empruntant la passerelle Victor-Schoelcher, on accède au **palais de justice**. Conçu par Jean Nouvel en bordure de Loire et inauguré en 2000, il s'impose par sa masse noire et monolithique au design épuré. Derrière, l'**immeuble Manny**, reconnaissable à sa résille métallique en façade, est un lieu de rencontre privilégié des acteurs de l'architecture et de la création contemporaines. Le site accueille deux **œuvres pérennes** du parcours artistique d'Estuaire

L'ÎLE DE NANTES

Agricole puis industrielle, l'île de Nantes abrite désormais activités économiques, enseignement supérieur, habitat, culture et loisirs, dans un mélange inédit de réalisations audacieuses mais aussi d'immeubles d'habitation modernes ou datant des années 1950, de ruines industrielles et d'entrepôts en attente de destruction ou de reconversion. Les lieux de respiration y tiennent une place prépondérante : places publiques, jardins, berges et quais en bord de Loire aménagés avec de larges trottoirs et de nombreux espaces cyclables. L'essor culturel et touristique, surtout, est un élément majeur du développement insulaire avec la création d'équipements comme la galerie des Machines, le Hangar à bananes et, au centre du Quartier de la Création, la Fabrique. *www.iledenantes.com*

(*p. 101*) : *The zebra crossing* d'Angela Bulloch et *Air*, de Rolf Julius. Non loin, les **Halles Alstom** *(rue Arthur III)* vont accueillir prochainement l'École des beaux-arts, confirmant la vocation de ce « quartier de la Création ». À l'est, au pied de l'École d'architecture et en bord de Loire, remarquez **l'Absence**, monumentale sculpture bleue en forme d'iceberg et faisant office de cafétéria : créée par l'atelier Van Lieshout, c'est une autre œuvre pérenne d'Estuaire. À l'angle du quai et de la rue de l'Île-Mabon, le **square Mabon**, espace laissé en friche, dévoile la végétation naturelle de l'île, dense et diversifiée.

À l'ouest, sur le site des anciens chantiers navals, s'étend le **Parc des chantiers**, vaste esplanade de loisirs qui a conservé les traces du passé : bâtiment des **Ateliers et Chantiers de Nantes**, grues et, face au **Nantilus**, bâtiment flottant où sont installés un bar et un restaurant, la halle métallique abritant les Machines de l'Île et la Fabrique.

★★ Les Machines de l'Île B2

Les chantiers - bd Léon-Bureau - 0 810 121 225 - www.lesmachines-nantes.fr - juil.-août : 10h-20h ; reste de l'année : se rens. - fermé 1er Mai, 25 déc. et 1er janv. - 7 € (-18 ans 5,50 €). Pour les promenades sur l'éléphant, venir à l'avance ; pas de possibilité de réserv.

Vous verrez d'abord l'éléphant sagement parqué sous la halle ou en balade dans les alentours. Avec ses 12 m de haut, vous ne pouvez pas le rater. Il est le premier projet élaboré sous les nefs de fer et de béton qui abritaient les ateliers de chaudronnerie des Chantiers de la Loire jusqu'en 1987.

En février 2012, l'univers du Végétal et de l'Arbre aux hérons se met en place dans la Galerie. En juillet 2012, les 35 machines dédiées à la thématique de la mer (le Calamar à rétropropulsion, le Serpent des Mers…), exposées depuis 2007 dans la Galerie, rejoindront le **Carrousel des Mondes Marins**, véritable théâtre à 360°, haut de 25 m.

Il est possible de visiter l'atelier, véritable laboratoire d'expérimentation, dans lequel naissent les créatures fantastiques. Un film (12 mn) sur le projet, des origines à l'ouverture, est projeté sur l'une des terrasses.

Ce projet très original, le plus célèbre du plan d'aménagement de l'île de Nantes, a l'air tout droit sorti de l'imaginaire de Jules Verne.

La Fabrique B2

À l'angle des bds Léon-Bureau et Prairie-au-Duc - www.lafabrique.nantes.fr.

Véritable laboratoire d'idées, ce nouvel outil confirme le formidable élan culturel qui s'est emparé de la ville depuis le début des années 2000. Espace de recherche et d'expression, il accueille plusieurs associations qui mettent leur talent au service de toutes les disciplines de la création contemporaine : musiques actuelles, multimedia, arts visuels, arts vivants, cinéma... Le lieu abrite notamment deux salles de spectacles, un bar brasserie, un studio d'enregistrement et pas moins de 16 studios de répétition !

Deux **grues titans** marquent les deux extrémités de la promenade aménagée le long de la Loire qui mène en 10mn à pied au **Hangar à bananes**. La jaune appartenait jadis au chantier naval Dubigeon et la grise au port autonome de Nantes-St-Nazaire ; cette dernière est classée monument historique. Entre les deux, les **Anneaux de Buren et Bouchain** (lumineux la nuit) ressemblent à de grands hula- hoop encadrant diverses vues sur Nantes. Ils font parties des œuvres pérennes d'Estuaire, tout comme la **Station Prouvé**, au pied de la grue jaune, qui accueille un bureau d'informations sur le parcours. Le long du quai, les anciens entrepôts, où mûrissaient les bananes importées de Guinée et de Guadeloupe, ont été aménagés pour accueillir galeries d'art, restaurants et bars branchés dont les terrasses donnent sur le fleuve. Dans le Hangar 32 *(32 quai des Antilles - ✆ 02 40 35 95 20 - vend.-dim. 14h-18h)*, vidéos et documents d'information permettent de mieux comprendre les aménagements de l'île.

★ VALLÉE DE L'ERDRE

Cette belle rivière ne se découvre pas facilement. Avant tout, un petit détour s'impose à la Maison de l'Erdre et à la capitainerie de l'île de Versailles *(voir ci-après)*.

La route ne suit pas la rivière et le meilleur moyen de la découvrir est de louer un canoë ou de profiter des agréables croisières organisées par les **Bateaux nantais** (*Nos adresses à Nantes, p. 107*).

Les berges verdoyantes sont jalonnées d'une vingtaine de gentilhommières, anciennes résidences de campagne d'armateurs nantais. Le château de la Gacherie (16e s.) aux fenêtres ouvragées retient plus particulièrement l'attention.

Île de Versailles C1

Quai de Versailles ou quai Henri-Barbusse - ✆ 02 40 29 41 11 - www.jardins.nantes.fr - ♿ - de mi-janv. à mi-nov. : lun., jeu.-vend. 13h30-18h15, merc., w.-end et j. fériés 9h30-12h15, 14h15-18h15 ; de mi-nov. à mi-janv. : lun., jeu.-vend : 13h30-17h15, merc., w.-end et j. fériés 9h30-12h15, 14h15-17h15 - fermé mar. - gratuit.

Jadis marécageuse, cette île a été remblayée lors du creusement du canal de Nantes à Brest. Un **jardin japonais** y a été aménagé en 1987, avec ses rocailles et ses cascades : bambous, cyprès chauves, rhododendrons, camélias et cerisiers japonais.

La **Maison de l'Erdre** présente la flore et la faune de cette rivière qui, jusqu'au 19e s., desservait l'entrée du canal de Bretagne.

À voir aussi Plan de la ville p. 84-85

PARCS ET JARDINS

Dès le 17e s., la botanique eut une place privilégiée à Nantes, dont la situation portuaire favorisa l'entrée des plantes exotiques, comme le magnolia. Aujourd'hui, Nantes recèle 800 ha d'espaces verts, disséminés dans la ville, qui contribuent beaucoup à la « douceur de vivre » nantaise. En 2013, Nantes sera Capitale verte de l'Europe.

Parc de Procé A1

Entrées : bd des Anglais, r. des Dervallières ou bd Clovis-Constant.

Avec ses longues perspectives, ses doux vallonnements, ce parc (12 ha) est un agréable lieu de promenade où il n'est pas interdit de fouler le gazon. Autour d'un manoir datant de 1789, parmi les chênes, s'épanouissent rhododendrons, azalées, fuchsias, dahlias et bruyères.

Parc du Grand Blottereau Hors plan

Entrée par bd AuguSte-Peneau - tramway Ligne 1 arrêt Mairie de Doulon ou bus 12 arrêt Grand Blottereau - tlj : printemps et automne : 8h30-18h30 ; été : 8h30-20h ; hiver 8h30-17h30.

Légué à la ville en 1905 par Thomas Dobrée, ce parc de 37 ha reconstitue différents milieux naturels des régions chaudes comme la rocaille méditerranéenne, le bayou américain rappelant les paysages marécageux de Louisiane, la bananeraie avec plus de 400 espèces et le jardin de « la colline de Suncheon » qui, organisé sur près d'1 ha, est le plus grand jardin coréen d'Europe.

Le château qui trône au cœur du parc est un parfait exemple des folies nantaises. Construit en 1747, le bâtiment comporte deux pavillons entourant le corps principal du logis. Face à lui, s'étend un jardin « à la française » avec ses **serres tropicales** qui abritent une collection de 600 espèces exotiques.

1

Parc floral de la Beaujoire D1 en dir.

Face au 360 rte de St-Joseph-de-Porterie - tram n° 1, terminus Beaujoire - ✆ 02 40 30 17 51 - mars-sept. : 8h30-20h ; oct.-nov. : 18h30 ; déc.-janv. : 17h30 - entrée libre.

Situé près de l'Erdre et du parc des expositions, il rassemble une magnifique roseraie, une collection d'iris et de bruyères et la collection nationale de référence de magnolias, regroupant 400 variétés et espèces.

Parc de la Chantrerie D1 en dir.

Rte de Gachet - tram n° 1 puis bus lignes 72, 76 - ouv. tte l'année - gratuit.

Relié au centre de la ville par une promenade pour piétons de 6 km sur la rive gauche de l'Erdre, ce parc garde en mémoire le dessin d'origine de D. Noisette datant de 1872. Remarquez quelques très beaux arbres dont un châtaignier millénaire et une intéressante collection d'osiers (saules). Différents animaux peuvent être observés dans les pâtures longeant l'allée principale.

Le jardin des Hespérides C1 en dir.

Ferme de la Hautière, à 3 km au nord de Nantes par le périphérique. Sortie : La Chapelle-sur-Erdre - ✆ 02 40 72 03 83 - www.fermefruitierelahautiere.com - ♿ - de déb. mai à fin sept. : tlj sf lun. 10h-12h, 14h-18h30 - possibilité de visite guidée sur réserv. (7 j. av.) - fermé 1er janv., dim.-lun. de Pâques, 15 août, 1er et 11 Nov., 25 déc. - 1 € (5 € visite guidée 5 pers. mini).

Le verger mythique des Hespérides était gardé par un dragon à cent têtes. Triomphant du monstre, Hercule s'empara des pommes d'or et gagna l'immortalité.

Exploitée depuis 1810 par la même famille, cette ferme fruitière abrite un domaine (1,5 ha) aménagé en huit thèmes : jardin des Fraises ; jardin de la Loire-Atlantique ; jardin du Monde où poussent des fruits d'origine lointaine, comme la myrtille ou « bleuet du Canada » ; jardin des Fruits nouveaux tel le *loganberry*, issu de la mûre et de la framboise ; jardin des Fruits sauvages telle l'arbouse ; jardin du Néolithique évoquant des cueillettes venues du fond des âges… Quant au jardin méditerranéen, il abrite merisier, caroubier et

pistachier, et celui des Botanistes montre des espèces situées à la frontière entre fruits et légumes, tel le potiron. Les fruits tropicaux ont trouvé abri et chaleur dans une serre.
Le visiteur est ensuite invité à déguster un cocktail de fruits. À la boutique, vente de confitures, sorbets, coulis…

Trentemoult A2 en dir.

Pour y accéder, prenez le Navibus (navette fluviale) qui relie le centre de Nantes aux rives de Trentemoult.
Situé sur la rive gauche de la Loire, dans la commune de Rézé, ce petit village de pêcheurs est devenu un quartier branché avec l'arrivée de nouveaux habitants qui ont restauré les maisons bâties sur trois niveaux à cause des crues.
Le prix de l'immobilier y a grimpé, les restaurants s'y sont installés et c'est aujourd'hui l'endroit où l'on va flâner et boire un verre dans les guinguettes le long du fleuve ou du port de plaisance.

À proximité Plan du parcours ci-dessous

★★ Parcours artistique « Estuaire Nantes-Saint-Nazaire »

Se rens. auprès de l'office du tourisme de St-Nazaire ou de Nantes Tourisme - 0 892 464 044 (0.34 €/min.) - www.estuaire.info.

L'estuaire de la Loire constitue le lien entre Nantes et St-Nazaire. Depuis 2007 le projet « Estuaire », aventure artistique en trois épisodes (éditions 2007, 2009 et 2012), ambitionne de faire découvrir ce territoire à travers des installations artistiques à l'échelle de l'estuaire. Si certaines œuvres ne sont présentées que le temps de l'événement, d'autres s'inscrivent dans le développement à long terme de la métropole Nantes-St-Nazaire. Entre les deux villes, 16 œuvres permettent de découvrir un patrimoine naturel, portuaire et industriel unique. En 2012, des artistes de renommée internationale viendront créer *in situ* des installations pérennes, visibles de l'eau et des rives, intégrées entre des bâtiments industriels et des zones naturelles protégées.

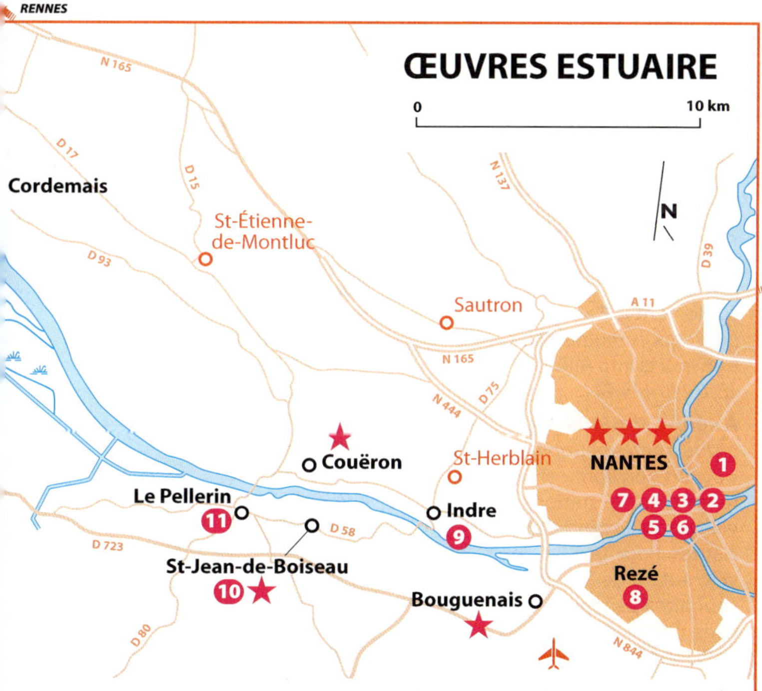

8 **Roman Signer**
"Le Pendule"

9 **Jimmie Durham**
"Serpentine rouge"

10 **Jeppe Hein**
"Did I miss something?"

11 **Erwin Wurm**
"Misconceivable"

12 **Tatzu Nishi**
"Villa Cheminée"

13 **Tadashi Kawamata**
"L'Observatoire"

14 **Kinya Maruyama**
"Le Jardin étoilé"

15 **Felice Varini**
"Suite de triangles, Saint-Nazaire 2007"

16 **Gilles Clément**
"Le Jardin du Tiers-Paysage"

NOS ADRESSES À NANTES

TRANSPORTS

En bus et tramway – 3 lignes de tramway et une soixantaine de lignes d'autobus, une ligne de busway (un des premiers en France) et un service fluvial sur l'Erdre et la Loire (le Navibus) permettent des déplacements rapides et pratiques *(toute l'année, sauf le 1er mai)*. Les titres de transport, valables indifféremment dans les bus, les tramways et les bateaux de l'ensemble du réseau, s'achètent *(sauf liaison TAN-AIR)* aux distributeurs automatiques des différentes stations, chez les dépositaires TAN ainsi qu'aux kiosques information-vente TAN dont le principal est situé à la station Commerce *(espace Transport, allée Brancas)*. Pour visiter la ville, les **tickets 24h** *(4,20 €)* permettent un nombre de voyages illimités pdt 24h apr. compostage; voir également le **Pass nantes** *(20 €)* qui combine visites et transports Info Allô TAN – *☏ 0 240 444 444.*

À vélo – *☏ 0 810 444 450 - www.bicloo.nantesmetropole.fr* - 870 « Bicloo » en libre-service sont répartis sur 89 stations du centre-ville jusqu'au nord de l'île de Nantes. Pour 1 ou 5 €, louez un vélo autant de fois que vous le souhaitez pendant 1 ou 7 j. sur l'une des 26 stations d'accueil et d'abonnement. La première demi-heure de chaque trajet est gratuite.

Location de vélos

Détours de Loire – *www.locationdevelos.com*

NGE – *www.velos-nantes.fr*

HÉBERGEMENT

Autour du château

BUDGET MOYEN

Un coin chez soi – *1 r. de Briord - ☏ 06 64 20 31 09 - www.uncoinchezsoi.net - 89/180 €.* La formule « Un coin chez soi » offre une alternative à l'hôtellerie traditionnelle. Elle propose des appartements privés situés en centre-ville et pouvant accueillir de 2 à 4 personnes. Décoration soignée.

Quartier Graslin

PREMIER PRIX

Hôtel Amiral – *26 bis r. Scribe - ☏ 02 40 69 20 21 - www.hotel-nantes.fr - 49 ch. 56-85 € - ☕ 9,20 €.* Au cœur du quartier des boutiques, des chambres calmes, fonctionnelles et spacieuses.

Hôtel Cholet – *10 r. Gresset - ☏ 02 40 73 31 04 - www.hotelcholet-nantes.com - 38 ch. 55-90 € - ☕ 8,50 €.* Hôtel situé à deux pas de la place Graslin. Le tissu coloré des murs égaie des chambres au décor sage.

Hôtel des Colonies – *5 r. du Chapeau-Rouge - ☏ 02 40 48 79 76 - www.hoteldescolonies.fr - 38 ch. 65/78 € - ☕ 8,50 €.* Des expositions d'œuvres d'art égayent le petit hall d'accueil de cet hôtel situé dans une rue tranquille. Chambres au cadre actuel et aux coloris gais (bonne literie).

BUDGET MOYEN

All Seasons Centre – *3 r. Couëdic - ☏ 02 40 35 74 50 - www.accorhotels.com - 65 ch. 75/175 € ☕.* À deux pas de la place Royale, hôtel récent qui sort d'une cure de jouvence : chambres contemporaines (écrans plats,

Internet), vue sur les toits de la ville au dernier étage.

Hôtel Pommeraye – *2 r. Boileau - ✆ 02 40 48 78 79 - www.hotel-pommeraye.com - 50 ch. 59/134 € - ☕ 9,40 €.* À deux pas du célèbre passage Pommeraye et des boutiques de la rue Crébillon, les adeptes de décoration contemporaine raffinée vont aimer cet hôtel aux chambres bien tenues, labellisé « Clef Verte ».

Hôtel Graslin – *1 r. Piron - ✆ 02 40 69 72 91 - www.hotel-graslin.com - 47 ch. 59/135 € - ☕ 10 €.* Situé dans le cœur animé de la ville, cet hôtel bénéficiant d'une bonne insonorisation constitue une étape pratique, aussi bien pour la clientèle d'affaires que pour les touristes. Les chambres sont fonctionnelles ; huit d'entre elles sont plus vastes. Formule buffet au petit-déjeuner.

POUR SE FAIRE PLAISIR

Loft de l'Opéra – *16 bd Gabriel-Gust'Hau - ✆ 06 72 77 43 85 (Henriette Bosseau) - www.welcomehome-nantes.fr - 125 € (2 nuits 195 €).* Peintures ? Sculptures ? Photos ? Quelle sera, lors de votre passage, l'exposition en cours de ce superbe loft contemporain doublé d'une galerie d'art privative ? Un lieu conceptuel mais chaleureux, à l'image de sa souriante propriétaire. Deux autres appartements disponibles.

Vallée de l'Erdre

PREMIER PRIX

Nantes Camping – *21 bd du Petit-Port (tram ligne 2 arrêt Morrhronnière-Petit Port) - ✆ 02 40 74 47 94 - www.nantes-camping.fr - ♿ - réserv. conseillée - 200 empl.* Dans un cadre verdoyant aux infrastructures rénovées, campeurs, caravanes et camping-cars se donnent rendez-vous ici, à quelques minutes de la ville. 36 mobile homes sont disponibles à la location. Accès gratuit à la piscine du Petit Port pour les résidents. Location de vélos.

Dans les environs

POUR SE FAIRE PLAISIR

Domaine d'Orvault – *24 chemin des Marais-du-Cens - Orvault - ✆ 02 40 76 84 02 - www.domaine-orvault.com - 40 ch. 104/132 € - ☕ 20 €.* Dans un quartier résidentiel entouré de verdure, un hôtel qui a fait peau neuve ces dernières années : chambres contemporaines (balcons au dernier étage), grand centre de balnéothérapie offrant de nombreux soins. Restaurant actuel, belle terrasse sous les tilleuls.

RESTAURATION

Autour du château

BUDGET MOYEN

Chez l'Huître – *5 r. des Petites-Écuries - ✆ 02 51 82 02 02 - mai-sept. - fermé 1er janv.-15 janv., dim. soir - 22/ 25 €.* Amateurs de saveurs marines, ce bistrot a tout pour vous plaire : vous y prendrez une grande lampée d'iode en dégustant ses différentes variétés d'huîtres. En été, bigorneaux et autres crustacés accompagneront votre apéritif. Terrasse dans la rue piétonne à la belle saison. Vente à emporter.

À l'Ardoise – *11 rue Léon-Blum ✆ 02 40 47 54 51 13 - lun. 12h-14h, mar.-jeu. 12h-14h, 19h-21h30, vend. 12h-14h, 19h-22h, sam. 19h-22h - 13/25 €.* Fraîche, saisonnière, sa cuisine bistrot a valu à ce restaurant bon vivant le prix Ch. Monselet 2010. Décor rustique et plats inscrits à l'ardoise.

Le Bistrot des Enfants Terribles – *4 r. Fénelon - ✆ 02 40 47 00 38 - gaelle.soenen@*

numericable.fr - fermé dim. et lun. - ♿ - formule déj. 14,50 € - 14,50/ 24 €. Restaurant « cosy » et convivial, salle agrémentée de cheminées des 16e et 17e s., de miroirs et de banquettes. La carte, renouvelée quotidiennement, propose des produits maison.

L'Embellie – *14 r. Armand-Brossard - ✆ 02 40 48 20 02 - www.restaurantlembellie.com - fermé août, dim. et lun. - formule déj. 15 € - 24/52 €.* À deux pas de la tour Anne de Bretagne, des mets dans l'air du temps préparés avec soin, une courte sélection de vins bien choisis et un chaleureux intérieur moderne.

Les Bouteilles – *22 rue Armand-Brossard - ✆ 02 40 12 10 38 - fermé 3 sem. en août, 1 sem. en fév., sam. midi, dim. et lun. - 20/40 €.* Un bistrot à vin épatant : décor simple honorant Bacchus, belle cuisine de produits (charcuteries corses, plats canailles, poisson de la marée…) et belle carte des vins.

Quartier Graslin

PREMIER PRIX

Crêperie Heb-Ken – *5 r. de Guérande - ✆ 02 40 48 79 03 - www.heb-ken.fr - fermé dim. et lun. - 9/15 €.* Des crêpes de qualité à prix très raisonnables : une escale sympathique à prévoir au cours de vos flâneries nantaises, entre la place Royale et la rue Crébillon.

Le Paludier – *2 r. de Santeuil - ✆ 02 40 69 44 06 - fermé lun. midi, sam. midi et dim. - 17/35 €.* Fraîchement rénové, un restaurant du quartier Graslin dédié aux produits de la mer. Accueil sympathique et soigné.

BUDGET MOYEN

La Cigale – *4 pl. Graslin - ✆ 02 51 84 94 94 - www.lacigale.com - formule déj. 14,03 € - 17/26 €.* Inaugurée en 1895, cette incontournable brasserie ne compte plus les clients célèbres passés entre ses murs. Son superbe cadre (mosaïques et boiseries) témoigne de l'ivresse ornementale du Modern Style. Menu du marché au déjeuner, brunchs le week-end.

Île de Nantes

BUDGET MOYEN

Le 1 – *1 r. Olympe-de-Gouges (à l'angle du quai F.-Mitterrand) - ✆ 02 40 08 28 00 - www.leun.fr - fermé 25 juil.-24 août, 24 déc.-2 janv., sam. midi, dim. et j. fériés -14-28 €.* Adresse mise en place sur l'île de Nantes par le chef de l'Atlantide et le directeur de la Cigale. Concept façon brasserie tendance (cuisine ouverte sur la salle, bar), carte actuelle et terroir revisité.

Quartier Champs-de-Mars

POUR SE FAIRE PLAISIR

L'Atelier d'Alain – *24 r. des Olivettes - ✆ 02 40 84 38 66 - www.atelieralain.fr - fermé août et 13-20 fév., merc. soir, sam. midi et dim. -23/62 €.* Meublé design, paré de blanc et de vert pomme, un atelier très en vue. Assis au comptoir, on peut admirer le chef composant ses assiettes de saison. Belle carte des vins, liqueurs et whiskys.

Maison Baron-Lefèvre – *33 r. de Rieux - ✆ 02 40 89 20 20 - fermé dim. et lun. - 25/50 €.* Dans un ancien entrepôt de maraîcher, le cadre est chic, très tendance, pour une cuisine légère jouant sur les saveurs croisées de l'Atlantique et de la Méditerranée. Bonne carte de vins. Fait aussi épicerie.

Quartier Chantenay

POUR SE FAIRE PLAISIR

L'Atlantide – *16 quai E.-Renaud - ✆ 02 40 73 23 23 - www.restaurant-atlantide.net - fermé*

25 juil.-24 août, 24 déc.-2 janv., sam. midi, dim. et j. fériés - 38/95 € bc. Vue panoramique sur le fleuve et la ville depuis ce restaurant contemporain situé au sommet d'un immeuble moderne. Les assiettes se parent d'une cuisine inventive agréablement accompagnée par une attrayante carte de vins de Loire.

Trentemoult

BUDGET MOYEN

La Guingette de Trentemoult – *20 quai Marcel-Boissard - ✆ 02 40 75 88 96 - www.laguinguette.fr - 15/24 €.* Dans un cadre 1900, face à la Loire, vous avez le choix entre salades composées, grillades et tapas en soirée. Animation musicale un vendredi sur deux.

ACHATS

Autour du château

Cave et confiserie du Beffroi – *12 r. de la Paix - ✆ 02 40 47 04 12 - mar.-sam. 9h-12h, 14h-19h.* Cette caverne d'Ali Baba recèle de nombreux trésors, comme le nantillais, un sirop aux épices et fruits exotiques qui fait merveille avec le muscadet.

Quartier Graslin

Passage Pommeraye – *www.passagepommeraye.fr.* Le cinéma de Jacques Demy (*Lola*, 1961) et la prose d'André Breton hantent ce magnifique passage du 19e s. (construit en 1843) qui déroule ses galeries et ses nombreuses boutiques de luxe.

Debotté-Gautier – *9 r. de la Fosse - ✆ 02 40 48 23 19 - www.gautier-debotte.com - 9h-19h15 - fermé dim. et lun.* Magnifique chocolaterie, datant de 1850, et classée monument historique. Gourmands de tous les pays, salivez devant les mascarons, les berlingots nantais ou le « muscadet nantais »… La brûlerie d'à côté appartient au même propriétaire.

Librairie Coiffard – *7 r. de la Fosse - ✆ 02 40 48 16 19 - 10h-19h, lun. 14h-19h - fermé dim. et j. fériés.* Si vous cherchez un livre, tous les Nantais vous renverront à cette librairie fondée en 1919 et qui rassemble tous les types d'ouvrages, depuis la littérature générale jusqu'à la photographie en passant par les voyages. Ses magasins conservent le cachet de l'ancien, mais c'est surtout la qualité de ses libraires qui la rend irremplaçable.

À proximité de l'Erdre

Marché de Talensac – *Pl. de Talensac - mar.-dim. 8h-13h.* Faisant indéniablement partie du patrimoine historique de Nantes, cette halle imposante abrite également le plus important marché de la ville. 75 commerçants et artisans occupent l'intérieur de la structure de béton, pendant que 70 éventaires volants et 20 abonnés officient à l'extérieur.

Marché aux puces – *Place Viarme, tous les samedis 7h30-13h.*

La Friande - LU – *12 r. Bellamy - ✆ 02 40 20 14 68 - www.latriande.fr - lun. 14h30-19h, mar.-sam. 9h45-19h.* Voici une adresse qui plaira aux nostalgiques du Petit Beurre LU et ravira les amateurs de spécialités bretonnes.

Environs de Nantes

La Ferme Fruitière de la Hautière – *44240 La Chapelle-sur-Erdre - ✆ 02 40 72 03 83 - www.fermefruitierelahautiere.com - 9h-12h30, 14h-19h, vend.-sam. 9h-19h, dim. de déb. mai à mi-oct. 9h-13h, 14h30-19h - fermé janv.-mi-fév. - 7,60 € (-15 ans 4,10 €) visite guidée du jardin des Hespérides.* Depuis 1810, cette exploitation familiale perpétue la tradition fruitière. Ses 35 ha sont consacrés à la culture de 23 fruits parmi lesquels la fraise a pris une place importante. Toute l'année, la Ferme propose à la vente sa production de fruits frais, mais aussi confitures, jus de fruits, compotes, coulis, sorbets… tranformés sur place. Visite *(guidée)* du « jardin des Hespérides » *(**p. 99)*.

EN SOIRÉE

Bon à savoir – L'essentiel des bars, pubs et autres lieux de fête se trouve dans trois secteurs du centre-ville : le quartier Graslin, situé entre la place Royale et la place du Commerce, le quartier Bouffay à proximité du château, et à la pointe ouest de l'île de Nantes, sur le quai des Antilles. Pour faire la fête sans souci, le bus Luciole dessert les lieux de vie nocturne de 2h30 à 7h du matin. Liste des établissements concernés sur *www.tan.fr*
Distribué gratuitement dans de nombreux lieux de la ville, le petit guide WIK liste concerts, spectacles et soirées du jour. *www.wik-lesite.fr/nantes*

Autour du château

Le Café Cult' – *2 r. des Carmes - ✆ 02 40 47 18 49* - www.*cafe-cult.com* Remontez le temps en admirant la façade de cette maison nantaise à colombages du 15e s. et sa grande terrasse, puis poussez sa porte pour découvrir son cadre médiéval le temps d'un repas ou d'un simple verre : un lieu chargé d'histoire !

Le Café Flesselles – *3 allée Flesselles - ✆ 02 40 47 66 14 - lun.- jeu. 7h-22h, vend. 7h-23h, sam. 7h-22h.* Une institution nantaise réputée comme étant le rendez-vous des intellectuels, poètes et philosophes.

Quartier Graslin

Le Bagadou – *11 r. Jean-Jacques-Rousseau - ✆ 02 40 73 18 33 - lun.-vend. 11h30-2h, sam. 16h30-2h, dim. 18h-2h.* Un breton parti à Cuba revient à Nantes avec dans ses valises les secrets d'un excellent mojito et de quelques rhums arrangés !

Le Coude à coude – *2 r. Grétry - ✆ 02 40 69 75 82.* Petit lieu sympathique qui porte bien son nom les soirs de week-end et qui réunit une clientèle d'habitués. Idéal pour l'apéritif avec des choix de saucissons, plateaux de charcuteries ou fromages.

L'Univers – *16 r. Jean-Jacques-Rousseau - ✆ 02 40 73 49 55 - www.univers-cafe.fr.* Ambiance Prohibition pour l'avant ou l'après-dîner : lambris, barriques et whiskys comme si on y était.

Le lieu unique – *Quai Ferdinand-Chavre - ✆ 02 51 72 05 55 - www.lelieuunique.com.* Espace d'exploration artistique et de bouillonnement culturel avec des concerts gratuits divers et variés proposés tous les week-ends. Son bar, plutôt calme la journée, s'anime en soirée pour finir souvent noir de monde lors des soirées concerts.

Les Îles

La Fabrique – *À l'angle des bds Léon-Bureau et Prairie-aux-Ducs - www.stereolux.org*
Électro, rock, funk… Consulter le programme des concerts organisés par l'équipe Stereolux, qui a déménagé de l'Olympic pour rejoindre la Fabrique.

Le Petit Marais – *15 r. Kervégan - ✆ 02 40 20 15 25 - tlj 18h-4h.* Niché dans l'une des plus belles rues de Nantes, ce bar-pub à la clientèle essentiellement gay organise des soirées à thème dans une ambiance cabaret.

Hangar à bananes – *Quai des Antilles -www.hangarabananes.com*. Restaurants, bars, clubs… De nombreux lieux ont pris place le long du quai où il fait bon se poser en fin d'après-midi pour prendre un verre sur l'une des terrasses et contempler la jolie vue sur la Loire.

Quartier Talensac

Pannonica – *9 r. Basse-Porte - ✆ 02 51 72 10 10 - www.pannonica.com - billetterie : tlj sf dim. et lun. 13h-18h, sam. 9h-13h - fermé de mi-juin à mi-sept. - 10/23 € selon concerts*. Salle de spectacle consacrée au jazz, au rock et aux musiques nouvelles. Les plus grands jazzmen ont foulé les planches de ce lieu incontournable des nuits nantaises.

Environs de Nantes

La BaraKaSon – *1 allée du Dauphiné - 44400 Rezé - ✆ 02 51 70 75 70 - www.barakason.com*. Cette salle atypique porte un intérêt particulier aux musiques novatrices et est reconnue pour la qualité de son accueil et de sa programmation.

ACTIVITÉS

Ligue de Golf des Pays de la Loire – *9 r. du Couëdic - ✆ 02 40 08 05 06 - www.ligue-golf-paysdelaloire.asso.fr - fermé merc., sam. et dim.* Menant une politique de développement du golf pour tous, jeunes et moins jeunes, la Ligue est à votre disposition pour tous renseignements concernant les terrains, les stages, pour le loisir comme pour la compétition et le haut niveau.

Bateaux Nantais – *Quai de la Motte-Rouge - ✆ 02 40 14 51 14 - www.bateaux-nantais.fr*. Promenades sur l'Erdre, « la plus belle des rivières de France » selon François Ier.

Bateaux électriques – *✆ 02 51 81 04 24 - www.location-bateaux-electriques.com - juil.-août : 10h-19h ; mai-juin et sept. : 14h-19h, w.-end et j. fériés 10h-19h ; avr. et oct. : w.-end et j. fériés 10h-19h - à partir de 25 €*. Location, sans permis, de bateaux électriques et silencieux pour découvrir l'Erdre et la Sèvre. Départ de l'île de Versailles, de Sucé-sur-Erdre et de Vertou.

Les Naudières – *Rte de Vannes - 44880 Sautron - ✆ 02 40 63 21 05 - www.lesnaudieres.com - du 1er dim. d'avr. au dernier dim. de sept. : 10h-19h - 9 € pers.* Quatrième lieu touristique de Loire-Atlantique par sa fréquentation, ce parc d'attractions comprend une centaine de jeux répartis sur environ 7 ha. Toboggans, ponts, luges d'été ou tonneaux.

AGENDA

La Folle Journée de Nantes – *Fin janv.-déb. fév.* Festival de musique classique de renommée internationale.

Printemps des arts – *De mi-mai à fin juin - www.printempsdesarts.fr* - Musique baroque et classique.

Le Voyage à Nantes – *De mi-juin à sept.* *p. 82.*

Les Rendez-vous de l'Erdre – *Dernier w.-end d'août - www.rendezvouserdre.com* - Des musiciens de jazz des 5 continents assurent 80 concerts gratuits sur plusieurs sites au bord de l'Erdre.

Régates de Trentemoult – *Mi-sept.* - Cette manifestation ancienne (122e édition en 2012 !) associe régates sur la Loire, animations et spectacles.

Scopitone – *Mi-nov. - www.scopitone.org* - Festival d'arts numériques et musiques électroniques, création multimédia et ateliers culturels dans toute la ville.

1

La Baule

★★

16095 Baulois – Loire-Atlantique (44)

NOS ADRESSES PAGE 111

S'INFORMER

Office de tourisme de La Baule – *8 pl. de la Victoire - ☏ 02 40 24 34 44 - www.labaule.fr - juil.-août : 9h30-19h30 ; reste de l'année : 9h15-12h30, 14h-18h, mar. 10h15-12h30, 14h-18h, dim. et j. fériés 10h-13h ; vac. de Pâques et de Noël se rens. - fermé 1er janv., 1er mai, 25 déc.*

L'été, l'office de tourisme propose des visites guidées aux petits et grands cyclistes, pour admirer les villas Belle Époque du quartier du casino ou du quartier de La Baule-les-Pins, plus à l'est.

SE REPÉRER

Carte de microrégion A3 (p. 80) – *Carte Michelin Département 316 B4.* Entre Pornichet et Le Pouliguen, à 13 km à l'ouest de St-Nazaire, la station est enserrée par l'Océan et les marais salants de Guérande.

À NE PAS MANQUER

Le marché du dimanche matin, les promenades et les baignades sur la Côte sauvage ou bien, pour les cavaliers, un galop inoubliable sur la plage, accessible aux chevaux matin et soir.

ORGANISER SON TEMPS

Allez au marché du Pouliguen ou du Croisic le matin, et gardez l'après-midi pour profiter de la plage. Les jours de mauvais temps, vous vous rabattrez sur l'intérieur des terres avec le Parc naturel de la Grande Brière ou les marais salants de Guérande.

Bordée par presque neuf kilomètres d'étendue sableuse, La Baule rejoint le club des « plus belles baies du monde ». Vous y souscrirez sans doute en oubliant la succession d'immeubles luxueux qui s'étire sur tout le front de mer. La station n'en est pas moins courue pour son extraordinaire profusion d'activités : catamaran, voilier, volley, kite-surf, cerf-volant, golf, casino... il sera difficile de ne pas en trouver une à votre goût !

Se promener

Du soleil de la plage à l'ombre des pinèdes, La Baule est une station familiale tout en longueur, sans véritable centre-ville mais dotée d'une artère particulièrement commerciale et animée, l'avenue Charles-de-Gaulle, qui pourra servir de repère. Les pistes cyclables y sont nombreuses. Le **vélo** reste donc le meilleur moyen de transport, particulièrement en saison, pour se jouer des embouteillages du front de mer. Il permet aussi d'arpenter plus facilement les quartiers et de mieux apprécier la diversité des villas. Pour ceux qu'un autre sport tenterait, la station compte un golf, une bonne centaine de courts de tennis et plusieurs écoles de voile. La pêche à pied demeure aussi une valeur sûre du bord de mer.

Le Pouliguen, à proximité de la Baule.
S. Frances / hemis. fr

★ Front de mer

Protégée des vents par les pointes de Penchâteau à l'ouest et de Chémoulin à l'est, cette promenade bordée d'immeubles modernes s'étire sur près de 9 km entre Le Pouliguen et Pornichet. Malheureusement, les villas du début du 20e s., qui faisaient l'âme de la station, n'ont pas résisté aux appétits des promoteurs. On en retrouve quelques-unes plus en arrière dans la station.

★ La Baule-les-Pins

Ce quartier, né en 1923, s'étend à l'est de La Baule. L'allée Cavalière mène à la forêt d'**Escoublac**. Le **parc des Dryades**, tracé à l'anglaise, est riche en arbres d'essences variées et présente de beaux parterres fleuris.

La forêt d'Escoublac

Elle porte le nom du bourg enseveli sous les dunes, fixées en 1840 par 400 ha de pins maritimes. Il ne reste de cette vaste pinède que quelques dizaines d'hectares non construits. Deux sentiers de randonnée les parcourent *(plan à l'OT)*.

Chacun des deux sentiers fait environ 2,5 km. Celui qui est balisé en rouge propose de découvrir le milieu forestier *(départ au cœur de la pinède, sur l'aire*

L'HISTOIRE D'UNE PLAGE

En 1527, un vent violent répandit sur le village d'**Escoublac** le sable qui s'était accumulé dans l'estuaire de la Loire. Après cette tempête de plusieurs jours, l'apport des sables continua. Au 18e s., le village dut être reconstruit plusieurs kilomètres en arrière, et l'on planta des pins pour fixer les dunes, appelées à l'époque « bôle ». Le mot est à l'origine du nom de la station créée en 1879. Le littoral, devenu accueillant, prit au milieu du 19e s. le nom de « **Côte d'Amour** ». Aujourd'hui, La Baule et les communes voisines forment en été une longue chaîne de plages, sur près de 9 km.

de pique-nique du bd de Cacqueray). Le second, repérable à ses flèches orange, se contente de promener le randonneur dans la partie orientale de la forêt *(départ sur l'aire de pique-nique du bd de la Forêt).*

À proximité Carte de microrégion p. 80-81

Pornichet A3

Village de paludiers, Pornichet devient, dès 1860, une station à la mode. Des éditeurs parisiens la fréquentent, parmi eux Camille Flammarion. Le Vieux-Pornichet, actif toute l'année, se distingue de Pornichet-les-Pins, au nord-ouest, dont les belles villas disséminées dans la verdure s'animent lors de la saison estivale. Tracé dans des marais asséchés, l'hippodrome de la Côte d'Amour accueille quelques courses en été. Le **boulevard des Océanides** borde la plage et mène au port de plaisance en eau profonde qui peut accueillir plus de mille bateaux.

Le Pouliguen A3

À l'ouest de La Baule dont il est séparé par un étier – canal qui amène de l'eau de mer dans les marais salants –, ce port aux rues étroites est devenu à la mode en 1854, lancé par des littérateurs tels Louis Veuillot et Jules Sandeau. Une plage abritée et un bois de 6 ha font du Pouliguen une station bien agréable.

Chapelle Ste-Anne-et-St-Julien – Près d'un calvaire rustique, cette chapelle gothique abrite une **statue de sainte Anne** (16e s.). Le vitrail du chœur représente saint Julien. Au revers de la façade, de part et d'autre du porche, on verra deux intéressants **bas-reliefs** : le Couronnement de la Vierge et l'Adoration des Rois mages.

★ La Côte sauvage A3

Longée par une route et des sentiers de promenade, elle présente, depuis la **pointe de Penchâteau**, des à-pics rocheux s'ouvrant sur des baies sablonneuses et de nombreuses **grottes**. Celles-ci sont accessibles à marée basse, en particulier celle des Korrigans, les petits lutins des légendes bretonnes. La Bretagne géographique débute ici…

Piste cyclable – La route qui longe le littoral est désormais en sens unique du Pouliguen à Batz-sur-Mer, ce qui libère une voie entière pour les cyclistes. Itinéraire Vélocéan (téléchargeable sur www.ohlaloireatlantique.com).

NOS ADRESSES À LA BAULE

HÉBERGEMENT

La Baule

PREMIER PRIX

Camping Le Bois d'Amour – *Allée Diane - ✆ 0 825 00 53 30 - campings.village-center.fr - déb. avr.-oct. - 200 empl. - 17-27 €.* Bien tenu, ombragé, le camping le plus proche de la plage de La Baule (1,5 km).

Camping La Roseraie – *20 av. Jean-Sohier - au nord-est de La Baule-Escoublac - ✆ 02 40 60 46 66 - www.laroseraie.com - avr.-sept. - réserv. conseillée - 235 empl. 36 € - restauration ouvert uniquement juil.-août.* L'un des meilleurs campings de la région. Ici, vous aurez accès à un large éventail d'activités (espace aquatique, salle de musculation, animations pour les enfants encadrées par des professionnels…).

BUDGET MOYEN

Hôtel Les Dunes – *277 av. de Lattre-de-Tassigny - ✆ 02 51 75 07 10 - www.hotel-des-dunes.com - P - 32 ch. 44/105 € - ☕ 9 €.* Chambres fonctionnelles fraîchement rénovées, bien tenues, plus calmes sur l'arrière. Accueil familial et prix doux pour un séjour dans cette station balnéaire prisée. L'hôtel abrite le restaurant Queen of the Sea, recommandé.

Hôtel St-Pierre – *124 av. de Lattre-de-Tassigny - ✆ 02 40 24 05 41 - www.hotel-Saint-pierre.com - 19 ch. 59/132 € - ☕ 10 €.* Dans une jolie maison habillée de colombages peints en bleu, des chambres récemment refaites et bien tenues. Le petit-déjeuner est servi sous une véranda lumineuse. L'hôtel, écolabellisé, dispose d'un business center. Accueil aimable.

POUR SE FAIRE PLAISIR

Hôtel La Closerie – *173 av. de Lattre-de-Tassigny - ✆ 02 51 75 17 00 - www.hotel-la-closerie.com - fermé janv.-mars - P - 13 ch. 65/90 € - ☕ 9 €.* Pavillon fleuri proche du Palais des congrès, à 200 m de la plage. Fréquenté par une clientèle d'habitués qui apprécient l'ambiance familiale et le cadre frais.

Hôtel Le St-Christophe – *Pl. Notre-Dame - ✆ 02 40 62 40 00 - www.St-christophe.com - 8 €.* Quatre jolies villas 1900 à deux pas de la plage. Couleurs vives, tableaux et baies vitrées composent le décor du restaurant. Tentures, meubles anciens et bibelots créent une ambiance raffinée dans les chambres. Prix attractifs hors saison. Demi-pension possible.

Hôtel Mona Lisa – *42 av. Georges-Clemenceau - ✆ 02 40 60 21 33 - www.hotelmonalisa-labaule.com - 16 ch. 89/99 € - ☕ 8,50 €.* Heureux mariage de mobilier ancien et contemporain, de lignes pures et de couleurs chaleureuses dans cet hôtel proche de la gare. Accueil souriant.

UNE FOLIE

Hôtel Brittany – *7 av. des Impairs - ✆ 02 40 60 30 25 - www.hotelbrittany.com - 19 ch. 99/199 € - ☕ 13 € et 14 € en chambre.* Hôtel de la chaîne Best Western situé à 50 m de la plage. Le solarium sur le toit de l'hôtel permet de goûter au soleil d'hiver avec vue sur la mer. Chambres personnalisées et bien équipées.

Le Pouliguen

POUR SE FAIRE PLAISIR

Chambre d'hôte chalet Lakmé – *9 r. Pierre-Ier-de-Serbie - ✆ 02 40 00 95 04 ou 06 67 42 09 64 - www.chaletlakme.com -* ⊠ *-*

1

2 ch. 65/80 € et 2 suites familiales (4 pers.) 130/150 € ☕. Dans cette ex-pension de famille située entre la plage et un petit bois, la décoration, haute en couleur, attire le regard sans jamais l'agresser. Les chambres associent charme, confort douillet et technologies actuelles (borne wifi et DVDthèque). Terrasse exposée plein sud, délicieuse à l'heure du petit-déjeuner.

Pornichet

BUDGET MOYEN

Hôtel Villa Flornoy – *7 av. Flornoy (près de l'hôtel de ville) - ✆ 02 40 11 60 00 - www.villa-flornoy.com - fermé mi-nov.-déb. fév. - ♿ - 30 ch. 60/140 € - ☕ 10 € - ✕ 16/23 €.* Dans un quartier résidentiel, villégiature balnéaire des années 1920 aménagée dans un esprit « cottage » : tons pastel, mobilier de style, porcelaine anglaise. Les chambres personnalisées, la salle à manger feutrée et le coquet jardin constituent ses principaux atouts. Demi-pension possible.

RESTAURATION

La Baule

BUDGET MOYEN

La Croisette – *31 pl. du Mar. Leclerc - ✆ 02 40 60 73 00 - la-croisette@lacroisette.fr - menu 14,50/27 €.* L'illusion cannoise presque parfaite dans ce restaurant à l'ambiance méditerranéenne. Sur la carte, poissons, huîtres, salades, grillades, pâtes et pizzas ; bar et glacier l'après-midi. Belle terrasse.

La Ferme du Grand Clos – *52 av. de Lattre-de-Tassigny - ✆ 02 40 60 03 30 - www.lafermedugrandclos.com - fermé lun., mar. et merc. hors sais., de mi-nov. à mi-déc. carte 17/35 €.* Nichée avec sa terrasse au fond d'un jardin ombragé et fleuri, cette ferme plus que centenaire abrite une salle rustique ouverte sur les fourneaux où cuisent les galettes.

L'Avenue – *20 av. Pavie - ✆ 02 40 23 00 00 - fermé sam. midi et dim. soir hors sais. et hors vac. scol. - 23/58 €.* Ce restaurant à la carte brasserie orientée *world food* occupe une belle rotonde vitrée (avec un étage). Terrasse chauffée.

Les Halles – *194 av. de-Lattre-de-Tassigny - ✆ 02 40 60 23 02 - fermé 2 sem. en janv., 2 sem. en oct. et jeu. sf juil.-août - 25 €.* Après avoir flâné sur le marché baulois, attablez-vous dans ce bar marin pour y déguster quelques huîtres ou un plateau de fruits de mer arrosé d'un muscadet bien frais. En été, la terrasse installée au calme derrière la maison a beaucoup de succès.

La Villa – *Pl. du Mar.-Leclerc - ✆ 02 40 23 06 00 - www.lavilla-labaule.com - réserv. conseillée - 15/30 €.* Un cadre lumineux, une cuisine souvent inventive, un service attentif, et une ambiance chic et décontractée.

Restaurant Club des Canetons – *Av. de la Plage - ✆ 02 40 24 15 08 - tlj en été, midi et soir, et de fév. à nov. - 15/30 €.* Petit restaurant de plage agréable, avec un accueil sympathique, peu onéreux… et on a les pieds presque dans le sable !

Le Pouliguen

PREMIER PRIX

Le Garde-Côte – *22 r. de la Plage - ✆ 02 40 42 31 20 - www.garde-cote.com - fermé dim. soir et lun. sf juil. août et j. fériés - formule déj. 14 € - 14/30,50 €.* Emplacement unique à l'extrémité de la jetée du port, jouissant d'une vue imprenable sur la baie. Architecture originale imitant les deux ponts arrière d'un paquebot. Plats traditionnels, poissons et fruits de mer à déguster à l'intérieur ou sur la belle terrasse panoramique.

BUDGET MOYEN

Restaurant El-Khiam 2 – *10 pl. des Halles - ✆ 02 40 62 24 85 - 17/25 €.* Situé sur la place du marché, le restaurant propose une cuisine libanaise, dans un cadre agréable. Excellent accueil.

EN SOIRÉE

La Baule

Casino de La Baule – *24 espl. Lucien-Barrière - ✆ 02 40 11 48 28 - www.lucienbarriere.com - dim.-jeu. 10h-3h, vend., sam. 10h-4h.* Ce casino comprend 200 machines à sous, une salle de jeux traditionnels, deux bars, une brasserie et une discothèque.

Pornichet

Casino de Pornichet – *93 bd des Océanides - ✆ 02 40 61 05 48 - www.partouche.com - P - tlj 10h-4h, sam. 5h.* Face à la plage de Pornichet, ce bâtiment de style Art déco abrite une vaste salle rénovée en 2001 pour mieux accueillir ses 200 machines à sous et ses grands jeux.

Le Bidule – *Av. de Mazy - ✆ 02 40 61 03 54.* Ouvert à l'heure de l'apéritif, ce bar à vin est incontournable. L'ambiance conviviale en fait un lieu atypique, synonyme d'excellentes soirées.

ACHATS

La Baule

Confiserie Manuel – *2-4 av. du Gén.-de-Gaulle - ✆ 02 40 60 20 66 - de déb. fév. à juin, de sept. à mi-nov. : tlj sf jeu. (sf vac. scol.) 10h-12h30, 14h30-19h30 ; juil.-août : 8h30-13h, 14h30-0h - fermé du 12 nov. à déb. fév.* Institution fondée en 1938, ce confiseur propose la célèbre « niniche » qu'il décline en 21 parfums. Ne manquez pas la préparation de ces sucettes molles *(10h-12h)*. Autres gourmandises à savourer : gaufres, chocolats, caramels au sel de Guérande, glaces et bonbons.

ACTIVITÉS

Louer un vélo – *3 pl. de la Victoire (en face de l'OT) - ✆ 02 40 60 07 06.*

Aquabaule – *5 av. Honoré-de-Balzac - ✆ 02 40 11 09 00 - www.aquabaule.fr - P - horaires variables selon calendrier scol. - fermé 1 sem. en mars, 1 sem. en sept. et 1er mai - 5,05 € (enf. 4,15 €).* Complexe voué aux loisirs aquatiques : piscines extérieure et intérieure, bassin ludique, espace « récréa-tonic » avec rivière à contre-courant, impressionnant toboggan couvert, hammam, saunas, Jacuzzi, cours de natation (collectifs et individuels), aquagym et bébés nageurs.

Centre équestre – *5 av. des Rosières - ✆ 02 40 23 82 05 - www.centreequestre-de-labaule.ffe.com.* À 200 m de la « plus belle plage d'Europe », grand centre équestre proposant de nombreuses activités à cheval et à poney. Enfants à partir de 4 ans.

St-André-des-Eaux

Golf International Barrière-La Baule – *Domaine de St-Denac - P - ✆ 02 40 60 46 18 - www.lucienbarriere.com - nov.-mars : tlj sf mar. 9h-18h ; avr.-oct. : 8h-19h - fermé 1er janv. et 25 déc. - à partir de 48 €.* Dans un parc de 220 ha, à deux pas de l'Océan, ce golf dispose de trois beaux parcours : le parcours L. Barrière (18 trous), le parcours D. Barrière (18 trous) et le parcours F. André (9 trous). De grandes compétitions s'y déroulent régulièrement.

Relais Thalasso – *28 bd de l'Océan - ✆ 02 40 11 33 11 - www.*

1

relais-thalasso.com - 8h30-13h, 14h-18h - fermé 1re quinz. de déc. Ses trois arcades ouvrent sur cinq niveaux de soins (à la carte) qui complètent depuis 1992 l'ancienne piscine Pajot. Rentabilisé au maximum, l'espace comprend un hammam, un sauna et des cabines, sans oublier la salle de repos. Un passform ou des formules week-end permettent de découvrir hydromassage, douches, soins beauté et algothérapie.

Centre Thalgo La Baule – *Av. Marie-Louise - BP 50 - ✆ 02 40 11 99 99 ou 0 825 826 016 - www.lucienbarriere.com - centre : tlj sf dim. apr.-midi 8h30-12h45, 14h30-20h - fermé 1re quinz. déc., 1er janv. et 25 déc.* Dans un univers feutré, luxueux et confortable associant le verre, le bois clair et le marbre, vous profiterez de tous les bienfaits des soins de thalassothérapie (soins marins, massages, relaxation, soins de beauté…). Forfaits de 6 jours, 3 jours, à la journée ou à la carte.

Yagga Club – *Face au 180 bd des Océanides - 44380 Pornichet - ✆ 02 40 61 59 30 - www.yagga-voile-pornichet.com.* Club de voile réputé : location de matériel (catamarans Hobie Cat 16, dériveurs Laser Pico, kayaks de mer, planches à voile et paddles) et stages.

AGENDA

Jumping International de France – *4 j. durant la 1re quinz. de mai - ✆ 02 40 60 02 80 - www.labaule-cheval.com.* L'un des 8 plus grands concours d'équitation du monde ! Durant 4 jours s'affrontent les meilleurs couples pour le plus grand plaisir de tous les passionnés.

Défi de La Baule – *Un week-end fin mai.* Course ouverte à toutes les embarcations non motorisées : catamaran, windsurf, kayak, pirogue, paddle…

Écrivains en bord de mer – *Mi-juil. - ecrivainsenborddemer.fr -* Rencontres entre écrivains, éditeurs et lecteurs.

Marché de La Baule – *Dim.* Après avoir rempli votre panier gourmand, dégustez d'excellentes huîtres chez l'Écailleur.

Le Croisic

★

4 121 Croisicais – Loire-Atlantique (44)

NOS ADRESSES PAGE 118

S'INFORMER

Office du tourisme du Croisic – *6 r. du Pilori - ✆ 02 40 23 00 70 - www.tourisme-lecroisic.fr - juil.-août : 9h-19h, dim. et j. fériés 10h30-17h ; reste de l'année : se rens.*

SE REPÉRER

Carte de microrégion A3 (p. 80) – *Carte Michelin Département 316 A4.* Au-delà de La Baule vers l'ouest, presque en face de Guérande, Le Croisic est accessible par une seule route, la N 171, assez souvent embouteillée en période estivale.

À NE PAS MANQUER

Les paysages de la Côte sauvage.

ORGANISER SON TEMPS

Prévoyez une bonne journée pour la visite du Croisic et la découverte de la Côte sauvage.

AVEC LES ENFANTS

Ne pas manquer le ballet des raies et des requins de l'Océarium ; le temps d'une visite au musée du Grand Blockhaus, à Batz-sur-Mer, les filles jouent aux infirmières tandis que les garçons endossent l'habit d'agent secret.

Cette station familiale est située sur une presqu'île face au golfe intérieur du Grand-Traict, qui alimente les marais salants de Guérande. Petit port de pêche, précurseur du tourisme balnéaire dans la région grâce à ses jolies plages, il porte aujourd'hui le titre de « Petite Cité de Caractère », qui récompense son unité architecturale et son art de vivre.

Se promener

Comme le peintre et graveur **Jean Émile Laboureur** (1877-1943), estivant régulier du Croisic en son temps, vous serez séduit par le port, ses quais et le cœur historique de la ville.

Le port

Il s'étend du mont Esprit au mont Lénigo, deux buttes artificielles. Comme le mont Lénigo, le mont Esprit, haut de 26 m, a été formé de 1814 à 1816 par le lest des navires venant charger le sel de Guérande. Son nom proviendrait d'une déformation de « lest pris ».

Sur plus de 1 km, les quais sont bordés de maisons du 17e s. La plupart sont ornées de balcons de fer forgé, illustrant la réussite des anciens négociants. La jetée du Tréhic (858 m de long), à l'ouest, clôture l'espace portuaire.

Hôtel d'Aiguillon
La mairie a occupé ce bel hôtel du 17e s. où fit halte le d'Artagnan de Dumas!

Église Notre-Dame-de-Pitié
Cette curieuse église (15e et 16e s.) domine le port de sa **tour lanterne** du 16e s., haute de 56 m. L'intérieur présente quatre nefs voûtées éclairées par seize verrières. Au trumeau du portail, statue de N.-D.-des-Vents.

Maisons anciennes
Pour découvrir ces belles demeures à encorbellement et à pans de bois, il faut parcourir les rues proches de N.-D.-de-Pitié. Remarquez rue de l'Église les nos 25, 20 et 28, place du Pilori le no 4, et rue St-Christophe les nos 33 et 35.

Mont Lénigo
Ce dépôt de lest, planté d'arbres en 1761, offre une **vue★** sur la rade et la jetée du Tréhic. En face s'étire la digue de Pen Bron (1724) et son Centre de réadaptation fonctionnelle. Une promenade ombragée descend vers l'esplanade : un monument rappelle que 22 vaisseaux français furent sauvés, lors de la bataille de la Hougue en 1692, par le barreur Hervé Rielle qui les dirigea vers St-Malo.

★ Océarium
Av. de St-Goustan - ✆ 02 40 23 02 44 - www.ocearium-croisic.fr - ♿ - juil.-août : 10h-20h ; reste de l'année : 10h-13h, 14h-19h - fermé janv., 25 déc. - 12 € (3-12 ans 9 €).

Sa structure en forme d'étoile abrite les merveilles des fonds océaniques, plus inattendus et colorés que l'on ne croit. Eaux chaudes tropicales et Pacifique nord sont également évoqués.

L'espace « île Vancouver » aborde quelques aspects de la culture amérindienne. Une amusante colonie de manchots est nourrie à 11h, 15h et 17h.

À ne pas manquer : la nurserie, le tunnel qui traverse un aquarium de 300 000 l, et le bassin de contact où l'on peut toucher étoiles de mer et coquillages… ou serrer la pince d'un crabe.

Très attendus, les requins d'Australie paradent avec les raies dans un immense bassin de 1 million de litres.

Site OH LA L.A. Quelle aventure ! Les enfants disposent de deux circuits : chasseur de trésors pour les 6-8 ans et chercheur océanographe pour les 9-12 ans.

Circuit conseillé Carte de microrégion p. 80-81

★ LA CÔTE SAUVAGE

Circuit de 26 km – comptez environ 2h.

Quittez Le Croisic par la D 45, route de la Côte sauvage.

L'itinéraire longe des plages comme St-Goustan et ses anciennes salines, où a ouvert une ferme aquacole. La Côte sauvage, avec ses rochers aux noms évocateurs (l'Ours, le Grand Autel), s'amorce à la **pointe du Croisic**.

La route continue jusqu'au Pouliguen où la vue s'étend de Pornichet jusqu'à la pointe St-Gildas.

Le **sentier des douaniers** longe la Côte sauvage avant de rallier Le Croisic. Attention, cette côte est splendide, mais dangereuse. De nombreuses lames de fond y déferlent et ne pardonnent que très rarement.

★ Batz-sur-Mer A3
Entre marais salants et Océan, surgit la haute tour-clocher de Batz. La côte rocheuse est entrecoupée de plages de sable : Valentin, la Govelle (funboard) et St-Michel, une petite grève où, les jours de tempête, l'on observe le spectacle des lames qui se brisent sur la digue.
★ Église St-Guénolé – *02 40 23 92 36 - www.ot-batzsurmer.fr - juil.-août : 9h30-13h, 14h-18h30 ; avr.-juin et sept. : 9h30-12h30, 14h-18h30 - fermé les jours d'intempéries - 1,80 € (-12 ans 0,80 €).* Elle fut reconstruite aux 15e et 16e s. Sa **tour** sévère (1677) est surmontée d'un clocheton cantonné de pinacles. L'**intérieur** surprend par la déviation du chœur, la masse des piliers soutenant des arcs gothiques et la voûte en carène ; remarquables **clefs de voûte** dans le bas-côté gauche. En montant à la **tour** *(60 m, 182 marches, en travaux)*, on profite d'un très vaste **panorama★★** sur le littoral, de la pointe St-Gildas au sud de la Loire jusqu'à la presqu'île de Rhuys au nord et, au large, sur Belle-Île et Noirmoutier.
★ Chapelle N.-D.-du-Mûrier – Belles ruines gothiques aux arches pures. Selon la légende, Jean de Rieux de Ranrouët l'aurait élevée au 15e s., à la suite d'un vœu fait lors d'une tempête : un mûrier enflammé l'aurait guidé vers la côte.
Musée des Marais salants – *02 40 23 82 79 - fermeture pour travaux, réouv. prévue en été 2012.* Une exposition richement documentée retrace l'histoire des marais salants et la vie des paludiers. Le 19e s. est à l'honneur avec les remarquables meubles rouges guérandais, des objets usuels et des costumes populaires, mais aussi une importante collection de peintures et de faïences (19e-20e s.).
Site OH LA L.A. Quelle aventure ! Les enfants *(4-16 ans)* peuvent demander un questionnaire-jeu dès l'entrée, afin de parcourir le musée de manière plus ludique.
Grand blockhaus – *Rte de la Côte sauvage, entre Batz et Le Pouliguen - 02 40 23 88 29 - www.grand-blockhaus.com - de déb. avr. à mi-nov. : 10h-19h ; vac. de fév. : 10h-18h - 6,50 € (5-12 ans 5 €).* Ce bunker de 300 m² fut l'un des plus grands du mur de l'Atlantique. Durant la dernière guerre, il était camouflé en villa pour éviter les attaques aériennes. Il abrite aujourd'hui le **musée de la Poche de Saint-Nazaire**, dernière région libérée d'Europe en 1945. L'ambiance d'un blockhaus y est reconstituée : chambrées, PC radio, armurerie, salle des machines, salle vidéo…
Site OH LA L.A. Quelle aventure ! Le musée distribue deux livrets de jeux, un pour les filles – volontaire de la Croix Rouge – et un pour les garçons – agent secret.
Pour rejoindre Le Pouliguen, prenez la D 245.

Le Pouliguen A3 (*p. 110*)
Piste cyclable entre Le Pouliguen et Batz-sur-Mer. Itinéraire Vélocéan (téléchargeable sur www.ohlaloireatlantique.com).
Rejoignez Le Croisic par la D 45.

1

NOS ADRESSES AU CROISIC

Voir également nos adresses au Pouliguen (p. 111 et p. 112).

HÉBERGEMENT

Le Croisic

BUDGET MOYEN

Hôtel Les Nids – *15 r. Pasteur, à Port-Lin - 02 40 23 00 63 - www.hotellesnids.com - fermé 4 nov.-31 mars - P - 24 ch. 63/93 € - 9 €.* Vous serez bien accueilli dans ce petit hôtel familial modernisé sis dans un jardin fleuri. Les chambres, de taille moyenne, sont douillettes et colorées. Petits-déjeuners servis au bord de la piscine couverte.

POUR SE FAIRE PLAISIR

Les Vikings – *À Port-Lin - 02 40 62 90 03 - www.hotel-les-vikings.com - 71/111 € - 10 €.* Un bâtiment moderne, en retrait de l'océan. La plupart des chambres – avec balcon ou bow-window – dominent la Côte sauvage.

Batz-sur-Mer

POUR SE FAIRE PLAISIR

Le Lichen – *Baie du Manerick - 44740 Batz-sur-Mer (à 2 km au sud-est par la D 45) - 02 40 23 91 92 - www.le-lichen.com - P - 17 ch. 70/260 € - 12 €.* Sur la Côte sauvage, vaste villa néobretonne (1956) jouissant du spectacle unique de l'océan. La moitié des chambres, certaines avec terrasse, donne sur les flots.

RESTAURATION

BUDGET MOYEN

Le Lénigo – *11 quai Lénigo - 02 40 23 00 31 - www.le-lenigo.fr - fermé mi-nov.-mi- fév. - 24/36 €.* Un restaurant qui fleure bon les embruns, avec sa carte de poissons et ses murs lambrissés agrémentés de cordages et de pièces d'embarcations. La terrasse offre une jolie vue sur le port et la presqu'île de Penbron.

Le Bistrot de l'Océan – *À Port-Lin - 02 40 62 90 03 - www.restaurantlocean.com - tlj. midi et soir - 25/60 €.* Une situation unique, à même les rochers de la Côte sauvage, magnifiquement illuminés le soir venu. Produits frais de la mer déclinés avec simplicité. Également, le restaurant l'Océan, plus haut de gamme.

Le Saint-Alys – *3 quai Hervé-Rielle - 02 40 23 58 40 - P - fermé fév., dim. soir, mar. soir et mer. - 26/36 €.* Accueil charmant dans cette jolie maison marine, placée sur le port de plaisance. Alléchante cuisine terre-mer.

Le Neptune – *11 av. de Port Val - 02 40 23 02 59 - www.restaurant-leneptune.fr - 23/36 €.* Cet établissement très chaleureux propose, depuis 1984, de beaux plateaux de fruits de mer ainsi qu'un menu du terroir renouvelé chaque jour (*30 €*). Superbe vue sur la Côte sauvage !

ACTIVITÉS

Plages – La plage de Port-Lin, face au large, est située à 800 m du centre de l'agglomération ; celle de St-Goustan, sur la rade, à 1 km.

Promenades en mer – De mi-juil. à fin août : excursions et promenades en mer vers les îlots voisins de Houat et Hœdic, s'adresser à l'office de tourisme.

La Jeune Ariane – *départ depuis le ponton de l'estacade au Croisic - 06 99 36 68 24 - www.jeuneariane.com - avr.-oct.* Croisières à thème (1 à 6 j.) sur une réplique de vieux gréement, à destination de l'île Dumet et des îles voisines.

Presqu'île de Guérande

★

Loire-Atlantique (44)

NOS ADRESSES PAGE 125

S'INFORMER

Office du tourisme de Guérande – *1 pl. du Marché-au-Bois - ✆ 0 820 150 044 - www.ot-guerande.fr - juil.-août : 9h30-19h, dim. et j. fériés 10h-13h, 15h-17h ; sept.-juin : tlj sf dim. 9h30-12h30, 13h30-18h - fermé 1er janv., 1er et 8 mai, 11 Nov., 25 déc.*

SE REPÉRER

Carte de microrégion A3 (p. 80) – *carte Michelin Département 316 B4*. Placé sur un sillon qui domine son marais, Guérande n'est distant que de 6 km de La Baule. On y accède depuis St-Nazaire (20 km au sud-est) par la N 171 et depuis La Roche-Bernard (25 km au nord) par la D 774.

SE GARER

La circulation dans le centre historique de Guérande est strictement réglementée et se limite en saison estivale aux seules livraisons. Vous trouverez, tout autour des remparts, des parkings non surveillés.

À NE PAS MANQUER

Les personnages grotesques des chapiteaux de la collégiale St-Aubin et les visites guidées des marais salants.

ORGANISER SON TEMPS

Ne manquez pas le marché qui se tient tous les mercredis et samedis matin autour de la collégiale St-Aubin.

AVEC LES ENFANTS

Emmenez-les au musée de la Poupée de Guérande puis aux visites-jeux du château de Careil.

Proche de l'agitation estivale de La Baule, Guérande offre le charme si particulier d'une cité médiévale fortifiée. Son pays a joué autrefois un rôle capital dans l'histoire de la région, mais la presqu'île doit aujourd'hui sa notoriété au sel produit dans ses marais fréquentés par les oiseaux migrateurs.

Se promener Plan de la ville p. 120

★ GUÉRANDE

Cette petite localité, qui domine la région des marais salants, est entièrement ceinturée de remparts. L'entrée principale est la massive porte St-Michel qui accueille le musée du Pays de Guérande.

Musée du Pays de Guérande - Porte Saint-Michel

✆ 0 820 150 044 - avr.-sept. : 10h-12h30, 14h30-19h, lun. 14h30-19h ; oct. : 10h-12h, 14h-18h, lun. 14h-18h - 4 € (-18 ans 2 €).

Cette ancienne et imposante demeure des gouverneurs (15e s.) abrite un musée régional dont les étages sont reliés par un escalier à vis. Remarquez le **mobilier** (ciré pour le briéron, peint au sang-de-bœuf pour le paludier), la faïence du Croisic, une partie du jubé de la collégiale, ainsi qu'une importante collection de costumes de bourgeois, de paludiers et de métayers. Le plan en relief d'un marais salant en fait comprendre l'installation et l'exploitation. Site OH LA L.A. Quelle aventure!
La visite donne accès aux **remparts** que l'on peut suivre sur environ 250 m. *La rue St-Michel, très commerçante, conduit à la collégiale.*

★ Collégiale Saint-Aubin

Élevée du 12e au 16e s., elle présente une belle façade ouest de granit, agrémentée de fins clochetons, de pinacles à crochets et surtout d'une rare chaire extérieure encastrée dans un contrefort (15e s.).
À l'**intérieur**, les imposantes colonnes romanes de la nef sont surmontées d'arcs gothiques et de **chapiteaux** à sujets grotesques ou à décor floral. Plus élancé, le profond chœur gothique du 15e s. est entouré de collatéraux s'ouvrant sur quatre chapelles du 16e s., et est éclairé par une superbe **verrière** du 18e s. représentant l'Assomption et le Couronnement de la Vierge. Ne manquez pas le deuxième vitrail à gauche de cette verrière : très allongé et très ancien (14e s.), ce petit vitrail en fer de lance illustre des scènes de la vie de saint Pierre.
De la place St-Aubin, cœur de la cité, vous pouvez flâner dans les ruelles qui ont gardé d'intéressants vestiges architecturaux, notamment dans les rues du Saillé, de Ste-Catherine et du Tricot, avant de revenir vers N.-D.-la-Blanche et la place du Pilori. Ne manquez pas de lever les yeux pour découvrir les décors sculptés, les lucarnes, les frontons ou les corniches denticulées caractéristiques de Guérande.

Musée de la Poupée

23 r. de Saillé - ✆ 02 40 15 69 13 - ♿ - avr.-sept. : 10h30-13h30, 14h30-19h, dim. 14h30-18h30; reste de l'année se rens. - 4 € (-12 ans 2,50 €).
Installé dans l'ancienne chapelle de l'hôpital St-Jean (14e s.), il regroupe des centaines de poupées anciennes, de porcelaine ou de bois, dans un décor suranné : meubles miniatures, dînettes en faïence, minuscules accessoires…

SE LOGER

- Brit Hôtel de la Cité ... 3
- ÉcoNuit ... 1
- Étang (Camping L') ... 2
- Guérandière (Chambre d'hôte La) ... 4
- Voyageurs (Hôtel Les) ... 9

SE RESTAURER

- Remparts (Les) ... 5
- Roc Maria ... 8
- Vieux Logis (Le) ... 9

Marais salants sur la presqu'île de Guérande.
H. Rieger / hemis. fr

1

Promenade autour des remparts

En 1365, un traité signé à Guérande met fin à la guerre de Succession de Bretagne. Le vainqueur de ce long affrontement de 25 ans est **Jean de Montfort** qui devient duc de Bretagne sous le nom de Jean IV. Il avait lancé la construction de cette place forte en 1343, et les travaux vont continuer jusqu'à la fin du 15e s.

En sortant par une des portes de la cité, vous pouvez suivre, à pied ou en voiture, la promenade qui fait le tour des quelque 1 434 m de remparts. Elle a été aménagée au 18e s. par le duc d'Aiguillon, gouverneur de Bretagne, qui fit combler une partie des fossés. L'enceinte ne comporte aucune brèche. Flanquée aujourd'hui de six tours, sur les onze qu'elle compta, elle s'ouvre par quatre portes fortifiées.

Circuit conseillé Carte Presqu'île de Guérande p. 122

ENTRE MER ET BRIÈRE

Circuit de 62 km au départ de Guérande – comptez une demi-journée. Prenez la direction La Baule par la D 92.

Château de Careil

02 40 60 22 99 - www.careil.com - visite guidée (45mn) juin-août : 11h-12h, 14h-18h - possibilité de visite jeu., visite aux chandelles et visite-spectacle aux chandelles, se rens. - 6 € (-12 ans 5 €).

Cette place forte du 14e s., remaniée aux 15e et 16e s. et toujours habitée, présente deux ailes : une façade Renaissance aux gracieuses lucarnes à coquille ; un bâtiment plus rustique dont les mansardes sont ornées de frontons armoriés. La salle des gardes et le grand salon possèdent de belles poutres. Par un escalier à vis, on accède à la salle qu'occupaient les soldats. Dans la chambre du capitaine, la cheminée porte la croix de Malte.

Site OH LA L.A. Quelle aventure! Lors de visites-jeux, les enfants de 6 à 12 ans se déguisent en corsaires ou en seigneurs et tentent de résoudre des énigmes.

Rejoignez La Baule et longez la mer pour rejoindre Le Pouliguen à l'ouest.

Le Pouliguen, ★ Côte sauvage (*p. 110*)

De la pointe de Penchâteau à Batz-sur-Mer (route en sens unique sur la commune du Pouliguen, avec piste cyclable), la côte offre de belles **vues** sur le rivage déchiqueté. Dès la sortie du Pouliguen, les villas se font plus nombreuses et, pour bien profiter de la mer, rien ne vaut une randonnée sur le **sentier des douaniers** aménagé entre Le Pouliguen et Batz-sur-Mer.

★ Batz-sur-Mer, ★ Le Croisic (*p. 117*)

De Batz-sur-Mer, prenez la D 245 puis la D 774 sur 5 km en direction de Guérande.

Saillé

Construite sur une île au milieu des marais salants, c'est la capitale du sel. Dans une ancienne chapelle, la **Maison des paludiers** présente, avec des moyens audiovisuels et des maquettes, la vie et le travail de ces hommes. *02 40 62 21 96 - www.maisondespaludiers.fr - - visite guidée (1h) juin-août : 10h-12h30, 14h30-18h ; mai et sept. : 10h-12h30, 14h-18h ; avr. 10h-12h, 14h30-17h30 ; fév.-mars et oct. 14h30-17h ; reste de l'année : sam. 14h30-17h - 4,40 € (enf. 3,10 €).*

Possibilité de visite guidée d'une saline *(1h30 - mai-sept. : tlj sf pluie 16h30 ; de mi-juil. à mi-août : visite suppl. à 10h30, 14h30 et 15h30 - 6,20 € (4-14 ans 4,40 €).*

Reprenez la D 774 sur 2 km puis tournez à gauche.

Pradel

Terre de Sel – *02 40 62 08 80 - www.terredesel.fr - avr.-oct. : 10h-19h ; nov.-mars : 10h-12h30, 14h-17h30 - possibilité de visite guidée (45mn) - fermé*

Un vaste golfe devenu fertile

L'ANCIEN GOLFE

Entre l'île rocheuse de Batz et le coteau de Guérande se serait étendu, à l'époque romaine, un vaste golfe marin. Pour certains auteurs, c'est là qu'aurait eu lieu, au 1er s. av. J.-C., la bataille navale où fut détruite la flotte Vénète, dont César aurait suivi les péripéties. Les apports des courants ont relié l'île de Batz au continent, créant la langue de sable qui porte La Baule et Le Pouliguen. À l'ouest, la flèche sableuse de Pen-Bron n'a pu rejoindre tout à fait l'île. Face au Croisic, un passage permet donc à la mer de pénétrer, à marée haute, dans le **Grand** et **le Petit Traict** : vestiges de l'ancien golfe, ils forment des réservoirs naturels pour l'alimentation des marais salants en eau de mer. Cette vaste étendue est propre à l'élevage des huîtres et des moules, et on peut y pêcher des palourdes et des bigorneaux.

LES MARAIS SALANTS

Ils s'étendent sur 2 000 ha, répartis en deux bassins, et forment un immense quadrillage délimité par des fossés. L'étymologie de Guérande, issue des mots bretons *gwen* et *ran* signifiant « blanc » et « pays, parcelle », renvoie à ce paysage bien particulier. Toutefois, le « blanc » ici évoqué ne ferait pas référence au sel, mais plutôt à l'aspect sacré du site.

L'art de récolter le sel

La mer irrigue le marais par un canal, ou **étier**, au rythme quotidien des marées. Tous les 15 jours, en période de saunaison, le paludier, grâce à une trappe, admet l'eau dans un réservoir de décantation, la **vasière**. Sous l'effet d'une légère dénivellation, l'eau circule sur une faible épaisseur dans la saline, en traversant une suite de bassins aménagés dans l'argile : **cobiers**, **fares** et **adernes**. Sous l'action du soleil et du vent, l'eau s'échauffe, s'évapore et devient saumure (augmentation de sa teneur en sel). Dans les **œillets**, bassins de 70 m^2 où elle parvient finalement, le sel se cristallise. De juin à septembre, le paludier récolte deux sortes de sel : la **fleur de sel**, sel de surface (3 à 5 kg par jour et par œillet), et le gros sel, ou sel gris, déposé au fond, remonté avec un grand râteau plat, le lasse, sur la ladure (40 à 70 kg par jour et par œillet).
La récolte est ensuite roulée jusqu'au **trénet**, petite plate-forme aménagée sur le talus, pour former le **mulon**, tas important sur le bord de la saline, avant d'être stockée dans le magasin à sel en septembre. En dehors de la période de saunaison, les paludiers entretiennent les marais.

Une lutte difficile

Les salines furent très prospères jusqu'à la Révolution : en effet, le sel circulait dans toute la région sans être soumis à la gabelle ; les marchands pouvaient l'échanger dans les provinces voisines contre des céréales. La contrebande des **« faux sauniers »** s'exerçait souvent, malgré la menace des galères.
Aujourd'hui, on exploite environ 7 000 œillets, qui produisent en moyenne 10 000 t de gros sel par an. Le sel guérandais est d'une très haute qualité nutritive, du fait de sa richesse en oligoéléments.

1er janv., 25 déc. - 7 € (-15 ans 4 €). Ce centre d'exposition a été créé au milieu des marais par les producteurs-coopérateurs de sel de Guérande. On y découvre le travail des paludiers et l'écosystème des marais, ainsi qu'un maréscope permettant de comprendre le mouvement des marées et leur effet sur l'environnement.

Site OH LA L.A. Quelle aventure! Des sorties avec les paludiers et des découvertes ornithologiques ont lieu régulièrement en saison.

Continuez au nord-ouest par la D 92 sur 6 km.

La Turballe

Très animé, ce port artificiel abrite des bateaux de plaisance et de pêche (anchois). Il est également un point de départ vers Belle-Île, Houat et Hœdic dans le golfe du Morbihan.

Longez la côte vers le nord sur 5 km.

Belle vue sur la côte à partir de **Lerat**.

Piriac-sur-Mer

Petit port de pêche et centre balnéaire labellisé « Petite Cité de Caractère ». Sur la place de l'église, bel ensemble de maisons du 17e s. Côté mer, des prestataires proposent des croisières à destination de l'**île Dumet**, seule île maritime de Loire-Atlantique. Classée réserve ornithologique, elle abrite de nombreuses espèces d'oiseaux.

Un sentier mène à la **pointe du Castelli★** en empruntant la crête de la falaise : à droite, on distingue l'île Dumet et la côte basse de la presqu'île de Rhuys ; à gauche, la rade et la presqu'île du Croisic, avec les clochers du Croisic et de Batz.

Trescalan

L'**église**, épaulée de contreforts, présente de belles colonnes à chapiteaux et abrite dans le bas-côté droit une statue de sainte Brigitte, parée d'un tissu argenté.

NOS ADRESSES AUTOUR DE GUÉRANDE

VISITE

Guérande, qui porte le label Ville d'art et d'histoire, propose différentes visites-découverte *(1h30)* animées par des guides-conférenciers agréés par le ministère de la Culture et de la Communication. Différents thèmes : la ville close, les églises, les remparts, les demeures anciennes… Mais aussi des visites « théâtrales » en journée et le soir *(juil.-août)* et la découverte des villages guérandais. *Rens. à l'office de tourisme ou sur www.ot-guerande.fr - 6 € (6-12 ans 3 €).*

HÉBERGEMENT

Guérande

PREMIER PRIX

Camping L'Étang – *5 km de Guérande par rte de St-Lyphard puis 3 km par D 48 à droite et rte à gauche - ✆ 02 40 61 93 51 ou 06 31 96 33 65 - www.camping-etang.com - ouv. tte l'année - réserv. conseillée - 119 empl. 21,20 € - ✕ en juil.-août.* Comme le laisse supposer le nom du camping, vous êtes tout près d'un étang, mais c'est dans la piscine qu'il vous faudra plonger si la baignade vous tente. En plus des emplacements classiques, mobile homes et bungalows toilés sont à louer. WiFi payant.

BUDGET MOYEN

ÉcoNuit – *1 r. du Milan Noir - ✆ 02 40 45 85 47 - www.econuit.com - P - 49/69 € - ☕ 5,90 €.* Des panneaux solaires pour chauffer l'eau des douches et de l'eau de pluie récupérée pour entretenir le joli jardin : un hôtel 100 % écologique, dans l'air du temps. Chambres contemporaines fonctionnelles.

Hôtel Les Voyageurs – *Pl. du 8-Mai-1945 (face à la porte Vannetaise) - ✆ 02 40 24 90 13 - fermé dim. soir. (sf juil.-août), 23 déc.-21 janv. - 12 ch. 60 € - ☕ 7,80 € - ✕ 20/34 €, menu 12,50 €.* Pimpante petite maison face à la porte Vannetaise. Chambres rétro, bien meublées, et restaurant rustique de 4 salles, dont une ouverte sur la terrasse. Demi-pension possible.

Chambre d'hôte La Guérandière – *5 r. Vannetaise - P - ✆ 02 40 62 17 15 ou 06 86 77 84 43 - www.guerandiere.com - réserv. obligatoire en hiver - 6 ch., 1 suite 61/91 € - ☕ 10 €.* Cette charmante demeure du 19e s. adossée aux remparts offre un cadre raffiné et « cosy » à des chambres desservies par un bel escalier d'époque. Petit-déjeuner à l'anglaise proposé dans le jardin aux beaux jours.

POUR SE FAIRE PLAISIR

La Maison Bizienne – *14 Faubourg Bizienne - ✆ 02 40 70 92 57 - lamaisonbizienne.fr - 75/89 € ☕.* À deux pas de la Porte Bizienne ouvrant sur la cité fortifiée, 5 chambres (dont une avec cuisine) calmes, claires, aux murs lambrissés. Joli mobilier chiné. Jardin et sauna.

Brit Hotel de la Cité – *2 pl. Dolgellau - ✆ 02 40 22 02 20 - guerande.brithotel.fr - P - 60 ch. 79/155 € - ☕ 12 €.* À quelques minutes de la cité médiévale, des chambres soignées et contemporaines, décorées dans d'élégants tons de gris. Piscine extérieure chauffée, salle de remise en forme et bar avec terrasse.

La Turballe

POUR SE FAIRE PLAISIR

Chambre d'hôte du Manoir des Quatre Saisons – *744 bd de Lauvergnac - 1,5 km de La Turballe par D 333 - ✆ 02 40 11 76 16 ou 06 87 33 43 86 - www.manoir-des-quatre-saisons.com - ⊭ - 5 ch. 75/95 €* ☕. Dans son parc paysagé, cette belle longère bretonne, avec ses pierres apparentes et ses ardoises, vous propose de loger au manoir ou au cottage. Selon la saison, petits-déjeuners au coin du feu ou au bord de la piscine.

Piriac-sur-Mer

POUR SE FAIRE PLAISIR

Hôtel de la Poste – *26 r. de la Plage - ✆ 02 40 23 50 90 - www.piriac-hoteldelaposte.com - 68/94 € - ☕ 5,90 €*. Ancien relais de poste, de style retro, très fleuri et dans un décor mis au goût du jour. Restaurant de poissons et agréable terrasse pour déguster une glace à toute heure.

RESTAURATION

Guérande

PREMIER PRIX

Roc-Maria – *1 r. du Vieux-Marché-aux-Grains - ✆ 02 40 24 90 51 - www.hotel-creperie-rocmaria.com - fermé lun. sept-mars (hors vac. scol.), 3 sem. après 11 Nov. et 2 dernières sem. de janv. - 9 ch. 61 € - ☕ 6,90 € - crêperie menu à 9,60 €*. En plein cœur de la vieille ville, cette maison médiévale et familiale propose de nombreuses spécialités de crêpes et de galettes réalisées avec des produits du terroir. Chambres simples au mobilier rustique.

BUDGET MOYEN

Les Remparts – *Bd du Nord - ✆ 02 40 24 90 69 - fermé fin nov.-début janv., mi-fév., dim. soir et lun. sf j. fériés - 18/38 € - 8 ch. 47,50 € - ☕ 6,50 €*. Face aux remparts de Guérande, maison familiale toute simple dont la façade typique abrite une salle à manger sobrement actuelle. Recettes traditionnelles et poissons assaisonnés au sel de Guérande. Petites chambres simples.

POUR SE FAIRE PLAISIR

Le Vieux Logis – *Pl. Psalette - ✆ 02 40 62 09 73 - fermé lun. et mar. sf juil.-août et j. fériés - 26/31 €*. Prévôté de Guérande, étude notariale et enfin restaurant : cette belle maison en pierre située *intra-muros* a conservé son cadre du 17e s. Aux beaux jours, plaisante terrasse verdoyante et ombragée. Spécialités de grillades cuites au feu de bois.

La Turballe

BUDGET MOYEN

Le Chaudron – *1 r. Fourbihan - ✆ 08 99 78 67 92 - fermé dim. soir et lun - 16/34 €*. Ravioles de moules de Bouchot au citron, tournedos de jeune sanglier rôti, aiguillettes de St-Pierre… Thomas Barreau, passé par la Mare aux Oiseaux (*voir p. 134*), revisite les plats du cru. Aux beaux jours, on quitte la salle conviviale, surmontée d'un beau plafond à caissons, pour la petite terrasse ensoleillée à l'entrée du village.

Le Terminus – *18 quai St-Paul - ✆ 02 40 23 30 29 - http://laturballe.free.fr/restaurant-terminus - fermé 19-24 oct., 15 j. en fév. (vac. scol.), mar. soir et merc. sf vac. scol. - ♿ - formule déj. 17 € - 23/47 €*. La salle à manger, aux murs crème, a été rafraîchie ; choisissez une table proche des baies de la véranda pour contempler les bateaux du port de pêche. Produits de la mer.

Mesquer

BUDGET MOYEN

La Vieille Forge – *32 r. d'Aha - ✆ 02 40 42 62 68 - fermé 15 janv.-7 fév., lun. soir, mar. et mer. - 13/50 €.* Cette ancienne forge (1711) abrite deux salles dont l'une donne sur le jardin et la terrasse. Un jeune chef y prépare désormais une cuisine traditionnelle bien tournée.

ACHATS

Salines & Saveurs – *5 pl. de la Psalette, face au portail principal de l'église St-Aubin - ✆ 02 40 01 44 23 - tlj 9h30-12h30, 14h-19h.* Des paludiers de Guérande proposent directement leur production très variée : fleur de sel, gros sel de Guérande, sels aromatisés…

Marché – *À Guérande.* Le marché se tient merc. et sam. mat., dans les halles et sur la place St-Aubin.

ACTIVITÉS

Quelques plages – Les petites plages familiales sont autour de Piriac et à Lerat. La Turballe possède au sud une longue plage de sable fin, plein ouest.

Itinéraire Vélocéan – À vélo, Guérande-Piriac-sur-Mer, Guérande-Le Croisic ou Guérande St-Nazaire en passant par la Baule (itinéraires téléchargeables sur www.ohlaloireatantique.com).

Guérande

Ferme de Ker Robert – *17 rte de Ker-Robert, la Madeleine - 6 km à l'est de Guérande par D 51 et à droite - ✆ 02 40 61 91 91 - www.fermeequestre-kerrobert.com - été : à partir de 15h - 20/35 €.* Cette petite structure saisonnière propose des randonnées *(1h30-3h - débutants acceptés)* ou encore à la journée. Tour du marais de Brière possible.

Saint-Molf

La Champagne – *D 774 - ✆ 02 40 61 95 20 ou 06 08 50 69 43 - www.equitationlachampagne.com - été : 9h-12h30, 14h-22h ; hiver : 9h-12h30, 14h-20h.* Animé par une équipe accueillante et joviale, cet important centre équestre, chargé du tracé du CEIO de La Baule en 2003, organise des sorties sur la plage, des nocturnes en Brière, des balades sur les bords de la Vilaine ou des randonnées à la demande. Une heure, une journée, une semaine ou plus. Tout est possible !

Piriac-sur-Mer

Nautisme en Pays Blanc – *✆ 02 40 23 53 84 - www.npb.asso.fr* Balade en goélette, en kayak de mer ou en catamaran autour de l'île Dumet. Découverte des marais salants.

AGENDA

Fête médiévale de Guérande – *29-30 mai - www.ville-guerande.fr.* 2 jours de fête en s'immergeant dans l'époque du Moyen Âge.

Les « Celtiques de Guérande » – *1re quinz. d'août.* Spectacles de danse et de musique bretonnes.

1

La Grande Brière

★

Loire-Atlantique (44)

NOS ADRESSES PAGE 134

S'INFORMER

Maison du tourisme de Brière – *Village de Kerhinet - 44410 St-Lyphard - 02 40 66 85 01 - www.parc-naturel-briere.fr - juil. à déb. sept. : 10h-18h ; reste de l'année : 10h-13h, 14h-17h30, dim. 14h-17h30 - fermé 1er janv. et 25 déc.*

SE REPÉRER

Carte de microrégion AB 2-3 (p. 80) – *Carte Michelin Département 316 C/D 3/4.* Au nord de St-Nazaire, la Grande Brière est une dentelle de marais nichés entre la N 171 (St-Nazaire-La Baule), la D 774 (La Baule-La Roche-Bernard) et la N 165 (Nantes-Vannes).

À NE PAS MANQUER

Les prairies marécageuses de l'île de Fédrun et les chaumières du hameau de Kerhinet.

ORGANISER SON TEMPS

Privilégiez le crépuscule pour l'observation des oiseaux, en n'oubliant pas de vous protéger contre les moustiques !

AVEC LES ENFANTS

Observez les oiseaux de la réserve Pierre-Constant et du parc de Ker Anas, allez voir le dolmen de Kerbourg, rendez visite aux personnages de la Chaumière des marionnettes, et, surtout, promenez-vous en chaland.

Des canaux et des plantes aquatiques à perte de vue : voici le deuxième marais de France après la Camargue. Également nommé Grande Brière Mottière, il occupe 7 700 des 40 000 ha du Parc régional de Brière, juste au nord de l'estuaire de la Loire. Ce lieu préservé, à quelques minutes des plages de La Baule, offre l'occasion de belles promenades à pied, à cheval ou en chaland.

Circuit conseillé Carte Parc naturel régional de Brière p. 132

TOUT AUTOUR DU PARC

Circuit de 83 km au départ de St-Nazaire – comptez une demi-journée. Quittez St-Nazaire par la N 171, vers Nantes, sortez à Montoir-de-Bretagne et prenez la D 50.

Saint-Malo-de-Guersac

Cette île est la plus vaste de la Brière. Du haut de ses 13 m, la **vue** s'étend de Guérande à l'ouest au Sillon de Bretagne à l'est.

Rozé

Du petit port de Rozé, berceau de la construction navale, partaient les chalands, chargés de tourbe, vers Nantes, Belle-Île, La Rochelle ou Vannes.

Saint-Lyphard dans le Parc naturel régional de Brière.
H. Lenain / hemis. fr

Maison de l'éclusier – ✆ *02 40 66 85 01 - www.parc-naturel-briere.fr - visite guidée (1h) juil.-août et de mi-sept. à fin sept. : 10h-13h, 14h30-18h30 ; avr.-juin : 14h-18h30 ; de déb. sept. à mi-sept. : 10h-13h, 14h30-18h30 - 5 € (enf. 2,50 €), 9 € (enf. 4 €) billet combiné avec la réserve Pierre-Constant, le musée de Kerhinet et la Maison de la mariée.* Placée sur le canal de Rozé, elle présente la faune et la flore du marais, la formation du marais et son évolution. Tout à côté, on peut voir une reconstitution de la *Théotiste*, chaloupe qui servait au transport de la tourbe.
Réserve Pierre-Constant – *Derrière la Maison de l'éclusier, un chemin (environ 800 m) suit un canal et conduit au pavillon d'accueil - ✆ 02 40 91 17 80 - www.parc-naturel-briere.fr - juil.-août : 9h-13h, 14h30-18h30 - possibilité de visite guidée (1h30) d'avr. à fin oct. : se rens. - 4 € (-12 ans 2,50 €).* Ce parc de 26 ha est sillonné par un sentier émaillé de postes d'observation où seuls la patience et le silence peuvent être récompensés. Des panneaux permettent d'identifier la faune et la flore. Petite exposition sur les activités du marais.
Avant St-Joachim, prenez à gauche.

★ Île de Fédrun

Reliée à la route de St-Joachim par deux ponts, c'est la plus attachante de ces îles, entourées de prairies marécageuses. Traversée par une voie médiane, elle est cernée par une rue dessinant ses contours. Au n° 130, la **Maison de la mariée** présente, dans un intérieur briéron, une étonnante collection de parures de mariage ornées de fleurs d'oranger en cire, dont on découvre la fabrication. ✆ *02 40 66 85 01 - www.parc-naturel-briere.fr - juil. à mi-sept. : 10h30-13h, 14h30-18h30 ; avr.-juin et de mi-sept. à fin sept. : 14h30-18h30 - possibilité de visite guidée (45mn) - 4 € (-18 ans 2,50 €) -* *Site OH LA L.A. Quelle aventure !*

Saint-Joachim

Berceau de la fleur d'oranger en cire, le bourg s'allonge sur les îles de **Brécun** (8 m d'altitude) et de **Pendille**, dominé par la haute flèche blanche de son **église** du 19e s.
La route traverse les îles de **Camerun** et de **Camer**, peu habitées.

La Chapelle-des-Marais

Dans l'**église** se trouve une statue de saint Corneille, protecteur des bêtes à cornes *(chapelle à droite du chœur, au-dessus de l'autel).*

Prenez la route d'Herbignac et, après 2 km, tournez à gauche, dir. Mayun.

La Chaumière des marionnettes

28 r. de la Herviais, Mayun à La Chapelle-des-Marais – ✆ 02 40 53 22 40 - ouv. tte l'année w.-end et tlj pdt vac. scol. : 14h-19h - visite contée - 5 € - Boutique et stages de fabrication de marionnettes.

Après avoir sillonné la France pour présenter ses spectacles de marionnettes pendant près de 30 ans, un couple de passionnés a posé ses valises dans cette ravissante chaumière. Débordant d'imagination, ils emmènent les visiteurs pour un voyage au pays des sorcières, lutins et autres korrigans.

Revenez sur la route d'Herbignac et faites encore 2 km.

Château de Ranrouët

Garez-vous sur le terre-plein herbeux. ✆ 02 40 88 96 17 - www.cap-atlantique.fr/patrimoine - juil.-août : 10h-19h ; avr.-juin : tlj sf lun. 14h30-18h30 - possibilité de visite guidée (1h) - fermé nov.-mars, lun. de Pâques, 1er mai et 1er nov. - gratuit.

Cette forteresse des 12e et 13e s. fut démantelée en 1618 par Louis XIII puis brûlée sous la Révolution. Ses ruines imposantes conservent six tours rondes, entourées de larges douves sèches. Remarquez les aménagements du 16e s. destinés à contrer les progrès de l'artillerie (barbacane, enceinte bastionnée) et, sur plusieurs tours, des besants (figures circulaires) appartenant aux armoiries de la famille. Site OH LA L.A. Quelle aventure !

Faites demi-tour et reprenez la route d'Herbignac.

Herbignac

Ce village fut longtemps un centre de poterie dont la tradition remontait à l'époque gallo-romaine. Pour en savoir plus, visitez la **Maison du tourisme et du patrimoine**. *✆ 02 40 19 90 01 - juil.-août.*

D'Herbignac, reprenez la route jusqu'à Mayun, où les vanniers tressent encore la bourdaine, et tournez à droite.

Les Fossés-Blancs

De l'embarcadère sur le canal du Nord, on a une belle vue de la Brière. La visite du marais permet de découvrir la flore et la faune, entre canaux et piardes, ces étendues de terre envahies d'eau toute l'année.

Saint-Lyphard

Un belvédère a été aménagé dans le clocher de l'**église** *(135 marches)*. Un vaste **panorama★★** s'étend sur la Brière, et de l'estuaire de la Loire à l'embouchure de la Vilaine en passant par Guérande et ses marais salants. *✆ 02 40 91 41 34 - www.Saint-lyphard.com - visite guidée juil.-août : 10h-13h, 14h-19h ; avr.-juin et sept. : 10h-12h30, 14h-18h ; reste de l'année : tlj sf dim. et lun. 10h-12h30, 14h-17h30 - fermé 1er janv., 1er et 11 Nov., 25 déc. - 3,50 € (enf. 2,50 €).*

Prenez la route de Guérande et, à 7 km de St-Lyphard, tournez à gauche.

★ Dolmen de Kerbourg

Près d'un moulin, cette allée couverte (du néolithique moyen) est un ancien cairn dont ne subsistent que le couloir et la chambre funéraire.

Continuez en direction du Brunet.

Un espace naturel riche et singulier

LES HABITANTS DU MARAIS

Derrière une digue

La Grande Brière occupe une ancienne cuvette, vallonnée et boisée. Ses populations néolithiques en furent chassées par une invasion momentanée de la mer. Le marais s'est formé derrière un talus, constitué par les alluvions de la Loire. Dans les plantes aquatiques, transformées en **tourbe**, se trouvent des arbres fossiles, les **mortas**, vieux de 5 000 ans, durs et imputrescibles.

Au quotidien

Par le travail de l'homme, cette lagune se compartimente, s'assèche, se draine. En 1461, le duc de Bretagne François II reconnaît aux Briérons un droit de propriété indivis, confirmé par les édits royaux de François Ier à Louis XVI. Le Briéron exploite la tourbe, le **« noir »** (terreau servant d'engrais), qui a valu à la Grande Brière le surnom de « pays noir ». Il cueille les roseaux et les joncs dont il recouvre les chaumières, la bourdaine qu'il tresse en paniers, cultive son jardin. Il récolte aussi les sangsues, harponne les **pimpeneaux**, anguilles au ventre argenté, pose dans les **piardes** (plans d'eau) des **bosselles**, nasses en osier, pour capturer brochets, tanches et gardons. Il chasse à l'affût avec ses chiens dans son **chaland**, caché derrière une **bosse** plantée de saules. Il pousse de sa longue perche son **blin**, grande barque plate chargée de vaches ou de moutons qui vont paître sur la **plattière**. Mais son gain reste incertain, et les femmes n'hésitent pas à travailler « aux fleurs ». Au 19e s. et au début du 20e s., deux ateliers de **St-Joachim**, qui emploient près de 140 ouvrières, confectionnent des fleurs d'oranger en cire.

Du marécage au pâturage

Au 20e s., le Briéron se tourne vers les industries métallurgiques de Trignac, les chantiers navals et aéronautiques de St-Nazaire. Des routes relient les anciennes îles, des écluses sont construites. Mais la Grande Brière garde son attrait, et le Briéron, revenu chez lui, pêche et chasse pour son plaisir. Il conduit volontiers le visiteur sur son chaland, à travers les canaux et les piardes où poussent iris jaunes *(de mi-mai à mi-juin)* et nénuphars blancs *(de mi-juin à fin juillet)*.

PARC NATUREL RÉGIONAL

Le **Parc naturel régional** créé en 1970 a pour mission de sauvegarder et de préserver la spécificité de ces paysages si particuliers et de leur **avifaune** (le parc accueille la plus grande concentration de busards et de hérons cendrés de France). Il s'y emploie en surveillant par exemple la progression des **roselières** (surfaces plantées de roseaux) qui empiètent de plus en plus sur les **prairies** et les **plans d'eau**. Il assure également le curage des **canaux**, autrefois entretenus par les habitants qui vivaient des marais.

Une autre de ses missions consiste à **valoriser** économiquement ces espaces. Cela passe par l'étude de **pratiques agricoles** qui s'appuient sur les produits du marais comme les roseaux et le « noir ». Côté tourisme, le parc organise des fêtes traditionnelles, des randonnées guidées à pied, à bicyclette ou en canoë-kayak.

★ Kerhinet

Garez-vous sur le parking aménagé.

Ce charmant hameau rassemble de nombreuses chaumières dont la plupart ont été restaurées par le parc.

L'intérieur briéron – *✆ 02 40 66 85 01 - www.parc-naturel-briere.fr - avr.-sept. : 10h-13h, 14h-18h30 ; oct.-mars : 10h-13h, 14h-17h30, dim. et j. fériés 14h-17h30 - fermé 1er janv. et 25 déc. - gratuit.* On y trouve une auberge et divers lieux d'exposition : présentation d'un modeste intérieur briéron (sol en terre battue, meubles, ustensiles de cuisine) et ses dépendances.

Gagnez le Brunet, où la route se prolonge jusqu'à **Bréca** : belle vue sur la Brière et le canal de Bréca.

Revenez au Brunet et prenez la D 47.

Saint-André-des-Eaux

Parc ornithologique de Ker Anas – *✆ 02 40 01 27 48 - www.keranas.fr - ♿ - juil.-août : 10h-20h ; avr.-juin : 14h30-18h30 - fermé nov.-janv. - 6,50 € (3-12 ans 3,80 €).*

Le parc (3 ha) comporte un parcours de 1 km, qui permet de découvrir une multitude d'oiseaux des différents continents : oies, bernaches, sarcelles, cygnes, canards du monde entier… À l'entrée, on peut se procurer un petit sac de blé pour les nourrir à la main.
Prenez la D 127 vers La Chaussée-Neuve.

La Chaussée-Neuve

De cet ancien port d'où les blins partaient, chargés de tourbe, **vue★** étendue sur la Brière.
Revenez à St-André-des-Eaux et, par la D 47, rentrez à St-Nazaire.

À proximité Carte de microrégion p. 80-81

Pontchâteau B2

À 25 km au nord-est de St-Nazaire par la N 171 puis la D 773.
Perchée sur une colline, dans une région peuplée d'anciens moulins à vent, l'église de Pontchâteau domine la petite ville aux maisons étagées sur les rives du Brivet.

Calvaire de la Madeleine B2

À 4 km à l'ouest de Pontchâteau par la D 33 en direction d'Herbignac. Garez-vous sur le parking à gauche de la route, face à la chapelle du pèlerinage.
Saint **Louis-Marie Grignion de Montfort**, celèbre prédicateur (1673-1716), fit élever ce calvaire en 1709 dans la lande de la Madeleine, sur un Golgotha artificiel ; démoli sur l'ordre de Louis XIV, il fut reconstruit en 1821.
Partez du temple de Jérusalem, construction mi-forteresse, mi-palais oriental ; une belle allée traverse le parc vers le prétoire de Pilate, ou Scala Sancta, dont les cinq hauts-reliefs représentent les premières scènes de la Passion. Après la première station, le Chemin de croix se poursuit, à gauche, par de grandes statues peintes en blanc, qui sortent de l'imagerie populaire. Du calvaire, vue sur la Brière, St-Nazaire et Donges.
Fuseau de la Madeleine – *À 800 m du calvaire. Prenez la route à gauche de la statue du Sacré-Cœur, traversez le parc, puis tournez à gauche au premier carrefour.* Ce menhir de 7 m de haut et de 5 m de circonférence se dresse au milieu d'un pré.

Missillac B2

À 10,5 km au nord de Pontchâteau par la D 33 et la N 165 en direction de La Roche-Bernard, puis la D 2, à droite.
Dans un site remarquable, **le château de la Bretesche** (15e s.), aux remparts cernés d'eau, est séparé du bourg par un bel étang en bordure de forêt.

1

NOS ADRESSES DANS LA GRANDE BRIÈRE

★★ PROMENADE EN CHALAND

Pour vous promener, reportez-vous à la carte du parc où sont précisés les embarcadères.
En toute saison, la Grande Brière garde son charme : fleurie au printemps, verte en été avec ses berges noires et ses racines de saules apparentes, rousse en automne avec ses vols de canards, argentée en hiver avec ses terres inondées.
Anthony Mahé – *Port de La Chaussée-Neuve - 44117 St-André-des-Eaux - ☏ 02 40 91 59 36 - http://brieremahe.free.fr/- promenade guidée (45mn) 10h-18h - 8 € (-14 ans 4 €).* Dans le Parc régional de Brière, Anthony Mahé organise des promenades en barque sur les grands canaux rectilignes et les roselières dorées par le soleil.

HÉBERGEMENT

PREMIER PRIX

Hôtel le Bretagne – *Pont d'Armes - 44410 Asserac - ☏ 02 40 01 71 03 -. P - 12 ch. 44/52 € - ☕ 7 €.* Les marais à une encablure et l'Atlantique à 5 km : voici l'environnement de cette maison néo-bretonne. Les chambres sont simples, mais bénéficient toutes d'une récente rénovation qui les rend attrayantes. Petit-déjeuner sous une véranda tournée vers le jardin.

BUDGET MOYEN

Chambre et table d'hôte Ty Gwenn – *25 île d'Errand - 44550 St-Malo-de-Guersac - 3 km de St-Malo, après l'église dir. Errand - ☏ 02 40 91 15 04 - fermé oct.-mars - 🚭 - 3 ch.65 € ☕ - ✕ 23 €.* Romantique à souhait, cette jolie chaumière briéronne accueille ses hôtes dans un confort douillet. Poutres, cheminée et tissus choisis composent un décor raffiné. Le charmant jardin et la piscine ajoutent au plaisir de ce séjour !

RESTAURATION

PREMIER PRIX

Les Calèches Briéronnes – *À Bréca - 44410 St-Lyphard - ☏ 02 40 91 33 24 - www.creperie-de-breca.com - fermé nov.-Pâques - P - formule déj. 11,60 € - 11/16 €.* Les vieux chênes et le marais entourent cette maison où vous pourrez grignoter une galette, une crêpe, une salade, une grillade ou une glace pour le goûter. La salle à manger assez simple est agrémentée de baies vitrées et de lambris. Agréable terrasse d'été. Accueil souriant.

POUR SE FAIRE PLAISIR

Auberge de Bréca – *À Bréca - ☏ 02 40 91 41 42 - www.auberge-breca.com - fermé début janv.., mar. soir de oct. à mars, dim. soir et lun. sf juil.-août - P - 28/55 €.* Au cœur du Parc naturel de la Brière, ce restaurant-glacier, aménagé dans un ancien relais de chasse, est le lieu idéal pour étancher une soif née d'une longue balade en barque, par exemple.
La Mare aux oiseaux – *Île de Fédrun - 44720 Saint-Joachim - ☏ 02 40 88 53 01 - www.mareauxoiseaux.fr - P - fermé lun. midi - 28-85 €.* Moment de poésie au cœur de la Brière, parmi les oiseaux en liberté… Éric Guérin signe une cuisine ludique et inventive, à base de beaux produits régionaux. Pour prolonger la magie, des chambres luxueuses (certaines dans des bungalows) et un espace détente. Une grue viendra peut-être frapper à votre porte…

Saint-Nazaire

★

68 838 Nazairiens (agglomération : 120 000 hab.) – Loire-Atlantique (44)

NOS ADRESSES PAGE 141

S'INFORMER

Office du tourisme de St-Nazaire – *Base sous-marine - bd de la Légion-d'Honneur - ✆ 02 40 22 40 65 ou, pour les visites, 0 810 888 444 (N° Azur, tarif local) - www.saint-nazaire-tourisme.com - juil.-août : 9h30-18h ; avr.-sept. : 9h30-12h30, 14h-18h ; reste de l'année se rens.*

SE REPÉRER

Carte de microrégion B3 (p. 80) – *Carte Michelin Département 316 C4*. Avec St-Brévin qui lui fait face, St-Nazaire garde l'embouchure de la Loire. La ville est desservie par la N 171, qui vient de Nantes (65 km à l'est) et finit sa course à Guérande (22 km à l'ouest). Grâce au pont spectaculaire qui enjambe la Loire, St-Nazaire est également reliée à la Vendée toute proche *via* la D 213.

SE GARER

Vous n'aurez aucune difficulté à vous garer car les parkings sont nombreux dans la ville.

À NE PAS MANQUER

La vue sur le port depuis les terrasses panoramiques de la base sous-marine, les chantiers navals, le parcours artistique Estuaire *(p. 101).*

ORGANISER SON TEMPS

Pensez à réserver votre place pour la visite du port Atlantique, des chantiers navals ou du site d'Airbus. Prévoyez plus de deux jours si vous voulez tout visiter.

AVEC LES ENFANTS

Allez rêver de grands paquebots à Escal'Atlantic ; profitez des nombreuses plages toutes proches pour une après-midi détente.

Face à l'Atlantique, sur l'estuaire de la Loire, St-Nazaire sert d'avant-port à Nantes. Reconstruite après 1945, la cité vit par son port, le quatrième de France où se construisent les plus grands paquebots du monde. L'émergence d'un nouveau quartier autour de la base sous-marine donne aujourd'hui le ton du renouveau. Son festival en fait également une ville-escale de la création contemporaine et des musiques du monde.

Se promener Plan de la ville p. 138

★★ VILLE-PORT

Petit clin d'œil d'Hergé : dans *Les Sept Boules de cristal,* Tintin et le capitaine Haddock arpentent les docks de St-Nazaire, à la recherche du professeur Tournesol.

Une journée de découverte. Suivez le fléchage Ville-Port. Garez-vous sur le parking de l'ancienne base sous-marine. Billetterie commune à tous les sites de visite.

★ Base sous-marine B 1-2

Édifiée pendant l'Occupation, de 1941 à 1943, cette forteresse de béton armé (37 500 m²) fut implantée par les Allemands au cœur même du bassin de St-Nazaire, là où accostaient auparavant les paquebots de ligne en provenance d'Amérique centrale et des Antilles. Ses quatorze alvéoles (300 m de long, sur 125 m de large au total) permettaient d'abriter 20 sous-marins. Dans la partie arrière était installé un arsenal pour les réparations.

Toujours intact en 1945, ce bunker démesuré coupa la ville de son port. Plus tard, il fut utilisé par la Marine pour construire des bateaux de guerre. Depuis la fin des années 1990, le réaménagement des alvéoles, où s'est installé l'office de tourisme, vise à réconcilier habitants et visiteurs avec cette zone, rebaptisée Ville-Port (*encadré ci-contre*).

Aujourd'hui, « l'alvéole 14 », couverte d'un dôme qui est l'ancien radôme de l'aéroport de Berlin, sert de phare au projet. Conçu par l'architecte berlinois Finn Geipel, elle abrite notamment le **LIFE** (Lieu international des formes émergentes) dédié à la création contemporaine, et le **VIP** consacré aux musiques actuelles. Ce dernier comporte une salle de spectacle qui peut accueillir jusqu'à 550 spectateurs, ainsi qu'un centre de ressources et des studios d'enregistrement (*Nos adresses p. 142*).

★★ Escal'Atlantic B 1-2

Dans l'ancienne base sous-marine - bd de la Légion-d'Honneur - ☎ 0 810 888 444 - www.Saint-nazaire-tourisme.com - ♿ - fermeture pour travaux à partir d'oct. 2012, réouv. prévue printemps 2013.

Site OH LA L.A. Quelle aventure ! Cet espace de 3 500 m² est consacré à une époque mythique, celle des grands paquebots transatlantiques comme *Île-de-France* (1927), *Normandie* (1935), *France* (1962). La visite est conçue comme un voyage à bord d'un de ces paquebots. Accueillis par un personnel en tenue d'équipage, les « voyageurs » explorent librement les lieux : cabines, salle des machines, cale et entrepont des immigrants, passerelle du commandant, salons de coiffure et de musique, piano-bar (halte rafraîchissement), luxueuse salle à manger… des atmosphères et des décors très différents ponctués d'animations plus ou moins spectaculaires. Le départ se vit sur le pont arrière où il ne faut pas manquer la scène des adieux. Dans la salle de cinéma où se clôt la croisière, l'émotion forte est au rendez-vous…

Le pont de Saint-Nazaire à l'embouchure de la Loire.
F. Leroy / hemis. fr

★★ Terrasses panoramiques B 1-2

Pour apprécier l'étendue du port, il faut se rendre sur le **toit de la base sous-marine** *(accès par la rampe qui s'élève face à la rue Henri-Gautier, ou depuis l'intérieur de la base par l'ascenseur situé derrière la billetterie centrale).*

Une seconde terrasse a été aménagée sur l'autre rive du bassin St-Nazaire *(accès en voiture).*

La vue se déploie sur le **bassin de St-Nazaire** (11 ha à l'origine) dont la superficie fut réduite à 9 ha après la construction de la base, et sur le **bassin de Penhoët**, l'un des plus étendus d'Europe (22 ha). Ce dernier comprend trois formes pour l'entretien et la réparation des navires : la plus grande mesure 226 m sur 32 m.

De 1929 à 1932, entre le port et l'estuaire, fut bâtie la **forme-écluse Louis-Joubert** pour accueillir les transatlantiques en phase d'achèvement et prêts à quitter Saint-Nazaire : sa taille (350 m sur 53 m, plus de 16 m de profondeur) répondait aux dimensions nouvelles des navires. Elle est toujours en fonctionnement.

Écomusée de Saint-Nazaire B2

✆ 0 810 888 444 - www.saint-nazaire-tourisme.com - juil.-août : 10h-19h ; avr.-juin : 10h-12h30, 14h-18h ; reste de l'année : se rens. - haute sais. 3 € (-12 ans 2 €), basse sais. gratuit.

Des maquettes et des documents audiovisuels retracent l'histoire de St-Nazaire et de son activité économique ainsi que la croissance du port et de ses chantiers.

D'ILLUSTRES PAQUEBOTS

D'illustres paquebots sont sortis de St-Nazaire. En 1864, l'*Impératrice-Eugénie* fut le premier navire construit sur ces chantiers. Il était encore équipé de roues à aubes, remplacées plus tard par des hélices. Le *Normandie* fut livré en 1935, le *France* en 1960. L'une des grandes fiertés des chantiers fut le *Queen Mary 2*. Ce mastodonte (345 m de long, 41 m de large) était alors le plus grand paquebot jamais construit ! Commandé par la Cunard, il a été livré fin 2003. Deux fois plus gros que le *France*, il accueille 2 800 passagers servis par 1 310 hommes d'équipage et peut traverser l'Atlantique en six jours, à la vitesse de 30 nœuds, soit 54 km/h.

SE LOGER
Holiday Inn ... 2
Luna (Hôtel La) ... 3
Touraine (Hôtel de) ... 1

SE RESTAURER
Ar Blaz Mad ... 4
Sabayon (Le) ... 1
16 (Le) ... 3

Sous-marin « Espadon » B2

☏ 0 810 888 444 - www.Saint-nazaire-tourisme.com - déb. juil. à fin août : 10h-19h ; déb. avr. à déb. juil. et fin août à fin sept. : 10h-12h30, 14h-18h ; reste de l'année : se rens. - fermé 1er janv. et 25 déc. - 8 € (-17 ans 6 €), famille -15 %.

Construit en 1957 aux Chantiers Augustin-Normand du Havre, ce fut le premier sous-marin français à naviguer sous les glaces polaires. Dans les coursives, on peut imaginer la vie des quelque 70 hommes qui composaient l'équipage et découvrir l'univers sonore du monde sous-marin.

★ Chantiers navals STX France B1

☏ 0 810 888 444 - www.Saint-nazaire-tourisme.com - visite guidée (2h) réserv. obligatoire mini. 2 j. av. (dép. en autocar de la base sous-marine) - se rens. pour les h - 12 € (4-17 ans 8 €), famille -15 %.

Un circuit en car permet d'apprécier la démesure de ces **chantiers★** autrefois connus sous le nom de Chantiers de l'Atlantique, sur lequel travaillent environ 6 000 pers., salariés et sous-traitants. Il recèle trois formes, où l'on découvre des paquebots à différents stades de construction. La première (470 m sur 66 m) est utilisée pour le **montage** de la coque. C'est l'activité maîtresse des chantiers navals, qui se poursuit dans la **forme profonde** (415 m sur 66 m) qu'on longe à pied, dans la galerie technique. Au retour, le car franchit la porte du **bassin d'armement** (424 m sur 95 m). Les activités de finition y sont assurées par plusieurs centaines de sous-traitants : soudure de précision, pose des cabines préfabriquées, installation des ponts en teck… 1

Airbus - Saint-Nazaire

☏ 0 810 888 444 - www.Saint-nazaire-tourisme.com - visite guidée (2h) sur réserv. obligatoire (mini. 2 j. av.) - se munir d'une carte d'identité ou d'un passeport en cours de validité - (dép. en autocar de la base sous-marine) se rens. pour les h - 12,50 € (4-17 ans 8 €), famille -15 %.

Deuxième site de production en France des Airbus (après Toulouse) avec 2 000 salariés, St-Nazaire est spécialisée dans l'assemblage, l'équipement et les essais des pointes avant et des fuselages centraux de toute la gamme des avions Airbus, dont l'A 380, le très gros porteur (555 passagers) mis en service en 2006.

On parcourt à pied les gigantesques halls de fabrication et, grâce à des passerelles, on approche de très près les impressionnants tronçons en cours de construction.

Du Second Empire à nos jours

DES PÊCHEURS AUX « MÉTALLOS »

En 1850, St-Nazaire, dont le nom renvoie à saint Nazaire de Milan, martyrisé sous l'empereur Néron, n'est qu'un village de 800 habitants. Six ans plus tard, pour contrer l'ensablement de l'estuaire, on y crée l'avant-port de Nantes, destiné aux navires de gros tonnage. En même temps, la Compagnie générale transatlantique implante ici son chantier naval, puis décide en 1862 de faire de la ville sa tête de ligne pour l'Amérique centrale : Antilles, Panamá, Mexique et Guyane française. La rue principale débouche directement sur le bassin, et St-Nazaire vit au rythme des grands navires, avec leur foule cosmopolite et leurs cargaisons exotiques. Au tournant du siècle, la cité compte déjà 30 000 habitants. Mais la crise de 1929 fait chavirer le rêve : les chantiers navals déclinent, et les lignes transatlantiques sont regroupées au Havre.

LA SECONDE GUERRE MONDIALE

Opération « Chariot »

Dès 1941, l'armée d'occupation allemande construit dans le port une gigantesque base sous-marine. Le 27 mars 1942, un commando anglo-canadien décide d'attaquer l'ennemi : le destroyer *Campbeltown* défonce la forme-écluse Louis-Joubert qu'il neutralise dès le lendemain, en se faisant sauter. Boulevard de Verdun, face à la mer, une stèle-menhir est dédiée au commando de 611 soldats qui mena cette opération.

La « poche » de Saint-Nazaire

Élément du mur de l'Atlantique, la base allemande était une cible majeure pour les Alliés : à partir de 1943, cinquante bombardements à haute altitude détruisirent la ville à 85 %. En septembre 1944, alors que toute la région était encerclée par l'armée américaine, la base résistait encore… Il fallut neuf mois pour libérer la « poche » de St-Nazaire, au prix de dramatiques combats.

LE RENOUVEAU

Une ville portuaire

Dès 1966, le port autonome de Nantes-St-Nazaire regroupe plusieurs sites, sur 60 km le long de l'estuaire de la Loire : Donges est spécialisé dans le trafic du pétrole, Montoir-de-Bretagne dans le gaz naturel, le charbon et l'agroalimentaire. St-Nazaire accueille le trafic des usines « à quai » et la construction navale.

L'essor économique

Aujourd'hui, le grand port maritime est devenu un acteur économique majeur dans la région. Les installations portuaires où plus de 3 000 navires sont accueillis par an, représentent 20 000 ha entre Nantes et Saint-Nazaire. Un site d'Airbus France – l'usine de Gron – participe également au dynamisme.

Programme urbain

À la fin des années 1990, un vaste programme de reconquête des friches et de la base sous-marine, donne naissance à un nouveau quartier : Ville-Port. Des commerces, des logements, un multiplex de cinéma… ont fait muter ce secteur délaissé en un pôle attractif.

À voir aussi Plan de la ville p. 138

Le front de mer AB2

Bd Albert-1er et bd Wilson.

Connu pour sa Ville-Port, St-Nazaire a redonné vie à son front de mer, bordé aujourd'hui d'une agréable promenade piétonne : terrasse élargie, pelouses, bancs propices à la contemplation et cafés accompagnent la jolie courbe de la rade.

À proximité Carte de microrégion p. 80-81

★ Pont routier Saint-Nazaire-Saint-Brévin B3

Construit en 1975 à la limite nord-est de St-Nazaire, ce pont franchit la Loire sur 3 356 m et culmine à 61 m au-dessus des eaux. Il assure une liaison facile avec le pays de Retz, la Vendée et les Charentes.

Saint-Marc-sur-Mer B3

À 7 km à l'ouest, direction La Baule.

Cette station balnéaire appartenant à la commune de Saint-Nazaire doit sa célébrité à un illustre et irrésistible vacancier, le fameux M. Hulot de Jacques Tati. Si la plage, surveillée par sa statue en bronze, ne semble pas avoir beaucoup changé, l'hôtel a largement bénéficié de sa notoriété.

★ La Grande Brière AB 2-3 (*p. 128*)

Au nord de Saint-Nazaire.

Tumulus de Dissignac B3

À l'ouest par la D 492, puis à droite vers Les Forges - 0 810 888 444 - visite commentée (45mn) mi-juil.-août - 3 € (4-17 ans 2 €).

Érigé sur une butte, ce tombeau à deux chambres couvertes (vers 4 000 av. J.-C.) est entouré de murailles circulaires en pierre sèche, étagées en gradins. Deux étroits couloirs mènent aux chambres funéraires.

1

NOS ADRESSES À SAINT-NAZAIRE

Voir également nos adresses dans la Grande Brière (p. 134).

HÉBERGEMENT

PREMIER PRIX

Hôtel de Touraine – *4 av. de la République - 02 40 22 47 56 - www.hotel-de-touraine.com - fermé 21 déc.-2 janv. - P - 18 ch. 34/44 € - 6,20 €.* En plein centre-ville, chambres nettes et meublées simplement, calmes sur l'arrière et disposant de double-vitrage côté rue. L'été, petit-déjeuner dans le jardin. Bon accueil.

PRIX MOYENS

La Luna – *15 av. de la République - 02 40 66 70 82 - www. hotel-la-luna.com - 23 ch. 55,50/ 59,50 € - 6,80 €.* À 300 m de la plage et à 10 mn à pied du port, des chambres simples, épurées, fraîchement rénovées, avec TV et WiFi. Restaurant et café.

POUR SE FAIRE PLAISIR

Holiday Inn – *1 r. de la Floride - ✆ 02 40 19 01 01 - www.hotelsaintnazaire.com* - P - *75 ch. 97/150 €* ☕. Idéalement situé dans le nouveau quartier de Ville-Port, cet hôtel offre un cadre résolument contemporain. Chambres confortables et service impeccable.

Saint-Marc-sur-Mer

Hôtel de la Plage – *Plage de M. Hulot - ✆ 02 40 91 99 01 - www.hotel-delaplage.fr* - P - *30 ch. 89/209 €* - ☕*12 €*. Tati filma *Les Vacances de Monsieur Hulot* dans cette grande bâtisse blanche qui donne directement sur la plage ! Ravissantes petites chambres (terrasses au 1er étage, mansardes au dernier). Brasserie face aux flots (fruits de mer, poissons et viandes à la plancha).

RESTAURATION

PREMIER PRIX

Ar Blaz Mad – *23, av. René-Coty - ✆ 02 40 15 63 70 - mar.-sam. midi et soir - 9,50/12 €*. Entre front de mer et Ville-Port, une toute petite salle chaleureuse pour déguster d'excellentes tartines de pain de campagne. Fromage, poisson ou légumes : il y en a pour tous les goûts. Accueil souriant.

BUDGET MOYEN

Le 16 – *16 bd de Verdun - ✆ 02 40 15 41 89 - fermé lun. soir et mar. - 16,90/37 €*. Derrière la façade aux pierres apparentes donnant sur le front de mer, une salle moderne et lumineuse avec vue. Coquillages et crustacés, poissons et St-jacques à la plancha, tout comme les belles pièces de viandes grillées récoltent tous les suffrages.

Le Sabayon – *7 r. de la Paix-et-des-Arts - ✆ 02 40 01 88 21 - touzeau.landry@orange.fr - fermé 3 sem. en août,. fermé 1 sem. pendant les vacances de fév., dim. et lun. - 17,50/51 €*. Dans ce restaurant au décor chaleureux, Monsieur prépare en cuisine de délicieux petits plats : noix de St-Jacques sautées à la fleur de Guérande et sabayon aux coteaux de l'Aubance, ou poissons de nos côtes rôtis sont quelques-unes des spécialités. Les desserts faits maison sont à base de chocolat Valhrona.

SORTIES

Le Life – *Base des sous-marins - Alvéole 14 - ✆ 02 28 54 99 45.* Du spectacle vivant aux arts plastiques, des nouvelles images aux musiques actuelles, de la littérature et de la poésie à l'architecture, du cinéma à la vidéo, les différentes sphères de l'activité artistique contemporaine trouvent leur place, le temps d'un spectacle ou d'une exposition, dans ce nouveau « lieu international des formes émergentes ».

Le VIP – *Base des sous-marins - Alvéole 14 - ✆ 02 40 22 43 05*. Cette salle de concerts de musiques actuelles programme chaque année plus d'une trentaine de concerts de tout horizon musical.

ACTIVITÉS

Les plages nazairiennes – Plages, criques et falaises se succèdent depuis la capitainerie jusqu'à la plage des Jaunais, vaste étendue de sable abritée par une dune : **vingt plages**, pas une de moins ! Les familles se donnent rendez-vous à la plage de Villès-Martin ou celle de Porcé. Les fanas de body-surf sont des inconditionnels de la Courance ;

les amateurs de tranquillité ont le choix entre plusieurs petites criques, du côté de Port-Charlotte par exemple. La plage de M. Hulot fait l'unanimité, car St-Marc a su préserver son charme, et de jolies villas se découvrent à l'ombre des grands pins.
L'été, les cinq plages les plus fréquentées sont surveillées. Deux d'entre elles, labélisées « handiplage », mettent des engins de baignade à disposition des pers. à mobilité réduite.
La plus belle façon de découvrir ces plages : suivre le **chemin des douaniers** *(7 km balisés, départ de la base nautique avant le Rocher du Lion)*, de préférence à marée basse, ce qui évite de remonter sur la route.
Itinéraire Vélocéan – Partez à vélo entre St-Nazaire et la Baule (www.ohlaloireatantique.com).

AGENDA

Les Escales – *Début août - ✆ 02 51 10 00 00 - www.les-escales.com.* Deux jours et deux nuits de fête autour des musiques vivantes, traditionnelles ou actuelles, en provenance chaque année d'une région différente du monde.
Près de 25 concerts par jour mais aussi des spectacles de rue, des expositions, des animations pour enfants, des vidéos d'artistes, des conférences, des boutiques et le Village restauration entraînent petits et grands dans un rythme effréné à la découverte des cultures du monde... Le tout aux couleurs du développement durable.
Consonances – *Mi-sept. - www. consonancessaintnazaire.fr.* Durant une semaine, plus de vingt concerts célèbrent la musique de chambre.
Parcours artistique « Estuaire Nantes-Saint-Nazaire » – Depuis 2007, des artistes créent des installations *in situ*, visibles de l'eau ou des rives *(p. 101)*.
La Nuit des docks – Le soir, découvrez le port de St-Nazaire qui s'illumine toute la nuit de couleurs bleutées, vertes et rouges, d'après une mise en scène de Yann Kersalé, sculpteur de lumière.

Canal de Nantes à Brest

★

Loire-Atlantique (44)

NOS ADRESSES PAGE 146

S'INFORMER

Office du tourisme de Blain – *2 pl. Jean-Guihard - 44130 Blain - ✆ 02 40 87 15 11 - http://otsi.blain.free.fr - 10h-12h, 14h-18h, sam. 10h-12h, 14h-17h - fermé dim.-lun. et j. fériés.*

SE REPÉRER

Carte de microrégion C2 (p. 81) – *Carte Michelin Département 316 F3.* Comme son nom l'indique, le canal relie Nantes à Brest. En Loire-Atlantique, Blain constitue une excellente base pour le découvrir. Entre la forêt du Gâvre et la petite forêt de la Groulais, la ville est accessible depuis la capitale des ducs de Bretagne par la N 137 et la D 64 (40 km).

ORGANISER SON TEMPS

Privilégiez les bords du canal le matin, et une petite marche en forêt l'après-midi.

AVEC LES ENFANTS

Suivez le sentier de découverte du moine Guenael et promenez-vous au milieu des animaux à la ferme de l'Orme.

Faisant autrefois office de passage pour le transport marchand, le canal construit de 1811 à 1842 affiche une longueur totale de 360 km. Aujourd'hui, les plaisanciers ont remplacé les mariniers, et découvrent au fil des écluses une succession de paysages champêtres, de bois et de villages tout aussi paisibles qu'accueillants. Les promeneurs à pied ou à vélo peuvent longer une partie du canal grâce à l'aménagement des chemins de halage.

Se promener Carte de microrégion p. 80-81 (C2)

Blain

Ancien carrefour de voies romaines, Blain joue un rôle commercial important entre Nantes, Redon et l'Anjou. Sa proximité avec les feuillus de la forêt du Gâvre, sillonnée par les sentiers de randonnée, offre de belles possibilités de promenade.

Musée de la Fève et de la Crèche – *2 pl. Jean-Guilhard - ✆ 02 40 79 98 51 - www.musee-de-blain.fr - mar.-vend. 10h-12h, 14h-18h, sam. 14h-17h30 - possibilité de visite guidée (1h) - fermé dim.-lun. et j. fériés - 3 € (-16 ans 1,50 €).*

Installé dans l'ancien présidial des ducs de Rohan, ce musée fait revivre le passé du pays blinois, avec la reconstitution de l'épicerie, du bureau de tabac, de la saboterie, etc. Deux salles sont consacrées aux traditions populaires du temps de Noël.

LE BERCEAU D'UN CHEF PROTESTANT

En 1579, **Henri de Rohan** voit le jour à Blain, en pleine guerre de Religion. Son nom reste lié aux guerres qui opposèrent huguenots et pouvoir royal entre 1620 et 1629, alors qu'il était à la tête du parti protestant. Amnistié par la paix d'Alès en 1629, il récupère Blain, cédé à Condé, mais doit s'exiler. Rappelé en 1635, il repartira néanmoins en Suisse, servir le roi à l'occasion de la guerre de Trente Ans (1618-1648). Il meurt là-bas en 1639.

Château de la Groulais

Sortie de Blain direction St-Nazaire.

Cette forteresse d'Olivier de Clisson passa aux Rohan de 1407 à 1802, mais fut rasée en partie sur l'ordre de Richelieu en 1628. La **tour du Pont-Levis** (14e s.), au toit en poivrière, domine des douves sèches et abrite le musée. *02 40 79 07 81 - mai-oct. : tlj sf lun. 11h-18h - possibilité de visite guidée (50mn) - fermé 1er janv., lun. de Pâques, lun. de Pentecôte, 1er nov., 25 déc. - 3 € (-12 ans gratuit).* Le **logis du Roi** (15e s.) impressionne par sa longue façade Renaissance ornée de hautes lucarnes à pinacles. Il accueille aujourd'hui des réceptions.

À proximité Carte de microrégion p. 80-81

La ferme de l'Orme

À 8 km au sud-ouest de Blain par la N 171 puis la D 81 (bien indiqué) - 02 40 79 19 83 - avr.-oct. : tlj 10h-18h jusqu'à 20h juil.-août - 6 € (enf. 4 €).

Paons aux plumes bleutées, dindons royaux picorant dans les allées, poules aux allures de stars, oies, canards ou toucans multicolores… Cette ferme, à l'ambiance un peu « fouillis » mais très familiale, rassemble près de 600 volatiles représentant plus de 180 espèces différentes. Des enclos de wallabies, de chèvres naines et de moutons d'Ouessant complètent la visite. Livret remis gratuitement à l'entrée.

Circuit conseillé Carte de microrégion p. 80-81

★ FORÊT DU GÂVRE

Circuit de 13 km au départ de Blain. Dirigez-vous au nord-ouest par la D 15, route de Guémené-Penfao.

La route traverse les futaies où les chênes, les hêtres et les pins s'étendent sur plus de 4 400 ha. Elle rejoint le carrefour de la Belle Étoile, aux dix allées rayonnantes.

Tournez à droite vers Le Gâvre ; à la Maillardais, prenez à gauche.

Chapelle de la Magdeleine C2

Cette modeste chapelle du 12e s. faisait partie d'une léproserie. Elle possède une gracieuse **Vierge** polychrome du 15e s., N.-D.-de-Grâce.

Revenez à la Maillardais et continuez vers Le Gâvre.

Le Gâvre C2

Dans une demeure du 17e s., le **musée Benoist** présente une exposition sur la forêt du Gâvre : les essences qui la composent, autrefois réputées pour la construction navale, des animaux naturalisés… Sous les combles que coiffe

une belle charpente en châtaignier, de vieux métiers sont évoqués : tonnelier, scieur de long, rémouleur... Non loin de l'école, une loge de sabotier évoque la vie d'artisans qui travaillaient et habitaient dans leur atelier. *02 40 51 25 14 - http://maisondelaforet44.free.fr - fin mars à fin nov. : sam. 14h30-18h30, vac. scol. zone A : 14h-18h30 - 4 € (6-17 ans 2 €).* *Site OH LA L.A. Quelle Aventure !*
Départ du parking du camping du Gâvre. 4 km balisés. Muni du livret de découverte disponible à l'office du tourisme de Blain, suivez le **sentier de découverte du moine Guenael**, personnage imaginaire, qui vous mènera à travers la forêt. Là, faits historiques se mêlent aux légendes.
Regagnez Blain par la route directe.

NOS ADRESSES AUTOUR DU CANAL

HÉBERGEMENT

PREMIER PRIX

Camping municipal le Château – *Rte de St-Nazaire - sortie sud-ouest par N 171, rte de St-Nazaire et chemin à gauche, à 250 m du canal de Nantes à Brest (halte fluviale) - 02 40 79 11 00 - www.ville-blain.fr - ouv. mai-sept. - - réserv. conseillée - 45 empl. 7,70 €.* Ce charmant camping proche du château et du canal de Nantes à Brest bénéficie d'un entretien exemplaire. Le site animé (certains diront bruyant) offre néanmoins la douceur d'un cadre verdoyant que rehausse la présence d'une grande diversité d'arbres. Coin bibliothèque avec documentation touristique.

RESTAURATION

Le Gâvre

BUDGET MOYEN

Auberge de la Forêt – *La Maillardais - à 8 km au nord de Blain par D 42 et D 35 - 02 40 51 20 26 - www.auberge-delaforet.fr - 12,90 € déj. 24,90/42,90 € - 8 ch. 71/120 € - 10 €.* Le restaurant propose un agréable compromis entre gastronomie et cuisine traditionnelle. Service correct dans une grande salle à manger à la fois sobre et élégante, quoiqu'un peu impersonnelle. Les chambres, simples et bien tenues, font de cette auberge une adresse sympathique à l'orée de la forêt.

ACTIVITÉS

Le Parc Aventure Tépacap – *Rte du Lac - au sud-ouest de Blain par la N 171 - 44260 Savenay - 02 40 58 30 30 - www.tepacap-savenay44.fr - juil.-août 10h-12h30, 13h30-19h00 ; reste de l'année : se renseigner.* Préparez-vous au grand frisson. Disséminés dans un parc de 2 ha, les 100 ateliers offrent un maximum de sensations fortes (grimper aux branches, glisser d'arbre en arbre jusqu'à une hauteur de 10 m). Espace enfants à partir de 3 ans. Serez-vous « cap » de les faire tous ?

Canal de Nantes à Brest à vélo – Itinéraire OH LA L.A. Quelle Aventure ! entre Blain et St-Nicolas-de-Redon - www.ohlaloireatlantique.com.

AGENDA

Fête du canal – Chaque année à la fin du mois de juin, les péniches et leur folklore maritime redonnent au quai Surcouf son caractère portuaire, tel que l'ont connu les mariniers d'antan.

Châteaubriant

12 390 Castelbriantais – Loire-Atlantique (44)

NOS ADRESSES PAGE 149

S'INFORMER

Office du tourisme de Châteaubriant – *02 40 28 20 20 - www.loire-atlantique.fr - mai-sept. : 11h-18h30 ; reste de l'année : 14h-17h30 - possibilité de visite guidée (1h) - fermé mar., 1er janv. et 24,25,31 déc. - 2,50 € (-18 ans 1,50 €).*

SE REPÉRER

Carte de microrégion D1 (p. 81) – *Carte Michelin Département 316 H1.* Situé au nord du département, Châteaubriant se rallie par la D 178 et la D 31 au départ de Nantes (70 km).

À NE PAS MANQUER

Le château et le marché aux bestiaux du mercredi matin.

ORGANISER SON TEMPS

Comptez une bonne heure de visite pour le château.

Au centre d'une région boisée et parsemée d'étangs, cette ancienne ville fortifiée se situe aux marches de la Bretagne et de l'Anjou. Capitale du pays de la Mée, elle constitue avant tout une étape sur la route des stations balnéaires bretonnes, mais en vous attardant un tant soit peu, vous découvrirez une ville au riche passé historique et culturel, berceau de la famille de Chateaubriand.

Se promener Plan de Châteaubriant p. 148

★ Château

02 40 28 20 20 - www.loire-atlantique.fr - mai-sept. : 11h-18h30 ; reste de l'année : 14h-17h30 - possibilité de visite guidée (1h) - fermé mar., 1er janv. et 24,25,31 déc. - 2,50 € (-18 ans 1,50 €).

Le château comprend une partie féodale et une partie Renaissance, due à Jean de Laval, comte de Châteaubriant, dont l'épouse Françoise de Foix fut un temps la favorite de François Ier. Du château féodal, il subsiste un important **donjon**, rattaché au châtelet d'entrée et à la chapelle par des murailles auxquelles s'adossent les deux ailes du Grand Logis. Site OH LA L.A. Quelle Aventure !

CHÂTEAUBRIANT DANS L'ASSIETTE

Centre d'un pays d'élevage de viande bovine, Châteaubriant, deuxième marché aux gros bovins de France, a donné son nom à une pièce de bœuf de 300 à 400 g prise dans le filet. La viande doit être saisie à l'extérieur, et saignante, juste chaude, à l'intérieur, et est traditionnellement servie avec des pommes dauphine et une sauce béarnaise. La technique de cuisson aurait été mise au point par **Montmirail**, cuisinier de François-René de Chateaubriand, à moins que ce ne soit par **Magny**, cuisinier d'un restaurant parisien qui recevait au 19e s. les célébrités littéraires.

1

En face s'élève le **palais seigneurial** dont les trois ailes sont reliées par d'élégants pavillons Renaissance. Au cours de la visite, on emprunte l'escalier central **(1)** menant à un balcon d'où l'on jouit d'une belle vue sur la cour d'honneur, le donjon et les toits de la ville. On accède ensuite à la chambre « dorée » de Françoise de Foix **(2)** avec sa monumentale cheminée en bois sculpté (début 17e s.), puis à l'oratoire **(3)**.

En regagnant l'accueil, remarquez la pierre tombale de Françoise de Foix *(exposée devant la billetterie)*, gravée d'une épitaphe de Clément Marot. Le tribunal d'instance **(J)** occupe une partie du palais seigneurial et la bibliothèque municipale, l'aile méridionale **(B)**. De la colonnade qui encadrait la cour d'honneur, il reste la galerie couverte **(4)** aboutissant à un pavillon d'escalier et un tronçon **(5)** fermant la cour d'honneur.

On peut faire le tour du château en flânant sur l'esplanade et dans les jardins qui descendent jusqu'à la Chère, où il fait bon pique-niquer.

Église de Saint-Jean-de-Béré

Le chœur et la croisée du transept remontent à la fin du 11e s. La nef est du 12e s. À droite du chapitreau (porche couvert du 16e s.) se trouve le petit « autel du Bon Dieu de Pitié » où était célébrée la messe au temps de la peste noire (1347-1351). À l'intérieur, sur le maître-autel, très riche retable (1665).

La Sablière

Aux portes de la ville, sur la route de Pouancé, à la carrière des Fusillés, le **monument du Souvenir** rappelle que 27 otages ont été tués par les Allemands, le 22 octobre 1941. Ils furent passés par les armes en représailles de l'attentat qui tua, le 20 octobre 1941, le feld-commandant de la place de Nantes. D'autres otages tombèrent à Nantes, ainsi qu'au mont Valérien, à l'ouest de Paris.

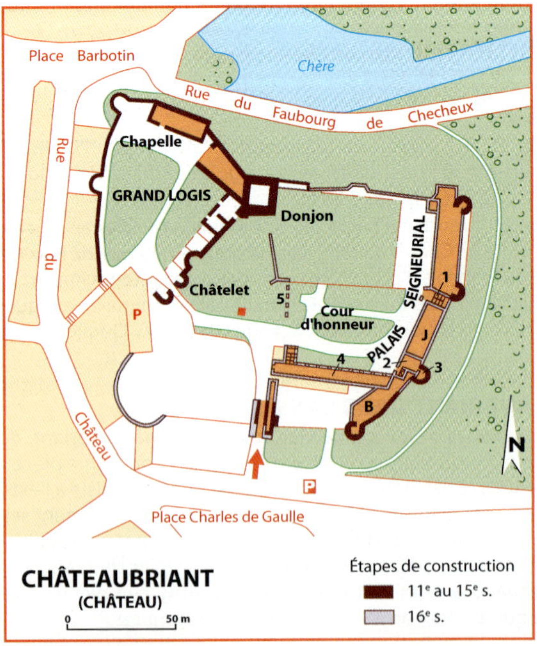

Au pied du monument, 185 alvéoles renferment de la terre venue de tous les hauts lieux de la Résistance.

À proximité Carte de microrégion p. 80-81

Abbaye de Melleray

À 21 km au sud par la D 178 , à La Meilleraye-de-Bretagne prenez à gauche la D 18 vers Riaillé - ✆ 02 40 55 26 00 - ouv. pdt les offices, possibilité de visite guidée le sam. à 15h30 en juil.-août uniquement.

Fondée en 1142 près d'un étang magnifique, cette abbaye cistercienne comporte des bâtiments du 18e s. L'**église N.-D.-de-Melleray** (1183) a retrouvé sa rigueur cistercienne et des vitraux en grisaille. Dans le chœur à chevet plat, **Vierge** en bois polychrome du 17e s.

Église Notre-Dame de la Trinité

Mouais, à 24 km à l'ouest par D 771, D 775 et D 123

Joel Dabin a signé en 1969 les vitraux et les fresques de la voûte de cette église du 11e s. remaniée à deux reprises (16e et 20e s.) : un réjouissant mélange des genres !

1

NOS ADRESSES À CHÂTEAUBRIANT

HÉBERGEMENT

POUR SE FAIRE PLAISIR

Hôtel La Ferrière – *r. Winston-Churchill - ✆ 02 40 28 00 28 - www.hotellaferriere.fr - P - 19 ch. 75/100 € - ☕ 11 € - ✕ 20/42 €.* Belle demeure bourgeoise et ses dépendances nichées dans un parc abritant des chambres confortables, garnies d'un mobilier de style et dotées de salles de bains modernes. Salle à manger de caractère (stucs et moulures) et véranda ouverte sur la nature. Demi-pension possible.

Bonnœuvre

UNE FOLIE

Brin de Chevrette – *Les Hautes Chapelettes - ✆ 06 31 42 84 56 / 06 81 10 01 54 - www.brindechevrette.com - P - 115 €.* Trois cabanes dans les arbres pour s'imaginer en Robinson le temps d'une nuit… ou plus ! Paniers repas et vélos disponibles.

ACTIVITÉS

Lac de Vioreau – *44440 Joué-sur-Erdre - ✆ 02 40 72 35 43 - baignade surveillée juil.-août.* Pédalo, barque, canoë, dériveur, VTT, rando, pêche, bar, restauration et animation musicale l'été.

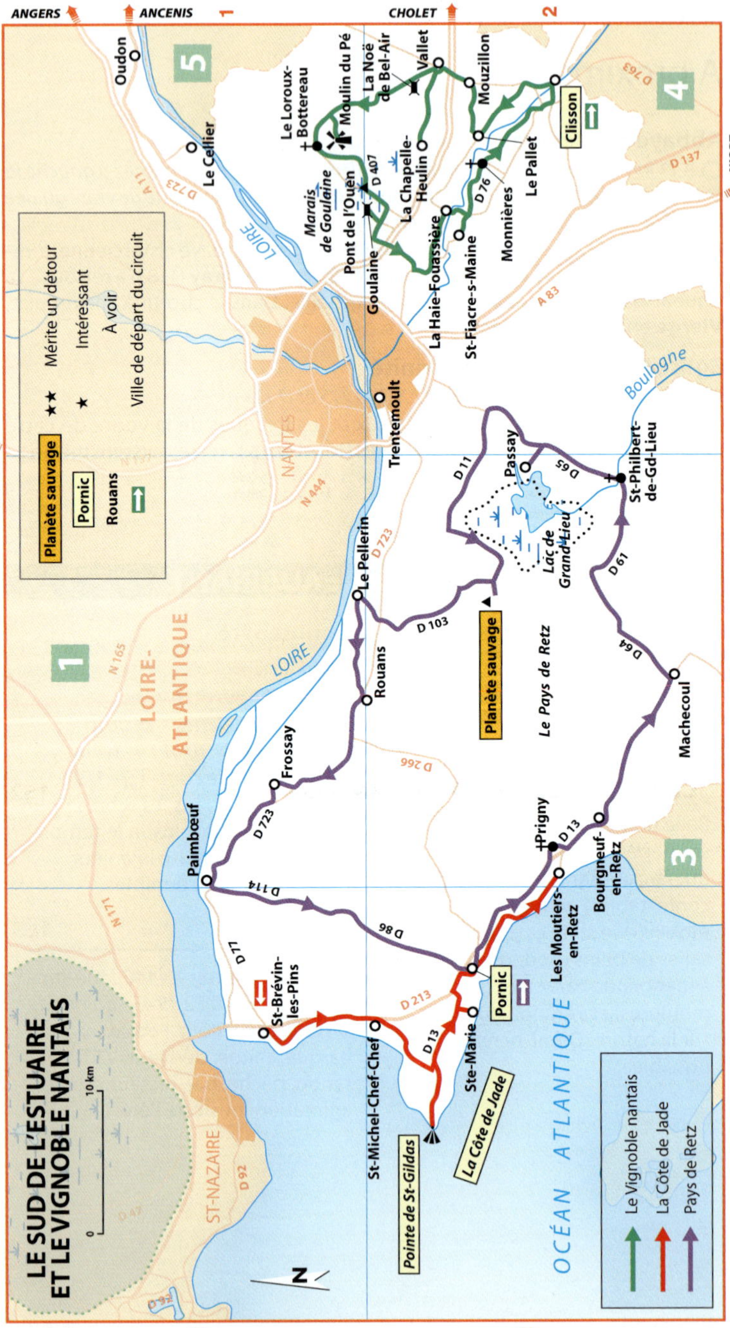
LE SUD DE L'ESTUAIRE ET LE VIGNOBLE NANTAIS
0
10 km
N
Planète sauvage
Pornic
Rouans
★★ Mérite un détour
★ Intéressant
À voir
Ville de départ du circuit
Le Vignoble nantais
La Côte de Jade
Pays de Retz
ANGERS
ANCENIS
CHOLET
RENNES
NIORT
LOIRE-ATLANTIQUE
OCÉAN ATLANTIQUE
ST-NAZAIRE
NANTES
LOIRE
Boulogne
Oudon
Le Cellier
Le Loroux-Bottereau
Moulin du Pé
La Noë de Bel-Air
Vallet
Mouzillon
La Chapelle-Heulin
Marais de Goulaine
Pont de l'Ouen
Goulaine
La Haie-Fouassière
St-Fiacre-s-Maine
Monnières
Le Pallet
Clisson
Trentemoult
Le Pellerin
Rouans
Frossay
Paimbœuf
St-Brévin-les-Pins
St-Michel-Chef-Chef
Pointe de St-Gildas
Ste-Marie
La Côte de Jade
Pornic
Les Moutiers-en-Retz
Bourgneuf-en-Retz
Prigny
Machecoul
St-Philbert-de-Gd-Lieu
Passay
Lac de Grand-Lieu
Le Pays de Retz
Planète sauvage
D 723
A 11
N 165
N 171
N 444
D 723
D 103
D 11
D 65
D 61
D 64
D 13
D 266
D 114
D 86
D 77
D 213
D 13
D 92
D 47
D 407
D 76
D 137
D 763
A 83
1
2
A
B
C
3
4
5

Au sud de l'estuaire de la Loire 2

Carte Michelin Départements 316 – Loire-Atlantique (44)

Clisson et le vignoble nantais

★

6 600 Clissonnais – Loire-Atlantique (44)

NOS ADRESSES PAGE 158

S'INFORMER

Office du tourisme de la vallée de Clisson – *Pl. du Minage - 44190 Clisson - ✆ 02 40 54 02 95 - www.valleedeclisson.fr - 10h-12h30, 14h30-18h (dim. 14h30-17h30 de nov. à mi-mars) - fermé 1er janv., 25 déc.*

SE REPÉRER

Plan de microrégion C2 (p. 150) – *Carte Michelin Département 316 I5.* Clisson se trouve au confluent de la Sèvre Nantaise et de la Moine.

À NE PAS MANQUER

Le charme romantique de cette petite cité italianisante en bordure de Sèvre ; les paysages de vignoble du muscadet de Sèvre-et-Maine de part et d'autre de la Sèvre Nantaise.

ORGANISER SON TEMPS

De mi-avril à début mai, profitez du tapis bleu des jacinthes pour visiter le parc de la Garenne-Lemot.

AVEC LES ENFANTS

Après avoir pisté, dans le parc de la Garenne-Lemot, les temples, statues et poèmes gravés sur la roche, tentez une balade en barque dans le marais de Goulaine ou une balade à vélo (itinéraire La Loire à vélo, *p. 26*).

D'un massif pont de pierre, la vue se dégage sur le site de Clisson baigné de verdure, et sur son château médiéval dont la puissante silhouette se reflète dans les eaux de la Sèvre nantaise. Petit bout d'Italie en Loire-Atlantique, aux portes de la Bretagne, cette charmante ville se distingue, dans la région, par la fantaisie italianisante de son architecture, et offre à la visite un splendide domaine de style néoclassique : la Garenne-Lemot. Au nord, la Sèvre nantaise arrose la partie la plus dense du vignoble nantais où l'on produit le muscadet de Sèvre et Maine et le gros-plant, deux vins blancs. De Clisson au Val de Loire, les domaines des viticulteurs ouvrent leurs portes au public.

Se promener

Château d'Olivier de Clisson

✆ 02 40 54 02 22 - mai-sept. : 11h-18h30 ; reste de l'année : 14h-17h30 - fermé mar., 1er janv., 24, 25, 31 déc. - 2,20 € (-18 ans gratuit) - Site OH LA L.A. Quelle Aventure !

Le château que l'on découvre aujourd'hui protégeait jadis le duché de Bretagne face à l'Anjou et au Poitou. Parmi ses premiers seigneurs, les sires de Clisson, figure le célèbre connétable **Olivier de Clisson** (1336-1407). En 1420, le château fut confisqué par le duc de Bretagne. Le château initial remonterait aux 11e et 12e s. Au 13e s., on éleva une construction polygonale flanquée de tours. Au 14e s., un donjon également polygonal lui fut accolé. Il en subsiste un pan de mur encore couronné de mâchicoulis. La cuisine, le logis seigneurial et la chapelle datent aussi du 14e s.

Au 15e s., pour moderniser les fortifications, le duc de Bretagne François II fit édifier une deuxième enceinte comprenant des prisons et une nouvelle porte monumentale munie d'un pont-levis. Enfin, par crainte de la Ligue, trois bastions furent construits au 16e s. afin de renforcer le château.

Au centre de la cour d'honneur, vous pourrez voir le puits où, en 1794, furent précipités 18 habitants de Clisson qui s'étaient réfugiés dans le château.

Non loin du château, admirez la superbe charpente en chêne, châtaignier et sapin des **halles** (15e s.).

Les ponts

Du viaduc (1840) qui franchit la Moine, la **vue** plonge sur le château, la rivière, ses berges verdoyantes et le pont St-Antoine (15e s.). Depuis l'autre pont du 15e s. sur la Sèvre, on découvre un autre aspect de la rivière dominée par le château.

★ Domaine de la Garenne-Lemot

À Gétigné. Au sud-est de Clisson par la D 149.

Cette propriété de 13 ha doit son nom au bois de la Garenne et au sculpteur François-Frédéric Lemot qui l'acquiert en 1805 et décide de la transformer en un lieu de villégiature dédié aux arts. C'est lui qui charge l'architecte Mathurin Crucy d'aménager l'ensemble dans le goût italianisant alors en vogue.

Parc – *℘ 02 40 54 75 85 - avr.-sept. : 9h-20h ; reste de l'année : 9h30-18h30 - fermé 1er janv., 24, 25 et 31 déc. - gratuit - Site OH LA L.A. Quelle Aventure !* Ce parc est animé de statues et de fabriques ornementales faisant référence à l'Antiquité. On y verra le temple de Vesta imitant celui de Tivoli, une borne milliaire, un oratoire, un tombeau, la grotte d'Héloïse et deux rochers gravés de poèmes. Ne manquez pas, au bord de la Sèvre, le joli site rocheux baptisé « Bains de Diane ».

Maison du jardinier – *À l'entrée du domaine, à droite. Domaine de la Garenne-Lemot - ℘ 02 40 54 75 85 - mai-sept. : 11h-18h30 ; oct.-avr. : 14h-17h30 - fermé lun., 1er janv. et 25 déc. - gratuit.* Inspiré des maisons de Toscane ou d'Ombrie, ce petit chef-d'œuvre de l'architecture rustique italienne en France servit de modèle à plusieurs maisons de la région.

Remarquez sa tour-pigeonnier, sa loggia, ses tuiles rondes. Comme un vent d'Italie soufflant sur cette localité de Loire-Atlantique…

PETITE ITALIE

En 1794, Clisson fut mise à feu et à sang par les « Colonnes infernales », si bien qu'à la fin de la Révolution, la ville avait été désertée par presque tous ses habitants. Quelques années plus tard, au début du 19e s., elle s'« italianisa » sous l'impulsion de deux Nantais, les **frères Cacault**, et du sculpteur **François-Frédéric Lemot** (1772-1827), inspirés par leurs différents séjours à Naples, Rome et en Toscane. Nombre de demeures de Clisson et divers moulins à eau ou manufactures des environs, reconnaissables notamment à leurs baies en plein cintre appareillées en briques, sont autant de témoignages de cet engouement dont on trouve les prémices dans le parc de la Garenne-Lemot, ou dans les bâtiments conventuels du 17e s. de Charroux (*voir Guide Vert Poitou-Charentes*).

Villa Lemot – ✆ *02 40 54 75 85 - expositions temporaires, se rens. - gratuit.* Précédée d'une colonnade en hémicycle, cette villa néoclassique (1824) est uniquement ouverte à l'occasion d'expositions temporaires. Elle offre, de sa terrasse arrière, une jolie **vue** sur la ville et sur le temple de l'Amitié, où repose François-Frédéric Lemot.

Circuit conseillé Carte de microrégion p. 150

LE PAYS DU MUSCADET DE SÈVRE-ET-MAINE

Circuit de 70 km – comptez environ 4h30.
Clisson est l'une des portes d'entrée du vignoble du muscadet de Sèvre-et-Maine, ainsi que de celui du gros-plant. De part et d'autre de la vallée de la Sèvre nantaise, au cours sinueux, se succèdent, sur les coteaux, les domaines des viticulteurs.
Quittez Clisson par le nord sur 8 km en empruntant la D 763, puis la D 149 (direction Nantes).

Le Pallet C2

Le Pallet est le village natal de **Pierre Abélard** (1079-1142), philosophe et théologien. Cette personnalité remarquable et déconcertante est surtout connue pour sa passion amoureuse pour Héloïse, la nièce du cruel Fulbert. Il l'épousa secrètement avant qu'elle ne fût mise dans un couvent.
Musée du Vignoble nantais – ✆ *02 40 80 90 13 - www.pays-vignoble-nantais.org - de mi-juin à mi-sept. : tlj sf sam. 10h-18h ; d'avr. à mi-juin et de mi-sept. à mi-nov. : tlj sf sam. 14h-18h - possibilité de visite guidée dim. (15h30) - fermé 1er janv., 11 Nov. et 25 déc. - 4,50 € (12-18 ans 2,50 €) - Site OH LA L.A. Quelle Aventure !* Installé dans un vaste bâtiment moderne, ce musée du patrimoine vinicole et viticole régional vous dévoile tous les secrets du muscadet. Le visiteur est invité à découvrir les différentes zones de production et le travail de la vigne : techniques de greffage, vendanges, pressurage, élaboration du vin, tonnellerie, commerce. Parmi tous les objets, machines et outils exposés (sécateurs, serpettes, sulfateuses, charrues et tracteurs, pèse-barriques), remarquez un monumental **pressoir à long fût** du 18e s. La **salle des cinq sens** permet de s'initier aux arômes du vin, avant la dégustation finale. À l'extérieur, présentation des différents cépages du Pays nantais.
Au départ de la chapelle St-Michel, un **circuit balisé** offre une agréable balade dans le vignoble.
Quittez Le Pallet par l'est en empruntant la route qui longe la Sanguèse.

LE MANÈGE ENCHANTÉ

En 1931 naît à Clisson une personnalité fantaisiste : **Serge Danot** (1931-1990), le créateur de Pollux. Pour ses loisirs, Danot fabrique des films de marionnettes animés. Après avoir exercé plusieurs métiers, ce passionné fait ses premiers pas dans le monde du cinéma et devient très vite dessinateur d'animation, puis opérateur.

Lorsque Danot met au point *Le Manège enchanté*, petit film dont le héros est un chien à l'accent anglais, Pollux, le succès arrive très vite. L'ORTF lui commande 90 films. *Les Aventures de Pollux* seront vues dans le monde entier…

Château de Goulaine dans le vignoble nantais.
F. Guiziou / hemis.fr

Mouzillon C2

On y célèbre début juillet « La Nuit du muscadet ». Au sud de l'église, **pont gallo-romain** sur la Sanguèse.

Quittez Mouzillon par le nord en empruntant la D 763.

Vallet C2

Cette commune viticole est considérée comme la capitale du muscadet.

Quittez Vallet par le nord-ouest en prenant la D 37.

Château de la Noë de Bel-Air C2

Visite libre du parc et des abords du château tte la journée - gratuit.

Cet élégant château, détruit à la Révolution, fut reconstruit en 1836. Il présente, face au parc, une vaste loggia à colonnes toscanes. L'agencement de la brique dans la construction des communs et de l'orangerie est à rapprocher des modèles clissonnais.

Prenez la D 756.

La Chapelle-Heulin C2

Cette bourgade viticole abrite plusieurs domaines ouverts au public.

Château de la Cassemichère – *La Cassemichère (depuis le centre de La Chapelle-Heulin, poursuivez sur la D 756 vers l'est et tournez à gauche au lieu-dit La Bernardière, dans la rue des Châteaux) - ✆ 02 40 06 74 07 - www.chateaucassemichere.com - lun.- vend. 10h-18h, sam. 10h-19h, dim. sur RV.* Visite des caves, dégustations et promenade dans le parc de ce château érigé au 17e s.

Regagnez le centre de La Chapelle-Heulin, prenez la D 7 vers le nord et tournez à droite à La Poivetière en direction de la D 307.

Le Moulin du Pé C1

Du sommet de ce moulin désaffecté, **vue** prenante sur le vignoble et les marais de Goulaine.

Revenez et poursuivez sur la D 37.

TOUT SAVOIR SUR LE VIGNOBLE NANTAIS

Le terroir – Superficie : 13 800 ha ; production : 600 000 hl. Climat océanique, peu arrosé, largement ensoleillé. Les sols sont composés de sables, de graviers, de granits et de gneiss.

Les vins – La principale production est le muscadet (blanc), issu du melon-de-bourgogne, dans les AOC muscadet-sèvre-et-maine, muscadet-coteaux-de-la-loire et muscadet-côtes-de-grandlieu à quoi s'ajoutent les AOVDQS gros-plant du Pays nantais (blanc).

Le muscadet – Originaire de Bourgogne, le melon ou muscadet fut introduit dans le Pays nantais au début du 18e s., où il est aujourd'hui réparti sur les aires d'appellation muscadet-de-sèvre-et-maine, muscadet-coteaux-de-la-loire, et muscadet-côtes-de-grand-lieu. L'influence atlantique et les sols schisteux lui impriment son caractère iodé. Précoce, il est sensible aux gelées et aux maladies. Les petites baies de sa grappe sont de couleur jaune doré.

Lorsqu'il est élevé sur lie, il a un côté perlant. Une robe très pâle, un nez iodé, minéral dans les vins jeunes, auxquels s'ajoute un bouquet de fleurs blanches après quelques années de garde. Une bouche vive et légère.

Conseil interprofessionnel des vins de Nantes – www.vinsdeloire.fr

Le Loroux-Bottereau C1

Formant un corps d'élite lors de l'insurrection de 1793, les habitants de cette commune déclenchèrent les foudres de Turreau qui la fit détruire en 1794.

Église St-Jean-Baptiste – Elle possède deux fresques du 12e s. représentant la légende de saint Gilles. Du **clocher**, vue sur les coteaux du vignoble.

Quittez Le Loroux-Bottereau par le sud-est en empruntant la D 7.

Marais de Goulaine C1

Cette étendue verdoyante (1 500 ha) est traversée par de nombreux canaux bordés de roseaux. Par la route, près du légendaire **pont de l'Ouen**, appréciez la belle **vue** depuis la butte de la Roche.

Promenade en barque – *02 40 54 55 50 - avr.-sept. : location de barques - fermé pdt période de chasse - clés et rames à l'office de tourisme - 10 € par barque de 4 pers. (1/2 j).* On découvre l'intérieur des marais de Goulaine en barque ou en longeant les canaux à pied.

Prenez sur la droite la D 74.

Château de Goulaine C2

02 40 54 91 42 - www.chateaudegoulaine.fr - visite guidée juil.-août : 14h-18h ; reste de l'année : merc., w.-end et j. fériés 14h-18h - 8 € (4-16 ans 5 €).

Entouré de vignobles, ce château fut bâti entre 1480 et 1495 par Christophe de Goulaine, gentilhomme de la chambre des rois Louis XII et François Ier. De son passé militaire subsistent une tour à mâchicoulis et un castelet, précédé d'un pont enjambant les douves. Au corps de logis du 15e s., construit en tuffeau dans le style ogival, deux ailes furent ajoutées au début du 17e s.

Intérieur – Un escalier à vis conduit à l'étage qui s'ouvre sur le Grand Salon (cheminée Renaissance), le salon Bleu (plafond à caissons bleu et or) et le salon Gris (panneaux en lambris, scènes de mythologie sur les trumeaux). Une exposition permanente (tableaux, affiches, objets, mobilier) retrace l'histoire de la biscuiterie LU de 1880 jusqu'à nos jours.

Revenez et poursuivez sur la D 74. À Haute-Goulaine, prenez au sud la DF 105. À l'entrée de Vertou, tournez à gauche, puis empruntez la D 59 en direction de Clisson. Après 500 m, prenez sur la gauche la D 539.

La Haie-Fouassière C2

Ce village vigneron doit son nom à la fouasse, délicieux gâteau en forme d'étoiles à six branches que l'on trouve dans les pâtisseries du secteur.

Quittez La Haie-Fouassière par le sud en franchissant la Sèvre nantaise par la D 74.

Saint-Fiacre-sur-Maine C2

La mère de **Victor Hugo**, Sophie Trébuchet, passa jadis ses vacances dans cette petite commune viticole, sise dans un cadre de verdure entre Sèvre et Maine, et qui s'honore de posséder la plus forte densité de vignes de la région. Vous découvrirez à St-Fiacre une église néo-byzantine (19e s.) et des fermes anciennes. Vous remarquerez aussi la tour du Chasseloir (15e s.), pourvue d'un cellier orné d'animaux fantastiques, et le château de Coing dont les communs, de style italianisant, ne sont pas sans rappeler l'architecture de la ville de Clisson (*encadré p. 153*).

Prenez à gauche la D 76 qui longe la rivière.

Monnières C2

L'église, des 12e et 15e s., possède d'intéressants vitraux modernes, sur le thème de la vigne et du vin.

La D 76 ramène à Clisson.

À proximité Carte de microrégion p. 150

2

Le Cellier C1

À 17,5 km du Loroux-Bottereau par la D 7, la D 31 et la D 68.

De beaux panoramas sur la Loire se dégagent de cette commune viticole.

Domaine des Génaudières – *02 40 25 40 27 - lun.-sam. 9h-12h30-14h-19h.* Sur la route du GR 3, dégustations et randonnées.

Oudon C1

À 11 km du Cellier par la D 68 et la D 723

Un **donjon médiéval**, élevé entre 1392 et 1415, domine la localité. Du sommet de la tour, belle vue sur la vallée. *02 40 83 60 00 - www.loire-en-scene.fr - juil.-août : 10h-12h30, 14h-19h30 ; avr.-juin et sept. : 10h-12h30, 14h-18h30 ; mars : dim. 10h-12h30, 14h-18h30 ; oct. : w.-end 10h-12h30, 14h-18h ; vac. de la Toussaint : 10h-12h30, 14h-18h - 6 € (5-14 ans 3,80 €) - croisières sur la Loire à bord de la Luce, embarcadère de Champtoceaux - billet combiné visite du donjon - Site OH LA L.A. Quelle Aventure !*

Ancenis C1

À 9 km d'Oudon par la D 723

Les maisons d'Ancenis, bâties en schiste et couvertes d'ardoise, s'étagent face à la Loire que franchit un pont suspendu, long de 500 m. Les fortifications de la cité et les remparts du château, dont les restes sont encore visibles, en faisaient une « clef de la Bretagne ».

Port très actif dans le trafic des vins, Ancenis fabriquait également des toiles à voile pour la batellerie. Aujourd'hui, la coopérative agricole La Noëlle est l'une des plus importantes coopératives de France. Le groupement de producteurs « les Vignerons de La Noëlle » cultive 350 ha de vignes.

NOS ADRESSES DANS LE VIGNOBLE NANTAIS

HÉBERGEMENT

Clisson

POUR SE FAIRE PLAISIR

Villa Saint-Antoine – *8 r. St-Antoine - ☎ 02 40 85 46 46 - www.hotel-villa-saint-antoine.com - P - 43 ch. 92/148 € - ☕16 €.* Au cœur de Clisson, cette ancienne filature propose de belles chambres contemporaines rendant hommage à l'art italien. Terrasse au bord de l'eau, piscine et cuisine de marché appliquée.

Le Pallet

POUR SE FAIRE PLAISIR

Château de la Galissonnière – *☎ 02 40 80 42 03 - 5 ch. 65/100 € ☕.* Cinq chambres d'hôtes modernes et soignées dans un superbe domaine viticole exploitée depuis quatre générations. Dégustations.

Chambre d'hôte Le Château de la Sébinière – *☎ 02 40 80 49 25 - www.chateausebiniere.com - 3 ch. - 95/120 € ☕.* Perché sur les coteaux du Pallet, charmant petit château protégé par un parc boisé et 13 ha de vignes. Les ravissantes chambres décorées à l'ancienne et les salons dégagent une atmosphère intemporelle, douce et reposante. Dégustations et table d'hôte.

Vallet

BUDGET MOYEN

Hôtel Don Quichotte – *35 rte de Clisson - ☎ 02 40 33 99 67 - fermé 21 déc.-3 janv. - P - 12 ch. - 55/63 € - ☕ 8,90 €.* De grandes fresques décorent les murs de cet ancien moulin au cœur du vignoble. Salle à manger-véranda pour déguster des plats terroir.

RESTAURATION

Clisson

BUDGET MOYEN

La Bonne Auberge – *1 r. Olivier-de-Clisson - ☎ 02 40 54 01 90 - fermé 3 sem. août, 3 sem. janv., mar. midi, dim. soir, merc. soir et lun. - 21/62 €.* Dans une maison bourgeoise, trois salles à manger élégantes et chaleureuses (boiseries blondes), dont une véranda ouverte sur un petit jardin. Carte fidèle à son classicisme.

Gétigné

BUDGET MOYEN

La Gétignière – *3 r. de la Navette - 3 km de Clisson dir. Cholet par D 149 - ☎ 02 40 36 05 37 - www.lagetigniere.com - fermé 24 déc.-2 janv., dim. soir, mar. soir et lun. - ♿ - 22/45 €.* Pimpante salle, tables espacées et cuisine inventive au goût du jour : à la fois simple et gourmand.

Ancenis

BUDGET MOYEN

La Toile à Beurre – *82 r. St-Pierre - ☎ 02 40 98 89 64 - fermé 2 sem. mars, 2 sem. sept., dim. soir, merc. soir et lun. - 19/55 €.* Pierres, poutres et tomettes font le cachet rustique de cette maison de 1753 avec terrasse. Cuisine traditionnelle franche et goûteuse (poissons de la Loire).

Basse-Goulaine

BUDGET MOYEN

La Rivière – *157 r. du Grignon - ☎ 02 40 03 58 85 - ouv. midi uniquement, fermé sam. - 16/35 €.* Un restaurant réputé pour son beurre blanc nantais et qui ne propose que des recettes typiques de la région, réalisées avec soin.

EN SOIRÉE

Café des Cordeliers – *5 r. de la Vallée - 44190 Clisson - ✆ 02 40 54 21 60 - horaires selon la fréquentation* - Décor hétéroclite (fresque, cheminée, bibliothèque, comptoir de pub irlandais) pour ce café bohème où l'on vient refaire le monde. Concerts certains soirs.

ACHATS

Voir également les domaines proposés dans notre circuit *(p. 156)* et nos hébergements *(ci-contre).*

Vallet

Domaine Vinicole Alexis Sauvion – *La Hersonnière - ✆ 02 40 36 20 88 - www.muscadet-bio.com - lun.-jeu. 8h-12h, 13h30-17h, vend. 8h-12h - fermé w.-end et j. fériés.* Domaine viticole produisant exclusivement un muscadet biologique (Château de la Fessardière).

AGENDA

Les Médiévales de Clisson – *✆ 02 40 54 02 95 - www.valleedeclisson.fr - fin juil. (années impaires uniquement).* Défilés, joutes, combats de chevaliers, montreurs d'ours et de rapaces animent la ville pendant 4 jours.

Le Pays de Retz

Loire-Atlantique (44)

NOS ADRESSES PAGE 163

S'INFORMER

Office de tourisme du Pays de Retz – *Le Clion-sur-Mer - 44210 Pornic - ✆ 02 51 74 28 25 - horaires disponibles par téléphone.*

Office de tourisme de Pornic – *Pl. de la Gare - ✆ 02 40 82 04 40 - www.ot-pornic.fr - juil.-août : 9h-19h, dim. 10h-18h ; sept.-juin : 9h15-12h30, 13h30-18h, dim. 10h30-13h - fermé 1er Mai.*

SE REPÉRER

Plan de microrégion AB1-2 (p. 150) – *Carte Michelin Département 316 D5.* Le Pays de Retz s'étend de l'estuaire de la Loire au Marais breton.

À NE PAS MANQUER

L'abbatiale carolingienne St-Philbert et Planète sauvage.

ORGANISER SON TEMPS

Prévoyez une nuit sur place à Pornic, sur la Côte de Jade *(voir p. 167)*, ou parmi les animaux de Planète sauvage.

AVEC LES ENFANTS

Avec Planète sauvage, le Grand Parc des Légendes et la Maison du lac de Grand-Lieu, ils trouveront forcément leur animal favori !

L'Océan, l'estuaire, le lac de Grand-Lieu et le Marais breton cernent ce *pays* sis parmi les eaux, rural et humide, le plus sauvage de la région nantaise. Ce n'est pas un hasard si deux parcs animaliers y ont élu domicile : le Grand Parc des Légendes et, sur l'axe Nantes-Pornic, Planète sauvage, où l'on peut désormais bivouaquer la nuit.

Découvrir

LE PAYS DE RETZ Carte de microrégion p. 150 (B1-B2)

Circuit de 145 km – comptez deux jours. Quittez Pornic par la D 13 vers le sud et tournez à gauche en direction de Prigny.

Chapelle de Prigny B2

Rte de l'Abbaye - Les Moutiers-en-Retz - horaires disponibles auprès de l'office de tourisme des Moutiers-en-Retz - 02 40 82 74 00.

Postée sur une éminence (son clocher aurait servi de tour de guet aux Templiers), cette charmante petite chapelle romane de pierre (11e s.), dédiée à saint Guénolé, abrite de beaux autels baroques et une ancre du 9e s. Elle aurait été fabriquée par les Vikings, qui avaient alors investi la région, dans un atelier de la rue voisine prénommée… « chemin des Forges ».

Reprenez la D 13 vers le sud

Au sud de Moutiers-en-Retz, de belles **vues** se dégagent sur la baie de Bourgneuf et l'île de Noirmoutier.

Bourgneuf-en-Retz B2

Important carrefour routier desservant les plages de la baie de Bourgneuf (au nord) et les parcs à huîtres vendéens (au sud).

Musée du Pays de Retz – *6 r. des Moines - 02 40 21 40 83 - www.museepaysderetz.com - ♿ - juil.-août : 10h30-13h, 15h-19h ; avr.-oct. : tlj sf lun. 14h30-18h30 - 5 € (-12 ans 3 €).*

Il occupe les dépendances (17e s.) d'un ancien couvent de cordeliers. Des collections archéologiques et minéralogiques, des coiffes et costumes locaux, une ancienne demeure paysanne (bourrine de la fin du 19e s.), de nombreuses reconstitutions d'ateliers y font revivre les activités traditionnelles des habitants du pays de Retz : métiers de la mer (ostréiculture, marais salants, pêche et faune sur les côtes), agriculture, artisanat (sabotier, cordonnier, forgeron, menuisier, fileuse, tonnelier, boulanger, aubergiste, briquetier).

Quittez Bourgneuf par l'est en empruntant la D 13 sur 12 km.

Machecoul B2

Capitale historique du pays de Retz, ce bourg organise, en saison, des spectacles mettant en scène l'histoire de cette région.

Quittez Machecoul par le nord-est en empruntant la D 64. Environ 2 km après St-Même-le-Tenu, prenez à droite la D 71. À St-Lumine, prenez la D 61 sur 7 km.

Saint-Philbert-de-Grand-Lieu B2

★ **Abbatiale St-Philbert** – *Accès par l'office de tourisme - 02 40 78 73 88 - juil.-août : 10h-12h, 14h-18h30 ; avr.-sept. : mar.-vend. 10h-12h, 14h-18h, lun., w.-end et j. fériés 14h-18h ; oct.-mars : tlj sf lun. 10h-12h, 14h-17h30, w.-end et j. fériés 14h-17h30 - possibilité de visite guidée - fermé 1er Mai et 1er nov. - 2,50 € (-18 ans 1,50 €) - Site OH LA L.A. Quelle Aventure !* La construction de cette étonnante église carolingienne remonte au 9e s. et se fit en deux phases : la première à partir de 815, et la seconde de 836 à 847. L'église accueillit quelque temps la précieuse relique de saint Philbert *(voir encadré ci-dessous)* et devint alors un important lieu de pèlerinage. Elle subit quelques altérations durant la guerre de Cent Ans et les guerres de Religion, puis fut utilisée comme entrepôt à fourrages durant l'époque révolutionnaire.

Quelque peu dénaturée en 1870, époque à laquelle on n'hésita pas à araser ses murs, les abaissant de plus de 3 m, elle fut désaffectée et utilisée comme marché aux poulets jusqu'en 1936. Rendue au culte depuis lors, elle offre aujourd'hui le spectacle émouvant d'un édifice meurtri au cours des siècles, mais dont la beauté de l'architecture a été subtilement rehaussée grâce à des travaux de réhabilitation rendant au lieu toute la solennité qu'il mérite.

Intérieur – À la fois majestueuse et austère, la nef frappe par le curieux mélange de tradition antique et d'influence byzantine qui se retrouve dans les puissants piliers dépourvus de décor et l'alternance de briques et de pierres à la romaine. Remarquez, sur les murs latéraux, la ligne blanche de chaux marquant le niveau du sol avant déblaiement, et dans les arcs des transepts, le réemploi de matériaux issus de monuments romains, chose assez commune au Moyen Âge. Dans le chœur, vous verrez la **crypte de saint Philbert**. Celle-ci, aménagée à l'attention des pèlerins, était dotée d'ouvertures par lesquelles les fidèles pouvaient se recueillir devant le **sarcophage en marbre** (7e s.) qui contint, jusqu'en 858, la dépouille du saint thaumaturge. Lorsque la menace viking se rapprocha de St-Philbert-de-Grand-Lieu, le sarcophage fut vidé de sa dépouille et la crypte emmurée pour protéger le cercueil du saint, tant il était vénéré.

Maison du lac – *Accès par l'office de tourisme - ✆ 02 40 78 73 88 - avr.-sept. : mat. et apr.-midi ; reste de l'année : tlj sf lun. mat. et apr.-midi, dim. apr.-midi - fermé 1er janv. et 25 déc. - 2,50 € (6-12 ans 1,50 €), billet combiné avec l'abbatiale.*
Ce musée avifaune remarquablement conçu est consacré aux 225 espèces d'oiseaux nicheurs ou de passage qui fréquentent le lac de Grand-Lieu. Montage audiovisuel sur la faune et la flore du lac, et vidéo sur la réserve.

Quittez St-Philbert par le nord en empruntant la D 65 sur 6 km puis tournez à gauche sur la D 62 en direction de Passay.

Lac de Grand-Lieu B2

Communiquant avec l'estuaire de la Loire par l'Acheneau (chéneau : chenal), appelé aussi étier de Buzay, ce lac est une réserve naturelle depuis 1980. Le fond rocheux, d'une profondeur de 1 à 2 m suivant les saisons, est recouvert par endroits d'une importante couche de vase. Sous celle-ci serait ensevelie la ville d'**Herbauge**, maudite pour ses mœurs dissolues. Selon la légende, le tintement de sa cloche se fait encore entendre au milieu du lac, à minuit, durant la nuit de Noël… Important site de nidification du héron cendré et de la rare spatule, le lac de Grand-Lieu, situé sur une voie de migration atlantique, accueille plus de 200 espèces d'oiseaux : bécassines, canards, sarcelles, grèbes, râles, oies…

LA LÉGENDE DE SAINT PHILBERT (OU PHILIBERT)

Ce Gascon né vers 616 à Eauze fonda plusieurs abbayes dans l'ouest de la France, notamment à Jumièges près de Rouen, à St-Philbert-de-Grand-Lieu et à Noirmoutier où il mourut en 685. Sa dépouille connut lors des invasions normandes maintes tribulations. Son sarcophage fut d'abord transféré à St-Philbert-de-Grand-Lieu (836), puis sa dépouille seule fut transportée à Cunault, en Anjou, en 858. De là, son exode se poursuivit par Messais, en Poitou (862), puis par St-Pourçain, en Bourbonnais. Cette incroyable odyssée se termina à Tournus où la chapelle absidiale du chœur de l'abbaye abrite la châsse de St-Philbert.

2

Promenades en barque – *Lors de la fête des Pêcheurs, qui a lieu à Passay le 15 août et le dim. suivant.* Elles ne sont autorisées qu'exceptionnellement sur le lac dont seul le musée la Maison du pêcheur, à Passay, permet de découvrir les beautés naturelles.

Passay B2

Ce hameau de pêcheurs typique est le seul endroit par où l'on peut approcher le lac de Grand-Lieu.

Maison du pêcheur – *02 40 31 36 46 - juil.-août : 10h30-13h, 15h-18h30 ; reste de l'année : merc. et sam. 14h-17h, dim. 14h-18h - fermé j. fériés - 4 € (-16 ans 2 €).*

Installé au pied d'une **tour-observatoire** dominant le lac et ses environs, ce petit musée révèle un milieu exceptionnellement riche. Le lac et son écosystème (faune et flore) sont clairement présentés, ainsi que les activités qui y sont liées, notamment la pêche avec ses techniques particulières. Des aquariums abritent les espèces locales : brochets, sandres, anguilles, carpes…

Quittez Passay par le nord-est en reprenant la D 65. À Pont-St-Martin, prenez la D 11 vers l'ouest sur 9 km. À Bouaye, suivez la direction de St-Mars-de-Coutais.

★★ Planète sauvage B2

02 40 04 82 82 - www.planetesauvage.com - - mi-juil.-août : 9h30-20h ; de fin août à fin sept. et de déb. mars à mi-juil. : 10h-19h ; oct. : 10h-18h - 22 € (4-14 ans 17 €).

Véritable terre d'accueil pour plus de 2 000 animaux, Planète sauvage est l'un des plus grands centres européens de reproduction de la faune sauvage, avec à son actif quelque 250 naissances par an.

Piste Safari – *2h environ. Arrêt de détente possible au km 5. Respectez les consignes de sécurité : fermez vos vitres et, en cas de problème, ne descendez pas de votre véhicule, mais klaxonnez.* Vous allez pouvoir observer de près, à bord de votre propre véhicule ou en raid 4x4 guidé *(réserv. obligatoires)*, quelque 150 espèces sauvages. Dépaysement assuré ! Vous emprunterez 10 km de pistes serpentant à travers 16 parcs différents afin de découvrir, dans des paysages de brousse et de savane, les jeux d'eau pratiqués par les hippopotames et les éléphants, les prodigieux sauts des impalas et des springboks, la sieste des ours baribal sur leur rocher, les jeux des tigres, la majesté des lions, la société des lycaons, la placidité des girafes…

Le village de brousse – Ce village, que vous découvrirez à pied, vous réserve bien des surprises. L'**Arche des reptiles** vous dévoile ainsi le monde singulier des serpents, lézards, crocodiles et tortues. Dans la **ferme miniature**, ce sont ratons laveurs, porcs-épics, coatis, suricates, perroquets et autres créatures de moins de 60 cm qui vous attendriront. N'oubliez pas l'**île aux siamangs et aux flamants**, où les singes apostrophent les colonies d'oiseaux bordant la rive.

Le Parcours jungle – Les plus aventuriers oseront se risquer sur un pont suspendu au-dessus du territoire d'une tribu de 70 macaques rhésus !

La Cité marine – Doté, pour le bien-être des animaux, d'une technologie de traitement de l'eau novatrice, son grand bassin sert de cadre à un étonnant **spectacle d'otaries** *(25mn)*.

Rejoignez Port-St-Père, empruntez la D 103 puis la D 80 sur 10 km vers le nord.

Le Pellerin B1

Le village, qui accueille une œuvre du parcours Estuaire (*p. 101*), faisait partie des points de passage traditionnels des pèlerins qui descendaient à St-Jacques-de-Compostelle. Il est possible d'emprunter un bac pour traverser la Loire.

Quittez Le Pellerin par l'ouest en empruntant sur 10 km la D 58 puis la D 66.

Rouans B1-2
Ce village a servi de décor au film de Jean-Loup Hubert : *Le Grand Chemin*. Les joutes verbales entre Anémone et Richard Bohringer résonnent encore !
Prenez la D 723 vers Frossay.

Frossay B1
Cette bourgade tranquille abrite un vaste parc zoologique dédié au thème des contes et légendes, le **Grand Parc des légendes** *(Sentier des Daims - ✆ 02 40 39 75 06 - www.sentierdesdaims.com - tlj 10h-19h - fermeture de la billetterie à 16h30).* Site OH LA L.A. Quelle Aventure ! Près de 400 animaux y évoluent parmi des reconstitutions de décors de légendes célèbres. Également des spectacles : la Légende de l'oiseleur, le trésor de l'Atlantide, les Mémoires de l'enchanteur…
Poursuivez sur la D 723

Paimbœuf B1
C'était l'avant-port de Nantes au 18e s. Ses ruelles et passages étroits rappellent ce passé maritime. Belle vue sur l'estuaire de la Loire.
La commune fait partie des sites accueillant le parcours artistique Estuaire (*p. 101*).
Quittez Paimbœuf par le sud en empruntant la D 114. À St-Père-en-Retz, prenez la D 86 qui ramène à Pornic.

NOS ADRESSES DANS LE PAYS DE RETZ

HÉBERGEMENT

Port-Saint-Père

POUR SE FAIRE PLAISIR

Planète sauvage – *✆ 02 40 04 89 88 - www.planetesauvage.com - 160 €* . Pour dîner auprès d'un feu de camp, entendre les loups hurler dans la nuit et s'endormir – en toute sécurité ! – sous une tente de lin, parmi les zèbres, les antilopes et les gnous. Le prix inclut le dîner et le petit-déjeuner, ainsi qu'une visite du parc (voir ci-contre) en 4x4 et l'accès illimité à celui-ci le lendemain : une bonne affaire !

RESTAURATION

La Bernerie-en-Retz

BUDGET MOYEN

L'Artimon – *17 r. J.-du-Plessis - ✆ 02 51 74 61 60 - fermé dim. soir, mar. et merc. de sept. à juin et lun. (nombre de couverts limité, réserv. conseillée) - 15/30 €*. Une bonne adresse face à la place du marché. Le décor épuré (bois et fresques peintes par un artiste) évoque l'univers de la mer. Intéressante cuisine au goût du jour.

ACHATS

Domaine des Herbauges – *44830 Bouaye - ✆ 02 40 65 44 92 - www.domaine-des-herbauges.com - 9h-12h, 14h-18h30, sam. 9h-12h, 14h-17h30 - fermé dim. et j. fériés.* Le plus grand producteur de muscadet-côtes-de-grandlieu-sur-lie. À découvrir également : gros-plant, grolleau, gamay et chardonnay.

ACTIVITÉS

Vélo – Couëron est relié à St-Brévin-l'Océan par 55 km de pistes cyclables : agréables balades *via* le canal de la Martinière, Paimbœuf et les œuvres Estuaire (*p. 101*).
La Loire à vélo p. 26.

Pornic

★

11 903 Pornicais – Loire-Atlantique (44)

NOS ADRESSES PAGE 166

S'INFORMER

Office du tourisme de Pornic – *Pl. de la Gare - ☏ 02 40 82 04 40 - www.ot-pornic.fr - juil.-août : 9h-19h, dim. 10h-18h ; sept.-juin : 9h15-12h30, 13h30-18h, dim. 10h30-13h - fermé 1er Mai.*

SE REPÉRER

Plan de microrégion A2 (p. 150) – *Carte Michelin Département 316 D5.*
Pornic, à 25 km au sud-est de St-Nazaire, est relié à Nantes par la D 751.

À NE PAS MANQUER

La vue de la corniche de la Noëveillard.

ORGANISER SON TEMPS

Comptez 1h pour le centre-ville.

AVEC LES ENFANTS

Participez à l'une des sorties en mer proposées par l'office de tourisme.

Ses côtes bordées de criques, ses plages de sable bien abritées, son pittoresque port de pêche, ses vieux quartiers serrés sur une colline et ses villas aux jardins ombragés de pins parasols, son terrain de golf, son institut de thalassothérapie font de Pornic une station balnéaire dont vous apprécierez le charme.

Se promener

La vieille ville

C'était jadis une place forte dont la protection naturelle était assurée au sud par le port et à l'ouest par un vallon, aujourd'hui « jardin de Retz ». Le château et des remparts, suivant le tracé de la promenade de la Terrasse, puis de la rue de la Douve, constituaient le dispositif de défense.

Le port de pêche – Il offre un abri à une petite flotte de bateaux de pêche. De l'extrémité du port, superbes perspectives à droite vers la ville étagée sur la pente, et en face, sur l'anse à l'entrée de laquelle on distingue, au milieu des arbres, la silhouette du château.

Le château

Enfoui dans la verdure, le château de Pornic, bâti en granit, domine la petite plage du Château. Élevé aux 13e et 14e s., il appartint au célèbre Gilles de Rais. Il était autrefois entouré d'eau, et son accès se faisait par un pont-levis qu'a remplacé un pont fixe sous lequel passe la rue des Sables.

Promenade de la Terrasse – Aménagée sur l'emplacement des anciens remparts, elle permet de découvrir des **vues** agréables sur le château et sur le jardin de Retz, envahi par les pépinières.

Château de Pornic vu depuis le port de pêche.
R. Cintract / hemis.fr

★ Corniche de la Noëveillard

30mn à pied AR. Prenez le sentier longeant la mer à partir de la plage du Château.

On rejoint un chemin en balcon sur la mer, d'où l'on a de jolies vues sur l'anse de Pornic, les rochers et l'océan. On domine bientôt les installations du vaste port de plaisance avant d'atteindre la plage de sable fin de la Noëveillard.

Corniche de Gourmalon

La route suit le bord de la corniche, passe au-dessus de l'anse aux Lapins, puis sur la pointe de Gourmalon. **Vues** sur Pornic, le château, la corniche de la Noëveillard.

Dolmen des Mousseaux

Signalé au départ de la plage du Château.

Cette double allée couverte, surmontée de pierres étagées en gradins, aurait fait office à la fois de tombeau et de monument de prestige pour des cultivateurs du Néolithique, aux alentours de l'an 3500 av. J.-C. Les deux chambres du dolmen ont une particularité caractéristique de l'estuaire de la Loire : un **plan transepté**, c'eSt-à-dire un couloir à chambres latérales.

DES CÉLÉBRITÉS À PORNIC

Au 19e s., Pornic accueille **George Sand**, Charles Garnier, **Gustave Flaubert**, Jules Michelet, **Auguste Renoir** et bien d'autres. En 1910, **Lénine** vient y séjourner en compagnie de son épouse. Après la Première Guerre mondiale, Paul Léautaud viendra y passer ses étés. Marc Elder, Julien Gracq, René-Guy Cadou et Max Ernst fréquenteront également la station balnéaire.

2

NOS ADRESSES À PORNIC

HÉBERGEMENT

POUR SE FAIRE PLAISIR

Chambre d'hôte Le Jardin de Retz – *1 chemin des Mousseaux, (face au Château) - ✆ 02 40 82 02 29 - www.lejardinderetz.fr - ⊭ - 3 ch. 85/115 €* ☕. Les propriétaires, passionnés de botanique, ont aménagé un délicieux jardin. Ils disposent de trois chambres plaisantes et servent les petits-déjeuners d'été dans un cadre bucolique.

Chambre d'hôte Cupidon – *Plage du Portmain, 6 km à l'ouest de Pornic par rte côtière - ✆ 02 51 74 19 61 - www.chambre44.com - fermé de mi-déc. à mi-janv. - ⊭ - P - 4 ch. 72/87 €* ☕. Cette maison récente, située à 50 m de la plage est conçue comme un chalet côtier. Le bois domine à l'intérieur et l'atmosphère y est chaleureuse. Trois chambres ont vue sur mer, la quatrième donne sur le jardin. Toutes disposent d'un balcon ou d'une terrasse. Copieux petit-déjeuner (thés de qualité et pains très variés) ; prêt de vélos, piscine.

RESTAURATION

Voir également, ci-après, le casino et l'Alliance Pornic.

BUDGET MOYEN

L'Estaminet – *8 r. du Mar.-Foch - ✆ 02 40 82 35 99 - fermé 20 déc.-31 janv., dim. soir et lun. - réserv. conseillée - 19/31,50 €.* Dans ce restaurant situé en retrait du port, le chef prépare une cuisine traditionnelle et des spécialités comme les ris de veau sauce crème au pineau des Charentes ou les papillotes de noix de St-Jacques aux petits légumes. Son épouse assure le service dans une petite salle contemporaine.

POUR SE FAIRE PLAISIR

L'Ana'Gram – *Pl. du Petit-Nice - ✆ 02 40 82 51 25 - fermé de mi-nov. à mi-déc., merc. soir (oct.-mars), dim. soir (hors sais. et hors vac. scol.) et lun. - formule midi 13,50 € - 18,90/29 €.* La salle à manger de ce bistrot-restaurant donne sur le port : on peut ainsi contempler le va-et-vient des bateaux de plaisance, tout en se régalant des plats « terre et mer » créés par le chef (moules à l'andouille de Guémené, cocotte de rouget barbet). Aux beaux jours, la terrasse dressée face au château est appréciable.

Beau Rivage – *Plage Birochère, à 2,5 km au sud-est de Pornic - ✆ 02 40 82 03 08 - www.restaurant-beaurivage.com - fermé 15 déc.-31 janv., mar. sf juil.-août, et lun. - 39/80 €.* Maquettes de bateaux, coquillages et autres bibelots marins décorent ce restaurant ouvert sur l'océan. Produits de la pêche et belle sélection de muscadets. Boutique gourmande.

EN SOIRÉE

Casino – *50 quai Leray - Vieux Port - ✆ 02 40 82 26 87 - www.casinopornic.com - à partir de 10h.* Outre ses 125 machines à sous, sa roulette, son black-jack, etc., ce casino abrite un restaurant avec vue sur le vieux port et un bar animé par un orchestre tous les week-ends. Soirées à thème.

ACHATS

Faïencerie de Pornic – *R. de la Faïencerie - ✆ 02 51 74 19 10 - www.faiencerie-pornic.fr - P - juil.-août : 10h-12h30, 14h-19h ; reste de l'année : 10h-12h30, 14h-18h - fermé dim. et j. fériés.* Cette fabrique fondée en 1948 est installée dans une usine incluant une boutique ; vous y trouverez une gamme étendue d'articles traditionnels, ainsi que des créations récentes originales et diversifiées. Visite, vidéo, démonstrations et atelier de peinture à la main sur biscuit.

Le Clion-sur-Mer

La Fromagerie le Curé Nantais – *28 r. du Port-Chéri - ✆ 02 40 82 28 08 - www.curenantais.com - juil.-août : 10h-12h - fermé w.-end et j. fériés.* Parmi les produits gourmands de la région, le Curé Nantais, créé il y a plus de 100 ans par un curé et produit artisanalement dans cet établissement. Vous pourrez assister à sa fabrication et terminer par une dégustation.

ACTIVITÉS

Alliance Pornic – *Plage de la Source - 1 km au sud du vieux fort de Pornic - ✆ 02 40 82 21 21 - www.thalassopornic.com - P - 8h-19h - 36 € (enf. 22 €).* Ce centre de thalassothérapie propose des séjours antistress, amincissement, jeune maman, etc., dans un cadre exceptionnel, face à l'océan. Il abrite un spa doté de 19 cabines à l'atmosphère zen et dépaysante, et des piscines d'eau de mer. Chambres avec vue sur les flots, le jardin ou le patio, deux bars et deux restaurants - l'un haut de gamme, l'autre entièrement bio – accessibles aux non-résidents.

2

La Côte de Jade

★

NOS ADRESSES PAGE 169

Loire-Atlantique (44)

S'INFORMER

Office de tourisme de Pornic – *Pl. de la Gare - ✆ 02 40 82 04 40 - www.ot-pornic.fr - juil.-août : 9h-19h, dim. 10h-18h ; sept.-juin : 9h15-12h30, 13h30-18h, dim. 10h30-13h - fermé 1er Mai.*

SE REPÉRER

Plan de microrégion A1-2 (p. 150) – *Carte Michelin Département 316 D 5.* La Côte de Jade s'étire de St-Brevin, à l'embouchure de la Loire, à Bourgneuf-en-Retz, aux portes du Marais breton.

À NE PAS MANQUER

Pornic, la pointe de St-Gildas et le pont routier St-Nazaire-St-Brevin.

ORGANISER SON TEMPS

Comptez une journée pour sillonner la Côte de Jade.

AVEC LES ENFANTS

Le parcours ludique du musée du sémaphore de la pointe de Saint-Gildas, les nombreuses plages de sable de la côte.

De St-Brevin-les-Pins au Marais breton, un chapelet de stations balnéaires fréquentées jalonne le littoral du pays de Retz, nommé la Côte de Jade en raison de la couleur de ses flots d'un vert soutenu. Entre Pornic et St-Gildas, la corniche échancrée de criques de sable est particulièrement attrayante.

Découvrir

LA CÔTE DE JADE Carte de microrégion p. 150

Circuit de 44 km – comptez environ une journée.

Saint-Brevin-les-Pins A1

Des villas disséminées parmi les pins, 8 km de plage de sable fin, un casino, un port de plaisance, voici cette charmante station balnéaire de la Côte de Jade qui englobe la localité de **St-Brevin-l'Océan** dont les dunes s'étendent au sud de l'avancée rocheuse du Pointeau. Un **petit train** parcourt la station en saison.

Itinéraire Vélocéan de Saint-Brevin à Bourgneuf-en-Retz (www.ohlaloire atlantique.com).

Dolmen de l'allée des Rossignols – *À St-Brevin-l'Océan.* Parmi les nombreux mégalithes de la région, ce dolmen (5 m de long) est l'un des plus accessibles.

Musée de la Marine – *À Mindin - pl. Bougainville - ☏ 02 40 27 00 64 - www. mairie-saint-brevin.fr - ♿ - mi-juin à mi-sept. : tlj sf lun. 14h30-19h15 ; mi-avr. à mi-juin : w.-end 15h-19h - 3 € (-12 ans gratuit).* À l'embouchure de la Loire, sur le promontoire du Nez-de-Chien, ce musée occupe un fort désaffecté, construit en 1861. Des documents y évoquent l'histoire de Mindin, en particulier la bataille des Cardinaux entre Français et Anglais en 1759 (pendant la guerre de Sept Ans) : celle-ci eut pour conséquence le naufrage du navire *Le Juste* dont on peut voir les canons à l'entrée du fort.

Parmi de nombreuses maquettes reproduisant des bateaux de toutes époques, on remarque celles de trois géants construits à St-Nazaire : le *Normandie*, le *France* et le *Batillus*, un des plus grands pétroliers du monde (1976). Des abords du fort, **vue** sur St-Nazaire avec ses chantiers de l'Atlantique, et sur l'élégant **pont routier St-Nazaire-St-Brevin★**.

Prenez la D 213 (Route Bleue) vers le sud.

St-Michel-Chef-Chef A1

Outre ses plages, cette petite ville côtière abrite la célèbre **biscuiterie St Michel** *(8 rue du Chevecier - ☏ 02 51 74 75 44 - www.stmichel.fr - ouv. lun.-sam. 10h-19h30 en saison, lun.-sam. 10h-12h30-14h-19h hors saison)* : on y découvre les secrets de fabrication de la petite galette avant de remplir son panier gourmand à la boutique.

Quittez la Route Bleue pour la D 96 vers La Plaine-sur-Mer, et tournez à droite sur la D 313.

★ Pointe de Saint-Gildas A2

Laissez votre voiture sur le parc aménagé près du port de plaisance.

Couverte de l'herbe rase de la lande, que parsèment les vestiges du mur de l'Atlantique, elle se prolonge par des écueils de schiste sur lesquels se brisent les vagues. C'est au large de la pointe de St-Gildas que sombra, le 14 juin 1931, le vapeur nantais *St-Philibert*, entraînant la mort de 500 passagers de retour d'une excursion à Noirmoutier. De la pointe de St-Gildas, la vue se développe de la côte bretonne, entre St-Nazaire et Le Croisic, jusqu'à Noirmoutier.

Sémaphore de la Pointe-Saint-Gildas – *Ouv. fév.-vac. de Toussaint - ✆ 02 40 21 01 21 - www.ccpornic.fr.* Consacré à l'histoire de l'édifice qui l'abrite, tour à tour poste de guet, sémaphore puis phare, ce musée relate l'avancée des communications maritimes et des techniques de surveillance des côtes du 19ᵉ s. à nos jours. Sur ce site OH LA L.A. Quelle Aventure ! un parcours ludique amusera les plus jeunes.

De Préfailles au Porteau, la route ne côtoie plus le littoral ; seuls les adeptes de la marche pourront s'en rapprocher en empruntant le sentier de randonnée (Tour du pays de Retz) qui domine l'océan.

De la plage du Porteau à celle des Sablons, la route suit la mer, longeant en balcon une côte déchiquetée.

Sainte-Marie A2

À proximité de la plage Mombeau, un sentier en corniche offre une jolie **vue** sur la côte rocheuse où s'inscrivent des plages de sable fin. On remarque de nombreux carrelets (cabanes sur pilotis) installés pour la pêche. Le bourg appartient à la commune de Pornic.

Pornic A2 *(voir p. 164)*

Prenez le D 13 vers le sud puis la D 97 vers La Bernerie-en-Retz et Les Moutiers-en-Retz.

Les Moutiers-en-Retz AB2

Un bourg côtier aux portes de la Vendée, comme le signalent les premiers marais salants.

Salines de Millac – *44760 Les Moutiers-en-Retz - ✆ 06 11 23 87 75.* Visites guidées et vente directe de sel.

2

NOS ADRESSES SUR LA CÔTE DE JADE

Voir également nos adresses à Pornic (p. 166) et dans le Pays de Retz (p. 159).

HÉBERGEMENT ET RESTAURATION

St-Brevin-les-Pins

POUR SE FAIRE PLAISIR

Hôtel du Beryl – *55 bd de l'Océan - ✆ 02 28 53 20 00 - www.groupe-emeraude.com - 94 ch. 79-169 € ☕ 15 € - menus 19/32 €.* Vue sur la mer ou, à l'arrière, sur les pins qui recouvrent la station : dans cet hôtel moderne, les chambres, lumineuses et spacieuses, sont en prise sur la côte Atlantique. Casino et restaurant (carte traditionnelle).

Tharon-Plage

BUDGET MOYEN

L'Empreinte – *119 bd de l'Océan - ✆ 02 40 27 82 17 - www.hotel-restaurant-lempreinte.com - établissement fermé 3 sem. en fév. et 2 sem. en oct., restaurant fermé dim. soir, merc. soir et lundi - 13 ch. 57/88 € - ☕ 8,50 € - menus 17/37 €.*
Face à l'Atlantique, maison régionale entièrement rénovée. Sur la terrasse ou près des baies, on dîne en profitant du coucher de soleil sur l'océan et d'une cuisine actuelle très soignée (poisson frais). Chambres ravissantes aux couleurs reposantes.

Le littoral vendéen 3

Carte Michelin Départements 316 – Vendée (85)

La plage de Saint-Gilles-Croix-de-Vie.

R. Cintract / hemis. fr

LE LITTORAL VENDÉEN

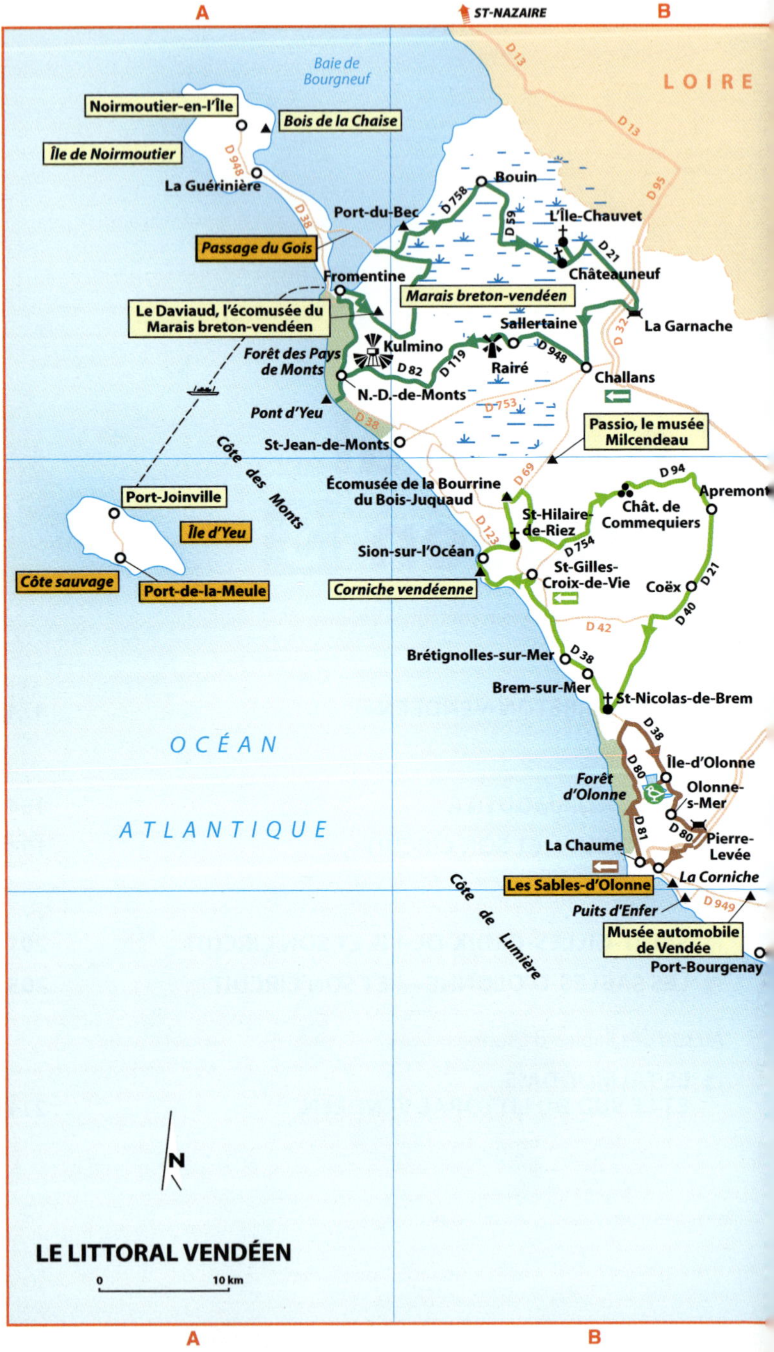

C
NANTES
D
NANTES
Île d'Yeu
★★ Mérite un détour
Port-Joinville
★ Intéressant
Challans
À voir
Ville de départ du circuit
Du Grand Étier à l'Étier du Dain
Le pays de St-Gilles-Croix-de-Vie
Le Pays olonnais
Falaises et mégalithes du Talmondais
ATLANTIQUE
Boulogne
CHOLET
CHOLET
2
A 83
D 137
D 763
A 87
1
D 937
D 948
D 160
A 83
D 137
LA ROCHE-SUR-YON
VENDÉE
4
D 948
Grand Lay
2
A 87
D 160
D 746
Lay
D 747
FONTENAY-LE-COMTE
D 137
A 83
Talmont-St-Hilaire
La Guignardière
D 19
Avrillé
Court d'Aron
D 949
St-Hilaire-la-Forêt
D 105
La Frébouchère
St-Cyr-en-Talmondais
D 746
D 21
St-Vincent-s-Jard
D 137
Maison de G. Clemenceau
PARC INTERRÉGIONAL
D 25
Abbaye N.-D.-de-Lieu-Dieu
DU MARAIS POITEVIN
Pointe du Payré
D 105A
D 747
3
D 746
D 46
D 137
Vendée
La Tranche-sur-Mer
L'Aiguillon-sur-Mer
La Faute-sur-Mer
D 60
Pointe d'Arçay
Anse de l'Aiguillon
Pertuis
Digue l'Aiguillon
breton
Pointe de l'Aiguillon
Marans
D 137
N 11
NIORT
C
LA ROCHELLE
D

Marais breton-vendéen

★

Vendée (85)

NOS ADRESSES PAGE 181

S'INFORMER

Office du tourisme du Pays des Challans – *1C pl. de l'Hôtel-de-Ville - 85300 Challans - ✆ 02 51 93 19 75 - www.otsi-challans.fr - juil.-août : 9h30-12h30, 14h30-18h30 ; reste de l'année : 9h-12h30, 14h-18h, lun. 14h-17h, vend. 10h-12h30, 14h-18h - fermé dim. et j. fériés (sf 14 Juil., 15 août).*

Office du tourisme du canton de Beauvoir-sur-Mer – *R. Charles-Gallet - 85230 Beauvoir-sur-Mer - ✆ 02 51 68 71 13 - www.otsi-beauvoir.com - juil.-août : 9h30-12h30, 14h30-18h30, sam. 9h30 -12h30, 14h30-17h30, dim. et j. fériés 10h-12h30 ; reste de l'année : tlj sf dim. 9h-12h30, 14h-18h, lun. 14h-17h, sam. 9h-12h - fermé 1er janv., 1er mai, 11 Nov., 25 déc - 2e bureau : bd Sébastien-Luneau - 85230 Bouin - ✆ 02 51 68 85 85 - juil.-août : 10h-18h, dim. et j. fériés 10h-13h30.*

Office du tourisme de Notre-Dame-de-Monts – *6 r. de la Barre - 85690 Notre-Dame-de-Monts - ✆ 02 51 58 84 97 - www.notre-dame-de-monts.fr - juil.-août : 9h30-19h, dim. et j. fériés 10h-12h30 ; avr.-juin et sept. : 9h-12h30, 14h-17h30, dim. et j. fériés 10h-12h30 ; reste de l'année : tlj sf dim. 9h-12h30, 14h-17h30.*

Office du tourisme de La Barre-de-Monts-Fromentine – *Pl. de la Gare - 85550 La Barre de Monts - ✆ 02 51 68 51 83 - www.fromentine-vendee.com - sept.-juin : tlj sf dim. 9h30-12h30 et 14h30-18h (ouv. dim. et j. fériés 10h-12h en avr. et juin) ; juil.-août : lun.-sam. 9h30-12h30 et 14h30-19h, dim. et j. fériés 9h30-12h30.*

Office du tourisme de Saint-Jean-de-Monts – *67 esplanade de la Mer - 85160 Saint-Jean-de-Monts - ✆ 0826 887 887 - www.saint-jean-de-monts.com - sept.-mars : lun.-sam. 9h30-12h30 et 14h-18h, dim. et j. fériés 10h30-12h30 et 15h-17h ; avr.-juin : lun.-sam. 9h30-12h30 et 14h-18h30, dim. et j. fériés 10h-12h30 et 15h-18h30 ; juil.-août : lun.-sam. 9h30-19h30, dim. et j. fériés 10h-18h30.*

SE REPÉRER

Carte de microrégion AB1 (p. 172) – *Carte Michelin Départements 316 E/F 6/7.* Au nord des collines de Beauvoir, on distingue le marais de Machecoul et l'ancienne île de Bouin séparés par l'étier du Dain ; au sud, le marais de Monts et celui de Challans séparés par le canal du Perrier. L'ensemble couvre plus de 20 000 ha.

À NE PAS MANQUER

La vue sur le paysage maraîchin depuis la salle panoramique du réservoir d'eau Kulmino ; la découverte du milieu naturel et de la vie rurale à l'écomusée du Marais breton-vendéen, au Daviaud ; les œuvres du peintre Charles Milcendeau au musée qui lui est consacré.

ORGANISER SON TEMPS

Comptez deux demi-journées pour parcourir et apprécier le marais. Vous trouverez à vous loger et à vous restaurer dans des lieux typiques et charmants.

AVEC LES ENFANTS

La découverte des métiers, de l'habitat traditionnel, des modes de vie et des oiseaux migrateurs du marais à l'écomusée du Marais breton-vendéen, ajoutée à la pratique de la « ningle » ou de la « yole », ainsi que la visite du moulin de Rairé, du Petit Moulin à Châteauneuf ou de la Maison de l'âne à Beauvoir-sur-Mer devraient ravir curieux et sportifs.

Des îles devenues pâturages forment un vaste damier de prés verts, où paissent tranquillement des chevaux de race vendéenne, des petites vaches brunes et des moutons de pré-salé. Changez d'air en traversant cette région aux fabuleux paysages, imprégnée du style de vie ancestral des Maraîchins, et marquée par les œuvres d'artistes régionaux.

Circuit conseillé

★ DU GRAND ÉTIER À L'ÉTIER DU DAIN Carte du marais p. 176

Circuit de 105 km – environ 6h.

Challans

La ville est célèbre pour ses fameux canards, convoités par les plus grands restaurants, et diversifie son activité avec l'élevage de poulets noirs. En saison, pendant la **Foire des quatre-jeudis**, la ville replonge dans les années 1910 avec de nombreuses animations d'époque : marché aux canards, danses folkloriques, jeux traditionnels et courses de vélo.

Challans est la ville natale d'une héroïne hors du commun, **Jacqueline Auriol** (1917-2000). Elle se marie en 1938 avec le fils du président Auriol qui lui communique sa passion de l'aviation. Ses débuts prometteurs dans la voltige aérienne sont interrompus brutalement lors d'un terrible accident d'hydravion. Défigurée, il lui faudra une vingtaine d'opérations chirurgicales et un courage inébranlable pour reprendre le manche. Après une formation militaire aux États-Unis, elle revient en France et devient pilote d'essai sur des avions supersoniques *Mistral, Mystère* et *Mirage*. Rivale de l'Américaine Jacqueline Cochran, elle détiendra de nombreux records du monde féminin de vitesse, et raconte sa vie hors norme dans un livre intitulé *Vivre et voler.*

Quittez Challans par le nord-ouest en empruntant la D 948 en direction de Beauvoir-sur-Mer. Prenez à gauche la D 71^{A}.

Sallertaine

Au 11e s., c'était encore une île, lorsque des moines venus de Marmoutier, près de Tours, y fondèrent un prieuré et édifièrent une église romane à dôme. En saison, l'**île aux artisans** *(nombreux ateliers et boutiques)* est le point de départ pour visiter le marais en canoë et découvrir le semis des étiers (*la Route du Sel, p. 183*). Ancienne carrière aménagée en espace public, le jardin de Vaulieu se distingue par ses concrétions dolomitiques.

Quittez Sallertaine par la D 103 en direction de St-Urbain. Prenez à gauche dans la Croix-Verte.

UNE TERRE D'INSPIRATION

L'écrivain **René Bazin** (1853-1932) a situé près de Sallertaine son émouvant roman *La Terre qui meurt* (1899). Le peintre **Charles Milcendeau** (1872-1919) et l'écrivain Léopold Robert (1878-1956), dit **Jean Yole**, sont tous deux nés à Soullans, à 6 km au sud de Challans, et ont construit leurs œuvres autour de l'univers du Marais breton-vendéen.

Moulin de Rairé

✆ 02 51 35 51 82 - www.moulin-a-vent-de-raire.com - visite guidée juil.-août : 10h-12h, 14h-18h30 ; avr.-juin et sept. : 14h-18h - 3,90 € (5-12 ans 1,80 €).

Ce véritable témoin vivant du passé est le seul moulin à vent de la région à avoir tourné sans interruption depuis le 16e s. Il est pourvu d'une toiture tournante manœuvrable de l'intérieur, et d'ailes à lamelles de bois articulées munies d'une voilure blanche. Après la visite, au cours de laquelle vous découvrirez l'histoire de la meunerie et ses différentes techniques, vous pourrez acheter de la farine de blé intégralement moulu à la meule de pierre.

En poursuivant la route, on franchit bientôt le Grand Étier.

La Bourrine à Rosalie

✆ 06 08 52 59 39 - ♿ - juil.-août : 10h30, 14h30-18h30, lun. 14h30-18h30 ; avr.-juin : 15h-18h - possibilité de visite guidée (30mn) sur réserv. 15 j. av. - 2 € (-10 ans gratuit).

À l'ombre des peupliers, cette maison typique à toit de rouches (roseaux) vous dévoile le mode de vie des Maraîchins d'antan au cœur du marais de Sallertaine. Elle se compose d'une pièce commune au lit surélevé (pour parer aux inondations), d'une laiterie et d'une « belle chambre » où l'on recevait les hôtes de marque.

Poursuivez sur la D 119, puis prenez à droite la D 82.

Kulmino

✆ 02 51 58 86 09 - ♿ - juil.-août : 10h30-19h30, sam. et j. fériés 15h-19h30 ; mai-juin, sept., vac. de printemps et de la Toussaint : merc.-dim. 14h-18h30 - soirée « les plus beaux couchés de soleil » juil.-août : mar., se rens. - 4,50 € (5-16 ans 3,50 €).

Un ascenseur installé dans un **réservoir d'eau** permet d'accéder à une vaste terrasse d'où vous découvrirez, à 70 m au-dessus de la mer, une **vue★** très étendue : à l'est, le marais qui confine au bocage à proximité de Challans ; au nord, la baie de Bourgneuf et le pont de Noirmoutier, à l'ouest ; et au sud, le cordon forestier

de la côte de Monts. Des tables d'orientation et un commentaire sonore sont à votre disposition pour vous faciliter la lecture des paysages environnants. Une exposition interactive sur la thématique de l'eau et sur les contraintes imposées par la nature aux habitants des marais vient compléter la visite.
Revenez et poursuivez sur la D 82.

Notre-Dame-de-Monts

Cette station balnéaire possède un centre régional de **char à voile**. Une piste cyclable la relie à La Barre-de-Monts à travers une odorante forêt de pins.
Pont d'Yeu – Au sud de la commune, un escalier de bois jeté sur la dune donne accès à la plage du Pont d'Yeu.
Lors des grandes marées, la mer découvre une étrange chaussée rocailleuse, longue de 3 km, aussitôt accaparée par une nuée de pêcheurs à pied *(attention, soyez attentif : dès que l'eau commence à remonter, quittez la chaussée et regagnez le bord de plage).* On pense qu'il s'agit des vestiges d'un isthme qui reliait l'île d'Yeu au continent lors des glaciations quaternaires.
Quittez Notre-Dame-de-Monts par le nord en empruntant une petite route parallèle à la D 38.
L'agréable **route de la Rive** trace une limite naturelle entre la **forêt des Pays de Monts** et les prémices du marais. Côté forêt, de nombreux sentiers mènent vers la mer et ses plages aux dunes couvertes d'oyats.

Pey de la Blet

La Barre-de-Monts. Ses 41 m en font le point culminant de l'ancienne île de Monts. Entouré de pins et de chênes verts, ce site est aménagé pour accéder au sommet et y découvrir une jolie **vue** sur le marais et la mer.

Fromentine

La Barre-de-Monts. Cette petite station balnéaire, qui dépend de la commune de Barre-de-Monts, est enclavée entre mer et forêt. Porte des îles, elle est le point de départ vers l'île d'Yeu *(liaison régulière par bateau depuis l'estacade ; p. 198)* et l'île de Noirmoutier *(par le pont).*
Rejoignez le centre de La Barre-de-Monts, et prenez la route face à l'église.

3

LA FORMATION DU MARAIS BRETON-VENDÉEN

Le Marais breton-vendéen s'étend de Bourgneuf à St-Gilles-Croix-de-Vie. Dans cette zone existait jadis un golfe marin parsemé d'îlots. Les îles de Bouin, Beauvoir, Monts, Riez réunies en barrage sont à l'origine du colmatage du golfe. Quant à l'appellation « breton-vendéen », elle vient des temps très anciens où la Bretagne venait jusqu'en Vendée. N'arrivant pas à tracer de frontière entre les deux régions, on avait établi ce que l'on appelle des **marches communes**, d'où la survivance de ce nom double.
À l'image du Marais poitevin, le Marais breton-vendéen a été lentement asséché au cours des siècles à l'aide de **canaux** et d'**étiers** (chenaux de marée), d'abord grâce au travail acharné des moines puis, au 17e s., grâce aux techniciens hollandais. Les marais salants (près de Bourgneuf et de Beauvoir) se transforment peu à peu en **marais gâts** (gâtés) et en **pâtures** fermées par de typiques barrières à contrepoids. Certains sont aménagés pour l'élevage du poisson (mulets, anguilles...). Sur les **mottes** se détachent, isolées, des maisons basses, les **bourrines**. Villages et moulins se groupent sur des buttes, souvent d'anciennes îles. Sur les canaux, le Maraîchin circulait en « yole » au milieu des canards, à l'aide de sa « ningle », perche dont il se servait aussi pour sauter les fossés.

La Barre-de-Monts

★ **Le Daviaud, l'écomusée du Marais breton-vendéen** – ✆ *02 51 93 84 84 - ♿ - juil.-août : lun.-vend. et dim. 10h30-19h30, sam. et j. fériés 15h-19h30 ; mai-juin, sept., vac. scol. de printemps et de la Toussaint : merc.-dim. 14h-18h30 - possibilité de visite guidée en juil.-août - 7 € (5-18 ans 4 €), gratuit Journées du patrimoine.*

Après avoir garé sa voiture sur le parking du bâtiment d'accueil *(boutique et expositions temporaires)*, on traverse la route pour rejoindre ce centre de découverte du Marais breton-vendéen où se déploie, sur quelque 60 ha, tout un éventail de constructions maraîchines traditionnelles, certaines démontées de leur lieu d'origine et réinstallées ici, d'autres reconstruites à l'identique.

Un agréable parcours vous fera notamment découvrir une **salorge** (située à proximité d'un **marais salant** en état de fonctionnement) ; la **ferme du Daviaud** (18ᵉ s.) et ses annexes *(exposition sur le milieu naturel et l'organisation d'une ferme maraîchine)* ; une **bourrine** et son intérieur typique ; la **grange de l'îlot,** dotée d'une superbe charpente *(exposition de costumes, d'outils et de mobilier)*.

La faune et la flore n'ont pas été délaissées. Un **observatoire** offre un joli point de vue sur les paysages de prairies traversées par des canaux et sur le va-et-vient des oiseaux. Des races locales, comme la vache maraîchine, le mouton vendéen ou la poule noire de Challans, sont élevées sur place, et toute une variété de légumes (lin, fève des marais, mojettes, etc.) est cultivée dans le potager.

Continuez sur la même route, puis prenez à gauche la D 51.

LES ÉOLIENNES DU MARAIS

La Vendée comptait jadis de nombreux moulins, dont un certain nombre disparut lors des guerres de Vendée. Aujourd'hui, dans ce pays habitué à tirer parti du vent, des éoliennes ont fait leur apparition.

Côté mer, parallèles à la digue du Dain, vous remarquerez une enfilade d'éoliennes visibles de la route de Bouin à Beauvoir-sur-Mer, et accessibles à partir du Port-du-Bec.

Côté bocage, ouvert aux randonneurs, cavaliers et cyclistes, un sentier de 8 km au départ du lieu-dit La Croix *(route de Touvois, 2,5 km à l'est de La Garnache)*, vous permet de vous approcher de ces géants aux pales aérodynamiques.

Le pont de Noirmoutier à Fromentine.
F. Leroy / hemis. fr

Beauvoir-sur-Mer

Autrefois bordée par l'océan, cette commune possédait un important château, érigé au 11e s., qu'Henri IV assiégea en 1488, avant qu'il ne soit détruit un an plus tard. L'**église St-Philbert**, du 11e s., au clocher trapu, présente un élégant portail.

Quittez Beauvoir-sur-Mer par l'ouest en empruntant la D 948.

Sur cette route menant au Passage du Gois, la **Maison de l'âne** *(Rte du Gois - 85230 Beauvoir-sur-Mer - ✆ 02 51 93 85 70 - www.maisondelane.com - mi-avr.-mi sept. tlj 10h30-18h, juil.-août : 10h-19h - 4,50 €, enfants 3 €)* permet d'approcher différentes races d'ânes et de chevaux (balades et randonnées), d'en comprendre les comportements (vidéos pédagogiques) et de repartir avec un souvenir (savon au lait d'ânesse).

★★ Passage du Gois *(Île de Noirmoutier p. 189)*

Reprenez la route vers Beauvoir-sur-Mer sur 2 km, puis tournez à gauche.

Époids

Port-du-Bec – Il se trouve sur l'étier du Dain, dans la baie de Bourgneuf, peuplée de parcs à huîtres depuis les années 1950, et au sud des polders de Bouin où se développe une aquaculture de pointe (écloseries et nurseries de coquillages, culture d'algues). Surnommé le « port chinois » à cause de ses nombreux pontons en bois rappelant l'ambiance des ports d'Orient, il accueille les bateaux des ostréiculteurs.

À Époids, prenez la D 51A, puis à gauche la D 758.

Bouin

Cette ancienne île cernée par la mer et le Dain (un ancien bras de mer) fut maintes fois submergée jusqu'en 1940. Depuis, une solide digue de 14 km de long protège le charmant village aux ruelles sinueuses et les polders aquacoles et ostréicoles.

De Bouin, on peut se rendre au port des Champs *(3 km à l'ouest par la D 21A)* ou à celui des Brochets *(4 km au nord par la D 21).*

Quittez Bouin par le sud-est en empruntant la D 21 sur 2 km, puis prenez à droite la D 59 et à gauche vers Châteauneuf.

Châteauneuf

Le clocher de l'église abrite une cloche datée de 1487.

Le Petit Moulin – *✆ 02 51 49 31 07 - http://moulin-chateauneuf.free.fr - visite guidée (possibilité anglais, allemand, hollandais) juil.-août : 11h-19h ;*

de mi-fév. à fin juin et de déb. sept. à mi-nov. : 14h-19h - 4 € (-12 ans 2 €). Vente de farine tte l'année.

Depuis 1703, date de sa création à l'emplacement d'un ancien moulin en bois, ce moulin à vent n'a pratiquement jamais cessé de moudre les céréales. Restauré, il possède une toiture tournante orientable de l'intérieur et des ailes équipées d'une voilure de planches. En plus de la visite, des expositions et des jeux sont proposés.

Quittez Châteauneuf par le nord-est en empruntant la D 28.

Abbaye de l'Île-Chauvet

02 51 68 13 19 - de déb. juil. à fin sept. : 14h-18h - possibilité de visite guidée (1h30) - 4,50 € (-12 ans gratuit).

Elle fut fondée vers 1130 par des moines bénédictins que fit venir le seigneur de La Garnache. Le site n'était alors qu'une île. La guerre de Cent Ans endommagea l'abbaye que les moines finirent par abandonner en 1588, pendant les guerres de Religion. En 1680, le site reprit vie avec l'arrivée des camaldules (religieux de l'ordre de St-Romuald) qui y restèrent jusqu'en 1778, mais la Révolution acheva sa ruine. Dans les vestiges de l'abbatiale, admirez un beau portail à arc brisé orné de cinq voussures et d'entrelacs. De l'époque des camaldules, il ne subsiste rien. Dans l'aile où résidaient les bénédictins, vous verrez le dortoir, couvert d'une remarquable charpente du 13e s. À côté s'élevait l'hospice des pèlerins.

Avant l'entrée de Bois-de-Céné, prenez en face la D 21.

La Garnache

Cette ancienne cité médiévale dont les puissants seigneurs possédaient de nombreux biens alentour ferme la limite nord-est du marais.

Château – *02 51 35 00 66 - de déb. juil. à mi-sept. : 14h30-18h30 - 3 € (-12 ans gratuit) billet combiné avec le musée.* Longtemps dissimulé par une végétation luxuriante, cet édifice (12e s.) comprenait à l'origine une enceinte fortifiée. Remanié aux 13e et 15e s., il fut en partie rasé en 1622 sur ordre de Louis XIII, puis ruiné durant les guerres de Vendée. Les remparts sont dominés par deux tours éventrées et la base d'un donjon carré. Il accueille le **musée Passé et Tradition**, reconstitution d'un intérieur paysan.

Quittez La Garnache par l'ouest en empruntant la D 75.

Cette route est bordée de curieux îlots de pins.

Au Mollin, la D 58 ramène à Challans.

À proximité Carte de microrégion p. 172-173

St-Jean-de-Monts B1

À 16 km au sud-ouest de Challans par la D 753. Son noyau est un bourg séparé de l'océan par des dunes boisées.

67 espl. de la Mer - 0 826 887 887 (0,15 €/mn)- www.saint-jean-de-monts.com - 9h30-12h30, 14h-18h, dim. et j. fériés 10h30-12h30, 15h-17h - fermé 1er janv., 25 déc.

Le bourg – Des maisons basses se groupent autour d'une charmante **église** entièrement reconstruite en 1935, et dont l'intérieur est joliment éclairé par une douzaine de vitraux.

Le front de mer – Des immeubles résidentiels sont alignés le long d'une plage de sable fin bordée, sur près de 3 km, jusqu'à la plage des Demoiselles, d'une esplanade qui servit de décor à une scène du film de J.-P. Melville, *Un flic*.

Devant le palais des congrès, remarquez le **monument aux Oiseaux de mer** (1966), œuvre des frères Jan et Joël Martel. La plage de St-Jean, immense, ne représente pourtant qu'une des sections aménagées de la **Côte de Monts** qui s'étend sur 26 km, de Fromentine à Sion.

★ Passio, le musée Milcendeau B2

À 6 km au sud-ouest de Challans par la D 69.

Le Bois Durand - ✆ 02 51 35 03 84 - ♿ - juil.-août : 11h-18h30, sam. 14h-18h30, dim. 11h-18h30 ; mai-juin et sept. : merc.-dim. 14h-18h30 ; vac. scol. d'hiver, de printemps et de la Toussaint : merc.-dim. 14h-18h - 3,50 € (7-16 ans 2,50 €) avec audioguide, jeu de piste pour enfants, gratuit Journées du patrimoine.

Créé sur le site du Bois Durand, ce musée, est consacré à la vie et l'œuvre de l'enfant célèbre de Soullans, **Charles Milcendeau** (1872-1919), communément surnommé le « peintre des marais » et, dans une moindre mesure, à un autre Soullandais, l'écrivain **Jean Yole** (1878-1956). Les larges baies vitrées du bâtiment contribuent à créer un espace d'exposition à la fois lumineux et ouvert sur le marais dans lequel Milcendeau aimait tant à puiser son inspiration.

Dessinateur et pastelliste, cet élève de Gustave Moreau fut fortement influencé par l'Espagne, comme en témoigne la superbe décoration mozarabe de sa **chambre★** *(dans la bourrine de l'artiste, à l'extérieur du musée).* Ses portraits et scènes d'intérieur donnent à son œuvre un caractère presque ethnologique. Parmi ses paysages, admirez *Bourrine dans le marais* (1917), *La Bourrasque* (1917) ou encore *Bourrine sous un ciel tourmenté* (1916).

Aux côtés de l'œuvre de Milcendeau, une petite exposition évoque la carrière médicale, politique et littéraire de son ami **Léopold Robert**, dit Jean Yole (nom de plume évoquant la « yole », embarcation typique du marais breton vendéen). Ce médecin, sénateur de Vendée et membre de l'Académie d'Agriculture, fut l'auteur de romans et d'essais consacrés à la crise du monde paysan : *La Population et l'habitation rurales* (1929), *Le Malaise paysan* (1929), *La Vendée* (1936), *Les Marais de Monts en Vendée* (1938), *La Terre et les vivants* (1941)…

NOS ADRESSES DANS LE MARAIS BRETON-VENDÉEN

HÉBERGEMENT

Bon à savoir – Parmi les très nombreuses spécialités de la région, notez les fruits de mer (bars, soles, thons, raies, etc.), volailles (canards et poulets de Challans), la fameuse mojette (haricot blanc), le jambon vendéen cru ou à griller, le flan maraîchin ou encore la brioche vendéenne. Des adresses à retenir : le pâtissier chocolatier Alain Billet installé face aux halles de Challans, ou le charcutier traiteur Michaël Boutolleau à St-Gervais.

BUDGET MOYEN

Hôtel du Commerce – *1 r. Galliéni - 85300 Challans - ✆ 02 51 68 06 24 - www.hotelducommercechallans.com - fermé 23 déc.-5 janv. - 21 ch. 51/56 € - ☕ 7 €.* Cette sobre bâtisse blanche partiellement recouverte d'ardoises abrite des chambres fonctionnelles aux tons pastel. Les petits-déjeuners sont servis sous forme de buffet. Salle fitness.

Domaine Le Martinet – *Pl du Gén.-Charette - 85230 Bouin - ✆ 02 51 49 23 23 - www.domaine-lemartinet.com - fermé nov.-mi-avr. - ♿ - P - 25 ch. 56/120 € - ☕ 10 € - ✕ - ✆ 02 51 49*

23 48 - fermé dim. soir hors sais., lun. midi et mar. midi - formule déj. 12 €, 17/36 €. Chambres d'antan dans cette maison du bourg. Celles situées dans les dépendances sont plus spacieuses et coquettes. Cuisine traditionnelle servie dans l'ancien grenier à sel au cadre rustique soigné. Piscine couverte.

Le Relais des Touristes – *Rte de Gois - 85230 Beauvoir-sur-Mer - ✆02 51 68 70 19 - www.hotel-lerelaisdestouristes.com - ♿ - 🅿 - 39 ch. 59/103 € - ☕ 8,50 €.* Outre des chambres pratiques, sobres et bien tenues, cet hôtel propose une belle piscine intérieure, une salle de remise en forme et un sauna.

De l'Antiquité – *14 r. Galliéni - 85300 Challans - ✆02 51 68 02 84 - www.hotelantiquite.com - 20 ch. 58/150 € - ☕ 8,50 €.* Maison récente de style vendéen, fraîchement rénovée (douches à l'italienne, piscine). Le mobilier chiné chez les antiquaires personnalise les jolies chambres, toutes tournées vers la cour; celles de l'annexe sont très soignées.

POUR SE FAIRE PLAISIR

Château de la Vérie – *Rte de Soullans - 85300 Challans - ✆ 02 51 35 33 44 - www.chateau-de-la-verie.com - 🅿 -21 ch. 75/168 € - ☕ 15 € - Rest. fermé 3 sem. de mi-oct. à début nov., 1 sem. en déc., 3 sem. de fin fév. à mi-mars, dim. soir, mar. midi et lun. - 29/49 €.* Château du 16e s. classé monument historique et son beau parc entre rivière et marais. Spacieuses chambres au grand calme garnies de meubles de style ou d'origine. Boiseries et cheminées anciennes appuient le caractère intime des salles à manger; cuisine actuelle. Piscine.

RESTAURATION

BUDGET MOYEN

La Pitchounette – *48 r. Bonne-Brise - 85230 St-Gervais - ✆02 51 68 68 88 - fermé 10 j. en juin, 2 sem. en sept.-oct., lun. et mar. sf juil.-août - 🅿 - formule déj. 9 € - 19/50 €.* Cette jolie maison blanche aux volets verts dissimule un intérieur original et plaisant : bibelots à profusion, tapis, cuivres, chandeliers et cheminée composent un cadre assez baroque et très chaleureux. La terrasse est hélas un peu bruyante.

Au Petit Challandais – *2 r. de la Redoute - 85300 Challans - ✆02 51 93 59 63 - www.hotel-restaurant-lemarais.fr - fermé 1 sem. en fév., 1 sem. en mai, 1 sem. en sept., sam. soir en hiver et dim. - formule déj. 12 € - 15/34 € - 10 ch. 54/74 € - ☕ 7 €.* Les jeunes propriétaires de cet hôtel-restaurant du centre-ville ont du talent. Monsieur prépare une cuisine créative et soignée (crémeux de mogettes au foie gras poêlé) tandis que Madame assure un service attentionné et chaleureux. Chambres simples et bien tenues, récemment rafraîchies.

Chez Charles – *8 pl. Champ-de-Foire - 85300 Challans - ✆ 02 51 93 36 65 - www.restaurantchezcharles.com - fermé 23 déc.-24 janv., dim. soir et lundi - 18/54 €.* Sympathique

petit restaurant familial à l'esprit bistrot. Vous y dégusterez une cuisine régionale sensible aux arrivages du marché et privilégiant les produits du terroir.

POUR SE FAIRE PLAISIR

Le Petit-St-Thomas – *25 r. de Lattre-de-Tassigny - 85710 La Garnache - ✆ 02 51 49 05 99 - www.restaurant-petit-st-thomas.com - fermé 3 sem. fin juin-mi-juil., janv., dim. soir, merc. soir et lun. - formule déj. 18/25 €, 31/63 €.* Dans cette petite maison vendéenne, le chef concocte une cuisine soignée, au gré du marché… Jolie véranda donnant sur une courette fleurie et expositions d'artistes locaux.

ACHATS

L'Île aux Artisans – *Mairie de Sallertaine - ✆ 02 51 35 51 81 - 10h-12h30, 14h30-19h - fermé oct.-mars.* Village d'Art et d'Histoire, Sallertaine propose de découvrir, entre Pâques et septembre (même au-delà pour certains), un moulin à vent du 16e s., une église romane des 11e et 12e s., une bourrine authentique, une boulangerie-musée, des ateliers de création, un sculpteur de pierres, un souffleur de verre, un potier, etc.

Les Halles – *85300 Challans - ✆ 02 51 49 79 79 - mar. mat., vend. mat. et sam. mat.* Plus de 300 commerçants installés sous les belles halles contemporaines (1982) et alentour : ce marché est le plus fréquenté de Vendée le mardi. On y rencontre une très forte majorité de producteurs, dont des poissonniers, des boulangers, des pâtissiers, des charcutiers, des fromagers, des volaillers et tant d'autres.

ACTIVITÉS

Déambul, balades en yole et calèche – *8 pl. de Roche-Jacquelein - 85300 Le Perrier - ✆ 02 51 55 58 03 - www.leperrier.fr - juil.-août : tlj sf sam. et dim. mat. 10h-12h, 14h-18h - animaux et enfants de moins de trois ans non acceptés, pour des raisons de sécurité.* Le Perrier vous invite à parcourir le marais à bord d'une yole, en compagnie d'un guide. Vous terminerez la promenade en carriole et rejoindrez le village pour y visiter une exposition ou y déguster des produits régionaux.

La Route du Sel – *49 r. de Verdun - 85300 Sallertaine - ✆ 02 51 93 03 40 - www.laroutedusel.com - sur réserv - location à partir de 6 €.* La Route du Sel organise, des randonnées guidées ou non-guidées (j., demi-j., matinale ou nocturne) pour découvrir le marais à bord d'un canoë. Rens. et réserv. au centre du village de Sallertaine.

Base nautique – *Av. de l'Estacade - ✆ 02 51 58 00 75 - www.saint-jean-de-monts.com - tlj sf w.-end 9h30-12h30, 14h-18h ; été : tlj 10h-19h.* Locations et stages de catamarans, planches à voile, chars à voile, trimarans, surfs, kite surfs et paddles. Le « Jardin des Mers » propose aux enfants de 5 à 7 ans tout un programme pour découvrir la mer et le nautisme.

Arbre et aventure – *Complexe sportif de la Parée-Jésus - St-Jean-de-Monts (à partir du centre-ville, suivre le bord de mer en direction du golf) - ✆ 06 22 61 45 98 - www.arbreaventure85.com.* Huit parcours dans le parc et 110 ateliers à pratiquer en famille.

3

Île de Noirmoutier

★

Vendée (85)

NOS ADRESSES PAGE 190

S'INFORMER

Office du tourisme de Noirmoutier-en-l'Île – *R. du Polder - 85630 Barbâtre - ✆ 02 51 39 80 71 - www.ile-noirmoutier.com - juil.-août : 10h-19h ; reste de l'année : tlj sf dim. 10h-12h30, 14h-18h - 2e bureau : r. du Gén.-Passaga - 85330 Noirmoutier-en- l'Île - ✆ 02 51 39 12 42 - se rens.*

SE REPÉRER

Carte de microrégion A1 (p. 172) – *Carte Michelin Départements 316 C5.* Au sud de l'estuaire de la Loire, Noirmoutier n'est séparée du continent que par le goulet de Fromentine dont l'ensablement, préoccupant, est visible à marée basse. Un pont routier relie la côte à Noirmoutier depuis 1971.

À NE PAS MANQUER

Le passage du Gois et ses curieuses balises-refuges ; les paysages de marais salants et de marais sauvages le long de la jetée Jacobsen ; le Bois de la Chaise

ORGANISER SON TEMPS

Si vous tentez le passage du Gois, renseignez-vous bien sur les horaires des marées afin d'éviter tout désagrément, et comptez une bonne journée pour découvrir l'île.

AVEC LES ENFANTS

Ambiance maritime pour eux aussi, entre les plages, les coquillages du passage du Gois et la découverte des otaries du Sealand-Aquarium de Noirmoutier.

« Je viens de Noirmoutier, c'est un coin admirable, beau comme le Midi mais avec une mer autrement belle que la Méditerranée... », écrivit Auguste Renoir à un ami. Comme le peintre, vous serez charmé par son climat doux, ses criques tranquilles et ses bois odorants. Essayez d'arriver par le passage du Gois, où règne une atmosphère de bout du monde. Humez l'air du large aux parfums de mimosa et de pin et, sur cette île généreuse, remplissez votre panier de sel, de pommes de terre et de fruits de mer.

Se promener

★ NOIRMOUTIER-EN-L'ÎLE

Blanche capitale de l'île, Noirmoutier est bâtie en longueur, parallèlement à un port-canal d'où la mer se retire à marée basse. Sa Grand-Rue s'étire sur 1 km pour aboutir à la place d'Armes et au port. Les insulaires habitent des maisons basses aux tuiles rouges et aux murs blanchis à la chaux. Depuis 1959, une canalisation sous-marine apporte l'eau potable du continent.

LES GUERRES DE VENDÉE

La guerre de Vendée n'a pas épargné Noirmoutier, position stratégique importante pour les Vendéens qui espéraient recevoir de l'aide des émigrés réfugiés en Angleterre. En mars 1793, l'île est aux mains du royaliste Guerry de La Fortinière ; en avril, elle est reprise par le républicain Beysser. Dans la nuit du 11 au 12 octobre 1793, le chef vendéen Charette, à la tête de 2 000 paysans pataugeant dans le Gois encore sans chaussée, surgit et se jette sur la garnison républicaine qui baisse les armes. L'hiver suivant, le général François-Nicolas Haxo revient en force et massacre les Vendéens, parmi lesquels le général d'Elbée, commandant des royalistes, et son épouse.

Place d'Armes

C'est sur cette esplanade que fut fusillé le **général d'Elbée**. Non remis de blessures reçues à la bataille de Cholet, le général, incapable de bouger, fut transporté dans un fauteuil (visible au château) jusqu'à son lieu d'exécution.

Un peu en retrait, sur une petite hauteur, se trouvent le château et l'église. On remarque deux édifices du 18e s. : à droite, si l'on fait face au château, l'hôtel Lebreton des Grapillières (aujourd'hui hôtel du général d'Elbée), à gauche, l'hôtel Jacobsen dont le nom rappelle une famille néerlandaise qui travailla à l'assèchement de certaines terres de Noirmoutier.

Château

☎ 02 51 39 10 42 - de mi-juin à mi-sept. : 10h-19h ; de déb. avr. à mi-mai : 11h-18h ; de mi-mai à mi-juin : tlj sf mar. 11h-18h ; de mi-sept. à mi-nov. : tlj sf mar. 13h-18h ; fév.-avr. : tlj sf mar. 14h-18h - fermé 1er et 11 Nov. - 4,30 € (6-18 ans 2,35 €), gratuit Journées du patrimoine.

Construit vers la fin du 12e s., le château de Noirmoutier subit au cours des siècles les assauts des Anglais, puis des Bretons, des Espagnols et des Hollandais. Il connut aussi les guerres de Vendée et servit de prison durant la Révolution, la Commune et les deux guerres mondiales.

Austère et nue, son enceinte du 15e s. forme un rectangle interrompu seulement par deux tours d'angle et des échauguettes ; un chemin de ronde court sur son pourtour d'où l'on découvre des perspectives sur la ville, les marais salants, l'océan. L'enceinte renferme deux bâtiments principaux : le logis du gouverneur (17e s.) et le donjon médiéval (12e s.), aujourd'hui converti en musée.

Musée du château – Ses collections, déployées sur quatre niveaux, retracent l'histoire de Noirmoutier. Les pièces du **rez-de-chaussée**, consacrées aux périodes préhistorique et médiévale, évoquent également les guerres de Vendée.

Au **1er étage**, la marine ancienne est à l'honneur, avec ses figures de proue, maquettes, croix de coquillage, dents de cachalot gravées, haches et sabres d'abordage. Au même étage, admirez la superbe collection de **faïences de Jersey★** (18e-19e s.), étonnantes par la variété de leurs formes, motifs décoratifs et couleurs (lustre rose, or ou argent).

Le **2e étage** complète les collections sur la marine ancienne avec des instruments de navigation et de belles figures de proue, et présente le développement du tourisme balnéaire à Noirmoutier au 19e s. (série d'aquarelles d'A. Baudry).

Au **3e étage**, consacré aux Beaux-Arts, vous découvrirez les paysages insulaires de différents peintres natifs de Noirmoutier ou séduits par la beauté de l'île : F. Alvadeau, J. Vincent-Darasse, E. Vergez, E. Dezaunay, R. Sourzac, O. de Rochebrune. De cet étage, un escalier mène au sommet du donjon d'où vous bénéficierez d'un **panorama** sur Noirmoutier et le littoral.

★ Jetée Jacobsen

Réservée aux cyclistes et aux piétons, cette agréable route se prend au pied du château et marque la limite du domaine terrestre de la **Réserve naturelle des marais de Müllembourg** *(Maison de la réserve - Fort Larron - 85330 Noirmoutier-en-l'Île - ☎ 02 51 35 81 16)*, qui borde la baie de Bourgneuf. La jetée permet d'aller jusqu'au bois de la Chaise et d'observer en chemin la faune et la flore des 48 ha de marais salants et marais sauvages de la réserve.

Église St-Philbert

Elle fut construite à l'emplacement de l'ancienne église Notre-Dame du monastère bénédictin fondé par **saint Philbert** au 7e s. Sous le chœur, de part et d'autre duquel on remarque deux somptueux retables du 17e s., une belle **crypte★** du 11e s. occupe l'emplacement de la chapelle mérovingienne primitive ; elle abrite la sépulture de saint Philbert, tombeau vide érigé au 11e s., le sarcophage d'origine ayant été transporté à St-Philbert-de-Grand-Lieu lors des invasions normandes.

Sealand-Aquarium de Noirmoutier

Le Vieux Port - ☎ 02 51 39 08 11 - www.aquariumdenoirmoutier.com - juil.-août : 10h-20h - 5 fév.-30 juin et 1er sept.-11 Nov. : 10h-12h30, 14h-19h - 11 € (3-12 ans 9 €).

La plage des Dames et ses cabanons.
H. Hughes / hemis. fr

Des échantillons de la faune et de la flore aquatique des mers froides et des mers chaudes sont présentés dans un décor de rochers, de grottes marines reconstituées et d'aquariums géants. Vous y verrez évoluer de superbes poissons multicolores parmi des coraux vivants, mais aussi d'inquiétantes murènes, des requins et des crustacés, en tout genre. Ne ratez pas les animations mettant en scène des **otaries de Californie,** véritables acrobates pleines d'adresse aux jeux de ballons ou de cerceaux ; vous pourrez les observer sous l'eau, à travers l'écran de 6 m de large de la salle sous-marine.

3

UN PAYSAGE DE DUNES, DE PINS ET DE MIMOSAS

Depuis l'époque romaine, des affaissements successifs ont réduit les dimensions de Noirmoutier, longue de 24 km, mais large à peine de 500 m à La Guérinière, là où, en 1882, les flots faillirent la couper en deux.

L'île se divise en trois secteurs. Au sud, les dunes de Barbâtre s'allongent vers la côte vendéenne dont elles sont seulement séparées par la **fosse de Fromentine**, large de 800 m, mais parcourue de violents courants. En son centre, l'île rappelle la Hollande avec des polders (terres littorales asséchées) et des marais salants, situés au-dessous du niveau de la mer et protégés par des digues. Ils sont quadrillés de chenaux dont le principal, l'**étier de l'Arceau**, traverse l'île de part en part. Au nord enfin, la côte rocheuse est découpée de criques ombragées de chênes, pins et mimosas.

Au sommet des dunes émergent dans les pins maritimes quelques **moulins**. Les premiers furent édifiés sous l'impulsion du moine saint Philbert au 7e s. Le dernier moulin actif s'arrêta de fonctionner dans les années 1950. Vous en verrez aujourd'hui une vingtaine, disséminés sur l'île, dont les quatre **moulins de la Court**, près de la Guérinière, ou celui du **Both**, sur la digue du Pulan.

UNE ÎLE-JARDIN À VOCATION AGRICOLE

Des ressources variées – Enrichie de **goémon** (algue), la terre fertile donne des **pommes de terre** (arrivées de Barfleur dans les années 1950) et des **primeurs** réputées. Talus, murets de pierre sèche, haies de tamaris ou rangées de cyprès protègent les cultures du vent marin. Les richesses de l'océan foisonnent également. Du port de l'Herbaudière, on part à la pêche au bar et aux crustacés ; le port de Noirmoutier-en-l'Île, lui, sert plutôt d'abri d'hivernage. On pratique l'**ostréiculture** en baie de Bourgneuf et côté océan.

À la rencontre des sauniers – Autre production phare, le sel, largement tributaire de l'ensoleillement, de l'amplitude des marées et des intempéries. Sur 700 ha de marais salants à Noirmoutier, 90 seulement sont exploités par une quarantaine de sauniers, propriétaires groupés dans un syndicat pour l'entretien des étiers. Ils produisent plusieurs centaines de tonnes de sel par an, commercialisé à travers une **coopérative**. *En juil.-août (fin d'apr.-midi), plusieurs sauniers de l'île ouvrent leur marais à la visite : Patrick Guilloton - ✆ 06 68 83 66 52 ; Céline Renoir - ✆ 06 50 37 68 57 ; Cathy Guérin - ✆ 06 18 01 06 08 ; Normand Hallais - ✆ 02 51 35 90 14 ; Martine Ruffio - ✆ 06 63 64 79 76 ; Valérie Simon - ✆ 02 51 35 97 22 ; Christian By - ✆ 02 51 39 16 19 ; Didier Domingues - ✆ 02 51 35 76 49 ; Philippe Petitgas - ✆ 02 51 39 96 63 ; Nicolas Bénétreau - ✆ 06 80 58 99 19.*

LE RESTE DE L'ÎLE Carte de Noirmoutier p. 185

★ Bois de la Chaise

À 2 km au nord-est par la D 948 (suivez la signalisation Plage des Dames).

Ce bois de pins maritimes et de chênes verts, en bordure de l'océan, ressemble à un coin de Côte d'Azur égaré sur les rivages de l'Atlantique. On peut y voir aussi les mimosas qui font la réputation de l'île et qui embaument lors de la floraison, en février. La **plage des Dames** est bien abritée et s'étend sur une courbe harmonieuse de sable fin. Elle tiendrait son nom des druidesses qui venaient cueillir leurs branches dans le bois voisin.

★ Promenade des Souzeaux

Charmante promenade *(45mn à pied AR)* à effectuer, au départ de la plage des Dames, le long de criques boisées.

Engagez-vous à gauche sous les chênes verts dans le sentier qui part à gauche de la digue. Prenez ensuite le premier chemin à gauche, en montée.

Après le phare des Dames, les pins se mêlent aux chênes. La falaise rocheuse domine une mer ponctuée de récifs ; vues sur la Côte de Jade et Pornic. On rencontre l'anse Rouge qui veille la tour Plantier avant d'arriver à la plage des Souzeaux.

L'Herbaudière

À 5 km au nord-est par la D 5.

Le va-et-vient des bateaux colorés anime ce petit port de pêche où les poissons, langoustes et homards sont vendus chaque jour à la criée. Les fanions multicolores, servant à repérer en mer les casiers à crustacés, donnent aux caseyeurs des airs de fête. Le bassin voisin accueille le port de plaisance. De la jetée qui sépare le port de pêche du port de plaisance, vue sur le phare et l'île du Pilier qu'une chaussée reliait jadis à Noirmoutier.

Abbaye de la Blanche – *À l'orée du bois de la Blanche, entre L'Herbaudière et le hameau de la Madeleine.* Fondée au début du 13e s. par une communauté de moines, elle fut occupée jusqu'à la Révolution française. À l'entrée, la porte des Lions est classée monument historique.

La Guérinière

À 4 km au sud par la D 948. La côte nord de ce village abrite le port du Bonhomme (cabanes ostréicoles). Sur la côte sud s'étendent des plages de sable fin surplombées par le bois des Éloux et des moulins en enfilade.

Musée des Traditions de l'île – *02 51 39 41 39 - ♿ - juil.-août : 10h-12h30, 15h-19h ; avr.-juin et sept.-oct. : merc.-dim. 10h-12h30, 14h30-18h - fermé 1er mai - 3,50 € (6-15 ans 1,50 €), gratuit Journées du patrimoine.* Le visiteur est invité à suivre un parcours thématique consacré au patrimoine insulaire de Noirmoutier. Huit salles soigneusement décorées évoquent le mode de vie et les activités traditionnelles des habitants à la fin du 19e s. et au début du 20e s. : navigation et pêche, saliculture, agriculture, religion… On notera l'évocation particulièrement réussie d'un **atelier d'artisan**, avec son établi, ses rabots et ses gabarits, et celle tout aussi soignée d'un **intérieur noirmoutrin** d'autrefois.

En suivant la D 38 vers le sud, vous apercevrez sur votre gauche, à hauteur de Barbâtre, le **polder de Sébastopol**. Un circuit permet de découvrir cette réserve naturelle régionale de 133 ha qui abrite de nombreuses espèces d'oiseaux marins, d'insectes (plus de 300 types de papillons), de poissons et de végétaux endémiques.

★★ Passage du Gois

À 12 km au sud-est par la D 948 (rond-point au niveau de Barbâtre).

Utilisée depuis le 17e s., cette magnifique chaussée submersible de 4,2 km, qui relie la côte est de l'île au continent au niveau du goulet de Fromentine, fut la seule voie d'accès carrossable de la fin du 19e s. à 1971, date de la mise en service du pont. Aujourd'hui fréquenté par des ostréiculteurs et boucholeurs locaux, et par de nombreux pêcheurs à pied, le Gois est un endroit insolite, à voir absolument. Mais attention… les **balises-refuges** qui jalonnent le passage du Gois et qui permettent aux imprudents, surpris par la marée montante, de se hisser et d'attendre la marée descendante, rappellent l'importance de respecter scrupuleusement la signalisation et les consignes de sécurité affichées aux abords du site.

NOS ADRESSES SUR L'ÎLE DE NOIRMOUTIER

COMMENT S'Y RENDRE

Pont routier – Quittez le continent à Fromentine pour traverser gratuitement ce pont en béton.
Passage du Gois – Partez de Beauvoir-sur-Mer pour emprunter ce passage uniquement accessible à marée basse. *Respectez les consignes et renseignez-vous sur les horaires des marées en consultant le site http://vendee.online.fr/meteo.htm.*

TRANSPORTS

Même si la voiture n'est pas interdite sur l'île, le meilleur moyen de la parcourir est le vélo ou, mieux encore, la marche. *Pour obtenir la brochure des circuits pédestres balisés ou la carte des sentiers cyclables, contactez les offices de tourisme de l'île.*

HÉBERGEMENT

Noirmoutier-en-l'Île

PREMIER PRIX

Chambre d'hôte Baranger – *8 r. de la Mougendrie - ✆ 02 51 39 12 59 - yvan.baranger@wanadoo.fr - fermé 15 sept.-Pâques - ⊭ - 5 ch. 50 € ☕.* Cette maison se trouve dans une paisible ruelle. Chambres simples ouvrant toutes sur l'agréable jardin clos. Jolie salle rustique des petits-déjeuners. Studio avec cuisine et terrasse privative.

BUDGET MOYEN

Hôtel du Bois de la Chaize – *23 av. de la Victoire (au Bois de la Chaise) - ✆ 02 51 39 04 62 - www.hotel-noirmoutier.com - P - 8 ch. 60/90 € - 9 €.* Bel hôtel de charme au décor contemporain fraîchement rénové, à 800 m de la mer.

Hôtel Autre Mer – *32 av. Joseph-Pineau - ✆ 02 51 39 11 77 - www.autremerhotel.fr - fermé 11 Nov.-30 mars - P - 27 ch. 59/89 € - ☕ 9 €.* Cet hôtel entièrement rénové arbore une pimpante façade blanche aux volets verts. Décoration sobre et contemporaine dans les chambres.

Hôtel Turquoise – *26 r. de la Fontaine, à 200 m du château - ✆ 02 28 10 68 90 - www.hotel-turquoise.fr - fermé déb. oct. à févr. - P - 12 ch. 80/95 € - ☕ 9 €.* Cet hôtel implanté dans un quartier résidentiel calme proche du château, se compose de quatre maisons basses typiques de l'île. Trois d'entre elles abritent les chambres de plain-pied dotées d'une terrasse privative ; la quatrième accueille la réception et la salle des petits-déjeuners.

POUR SE FAIRE PLAISIR

Hôtel Fleur de Sel – *✆ 02 51 39 09 07 - www.fleurdesel.fr - fermé nov.-mars - P - 35 ch. 100/220 € ☕ - ✕ 20/39 €.* Tout près de la plage des Sableaux, cette maison basse aux murs blancs et tuiles rondes a bien du charme. Le décor de ses chambres pimpantes crée une atmosphère aux accents insulaires. Service en terrasse l'été et piscine.

Les Prateaux – *8 allée du Tambourin (au Bois de la Chaise) - ✆ 02 51 39 12 52 - www.lesprateaux.com - de mi-fév. à fin oct. - 19 ch. 102/170 € - ☕ 14 € - P - ♿ - formule midi 18 € ; 22/59 € - fermé merc. midi et mar.* La proximité de la plage et la quiétude de la pinède favorisent cet hôtel. Mobilier de style dans les chambres, spacieuses et souvent de plain-pied. Lumineuse salle à manger ouvrant sur le jardin fleuri ; cuisine axée sur les produits de la mer.

Hôtel du château du Pélavé – *9 allée de Chaillot - Bois de la Chaise - ✆ 02 51 39 01 94 - chateau-du-pelave@wanadoo.fr - 14 ch. 2 suites 111/259 € - ☕ 8,50/12 € - ✕ 28/56 €.* Au cœur du bois de la Chaise, grande villa en granit de la fin du 19e s. entourée d'un joli parc arboré et fleuri. Chambres lumineuses ; quatre possèdent une terrasse privative. Belle carte de vins de propriétaires au restaurant.

RESTAURATION

De nombreux ostréiculteurs proposent des assiettes d'huîtres au déjeuner. Essayez les cabanes de la La Guérinière et du Port du Bonhomme (Chez P'tit Louis, La Godaille…)

Noirmoutier-en-l'Île

PREMIER PRIX

Aqua Pizza – *58 av. Joseph-Pineau - ✆ 02 51 39 54 78 - pizz66@wanadoo.fr - fermé lun., mar. et le midi - réserv. conseillée - 8,80/10,80 €.* Venez déguster une pizza ou un plat de pâtes dans l'ambiance conviviale de cet établissement aux allures de cafétéria américaine. Originaire de l'île, le chef prépare lui-même sa pâte… délicieuse ! Parmi ses spécialités : la St-Jacques.

Le Café Noir – *4 quai Cassard (sur le port) - ✆ 02 51 39 00 75 - 15,50/18 €.* Situé face au canal du port, ce café doté d'une vaste terrasse est un incontournable de l'île ! Son propriétaire vous y accueille dans une ambiance branchée et décontractée. À midi, petite restauration copieuse et familiale : salades, croque-monsieur, huîtres, gâteau au chocolat maison…

L'Île d'Her – *10 pl. d'Armes - ✆ 02 51 39 11 93 - liledher@wanadoo.fr - fermé vend. d'oct. à mars - réserv. conseillée en sais. - 14,50/25 €.* Dès qu'un rayon perce les nuages, les Noirmoutrins prennent d'assaut la grande terrasse de ce restaurant situé face à la place du château. Les produits de la mer y tiennent la vedette, mais ceux de la terre ne sont pas en reste. Plats soigneusement présentés et excellent rapport qualité-prix.

BUDGET MOYEN

L'Auberge du Château – *9 r. des Douves - ✆ 02 51 35 74 31 - auberge-noirmoutier@wanadoo.fr - fermé du 11 Nov. au 20 déc., lun. d'oct. à janv. et merc. - ouv tlj pdt vac. - 14/35,80 €.* Cette sympathique maison de pêcheur bénéficie d'un emplacement de choix, à l'ombre du château et à proximité du port. On y sert principalement une cuisine de la mer mettant à l'honneur langoustines, St-Jacques, huîtres de Noirmoutier et bars, assortie de plats du jour.

La Plage de Jules – *Plage des Dames - entrée de Noirmoutier-en-l'Île, dir. Bois de la Chaise, plage des Dames - ✆ 02 51 39 06 87 - lagedejules@wanadoo.fr - ouvert de mi-fév.-mi-nov. - réserv. conseillée - 17,90/35 €.* Un agréable restaurant lounge avec vue. Dans une ambiance chaleureuse, vous pourrez déguster les produits de la mer parfois agrémentés des fameuses pommes de terre de l'île.

Le Grand Four – *1 r. de la Cure - derrière le château - ✆ 02 51 39 61 97 - www.legrandfour.com - fermé janv., déc., dim. soir et lun. et jeu. midi. hors sais. - 23/58 €.* Ne manquez pas ce petit restaurant derrière le château : installé dans une maison couverte de vigne vierge, il est très coquet avec ses larges fauteuils confortables, son plafond orné de fresques

3

et ses fleurs partout. Cuisine entre mer et terroir, au goût du jour.

L'Herbaudière

POUR SE FAIRE PLAISIR

La Marine – *3 r. Marie-Lemonnier - ✆ 02 51 39 23 09 - fermé deux sem. fin nov, deux-1re sem. déc.- 1 sem. après 1er janv., dim. soir et mar. et merc. sf juil.-août - 50/80 €.* La Marine, désormais installée dans un décor contemporain, sert une cuisine au goût du jour, entre mer et terre, cotée 1*. À côté *(au n° 5)*, l'ancienne maison blanche aux volets gris, face au port de pêche, abrite l'annexe du restaurant étoilé **La Table d'Élise** *(✆ 02 28 10 68 35, menu 19,50 € menu du marché le midi en sem. 29 €, jardin-terrasse, mêmes fermetures).*

PETITE PAUSE

Noirmoutier-en-l'Île

P. Giraudet – *28 Grand-Rue - ✆ 02 51 39 07 83 - juil.-sept. et vac. scol. : tlj 8h30-13h et 15h-19h30 ; reste de l'année : tlj sf lun. 8h30-13h et 15h-19h.* La célèbre galette St-Philbert (sablé au beurre et au sel de Noirmoutier) et le Cob figurent parmi les spécialités maison à découvrir dans cette boutique. Possibilité de visiter l'atelier de fabrication de la galette.

Tutti Frutti – *24 Grand-Rue - ✆ 02 51 39 69 72 - 9h-minuit en juil.-août ; sinon 10h-12h30, 15h-19h - fermé 11 Nov.-1er avr.* Chez ce glacier réputé, les sorbets, les glaces et les cornets sont faits maison. Côté parfums, il innove sans cesse et en propose une soixantaine…

ACHATS

Chez Hercule – *1 chemin de la Grande-Passe - à l'est de l'Épine par D 948, rte de Noirmoutier - 85740 L'Épine - ✆ 02 51 39 35 62 - 9h-20h.* Bienvenue chez Hercule, digne successeur d'une famille de paysans noirmoutrins. Vous pourrez acheter pommes de terre, œufs, volailles et miel, mais aussi fruits de mer, anguilles ou sel.

Coopérative agricole de Noirmoutier – *Rte du Champ-Pierreux - Le Petit Chessé - 85330 Noirmoutier-en-l'Île - ✆ 02 51 35 76 76 - www.laprimeurdeliledenoirmoutier.com -contact@coopnoirmoutier.com - tlj sf dim et sam. 9h-12h, 14h-18h, sam. 9h-12h en saison - fermé mi-nov.-mi-mars.* Ici, les stars restent les pommes de terre : on cultive un grand nombre de variétés telles la sirtema, la rarissime bonnotte, la lady christl, l'aminca, la roseval ou la charlotte. La coopérative vend également fleur de sel, salicornes et mojettes de Vendée, sans oublier les chips noirmoutrines.

Maison des Saveurs – *1 r. du Marché - 85330 Noirmoutier-en-l'Île - ✆ 02 51 39 03 87 - 9h30-12h30, 14h30-19h, dim. 10h-13h, 15h-19h ; juil.-août : 9h-19h30, dim 10h-19h ; fermé lun.-jeu. du 1er oct. au 1er avr. sf vac. scol.* Concoctées par de petits producteurs du département, les spécialités sont aussi nombreuses qu'appétissantes : foie gras à la fleur de sel de Noirmoutier, rillettes de poissons, confitures, thés, caramels, sel, vins, etc.

Patrick et Catherine Guilloton – *Marais salant situé sur la D 95 - 85330 Noirmoutier-en-l'Île - ✆ 06 68 83 66 52 - visite d'avr. à oct. le w.-end ou sur RDV, tlj à 16h et 17h30 en juil.-août.* Si vous prenez la route qui va de Noirmoutier à l'Épine, arrêtez-vous à cet étale qui recèle les trésors récoltés dans les marais : sel, fleur de sel et salicornes salants.

Les Cueillettes du Gois – *R. des Polders (rd-pt du Gois) - 85630 Barbâtre - 02 51 26 55 98 - www.chapeaudepaille.fr - 9h-13h, 15h30-19h30.* Vous pourrez cueillir des fruits, des légumes et quelques fleurs, tout en vous promenant dans un cadre champêtre. Ambiance familiale.

EN SOIRÉE

Bon à savoir – Le programme des animations de l'île (spectacles, concerts, tournois, etc.) est répertorié dans un petit cahier disponible à l'office de tourisme, dans les magasins et auprès des professionnels du tourisme.

ACTIVITÉS

Les plages – Près de 40 km de plages de sable fin occupent le littoral. Sur la partie ouest de l'île s'étendent de vastes plages, de la pointe de la Fosse (au sud de Barbâtre) à l'Herbaudière, avec quelques sites particulièrement agréables : plage des Sables d'Or (La Guérinière), plage des Éloux (l'Épine), plage de Luzéronde (l'Herbaudière). Au nord, les plages du Viel contrastent avec celles du nord-est, où se succèdent de charmantes petites criques, et les plages chic du bois de la Chaise.

O'abandonado – *85330 Noirmoutier-en-l'Île - 02 51 58 32 58.* Sorties en mer sur un bateau traditionnel à voile, ancien navire de pêche.

Le Noirmout'train – *Dép. pl. du Château - 85330 Noirmoutier-en-l'Île - 02 51 39 50 02 - http://noirmouttrain.free.fr* - Ce petit train vous permettra de découvrir les paysages de l'île (marais salants, plages, forêts, etc.), son histoire et ses traditions. Visites guidées de 35mn, 1h, 2h.

Océanile – *Site des Oudinières - rte de Noirmoutier - 85740 L'Épine - 02 51 35 91 35 - www.oceanile.com* Repérable à sa coque de bateau renversée, un parc aquatique avec piscine à vagues, toboggans, rivière à bouée, cascades, etc.

AGENDA

Régates du Bois de la Chaise – *Week-end du 15 août.* Près de 150 voiliers naviguent dans la baie de Bourgneuf devant 20000 spectateurs.

Île d'Yeu

★★

Vendée (85)

NOS ADRESSES PAGE 198

S'INFORMER

Office du tourisme de l'île d'Yeu – *1 pl. du Marché - 85 350 L'Île d'Yeu - 02 51 58 32 58 - www.ile-yeu.fr - juil.-août : 9h-13h, 14h-19h, dim. et j. fériés 9h30-13h ; avr.-juin et sept. : 9h-12h30, 14h-18h, dim. et j. fériés 10h-12h30 ; reste de l'année : tlj sf dim. 9h-12h30, 14h-17h30 - fermé 1er janv., 1er et 11 Nov., 25 déc.*

SE REPÉRER

Carte de microrégion A2 (p. 172) – *Carte Michelin Départements 316 B/C7.*
L'île d'Yeu mesure à peine 10 km de long sur 4 km de large. À 10 milles nautiques des côtes, elle figure parmi les îles de l'ouest les plus éloignées du continent.

À NE PAS MANQUER

Port-de-la-Meule et les superbes paysages de la Côte sauvage ; Port-Joinville, au centre des activités de l'île ; le dolmen de la Planche à Puare, vieux d'environ 5 000 ans ; les nombreuses espèces d'oiseaux qui fréquentent l'île, ses marais et ses landes.

ORGANISER SON TEMPS

Pour profiter en toute quiétude de la beauté de l'île, préférez une visite hors saison. Elle vous révélera des coins déserts et sauvages difficiles à trouver lors de l'affluence estivale.

AVEC LES ENFANTS

La découverte de la Côte sauvage, avec ses criques, ses repaires de corsaires, ses sources et ses points de vue saisissants, devrait les ravir… sans parler de tous les plaisirs nautiques auxquels ils pourront s'adonner.

Corse de l'Atlantique, grain de granite, île des coups de foudre, petite île à l'œil clair… Son étrange configuration – une côte rocheuse à l'ouest qui rappelle étrangement la Bretagne, des plages de sable plutôt vendéennes à l'est – a valu à l'île d'Yeu maints surnoms louangeurs. Baignée d'une lumière incomparable, cette terre au doux climat a conservé les vertus de son insularité : arrivée en bateau, nature préservée… C'est à pied ou à vélo que vous découvrirez ses petits villages, ses mystérieux mégalithes et ses chemins de douaniers longeant les côtes, pour une balade revigorante au bord de l'océan.

Se promener

★ Port-Joinville

Au cœur des activités de l'île, Port-Joinville (anciennement Port-Breton) doit son nom au fils de Louis-Philippe, le prince de Joinville. Une **vue** idéale sur le

Port-Joinville.
C. Moirenc / hemis. fr

port s'offre lors de l'arrivée en bateau. Il se montre alors rempli de thoniers et de petits chalutiers dont les fanions multicolores claquent au vent.
À l'arrière-plan court le quai bordé de maisons blanches. Le port s'assèche à marée basse, à l'exception d'un avant-port. En arrière des quais, Port-Joinville dissimule une rue commerçante et de multiples ruelles où se pressent les maisons des marins.
Musée de la Pêche – *Quai de la Chapelle - ✆ 02 51 59 57 21 - juil.-août : lun.-sam. 10h-13h (10h-13h, 17h-19h par temps de pluie) ; avr.-juin et sept. : se rens. au 02 51 58 32 58 (office de tourisme) - 4,50 € (5-16 ans 2,50 €).* La pêche constitue, en dehors du tourisme, la principale activité de l'île. Les marins islais sont spécialisés dans le poisson de qualité, bar, lotte, merlu et thon blanc ou « germon ». Commencez votre visite par l'ancien **abri du marin**, créé en 1898 pour lutter contre le désœuvrement et l'alcoolisme dans les milieux maritimes, procurer aide et assistance et perpétuer les traditions. Aujourd'hui converti en musée du patrimoine islais, l'abri du marin propose des maquettes de bateaux, des instruments de marine, des photos et objets divers, ainsi qu'une évocation de la pêche artisanale en Amazonie.

YEU À PIED OU À VÉLO

Vous découvrirez, sur le site **www.ile-yeu.fr**, le descriptif des deux randonnées suivantes et bien d'autres idées de balades pour tous les goûts et tous les niveaux.
Randonnée pédestre : **sentier du Ponant et sentier du Levant** – Ces deux sentiers de 20 km traversent chacun une moitié de l'île. Comptez 5h.
Randonnée cycliste : **itinéraire orange** *(30 km)* – Points d'intérêt : Port-Joinville, anse des Broches, Grand Phare, Ker Daniau, pointe du Chatelet, Vieux Château, La Meule, pointe de la Tranche, anse des Vieilles, pointe des Corbeaux, plage des Conches, plage du Marais-Salé, St-Sauveur, Port-Joinville.

HISTOIRE DES ISLAIS

Dès la préhistoire, l'île d'Yeu connut une présence humaine comme en témoignent les nombreux dolmens et les menhirs que l'on y trouve; et selon le géographe grec Strabon, un collège de **druidesses** y aurait siégé. Au 6e s., un monastère est fondé sur l'île. Il attire, au début du siècle suivant, le futur **saint Amand**, apôtre des Flandres. Au 16e s., tout un village de Cornouaille (région du Finistère) débarque sur l'île sous la conduite de son curé. L'île d'Yeu appartint à différents seigneurs, dont Olivier de Clisson, avant d'être vendue au roi de France en 1785.

La détention du maréchal Pétain – Le 16 novembre 1945, le maréchal Pétain, ex-chef de l'État français de 1940 à 1944, est incarcéré à la Citadelle (fort de la Pierre-Levée). Condamné à mort pour collaboration avec les Allemands, il voit sa peine commuée en détention à vie, en raison de son grand âge (90 ans). En 1951, une double congestion pulmonaire le frappe. Le 29 juin, on le transporte dans la maison Lucos, près de l'église, où il s'éteint le 23 juillet. Il repose aujourd'hui au cimetière de Port-Joinville.

Traversez la route pour vous rendre à l'**abri du sauvetage** (à côté du bateau *Le Corsaire)*, lui aussi ouvert à la visite. Une exposition y est consacrée à l'histoire du sauvetage en mer : habits, outillage, différents types de canots, etc. Revenez ensuite à l'abri du marin pour y terminer votre visite par la projection d'un film sur les techniques de pêche.

Grand Phare

Visité guidée (20mn) juil.-août : 10h-12h30, 14h30-18h ; avr.-juin et sept. : merc. et sam. 10h30-12h30, 14h30-16h30 - 3 € (7-18 ans 1 €), 6,50 € (7-18 ans 1 €) billet combiné avec le vieux château, gratuit Journées du patrimoine.

Bâti en 1829 pour assurer la sécurité des navires, il fut dynamité en août 1944 par les troupes de l'Occupation, puis reconstruit en 1951. De son sommet *(201 marches)*, à 41 m du sol et 56 m du niveau de la mer, **vue**★ sur l'île et l'Océan et, par temps clair, sur la côte, de Noirmoutier à St-Gilles-Croix-de-Vie.

Dolmen de la Planche à Puare

Élevé sur la côte nord-ouest près de l'anse des Broches, ce mégalithe daterait d'environ 3 000 av. J.-C. Dans cette tombe en granit schisteux furent retrouvés les ossements d'une douzaine d'individus. *L'île d'Yeu compte au total une centaine de sites mégalithiques, dont celui des Petits Fradets, à la pointe de la plage de la Gournaise.*

Circuit conseillé Carte ci-contre

Yeu possède des côtes très différentes. Sablonneuse et verdoyante, plutôt vendéenne, sa côte est contraste étrangement avec la Côte sauvage, à l'ouest ; rocheuse, frappée par les embruns et par les vagues, cette dernière s'apparente à Belle-Île, sa grande sœur bretonne, avec ses criques et ses falaises.

★★ CÔTE SAUVAGE

L'île se découvre idéalement à pied ou à vélo, sur les chemins de douaniers qui longent ses côtes.

Cette côte découpée s'étend de la pointe du But à la pointe des Corbeaux.

★ Le Vieux Château

Il se dresse sur un éperon de granit coupé de la côte par une étroite crevasse (17 m de profondeur), où le flot s'engouffre dans un bruit assourdissant. Bâti au 14e s. pour protéger les Islais d'une invasion, démantelé sous Louis XIV à la fin du 17e s., puis répertorié à l'inventaire des monuments historiques en 1890 et soumis à des travaux de restauration toujours en cours, ce farouche nid de corsaires dessine un trapèze défendu par des tours formant bastions.

Remplaçant le pont-levis, une passerelle permet d'accéder à l'intérieur de l'enceinte. Du sommet du donjon *(attention, absence de parapet)*, **vues★★** splendides sur la Côte sauvage et l'Océan.

En partant du Vieux Château, suivez, à distance respectable, le bord de la falaise dénudée qui surplombe les flots *(attention au vertige et aux éboulements)*, en direction de Port-de-la-Meule. On arrive au petit bois de pins qui marque l'entrée du havre : **vue★★** plongeante sur la crique.

★★ Port-de-la-Meule

À l'extrémité d'une anfractuosité de la côte, longue et étroite, s'est installée la cale des langoustiers et des homardiers qui vont mouiller leurs casiers sur les fonds rocheux de la Côte sauvage. Sur le haut de la lande, la blanche **chapelle N.-D.-de-Bonne-Nouvelle** (11e s.) veille sur le port. Chaque année, le lundi de Pâques, les Islais y viennent en pèlerinage.

En suivant la falaise au-delà de la chapelle, on arrive à la **Pierre tremblante** (ou branlante), énorme rocher de 7 m de long dominant la mer, que l'on peut faire bouger en s'appuyant en un point précis.

★ Pointe de la Tranche

Nombreuses criques rocheuses. De chaque côté de la pointe, l'anse des Fontaines, ainsi nommée en raison de ses sources, et deux sites bien abrités propices à la baignade : l'**anse des Soux** (abritant la grotte du Ciel et de l'Enfer, longue de 37 m) à laquelle fait suite l'**anse des Vieilles**, l'une des plages les plus courues de l'île.

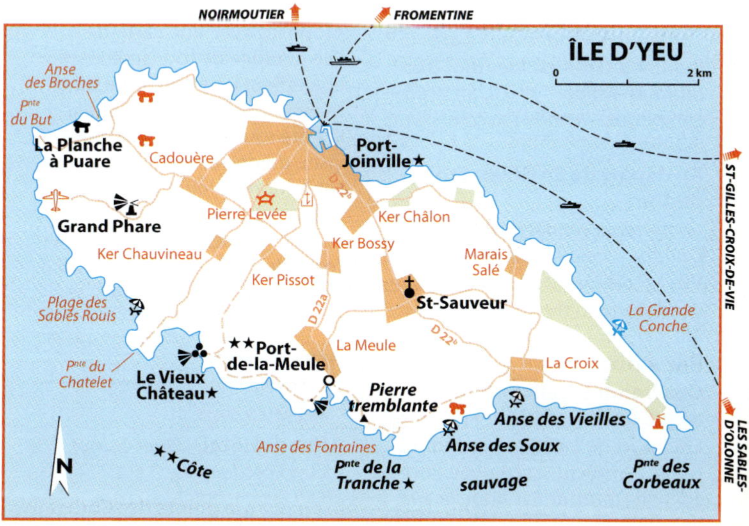

3

Pointe des Corbeaux

De l'extrémité sud-est de l'île, on découvre le contraste saisissant entre la côte ouest, rocheuse, d'allure bretonne, et la côte est, sablonneuse, plutôt vendéenne, où des plages se succèdent.

St-Sauveur

Communément appelé « le Bourg », le plus ancien village de l'île en fut jadis la capitale religieuse et le lieu de résidence du gouverneur. St-Sauveur est entouré de moulins. Il possède une **église** romane en granit gris dont les parties les plus anciennes datent du 11e s. et dont la croisée du transept porte une tour carrée.

NOS ADRESSES À L'ÎLE D'YEU

COMMENT S'Y RENDRE

Par bateau

Du continent, deux embarcadères accueillent des bateaux effectuant une liaison maritime régulière ou saisonnière avec l'île d'Yeu (Port-Joinville). Une autre est établie depuis l'île de Noirmoutier.

Au départ de Fromentine (La Barre-de-Monts) :
Compagnie Yeu Continent - 85550 Port-Fromentine - ✆ 0 825 853 000 - 3615 Yeu - www.compagnie-yeu-continent.fr - tte l'année.
Compagnie Vendéenne - Gare maritime - Fromentine - 85550 La Barre-de-Monts - ✆ 0 825 139 085 - compagnie-vendeenne.com - avr.-sept.

Au départ de St-Gilles-Croix-de-Vie :
Compagnie Vendéenne - Pl. de la Douane - 85800 St-Gilles-Croix-de-Vie - ✆ 0 825 139 085 - compagnie-vendeenne.com - traversée : 1h - avr.-sept.

Par avion

Oya Vendée Hélicoptères assure une liaison aérienne entre l'héliport de La Barre-de-Monts *(sur le continent)* et celui de Port-Joinville *(quai de la Chapelle, sur l'île d'Yeu) - ✆ 02 51 59 22 22 - www.oya-helico.com - réserv. recommandée - durée du vol : 10mn - 90 € (2-12 ans 69 €).*

TRANSPORTS

À l'arrivée, débarqué sur le quai, vous serez sollicité par les loueurs de vélos de Port-Joinville qui vous proposeront sensiblement les mêmes services (VTT, vélos hollandais, siège ou remorque couverte pour enfants) et les mêmes prix. Des itinéraires de randonnée à pied ou à vélo sont proposés avec une carte de l'île à l'office de tourisme. Il y a également un **service de bus** qui vous transportera jusqu'à la Côte sauvage. Possibilité de visite guidée en autocar d'avril à septembre *(départ devant la gare maritime)*. **Petit train** en juillet et août. Pensez aussi à tester la **formule car + rando** sur la Côte sauvage (pour les horaires, se renseigner à l'office de tourisme).

HÉBERGEMENT

PREMIER PRIX

Atlantic Hôtel – *Quai Carnot - 85330 Port-Joinville - ✆ 02 51 58 38 80 - www.hotel-yeu.com -*

fermé 5 janv.-1er fév. - 18 ch. 45/94 € - ☕ 7,50 €. Face à l'embarcadère, chambres claires profitant du tintement des mâts – comme la salle des petits-déjeuners – ou de la tranquillité du village et de ses jardinets de pêcheurs.

BUDGET MOYEN

L'Escale – *R. de La Croix-de-Port - 85 350 Port-Joinville - ☎ 02 51 58 50 28 - www.yeu-escale.fr - fermé 15 nov.-15 déc. - 29 ch. 60/83 € - ☕ 8 €.* En retrait du port, façade blanche égayée de volets colorés. Chambres simples et bien tenues, parfois climatisées. Salle des petits-déjeuners au décor marin.

RESTAURATION

BUDGET MOYEN

Le Père Raballand – *6 pl. de la Norvège - ☎ 02 51 26 02 77 - www.lepereraballand.com - fermé déc.-fév. - ♿ - formule déj. 16,50 € - 24,50/38,50 € (réserv. conseillée en été et le w.-end).* L'atout de ce restaurant très prisé est incontestablement sa terrasse, couverte et chauffée hors saison, d'où l'on peut admirer les bateaux et profiter de l'animation du port. Intérieur décoré d'éléments d'accastillage, ambiance animée et cuisine de la mer simple.

POUR SE FAIRE PLAISIR

Les Bafouettes – *8 r. Gabriel-Guist'hau - Port-Joinville - ☎ 02 51 59 38 38 - fermé dim. et lun. sf d'avr. au 15 sept. - ♿ - formule déj. 16/18 € - 27,35/47 €.* Ce restaurant est devenu une adresse incontournable de l'île. La façade plutôt discrète dissimule plusieurs salles à manger feutrées où dominent des tons chocolat. Vous y dégusterez des produits de la mer préparés avec créativité.

Restaurant Port Baron – *9 r. Georgette - Port-Joinville - ☎ 02 51 26 01 61 - fermé 2 sem. en oct., mar. midi et lun. - formule déj. 20 €; 32/40 €.* Vieilles affiches, banquettes, photos, bibelots et disques anciens : dans un agréable décor de bistrot rétro, la carte s'inspire des tendances saisonnières et des arrivages.

ACHATS

Les Petits Rideaux de l'île d'Yeu – *13 r. de la Chaume - ☎ 02 51 58 55 50 - www.madeinyeu.fr - tlj sf dim. 10h-13h, 17h-19h.* Cette boutique artisanale proche de Port-Joinville vend rideaux tissés, abat-jour, chapeaux, etc. Autre boutique au *13 r. de la Chaume.*

Marché – *Quai Carnot - Port-Joinville - www.ile-yeu.fr - 9h-13h avr.-sept. pl. de la Norvège ; oct.-mars tlj sf lun. quai Carnot.* 8 commerçants. Il faut également vous arrêter chez Monsieur Branger, au n° 9 quai Carnot. Le meilleur boudin blanc de l'île - servi traditionnellement à l'occasion des fêtes de Pâques - se trouve chez ce maître-artisan-charcutier, au milieu d'autres produits gourmands appréciés des îliens.

La boutique de la Conserverie – *Quai Carnot - Port-Joinville - ☎ 02 51 58 37 59 - www.yeuconserverie.com - avr.-mi-nov. : 9h30-12h30, 15h30-19h.* Bernard et Caroline Hennequin ont remis au goût du jour les recettes artisanales des anciennes conserveries de l'île : spécialités à base de thon, rillettes de poissons (maquereaux, sardines…), foie de lotte, plus connu sous le nom de « foie gras de la mer », terrine d'huîtres fumées ou de seiches marinées, produits à base d'algues, sels aromatisés, etc.

La Mie Câline – *1 quai Carnot - Port-Joinville - ☎ 02 51 58 72 72 - www.lamiecaline.com - été :*

6h-20h30 ; hiver : 7h-19h - fermé 1er janv. et 25 déc. - de 3,20 € à 7 €. Faites votre choix sur la carte assez diversifiée et offrez-vous une pause gourmande salée ou sucrée dans cette boulangerie-sandwicherie-saladerie à la devanture moderne jaune et marron. Ici, les cuisiniers transforment la pâte sur place.

EN SOIRÉE

Bon à savoir – Édité tous les mois, le calendrier des manifestations, disponible à l'office de tourisme, recense les animations, spectacles et autres événements festifs de l'île.

ACTIVITÉS

Plages – *www.ile-yeu.fr*
Pour faire trempette, vous n'aurez que l'embarras du choix parmi les 21 plages que compte l'île. L'une des plus fréquentées, la Grande Conche, s'étend sur 5 km et fait face au continent. Pour se prélasser « sous le soleil, exactement », préférez les plages plus exposées, au sud, ou celle de l'Anse des Soux, très fréquentées en été. La plage des Vieilles, prisée des familles et des surfeurs néophytes, est bordée de dunes et de pins. Quant aux surfeurs expérimentés, ils apprécieront, lorsque le temps s'y prête, la plage des Sables Rouis. Mais attention : aucune plage de l'île n'est surveillée.

Sub'Évasion – *Port de la Meule - 02 51 58 59 59 - www.subevasion.com - mars-nov. : 9h30-12h30, 14h30-18h30 - plongée autonome : 30 €, encadrée : 32 € ; baptême : 46 €.* Le centre Sub'Evasion bénéficie d'une très bonne réputation dans le milieu de la plongée sous-marine. Outre les adultes, les enfants y sont les bienvenus : stages de formation et baptême à partir de 8 ans.

La Baleine Bleue – *20 r. du Puits-Neuf - Port-Joinville - 02 51 58 36 24 - vac. scol. 7h45-12h, 14h-18h ; le reste de l'année : 7h45-9h, 17h-19h.* Ce centre municipal de loisirs organise des activités manuelles, des jeux à thème et des animations pour les enfants de 4 à 8 ans.

Centre nautique d'Île d'Yeu – *85350 Port-Joinville - 02 51 58 32 58.* Centre de voile pour adultes et enfants.

Saint-Gilles-Croix-de-Vie

7 281 Gillocruciens - Vendée (85)

NOS ADRESSES PAGE 204

S'INFORMER

Office du tourisme de St-Gilles-Croix-de-Vie – *Pl. de la Gare - 85800 St-Gilles-Croix-de-Vie - ☏ 02 51 55 03 66 - www.payssaintgilles-tourisme.fr - juil.-août : 9h30-19h, dim. 10h-13h, 15h30-19h ; reste de l'année : tlj sf dim. 9h30-12h30, 14h-18h30 - fermé 1er janv., 25 déc.*

SE REPÉRER

Carte de microrégion B2 (p. 172) - *Carte Michelin Départements 324 E7.*
St-Gilles se trouve à 30 km au nord-ouest des Sables-d'Olonne.

À NE PAS MANQUER

Longez la corniche vendéenne et laissez-vous tenter par de délicieuses sardines de St-Gilles grillées au barbecue, ou dans un tout autre registre, par le jardin des Olfacties et ses non moins délicieuses « chambres de senteur ».

ORGANISER SON TEMPS

En saison, pensez à la formule des promenades en mer.

AVEC LES ENFANTS

Découvrez en famille la campagne environnante à bord d'un vélo-rail ou faites du pédalo sur le Jaunay avec vos enfants.

Prêts à partir pour la pêche à la sardine et à l'anchois, des bateaux multicolores sont amarrés dans le port de pêche de St-Gilles. Les marins vivent dans les pittoresques maisons du quartier de Petite-Île, tandis que les vacanciers affectionnent les plages de Boisvinet et La Garenne, bordées de villas. Ancré au centre de la cité, le port de plaisance, bien abrité, fera le bonheur des amateurs de voile.

Découvrir

St-Gilles est né de la fusion du port de pêche de **Croix-de-Vie**, sur la rive droite de la Vie, et de **St-Gilles-sur-Vie**, sur sa rive gauche. L'estuaire de la Vie (du gaulois *veg* : humide) constitue une véritable curiosité géographique : le cours d'eau vient d'abord buter contre un cordon de dunes sablonneuses, la **pointe de la Garenne**, puis sur le promontoire rocheux dit **Corniche vendéenne**, décrivant ainsi plusieurs méandres avant de déboucher dans l'Atlantique entre les plages de Croix-de-Vie *(plage de Boisvinet)* et de St-Gilles *(Grande Plage)* par un goulet. St-Gilles a vu naître l'un des premiers géographes de France : **Pierre Garcie Ferrande**, qui publia en 1483 un ensemble de relevés des côtes et écueils longtemps utilisé pour la navigation. Aujourd'hui, l'économie locale tourne essentiellement autour de la pêche et de la conserverie de St-Gilles (visite de la conserverie **La Perle des Dieux** - *www.laperledesdieux.com*), des chantiers Bénéteau *(construction de bateaux de plaisance)*, de l'artisanat et du tourisme.

Circuit conseillé Carte de microrégion p. 172-173

LE PAYS DE SAINT-GILLES-CROIX-DE-VIE B2

Circuit de 62 km – Comptez environ une demi-journée. Quittez St-Gilles-Croix-de-Vie par le nord en empruntant la D 754 puis la route de Corniche.
La route emprunte la **corniche de Boisvinet**, bordée de villas de la Belle Époque. Une jolie vue permet de découvrir la pointe de la Garenne.

★ Corniche vendéenne

La Corniche vendéenne débute à la pointe de Grosse-Terre où, près du phare, un escalier permet d'accéder au pied de la falaise. À marée basse, on peut ainsi s'aventurer parmi les rochers pour pratiquer la pêche à pied, ou en promenade, découvrir l'envers du site. À l'extrémité d'un promontoire se cache le **trou du Diable**. Pendant les grandes marées, la mer s'engouffre dans cet antre et rejaillit violemment. Son écume percute la plate-forme rocheuse en retombant. Puis l'on découvre le bord de la falaise aride, coupée de criques où vient battre l'océan. La route offre enfin de belles perspectives sur des rochers ruiniformes dont les plus curieux sont les **Cinq Pineaux**.

Sion-sur-l'Océan

Cette station balnéaire est très appréciée des amateurs de pêche à pied, attirés par la qualité des crevettes locales.

St-Hilaire-de-Riez

Station balnéaire, ce bourg domine la vallée de la Vie et abrite des marais salants : les **Marais salants de la Vie** *(www.sainthilairederiez.com)*
Église – Reconstruite au 19e s., l'église de St-Hilaire-de-Riez renferme trois retables en pierre polychrome datant du 17e s.
Prenez la D 59 vers le nord (direction Le Perrier) jusqu'au chemin du Platin, à droite

Écomusée de la Bourrine du Bois-Juquaud

✆ 02 51 49 27 37 - ♿ - juil.-août : 10h-12h30, 14h-19h, dim. 15h-19h ; mai-juin et sept. : 10h-12h, 14h-18h, dim. 15h-19h ; avr. : mar.-dim. 14h-18h fév.-mars : lun.-vend. 14h-18h ; vac. de la Toussaint et de noël : mar.-dim. 14h-18h - possibilité de visite guidée (1h) - fermé 1er janv., 1er nov., 25 déc. - 2,80 € (11-18 ans 1,80 €).

Bien abritée par un rideau d'arbres, cette habitation typique des marais de Challans et de Monts a été restaurée pour former une unité agropastorale. Après avoir été initié aux techniques de construction d'une bourrine *(projection vidéo)*, vous pénétrez dans l'enclos ou « tcheraïe » où sont groupées diverses petites constructions, pour la plupart en terre : la bourrine avec son intérieur du début du 20e s. et le four à pain adjacent, les dépendances telles que la grange, la grande galerie (pour la charrette), la petite galerie (pour le bois), la laiterie, etc. Le jardin potager fait également partie de l'enclos.
Prenez le chemin du Bois-Juquaud vers le sud. Continuez tout droit jusqu'à l'intersection avec la D 83 qui mène, à l'est, à Notre-Dame-de-Riez puis à Commequiers.

Château de Commequiers

Construit au 15e s. sur un plan octogonal, pour Louis de Beaumont, il fut démantelé sur ordre de Richelieu en 1628. Ce château possède toujours ses huit tours reliées par des courtines. On accède à l'enceinte par une passerelle qui franchit les douves.

La commune de Commequiers abrite un **vélo-rail** *(www.velorail-vendee.fr). Quittez Commequiers par l'est en empruntant la D 94 puis la D 21.*

Apremont

Pl. du Château - 02 51 55 70 54 - www.apremontpaysdepalluau.fr - de mi-avr. à mi-sept. : 10h-12h, 14h30-18h, lun. et sam. 14h30-18h ; reste de l'année : merc. et vend. 10h-12h, 14h-16h30, lun.-mar. et jeu. 10h-12h - fermé dim. et j. fériés.

Accroché à un rocher escarpé, ce village est situé dans un paysage vallonné qui détone singulièrement dans ce plat pays. Près du barrage, profitez de l'agréable cadre aménagé sur le **plan d'eau** de la Vie *(baignade, pédalos).*

Château d'eau – *02 51 55 27 18 ou 02 51 55 73 66 - visite guidée (1h) juil.-août : 10h30-19h - 4,80 € billet combiné avec le château, gratuit Journées du patrimoine.*

L'ascenseur de cette tour de 80 m permet d'accéder à une rotonde vitrée. De cet observatoire, on découvre un immense **panorama** sur la campagne vendéenne, allant jusqu'à l'océan à l'ouest.

Château – *02 51 55 27 18 ou 02 51 55 73 66 - juin-août : 10h30-19h ; sept. : 10h30-18h ; de mi-avr. à fin mai : 14h-18h - possibilité de visite guidée (1h) juil.-août - 3,80 € (7-16 ans 2,50 €), 4,80 € billet combiné avec le château d'eau.* Construit au 12e s., il a été remanié au début du 16e s. par Philippe Chabot, amiral de France sous François Ier. Entrez par la porte médiévale et le jardin, et visitez les tours nord et sud Renaissance, le chevet de l'ancienne chapelle, deux grandes salles de communs. Descendez dans la « voûte cavalière », une galerie à demi souterraine en pente raide aboutissant au pied du rocher.

Quittez Apremont par le sud en empruntant la D 21 puis la D 40.

Coëx

★ **Le jardin des Olfacties** – *Pl. de l'Église - 02 51 55 53 41 - www.lejardindesolfacties.com - de mi-juin à fin août : 10h30-19h ; de déb. avr. à mi-juin et sept. : 14h-19h - possibilité de visite guidée juil.-août à 16h - 7,10 € (6-12 ans 3,30 €) ; 10 € billet combiné avec la visite nocturne du site (visite sonorisée lors de laquelle le jardin est revêtu de peintures de lumières).* Un paysage vallonné sert de cadre à ce parc floral de 5 ha, situé au cœur du village, et traversé par le cours d'eau du Gué-Gorand. Vous êtes invité à suivre un parcours olfactif au cours duquel quelque 3 000 variétés de plantes (armoises, menthes, sauges, roses, etc.), réparties en **chambres de senteur**, vous livrent leurs délicieux effluves. Le parc accueille également des espaces culture et détente.

Brem-sur-Mer

Outre ses ouvertures sur l'océan, Brem-sur-Mer se distingue par son vignoble AOC, unique dans le département : les Fiefs Vendéens (**Domaine St-Nicolas** - *www.domainesaintnicolas.com*).

St-Nicolas-de-Brem – Curieuse église du 11e s., partiellement reconstruite au 17e s., dont le portail est surmonté d'une statue de saint Nicolas. Près de l'église, vous remarquerez un tumulus, ancienne butte féodale édifiée sans doute pour protéger le port.

La D 38 conduit à Brétignolles-sur-Mer.

Brétignolles-sur-Mer

Station balnéaire parcourue de sentiers pédestres et cyclables, aux portes du pays des Olonnes.

La D 38 ramène à Saint-Gilles-Croix-de-Vie.

Vendée miniature
***

NOS ADRESSES À SAINT-GILLES-CROIX-DE-VIE

HÉBERGEMENT

BUDGET MOYEN

Hôtel Le Marina – *60 av. de la Plage - ✆ 02 51 55 30 97 - www.lemarina.com - fermé janv. - réserv. conseillée - 24 ch. 51/77 € - ☕ 6,50 € - rest. 15/34 €.* L'hôtel, bâti à 30 m de la plage, comprend des chambres confortables dont la moitié bénéficie d'une terrasse tournée vers l'Océan. Dans l'annexe, hébergement plus simple. Le restaurant propose une cuisine « terre et mer » élaborée à partir de produits frais.

POUR SE FAIRE PLAISIR

Hôtel Fréderic – *25 r. des Estivants - 85270 Sion-sur-l'Océan - ✆ 02 51 54 30 20 - www.hotel-frederic.com - P - 13 ch. 68/124 € - ☕ 12 €.* Cette jolie villa des années 1930 a été modernisée tout en conservant son cachet d'antan. Choisir une chambre avec vue sur l'océan. Bar à huîtres au délicieux cadre rétro.

RESTAURATION

PREMIER PRIX

La Crêperie – *4 r. Gautté - ✆ 02 51 55 02 77 - fermé 2 sem. en mars et oct., lun. hors sais. et vac. scol. - 9,90 €.* La façade est un peu austère, mais l'intérieur de cette maison du 17e s. est joli et chaleureux : tomettes anciennes, tables en bois, chaises en fer forgé, voiles, cordages et tableaux contemporains. En cuisine, la pâte est battue à la main et les galettes préparées sous vos yeux. Agréable terrasse abritée à l'arrière.

Auberge du Rocher – *Chemin des Landes - 85800 Givrand - 4 km au sud-est de St-Gilles-Croix-de-Vie par D 38 - ✆ 02 51 54 59 04 - www.auberge-du-rocher.fr - audeon.delorme@wanadoo.fr - fermé janv., dim. soir et lun. - réserv. conseillée - ♿ - P - 11/32 € - 8 ch. 44/46 € - ☕ 5,50 €.* Cette auberge se repère aisément, avec sa façade ornée d'une fresque figurant des paysages vendéens. Chambres simples et coquettes et salle de petits-déjeuners agencée autour de la piscine couverte. Foie gras, magret, confit, grillées de mojettes figurent parmi les spécialités à déguster dans un agréable cadre rustique.

BUDGET MOYEN

La Sittelle – *33 r. du Mar-Leclerc - 85190 Aizenay - ✆ 02 51 34 79 90 - P - fermé août, déb. janv., lun. et le soir sauf sam. - 24/35€.* Cheminées en briques, plafonds moulurés, parquet à l'ancienne : les salles de cette discrète maison bourgeoise sont raffinées. Cuisine classique soignée et personnalisée.

POUR SE FAIRE PLAISIR

Hôtellerie des Brisants – *63 av. de la Grand'Roche - 85470 Brétignolles-sur-Mer - ✆ 02 51 33 65 53 - www.lesbrisants.com - fermé de mi-nov. à déb. déc. et 1 mois de mi- fév. à mi-mars, fermé lun. sf le soir en juil.-août, dim. soir de sept. à juin et mar. midi - 30/79 € - 15 ch. 78/105 € - ☕ 12 €.* Jolie vue sur l'Atlantique de la grande salle à manger au style contemporain épuré et reposant. Carte au goût du jour dictée par la marée. Chambres simples mais bien tenues.

ACTIVITÉS

Les P'tits Mousses – *Av. de la Cour-St-Laud - ✆ 06 84 92 89 97 - avr.-mai : 13h30-18h30 w.-end, vac. scol. et j. fériés; juin : 13h30-18h30 tlj; juil.-août : 10h-19h tlj.* Balades au fil de l'eau sur le Jaunay en canoë-kayak, pédalos ou petits bateaux électriques. Location de 10mn à 4h.

Les Sables-d'Olonne

★★

15 596 Sablais - Vendée (85)

NOS ADRESSES PAGE 210

S'INFORMER

Office de tourisme – *1 prom. du Mar.-Joffre - 85100 Les Sables-d'Olonne - ✆ 02 51 96 85 85 - www.lessablesdolonne-tourisme.com - juil.-août : 9h-19h ; reste de l'année : 10h-12h30, 14h-18h - fermé 1er janv., 25 déc.*

SE REPÉRER

Carte de microrégion B2 (p. 172) – *Carte Michelin Départements 316 F8.* À 37 km au sud-ouest de La Roche-sur-Yon. La ville, bâtie sur les sables d'un cordon littoral, s'étire entre son port aux quais animés et une longue plage de sable fin, qui court sur plus de 3 km au pied du célèbre Remblai.

À NE PAS MANQUER

La promenade du Remblai, entre constructions luxueuses et Océan ; les jolies mosaïques de coquillages du quartier de l'île Penotte ; l'observatoire d'oiseaux de l'Île-d'Olonne.

ORGANISER SON TEMPS

Comptez 2h pour la ville, et une demi-journée pour le pays Olonnais. Vous trouverez aisément à déjeuner sur place, en terrasse…

AVEC LES ENFANTS

Ils ne seront pas seuls sur la longue plage dont ils pourront extraire quelques spécimens à comparer avec la collection très colorée du muséum du Coquillage… Quant aux autres activités : jeux de plage, beach-volley, clubs des jeunes, etc., le plus difficile sera tout simplement de choisir.

3

Grands vents et douceur de vivre : cette célèbre station balnéaire comble ceux qui aiment les contrastes. Son vivant front de mer déborde de résidences, de boutiques et de cafés, et tranche avec les quartiers plus typiques du port et de la Chaume, où vivent les pêcheurs. Optez pour une vivifiante balade en mer, et enchaînez avec une visite des Sables et une séance de thalassothérapie. À moins que vous ne soyez là pour le départ du Vendée Globe, la célèbre course en solitaire autour du monde sans escale ni assistance, qui s'élance tous les quatre ans de Port Olona…

Découvrir

★ Le Remblai

Édifié au 18e s. pour protéger la ville qui se trouve en contrebas, le Remblai, en cours de rénovation, est une promenade bordée d'immeubles luxueux, de boutiques, de cafés et d'hôtels. À l'extrémité ouest du Remblai se trouvent la piscine, le **casino** des Atlantes, un **théâtre** *(700 places)* et une **salle de congrès** *(1 000 places)*. Cachées derrière des immeubles se dissimulent les ruelles de la vieille ville.

SE LOGER

- Antoine 5
- Atlantic Hôtel 1
- Camping Les Roses 4
- Chambre d'hôte Le Château de la Millière 3
- Hôtel Arc en Ciel 10
- Hôtel Arundel 6
- Hôtel de La Côte sauvage 7
- Hôtel Les Embruns 12
- Le Chêne Vert 8
- Maison Richet 14

SE RESTAURER

- Cayola 2
- La Pilotine 6
- Le Clipper 7
- Le Puits d'Enfer 9
- Loulou Côte Sauvage 12

La Corniche

Elle prolonge le Remblai vers le nouveau quartier résidentiel de la Rudelière. La route suit le bord de la falaise et atteint *(3 km)* le **Puits d'Enfer**, un creux étroit et impressionnant au fond duquel bouillonne la mer.

Quartier de la Rudelière

Près du **lac de Tanchet** et de son école de voile s'est développé un nouveau quartier résidentiel où se trouvent le casino des Sports, un institut de thalassothérapie et des installations sportives ainsi qu'un parc zoologique.

Zoo des Sables-d'Olonne – *Lac du Tanchet, rte du Tour-de-France - ✆ 02 51 95 14 10 - www.zoo-des-sables.com - juil.-août : 9h30-19h30 (dernière entrée 1h30 av. la fermeture) ; avr.-juin et sept. : 9h30-19h ; de mi-fév. à fin mai et de déb. oct. au vac de la Toussaint : 13h30-18h30 ; vac. de la Toussaint : 13h30-18h - 14 € (3-10 ans 9 €).* De l'altière girafe au facétieux petit singe saïmiri, plus de 200 animaux se partagent ici un verdoyant territoire de 3 ha à deux pas de la plage. De beaux arbres et une végétation exotique en font un lieu d'évasion très prisé des petits comme des grands. On remarquera la présence de grands fauves (lion, guépard, jaguar, tigre de Sumatra), de loups à crinière, de manchots du Cap, de loutres, de gibbons à mains blanches ou encore de pandas roux et de harfangs des neiges. Parmi les derniers arrivés, un couple de fourmiliers géants surprennent par leur étrange silhouette. Comptez 1h30 à 2h de visite. Pour rythmer votre visite, ne manquez pas les **animations repas** *(avr.-sept. tout au long de la journée)* qui sont l'occasion de s'informer sur les causes de disparition des espèces.

Se promener Plan des Sables-d'Olonne ci-contre

Église N.-D.-de-Bon-Port A

Élevée en 1646 par Richelieu, cette église a la particularité d'être l'un des rares exemples de la « Contre-Réforme ». Sa façade ouest évoque la Renaissance, tandis que sa nef est représentative du style gothique tardif : les voûtes gothiques se mélangent aux pilastres d'ordre corinthien qui les soutiennent.

Le quartier de l'île Penotte B

Niché dans la vieille ville, il offre un charmant tableau d'étroites ruelles ombragées, de roses trémières et de façades joliment décorées de mosaïques de coquillages, sympathique initiative de valorisation urbaine lancée par Danielle Aubin-Arnaud, puis développée avec l'aide de ses voisins et la participation des élèves d'écoles avoisinantes. Au cœur de l'été, loin de l'animation du Remblai écrasé de soleil, vous trouverez autour de la pittoresque **rue d'Assas** un peu de fraîcheur et de quiétude bienvenues.

Musée de l'abbaye Ste-Croix B

R. de Verdun - ✆ 02 51 32 01 16 - www.lemasc.fr - de mi-juin à fin sept. : 13h-19h ; reste de l'année : 14h30-17h30 - fermé lun. et j. fériés - 5,10 € (12-25 ans 2,10 €), gratuit 1er dim. du mois.

Installé dans une ancienne abbaye bénédictine du 17e s., ce musée est consacré à l'art moderne et contemporain et à l'ethnologie. On y découvre à la fois des œuvres de Victor Brauner, peintre proche du mouvement surréaliste : la série *Mythologies et Fêtes des mères* (1965), *Les Onomatomies* (1949), et des compositions de Gaston Chaissac (1910-1964), considéré comme l'un des représentants de l'Art brut.

La collection compte aussi des toiles de nombreux peintres modernes et contemporains : Baselitz, Beckmann, Cahn, Combas, Dubuffet, Magnelli, Marquet, Guston, Laget, Jaccard, Desgrandchamps, Hurteau, Saul. D'autres expositions évoquent des thématiques variées : les bains de mer, le port de pêche des Sables-d'Olonne, les traditions industrielles et ethnographiques du pays Olonnais. Le musée accueille également des expositions temporaires.

Museum du Coquillage A

8 r. du Mar.-Leclerc - ✆ 02 51 23 50 00 - www.museum-du-coquillage.com - ♿ - avr.-sept. : 10h-19h ; reste de l'année : 10h-12h30, 14h-18h - fermé 1er janv., 25 déc. - 7 € (12-18 ans 6 €, 4-11 ans 4,50 €).

UN PORT DE SOLIDES MARINS

Le port des Sables compte un bassin de pêche où il est très agréable de flâner. Un bassin à flot est destiné aux navires porteurs de lourdes cargaisons. La pêche à la morue était jadis la « grande pêche » dans laquelle excellait le port : elle occupa jusqu'à 80 bâtiments qui menaient campagnes jusqu'à Terre-Neuve. Elle déclina irrémédiablement après la Révolution. La pêche hauturière se pratique toujours, notamment dans le sud du golfe de Gascogne et dans le canal St-George, entre l'Irlande et la Grande-Bretagne. Le port se classe aujourd'hui au 6e rang français pour la valeur des produits débarqués.

Le fameux **Vendée Globe** part du port de plaisance de **Port Olona**, 1 500 anneaux, situé dans un bassin reliant les Sables à la Chaume.

Installé dans un bâtiment du début du 20e s., il expose sur deux niveaux une impressionnante collection de coquillages tropicaux du monde entier, de crustacés, de coraux, de fossiles et de poissons naturalisés dont la variété des formes et des couleurs est un enchantement.

Vous y découvrirez avec étonnement quelque 230 vitrines d'exposition pleines de balanes, limules, hippocampes, balistes, bénitiers, spondyles, trocas, cônes, chitons, éponges, harpes, patelles, casques, porcelaines, étoiles de mer, bursas, volutes, argonautes et bien d'autres encore… La boutique vend par ailleurs, au rez-de-chaussée, de jolis petits coquillages à prix raisonnables *(décoration et collection).*

À proximité Carte de microrégion p. 172-173

Les marais salants

120 rte de l'Aubraie - ✆ 02 51 21 01 19 - www.lessalines.fr - visite sur réserv.

Situés au nord de la ville, ils ne sont plus guère exploités aujourd'hui : il est prévu de les transformer en zone d'aquaculture (huîtres, moules). En revanche, les potagers de la Chaume produisent toujours des primeurs de qualité, (artichauts, fraises, etc.).

Circuit conseillé Carte de microrégion p. 172-173

LE PAYS OLONNAIS B2

Circuit de 37 km – environ une demi-journée. Quittez Les Sables-d'Olonne par l'ouest.

La Chaume

Cet ancien quartier de pêcheurs, également accessible depuis la vieille ville par un bac, a conservé ses petites maisons aux toits de tuiles qui contrastent singulièrement avec l'urbanisme moderne de la station des Sables. Une navette relie celle-ci à la Chaume *(départ quai Guiné).*

Au nord des Sables, à droite de la D 87A, s'étend une zone de **marais salants**. On peut les découvrir en bateau.

Tour d'Arundel – Ancien donjon d'un château fort construit au 12e s. par Lord d'Arundel, il est utilisé aujourd'hui comme phare.

Prieuré St-Nicolas – Cette ancienne chapelle du 11e s., transformée en fort en 1779, domine le trafic du port. Aux abords, profitez des jardins où se trouve une **mosaïque** (1971) à la mémoire des marins disparus en mer. Belle **vue** sur la baie.

Quittez la Chaume par le nord en empruntant la D 87A.

Forêt d'Olonne

Véritable bras de verdure entre l'Océan et les marais de la Vertonne, elle s'allonge sur une quinzaine de kilomètres au nord des Sables. Chênes verts et pins maritimes, acacias, érables, frênes et peupliers couvrent plus de 1 100 ha de dunes sillonnées par de nombreux sentiers où l'on peut parfois croiser des familles de chevreuils.

À Champclou, prenez à gauche la D 80.

Cette jolie route s'étire entre forêt et marais d'Olonne.

Peu avant St-Nicolas-de-Brem, tournez dans la D 38 et revenez vers le sud. À l'Île-d'Olonne, tournez à droite dans la D 87.

Marais à poissons sur l'île d'Olonne.
F. Leroy / hemis. fr

La route s'engage dans le **marais d'Olonne** dont la partie droite a été concédée pour servir de réserve ornithologique. Ce marais est le résultat de l'envasement progressif, depuis les temps préhistoriques, de l'ancien golfe d'Olonne.

Observatoire d'oiseaux de l'Île-d'Olonne

✆ 02 51 33 12 97 - www.adev-asso.org - visite guidée (1h) juil.-août : 9h30-18h ; dernier w.-end d'avr., 2e w.-end de mai, 1er w.-end de juin, 19-30 juin et 1er-9 sept. : 10h-17h - 3 € (7-18 ans 1,90 €).

Situé en hauteur, il domine le marais d'Olonne. On y observe au télescope les oiseaux de la **réserve de chasse de Chanteloup** (38 ha) qui accueille notamment une importante colonie d'avocettes en été.

Revenez à l'Île-d'Olonne et poursuivez sur la D 38.

Olonne-sur-Mer

C'était le port maritime de la région, du temps où la mer occupait les marais d'aujourd'hui. Olonne-sur-Mer abrite désormais un **musée des Traditions populaires** (*✆ 02 51 96 95 53 - www.memoiredesolonnes.fr).*

Quittez Olonne-sur-Mer par l'est en empruntant la D 80.

HISTOIRES D'EAU ET DE NAU

L'étymologie coule de source : le nom de la ville fait bien sûr référence à l'abondance de sable, accolé à « Olonne » qui viendrait de l'hébreu et signifierait « placé au-dessus d'une source d'eau ». Le port, creusé en 1472 sous le patronage de Louis XI, fut doté de chantiers navals et vit partir ses navires à la découverte du Nouveau Monde. Au 17e s., un marin des Sables, **Nau**, dit **l'Olonnais**, fit parler de lui aux Antilles lors d'une guérilla sanguinaire. Aventurier de l'île de la Tortue, il était allié aux « Frères de la côte », mi-corsaires mi-flibustiers, qui menaient une lutte sans merci contre les Espagnols. Il mourut dévoré par des cannibales…

Château de Pierre-Levée

Cette maison de plaisance champêtre, de style et d'époque Louis XVI, fut édifiée par Luc Pezot, receveur des Finances.

La D 160 ramène aux Sables-d'Olonne.

NOS ADRESSES AUX SABLES-D'OLONNE

TRANSPORTS

Parking – Gratuit toute l'année : parking de la Poissonnerie, pl. Maraud *(sf mar., jeu. et dim. matin)*, pl. du Vendée Globe (port Olona), Espace Audubon.

Bus – Transports publics du Pays des Olonnes (TUSCO) - tarifs, plans-horaires et vente de billets tlj sf w.-end 9h-12h (juil.-août) à la mairie - *rens. ✆ 02 51 32 95 95.*

Bacs – La Sablaise fonctionne toute l'année. Compter 0,92 € le passage (carte de 10 passages disponible), le bac St-Nicolas et le bus marin uniquement en juil.-août - *✆ 02 51 95 09 64* ou la Pibole au *02 51 90 11 95.*

HÉBERGEMENT

PREMIER PRIX

Hôtel de La Côte sauvage – *1 r. Montauban, à la Chaume - ✆ 02 51 32 06 57 - www.hotel-la-cote-sauvage.fr - fermé janv. -* P *- 16 ch. 43/57 € - ☕ 7 €.* Installé au cœur du pittoresque village de la Chaume, à 400 m de la plage et du port, cet hôtel abrite des chambres impeccablement tenues. Certaines, récemment rafraîchies, proposent cafetière et réfrigérateur ; les autres (rénovation à venir) possèdent un coin cuisine avec plaques de cuisson, vaisselle et ustensiles. Wifi gratuit.

Camping Les Roses – *R. des Roses - à 400 m de la plage - ✆ 02 51 33 05 05 - www.chadotel.com - de déb. avr. à déb. nov. - ♿ - réserv. conseillée - 200 empl. 32 €.* Ce camping est implanté au cœur de la station balnéaire, au milieu d'habitations (pavillons et immeubles), juste à 500 m de la plage. Il dispose de 200 emplacements et de mobile homes. Piscine, toboggan aquatique et bar.

BUDGET MOYEN

Hôtel Les Embruns – *33 r. du Lt.-Anger - ✆ 02 51 95 25 99 - www.hotel-lesembruns.com - fermé nov.-fév. -* P *- 20 ch. 51/74 € - ☕ 8 €.* Adresse de qualité dans le quartier pittoresque de la Chaume : belles chambres personnalisées avec goût et bien équipées. Accueil tout sourire et prix raisonnable.

Le Chêne Vert – *5 r. de la Bauduère - ✆ 02 51 32 09 47 - www.lechenevert.com - fermé 24 déc.-15 janv. - 33 ch. 52/64 € - ☕ 8 € - formule déj. 10,80 € - 11/20 €.* Commode car situé face à la gare, cet établissement des années 1970 est progressivement rénové. Chambres de bonne ampleur, rajeunies et dotées d'un mobilier ancien. Le restaurant propose une cuisine familiale à prix doux.

Hôtel Arc en Ciel – *13 r. Chanzy - ✆ 02 51 96 92 50 - www.arcencielhotel.com - mi-avr.-mi-sept. - P - 37 ch. 57/89 € - ☕ 10 €.* À deux pas de la plage, cet hôtel propose des chambres fonctionnelles aux tons pastels et une salle de petit-déjeuner (copieux buffet) au cadre Belle Époque parfaitement préservé.

Maison Richet – *25 r. de la Patrie - ✆ 02 51 32 04 12 - www.maison-richet.fr - fermé déc.-janv. - 17 ch. 58/74 € - ☕ 8,50 €.* Charmante adresse familiale à l'atmosphère de maison d'hôtes. Petites chambres coquettes et reposantes, joli patio et salon douillet avec collections de guides et de globes.

Antoine – *60 r. Napoléon - ✆ 02 51 95 08 36 - www.antoinehotel.com - mi-mars-mi-oct. - 20 ch. 60/85 € - ☕ 8 € - ✕ 23 €.* Une ancienne propriété d'armateur (18e s.) située à mi-chemin du port et de la plage. Chambres simples et de bonne ampleur, tournées vers un petit patio. Atmosphère familiale.

POUR SE FAIRE PLAISIR

Hôtel Arundel – *8 bd F.-Roosevelt - ✆ 02 51 32 03 77 - www.arundel-hotel. fr - 42 ch. 75/120 € - ☕ 11 €.* Belle situation face à au casino pour cet établissement dont le nom évoque celui d'un donjon devenu phare. Chambres fonctionnelles et confortables, pourvu d'un balcon côté mer.

Atlantic Hôtel – *5 prom. Godet - ✆ 02 51 95 37 71 - www.atlantichotel.fr - 30 ch. 81/180 € - ☕ 12 €.* Hôtel des années 1970 aux chambres pratiques très bien tenues ; certaines donnent sur les flots. Salon aménagé autour de la piscine couverte d'un toit vitré en partie amovible. Au restaurant, belle échappée sur l'océan et décor inspiré d'une cabine de bateau.

Chambre d'hôte Le Château de la Millière – *La Millière - 85150 Saint-Mathurin - ✆ 02 51 22 73 29 - www.chateau-la-milliere.com - 1er mai-30 sept. - P - ⊭ - 3 ch. 100 € ☕.* Un vaste parc – piscine, étangs, allées – renforce l'attrait de ce château (19e s.) qui a préservé son caractère (mobilier d'époque) tout en se dotant d'un confort actuel.

RESTAURATION

Vous trouverez une multitude de restaurants proposant une cuisine de bonne qualité face au port et le long du front de mer.

BUDGET MOYEN

Le Puits d'Enfer – *56 bd de Lattre-de-Tassigny par la corniche - ✆ 02 51 21 52 77 - puits.enfer@wanadoo.fr - fermé 10-31 janv. et le soir en sem. de nov. à mars - formule déj. 16 € - 30/50 €.* Face à la mer, restaurant au décor contemporain zen (bois, ardoise, mobilier design). Cuisine traditionnelle d'inspiration régionale, à base d'épices et des produits du marché.

Le Clipper – *19 bis quai Guiné - ✆ 02 51 32 03 61 - www.leclipper85.com - fermé 15 fév.-3 mars, 20 nov.-17 déc., merc. sf du 15 juin au 15 sept., jeu. midi et mar. - 20/35 €.* Parmi les nombreux restaurants du port, cette maison se distingue par son décor : parquet couleur acajou et chaises Louis XVI. Plats traditionnels et produits de la mer.

La Pilotine – *7 et 8 prom. Clemenceau - ✆ 02 51 22 25 25 - pvp.pilotine@tele2.fr - fermé dim.,*

3

lun. et mar. sf juil.-août - 16/46 €. Cuisine à prix doux, soignée et basée sur les produits de la pêche, dans ce restaurant du front de mer. Nouveau décor coloré et accueil charmant.

POUR SE FAIRE PLAISIR

Cayola – *76 prom. Cayola - 85100 Château-d'Olonne - ✆ 02 51 22 01 01 - www.le-cayola.com - fermé janv., dim. soir et lun. sf j. fériés - 🅿 - 25/95 €.* Installé derrière les larges baies vitrées, en tête-à-tête avec l'océan, goûtez le plaisir d'une cuisine dans l'air du temps. Véranda et belle terrasse en bois.

Loulou Côte Sauvage – *19 rte Bleue, à la Chaume - ✆ 02 51 21 32 32 - www.louloucotesauvage.com - fermé 3 sem. de fin nov. à mi-déc., vac. de fév., dim. soir, lun. et merc. - formule déj. 23 €, 34/64 €.* Ces anciens viviers accrochés au rocher abritent aujourd'hui un restaurant au décor modernisé, largement ouvert sur l'océan et la côte sauvage. Spécialités littorales.

ACHATS

Poissonneries – *Quai Franqueville - tte l'année du lun. au sam. 8h-12h30, 16h-19h ; en saison : dim. et j. fériés 8h-12h30.* À peine sortis des bateaux, poissons, coquillages et crustacés sont en vente sur les étals de ces marchands regroupés sur l'un des quais du port de pêche. Il ne vous reste plus qu'à mitonner tout cela et à vous régaler.

Les Halles Centrales – *R. des Halles - ✆ 02 51 96 85 85 - 15 juin-15 sept. tlj 8h-13h30 ; 16 sept.-14 juin tlj sf lun. 8h-13h.* Ces superbes halles centenaires dressent fièrement leur structure métallique inspirée des travaux d'Eiffel à deux pas de l'église. 36 commerçants, majoritairement des revendeurs, sont installés au rez-de-chaussée et 28 bancs de petits producteurs occupent la galerie du 1er étage, uniquement les mercredis et samedis matin.

EN SOIRÉE

Hot Blues Café – *24 prom. Clemenceau - ✆ 02 51 95 91 01 - hiver : 11h30-1h, w.-end 11h30-2h ; été : 11h-2h.* Ce petit bar situé au bout du Remblai dispose d'une terrasse face à la mer, couverte et chauffée en hiver. La salle décorée de fresques représentant des musiciens accueille parfois des concerts. Restauration rapide, nombreux cocktails et bon choix de rhums arrangés. Cyber-café.

Bar-restaurant « Le Navarin » – *18 pl. Navarin - ✆ 02 51 21 11 61 - juil.-août : 9h-2h ; sept.-juin : 9h-0h - fermé janv., le soir en hiver sf sam.* La vaste terrasse d'été dressée sur le remblai offre une vue superbe sur l'océan ; l'hiver, elle se transforme en véranda. À l'intérieur, le décor évoquant un galion du 16e s. ne manque pas de cachet avec ses canons et sa cabine du capitaine. Restauration de type brasserie.

Joacasino Les Pins – *Av. Rhin-et-Danube - Casino des Pins (ligne 6) - ✆ 02 51 21 69 00 - www.joa-casino.com - 10h-4h.* Machines à sous, boule, roulette et black jack… Les amoureux du jeu pourront également profiter du cadre intimiste du bar-brasserie Le Cotton Pub. En été, détente et repas sur la terrasse de l'Ananas Café.

Les Atlantes Casino Barrière – *3 bd Franklin-Roosevelt - ✆ 02 51 32 05 40 - www.lucienbarriere.com - 10h à l'aube.* Ce casino installé face à l'océan, à deux pas du centre-ville, propose 90 machines à sous, vidéo poker et rouleaux, boule, black jack. Bar, restaurant et nombreuses animations : expositions, soirées à thème…

ACTIVITÉS

Vedette La Florelle – *Quai Guiné - ✆ 0 825 139 100 - www.compagnievendeenne.com* Promenades ou pêche en mer autour des Sables-d'Olonne (1h).

Institut Sports Océan – *1 prom. Kennedy - ✆ 02 51 95 15 66 - www.institutsportsocean.com* Balades à bord d'une goélette ou en kayak de mer le long de la côte ; et en kayak dans les marais d'Olonne-sur-Mer.

Les Circaètes – *Parking du Vendée Globe, ponton Kbis - ✆ 06 09 80 28 70 - www.chez.com/les circaètes - 9h-21h - juil.-sept. - vol individuel : 39 € ; vol tandem : 34 €/pers., passager : 15 €.* Des sportifs diplômés vous proposeront ski nautique et parachute ascensionnel et même… sensationnel puisqu'il s'élève tout de même à 80 m.

Chalutier le Kifanlo - association OCEAM – *✆ 02 51 95 53 11 - www.ot-lessablesdolonne.fr* Ce superbe chalutier typiquement sablais, construit en 1955 et classé en 1981, est capable d'embarquer 12 personnes pour des stages de découverte du milieu marin (classes de mer, découvertes ornithologiques, clubs de plongée, pêche en mer etc.).

Plages des Sables-d'Olonne – *info@lessablesdolonne-tourisme.com* La Grande Plage des Sables-d'Olonne s'étend sur 3 km de sable fin. À noter qu'au poste du Phare-Rouge, un fauteuil « tiralo » permet aux personnes à mobilité réduite de se baigner. Les amateurs de sports de glisse se retrouvent sur la plage du Tanchet, située à l'extrême sud de la baie. D'autres plages à Olonne-sur-Mer : Sauveterre ou les Granges.

Le Ranch-Centre équestre de Sauveterre – *56 r. des Rochers - 85340 Olonne-sur-Mer - ✆ 02 51 90 76 96 - avr.-fin sept. : 8h-12h30, 14h-20h ; reste de l'année : tlj sf lun. 9h-12h30, 14h-20h.* Hiver comme été, ce ranch propose des balades *(sur réserv.)* en forêt, dans les marais et sur la plage, quel que soit votre niveau d'équitation. En été, des sorties sont organisées sur la plage (matin et soir).

3

Le Talmondais et le sud du littoral vendéen

Vendée (85)

NOS ADRESSES PAGE 221

S'INFORMER

Office du tourisme de Talmont-St-Hilaire – *Pl. du Château - 85440 Talmont-St-Hilaire - ✆ 02 51 90 65 10 - www.ot-talmont-bourgenay.com - juil.-août : 9h30-19h ; avr.-juin et sept. : tlj sf dim. 9h30-12h30, 14h-18h, j. fériés 10h-12h30 ; reste de l'année : tlj sf dim. et j. fériés 9h-12h30, 14h-17h30 - 2e bureau : La Croisée - ✆ 02 51 22 23 18 - juil.-août : lun.-jeu. et dim. et j. fériés 9h30-12h30, 14h30-18h30, vend. 9h30-12h30, sam. 15h-19h ; avr.-juin et 1re sem. de sept. : tlj sf jeu. et dim. 9h30-12h30, j. fériés 10h-12h30.*

Office du tourisme de St-Vincent-sur-Jard – *Pl. de l'Église - 85520 St-Vincent-sur-Jard - ✆ 02 51 33 62 06 - www.ot-stvincentsurjard.com - juil.-août : 9h-12h30, 15h-18h30, dim. et j. fériés 9h-12h30 ; 15-30 juin : 9h-12h30, 15h-18h30, merc. 9h-12h30 ; 1er-15 sept. : 9h-13h30, 15h-18h30, merc. 9h-13h30 ; reste de l'année : 9h-12h15 - fermé dim. et j. fériés (sf juil.-août).*

SE REPÉRER

Carte de microrégion C3 (p. 173) – *Carte Michelin Départements 316 G9.*
Talmont-St-Hilaire se trouve à 21 km au sud-est des Sables-d'Olonne par la D 949.

À NE PAS MANQUER

La maison de Georges Clemenceau et ses jardins, créés sous l'inspiration de Claude Monet, un ami du « Père la Victoire » ; la très belle balade entre dunes et marais jusqu'à la pointe du Payré ; le menhir d'Avrillé.

ORGANISER SON TEMPS

Comptez une bonne demi-journée pour découvrir le Talmondais.

AVEC LES ENFANTS

Le parc floral de St-Cyr-en-Talmondais est un bien joli but de promenade en famille. Au château de Talmont, chevaliers, princesses, moines, troubadours, soldats et mendiants les entraîneront dans une farandole de costumes, de contes, de jeux et de spectacles. Ils pourront aussi jouer les détectives et résoudre les énigmes historiques du château de la Guignardière.

Les ruines d'un imposant château fort du 11e s., construit pour défendre les côtes du Poitou contre les invasions normandes, dominent Talmont-Saint-Hilaire, cité nichée au cœur d'une région riche en mégalithes. À une dizaine de kilomètres, le village de Saint-Vincent-sur-Jard, qui accueillit la retraite de Georges Clemenceau, est devenu une station balnéaire offrant un agréable point de départ pour une initiation à la préhistoire et à l'observation de la nature. Plus au sud, en lisière du marais poitevin, le cordon littoral qui s'étend de La Tranche-sur-Mer à la Pointe de l'Aiguillon porte encore les stigmates de la tempête Xynthia (2010), qui n'a rien enlevé aux magnifiques panoramas offerts sur le pertuis Breton et l'île de Ré.

Maison-musée de Georges Clemenceau à Saint Vincent-sur-Jard.
F. Leroy / hemis. fr

Circuit conseillé Carte de microrégion p. 172-173

FALAISES ET MÉGALITHES DU TALMONDAIS C3

Circuit de 55 km – environ 3h au départ de Talmont-St-Hilaire.

Talmont-St-Hilaire

Fortifiée par Richard Cœur de Lion, puis par les protestants, Talmont vit ses défenses anéanties sur ordre de Richelieu.

Château de Talmont

02 51 90 27 43 - www.talmont-saint-hilaire.fr - juil.-août : 10h30-19h ; avr.-juin et sept. : 10h30-12h30, 14h-18h ; oct. : 14h-18h - possibilité de visite guidée, spectacles, ateliers du lun. au vend. - 5 € (5-12 ans 2,50 €) visite libre, 8 € (5-12 ans 4 €) avec les animations, 5 € (5-12 ans 2,50 €) nocturne mar. 21h.

Cette forteresse médiévale aux murs de galets domine l'ancien port du haut de son éperon rocheux. Fortifiée par Richard Cœur de Lion au 12e s., puis agrandie au 15e s., elle fut démantelée suite au siège de La Rochelle afin de réduire les risques d'implantation des Anglais et de leurs alliés protestants en Bas-Poitou, puis utilisée comme carrière de pierres, avant d'entamer une longue période de déclin.

Aujourd'hui, le site connaît un regain d'intérêt et se prête, en saison, à toutes sortes d'**animations et festivités médiévales**. En pénétrant par une porte d'enceinte dans la cour seigneuriale, le visiteur remarque d'abord le fossé du grand donjon, puis un clocher-porche, vestige de l'église St-Pierre bâtie au 11e s., ainsi qu'une tour d'escalier du sommet de laquelle se dégage une belle **vue** sur la rivière et le port jusqu'à la mer. Les enfants seront séduits par les gentes dames, archers et mendiants qui animent le château d'ateliers et de spectacles.

Les nuits d'été, les murs de la forteresse partiellement ruinée s'habillent d'images géantes projetées au cours d'un spectacle son et lumière.
Prenez la D 949 vers l'est puis la D 70 au sud.

St-Hilaire-la-Forêt

Le village de St-Hilaire-la-Forêt marque l'entrée dans la zone des mégalithes du Talmondais. Son foisonnement en dolmens et menhirs en fait, avec l'île d'Yeu, la région de Vendée la plus riche en pierres dressées du Néolithique.

Centre archéologique d'initiation et de recherche sur le néolithique (CAIRN) – *R. de la Courolle - 02 51 33 38 38 - www.cairn-prehistoire.com - - juil.-août : 11h-19h ; avr.-juin, sept. et vac. de la Toussaint : tlj sf sam. 14h-18h possibilité de visite guidée (1h30) - 7 € (5-14 ans 5 €).*

La surprenante concentration de mégalithes sur le canton de Talmont, plus de 200 au total, rendait l'existence de ce centre d'interprétation indispensable. Les collections archéologiques vous initieront à la préhistoire en Vendée et dissiperont bon nombre d'idées reçues sur le néolithique. Clou de la visite, une visite interactive permet d'explorer en 3D sur écran géant un village et son allée couverte tels qu'ils étaient il y a plus de 5 000 ans.

À l'extérieur, un domaine de 3 ha vous révèle un dolmen en construction, une maison néolithique en bois aux murs en torchis et à la toiture en roseaux, un jardin de cultures anciennes, et en saison, des **démonstrations de techniques préhistoriques★** : taille du silex, polissage des pierres, travail de l'os, allumage du feu, etc. Vous pourrez aussi, si vous le souhaitez, suivre un **circuit fléché** à la découverte des mégalithes des environs.
Quittez St-Hilaire par le nord-est en empruntant la D 19.

Menhir d'Avrillé

Dans le parc municipal, derrière la mairie, s'élève le **menhir du camp de César**. Seul rescapé d'un groupe de pierres dressées, c'est le plus haut menhir de Vendée et l'un des plus grands de France : 7 m au-dessus du sol.
Quittez Avrillé par l'ouest en empruntant la D 949.

Château la Guignardière - Château des aventuriers

02 51 22 33 06 - www.chateau-aventuriers.com - - de mi-juin à fin août : 10h-21h ; de déb. avr. à mi-juin et sept. : 10h-19h - possibilité de visite guidée (50mn) - 11 € (3-12 ans 8,50 €).

Ce château Renaissance fut construit vers 1555, mais resta inachevé après l'assassinat de son propriétaire, le panetier du roi Henri II. Sa façade Renaissance en granit est percée de grandes fenêtres et surmontée de hautes cheminées de brique. Quelques modifications, dans le même style, ont été apportées au 18e s.

À l'intérieur, ne manquez pas l'imposante cheminée du grand salon, la salle à manger qui eut jadis pour hôte l'illustre Georges Clemenceau, la chambre du roi aux murs tendus de tapisserie, les magnifiques **charpentes** en chêne, hautes de 12 m, et enfin les caves voûtées.

Le **parc** du château (86 ha) est peuplé de chèvres et de chevaux, de poneys, de cygnes, de canards et de daims. Vous pourrez emprunter le **circuit des Menhirs** *(environ 1h30)*, qui longe des étangs parsemés de cyprès chauves aux curieuses racines aériennes, et vous amène à travers bois jusqu'à des mégalithes dont le plus haut atteint environ 6 m, puis vous fait revenir au château par une allée de chênes tricentenaires. Les enfants apprécieront tout particulièrement les **parcours d'énigmes historiques** *(www.chateau-aventuriers.com)* qui leur proposent d'originales aventures dans les pas des grands explorateurs.

Revenez à Avrillé pour emprunter au sud-est la D 105, puis à gauche la D 91^A. Au Bernard, prenez à gauche la D 91. Au calvaire, tournez encore à gauche.
Vous remarquez au passage, à droite, les trois **dolmens de Savatole** *(panneau explicatif).*

Dolmen de la Frébouchère

De type angevin, cet imposant monument de granit possède un portique précédant une chambre rectangulaire.
Reprenez la D 91 vers le sud. À Longeville-sur-Mer, empruntez la D 105 sur 1 km en direction de La Tranche-sur-Mer, puis tournez à droite.
La route qui longe la partie nord de la **forêt de Longeville** vous mène à St-Vincent-sur-Jard.

Saint-Vincent-sur-Jard

Maison de Georges Clemenceau – *Bd de l'Océan, à peu de distance du bourg, à l'extrémité de la D 19^A - ✆ 02 51 33 40 32 - http://maison-clemenceau.monuments-nationaux.fr - ♿ - visite guidée (45mn) de mi-mai à mi-sept. : 9h30-12h30, 14h-18h30, dép. tte les 30mn à 1h (dernière entrée 1h av. la fermeture) ; reste de l'année : tlj sf lun. 10h-12h30, 14h-17h30 - fermé 1er janv., 1er mai, 1er nov., 25 déc. - 5 € (-25 ans gratuit), gratuit 1er dim. du mois.* Face à l'Océan et à l'île de Ré, cette maison de pêcheur que Clemenceau louait correspond bien à l'âme farouche et tourmentée du vieil homme. Fleurs et arbustes croissent tout autour de la maison dans des **jardins**, créés sous l'inspiration impressionniste de son ami **Claude Monet**. Ils ont été reconstitués grâce à la correspondance entretenue par les deux hommes. Face à la mer, s'étend ce que Clemenceau appelait son « jardin fou », véritable chaos végétal organisé.
On visite, dans la maison, le salon, la chambre qui servait aussi de cabinet de travail, la cuisine-salle à manger. Entre de nombreux voyages à l'étranger,

LA VIE DE GEORGES CLEMENCEAU

Né en 1841 à Mouilleron-en-Pareds (*p. 272*) dans une famille bourgeoise vendéenne de tradition républicaine, Clemenceau fait des études de médecine, séjourne aux États-Unis et se lance véritablement dans la carrière politique à son retour en France en 1869. **Maire de Montmartre** en 1870, il est élu **député** à l'Assemblée nationale un an plus tard, où il siège à l'extrême gauche. Il fait tomber plusieurs ministères. Anticolonialiste et humaniste, il fait un plaidoyer antiraciste à l'Assemblée nationale en 1885 et prend vigoureusement le parti de Dreyfus en 1898.
Ministre de l'Intérieur en 1906, **président du Conseil** la même année, il se lance dans une active politique de réformes, mais il est renversé en 1909 par les radicaux qui lui reprochent son intransigeance et la dure répression des grèves du Midi. Désormais dans l'opposition, il fonde un journal, *L'Homme enchaîné*, qui combat tous les gouvernements jusqu'en 1917, date à laquelle il est rappelé à la présidence du Conseil. De nouveau à la tête du pays, il fustige le défaitisme et visite le front, où il descend dans les tranchées jusqu'aux premières lignes. Il mobilise l'énergie des civils et des militaires. Celui qu'on avait surnommé **le Tigre** à cause de ses virulents coups de gueule, devenu le **Père la Victoire**, jouit d'une très grande popularité. En 1918, il négocie le traité de Versailles. Après un demi-siècle de présence politique, il se retire à St-Vincent-sur-Jard. Il s'éteindra à Paris le 24 novembre 1929 et sera enterré sur sa propriété familiale de Mouchamps.

Clemenceau aimait bien venir ici pour se consacrer à l'écriture. Au fil des salles se dévoile peu à peu sa sensibilité, ses intérêts et ses passions.
Le kiosque à toit de chaume attenant révèle l'amour qu'il entretenait pour le Japon. Le célèbre bonnet de police, la table de travail avec le nécessaire de bureau garni de plumes d'oie, les armes de duel, le fauteuil vendéen, la bibliothèque de campagne… tout ici rappelle le souvenir de cet homme hors du commun.
Quittez St-Vincent-sur-Jard par l'ouest et traversez Jard-sur-Mer. La route longe un cordon dunaire boisé de pins maritimes.

Abbaye N.-D.-de-Lieu-Dieu

Elle ne se visite pas, mais reste visible de la route.
Entre les marais de Talmont et la pinède littorale de Jard s'élève la masse de l'ancienne abbaye de Lieu-Dieu. Fondée en 1190 par Richard Cœur de Lion, duc d'Aquitaine et prince de Talmont, elle est pillée et mise à sac durant la guerre de Cent Ans, ruinée par les protestants au 16e s., et reconstruite au 17e s. par des moines qui édifient l'étage. Mais à la fin de ce siècle, l'abbaye est complètement abandonnée.
Poursuivez la route qui se termine par un parking devant la ferme de St-Nicolas.

★ Pointe du Payré

Un circuit pédestre *(2h30 AR)* permet de découvrir ce merveilleux site naturel protégé. Le sentier traverse entre dunes et marais une forêt de chênes, houx, lierre… À l'approche du rivage, l'air du large et les embruns sculptent les chênes verts sous l'effet d'une anémomorphose (modification d'aspect par l'effet du vent). Du bord de mer, on admire à droite, la plage de sable des Mines et à gauche, l'anse St-Nicolas bordée de falaises.
En revenant dans le sous-bois, restez sur le sentier longeant la mer pour atteindre les avancées rocheuses qui constituent une plate-forme. Le chemin suit un tunnel végétal de branchages de chênes.
Revenez à Jard-sur-Mer, puis empruntez au nord la D 21. Après 2 km, tournez à gauche.
La route est bordée sur la gauche par les **marais de la Boulière**.
Prenez à gauche la D 108.
La route débouche sur **le port** où débute une zone ostréicole, située au confluent du chenal de l'île Bernard et du chenal du Payré.
La D 108 vers le nord ramène à Talmont-Saint-Hilaire.

À proximité Carte de microrégion p. 172-173

★ Musée automobile de Vendée B3

À 2,5 km au nord-ouest de Talmont-St-Hilaire, rte des Sables-d'Olonne - ✆ 02 51 22 05 81 - www.musee-auto-vendee.com - ♿ - juin-août : 9h30-19h ; avr.-mai et sept. : 9h30-12h, 14h-18h30 - 9,50 € (4-10 ans 4,50 €).
Composée de quelque 160 véhicules construits entre 1885 et 1970, pour la plupart en état de marche, l'étonnante collection de ce musée présente sur 3 000 m² les marques prestigieuses des débuts de l'automobile : Léon Bollée, Rochet-Schneider, Brasier, de Dion-Bouton, Chenard…
Certains modèles sont véritablement exceptionnels, notamment les véhicules datant de la fin du 19e s. : le tricycle de Dion-Bouton à vapeur de 1885, le vis-à-vis de Dion de 1898 dans lequel sont confortablement installés le marquis de Dion et son célèbre chauffeur Zélélé.

Arrêtez-vous devant les nombreuses voitures construites avant la Première Guerre mondiale : l'étonnante berline de voyage de Léon Bollée de 1904, avec sa carrosserie ressemblant à un wagon de chemin de fer ; la Renault (Frères) de 1906, voiture de maître immatriculée le 25 avril 1907 et qui roulait déjà à 70 km/h ; la Motobloc de 1908 ; la Peugeot Lion de 1910 ; un fameux « taxi de la Marne », modèle Renault 1912 qui allait s'illustrer durant le transport de milliers de soldats vers le front… Ne manquez pas non plus les cycles (draisienne 1818, grand-bi 1885), motocycles, radiateurs, et la collection d'affiches publicitaires d'époque (d'Anglay, Sauvage, H. Gerbault, Mich).

Port-Bourgenay B3

5,5 km au sud-ouest par la D 4^A^.

Sur la **Côte de Lumière**, une petite station s'est développée depuis la création, en 1985, d'un port de plaisance (capacité : 560 anneaux). Non loin de là, séparé de l'océan par une pinède, le **Village du lac★** s'inscrit dans un domaine de 85 ha. Il déploie des résidences de vacances à l'architecture imaginative autour d'un golf à 18 trous et d'un plan d'eau. Sur la rive opposée se dresse la chapelle de l'abbaye N.-D.-de-l'Espérance dont la façade est flanquée de deux insolites tours crénelées.

St-Cyr-en-Talmondais C3

À 22 km à l'est de Talmont-St-Hilaire par la D 949.

Ce village aux confins du bocage et du Marais desséché abrite un superbe parc floral, à voir absolument.

★ **Parc floral et tropical de la Court d'Aron** – *✆ 02 51 30 86 74 - www.lacourtdaron.com - ♿ - avr.-sept. : 10h-19h - 10 € (5-12 ans 6 €).* Vous ferez, en sillonnant cet agréable parc de 10 ha, un exotique tour du monde botanique. De petits ponts de bois, enjambant des jardins aquatiques (cascade et jet d'eau), vous mèneront aux spectaculaires **étangs des lotus** *(floraison en juillet).* De jolies voûtes de bambous, des bosquets d'eucalyptus, une véritable profusion de fleurs et plantes vous attendent dans ce lieu enchanteur où vous découvrirez aussi un jardin zen, une serre tropicale, un bassin des cygnes, une vallée des graminées, et même une reconstitution de ferme vendéenne.

AUX PORTES DU MARAIS POITEVIN

La Tranche-sur-Mer C3

Cette station balnéaire bénéficie d'une spacieuse plage de sable fin (13 km) et d'une pinède (600 ha). Le plan d'eau du Maupas permet la pratique de nombreux sports nautiques *(planche à voile, funboard, dériveur, etc.).*

La Faute-sur-Mer C3

Située sur la Côte de Lumière, cette localité pourvue d'une longue plage de sable fin a été l'une des plus touchées durant la tempête Xynthia en 2010. Au sud, le cordon de dunes s'étire jusqu'à la **pointe d'Arçay** *(réserve nationale de chasse).*

L'Aiguillon-sur-Mer C3

Les maisons basses s'alignent sur la rive gauche de l'estuaire du Lay, dans un paysage dépouillé qui est déjà celui de l'Aunis. Leurs habitants partagent leurs activités entre la culture florale, la pêche côtière, l'élevage des huîtres et des moules. *Franchissez le Lay.*

★ Pointe de l'Aiguillon D3

Cordon littoral qui se prolonge jusqu'au cœur des eaux grises et des vases de l'anse de l'Aiguillon (réserve de chasse maritime). La **vue★**, très dégagée, porte, de droite à gauche, sur l'embouchure du Lay et la pointe d'Arçay, l'île de Ré et le port de La Pallice. Les alignements de **bouchots** à moules apparaissent seulement à marée basse. *Reprenez la digue en sens inverse.*

Digue de l'Aiguillon C3

Créée par des ingénieurs hollandais, la digue porte, sur 6 km, une route que protège un brise-lames ; on distingue à gauche d'anciens marais salants reconvertis en parcs à huîtres. Des plages bordées de dunes se succèdent à partir des Sablons. *Gagnez l'extrémité de la digue.*

NOS ADRESSES PRÈS DE TALMONT-ST-HILAIRE

HÉBERGEMENT ET RESTAURATION

PREMIER PRIX

Chambre d'hôte La Pinière – *3 km au sud-ouest de Talmont-St-Hilaire vers sortie Les Sables-d'Olonne et à gauche, av. des Sports devant le centre commercial Super U - ✆ 02 51 22 25 66 ou 06 70 30 55 16 - www.lapiniere.fr - ⊭ - 4 ch. 48/65 € ☕.* Un beau paysage vallonné et boisé entoure cette propriété située à 2 km de l'Océan. Les chambres (dont deux avec terrasse privative) sont installées dans les dépendances, et la salle des petits-déjeuners occupe l'ancienne grange. Le site compte également un gîte de 15 personnes et 17 boxes pour les chevaux.

BUDGET MOYEN

Le Chalet Saint-Hubert – *rte de Jard - ✆ 02 51 33 40 33 - www.le-chalet-saint-hubert.com - P - 17/50 €.* Vous serez accueilli au bar avant de gagner une grande salle à manger récente et éclairée par de larges baies vitrées. Cuisine traditionnelle. Si vous choisissez d'y dormir, préférez les chambres de plain-pied ouvertes sur le jardin.

Hôtel de l'Océan – *1 km au sud de St-Vincent-sur-Jard - ✆ 02 51 33 40 45 - www.hotel-restaurant-ocean.com - fermé 15 nov.-27 fév. et merc. sf d'avr. à sept. - P - 35 ch. 57,50/73,50 € - ☕ 8 € - ✗ 22/60 €.* À côté de la maison de Clemenceau et à 50 m de la plage, cet hôtel familial est apprécié d'une clientèle d'habitués qui revient chaque année profiter d'un séjour entre Océan et piscine. Décor d'une autre époque, ambiance sympathique et tranquillité préservée.

Domaine Romaric – *2 chemin des Combes - 85520 Jard-sur-Mer - ✆ 02 51 20 35 19 - www.residence-romaric.com - ⊭ - 2 ch. 60/70 € ☕* linge compris + *5 appart. tous équipés cuisine, coin salon, ch., sdb 340/680 €/sem.* Un parc avec piscine couverte chauffée, barbecue, terrasse, transats et jeux d'enfants entoure cette villa vendéenne dotée d'une originale tour blanche. Les propriétaires y ont créé 2 chambres d'hôte et 5 appartements (2 à 4 pers.), bien équipés et garnis de meubles familiaux ou contemporains.

Hôtel Les Dunes – *68 av. M.-Samson - 85360 La Tranche-sur-Mer - ✆ 02 51 30 32 27 - www.hotel-les-dunes.com - avr.-sept. - P - 45 ch. 62/112 € - ☕ 9 € -* Établissement apprécié pour sa situation calme, sa tenue parfaite et sa superbe piscine sous verrière tournée vers la mer. Certaines chambres avec balcon profitent de la vue.

Les Cols Verts – *48 r. de Verdun (à la Grière) - 85360 La Tranche-sur-Mer - ✆ 02 51 27 49 30 - www.hotelcolsverts.com - avr.-sept. - 30 ch. 65/99 € - ☕ 10 € - ✗ 25/34 € (formule déj. 16 €).* Près de la plage, hôtel des années 1970 abritant des chambres bien tenues, plus calmes et plus petites à l'annexe de l'autre côté du jardin. Piscine dans un bâtiment voisin. À table, cuisine actuelle avec quelques produits bio et des touches asiatiques.

932-7
933-7
942-7
917-6
908-6
906-6
914-6
902-6
901-6
929-7
919-7

Marais poitevin et bocage vendéen 4

Carte Michelin 316 – Départements de la Vendée (85), des Deux-Sèvres (79) et de la Charente-Maritime (17)

Barques sur la Sèvre niortaise dans le parc du Marais poitevin.
H. Lenain / hemis.fr

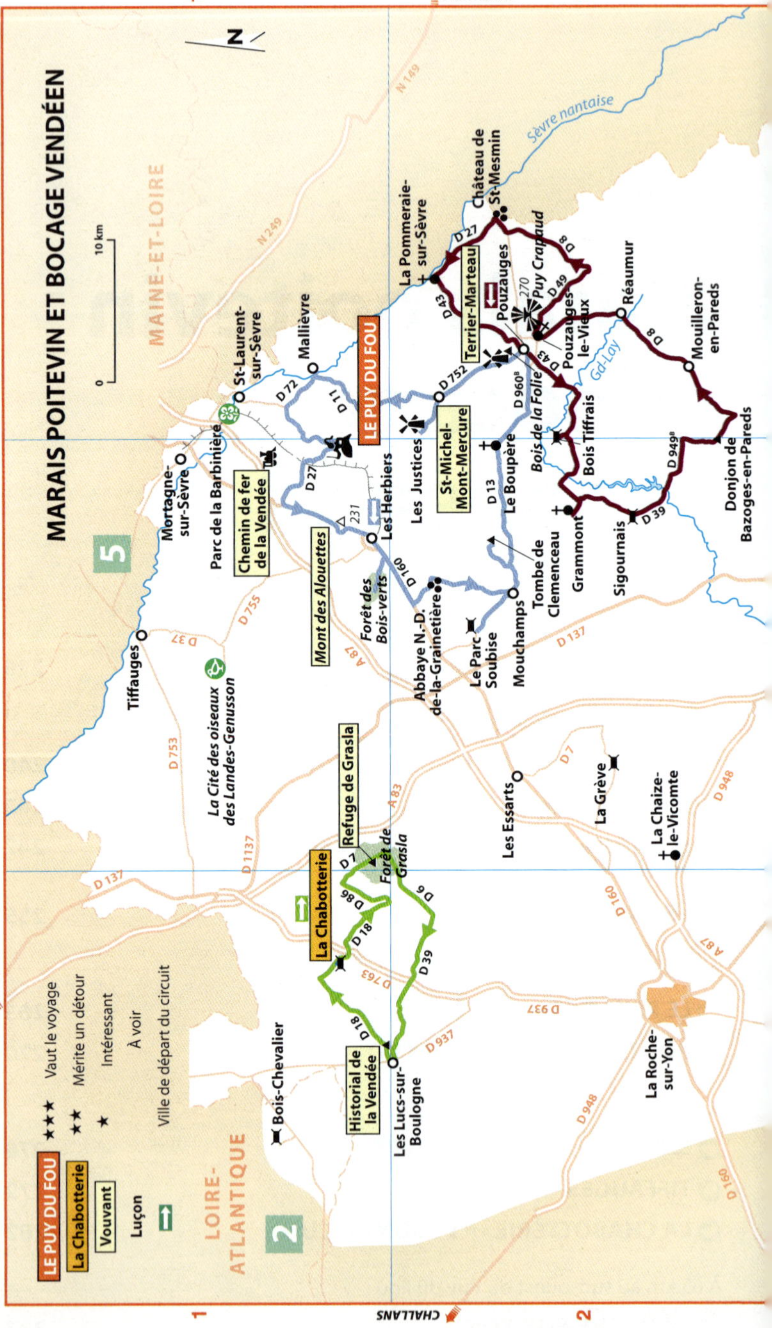
MARAIS POITEVIN ET BOCAGE VENDÉEN
LE PUY DU FOU ★★★ Vaut le voyage
La Chabotterie ★★ Mérite un détour
Vouvant ★ Intéressant
Luçon À voir
Ville de départ du circuit
0 10 km
N
PARTHENAY
NANTES
CHALLANS
A
B
C
1
2
5
2
LOIRE-ATLANTIQUE
MAINE-ET-LOIRE
Sèvre nantaise
Tiffauges
Mortagne-sur-Sèvre
Parc de la Barbinière
St-Laurent-sur-Sèvre
Mallièvre
Chemin de fer de la Vendée
La Cité des oiseaux des Landes-Genusson
LE PUY DU FOU
Les Herbiers
Mont des Alouettes
231
Forêt des Bois-verts
Abbaye N.-D. de-la-Grainetière
Le Parc Soubise
Mouchamps
Tombe de Clemenceau
Les Justices
St-Michel-Mont-Mercure
Le Boupère
Bois de la Folie
La Pommeraie-sur-Sèvre
Château de St-Mesmin
Terrier-Marteau
Pouzauges
Puy Crapaud
270
Pouzauges-le-Vieux
Réaumur
Mouilleron-en-Pareds
Gd-Lay
Bois Tiffrais
Grammont
Sigournais
Donjon de Bazoges-en-Pareds
Les Essarts
La Grève
La Chaize-le-Vicomte
La Roche-sur-Yon
Refuge de Grasla
Forêt de Grasla
La Chabotterie
Historial de la Vendée
Les Lucs-sur-Boulogne
Bois-Chevalier
N 149
N 249
D 72
D 11
D 27
D 752
D 960B
D 13
D 43
D 49
D 8
D 949B
D 39
D 160
D 137
D 37
D 755
D 753
D 1137
A 87
A 83
D 7
D 948
D 937
D 763
D 18
D 86
D 6

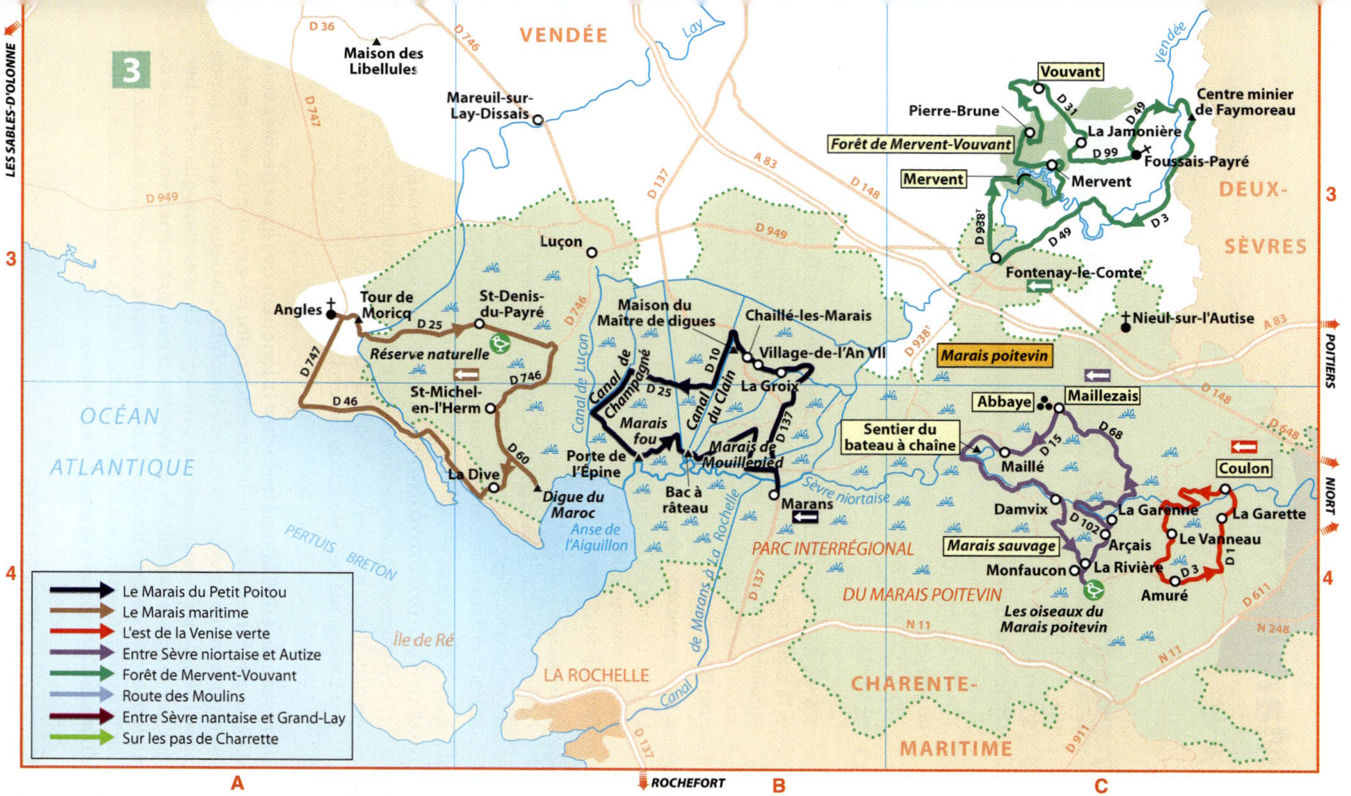
3
VENDÉE
DEUX-SÈVRES
CHARENTE-MARITIME
OCÉAN ATLANTIQUE
PERTUIS BRETON
Île de Ré
LA ROCHELLE
PARC INTERRÉGIONAL DU MARAIS POITEVIN
LES SABLES-D'OLONNE
POITIERS
NIORT
ROCHEFORT
Maison des Libellules
Mareuil-sur-Lay-Dissais
Luçon
Angles
Tour de Moricq
St-Denis-du-Payré
Réserve naturelle
St-Michel-en-l'Herm
La Dive
Digue du Maroc
Anse de l'Aiguillon
Porte de l'Épine
Canal de Luçon
Canal de Champagné
Marais fou
Canal du Clain
Maison du Maître de digues
Chaillé-les-Marais
Village-de-l'An VII
La Groix
Marais de Mouillepied
Bac à râteau
Marans
Canal de Marans à La Rochelle
Sèvre niortaise
Marais poitevin
Fontenay-le-Comte
Nieul-sur-l'Autise
Vouvant
Pierre-Brune
Forêt de Mervent-Vouvant
Mervent
La Jamonière
Foussais-Payré
Centre minier de Faymoreau
Vendée
Lay
Abbaye
Maillezais
Sentier du bateau à chaîne
Maillé
Damvix
Marais sauvage
Monfaucon
La Rivière
Arçais
La Garenne
Les oiseaux du Marais poitevin
Coulon
La Garette
Le Vanneau
Amuré
D 36
D 746
D 747
D 949
D 137
A 83
D 148
D 938T
D 49
D 31
D 99
D 3
D 25
D 46
D 60
D 10
D 15
D 68
D 102
D 1
D 611
D 648
D 911
N 11
N 248
A
B
C
3
4
Le Marais du Petit Poitou
Le Marais maritime
L'est de la Venise verte
Entre Sèvre niortaise et Autize
Forêt de Mervent-Vouvant
Route des Moulins
Entre Sèvre nantaise et Grand-Lay
Sur les pas de Charrette

Marais poitevin

★★

Vendée (85), Deux-Sèvres (79), Charente-Maritime (17)

NOS ADRESSES PAGE 238

S'INFORMER

Office du tourisme du Pays né de la mer –*5 pl. de l'Abbaye - 85580 St-Michel-en-l'Herm - ✆ 02 51 30 21 89 - de mi-juil. à mi-août : 9h30-12h30, 14h-18h30, dim. 10h-12h ; de mi-juin à mi-juil. et de mi-août à mi-sept. : tlj sf w.-end 9h30-12h30, 14h-18h30 ; reste de l'année : lun. 14h-17h, mar., jeu.-vend. 10h-12h30, 14h-17h, merc. et sam. 10h-12h30 - fermé 25 déc.-1er janv.*

SE REPÉRER

Carte de microrégion ABC3-4 (p. 225) – *Cartes Michelin Départements 316 H/L 6/9 et 324 D/G2.* Vaste triangle étiré sur les Deux-Sèvres, la Vendée et la Charente-Maritime, le Marais poitevin se divise d'une part en marais mouillés vers l'intérieur, limités au nord par la plaine calcaire de Vendée et au sud par les coteaux calcaires de l'Aunis ; d'autre part en marais desséchés près de l'océan.

À NE PAS MANQUER

La découverte en barque de la pittoresque Venise verte ; le Marais sauvage et son labyrinthe de canaux, de conches et d'écluseaux ; le charmant Grand Port d'Arçais.

ORGANISER SON TEMPS

Comptez environ 2 jours pour découvrir les marais, mais laissez-vous aussi du temps pour les promenades au fil de l'eau. Profitez-en pour vous loger et vous restaurer au calme et dans des lieux typiques.

AVEC LES ENFANTS

Vous n'aurez que l'embarras du choix, entre les promenades en barque à l'abri d'une voûte de verdure, les sympathiques balades à vélo le long de paisibles canaux rehaussés de franges d'arbres. Pensez aussi au parc ornithologique Les oiseaux du Marais poitevin.

Un réseau de 4 000 kilomètres : c'est la longueur des inextricables voies d'eaux du Marais poitevin, labyrinthe touffu mi-aquatique mi-végétal. Plongez dans ce mystérieux monde amphibie, la deuxième plus grande zone humide de France après la Camargue. Laissez-vous glisser en barque sur ses canaux tapissés de lentilles d'eau, promenez-vous à vélo ou à pied le long de prés bordés de peupliers et de saules. Vous serez saisi par le contraste entre ce dédale foisonnant et les vastes étendues plates du marais desséché qui aboutit sur la mer.

Circuits conseillés

Bon à savoir – Pour une exploration plus facile du Marais, n'hésitez pas à vous munir de **cartes d'état-major** qui vous aideront à mieux vous repérer dans ce véritable enchevêtrement de canaux et de petites routes.

★ LE MARAIS DU PETIT POITOU Carte du Marais poitevin p. 228

Circuit de 60 km au centre du marais désséché – environ 3h.
Paysage artificiel d'une horizontalité presque surnaturelle, le marais « desséché », non pas sec mais protégé des inondations, est un vaste polder quadrillé de digues et de canaux filant droit vers l'infini. Ici ou là, d'anciennes îles et des restes de falaises s'élèvent au-dessus de cette étendue plane couverte de champs de céréales à perte de vue.
Sa terre noire de Brie demande de l'engrais pour produire blé, orge, maïs, fèves, haricots. Ses pâturages sont dévolus aux bovins et aux moutons de pré-salé. Dans la baie de l'Aiguillon, qui s'envase lentement, on élève des moules sur des bouchots : Esnandes et Charron sont les deux centres de cet élevage.

Marans

Marché du marais desséché, notamment pour les grains (silos), Marans est un port, revitalisé par l'activité de la navigation de plaisance. Il est relié à l'Océan par un canal ; une écluse maintient le niveau d'eau du bassin à flot où stationnent quelques caboteurs et plaisanciers.
Clocher de l'église Notre-Dame – *En hiver sur réserv., s'adresser à l'office de tourisme - ✆ 05 46 01 12 87 ; de fin juin à déb. sept. : 10h-12h et 14h-16h - 1 €.* Ce clocher de verre à ossature d'aluminium offre une **vue** panoramique sur le Marais, mais les chaleurs de l'été en limitent l'accès.
Moulin de Beauregard – *✆ 06 81 11 01 96 ou 06 82 66 14 65 - www.lemoulindebeauregard.fr - juil.-août : merc. et dim. 10h-12h, 14h30-18h30, jeu. et sam. 14h30-18h30 ; avr.-juin et sept.-oct. : merc. et dim. 10h-12h, 14h30-18h30, sam. 14h30-18h30 - 3 € (4-16 ans 1,50 €).* Restauré à l'identique en 1999, ce moulin à vent du 17e s. possède une toiture conique couverte de bardeaux de châtaignier et un système Berton permettant de réguler le mouvement des ailes de l'intérieur. On y produit de la farine de blé extraite des meules en silex du moulin.
Quittez Marans par le nord en empruntant la D 137 en direction de Luçon. Au Sableau, prenez à droite la D 25A, puis à Vouillé, tournez à gauche dans la D 25.
Après 2 km de paysage agricole, peu après le lieu-dit **La Groix**, remarquez sur votre gauche, un **bot** (digue) qui borde le marais. Longez ensuite les surprenantes falaises mortes du **Village-de-l'An-VII** (ancien îlot calcaire), jadis battues par les vagues.

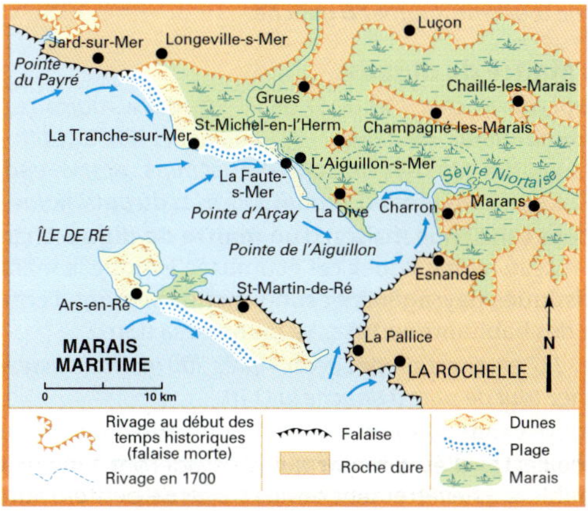

Chaillé-les-Marais

Ce village est une ancienne île du golfe du Poitou qui domine la plaine autrefois immergée. C'est le centre du marais desséché du Petit Poitou, le premier de cette province à avoir été asséché. Du belvédère *(place de l'Église)* se dégage une belle **vue** sur le marais d'où émergent, sur la gauche, les anciens îlots d'Aisne et du Sableau.

Rejoignez la D 137 et prenez à droite (rue de l'An-VI) en direction de Luçon. 900 m après l'office de tourisme, tournez à gauche.

Maison du Maître de digues

7 r. de la Coupe-du-Rocher - ✆ 02 51 56 77 30 - www.maisons.parc-marais-poitevin.fr/maison-maitre-de-digues/ - ♿ - juil.-août : 10h-13h, 14h-18h ; avr.-juin et sept. : tlj sf sam. 10h-13h, 14h-18h ; oct.-nov. et mars : tlj sf w.-end 9h30-12h30, 13h30-17h30 - 5 € (-18 ans gratuit), gratuit Journées du patrimoine.

Installé dans l'ancienne maison d'un **maître de digue** (chargé de la surveillance du réseau hydraulique), cet écomusée évoque le marais desséché, ses caractéristiques paysagères et son fonctionnement, l'entretien, la vie quotidienne des habitants au 19e s., sa faune et sa flore.

Reprenez la D 137 en direction de Luçon. Après 700 m, franchissez le pont de la Coube et prenez tout de suite à gauche la D 10.

La route longe le **canal du Clain** d'où l'on a une **vue** originale sur les falaises mortes de Chaillé. Le canal, jalonné par quelques rares fermes, est bordé de prairies humides *(à gauche)* et de champs de céréales *(à droite)*.

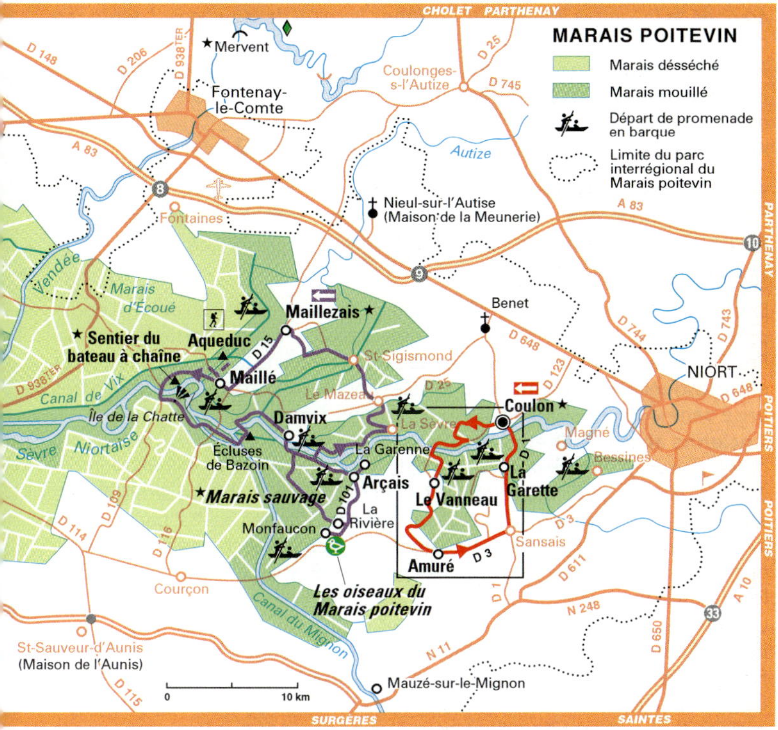

Au carrefour de Ste-Radegonde-des-Noyers, prenez à droite sur la D 25. À la sortie de Champagné-les-Marais, tournez à gauche avant le pont pour emprunter le « chemin sud du canal ».

Le **canal de Champagné**, très fréquenté par les amateurs de pêche, traverse une vaste plaine de culture. De part et d'autre de la route, on peut observer la faune (envol d'un héron) et la flore (chardons, roseaux) du marais desséché, souvent concentrées près des vannes.

Au bout de la longue ligne droite, prenez à gauche, puis au carrefour suivant (après 3 km), continuez tout droit.

La route contourne le **Marais fou**. À droite, un clocher et un château d'eau semblent émerger d'une mer de champs. Plus loin, depuis le pont-écluse, une belle vue s'étend jusqu'à la **porte de l'Épine** auprès de laquelle mouillent des bateaux équipés pour la pêche à la civelle.

Prenez la D 10^A sur la droite puis, après 1,1 km, empruntez sur la gauche une petite route qui traverse le canal de Vienne. 300 m plus loin, tournez à droite.

Au carrefour, arrêtez-vous devant le hangar aménagé sur le canal du Clain. On y découvre un curieux **bac à râteau**, employé naguère au curage des canaux envasés, nettoyage titanesque qu'on entreprenait tous les sept à huit ans en milieu d'hiver. C'était l'occasion de rassembler le village et d'organiser une grande fête.

La route franchit une succession de portes (écluses) dont celle, très originale, des **Grands Greniers** (maison d'éclusier). Au sud, la Sèvre niortaise irrigue cinq canaux (Vienne, Clain, Cinq Abbés, Mouillepied, Vix) depuis le méandre des Fagnes.

Au bout de la longue ligne droite qui longe le canal de Mouillepied, tournez à droite. À la Hutte de la Briand, prenez à gauche.
Après avoir contourné le bien nommé **marais de Mouillepied**, jalonné d'étonnantes « cabanes », le **canal de Vix** offre au regard un bel exemple de « contre-bot ».
Au pont-écluse, prenez à droite sur la D 137 qui ramène à Marans.

★ **LE MARAIS MARITIME** Carte du Marais poitevin p. 228

Circuit de 70 km dans l'ouest du marais désséché – environ 3h.

St-Michel-en-l'Herm

Encore une ancienne île du golfe du Poitou. Les moines de son abbaye engagèrent de grands travaux, au 13e s., afin d'assécher cette partie de marais. Proche de l'anse de l'Aiguillon, le village est protégé de la mer par des digues entre lesquelles s'étendent des prés salés appelés **mizottes** (un fromage très prisé dans la région porte également ce nom).
Ancienne abbaye bénédictine – *✆ 02 51 30 21 89 - visite guidée de mi-juin à mi-sept. : mar., jeu. et vend. à 10h, 11h, 15h, 16h et 17h - fermé sept.-juin, 14 Juil. et 15 août - billetterie à l'off. de tourisme 3,50 € (7-12 ans 1 €).* L'abbaye de St-Michel-en-l'Herm était dédiée à l'archange saint Michel. Fondée au 7e s. par Ansoald, évêque de Poitiers, elle joua un rôle significatif dans l'assèchement des marais, et connut une période de prospérité jusqu'au 9e s. où elle fut dévastée par les Normands.
Les guerres anglaises des 14e et 15e s., les guerres de Religion du 16e s., puis la Révolution lui portèrent de rudes coups. Reconstruite à chaque fois, elle le fut partiellement pour la dernière fois à la fin du 17e s. par l'architecte François Leduc. On parcourt la salle capitulaire (13e s.), entourée du banc de pierre des moines, le chauffoir (12e s.), dont les voûtes n'ont gardé que leurs nervures, le réfectoire et le bâtiment des moines, refaits par Leduc au 17e s.
Musée André-Deluol – *1 r. de l'Étendard - ✆ 02 51 30 21 89 - ♿ - de mi-juin à mi-sept. : mar.-sam. 15h-18h30 - fermé j. fériés - 3 € (-7 ans gratuit), 5 € billet combiné avec l'abbaye.*
Une large sélection des œuvres de cet artiste né en 1909 y est exposée. Outre les peintures, dessins et pastels, quelque 120 sculptures (granit, marbre, bois) rendent hommage à la femme, dont les formes généreuses sont travaillées en taille directe.
Quittez St-Michel par le sud en empruntant la D 60.
Après avoir passé un silo, on découvre, à droite, émergeant à l'horizon, la butte de la Dive *(voir ci-après)*. Peu après, la D 60 *(prendre tout droit au carrefour)* franchit une succession de digues et de **prises** (polders) gagnées sur la mer. La route vient mourir au pied de la **digue du Maroc** (1912) où se dressent d'étonnants perchoirs à rapaces. *Revenez au carrefour et prenez à gauche.*

La Dive

Cette ancienne île était encore entourée d'eau au 17e s. À l'entrée d'une ancienne carrière, la route s'élève et parcourt la butte sur 700 m en dominant le marais. D'en haut, la **vue** s'étend de la pointe d'Arçay à l'anse de l'Aiguillon en passant par l'île de Ré et son pont-viaduc. De retour au niveau de la mer, on découvre au-delà d'un pré, la falaise morte (largement entaillée par les flots) recouverte en partie de lierre.
Continuez en direction de la mer, puis au carrefour prenez à droite. À l'Aiguillon-sur-Mer (p. 220), prenez la D 46 puis, à La Tranche-sur-Mer (p. 220), la D 747 vers le nord.

Angles

Ancienne abbatiale dont le pignon porte un gros ours qui, d'après la légende, aurait été changé en pierre par un ermite du nom de Martin. À l'intérieur, le chœur et le transept sont romans, tandis que la nef appartient au style Plantagenêt.

Revenez au rond-point et prenez en face.

Tour de Moricq

Cette grosse tour carrée fortifiée du 15e s. défendait jadis un petit port sur le Lay.

Prenez la D 25 en direction de Grues. Après la traversée de St-Denis-du-Payré, poursuivez sur 2 km.

Réserve naturelle « Michel Brosselin »

✆ 02 51 56 14 69 ou 06 01 77 17 15 - juil.-août : 9h30-12h30, 15h-19h ; juin : dim. 15h-19h ; fév.-mai : hors vac. dim. 14h-18h, pdt vac. 9h30-12h30, 14h-18h ; janv. et déc. : hors vac. dim. 14h-17h, pdt vac. 9h30-12h30, 14h-17h fermé sam. et j. fériés - 5 € (7-17 ans 3,50 €) maison et réserve - billetterie à la Maison de la réserve - 9 bis r. de Gaulle - St-Denis-du-Payré.

Cette réserve couvre 207 ha de marais, fréquentés par de nombreux oiseaux en période de migration, d'hivernage ou de nidification. Avant d'aller voir évoluer les oiseaux depuis l'**observatoire** *(équipé de longues-vues)*, faites un arrêt à la **Maison de la réserve**, dans le village. Vous y découvrirez un diaporama du site ainsi qu'une exposition sur la faune et la flore des prairies humides.

Poursuivez sur la D 25. À Triaize, prenez sur la droite la D 746.

Juste avant de franchir le Chenal Vieux, remarquez sur la droite un ancien îlot au lieu-dit La Dune. À 500 m de là, vous apercevrez la ferme « Les Chauds » *(fermée au public)*, bâtie sur une **butte de coquilles d'huîtres** qui daterait de l'an 1000. Du bord de la route, observez au niveau des étables, cet incroyable amoncellement de coquilles qui naguère étaient employées à la fabrication de poudre destinée aux volailles (ancienne usine de broyage à gauche de la ferme).

Poursuivez sur la D 746 qui ramène à St-Michel-en-l'Herm.

★★ L'EST DE LA VENISE VERTE Carte de la Venise verte p. 234

Circuit de 30 km dans l'est du marais mouillé – environ 2h30.

C'est par **Niort** que vous pénétrerez dans ce délicat patchwork en camaïeu de verts, qui s'étend sur environ 32 000 ha. Un écrivain local donna le surnom de Venise verte à cette zone marécageuse unique, particulièrement pittoresque à l'est de l'Autise, de part et d'autre de la Sèvre niortaise.

Dans le **marais mouillé**, ainsi nommé car inondable en période de crue, contrairement au marais desséché protégé par des digues, croissent à foison peupliers de l'espèce « blanc du Poitou », frênes, saules et aulnes le long des chemins d'eau. Ils enserrent des pâturages où paissent les vaches de race maraîchine, frisonne ou normande. Certaines parcelles en culture portent des récoltes d'artichauts, oignons, aulx, melons, courgettes, fèves et ces délicieux haricots blancs nommés **mojettes**. L'angélique, plante aromatique et stimulante, sert à la préparation de friandises et liqueurs. En été, le marais mouillé permet de profiter d'un charmant paysage rural jalonné de passerelles, de lavoirs, d'écluses, de fontaines, de pigeonniers… et d'apprécier sa relative fraîcheur. Mais c'est en période d'inondation *(février-mars)* que le marais montre son véritable visage. En cette saison, les prairies sont alors noyées et les routes recouvertes d'eau *(avancez avec prudence)* et parfois coupées.

PROMENADE EN BARQUE

Pour plonger dans la nature du marais mouillé et en apprécier la beauté et le mystère, l'idéal est de louer une barque pour faire la promenade au rythme silencieux d'une poussée à la pelle ou à la pigouille. Vous vous laisserez glisser sur les eaux des **conches, canaux** et **fossés**, enveloppées en été par un épais feuillage tamisant la lumière. La plupart des villages ou hameaux sont dotés **d'embarcadères**, mais la traditionnelle barque à fond plat a été remplacée par une version en plastique. Au cours de la promenade, votre batelier-guide vous contera peut-être des récits maraîchins et qui sait, vous proposera de tenter l'expérience du **feu d'eau** : en remuant la vase, le gaz prisonnier remonte à la surface et s'enflamme à l'approche d'un briquet... *Vous dénicherez au cours des circuits proposés quelques petits ports en plein marais à partir desquels vous pourrez partir en barque. Préférez les plus calmes : Le Vanneau, Damvix, Maillezais et Arçais. Possibilité de visites à l'aube ou à l'aurore, et sur des thématiques différentes : flore, faune et contes des marais, etc.*

★ Coulon

Capitale du marais mouillé, c'est le principal point de départ pour les **promenades en barque** à travers la Venise verte - *avec ou sans guide - s'adresser à l'embarcadère Prada - ✆ 05 49 35 97 63 ; auberge-embarcadère La Pigouille - ✆ 05 49 35 80 99 ; La Trigale - ✆ 05 49 35 14 14 ; embarcadère Cardinaud - ✆ 05 49 35 90 47.*

À partir de Coulon, on peut aussi arpenter les chemins du marais en **petit train** - *✆ 05 49 35 14 14 - www.lemaraispoitvin.fr - s'adresser à La Trigale - 6 r. de l'Église - de Pâques à la Toussaint : découverte commentée (12 km, 1h, dép. réguliers) du Marais poitevin avec le Pibalou.*

Église de la Ste-Trinité – Cette église romane, remaniée dans le style gothique (portails ouest et sud), possède une caractéristique peu commune : elle est dotée d'une chaire à prêcher extérieure, qui prend la forme d'une tour à auvent.

Maison du Marais poitevin – *Pl. de la Coutume - ✆ 05 49 35 81 04 - www.maisons.parc-marais-poitevin.fr - juil.-août : 10h-19h ; avr.-juin et de déb. sept. à mi-nov. : 10h-13h, 14h-18h - possibilité de visite guidée (1h) sur réserv. - 6 € (6-16 ans 3,30 €).*

Consacré à l'histoire et aux traditions du Marais poitevin, ce musée est logé dans l'ancienne maison des percepteurs du **droit coutumier** (les bateliers empruntant la Sèvre niortaise devaient s'acquitter de cette redevance, perçue sur la marchandise transportée, et qui permettait l'entretien de la rivière). Découvrez en premier lieu le **Maraiscope** *(20mn)*, maquette animée de 15 m² détaillant de façon vivante les grandes étapes de la formation du marais. Continuez ensuite la visite à travers une série de salles plus spécifiquement axées sur les traditions du marais mouillé. Vous verrez tour à tour un intérieur maraîchin typique de la fin du 19ᵉ s., puis un espace consacré à la pêche à l'anguille. La batellerie locale est également à l'honneur, avec la reconstitution d'un atelier de charpentier. Enfin, un espace archéologique expose divers objets du Néolithique découverts sur plusieurs sites aux alentours de Coulon.

Quittez Coulon par l'ouest en empruntant la D 123. À la sortie du village, prenez la rue du Port-de-Brouillac (laiterie) en direction du Grand Coin. En bout de route, prenez à gauche et franchissez le canal. Tout de suite après le pont, tournez de nouveau à gauche.

Quai et embarcadère à Coulon, le long de la Sèvre niortaise.
H. Lenain / hemis.fr

Le barrage du Grand Coin donne un aperçu de ce qu'est un **passe-bateaux**. La route longe le canal bordé de peupliers et de saules pleureurs où s'abritent les pêcheurs. Après avoir passé un petit pont, on distingue sur la droite une solide ferme poitevine aux pierres appareillées.

Au bout du canal, prenez sur la droite la D 123 en direction d'Irleau.

La rive droite de la Sèvre niortaise offre un tableau de ravissantes **cabanes** (quelques-unes ne sont accessibles qu'en barque). La rivière, jalonnée de conches et de rigoles, voit la pente de son lit chuter brutalement à l'**écluse de la Sotterie**, passant de 30 cm par km à moins de 5 cm ; ralentie dans sa progression, l'eau envahit le marais.

Après avoir franchi le pont d'Irleau, prendre la première route à gauche.

Les premiers frênes « têtards » marquent l'entrée du marais mouillé. Plantés pour consolider les berges, ils doivent leur aspect singulier à une taille régulière tous les cinq à sept ans.

Au bout de la route, prenez à droite. Au carrefour, continuez tout droit, puis tournez à gauche dans la D 102.

Le Vanneau

Ce village porte le nom d'un oiseau échassier à huppe noire. Il possède un **port★** joliment aménagé *(parcours pédestre de 4 km AR dans le marais du Vanneau au départ du port de la Belette)*. Une **vue** très dégagée s'étend sur un embarcadère *(attention, pour les promenades en barque, se rendre à Ste-Sabine)*, une passerelle typique et une rangée de saules. En bout de cale, la conche centrale s'enfonce dans le marais mouillé, au-delà d'un rideau de peupliers.

La rue de Gémond (à droite), puis la rue des Vergers (à gauche) conduisent sur la D 102 ; tournez à gauche en direction de Sansais. 200 m plus loin, prenez une petite route sur la droite (balisage circuit vélo n° 1).

Le paysage change : les cultures céréalières cernées de haies remplacent les bois. *Au bout de la route, tournez à gauche (route non bitumée), puis à droite (route bitumée) ; 200 m plus loin, tournez à gauche.*

Un écrin de verdure enveloppe à nouveau le visiteur qui, en franchissant un pont, peut apprécier la beauté et le calme enchanteur du site.

À l'intersection suivante, prenez sur la droite et franchissez, plus loin, un petit pont. Au carrefour, tournez à droite.

Les arbres disparaissent subitement et font place à des champs ; sur la gauche, le bleu d'un silo donne une touche de couleur au paysage, assez austère hors saison.

Au carrefour, prenez en face et rattrapez la D 115. Tournez à gauche (sortie de St-Georges-de-Rex), puis au carrefour de Chausse, tournez à gauche dans la D 3 en direction de Sansais. Après 400 m, empruntez sur la gauche le chemin V 8.

Amuré

L'église du 12ᵉ s. accueille des expositions en saison ; dans le cimetière, une **croix hosannière** du 15ᵉ s. domine des tombes sur pilotis. À la différence de la lanterne des morts, la croix hosannière est une colonne sans système d'éclairage. Son nom vient de l'acclamation hébraïque « Hosanna ». Deux mégalithes, réputés posséder un pouvoir guérisseur, se dressent dans un autre cimetière.

Quittez Amuré par l'est en empruntant la D 3 jusqu'à Sansais, puis prenez la D 1 en direction de Coulon.

La Garette

Cet ancien hameau de bateliers est typique de par l'alignement de ses maisons sans fondation, qui ont la particularité d'avoir un double accès, sur une « conche » et sur la route. La rue principale *(interdite à la circulation)*, jalonnée de petits embarcadères, s'étire jusqu'à la Vieille Sèvre.

Du parking, prenez la rue montante qui rejoint la D 1 ; au carrefour, prenez à gauche.

La route traverse la partie est de La Garette et franchit la Vieille Sèvre ; du pont, **vue** sur la rivière et ses quais. La D 1 qui ramène à Coulon marque la limite entre la zone humide *(à gauche)* et la zone sèche *(à droite)*.

ENTRE SÈVRE NIORTAISE ET AUTIZE Carte du Marais poitevin p. 228

Circuit de 50 km dans le marais mouillé – environ 3h.

★ Maillezais (*p. 243*)

Quittez Maillezais par le sud en empruntant la D 15. À la Croix-de-Maillé, prenez à droite sur la D 25 et poursuivez jusqu'au pont situé au nord de Maillé. Laissez votre voiture et prenez sur la droite le chemin de halage.

Aqueduc de Maillé

1 km AR. Cet ouvrage permet au canal de Vix (marais desséché) de croiser celui de la Jeune Autise (marais mouillé).

Maillé

Bien des légendes courent sur ce vieux village, comme semblent en témoigner les personnages qui illustrent les voussures du **portail roman** de l'église Notre-Dame. En bordure du canal du Bourneau, le port accueille un embarcadère niché sous des saules. Au-delà du pont-écluse, on part en balade vers l'**île de la Chatte**.

Face à l'église, prendre la rue fléchée « Dognon, Millé ».

Au lieu-dit **Fort Dognon** s'élevait autrefois le donjon d'Agrippa d'Aubigné où le poète fit imprimer en 1616 *Les Tragiques*. La route franchit ensuite un petit pont d'où l'on a une **vue** étendue sur le marais. *1,3 km après la ferme de Millé, un virage marque le départ d'un sentier pédestre (accès interdit aux véhicules).*

★ Sentier du bateau à chaîne

600 m AR. Ce parcours permet de découvrir la face cachée du marais en approchant sa faune et sa flore. Longeant une conche, l'étroit chemin s'enfonce au cœur d'une végétation si luxuriante qu'elle freine parfois la progression de l'explorateur. Le sentier débouche sur un des **bateaux à chaîne** de la région, que l'on peut utiliser *(avec prudence)* pour franchir la conche.

Poursuivez sur la même route. Au carrefour, prenez à gauche la D 25^{B}. Traversez la Sèvre. Tournez à gauche à la sortie du pont du Sablon.

NAISSANCE DU MARAIS

Le marais était à l'origine un vaste golfe marin, le **golfe du Poitou**, d'où son appellation poitevine. Cette mer vaseuse, qui s'étendait jusqu'à Niort, était parsemée d'îles calcaires sur lesquelles furent bâties des villes telles que Marans, Champagné, Elle, St-Michel-en-l'Herm ou Maillezais. Petit à petit, les rivières, cours d'eau (Lay, Vendée, Autise, Sèvre Niortaise) et courants marins, accumulant alluvions et vase argileuse, formèrent le marais. Dans cet environnement d'eau, les Maraîchins ont dû s'adapter pour exploiter la terre et se déplacer. Le marais est ainsi fait de digues ou **bots** dont la crête est occupée par des routes. Les principaux canaux, dits **contrebots**, refluent en période de crue dans des **achenaux** qui se déversent eux-mêmes dans des rigoles, puis dans des **conches**. Les travaux d'**assèchement** du golfe du Poitou commencèrent au 13e s., quand les moines des abbayes avoisinantes creusèrent le **canal des Cinq-Abbés** pour drainer le marécage au nord. Interrompue par les guerres, l'entreprise reprit sous **Henri IV**, sous la direction d'un ingénieur hollandais et s'étala dans le temps. En bordure de la baie de l'Aiguillon, des **polders** furent conquis sur la mer du 16e au 19e s.

Le circuit remonte la Sèvre niortaise par la rive gauche en offrant de belles **vues** sur l'île de la Chatte et ses cabanons de pêcheurs.

Au carrefour du pont de la Croix-des-Mary, prenez tout droit en direction de Damvix. Au carrefour suivant, tournez à gauche et franchissez l'écluse.

Une succession de ponts permet de rejoindre la rive droite de la Sèvre niortaise en franchissant les **écluses de Bazoin**, important carrefour hydraulique.

Damvix

Malmené lors des guerres de Religion, cet ancien village de pêcheurs se distingue par ses petites passerelles qui franchissent les étroits canaux. Un alignement de maisons basses s'étire le long de la Sèvre niortaise; près du pont, chaque berge est pourvue d'un embarcadère.

Passez la Sèvre niortaise et empruntez la D 104 en direction d'Arçais. Après 200 m, prenez à droite une petite route (camping des Conches) qui franchit un pont. Attention : l'itinéraire conduisant jusqu'au village de la Rivière par le Marais sauvage emprunte une route non revêtue, praticable seulement par temps sec; en cas de forte pluie, rejoignez directement Arçais.

★ Marais sauvage

Quelques planches de bois jetées sur une conche, puis *(prenez la route de gauche)* le barrage de la rigole de la Garette mènent à l'entrée du Marais sauvage *(à la fourche, prenez à droite)*. Cette zone protégée de 1 600 ha est quadrillée par 100 km de voies d'eau où canaux, conches et éclusеaux forment un véritable labyrinthe.

Le village de **La Rivière**, aux belles maisons maraîchines, marque la limite du marais. Au nord, la route qui rejoint la D 101 offre un contraste étonnant entre le marais boisé (à gauche) et les vastes champs vallonnés (à droite); au sud, **Monfaucon** possède un agréable embarcadère.

Parc ornithologique Les oiseaux du Marais poitevin

Le Petit Buisson 79210 St-Hilaire-la-Palud - ☏ 05 49 26 04 09 - www.oiseauxmaraispoitevin.com - dern. dim. mars aux vac. Touss. - se renseigner pour les horaires - 7 € (3-12 ans 4,50 €).

Une promenade, avec ou sans guide, dans ce parc de 8 ha est une agréable occasion de découvrir quelque 70 espèces d'oiseaux. Des modules

LES TRADITIONS

Les Maraîchins habitaient des maisons basses, blanchies à la chaux et groupées en villages sur des îlots ou des digues, à l'abri des inondations. Chacun disposait aussi d'une cabane isolée. La plupart des maisons possédaient, au bord de l'eau, leur **cale**, crique miniature où venaient s'amarrer les barques. Celles-ci constituaient le moyen de transport habituel. On les manœuvrait avec une gaffe (perche munie d'un crochet), la **pigouille**, ou avec une rame courte nommée **pelle**. Légères et effilées, les **yoles** servaient à aller au marché, à la messe, ou à conduire les enfants à l'école. Larges et massives, les **plates** étaient utilisées pour le transport des récoltes ou du bétail. Le Maraîchin livrait son lait à des coopératives qui fabriquaient un beurre renommé, restituant le petit-lait pour l'engraissement des porcs. Il traquait le mulet, la perche, la carpe, le gardon, l'écrevisse, et confectionnait des **bourgnons,** nasses en osier destinées à la capture des anguilles. La chasse au gibier d'eau (canard, pluvier, bécassine) était pratiquée en hiver.

Les trésors naturels du Marais

LA VIE DANS LES MARAIS

Le Marais poitevin dans sa totalité s'étend sur environ 112 000 ha, divisés en micro-milieux favorables à l'épanouissement d'une grande variété de plantes : des **plantes aquatiques** (élodée du Canada ; hottonie des Marais ; hydrocharis des grenouilles ; lentilles d'eau ; populage des marais ; renoncules aquatiques ; utriculaire commune) ou des **plantes des rives** (aulne glutineux ; frêne commun ; iris jaune ; reine des prés ; roseau ; salicaire ; tamaris de France) ; des **plantes des prairies** différentes dans le marais mouillé à l'est (fétuque faux-roseau ; fritillaire pintade ; laîche velue ; orchis à feuilles lâches) et dans le Marais saumâtre à l'ouest (jonc de Gérard ; laîche divisée ; iris bâtard ; renoncule à feuilles d'Ophioglosse ; trèfle maritime). Plus loin, dans sa partie maritime, croissent aussi des **plantes du littoral** (aster maritime, puccinellie dans les prés salés ; obione faux-pourpier, salicornes, spartine maritime (dans les vasières) et des **plantes des dunes** (chênes verts ; chiendent des sables ; chou marin ; œillet des dunes ; oyat ; pins maritimes).
Le marais est aussi le royaume des oiseaux, migrateurs ou sédentaires : **râle des genêts, hibou des marais, busard des roseaux, héron pourpré, barge à queue noire, chevalier aboyeur**. Il abrite aussi bien d'autres animaux à poils. Le **grand rhinolophe** est une chauve-souris dont les ailes peuvent atteindre jusqu'à 40 cm d'envergure. La **loutre d'Europe**, rare et très menacée, affectionne grenouilles, crapauds et surtout anguilles. Le **campagnol amphibien** ou « rat d'eau », autrefois très abondant dans le marais, vit près des berges où la végétation est dense et où il peut trouver sa nourriture préférée : graines et racines. Connaissez-vous aussi l'**alose**… le **triton marbré**… la **couleuvre à collier**… la **Rosalie des Alpes**… ou encore le **cuivré des marais** ?

L'EMBLÈME DU MARAIS

Désormais protégée, l'anguille européenne *(Anguilla anguilla)* se reproduit à très grande profondeur dans la mer des Sargasses (près des Antilles). Les larves entreprennent une migration périlleuse à travers l'Atlantique. À leur arrivée près des côtes françaises, sept à neuf mois plus tard, devenues des **civelles** (on dit **pibales** de la Gironde aux Pyrénées) au corps translucide, elles remontent les estuaires et cours d'eau entre novembre et mars. Elles restent une dizaine d'années en eau douce où elles grossissent en prenant leur couleur argentée et le nom d'**anguilles jaunes** puis redescendent les estuaires pour retraverser l'Atlantique. On les attrape avec des nasses en osier ou à l'aide de la **vermée**, corde où l'on fixe des vers en **pelote**. L'anguille fuyant la lumière, on pratique cette pêche la nuit.

LE MARAIS EN PÉRIL

Le Parc interrégional du Marais poitevin a connu, ces dernières années, une extension des **cultures céréalières** qui sont en train de l'**assécher** progressivement. L'agriculture intensive pompe à trop grande échelle de l'eau dans les **nappes phréatiques**, et utilise engrais et nitrates qui contribuent à mettre en danger l'écosystème. Une démarche **Natura 2000** est engagée depuis quelques années pour préserver la diversité des espèces animales et végétales du fragile Marais poitevin.

pédagogiques disposés tout le long du parcours vous apprendront tout ce qu'il faut savoir sur la faune et la flore rencontrées.
Pour un autre point de vue sur le site, doté d'un embarcadère, prenez place à bord d'un canoë ou d'une barque *(avec ou sans guide-batelier)* et partez explorer les canaux. Un plan des différents circuits possibles vous sera fourni afin que vous ne vous égariez pas dans ce formidable dédale de conches. Si les animaux se font discrets au cours de votre visite, le film diffusé dans le centre d'interprétation vous permettra d'accéder à leur intimité.

Arçais

Dans le **Grand Port★★**, les barques s'alignent au bord d'une vaste cale pavée. À chaque extrémité du port, deux grues en bois rappellent le temps où les découpes de peupliers, acheminées par voie d'eau, étaient hissées sur le quai. L'embarcadère fait face à une « cabane » caractéristique.
Au nord, le quartier de **la Garenne** est remarquable pour ses fermes à double accès qui s'étirent le long du bief Minet.
Quittez Arçais par le Grand-Port en empruntant la D 102 en direction de Damvix. Aux Bourdettes, franchissez le barrage puis l'écluse et prenez à droite le chemin de la Foulée.
L'itinéraire remonte la Sèvre niortaise par la rive droite jusqu'au village de la Sèvre, juste avant lequel vous pouvez traverser le fleuve par un bateau à chaîne. À hauteur d'une passerelle, prenez sur la gauche la route de la Sèvre qui conduit au port du Mazeau *(embarcadère après le pont)*.

NOS ADRESSES DANS LE MARAIS POITEVIN

HÉBERGEMENT

PREMIER PRIX

Chambre d'hôte du Canal Arçais – *10 r. de l'Ouche - 79210 Arçais - ✆ 05 49 35 42 59 - www.chambre-dhote.com - ⊭ - 2 ch. 55 € ☕ - 4 gîtes - ♿.* Cette ancienne grange restaurée, située au cœur du Marais poitevin, abrite quatre élégantes chambres dotées de meubles de style, familiaux ou chinés. Petits-déjeuners accompagnés de confitures et gâteaux maison. Jardin, piscine couverte, solarium, location de vélos, barques et canoës.

Chambre d'hôte M. et Mme Ardouin – *Basse-Brenée - 85580 St-Michel-en-l'Herm - ✆ 02 51 30 24 09 - www.basse-brenee.fr - ⊭ - 4 ch. 50 € ☕.* Isolement total pour cette ferme céréalière de 1766 au cœur du marais. Ses chambres sobrement aménagées ouvrent toutes sur la campagne. Celle du rez-de-chaussée avec kitchenette et terrasse est particulièrement agréable.

Chambre d'hôte La Closeraie – *21 r. de la Paix - 85450 Champagné-les-Marais - ✆ 02 51 56 54 54 - www.closeraie.fr - 5 ch. 60/70 € ☕ - table d'hôte 19 €.* Les chambres de ce logis du 18e s., de plain-pied et meublées à l'ancienne, s'ordonnent autour d'un ravissant jardin clos. Petit-déjeuner régional avec confiture maison et brioche vendéenne. Cuisine d'été à disposition, piscine, VTT, gîte indépendant (4 à 5 pers.) et boutique de produits locaux. Week-ends à thèmes.

BUDGET MOYEN

Hôtel Au Marais – *Quai L.-Tardy - 79510 Coulon - 11 km à l'ouest de Niort par D 9 et D 1 - ✆ 05 49 35*

90 43 - www.hotel-aumarais.com - fermé 15 déc.-1er fév. - 18 ch. 80 € - ☕ 12 €. Au bord du quai, ces deux anciennes maisons sont très bien situées pour partir à la découverte du Marais poitevin : vous n'aurez qu'à descendre quelques marches pour embarquer sur la Sèvre… Chambres claires, au goût du jour et bien entretenues.

RESTAURATION

Bon à savoir – Parmi les très nombreuses spécialités locales, laissez-vous tenter par le farci poitevin, la sauce aux lumas (escargots), la fricassée d'anguilles, le filet de perche aux pleurotes, le jambon vendéen grillé aux mojettes, le beurre d'Échiré, la mizotte (fromage), le vin de Mareuil (rouge ou rosé), l'angélique… la liste est longue !

BUDGET MOYEN

Les Mangeux de Lumas – *78 r. des Gravées, accès piétonnier en été - 79270 La Garette - 12 km à l'ouest de Niort par D 9 et D 1 - ✆ 05 49 35 93 42 - fermé lun. soir, merc. soir et mar. sf juil.-août - 23/39 €.* Dans un joli petit village, cette ancienne ferme ouvre sa petite terrasse au bord d'une conche dès les premiers rayons de soleil. En hiver, vous serez bien au chaud dans sa salle au décor campagnard. Formule grill en été et menus aux accents régionaux toute l'année.

La Rose Trémière – *4 r. de l'Église - 85580 St-Michel-en-l'Herm - ✆ 02 51 30 25 69 - fermé 3 sem. en oct., 2 sem. en fév., mar. sf juil.-août, dim. soir et lun. - formule déj. 16 € ; 25/49 €.* Maison ancienne abritant une agréable salle au décor rustique soigné. Plats traditionnels à savourer autour de la cheminée centrale.

Le Central – *Pl. de l'Église - 79510 Coulon - 11 km à l'ouest de Niort par D 9 et D 1 - ✆ 05 49 35 90 20 - www.hotel-lecentral-coulon.com - fermé 3 sem. en fév., rest. 1er-15 oct., dim. soir et lun., hôt. dim. soir oct.-mars - 28/35 € - 13 ch. 65/74 € - ☕ 10 €.* Un repas sous les parasols du patio ou dans la jolie salle ? Dans cette ancienne auberge sur la place de l'église, vous serez bien accueilli et pourrez savourer une cuisine gourmande.

ACTIVITÉS

Bon à savoir – Mis à part l'incontournable balade en bateau à travers les canaux du marais, les **randonnées pédestres** ou **cyclistes**, voire même **équestres** *(nombreux circuits fléchés)* sont un excellent moyen de musarder à travers le marais.

Notez aussi qu'un **petit train** *(✆ 05 49 73 47 42,* *p. 232)*, au départ de Coulon, sillonne le marais pour la plus grande joie des enfants et des moins sportifs. *Départ pl. de l'Église - durée 1h - tarif 9 € (7 € -12 ans).*

En bateau

Croisière sur la Sèvre niortaise – *Croisières Le Collibert II - Le Port - 85420 Damvix - ✆ 02 51 87 19 16 ou 06 07 02 21 52 - fermé oct.-mars - 25/150 €.* Découvrez la richesse de la faune et de la flore du marais mouillé en vous laissant glisser à bord du bateau-restaurant *Le Collibert II.*

Les embarcadères du Marais :

Arçais –*Au Martin Pêcheur - ✆ 05 49 35 62 34 - www.aumartinpecheur.com ; Les Huttiers - ✆ 05 49 35 39 18 ; Venise Verte Loisirs - ✆ 05 49 35 43 34.*

Damvix – *Aria-Loisirs - ✆ 02 51 87 14 00 ; embarcadère des Conches - ✆ 02 51 87 12 01.*

Le Gué de Velluire – *Le Guétréen - ✆ 02 51 52 53 87 - www.leguetreen.com.*

Le Mazeau – *La Venise Verte - ✆ 02 51 52 90 73 - www.la-venise-verte.com*
La Ronde – *Le Marais Bazoin - ✆ 05 46 27 87 60 - www.bjr-tourisme.com.*
St-Hilaire-la-Palud – *Le Lidon - ✆ 05 49 76 57 06 ; le port de Montfaucon - ✆ 05 49 35 34 97 - www.embarcadere.port-montfaucon.fr.*
St-Sigismond – *Embarcadère de l'Autize - ✆ 02 51 52 97 45.*
Le Vanneau – *Le Paradis - ✆ 05 49 35 33 95 - www.gite-le-paradis.com.*

Voir aussi à **Coulon**, **Maillezais** et **Sansais**.

À vélo

La Bicyclette Verte – *36 rte de St-Hilaire - 79210 Arçais - ✆ 05 49 35 42 56 - www.bicyclette-verte.com - juil.-août : 9h-19h ; reste de l'année tlj sf lun. 9h-18h - fermé nov.-mars.* Location de VTT, VTC et vélos pour enfants et organisation de randonnées nature.
La Libellule – *Pl. de l'Église, 79150 Coulon - ✆ 05 49 35 83 42.*

Luçon

9 682 Luçonnais - Vendée (85)

NOS ADRESSES PAGE 242

S'INFORMER

Office du tourisme du Pays de Luçon – *Sq. Édouard-Herriot - 85400 Luçon - ✆ 02 51 56 36 52 - www.ville-lucon.com - juil.-août : 9h-19h, dim. 10h30-12h30 ; reste de l'année : tlj sf dim. 9h30-12h30, 14h-18h, lun. et merc. 14h-18h - fermé j. fériés sf 14 Juil. et 15 août.*

SE REPÉRER

Carte de microrégion B3 (p. 225) – *Carte Michelin Départements 316 I9.*
Luçon se trouve aux confins du Marais poitevin et de la plaine vendéenne, au carrefour de la D 949 et la D 746, et à 21 km de la côte.

À NE PAS MANQUER

La façade et la chaire peinte de la cathédrale Notre-Dame ; le charme Napoléon III du jardin Dumaine.

ORGANISER SON TEMPS

Comptez environ 3h pour la visiter la ville. Et venez en juillet pour profiter du spectacle floral du lac recouvert de lotus.

AVEC LES ENFANTS

Le Domaine des Guifettes.

L'ombre de Richelieu plane toujours sur cette charmante cité vendéenne, autrefois port maritime, qui vit les débuts épiscopaux du célèbre cardinal. Devenue un important centre agricole et commerçant, elle offre aujourd'hui une promenade des plus vivantes dans ses rues, sa cathédrale et son romantique jardin.

L'ÉVÊCHÉ DE RICHELIEU

Le 21 décembre 1608, **Armand Jean du Plessis** (1585-1642), futur **cardinal-duc de Richelieu**, est élevé au rang d'évêque. Il a 23 ans. À son arrivée à Luçon, il trouve une ville ruinée par les guerres de Religion. Les fièvres des marais y règnent, qui l'obligeront à se retirer de temps à autre au château de Coussay. À l'évêché, déserté depuis 30 ans, il n'y a même pas une cheminée en bon état. Richelieu écrit alors à une amie qu'il a pris possession du « plus vilain évêché de France, le plus crotté et le plus désagréable ». Mais il ne se décourage pas et fait son métier avec constance, réformant son clergé, restaurant sa cathédrale et son palais et fondant un séminaire. Il fait également édifier la ville qui portera son nom, Richelieu.

Se promener

★ Cathédrale Notre-Dame

Cette église abbatiale devint cathédrale en 1317. Outre Richelieu, Nicolas Colbert, frère du ministre, fut évêque de Luçon de 1661 à 1671. Bâti dans une pierre aux tons chauds, l'édifice est en grande partie de style gothique. Le bras gauche du transept est roman. Quant à la **façade** principale, elle a été entièrement refaite vers la fin du 17e s., sous la direction de François Leduc. Par son équilibre et son ordonnance classique, cette façade, formant un clocher-porche, contraste avec la fine flèche de style gothique. À l'intérieur, vous découvrirez une nef et un chœur gothiques. Des boiseries et un baldaquin du 18e s. ornent le chœur. Dans le bas-côté gauche est déposée une **chaire**, peinte de fleurs et de fruits, dans laquelle Richelieu aurait prêché. Dans le croisillon droit du transept, Descente de croix de l'école florentine du 16e s. À la tribune, grand orgue de Cavaillé-Coll (19e s.). Notez aussi une série de 14 toiles de Girault entièrement restaurées.

Évêché

À droite de la cathédrale, l'évêché présente une façade du 16e s. On accède au **cloître** par une porte surmontée d'un arc en accolade encadrant les armes de Louis, cardinal de Bourbon, évêque de Luçon de 1524 à 1527. Sur les galeries du 16e s. sont réunis des éléments gothiques et Renaissance. À l'étage ouest, l'ancienne bibliothèque des religieux est percée de baies Renaissance.

★ Jardin Dumaine

Ce parc rappelle l'époque Napoléon III, avec ses massifs et allées d'arbres, ses pelouses et pièces d'eau. On découvrira tour à tour l'allée d'ifs, le kiosque de fer forgé voisinant avec un bassin encadré de cèdres, le mail d'acacias, la pièce d'eau et l'île avec ses roseaux et bambous, la grande pelouse avec ses plates-bandes de fleurs, son tulipier, ses palmiers, ses magnolias, ses orangers, ses citronniers en bacs et ses massifs floraux sur le thème des *Fables* de La Fontaine.

À proximité Carte de microrégion p. 224-225

Mareuil-sur-Lay-Dissay B3

À 10 km au nord-ouest par la D 746.
Mareuil, connue pour ses vins des « Fiefs vendéens », est bâtie au-dessus d'une boucle du Lay. Du pont, **vue** agréable sur la localité.

NOS ADRESSES À LUÇON

HÉBERGEMENT ET RESTAURATION

BUDGET MOYEN

Hôtel Le Bordeaux – *14 pl. des Acacias - ✆ 02 51 29 09 66 - lebordeaux2@wanadoo.fr - 24 ch. 45/58,50 € - ☕ 6,50 € - ✕ 13 €, à la carte 40 € env.* Cet hôtel du centre-ville à la façade classée abrite des chambres fonctionnelles de style contemporain pourvues d'un équipement Wifi. La brasserie propose une carte variée incluant quelques spécialités régionales.

La Mirabelle – *89 bis r. de Gaulle, rte des Sables-d'Olonne - 85400 Luçon - ✆ 02 51 56 93 02 - www.restaurant-lamirabelle.com - P - ♿ - fermé dim. soir, lun. soir et mar. sf fériés - formule midi 17 €; 25/65 €.* Avenante maison non loin de la cathédrale. Salle à manger lumineuse aux tons pastel, terrasse fleurie et sympathique cuisine régionale.

ACTIVITÉS

Domaine des Guifettes – *2,5 km au sud de Luçon par rte de l'Aiguillon-sur-Mer et rte à droite - ✆ 02 51 56 17 16 - www.domainedesguifettes.com - juil.-août : 8h-20h, w.-end 14h-18h, reste de l'année : mat et apr.-midi, fermé w.-end.* Cette base de loisirs accueille un village de vacances (gîtes, emplacements de camping et location de mobile homes) et le centre nautique municipal ouvert aux adultes et aux enfants à partir de 7 ans. Voile, canoë et kayak se pratiquent sur un plan d'eau de 42 ha situé en plein marais.

AGENDA

Les Nocturnes Océanes – Festival européen de musique romantique *(2e sem. de juil. les années impaires) - ✆ 02 51 56 36 52 - www.lucon.fr*

Maillezais

★

963 Mallacéens - Vendée (85)

NOS ADRESSES PAGE 246

S'INFORMER

Office du tourisme de Maillezais *2 r. Dr-Daroux - 85420 Maillezais - 02 51 87 23 01 - www.maraispoitevin-vendee.com - juil.-août : 9h30-13h, 14h-18h30 ; avr.-juin et sept. : 9h30-13h, 14h-17h30 ; reste de l'année : 9h30-12h30, 14h-17h30, lun. 14h-17h30, merc. et sam. 9h30-12h30 - fermé dim. (sf juil.-août), 1er janv., 1er et 11 Nov., 25 déc.*

SE REPÉRER

Carte de microrégion C4 (p. 225) – *Carte Michelin Départements 316 L9.*
Depuis Fontenay-le-Comte, 12 km en direction du sud-est permettent de gagner l'abbaye.

À NE PAS MANQUER

En saison, profitez des visites-spectacles et de la superbe projection du réfectoire qui rendent vie aux élégants vestiges de l'abbaye de Maillezais.

ORGANISER SON TEMPS

Comptez environ 3h pour explorer l'abbaye et ses environs, et une demi-journée pour apprécier tranquillement, à pied ou en barque, les camaïeux de vert du mystérieux marais mouillé.

AVEC LES ENFANTS

Offrez-leur le plaisir d'une promenade en barque dans le marais mouillé, puis faites-leur découvrir le travail du meunier au moulin de Nieul-sur-l'Autise.

En plein cœur du royaume aquatique du Marais poitevin se découpent les ruines majestueuses de l'abbaye de Maillezais. Depuis le 10e s., ces lieux ont vécu une histoire mouvementée, entaillée de guerres et de sacs, mais aussi agrémentée du séjour des illustres Agrippa d'Aubigné, Rabelais et son mécène Mgr Geoffroy d'Estissac.

Découvrir

★ Abbaye

02 51 87 22 80 - http://abbayes.vendee.fr - mai-sept. : 10h-19h ; reste de l'année : 9h30-12h30, 13h30-18h - fermé les 3 dernières sem. de janv., 1er janv., 25 déc. - 5 € (18-26 ans 3 €).

Il faut imaginer Maillezais comme une île battue par la mer, à la fin du 10e s., lorsque **Guillaume Fier-à-Bras**, comte de Poitou, y fonde l'abbaye St-Pierre pour la confier à des bénédictins. Au 13e s., cette dernière est mise à sac par un Lusignan, soi-disant fils de Mélusine, **Geoffroi la Grand-Dent**, que Rabelais aurait transposé en ancêtre du vorace Pantagruel. En 1317, le pape français Jean XXII fait de Maillezais un évêché, mais autorise les moines à rester sur place. L'abbaye cessera son activité en 1648. Pendant les guerres de Religion (1562-1598), les bâtiments sont dévastés. Richelieu, nommé évêque de Luçon en 1608, fera transférer le siège épiscopal à La Rochelle. Le site servit de carrière de pierres à la Révolution. Face au marais, un élément fortifié en forme de proue de navire, surmonté d'une échauguette, est accolé à la gauche de l'entrée de l'abbaye : dirigé vers le sud, il servait de cadran solaire.

Église abbatiale – Elle fut édifiée au début du 11e s. Le narthex était encadré de deux tours carrées suivant une disposition courante d'origine germanique. Ici, la façade a été murée lors des travaux menés par d'Aubigné. La nef avait été modifiée au 13e s. Les bas-côtés étaient surmontés de tribunes comme dans les abbatiales normandes. Le transept, ajouté au 14e s., et dont il reste une partie du croisillon gauche, était de style gothique. Le chœur, très vaste et dont on voit encore l'emplacement, avait été rebâti au 16e s. par Geoffroy d'Estissac. L'évolution du plan de l'abbatiale au cours des siècles est figurée au sol par des tracés de marbre.

Monastère – Il datait en majeure partie du 14e s. On a retrouvé les bases des murs du cloître, son pavage, son puits et le lavabo des moines, un cellier du 12e s., ainsi que des tombes d'abbés ou d'évêques. Des bâtiments conventuels subsiste une aile qu'il est possible de visiter : au sous-sol, la cave à sel ; au rez-de-chaussée, le réfectoire où sont exposés quelques chapiteaux de colonnes et éléments sculptés exhumés lors des fouilles, et la cuisine octogonale ; à l'étage, le dortoir des hôtes (infirmerie), avec sa grande cheminée centrale.

Dans le réfectoire, jadis réservé aux visiteurs, une très belle **projection★** met en scène quelques pensionnaires de l'abbaye dont les pierres tombales sont dressées contre les murs. À la beauté des images mêlant miniatures médiévales et reconstitutions de synthèse s'ajoutent des commentaires et une interprétation très sensibles qui immergent totalement le visiteur dans l'histoire ici contée.

L'été, les visites-spectacles *Les compagnons bâtisseurs* font revivre le chantier du Moyen Âge.

D'ILLUSTRES RÉSIDENTS

Agrippa d'Aubigné – Cet ardent protestant, né en Saintonge près de Pons en 1552, fut condamné à mort quatre fois pour ses opinions. Guerrier autant que poète et savant, il est le célèbre auteur des *Tragiques*. De 1584 à 1619, d'Aubigné réside à l'abbaye de Maillezais avec ses troupes de protestants qui en fortifient les murs, ou bien non loin de là, dans son fort du Doignon, près de **Maillé**. C'est d'ailleurs à Maillé que fut imprimée la première édition de ses *Tragiques*.

Geoffroy d'Estissac – Évêque de Maillezais entre 1518 et 1542, ce Périgourdin d'origine, grand bâtisseur, remania beaucoup les établissements sous sa dépendance en Poitou. Il entreprit aussi la construction du château de Coulonges-sur-l'Autize dont on retrouve les éléments décoratifs au château de Terre-Neuve, à Fontenay-le-Comte. En 1523, Geoffroy accueillit **Rabelais** à Maillezais et en fit son secrétaire. Ce dernier, expulsé de Fontenay, se loua de sa chance de rencontrer un être aussi érudit et libéral. Il passa avec lui trois ans, le suivant dans ses résidences poitevines. Après avoir quitté Geoffroy d'Estissac, Rabelais lui enverra de Rome des graines de la salade « romaine ». Ce sont les premières de cette sorte qui ont poussé en France !

Abbaye Saint-Pierre (XIe s.) à Maillezais.
F. Leroy / hemis.fr

Église paroissiale St-Nicolas

Au village. Le portail principal de cet imposant édifice roman poitevin est décoré de petits atlantes (figures d'hommes soutenant un élément d'architecture). Notez, à l'entrée du chœur, à gauche, une Vierge du 14e s.

Promenades en barque

Embarcadère de l'Abbaye - ☎ 02 51 87 21 87 ; le Petit Port Sauvage - ☎ 02 51 00 71 77. À proximité de l'abbaye, le **Grand Port de Maillezais★**, le **port des Halles** et le **Petit Port sauvage** accueillent, dans un cadre ravissant, des barques en partance pour le marais mouillé.

À proximité Carte de microrégion p. 224-225

4

Nieul-sur-l'Autise C3

À 8 km au nord-est. Dans ce bourg classé « Petite cté de caractère », on retrouve aussi les traditions immémoriales de fabrique de farine et de sabots.

Abbaye St-Vincent-de-Nieul – *☎ 02 51 50 43 00 - ♿ - juin-sept. : tte la journée ; reste de l'année : mat. et apr.-midi - fermé les 3 dernières sem. de janv. et 25 déc. - 5 € (-18 ans gratuit).* Fondée en 1068 par le seigneur de Vouvant, elle reçut le statut d'Abbaye royale sous le règne d'Aliénor d'Aquitaine, née à Nieul en 1122. Au 13e s., les moines de l'abbaye participèrent activement aux travaux d'irrigation de la région. Les guerres de Religion n'épargnèrent pas l'abbaye, dont la vie monastique finit par s'éteindre vers 1715, date à laquelle elle fut rattachée au chapitre de La Rochelle. Une scénographie interactive vous permet de découvrir l'histoire de ce haut lieu de spiritualité.

L'**église** est un bel édifice roman restauré au 19e s. Sa façade présente un riche décor sculpté. Des masques d'animaux fantastiques et des motifs géométriques, rehaussés de palmettes et d'entrelacs sont logés au-dessus du portail central et des arcades latérales. Le vaisseau central, d'une majestueuse ampleur, est voûté d'un berceau que renforcent de puissants doubleaux.

Depuis les galeries romanes du **cloître★**, on découvre une perspective différente à travers chaque arcade : sur le puits, sur l'abbatiale et sur les toits de tuiles en faible pente recouvrant le dortoir des moines. Autour du cloître s'ordonnent la grande salle capitulaire, revoûtée au 17e s. et contenant une pierre tombale de 1319, la chapelle des Chabot, le lavabo précédant l'entrée du réfectoire, les celliers.

Au sein de l'abbaye, la **maison d'Aliénor** propose au visiteur une maquette de l'abbaye telle qu'elle se présentait au 12e s. Plusieurs écrans lui permettent par ailleurs de faire la visite virtuelle des salles manquantes.

Maison de la Meunerie – *✆ 02 51 52 47 43 - juil.-août : 10h30-19h ; juin et sept. : tlj sf sam. 10h30-19h ; mai : w.-end et j. fériés 14h-18h ; avr. : tlj sf sam. 14h-18h - 5 € (7-18 ans 3 €).*

Longtemps abandonné, ce **moulin à eau** a retrouvé sa fonction d'origine, et produit de la farine grâce à son impressionnante roue à aubes en chêne et un mécanisme en parfait état. Il met aussi en scène les modestes pièces du foyer où vivaient le meunier et sa famille. Les anciennes dépendances du moulin abritent un **atelier de sabotier** ainsi qu'un four de boulanger.

Camp néolithique de Champ-Durand – *Accès par la rue de Champ-Durand.* Découvert en 1971, ce site révèle trois murs concentriques en pierre calcaire du IIIe millénaire av. J.-C., bordés de fossés plus tardifs. Il s'agirait des vestiges d'un lieu de rencontre de populations du Néolithique qui habitaient dans les environs.

NOS ADRESSES À MAILLEZAIS

HÉBERGEMENT

BUDGET MOYEN

Chambre d'hôte Mme Bonnet – *69 r. de l'Abbaye - ✆ 02 51 87 23 00 - www.accueilvendee.com - ⊭ - 5 ch. 63/68 €* ☕. Cette maison de maître du 19e s. possède beaucoup de caractère. Meubles anciens dans les chambres et la salle des petits-déjeuners, orangerie à l'italienne (salon) dans le parc agrémenté d'ifs centenaires et accès direct aux canaux du marais depuis le verger. Barque et vélos à disposition.

RESTAURATION

PREMIER PRIX

La Grange aux Roseaux – *39-41 r. Grand-Port - (à côté de l'embarcadère et de l'entrée de l'abbaye) - ✆ 02 51 00 70 43 - fermé oct.-mars - 13/23,50 €.* Une tonnelle dressée sous les saules pleureurs abrite quelques tables où l'on s'installe avec bonheur pour goûter un farci ou une autre spécialité poitevine. Si le temps ne le permet pas, réfugiez-vous dans la salle à manger qui, avec son cadre rustique et sa grande cheminée, ne manque pas de charme non plus.

ACHATS

Vannerie – *7 r. Aliénor-d'Aquitaine, (près de la mairie) - 85240 Nieul-sur-l'Autise - ✆ 02 51 52 49 56 - visites sur RV.* Venez découvrir le travail de l'artisan-vannier comme vous ne l'avez jamais vu. Grâce à la visite commentée, l'histoire de la vannerie et la technique de l'osiériculture n'auront plus de secrets pour vous !

AGENDA

Festival des abbayes – *✆ 02 51 50 43 10.* En avril-juin.

Fontenay-le-Comte

14 354 Fontenaisiens – Vendée (85)

NOS ADRESSES PAGE 254

S'INFORMER

Office du tourisme de Fontenay-le-Comte et son pays – *8 r. Grimouard - 85200 Fontenay-le-Comte - 02 51 69 44 99 - www.tourisme-sudvendee.com - horaires : se rens.*

SE REPÉRER

Carte de microrégion C3 (p. 225) – *Carte Michelin Départements 316 L9.*
Fontenay se trouve sur les rives de la Vendée, entre la plaine, le bocage et le Marais poitevin, à 85 km à l'est des Sables-d'Olonne. L'autoroute A 83 venant de Nantes passe à Fontenay avant de rejoindre l'A 10.

À NE PAS MANQUER

L'immanquable flèche du clocher de l'église Notre-Dame ; le décor, les boiseries et le mobilier du château de Terre-Neuve ; le magnifique ensemble de vitraux contemporains du Centre minier de Faymoreau.

ORGANISER SON TEMPS

Comptez environ 1h pour découvrir la ville, et une demi-journée pour sillonner la forêt de Mervent-Vouvant.

AVEC LES ENFANTS

Profitez avec eux du parc d'attractions de Pierre-Brune ou faites-leur vivre l'expérience d'un mineur en descendant dans les galeries reconstituées du Centre de Faymoreau.

Fontenay, dont la devise sous François Ier était « fontaine et source de beaux-esprits », a vu défiler tout un siècle d'humanistes de Rabelais à Agrippa d'Aubigné. Cette brillante cité qui fut la capitale de la Vendée jusqu'en 1804 a conservé son attrait auprès des gens de lettres jusqu'au 20e s., accueillant tour à tour Raymond Queneau et Georges Simenon. De superbes bâtiments Renaissance illuminent aujourd'hui le passé de cette ville éclairée.

4

Se promener

Bâtie en pierre blonde, la ville s'étire le long de deux axes perpendiculaires à la rivière : le vieux Fontenay, serré de part et d'autre des rues Guillemet, des Orfèvres, des Loges, St-Jean, des Jacobins ; la ville moderne, au sud-ouest de la percée rectiligne que tracent la rue Clemenceau, le pont Neuf et la rue de la République. Au nord-est de la ville, la place Viète occupe l'emplacement d'un bastion de l'ancienne enceinte.
Au Moyen Âge et sous la Renaissance, la capitale du Bas-Poitou était une place forte qui subit de violents assauts. Une héroïne, la belle **Jeanne de Clisson**, la défendit en 1372 contre Du Guesclin. À la fin du 16e s., Fontenay fut disputée entre parpaillots (protestants) et papistes (catholiques). Et deux siècles plus tard, Vendéens et Républicains s'opposèrent à deux reprises sous les murs de la ville.

Église Notre-Dame

★ **Clocher** – Du 15e s., il se distingue par sa flèche, analogue à celle de la cathédrale de Luçon, restaurée en 1700 par l'architecte François Leduc, dit « Toscane ».

Église – Le portail principal est de style flamboyant, avec une grande baie. Dans ses voussures sont logées Vierges sages et Vierges folles. Rue du Pont-aux-Chèvres, la chapelle Brisson, Renaissance, ressort du chœur. À l'intérieur, jetez un coup d'œil sur la chaire d'époque Louis XVI (18e s.), sur la chapelle Brisson et sur les chapelles absidiales d'époque François Ier (16e s.), dissimulées par le grand retable du 17e s.

Crypte – Du 11e s., elle fut découverte accidentellement au 19e s. Elle est caractéristique de l'architecture primitive du Bas-Poitou : dimensions modestes, voûtes à arêtes soutenues par des piliers à chapiteaux byzantins.

Rue du Pont-aux-Chèvres

On y voit plusieurs maisons anciennes. Au **n° 3**, belle maison de style gothique flamboyant. Au **n° 6**, le Château-Gaillard (17e s.), reconstruit après un incendie en 1793, doté d'un portail monumental. Au **n° 14**, l'hôtel Renaissance, amputé de son aile gauche, aurait été autrefois habité par André Rivaudeau, auteur de la tragédie *Aman* dont Racine s'inspira pour composer *Esther*. Au **n° 9**, maison des 16e et 17e s. avec un escalier à balustres.

Place Belliard

Sur cette place se trouvent la statue et la maison natale du **général Belliard** (1769-1832), qui sauva Napoléon à Arcole en le protégeant de son corps. Sur un des côtés s'alignent cinq maisons bâties sous Henri IV (début 17e s.). Celle du **n° 16** fut habitée par le médecin François Mizière. Au-dessus de la baie du 1er étage est inscrite sa devise : *Peu et Paix.*

Fontaine des Quatre-Tias

Tias signifie « tuyaux » en patois poitevin. Construite en 1542, la fontaine porte la devise, en latin, donnée à Fontenay par François Ier : *Fontaine et source de beaux esprits*. Parmi les ornements apportés lors de sa restauration au 19e s., notez la salamandre et le blason du roi au fronton du monument. Des inscriptions évoquent les noms des principaux magistrats de la cité.

Rue des Loges

Artère principale de la ville jusqu'au 18e s., aujourd'hui piétonne, elle est coupée de ruelles aux noms vieillots (rue du Lamproie, rue de la Pie), et ponctuée de façades anciennes : au **n° 26**, balcons en ferronnerie, façade ornée de masques humains; au **n° 85**, beau portail (fin 16e s.) à bossages très fouillés; au **n° 94**, maison à pans de bois; au coin de la rue St-Nicolas, maison à pans de bois du début du 16e s.

UNE HISTOIRE DE PUCE

Venu à Poitiers participer à un tournoi poétique dont le thème était une puce folâtrant sur la blanche gorge de Mlle des Roches, célèbre « précieuse » poitevine de l'époque, le magistrat **Nicolas Rapin** (vers 1535-1608) remporta la palme avec un morceau appelé *La Puce*, suivi de *L'Anti-Puce*. Par la suite, Rapin prendra une grande part à la *Satire Ménippée*, pamphlet politique dirigé contre la Ligue en 1594, avant de se retirer dans son château de Terre-Neuve, le « Doux Hermitage ».

FONTAINE ET SOURCE DE BEAUX ESPRITS

Au 16e s., Fontenay est un foyer de la Renaissance. Vers 1520, le jeune **Rabelais** arrive au monastère des Cordeliers qui se trouvait à l'emplacement actuel de l'hôtel de ville. Il a quitté les Cordeliers d'Angers et vient s'initier aux lettres grecques sous la direction du frère Pierre Amy, un précurseur de la Réforme. Celui-ci le mettra en rapport avec l'écrivain **Guillaume Budé** avec qui il correspondra assidûment. À Fontenay, Rabelais et ses amis se réunissent dans le jardin d'**André Tiraqueau** (1480-1558), docte juriste, père de 30 enfants… et auteur avisé d'un traité sur les lois matrimoniales pour lequel Rabelais compose un texte en vers grecs. En 1523, Rabelais se réfugie chez les bénédictins de Maillezais, son supérieur ayant découvert chez lui des livres favorables à la Réforme.Dans la seconde moitié du siècle, d'autres humanistes fontenaisiens feront parler d'eux : **Barnabé Brisson**, président au parlement de Paris, pendu en 1591 pendant les troubles de la Ligue (association catholique fondée en 1576 par le duc de Guise pour combattre les calvinistes et visant à renverser le roi Henri III), et **François Viète** (1540-1603), mathématicien, génial créateur de l'algèbre. Au 20e s. enfin, une famille fontenaisienne donne naissance à **Michel Ragon** (1924), romancier et critique d'art, auteur d'un cycle littéraire consacré à la Vendée : *L'Accent de ma mère ; Enfances vendéennes ; Ma sœur aux yeux d'Asie ; Les Mouchoirs rouges de Cholet ; La Louve de Mervent*.

Musée de Fontenay-le-Comte

Pl. du 137e RI - ✆ 02 51 69 31 31 - ♿ - mai-sept. : tlj sf lun. 14h30-18h30 ; reste de l'année : merc. et w.-end 14h30-18h - possibilité de visite guidée (1h30) - fermé 1er janv., 1er Mai, 25 déc. - 2,50 € (-18 ans gratuit), gratuit Journées du patrimoine.

Il propose d'intéressantes collections d'archéologie (verreries gallo-romaines du 2e s. apr. J.-C.) et d'ethnographie (mobilier du sud de la Vendée et de l'Aunis, artisanat, costumes, etc.), ainsi qu'une exposition sur l'histoire de Fontenay, avec des dépôts lapidaires et une maquette animée de la vieille ville en 1720. La section Beaux-Arts présente par ailleurs des œuvres d'artistes vendéens (Paul Baudry, Auguste Lepère, Gabriel Charlopeau, Gaston Chaissac, etc.).

Château de Terre-Neuve

De la place Viète, remontez la rue Rabelais, puis tournez à gauche dans la rue Barnabé-Brisson - ✆ 02 51 69 17 75 - www.chateau-terreneuve.com - visite guidée (1h) mai-sept. : 9h-12h, 14h-19h - 6,70 € (-13 ans 2,60 €).

Il fut construit à la fin du 16e s. pour le magistrat et homme de lettres **Nicolas Rapin**, auteur des *Plaisirs du gentilhomme champestre.* D'autres écrivains séjournèrent dans le château : **Agrippa d'Aubigné** (1552-1630), **Raymond Queneau** (1903-1976) et **Georges Simenon** (1903-1989) qui y resta de 1941 à 1943 et situa à Fontenay l'action de son roman *Maigret a peur.* L'archéologue Octave de Rochebrune restaura et embellit le château vers 1850, et y réunit de nombreuses œuvres, recréant un décor à la fois Renaissance et classique. L'édifice est composé de deux corps de bâtiment disposés en équerre, avec des échauguettes aux angles. La façade est ornée de muses Renaissance italienne et d'un porche provenant du château de Coulonges-sur-l'Autize. À l'**intérieur★**, ne manquez pas la cheminée dont le décor sculpté évoque la symbolique alchimique de la Renaissance, les boiseries Louis XIV provenant de Chambord, ainsi que la porte du cabinet de travail de François Ier, les toiles des 17e et 18e s. et les collections de mortiers, clés, armes, ivoires et costumes.

Circuit conseillé Carte de la forêt de Mervent-Vouvant p. 252

★ FORÊT DE MERVENT-VOUVANT

Circuit de 65 km – environ 4h.

Au 12e s., la mythique forêt de Mélusine appartenait aux Lusignan, propriétaires du château de Mervent et de celui de Vouvant. Rattachée au domaine royal en 1674, elle est donnée au comte d'Artois en 1778. Après la Révolution, la forêt devient propriété d'État. Ses bois profonds, autrefois habités par des loups, abritent encore cerfs, chevreuils et sangliers en liberté. Ses sentiers de randonnée, ses circuits équestres, ses parcours de VTT et ses terrains d'escalade font le bonheur des sportifs. On peut aussi y pratiquer le kayak, le canoë, la voile et le pédalo.

Quittez Fontenay-le-Comte par le nord en empruntant la D 938ter, direction La Châtaigneraie. 1,5 km après Pissotte, prenez sur la droite une route à sens unique.

Une sculpture en pierre représentant une sirène, œuvre des frères Martel, annonce le barrage de Mervent.

★ Barrage de Mervent

Ce barrage de 130 m de long sur la Vendée a déterminé une retenue de 8 500 000 m^3, alimentant en eau les communes de la moitié sud du département et quelques-unes des départements voisins. On observe ses ramifications en amont, entre les pentes boisées. Une plage est aménagée avec baignade et pédalos. En contrebas, usine de traitement des eaux et de production électrique. *Poursuivez la route à sens unique, puis tournez à gauche sur la D 65.*

Natur'Zoo – *Le Gros Roc, sur la D 65 - ☎ 02 51 00 07 59 - http://naturzoomervent.free.fr - ♿ - juil.-août : 10h-19h ; avr.-juin : 11h-19h ; sept.: 14h-18h ; oct.-nov. et fév.-mars : merc. et w.-end 14h-18h - possibilité de visite guidée (2h) - 12 € (3-12 ans 8 €).*Un parc de 6 ha au cœur du massif forestier de Mervent abrite lions, loups, dromadaires, singes, tigres et kangourous en semi-liberté, voire en liberté comme les petits lémuriens de Madagascar, qui raviront les enfants. *Continuez la D 65 puis tournez sur la D 99.*

Mervent

Perché sur un éperon rocheux au fin fond de la forêt *(à l'emplacement de la mairie)*, le château fut au Moyen Âge le repaire des Lusignan ; il n'en reste rien. Du parc de la mairie *(près de la place de l'Église)*, on découvre une très belle **vue★** sur la retenue du barrage de Mervent et la plage *(à l'est)*.

Poursuivez sur la D 99, puis prenez à droite la D 99A.

Grotte du père Montfort

Louis-Marie Grignion de Montfort (*St-Laurent-sur-Sèvre p. 276*) se réfugia vers 1715 dans la forêt pour y méditer au cours d'une mission de conversion de protestants : la caverne où il trouva asile est devenue l'objet d'un pèlerinage. La D 99A mène à un **calvaire** où l'on laisse la voiture. Juste derrière la croix commence le sentier qui dévale vers la grotte. Celle-ci s'ouvre à flanc de vallée au-dessus de la rivière. De là, on descend à la maison du curé, où s'était retiré un ecclésiastique.

Vous pouvez alors revenir au calvaire ou bien gagner à pied (15mn) le site de Pierre-Brune, en prenant à droite le chemin qui suit la rive droite de la Mère.

Barrage de Mervent et usine de potabilisation.
F. Leroy / hemis.fr

Parc de Pierre-Brune

Près d'un petit barrage et face à un abrupt rocheux, on trouve un hôtel, des restaurants et un **parc d'attractions** de 10 ha (jeux, bicyclettes, toboggan géant, manèges, mini-karting, tennis, circuit botanique, etc.). Un sympathique petit train sur rail, le *Tortillard,* propose un petit voyage dans la vallée de Pierre-Brune, à la découverte de la forêt de Mervent. *02 51 00 20 18 - www.mervent-foret.com - de déb. avr. à mi-oct. : vac. scol. 11h-19h ; hors vac. scol. : merc. et w.-end 11h-19h - 12 €.*

Poursuivez sur la D 99^A, puis tournez à gauche. Après 2 km, prenez à gauche et rejoignez la D 938ter (à droite). Au lieu-dit Alouette, tournez à droite dans la D 30.

4

★ Vouvant

Pl. du Bail - 85120 Vouvant - 02 51 00 86 80 - avr.-sept. : 9h-12h30, 15h-17h30, sam. 14h-17h, dim. 10h-13h, 14h-17h30.

Humez comme un parfum de légende en découvrant la forteresse, les rues pavées et la belle église romane de Vouvant, classé « Petite cité de caractère ». Le nom de ce village, serré entre le bocage vendéen et la profonde forêt, serait un héritage goth (de « Wolvigus »). Et le château aurait été construit en une nuit par la fée Mélusine…

★ **Église** – Elle fut créée comme dépendance de l'abbaye de Maillezais (*p. 243*). De la nef du 11e s. ne subsistent que les murs des trois premières travées. Observez le style roman du 12e s. des trois absides, de la crypte au-dessous et du grand portail nord. Encadrée de colonnes en faisceau et

UN VILLAGE DE PEINTRES

« Petite cité de caractère » et l'un des « Plus beaux villages de France », la cité de Mélusine accueille de nombreux artistes. Vous pourrez visiter une quinzaine d'**ateliers** à la saison estivale, ou toute l'année sur rendez-vous. *Renseignements auprès de l'office du tourisme de Vouvant.*

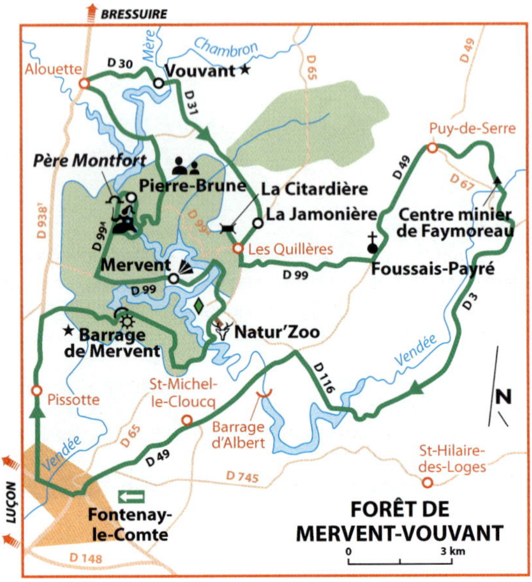

terminée par un pignon très aigu, la **façade★** du croisillon gauche du transept forme une superbe page sculptée. Aux **portails**, des motifs floraux décorent les voussures, tandis que des animaux et des scènes fantastiques ornent les chapiteaux. Deux reliefs abîmés surmontent chacun des portails : à droite, Samson terrassant le lion, et à gauche Dalila coupant les cheveux de Samson. À la première voussure de l'**arc de décharge** (latéral) figurent des atlantes, petits personnages arc-boutés, à la seconde des figures de fantaisie, animaux et personnages. À gauche et au-dessus de l'arc, Vierge à l'Enfant dans une gloire, à droite saint Jean Baptiste. Quant aux **frises**, celle du bas évoque la Cène, celle du haut les apôtres assistant à l'Ascension.

Château – À l'époque féodale, la forteresse appartenait aux Lusignan. Son enceinte délimite une esplanade plantée de gazon et de marronniers où se tiennent désormais les foires : c'est la place du Bail. De cet endroit, vous bénéficierez de jolies **vues** plongeantes sur la boucle de la Mère : le lit de cette rivière s'élargit ici, en amont du barrage de Pierre-Brune.

★ **Tour Mélusine** – *✆ 02 51 00 86 80 - s'adresser au café Mélusine ou à l'antenne touristique - 2 € (7-12 ans 1 €).* Seule partie conservée de l'ancienne forteresse des Lusignan, ce donjon fut édifié en 1242. Ses murs épais cachent deux salles superposées aux étranges voûtes pyramidales. Du sommet *(120 marches)*, à 36 m de haut, vaste **panorama★** sur le site de Vouvant, la forêt au sud, et le bocage au nord.

En poursuivant votre flânerie dans les rues de Vouvant, vous remarquerez un **pont roman** (14e-15e s.) ; des vestiges de **remparts** du 12e s. longés par le chemin des Rangies dont le nom évoque les échelles qui servaient aux attaques lors des sièges ; une belle **poterne**, correspondant à l'une des trois portes par lesquelles on pénétrait autrefois dans l'enceinte médiévale.

Quittez Vouvant par le sud-est en empruntant la D 31, vers Foussais-Payré. Après 5 km, prenez à droite la D 65, direction Mervent.

La Jamonière

Musée des Amis de la forêt – *✆ 02 51 00 00 87 - juil.-août : 10h-12h, 15h-18h, dim. et j. fériés 15h-18h ; reste de l'année : sur réserv. - possibilité de visite guidée (2h) sur réserv. - 3,50 €.*

Cet écomusée présente le massif forestier de Mervent-Vouvant.

Quittez La Jamonière par le sud-ouest en empruntant la D 65 jusqu'aux Quillères.

Château de la Citardière

Contemplez ce château, dont la façade 17e s. se reflète dans de larges douves. Il fut bâti sur des fondations du 15e s. et constitue, à l'image des châteaux féodaux, un ensemble ceint par des murs que parcourt un chemin de ronde.

Quittez les Quillères par le sud-ouest en empruntant la D 99.

Foussais-Payré

Dans cette « Petite cité de caractère », remarquez, à droite de l'église, une maison d'angle datée de 1552, d'autres maisons Renaissance et des halles du 17e s.

Église – Cette église en granit possède une **façade** sculptée du 11e s. Au centre, l'archivolte du portail est ornée d'effigies : de gauche à droite, la Chasteté terrassant la Luxure, des saltimbanques, des apôtres, le Christ, puis de nouveau des apôtres et des saltimbanques, et enfin des animaux fantastiques… À gauche du portail, vous remarquerez une scène de la Passion, assez rare en Poitou à l'époque romane ; et à droite, le Repas chez Simon et, dans la partie supérieure, l'Apparition du Christ à Marie-Madeleine. Ces sculptures sont l'œuvre de Giraud Audebert, moine de l'abbaye de St-Jean-d'Angély.

Quittez Foussais-Payré par le nord en empruntant la D 49. À Puy-de-Serre, prenez à droite la D 67.

Centre minier de Faymoreau

✆ 02 51 00 48 48 - ♿ - www.centre-minier-vendee.com - juil.-août : 10h-19h ; avr.-juin et sept. : tlj sf lun. 14h-19h ; oct.-nov. et fév.-mars : w.-end 14h-18h - possibilité de visite guidée (1h15) - fermé déc.-janv. - 6 € (8-18 ans 4 €) ; 8,50 € billet combiné avec village et vitraux, gratuit Printemps des musées.

Situé au cœur d'un beau paysage typique du bocage vendéen, le Centre minier se veut la mémoire du grand bassin houiller et industriel de la région. Installé dans l'ancien dortoir des verriers, l'espace muséographique propose sur 800m² un parcours animé du mineur : « salle des pendus » ; lampisterie ; descente simulée dans des galeries reconstituées où est mis en scène le travail du mineur de fond ; la visite se termine par le « carreau de la mine » où vous attendent une maquette du site, un film et des expositions temporaires relatives à l'activité minière.

Autour du musée, on découvre un **village minier** caractéristique de l'architecture ouvrière du 19e s. : corons, direction, administration, verrerie, hôtel et **chapelle des Mineurs**. Pour celle-ci, le peintre Carmelo Zagari, fils de mineur, a conçu un magnifique ensemble de 19 **vitraux★** contemporains rendant hommage aux « gueules noires ».

4

NOS ADRESSES À FONTENAY-LE-COMTE

HÉBERGEMENT

BUDGET MOYEN

Hôtel Fontarabie et restaurant la Glycine – *57 r. de la République - A 83 sortie N° 8 - ☎ 02 51 69 17 24 - www.hotel-fontarabie.com - fermé vac. de Noël - ♿ - P - 49 ch. 68/85 € - ☕ 7/8 € - ✕ 10,50/27 €.* Ce relais de poste du 16ᵉ s. rénové, situé en plein cœur de la cité, abrite des chambres contemporaines et fonctionnelles en partie installées dans une extension récente. Au restaurant, le chef prépare une cuisine régionale servie dans la chaleureuse salle à manger ou en terrasse, sous une superbe glycine.

RESTAURATION

PREMIER PRIX

Le Capt'ain – *35 r. du Port - ☎ 02 51 69 02 10 - lecaptain.sm@wanadoo.fr - fermé 2ᵉ quinz. de fév. et 1ʳᵉ sem. d'août, dim. et j. fériés - 9/20 €.* Les habitants de la région connaissent bien cette brasserie marine (filets de pêche suspendus au plafond) et savent que les spécialités de brochettes – viandes ou poissons – sont complétées, en saison, par plus de vingt recettes de moules, proposées à des prix défiant toute concurrence !

BUDGET MOYEN

Le Rabelais – *19 r.de L'Ouillette - ☎ 02 51 69 86 20 - www.hotel-lerabelais.com - ♿ - P - 18,90/31,90 € - 54 ch. 82/102 €.* L'enseigne fait référence au séjour de trois ans que fit l'écrivain dans la ville. La plupart des chambres, bien rénovées et fonctionnelles, ouvrent sur un jardin fleuri. Au restaurant, terrasse au bord de la piscine et grand buffet d'entrées et de desserts.

POUR SE FAIRE PLAISIR

L'Auberge de la Rivière – *R. du Port de La Fouarne - 85770 Velluire - ☎ 02 51 52 32 15 - www.hotel-riviere-vendee.com - fermé 2ᵉ quinz. de nov., du 15 fév. au 7 mars., lun. sf le soir du 1ᵉʳ juin à fin sept. et dim. soir sf en été - 22,90/50 € - 11 ch. 50/94 € - ☕ 11 €.* Cette coquette auberge postée sur une rive de la Vendée abrite une chaleureuse salle à manger rustique avec poutres apparentes et vaisselier où sont exposées de vieilles assiettes. Chambres spacieuses et soignées.

Vouvant

BUDGET MOYEN

Auberge de Maître Pannetier – *8 pl. du Corps-de-Garde - ☎ 02 51 00 80 12 - www.maitre-pannetier.com - fermé lun. oct. à mars - 12,50/38 € - 5 ch. 42/61 € - ☕ 6,50 €.* La salle à manger située au rez-de chaussée offre un cadre rustique ; celles aménagées dans la cave voûtée accueillent des petits repas privés. Cuisine au registre traditionnel. Jolies chambres et suites.

ACHATS

Bon à savoir – Spécialité locale, le **Préfou** ressemble à un pain plat fourré au beurre salé et à l'ail et se déguste chaud à l'heure de l'apéritif. Sa recette est perpétuée par Didier Barreau *(11 pl. du Champ-de-Foire).*

ACTIVITÉS

Ripaud Équitation – *24 r. de la Forêt - 85120 Saint-Maurice-des-Noues - ☎ 02 51 00 81 55 - www.ripaud-equitation.com* - Balades à cheval ou à poney dans le bocage, sur les traces de la fée Mélusine…

Le Puy du Fou

★★★

Vendée (85)

NOS ADRESSES PAGE 261

S'INFORMER

Parc du Puy du Fou – *Parc du Puy du Fou - ✆ 0 820 09 10 10 (0,118 €/mn) - www.puydufou.com - point d'information de l'office du tourisme du pays des Herbiers à l'entrée du parc : ✆ 02 44 40 20 20 - www.ot.lesherbiers.fr - de mi-avr. à fin sept. : 10h-12h, 14h-18h.*

Bon à savoir – Point d'information dans le parc, situé à proximité du restaurant de l'Auberge *(au nord du site)*. Pour organiser votre visite du **Grand Parc** en fonction des horaires de séances, consultez la **brochure** quotidienne remise à chaque visiteur à l'entrée. Et notez qu'un petit train, **La Glaneuse**, à la disposition des personnes âgées ou à mobilité réduite et des autres, relie l'entrée du Grand Parc à la cité médiévale.

SE REPÉRER

Carte de microrégion BC1 (p. 224) – *Carte Michelin Départements 316 K6.* Le Puy du Fou se trouve à 12 km au nord-est des Herbiers (A 87, sortie 28). Les gares TGV les plus proches sont Nantes (70 km) et Angers (80 km). Pour les TER, arrêt en gare de Cholet (20 km). Navettes de bus sur réservation (*✆ 0820 09 10 10)* depuis la gare TGV d'Angers (18 € AR - 1h30 - départs à 9h45, 14h et 20h45 ; retours du Puy du Fou à 7h45, 12h15, 19h).

SE GARER

Les parkings sont gratuits.

À NE PAS MANQUER

Le gigantesque stadium gallo-romain et son velum, l'impressionnant drakar viking jaillissant de l'eau, les mousquetaires chevauchant leurs montures dans une arène devenue piscine, les superbes figures de voltige équestre des chevaliers du Puy du Fou ; le ballet aérien des oiseaux de proie au-dessus des ruines du vieux château ; et bien sûr, la magie des spectacles nocturnes.

ORGANISER SON TEMPS

Comptez une journée bien remplie pour le Grand Parc. Le programme est établi chaque jour en fonction de l'affluence pour éviter les files d'attente. Prévoyez de passer la nuit dans l'un des hôtels à thème du parc afin de pouvoir assister au son et lumière. Vous ne le regretterez pas.

AVEC LES ENFANTS

Le spectacle des oiseaux, le magicien-ménestrel et la légende de Martin, pour les plus petits.

Dans un immense domaine boisé de plus de 50 ha, les siècles ont décidé de se croiser pour donner naissance au Puy du Fou. Entre jeux du cirque, attaque de vikings, joutes entre chevaliers ou encore mousquetaires croisant le fer, les spectacles du parc vous plongeront dans un émerveillement continu lors de ce voyage dans le temps inoubliable.

Découvrir

LES SPECTACLES NOCTURNES

★★★ La cinéscénie

✆ 0 820 09 10 10 (0,118 €/mn) - www.puydufou.com - ♿ - spectacle (1h45) juin-juil. : 22h30 (dernière entrée 1h av. le déb. du spectacle) ; août-sept. : 22h - 25 € (5-13 ans 16 €) - réserv. obligatoire - prévoir un vêtement chaud.

Succédant à une forteresse dont on a retrouvé les vestiges, l'actuel château du Puy du Fou fut érigé aux 15e et 16e s. Durement malmené lors des guerres de Vendée, cet édifice Renaissance connaît aujourd'hui une seconde vie. Donnant sur une immense pièce d'eau, la terrasse de la façade postérieure compose en effet une scène de 23 ha pour la grandiose Cinéscénie, dont le scénario fut écrit en 1977 par l'homme politique **Philippe de Villiers**. Une association de 3 200 bénévoles gère et joue ce spectacle épique au son de la musique de **Nick Glennie Smith**, compositeur de la bande originale, et font revivre pendant près de deux heures 700 ans d'histoire de la Vendée à travers l'histoire d'une famille symbolique : les Maupillier. Les décors inattendus, la variété de costumes et le véritable déluge d'effets spéciaux font de cette grande fresque dramatique et chorégraphique un moment hors du commun.

★★ Les Orgues de Feu *(30mn)*

En alternance avec la Cinéscénie - juil-août : du dim. au jeu., 22h ou 22h30 prix compris avec entrée Grand Parc. Quand le soir tombe sur le lac, rien ne laisse présager l'incroyable magie des lieux. Et pourtant, attardez-vous, vous assisterez sans doute à une scène fantastique. Car chaque soir ou presque apparaît la dame du lac qui est ici une muse violoniste, éperdument amoureuse d'un pianiste. Elle seule sait trouver les accents pour le tirer de sa profonde retraite. Et quand ils sont enfin réunis, leur bonheur attire fées et farfadets qui n'attendent que ce moment pour danser sur l'eau dans leurs costumes de lumière au son d'une harpe, du piano « aqueux » ou des spectaculaires orgues.

★★ LE GRAND PARC

✆ 08 20 09 10 10 (0,118 €/mn) - www.puydufou.com - ♿ - juil.-août : 10h-22h30, vend.-sam. 10h-21h ; avr.-juin et sept. : consulter le site Internet - à partir de 27 € (5-13 ans 18 €), billet moins cher sur réserv. De grands spectacles présentés plusieurs fois par j. se jouent aux quatre coins du Grand Parc. Un programme est édité chaque mat.

UN VELUM POUR LE COLISÉE DU PUY DU FOU !

Toit de toile suspendu au-dessus des tribunes par un système de cables, le velum est inventé par les romains pour protéger les spectateurs des intempéries. À l'époque, seuls 200 amphithéâtres, dont le Colisée de Rome en auraient été pourvus. Plus de deux mille ans plus tard, René Chambon, ingénieur des Arts et métiers, se lance le défi de comprendre le système de fonctionnement du velum, resté jusque-là mystérieux. Après plus d'un an de recherches, il perce finalement le secret et envoie son projet à la plupart des communes possédant un amphithéâtre. Seul le Puy du Fou répondra positivement à son appel, s'offrant ainsi le fameux velum qui ombrage désormais 600 m² d'arènes et nous replonge dans l'ambiance des jeux du cirque de la Rome antique.

Le château du Puy du Fou et les gradins de la cinéscénie.
F. Leroy / hemis.fr

Spectacles

★★ **Le signe du triomphe** – *42mn*. Au 3e s. apr. J.-C., alors que l'occupant romain faiblit, vous assistez aux jeux du cirque dans l'impressionnant **stadium gallo-romain**★ (115 m de long). Dans les gradins, gaulois et romains se font face alors que dans l'arène le centurion Damien, un gaulois, s'oppose au gouverneur. Vous serez à la fois spectateurs et acteurs de son combat pour avoir la vie sauve, contre les meilleurs gladiateurs de l'Empire, à la tête d'un **quadrige**★ dans une course effrénée et face à de terribles fauves, le tout au rythme d'une musique enregistrée par l'orchestre philarmonique de Vienne.

★★★ **Les Vikings** – *33mn*. Au paisible fort de l'An mil, le mariage de deux jeunes gens, Aldéric et Cybèle, est interrompu par l'arrivée de moines de Noirmoutier qui – fuyant l'envahisseur viking – sont venus confier aux villageois la précieuse châsse de saint Philbert. La menace ennemie se rapproche. Tout à coup, les Normands arrivent, un immense **drakkar** de 20 m de long surgit de l'eau… Après de durs combats riches en cavalcades et cascades diverses, un événement miraculeux vient conclure cette épopée mouvementée qui vous réservera bien des surprises.

★★ **Le bal des oiseaux fantômes** – *33mn*. Un dialogue imaginaire entre deux personnages médiévaux, la fauconnière Céleste Maupillier et la belle Aurore du Puy du Fou, vient animer les ruines du Vieux Château qui sert de cadre à ce somptueux vol libre de rapaces et oiseaux rares dressés. Postés aux quatre coins des ruines, les dresseurs costumés attirent des oiseaux de proie (aigles, buses, hiboux, faucons, vautours) en faisant tournoyer un appât. Les rapaces fondent en piqué vers leur « proie », frôlant parfois la tête des spectateurs.

★★★ **Les mousquetaire de Richelieu** – *35mn*. Sous le Grand Carrousel, immense scène couverte de plus de 2 000 m^2, ce spectacle de cape et d'épée façon 17e s. résonne du son des cavalcades et du choc des lames. Tous les plus grands noms du siècle sont présents : Richelieu, les trois mousquetaires, mais aussi Corneille et Cyrano, tous prennent part à cette histoire d'amour qui se

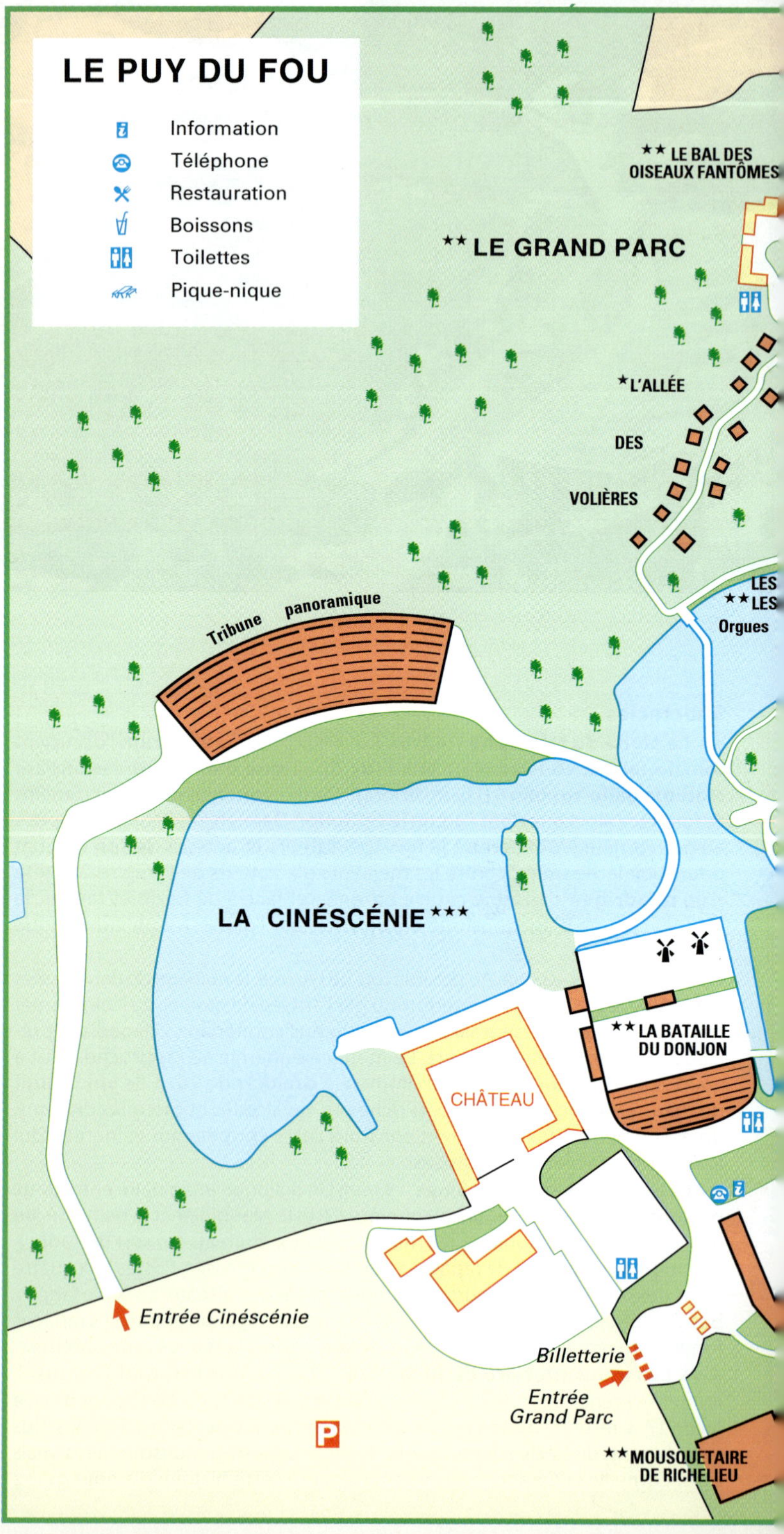
LE PUY DU FOU
Information
Téléphone
Restauration
Boissons
Toilettes
Pique-nique
★★ LE BAL DES OISEAUX FANTÔMES
★★ LE GRAND PARC
★ L'ALLÉE DES VOLIÈRES
LES
★★ LES
Orgues
Tribune panoramique
LA CINÉSCÉNIE ★★★
★★ LA BATAILLE DU DONJON
CHÂTEAU
Entrée Cinéscénie
Billetterie
Entrée Grand Parc
P
★★ MOUSQUETAIRE DE RICHELIEU

Cité nocturne
LE STADIUM GALLO-ROMAIN ★
GLADIATEURS ★★
★★ LA CITÉ MÉDIÉVALE
LES VIKINGS ★★★
★ LE MAGICIEN-MÉNESTREL
LE FORT DE L'AN MIL ★★
le Rendez-Vous des Ventres Faims
★ LA VALLÉE FLEURIE
Clairière aux daims
Premiers soins
★ LE CHEMIN DE LA MÉMOIRE
GRANDES EAUX ★
ORGUES DE FEU
aquatiques
le Relais de Poste
l'Auberge
L'ODYSSÉE DU PUY-DU-FOU ★
Le carillon animé
LE VILLAGE 18e s. ★★
La Légende de Martin
L'Étable
Jets Sauteurs
Pigeons voyageurs
★ CONSERVATOIRE ANIMAL
★ ROSERAIE RENAISSANCE
Sentier des terriers
★ ARBORETUM DE FRANCE
Départ du petit train
Tanière des loups
N
LE BOURG 1900 ★★
Le Bistrot
la Halle Renaissance
0
100 m

finit dans un décor très royal, alors que le jeu des reflets sur une arène devenue lac magnifie la scène.

★★ **Le Secret de la lance** – *25mn.* Au 15e s., une jeune pastourelle qui rêve d'égaler Jeanne d'Arc devra, aidée de ses chevaliers, arrêter des soldats bourguignons qui n'ont qu'une ambition : détruire jusqu'à la dernière pierre du donjon. Voltige équestre, murs qui bougent et déflagrations, ce spectacle a tout ce qu'il faut pour vous éblouir.

Les Villages et leurs animations

Quatre villages d'époques différentes ont été reconstitués sur le site.

★★ **La cité médiévale** – Un pont-levis permet d'accéder à ce charmant village du 14e s., protégé par une enceinte fortifiée. À l'ombre de ses tours, **artisans d'art** (verrier, sellier, tonnelier, enlumineur, etc.) et ménestrels se croisent au hasard des ruelles. Dans la chapelle romane, le visiteur est convié à un adoubement avant de se rendre dans la crypte. Et pour les plus jeunes, au pied de la cité, le **magicien-ménestrel** d'Ysengrin (*14mn)* exécute des tours de magie pleins d'humour en compagnie de son apprentie Colombine.

★★ **Le fort de l'An Mil** – Entouré de palissades de bois et de fossés remplis d'eau, le village semble à l'abri de toute attaque. Ici, les artisans (forgeron, tisserand, enlumineur, faïencière…) profitent de cette période de calme pour montrer leur savoir-faire, bien installés dans leurs maisons de pierre au toit de chaume pentu.

★★ **Le village 18e s.** – L'endroit, fidèlement reconstitué, invite à la flânerie, avec son joli moulin, son chaleureux relais de poste et ses nombreux artisans (potier, ébéniste, forgeron, sabotier) qui vous feront découvrir les différentes facettes de leurs métiers. Dans la grange, les **musiciens traditionnels** interprètent des chansons du répertoire traditionnel vendéen, accompagnés de danses folkloriques (8mn).

★★ **Le bourg 1900** – Cette sympathique reconstitution d'un quartier marchand de la Belle Époque, avec sa halle, ses alléchantes vitrines et son bistrot, vous plonge un siècle en arrière. Sur la place du marché, plusieurs fois par jour **des automates musiciens** apparaissent aux fenêtres et balcons des maisons pour donner un concert pas comme les autres *(7 mn).*

Les animations au gré du parc

★ **L'Odyssée du Puy-du-Fou** – *15mn.* Entrez dans cette suite de pièces souterraines et assistez à une savante chorégraphie d'images, de jets d'eau illuminés et d'aquaflammes qui évoquent avec beaucoup d'émotion l'aventure du Puy du Fou.

★ **Le chemin de la mémoire** – *Scènes poignantes susceptibles d'impressionner les jeunes enfants.* Parcours souterrain jalonné de scènes dramatiques où

UN PARC, DES ACADÉMIES

Ces grosses productions à effets spéciaux déploient le savoir-faire des dresseurs de l'**académie de fauconnerie** qui élève 350 oiseaux et de l'**académie équestre** qui dresse 160 chevaux à la voltige, aux cascades et à l'attelage. Un millier d'animaux de ferme, sauvages ou exotiques vivent ainsi sur le domaine, au milieu d'une grande variété d'espèces végétales. L'avenir est assuré par la formation de jeunes Puyfolais à l'**académie junior** qui propose des initiations dans des disciplines aussi variées que la voltige, la vidéo, les décors ou les techniques de spectacle.

l'évocation des massacres perpétrés par les terribles « Colonnes infernales » lors des guerres de Vendée se fait dans une semi-obscurité.

★ **Les Grandes Eaux** – *8mn.* Le lac est le théâtre d'un ballet de 120 jets d'eau (jusqu'à 30 mètres de hauteur) orchestré par de la musique baroque.

La Légende de Martin – *15mn.* Dans un théâtre de marionnettes géant, 40 pantins content et chantent aux enfants l'histoire de la « Mâle Bête », terrible animal qui terrorisait le village de Martin.

★ **La roseraie Renaissance** – Une centaine de variétés de roses produisent un tableau sensuel aux couleurs et parfums subtils.

★ **L'arboretum de France** – Un agréable parcours permet de se familiariser avec un grand nombre de plantes.

★ **La vallée fleurie** – Plantes et essences diverses sont soigneusement associées le long de sentiers bordés d'étangs et de cascades. Parfois, une brume artificielle d'eau pulvérisée enveloppe le site, lui donnant ainsi des accents de romantisme.

★ **L'Allée des volières** – De nombreuses volières de rapaces bordent le chemin grimpant vers le Vieux Château.

Au cours de vos pérégrination dans la forêt puyfolaine, vous pourrez également rencontrer tanières de loups, enclos à lapins, daims en liberté et autres compagnons à quatre pattes, pour le plus grand bonheur des plus petits.

NOS ADRESSES AU PUY DU FOU

HÉBERGEMENT

Bon à savoir – Trouver à vous loger autour du Puy du Fou n'est pas toujours facile. Quelques coordonnées à retenir : **Vendée Résa** – *8 pl. Napoléon - 85006 La Roche-sur-Yon Cedex - ✆ 02 51 62 76 82 – www.vendee-tourisme.com.*
Office du Tourisme du Choletais – *Pl. de Rougé - 49306 Cholet Cedex - ✆ 02 41 49 80 00 - www.ot-cholet.fr.*
Tourisme Océan – *125 bd des Belges - 85001 La Roche-sur-Yon - ✆ 02 51 47 54 40 - www.tourisme-ocean.com.*

Dans le parc, la Cité nocturne
L'hôtellerie du Grand Parc comprend le **Logis de Lescure** (4 suites très originales dans un ancien bâtiment du 18e s.), la **Villa Gallo-Romaine** *(voir ci-dessous)* et une cité Lacustre, **les Îles de Clovis** *(voir ci-dessous).*

POUR SE FAIRE PLAISIR

Villa Gallo-Romaine – *Dans le parc du Puy du Fou - ✆ 0 820 091 010 (0,118 €/mn) - www.puydufou.com - P - fermé mi-sept. à mi avr. - 100 ch. (jusqu'à 5 pers. par chambre).*Cette vaste réplique de villa romaine, proche des arènes et des grandes volières, vous accueille dans un cadre de style pour profiter au mieux du parc et de ses animations de soirée. Accueil en costume, à l'hôtel comme au restaurant l'Atrium.

Les îles de Clovis – *Dans le parc du Puy du Fou - ✆ 0 820 091 010 (0,118 €/mn) - www.puydufou.com - P - fermé mi-sept. à mi-avr.* Bouclier au mur et fausse peaux de bêtes en guise de couverture, ces maisonnettes sur pilotis vous accueillent dans un cadre à la fois reposant et dépaysant.

Chambre d'hôte Le Logis de la Devinière – *20 r. du Puy-du-Fou - 85590 Les Épesses - ✆ 02 51 57 30 46 - www.logis-la-deviniere.fr - ♿ - ⍁ - 5 ch. 100 € ☕ - ✕ 30 € (vend.-sam.).* Une rue étroite et pentue mène à ce calme et beau logis du 18e s. lové dans un agréable jardin fleuri. Meubles anciens ou contemporains et canevas brodés personnalisent les chambres, parfois agrémentées de poutres apparentes. Trois suites familiales. Piscine chauffée, jacuzzi et hammam.

RESTAURATION

BUDGET MOYEN

Restaurant L'Auberge – *Domaine du Puy du Fou - 85590 Les Épesses - ✆ 02 51 57 68 68 - fermé oct.-mai - 24 € (réserv. conseillée).* Au nord du site, cette auberge propose des repas préparés dans un cadre chaleureux. Service en costume.

Le Relais de Poste - La Halle Renaissance – *Domaine du Puy du Fou - ✆ 0 820 091 010 - fermé oct- mi-avr. services sup. les soirs de cinéscénie - 24 €.* Le Relais de Poste dispose d'une salle dotée de poutres apparentes et d'une cour-terrasse où les repas sont animés par des musiciens et des danseurs. On y joue « Le camp du drap d'or ». La Halle Renaissance accueille également des repas-spectacles ; l'intendant du Puy du Fou y présente, à sa façon, chaque plat servi par des pages zélés.

Le pays des Herbiers

14 833 Herbretais - Vendée (85)

NOS ADRESSES PAGE 268

S'INFORMER

Office du tourisme du Pays des Herbiers – *2 r. Saint-Blaise - 85500 Les Herbiers - ☎ 02 44 40 20 20 - www.ot-lesherbiers.fr - juil.-août : 9h30-12h30, 14h-19h, dim. 9h30-12h30 ; reste de l'année : mar.-vend. 10h-12h, 14h-18h, lun. 14h-18h, sam. 9h-12h - fermé j. fériés (sf 14 Juil. et 15 août).*

SE REPÉRER

Carte de microrégion B1-2 (p. 224) – *Carte Michelin Départements 316 J6.* La ville des Herbiers est agréablement située sur une butte dominant la Grande Maine, à deux pas du Puy du Fou et à 40 km au nord-est de La Roche-sur-Yon.

À NE PAS MANQUER

Le superbe panorama qui se dévoile du haut du clocher de St-Michel-Mont-Mercure et du mont des Alouettes.

ORGANISER SON TEMPS

Comptez la journée pour faire la Route des moulins et découvrir Les Herbiers.

La petite ville des Herbiers, au nord des collines vendéennes, fait preuve d'un dynamisme économique exemplaire. Située au cœur d'une belle région de douces vallées parsemées de bosquets et de haies de frênes, de chênes et de châtaigniers, elle constitue un point de départ idéal pour une balade à la découverte des moulins de Vendée, de la célèbre abbaye Notre-Dame-de-la-Grainetière et du non moins célèbre mont des Alouettes.

4

Circuit conseillé

★ **ROUTE DES MOULINS** Carte de la Route des moulins p. 264

Circuit de 90 km – Comptez environ une journée. Quittez Les Herbiers par l'ouest en empruntant la D 160 en direction de La Roche-sur-Yon et prenez la 1re route à droite.

Forêt des Bois-Verts

Ce petit bois où se cache un étang est un lieu de promenade et de pique-nique très fréquenté dès les beaux jours.

Revenez sur la D 160 que vous poursuivez pendant 4 km, puis prenez à gauche.

Abbaye N.-D.-de-la-Grainetière

☎ 02 51 67 21 19 - tlj 9h-19h - 2 € (-18 ans gratuit). Située à la lisière de la forêt de Soubise, cette abbaye fut fondée en 1130 par des bénédictins venus du monastère de Fontdouce près de Saintes. Sous l'impulsion des seigneurs de la région, elle fut suffisamment puissante au 13e s. pour entreprendre les fortifications lui permettant de soutenir le siège des Anglais en 1372. Mais au

15e s., le règne des abbés engendre un déclin qui s'aggrave durant les guerres de Religion ; les troubles révolutionnaires et les guerres de Vendée achèvent de ruiner le monastère à la fin du 18e s. Transformé en exploitation agricole et utilisé comme carrière, il fit l'objet d'une restauration à partir de 1963. Depuis 1978, un prieuré bénédictin s'est établi dans l'abbaye. En face du cloître, la salle capitulaire du 12e s. conserve ses voûtes reposant sur des piliers de granit. Trois absidioles représentent les seuls vestiges de l'église abbatiale. Quant aux fortifications, elles se réduisent aujourd'hui à la tour sud-ouest, dite **tour de l'Abbé** (entièrement restaurée), munie d'une meurtrière.

Revenez au carrefour et prenez à droite. Après 500 m, tournez à droite.

Mouchamps

Mouchamps a vu naître le **commandant Guilbaud**, disparu en 1928 dans les glaces arctiques alors qu'il se portait avec son hydravion, le *Latham 47*, au secours du dirigeable *Italia*. Depuis le 17e s., époque où les Rohan, seigneurs du Parc-Soubise, soutenaient le parti huguenot, le bourg est resté citadelle protestante en pays papiste, et les maisons catholiques se distinguaient des autres, il y a encore peu de temps, par une croix blanche tracée au-dessus de la porte.

Quittez Mouchamps par le nord-ouest en empruntant la D 13.

Château du Parc-Soubise

Ancien domaine des Rohan-Soubise, ce château des 16e et 17e s. fut brûlé en 1794 par les « Colonnes infernales » qui y massacrèrent 200 femmes, vieillards et enfants. Seule la toiture a été restaurée. Henri IV s'arrêta ici en 1589 et y entreprit la conquête de sa cousine, Anne de Rohan.

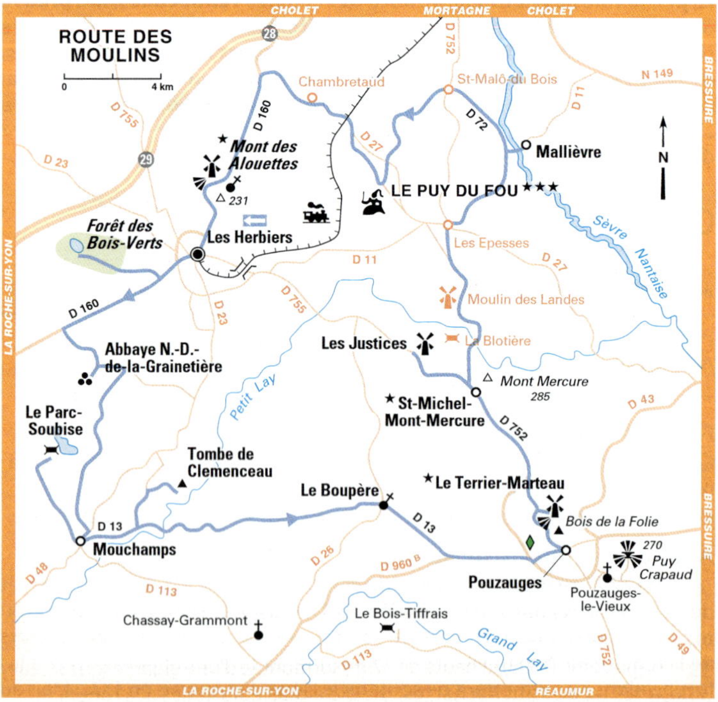

Abbaye de la Grainetière aux Herbiers.
F. Leroy / hemis.fr

Revenez à Mouchamps et poursuivez vers l'est sur la D 13. Prenez la 1re à gauche après Mouchamps, puis la 1re à droite.

Tombe de Clemenceau

La route suit le vallon du Petit Lay et aboutit à la ferme-manoir (16e s.) du **Colombier**, qui appartenait à la famille Clemenceau. Au bout de la route, un portail ouvre sur une allée bordée d'arbres où apparaît une stèle ornée d'une effigie de Minerve. En contrebas se cachent la **tombe** de Clemenceau et celle de son père. *Revenez sur la D 13 en direction de Pouzauges.*

Église du Boupère

Édifiée au 13e s., puis fortifiée au 15e s., elle possède une façade encadrée de contreforts percés de meurtrières et de canonnières, et surmontés de deux échauguettes que relie un chemin de ronde à mâchicoulis. Les côtés sont défendus par des bretèches.

Poursuivez sur la D 13, puis prenez à gauche la D 960.

Pouzauges (*p. 270*)

Quittez Pouzauges par le nord-ouest en empruntant la D 752, direction Les Herbiers.

★ Moulins du Terrier-Marteau (*p. 271*)

Revenez sur la D 752 en direction des Herbiers.

La route descend dans un vallon séparant Pouzauges de St-Michel-Mont-Mercure.

★ St-Michel-Mont-Mercure

Cette localité essaime ses maisons de granit autour de l'église dédiée à saint Michel dont le culte a succédé à celui de Mercure, protecteur des voyageurs. L'**église**, moderne (1898) et haute de 47 m, surmontée d'une gigantesque statue de cuivre (9 m) de saint Michel ; est visible à plusieurs lieues à la ronde.

Clocher – Du sommet *(194 marches)*, découvrez l'immense **panorama★★** qui s'étend jusqu'à la mer. Le bocage, vu de haut, ressemble à une forêt touffue. On distingue au sud le bois de la Folie, près de Pouzauges, au nord le mont des Alouettes, près des Herbiers.

Quittez St-Michel-Mont-Mercure par le nord-ouest en empruntant la D 755 vers Les Herbiers.

Moulin des Justices

Ne se visite pas. Ce moulin de la fin du 19e s. est perché à 275 m sur une butte où l'on rendait la justice, d'où son nom. Il est coiffé d'un toit couvert de bardeaux, orientable par un treuil intérieur. Ses ailes ont une largeur variable, grâce à leurs lamelles de bois articulées se déployant selon le système Berton.

Revenez à St-Michel et prenez à gauche sur la D 752.

Après St-Michel, la route, en lacet, franchit un vallon. Puis on arrive à proximité d'une butte couronnée d'un moulin sans ailes (moulin des Landes) avant d'atteindre Les Épesses où deux églises apparaissent côte à côte.

Mallièvre

Cette ancienne cité du tissage domine la vallée de la Sèvre Nantaise. Le village peut être sillonné à pied en parcourant le **sentier Génovette**, un circuit de fontaines jalonné de bornes sonores.

Quittez Mallièvre en repassant la Sèvre nantaise, puis prenez sur la droite la D 72 vers St-Malo-du-Bois.

★★★ Le Puy du Fou *(p. 255)*

Prenez la D 27 vers le nord pour rejoindre la route de Cholet.

★ Mont des Alouettes

Ce site (231 m de haut) tiendrait son nom des alouettes de bronze qui décoraient les casques des légionnaires gaulois de l'armée romaine ayant campé en ces lieux. On y voit une petite **chapelle** (1823) en granit, de style gothique troubadour, et des moulins typiques de la région, avec leur guivre (longue poutre jusqu'au sol) taillé dans un chêne à peine dégrossi, qui s'engage sous le toit. Une superbe **vue★★** s'étend vers Nantes, la mer et, en direction de Pouzauges, la chaîne des collines où pointe l'église de St-Michel-Mont-Mercure. On est saisi par la nature mystérieuse et redoutable de ce bocage coupé de haies et de petits bois.

QUELQUES OISEAUX DU HAUT BOCAGE

Au hasard d'une balade dans la région des Herbiers, vous aurez peut-être le bonheur d'apercevoir l'un des oiseaux suivants :

– **Pinson des arbres :** très répandu dans le bocage, ce petit oiseau à la tête gris-bleu et à la gorge rousse porte des taches blanches sur ses ailes.

– **Pie-grièche :** le mâle se reconnaît à sa poitrine blanc-rose, son dos brun acajou, son bandeau noir sur chaque œil, et sa queue bordée de plumes blanc et noir.

– **Huppe fasciée :** les larges ailes rayées de noir et blanc donnent à cet oiseau de la taille d'une tourterelle un vol de papillon. Vous remarquerez sa huppe orangé et noir et son long bec courbe.

– **Œdicnème criard :** gros comme une perdrix, cet oiseau brun sait prendre – grâce à son mimétisme parfait – la couleur des sillons sur lesquels il fait son nid et se nourrit.

Les collines et moulins de Vendée

DES AILES FAMILIÈRES DANS LE PAYSAGE

L'arête dorsale de la Vendée

Silencieuses et sévères, les collines du **haut bocage vendéen** tracent une ligne en dents de scie des Herbiers à St-Pierre-du-Chemin, au sud-est de Pouzauges. Ces monts et ces puys sont les derniers contreforts du massif armoricain : le **mont des Alouettes** (231 m), le **puy du Fou**, le **bois de la Folie** (278 m), le **puy Crapaud** (270 m) et enfin le **mont Mercure** qui culmine à 285 m.

Couvertes de landes désertiques relevées par l'or vif des genêts et des ajoncs dès la fin de l'hiver, ces hauteurs granitiques eurent longtemps une importance militaire. Les Romains avaient établi une chaussée épousant la ligne de crêtes, et un temple couronnait le mont Mercure.

Des moulins qui parlent

Pendant des siècles, les collines se sont coiffées de moulins à vent où l'on venait moudre le blé et le seigle des riches plaines voisines, parfois la nuit lorsque le vent arrivait de la mer.

Ils furent utilisés pendant la guerre de Vendée pour échanger des signaux : la position de leurs bras indiquait les mouvements des troupes républicaines aux insurgés vendéens. Cela leur valut d'être souvent incendiés. La mécanisation au 19e s. mit un terme à l'activité de ceux qui avaient été relevés : on en recensait quelque 2000 en 1900.

UN PATRIMOINE À SAUVER

Second souffle

L'Association vendéenne des amis des Moulins (moulins85.free.fr) s'attache de nos jours à les restaurer et les faire fonctionner. Une quarantaine, à eau ou à vent, ont ainsi repris vie. Certains perpétuent la meunerie traditionnelle tandis que d'autres ont été convertis en musées, chambres d'hôtes, restaurants ou se contentent de déployer leurs bras en guise de salut.

- **Meunerie** : le Petit Moulin à Châteauneuf *(✆ 02 51 49 31 07)*, le moulin de Rairé à Sallertaine *(✆ 02 51 35 51 82)*, le Mont des Alouettes aux Herbiers *(✆ 02 51 66 80 32 hors saison ou 02 51 67 16 66 en saison)*.
- **Restaurants** : ferme auberge Moulin Migné à Cheffois *(✆ 02 51 69 68 76)*, Le Moulin à La Rocheservière *(✆ 02 51 48 92 78)*.
- **Chambres d'hôtes** : le Moulin du Pont Vieux à Mortagne-sur-Sèvre *(✆ 02 51 63 52 64)*, le Moulin des Rivières à St-Jean-de-Monts *(✆ 02 51 59 77 52)*.
- **Musée** : la Maison de la rivière à St-Georges-de-Montaigu *(✆ 02 51 46 44 67)*.
- **Promenades** : le Jardin du vent à Notre-Dame-de-Monts *(✆ 02 28 11 26 43)*, le Moulin de Rambourg à Nesmy *(✆ 02 51 07 63 83)*.

L'architecture

Le moulin vendéen, en pierre, a une forme cylindrique. Il est surmonté d'une toiture mobile souvent revêtue de bardeaux et à laquelle sont fixées les ailes. Pour les amener au vent, on manœuvre la toilure à l'aide du **guivre**, longue poutre descendant jusqu'au sol. Les ailes à ossature de bois sont tantôt couvertes de toile (jadis du chanvre), tantôt constituées de lamelles de bois articulées selon le **système Berton**, inventé en 1848.

Moulins – *02 51 67 16 66 - www.lesherbiers.fr - juil.-août : 10h-19h ; juin et sept. : tlj sf mar. 10h-12h30, 14h-18h - 3 € (-14 ans 2 €).*
Sur les sept moulins que l'on comptait jadis sur le site en 1793, et qui furent tous incendiés durant les guerres de Vendée, il n'en reste aujourd'hui que trois, dont un encore en activité. Il moud le blé grâce à ses ailes garnies de voiles. Un autre moulin est dédié au « chantre » de la Vendée, l'écrivain **Jean Yole**, auteur de romans tels *Le Malaise paysan* (1929) ou encore *La Vendée* (1936).
Poursuivez sur la D 160 qui ramène aux Herbiers.

À proximité

Gare des Épesses

À 3 km à l'est par la D 11.
Conservée dans son état d'avant-guerre, cette gare-musée se trouve sur la ligne du train à vapeur Mortagne-Les Herbiers (*Mortagne-sur-Sèvre p. 278*) et possède l'architecture caractéristique des gares de village du début du 20e s. Une exposition y retrace l'histoire du chemin de fer de la Vendée.

NOS ADRESSES AUX HERBIERS

HÉBERGEMENT

BUDGET MOYEN

Hôtel Chez Camille – *2 r. Mgr-Massé - 02 51 91 07 57 - www.chez-camille.com - P - 13 ch. 54,50/68,50 € - 7,50 € - 16/25 €.* Cet hôtel, situé à deux pas du vieux donjon d'Ardelay, propose des chambres fonctionnelles plutôt sobres. Au restaurant, on cultive convivialité et simplicité en servant une cuisine sans prétention. Il règne une ambiance chaleureuse du côté du bar qui héberge aussi le siège du club de football local.

Hôtel Relais – *18 r. de Saumur - 02 51 91 01 64 – www.hotellerelais.com - 26 ch. 59/79 € - 7,90 €.* Étape pratique au cœur du haut bocage vendéen, sur la route des moulins. Chambres fonctionnelles bien tenues, espace salon garni d'un mobilier ancien. Petit-déjeuner buffet.

Hôtel Aloé – *99 av. de Cholet - 02 51 66 80 30 – http://hotel-aloe.com - fermé vac. de Noël - P - 68 ch. 77/107 € - 10 € - 15/30 €.* Complexe hôtelier contemporain abritant des chambres spacieuses (21 m² ou 28 m² pour les plus récentes). Le restaurant panoramique dont les terrasses dominent la piscine et les courts de tennis propose une cuisine régionale et des menus à prix très doux.

Chambre d'hôte La Métairie du Bourg – *5 km à l'est des Herbiers par D 755 puis D 11 et rte secondaire - 02 51 67 23 97 - - 2 ch. et 2 suites 60 € .* Cette vieille ferme typiquement vendéenne, qui fait de l'élevage de bovins, reçoit ses hôtes dans des chambres néo-rustiques, spacieuses et soignées. Les bons vivants apprécieront ses petits-déjeuners copieux… Bon rapport qualité/prix.

RESTAURATION

PREMIER PRIX

Le Centre – *6 r. de l'Église - 02 51 67 01 75 - fermé 22 déc.-6 janv., vend. soir, dim. soir* *et sam. - 12/29 € - 9 ch. 55/70 € - ☕ 8 €.* Dans ce chaleureux petit restaurant du centre-ville, vous dégusterez une cuisine créative élaborée avec les produits du marché. Sauces, pâtisseries… tout est pratiquement fait maison. Neuf chambres simples et bien tenues.

Auberge du Mont Mercure – *R. de l'Orbrie - 85700 St-Michel-Mont-Mercure - ✆ 02 51 57 20 26 - www.aubergemontmercure.com - fermé vac. de fév., vac. de Toussaint, lun. soir de sept. à juin, mar. soir et merc. - 14,80/35 €.* Sur les hauteurs du village, cette auberge familiale est une adresse simple et chaleureuse. Intérieur d'esprit rustique où l'on s'attable autour de petits plats traditionnels concoctés par le patron. Les prix ont su rester sages. Menu enfant.

achats

La Brioche de Vendrennes - boulangerie Brosset – *7 rte de l'Océan - 85250 Vendrennes - ✆ 02 51 66 09 25 - www.briochedevendrennes.fr - 7h-19h30 - fermé de mi-sept. à oct. (1re sem.).* Cette entreprise familiale propose une gamme étendue de pain, pâtisseries et viennoiseries. La brioche de Vendrennes, née en 1932, est « la » spécialité maison. Dégustation gratuite.

Pouzauges

5 326 Pouzaugeais - Vendée (85)

NOS ADRESSES PAGE 275

S'INFORMER

Office du tourisme du pays de Pouzauges *–28 pl. de l'Église - 85700 Pouzauges - 02 51 91 82 46 - www.tourisme-paysdepouzauges.fr - juil.-août : 9h30-12h30, 14h30-18h30, dim. 10h-12h ; avr.-juin et sept. : 9h30-12h30, 14h30-18h, lun. 14h30-18h, sam. 9h30-12h30 ; reste de l'année : tlj sf lun. 10h-12h30, 14h30-17h, sam. 10h-12h30 - fermé dim. et j. fériés.*

SE REPÉRER

Carte de microrégion C2 (p. 224) – *Carte Michelin Départements 316 K7.* Pouzauges se trouve à 19 km au sud-est des Herbiers.

À NE PAS MANQUER

Les moulins à toit de bardeaux du Terrier-Marteau ; la vue sur le bocage, du bois de la Folie ; le superbe panorama sur toute la Vendée, du moulin du puy Crapaud.

ORGANISER SON TEMPS

Comptez environ 1h pour la ville, et toute une journée pour le circuit entre Sèvre nantaise et Grand Lay.

AVEC LES ENFANTS

L'aventure médiévale – Jeu de piste familial en pays de Pouzauges : récupérez votre bourse à l'office du tourisme de la ville et parcourez ses environs de château-fort en église pour accumuler des deniers à chaque étape. À la fin de votre aventure, une surprise vous attend !

Ne vous méprenez pas : le bois de la Folie qui couronne Pouzauges n'évoque en rien la démence mais une belle forêt de hêtres (« fol » en vieux français). D'ailleurs, c'est plutôt le vent de la raison qui souffle sur ces collines marquées par trois grands esprits carrés : le scientifique Réaumur, l'homme d'État Clemenceau et le général De Lattre. Pouzauges est le point de départ idéal pour découvrir la Vendée historique, au cours d'un circuit en montagnes russes ponctué de nombreux points de vue.

Se promener

Vieux château

Un donjon carré protège l'entrée de cette forteresse féodale apportée en dot à Gilles de Rais (*Tiffauges)* par sa femme. Son enceinte est jalonnée de dix tours rondes ruinées. Notez la croix érigée à la mémoire de 32 Vendéens fusillés ici même pendant la Révolution.

Église St-Jacques

Bâtie en granit, cette église typiquement vendéenne possède une tour carrée sur la croisée du transept, une courte nef et un transept du 12e s. dont le style marque la transition du roman au gothique. Le vaste chœur gothique flamboyant à trois vaisseaux est du 15e s.

À proximité Carte de microrégion p. 224-225

★ Moulins du Terrier-Marteau C2

À 1 km par la D 752 puis une petite route à droite - ☏ 02 51 57 01 37 - www.pouzauges.com - visite guidée (45mn) juil.-août : vend., w.-end 11h-18h - 2,50 € (-14 ans 1 €).

À droite apparaissent ces moulins blancs du 19e s., à toit de bardeaux et aux ailes entoilées. Belle **vue★** sur le bocage à l'ouest.

Bois de la Folie C2

Près du Terrier-Marteau.

Ce fut vraisemblablement un *lucus* (bois sacré) à l'époque romaine, après avoir été un lieu de culte pour les druides qui y accomplissaient les sacrifices rituels. Une hauteur, faite d'un amas de roches et coiffée d'un épais bosquet de chênes, de pins et de hêtres, s'élève au-dessus de la ramure. On l'appelle « bouquet de Pouzauges » ou « phare de la Vendée ». De là, **vue★** au nord-est sur le bocage.

Circuit conseillé Carte de microrégion p. 224-225

ENTRE SÈVRE NANTAISE ET GRAND-LAY

Circuit de 80 km – environ 7h. Quittez Pouzauges par le sud-ouest en empruntant la D 43, puis tournez à droite dans la D 113.

Château du Bois-Tiffrais BC2

Il abrite un musée retraçant l'histoire et les vicissitudes du protestantisme dans l'ouest de la France, et plus particulièrement dans le Poitou.

Musée de la France protestante de l'ouest – *☏ 02 51 66 41 03 - ♿ - visite guidée (1h) de mi-juin à mi-sept. : 14h-18h - fermé lun. - 5 € (12-18 ans 3 €).* Riche d'une bibliothèque de plus de 4000 volumes sur l'histoire des religions, ce musée évoque notamment la prédication de Calvin dans le Poitou (1534), l'édit de Nantes (1598) et sa révocation en 1685, entraînant l'émigration et la pratique clandestine dite « du Désert », et enfin l'édit de Tolérance (1787). Attardez-vous sur les bibles, manuscrits et objets divers : reproductions de méreaux (médailles qui permettaient aux pasteurs de reconnaître leurs fidèles pendant la période du Désert), chaire démontable (pour les assemblées du Désert), etc.

Notez qu'au départ du site du Bois-Tiffrais, vous pourrez emprunter le **Sentier des Huguenots** *(environ 6 km).*

Poursuivez sur la D 113. Prenez la route de Chantonnay et après 2 km, tournez à droite.

Prieuré de Grammont B2

☏ 02 51 66 47 18 (en sais.) ou 02 51 50 43 03 - de déb. juin aux Journées du patrimoine (sept.) : 10h-19h - 3 € (-18 ans gratuit), gratuit Journées du patrimoine.

Fondé vers 1196 par Richard Cœur de Lion, cet ensemble a fait l'objet d'une importante restauration. Son architecture est propre à l'ordre de Grammont. Ermites vivant en communauté dans un lieu retiré, les Grandmontains étaient attachés à la pauvreté, aussi leurs monastères (ou « celles ») étaient-ils sobres et dépouillés. À Grammont, tous les bâtiments conventuels, ainsi que l'église, se groupent en quadrilatère autour d'une cour où se trouvait le cloître.

DEUX CÉLÉBRITÉS LOCALES

Après s'être distingué par une politique autoritaire de gauche, **Georges Clemenceau** (1841-1929), surnommé « le Tigre », revient au pouvoir en 1917 et se consacre à la poursuite de la guerre. Signant en 1919 le traité qui y met fin, il est considéré comme le « Père la Victoire ».

C'est l'année suivante que **Jean de Lattre de Tassigny** (1889-1952), formé à St-Cyr et officier durant la Grande Guerre, part pour le Maroc. Il s'illustre au cours de la guerre du Rif, et est promu général en 1939. Arrêté en 1942, il s'évade un an plus tard, rejoint le général de Gaulle à Londres et, de là, gagne Alger. Il débarque en Provence en 1944 et, à la tête de la Ire armée libère l'Alsace, franchit le Rhin et atteint le Danube. Le 8 mai 1945, il signe aux côtés des Alliés l'acte de capitulation de l'Allemagne. Nommé haut-commissaire en Indochine en 1950, il meurt à Paris en janvier 1952. Quatre jours plus tard, il est élevé à la dignité de maréchal de France.

Dans l'église, à nef unique sans décor, la lumière était fournie par les trois baies de l'abside. La salle capitulaire, avec une voûte de style roman angevin, et le réfectoire, grande salle qui a retrouvé, lors de sa reconstruction, sa voûte de style gothique angevin (13e s.), ne manquent pas de beauté. Le cellier, en partie ouvert, propose un film en images de synthèse retraçant la vie du prieuré. À l'étage, on peut voir le dortoir des moines.

Revenez et traversez la D 960bis.

Château de Sigournais B2

R. du Donjon - ✆ 02 51 40 40 71 - www.chateau-sigournais.org - 24 juin- 19 sept. : 14h30-18h30 - possibilité de visite guidée (1h30) - 4,50 € (13-17 ans 3 €, 8-12 ans 1 €).

Construit à la fin du 15e s., il a gardé cinq tours de son enceinte fortifiée, certaines en partie arasées. Le beau et massif **donjon** très bien conservé, est flanqué de deux tours, curieusement en retrait ; il est surmonté d'un chemin de ronde entièrement couvert. Notez l'adaptation des archères à l'utilisation des armes à feu, les pierres d'assommoir dans la grande salle et l'irrégularité des marches de l'escalier à vis. Les différentes salles du château présentent une collection héraldique, constituée de centaines de blasons de Vendée, de France et d'Europe.

Quittez Sigournais par le sud-est sur la D 39. Tournez à gauche sur la D 949bis et, après 2 km, prenez à droite la D 23.

Donjon de Bazoges-en-Pareds B2

Cour du Château - ✆ 02 51 51 23 10 - www.bazoges-en-pareds.fr - de Pâques à fin sept. : 14h30-18h ; du 15 fév. à Pâques et oct. : dim. 14h30-18h - 4 € (8-18 ans 1,50 €) donjon et jardins ; 2 € (8-18 ans gratuit) jardins seuls ; 6 € (8-18 ans) 2 € donjon, jardins et musée.

L'imposante masse de ce donjon du 14e s. se dresse au milieu du village. À l'intérieur de l'édifice, plusieurs salles illustrent la vie quotidienne au Moyen Âge. La salle de justice est dotée d'un beau plafond en ogive. Notez la chambre du seigneur et ses fenêtres à meneaux, et le dortoir des écuyers qui protégeaient la chambre du trésor (l'héritier de la famille). Un chemin de ronde offre une belle **vue** sur la campagne, tandis qu'un jardin médiéval, doté d'un pigeonnier du 16e s., vient compléter l'ensemble.

Sortez de Bazoges par le sud-est sur la D 23 ; après 2 km, tournez à gauche dans la D 8.

Château de Pouzauges.
R. Cintract / hemis.fr

Mouilleron-en-Pareds C2

1 r. du Pavé - 02 51 00 32 32 - www.paysdelachataigneraie.org - juil.-août : mar.-vend. 10h-12h30, 14h30-17h - fermé j. fériés.

Musée national des Deux Victoires Clemenceau-de Lattre - *02 51 00 31 49 - www.musee-deuxvictoires.fr - de mi-avr. à mi-oct. : 10h-12h, 14h-18h (dernière entrée 1h av. la fermeture) ; reste de l'année : 10h-12h, 14h-17h - possibilité de visite guidée fermé (1h30) - 1er janv., 25 déc. - 3,50 € (-26 ans gratuit), gratuit 1er dim. du mois, jardin gratuit.* Dans le village, deux plaques signalent d'une part la **maison natale de Georges Clemenceau** et, d'autre part, celle du maréchal de Lattre. La première, autrefois occupée par une boulangerie, a été rachetée par l'État et pourrait être, à terme, convertie en musée.

Quant à la **maison natale du maréchal de Lattre de Tassigny** *(3 r. de Lattre-de-Tassigny)*, elle marque la première étape de votre visite. Construit à l'époque de la Restauration, ce bel exemple de maison de notables vendéens du 19e s. offre une intéressante reconstitution du cadre de vie des de Lattre. Vous y découvrirez, au fil des salles, tout un ensemble de vitrines évoquant la vie familiale et la carrière du maréchal, qui passa ici sa première enfance. Remarquez l'imposante cuisine et sa batterie de cuivres ; le petit salon Restauration ; la sobre salle à manger Henri II, avec ses deux fenêtres donnant sur la rue ; le grand salon Belle Époque, ses fauteuils Louis-Philippe et Napoléon III au velours cramoisi et sa cheminée encombrée de bibelots ; et la chambre de « Monsieur Jean », décorée de tapis rapportés du Maroc. Dehors, le jardin potager et le jardin d'agrément sont ouverts à la visite.

En sortant de la maison, vous pourrez vous diriger vers le cimetière où est enterré le maréchal au côté de son fils. Notez un autre site consacré au souvenir du maréchal de Lattre : le **mémorial**, au lieu-dit La Boisnière.

La deuxième partie de votre visite se poursuit non loin de l'**église** de Mouilleron (clocher du 12e s.), dont le carillon retentit toutes les heures, dans un petit **musée** logé dans la mairie. Ce lieu de mémoire met en parallèle le destin et la carrière de Clemenceau et celle de de Lattre, pris dans la tourmente des deux

RÉAUMUR L'INVENTEUR

Rochelais de naissance, René Antoine Ferchault de Réaumur (1683-1757) fit progresser l'**aviculture** française en remettant au goût du jour une antique technique d'incubation artificielle des oiseaux domestiques. Mais c'est pour ses travaux dans le domaine de la **métallurgie** que le nom de ce touche-à-tout de génie est passé à la postérité. Il fut le premier à établir la présence de carbone dans la composition de l'acier, jetant ainsi les bases de la sidérurgie moderne. Utilisant le microscope pour mieux cerner la structure des métaux, il inaugura une nouvelle science, la **métallographie**, qu'il appliqua à l'étude des traitements de l'acier et des alliages ferreux. On lui doit aussi l'invention du **thermomètre** à alcool et une étude des ancres marines.

guerres mondiales. Parmi les nombreux objets, documents et trophées présentés, notez une canne au pommeau sculpté d'un tigre, offerte à Clemenceau par ses Poilus, le fanion de la voiture présidentielle, ainsi que la tête de l'aigle qui trônait sur le fronton du Reichstag, que le maréchal soviétique, Joukov, remit à de Lattre en 1945.

Lors de votre visite dans le village, vous remarquerez peut-être le blason de la ville, sur lequel figure notamment un moulin. Celui-ci symbolise le **site des Moulins et rochers de Mouilleron-en-Pareds** *(à 2 km à l'est de Mouilleron),* point culminant de la commune. En 1793, cette colline dominant le bourg comptait non moins de treize moulins, mais ces derniers souffrirent durant la Révolution.

Il ne reste aujourd'hui que trois de ces moulins, désormais classés aux monuments historiques. L'épouse du maréchal de Lattre de Tassigny fit aménager l'un de ces édifices en **oratoire** à la mémoire de son fils mort en Indochine en 1951. De ces paisibles hauteurs, vous découvrirez une belle **vue** sur le bocage vendéen.

Quittez Mouilleron-en-Pareds par le nord-est en empruntant la D 8.

Réaumur C2

Manoir des Sciences – *✆ 02 51 57 99 46 - www.tourisme-paysdepouzauges.fr - ♿ - juil.-août : 11h-19h ; de mi-juin à fin juin et sept. : 14h-18h ; vac. scol. : mar., merc., jeu. 14h-18h - fermé j. fériés sf 14 Juil., 15 août - 5 € (7-16 ans 3,50 €).*

Venez découvrir ici le monde des sciences du 18e s. à travers l'œuvre de **Réaumur** *(encadré)*, ancien propriétaire des lieux. Ponctué de bornes audiovisuelles et de vidéos, tout un parcours scénographique présente de façon vivante les travaux de ce grand scientifique du Siècle des lumières dans des domaines aussi divers que la physique, la minéralogie ou encore l'entomologie.

Église de Pouzauges-le-Vieux C2

Érigé sur une butte plantée de cyprès, cet édifice roman aux lignes très dépouillées compose un tableau harmonieux. Son portail au dessin pur, son transept très saillant, sa courte tour carrée à la croisée du transept servirent de modèle à plusieurs sanctuaires vendéens. L'intérieur, voûté en berceau brisé, est pavé de dalles funéraires. Le chœur fut refait au 14e s. Sur le mur gauche, **peintures murales** du 13e s.

Prenez la D 49 en direction de Montournais.

Puy Crapaud C2

S'élevant à 270 m d'altitude, il est couronné par les vestiges d'un moulin, transformé en restaurant. Du sommet du moulin s'étend un vaste **panorama★★**

sur toute la Vendée, jusqu'à l'océan. Admirez particulièrement la perspective sur l'alignement des monts en direction de Pouzauges et de St-Michel-Mont-Mercure. *Pour accéder à la table d'orientation (escalier difficile), adressez-vous au bar.*

Revenez sur la D 49 puis, à Montournais, prenez au nord la D 8 jusqu'à St-Mesmin.

Environ 1 km après St-Mesmin, sur la route de Cerizay, on distingue sur la droite les ruines féodales du **château de St-Mesmin**, dont le donjon a conservé ses mâchicoulis.

Au carrefour, prenez à gauche la petite route qui rejoint la D 27.

La Pommeraie-sur-Sèvre C2

Un pont romain enjambe la Sèvre. Dans l'**église** gothique, dont la nef porte d'élégantes voûtes de style Plantagenêt, des fresques du 15e s. représentent les sept péchés capitaux, symbolisés par des personnages chevauchant des animaux.

Revenez par la D 43 vers Pouzauges.

NOS ADRESSES À POUZAUGES

HÉBERGEMENT ET RESTAURATION

BUDGET MOYEN

Auberge de la Bruyère – *18 r.du Dr-Barbanneau - ✆ 02 51 91 93 46 - www.aubergedelabruyere.fr - fermé 26 déc.-5 janv. - P - 27 ch. 57/65 € ☕ 9 € - ✕ 16/28 €.* Cette auberge bâtie à flanc de coteau, dans un écrin de verdure, domine la vieille ville et le bocage vendéen. La plupart des confortables chambres, la terrasse et la salle principale du restaurant profitent de ce beau panorama.

Auberge de la Coudre – *La Coudre - à 2 km au nord de Pouzauges - ✆ 02 51 57 11 40 - www.aubergedelacoudre.fr - ♿ - P - 8 ch. 50 € - ☕ 5,50 € - ✕ 14/20 € (le soir).* Le propriétaire, d'origine bulgare, a entièrement rénové la ferme de ses beaux-parents pour créer cette auberge qui compte aujourd'hui huit chambres et un restaurant. Décor intérieur associant les styles rustique et contemporain, cuisine traditionnelle et prix sages.

Mouilleron-en-Pareds

BUDGET MOYEN

Auberge de la Terrasse – *7 r. Beauregard - 85120 La Châtaigneraie - ✆ 02 51 69 68 68 - www.aubergedelaterrasse.com - 14 ch. 75,50 € ☕ - ✕ 12,20/36,50 € - fermé vend. soir, sam. midi et dim. soir de sept. à juin.* Cette discrète auberge située dans un quartier tranquille abrite une salle à manger rustique sagement décorée de peintures et d'estampes. La cuisine est traditionnelle et le foie gras et les desserts sont faits maison. Chambres simples, bien tenues et avant tout pratiques.

POUR SE FAIRE PLAISIR

La Boisnière – *85390 Mouilleron-en-Pareds - ✆ 02 51 51 36 39 - www.laboisniere.com - ♿ - P - 5 ch. 90/95 €.* Une ferme restaurée tout confort dominant le chemin de la colline des Moulins : chambres fraîches, récentes et bien équipées, tenue méticuleuse et belle piscine.

Saint-Laurent-sur-Sèvre

3 411 Saint-Laurentais -Vendée (85)

NOS ADRESSES PAGE 278

S'INFORMER

Office du tourisme du canton de Mortagne – *Av. de la Gare - 85290 Mortagne-sur-Sèvre - ✆ 02 51 65 11 32 - www.vendeesevretourisme.fr - juin-août : 10h-12h30, 14h-18h30, sam. 10h-12h30, 14h-17h30, dim. 10h30-12h30 ; reste de l'année : tlj sf dim. 10h-12h15, 15h-17h30, sam.10h-12h30 - fermé 24 déc.-4 janv.*

SE REPÉRER

Carte de microrégion C1 (p. 224) – *Carte Michelin Départements 316 K6.* St-Laurent est situé à 10 km au sud de Cholet.

À NE PAS MANQUER

Le souvenir de Louis-Marie Grignion de Montfort ; le sympathique chemin de fer touristique de la Vendée.

ORGANISER SON TEMPS

Comptez 1h pour visiter la ville, et environ 3h pour le trajet en train de Mortagne-sur-Sèvre aux Herbiers.

AVEC LES ENFANTS

Une excursion à bord d'un train à vapeur de la Belle Époque à Mortagne-sur-Sèvre.

Une apaisante spiritualité enveloppe cette incontournable ville sainte de la Vendée, qui porte le nom d'un martyr du 3e s. et compte de nombreuses congrégations et édifices religieux. Découvrez la vie de saint Louis-Marie Grignion de Montfort, puis partez, à pied ou en canoë, à la découverte de la vallée de la Sèvre nantaise, dont les paysages verdoyants et vallonnés lui ont valu le surnom de « Suisse vendéenne ».

Se promener

Basilique St-Louis-Marie de Montfort

Érigé en basilique en 1962, ce gigantesque édifice de style romano-byzantin domine la ville du haut de son clocher de 75 m. La construction du sanctuaire, bâti à l'emplacement d'une église romane du 11e s., fut lancée en 1889 et ne s'acheva qu'en 1949. L'intérieur se distingue par la présence des **tombeaux** de sœur Marie-Louise Trichet et du père de Montfort, et par deux séries de **vitraux** illustrant les mystères du Rosaire *(dans le transept et le chœur)* et des scènes de la vie de Louis-Marie *(dans la nef).*

Maison du St-Esprit

Accès libre - respecter les lieux - gratuit.

La maison des missionnaires montfortains comprend la **chapelle des Missionnaires,** érigée en 1854, et la **Maison longue.** Cette dernière, où habitèrent les membres de la communauté jusqu'à la Révolution, abrite un petit musée consacré à la vie et à l'œuvre du père Grignion de Montfort.

Centre montfortain gabriéliste

4 r. Jean-Paul-II. Venez y découvrir une exposition sur l'histoire, les activités et l'esprit de la congrégation des Frères de St-Gabriel.

Maison mère des Filles de la Sagesse

☎ 02 51 64 38 00 - ♿ - 13h30-17h - possibilité de visite guidée (1h) - gratuit.
Une imposante **chapelle** de style néogothique, élevée entre 1864 et 1869, abrite un reliquaire de saint Louis-Marie Grignion de Montfort. Un parcours sonorisé et des vidéos évoquent la vie et l'œuvre du saint et celle de Marie-Louise de Jésus (Marie-Louise Trichet), qui fut la première disciple du père de Montfort et la cofondatrice de la congrégation des Filles de la Sagesse. Dans le **cloître** qui mène à la chapelle, vous découvrirez que la congrégation a répandu son message dans 23 pays sur les cinq continents.

Calvaire monumental

De la place St-Gabriel, prenez la rue du Calvaire et continuez jusqu'à la place Georges-Clemenceau.
Ce calvaire fut planté ici, le jour-même de la mort du père Montfort en 1716. Largement remanié au fil du temps, il comprend désormais un chemin de croix, un escalier monumental décoré de statues, une croix en béton et une chapelle.

Parc de la Barbinière

À la sortie de la ville, en direction de La Verrie.
Les circuits de randonnée et le parcours sportif que vous y trouverez vous permettront de passer un agréable moment sur la rive gauche de la Sèvre Nantaise, dominée par des collines boisées. Depuis le site du château de la Barbinière, profitez de jolies **vues** sur la Sèvre. Et ne manquez pas le **viaduc de Barbin** *(à l'extrémité du parc)*, perché à une trentaine de mètres au-dessus de la rivière.
En aval du tumultueux couloir étroit de Mallièvre, la rivière s'apaise et égrène ses îlots verts dans un dédale de rochers sombres. À 1 km en aval, un moulin à eau se dissimule sous une épaisse frondaison.

SAINT LOUIS-MARIE GRIGNION DE MONTFORT

Cette ville sainte de la Vendée doit sa célébrité à **saint Louis-Marie Grignion de Montfort** qui y mourut en 1716. La basilique abrite son tombeau. Cet humble prêtre breton fut envoyé par le pape Clément XI en « mission apostolique » dans les campagnes françaises. Alors que Louis XIV luttait de manière autoritaire contre le protestantisme et le jansénisme, Louis-Marie fit le choix d'une vie exemplaire, radicalement évangélique, ce qui choqua nombre de ses contemporains. Il écrivit un *Traité de la vraie dévotion à Marie* et fut à l'origine de l'enracinement en Vendée du culte du Sacré-Cœur, qui deviendra l'insigne de la lutte contre la Révolution. Louis-Marie fonda trois institutions religieuses : la **congrégation des Filles de la Sagesse** (hospitalière et enseignante), la **Compagnie de Marie** (les Pères montfortains) et la congrégation enseignante des **Frères de St-Gabriel** (les Frères de l'Instruction chrétienne). Considéré comme l'évangélisateur de l'ouest de la France, où il reste vénéré, il fut canonisé en 1944. La devise choisie par le pape Jean-Paul II, *« totus tuus »*, est extraite de son *Traité de la vraie dévotion.*

À proximité Carte de microrégion p. 224-225

Mortagne-sur-Sèvre B1

à 5 km au nord-ouest par la N 149. Depuis l'ancienne N 160, vous aurez des perspectives sur le site de Mortagne, étagé sur la rive droite de la Sèvre. Un vallon situé sur le côté est dominé par les ruines du château médiéval dont la courtine est jalonnée de tours. En aval de la ville, importante tannerie.

★ **Chemin de fer de la Vendée** – *✆ 02 51 63 02 01 - www.vendee-vapeur.fr - dép. juil.-août : merc., vend. et dim. 15h30 ; juin et sept. : dim. 15h30 - fermé j. fériés, oct.-mai - réserv. conseillée - 14 € (-13 ans 9 €).*

Un train à vapeur de la Belle Époque relie Mortagne aux Herbiers et retour en serpentant à travers le bocage vendéen. Parcours guidé de 2h30.

NOS ADRESSES À SAINT-LAURENT-SUR-SÈVRES

HÉBERGEMENT

PREMIER PRIX

Camping Le Rouge-Gorge – *Rte Verrie, les Gautres - à 1 km à l'ouest de St-Laurent-sur-Sèvre par D 111 - ✆ 02 51 67 86 39 - www.camping-lerougegorge-vendee.com - campinglerougegorge@wanadoo.fr - réserv. conseillée - 93 empl. 17,50 €.* Bien qu'il soit installé à l'orée d'un bois, ce camping est assez peu ombragé. Il offre cependant des installations de qualité et propose un hébergement en chalet, le tout à proximité d'une petite plage et à 10mn du Puy du Fou. Pêche, équitation, tennis, VTT, piscine chauffée, club enfant (6-12 ans).

RESTAURATION

BUDGET MOYEN

La Chaumière – *15 rte de Poitiers, Saint-Laurent-Sur-Sèvre - ✆ 02 51 67 88 12 - lachaumiere-stlaurent@orange.fr - fermé le merc. le vend. soir, sam. midi dim. soir en hiver - 14/30 €.* La façade moderne du bâtiment dissimule une salle de restaurant rustique et originale dont le décor évoque les guerres de Vendée (armes anciennes, tableaux, bibelots). Appétissante cuisine au goût du jour : gelée d'huîtres de la côte atlantique, suprême de pintade au citron et épices, navarin de lotte au curcuma, etc.

ACHATS

La Ferme des Coûts – *Les Coûts - à 1 km au sud-ouest de St-Laurent-sur-Sèvre par D 572, rte secondaire et D 27 - 85500 Chambretaud - ✆ 02 51 91 51 44 - www.ferme-des-couts.com* Dans cette ferme blottie entre deux vallons de la « Suisse vendéenne », un couple élève en semi-liberté cerfs, biches et faons. Après la visite, vous pourrez goûter et acheter les spécialités maison (civet de cerf, mitonné aux mojettes, pâté de bœuf...) dans la boutique. Petit terrain de camping au calme pour prolonger l'étape.

Tiffauges

1 460 Teiphaliens - Vendée (85)

NOS ADRESSES PAGE 281

S'INFORMER

Office du tourisme du canton de Mortagne – *Av. de la Gare - 85290 Mortagne-sur-Sèvre - 02 51 65 11 32 - www.vendeesevretourisme.fr - juin-août : 10h-12h30, 14h-18h30, sam. 10h-12h30, 14h-17h30, dim. 10h30-12h30 ; reste de l'année : tlj sf dim. 10h-12h15, 15h-17h30, sam.10h-12h30 - fermé 24 déc.-4 janv.*

SE REPÉRER

Plan de microrégion B1 (p. 224) – *Carte Michelin Départements 316 J5.*
Tiffauges se trouve au confluent de la Sèvre niortaise et de la Crume, à 16 km à l'est de Montaigu.

À NE PAS MANQUER

Les catapultes et autres machines de guerre du château de Tiffauges ; l'observatoire de la réserve ornithologique des Landes-Genusson.

ORGANISER SON TEMPS

Pour mieux profiter des différents spectacles proposés au château de Tiffauges, composez votre journée à l'aide de la brochure distribuée à l'entrée. Les horaires et la durée des représentations y sont indiqués.

AVEC LES ENFANTS

Ils apprécieront les combats de chevaliers et autres animations costumées du château de Tiffauges. Profitez-en pour leur conter la légende de Barbe-Bleue, immortalisée par Charles Perrault.

On l'appelle le château de Barbe-Bleue. Son sulfureux propriétaire, Gilles de Rais, aurait servi de modèle à l'ogre du conte de Charles Perrault. Pourtant les enfants adoreront ce château ruiné et sa panoplie de machines de guerre médiévales qui ramènent le visiteur au temps où le royaume de France arrachait son indépendance aux Anglais à coups d'épée et de boulets de canon sous de lourdes et étincelantes armures.

Découvrir

Le château

02 51 65 70 51 - http://chateau-barbe-bleue.vendee.fr - juil.-août : 11h-19h ; juin : 10h-18h, w.-end et j. fériés 14h-19h ; avr.-mai et sept. : 10h-12h30, 14h-18h, w.-end et j. fériés 14h-19h - 7 € (6-26 ans 5 €). Gustave Flaubert y voyait « un fantôme muet, abandonné, maudit, plein de résonances farouches ». Ses ruines couvrent une aire de 3 ha délimitée par une enceinte massive pourvue de 18 tours. Les parties les mieux conservées sont le **donjon** (ancienne demeure des seigneurs), la **tour Ronde** (salle d'armes pourvue d'une cheminée pour évacuer la fumée des armes à feu) et la **tour du Vidame**, aux énormes mâchicoulis. Celle-ci possède un **chemin de ronde couvert★** où l'on observe un curieux phénomène d'acoustique. Bâtie sur une crypte du 11e s., la **chapelle** (13e s.) a gardé son abside en cul-de-four. Sur ce site chargé

GILLES DE RAIS
Dès l'adolescence, Gilles de Rais (ou de Retz, 1404-1440) se montre bon cavalier et fin lettré, mais orgueilleux et agressif. Marié en 1420 à Catherine de Thouars qui lui apporte en dot la seigneurie de Pouzauges, il entre au service de Charles VII, où il révèle très vite des qualités de chef de guerre. Compagnon de **Jeanne d'Arc** pendant tout son périple militaire, il est fait maréchal de France à 25 ans. Mais, deux ans plus tard, Jeanne, prisonnière des Anglais, est brûlée vive pour hérésie (elle sera réhabilitée, puis canonisée). La vie de guerrier de Gilles de Rais se mue alors en débauche : il quitte la Cour et dilapide sa fortune. Un nécromancien lui aurait affirmé que le diable lui fournirait de l'or s'il consentait à « donner en offrande main, cœur, œil et sang prélevés sur de jeunes et beaux enfants ». Pendant des années, autour de Tiffauges, Pouzauges, Champtocé et Machecoul, les disparitions d'enfants font régner la terreur : cent quarante seront officiellement recensées ! Gilles de Rais, seigneur des lieux, est soupçonné, mais il faudra qu'il profane une église pour être livré à la justice. Il avoue alors sous la torture meurtres, sévices sexuels, alchimie et sorcellerie. À 36 ans, il est pendu et brûlé à Nantes devant une foule immense. On raconte souvent qu'il aurait servi de modèle au Barbe-Bleue des contes de Perrault. Il est aussi le héros poignant du roman de Michel Tournier : *Gilles et Jeanne*.

d'histoire, des animations costumées font revivre la légende de Gilles de Rais, l'ancien maître des lieux.
Un **court-métrage de fiction en 3 D** permet de visualiser avec beaucoup de réalisme les évolutions architecturales de l'édifice du 15e au 21e s.
Conservatoire des machines de guerre médiévales – Fidèlement reconstituées d'après des documents d'archives, des machines de guerre ont été installées sur l'esplanade intérieure du château de manière à recréer l'ambiance d'un camp de siège du 15e s. Elles constituent une collection hors du commun, dont la pièce maîtresse est sans aucun doute l'impressionnant **trébuchet**. Le spectacle vous réserve des combats à l'épée, toutes sortes de manipulations, et même un tir de boulets propulsés à 150 m de distance !

À proximité Carte de microrégion p. 224-225

La Cité des oiseaux des Landes-Genusson B1
à 6,5 km au sud des Landes-Genusson par D 37 - ✆ 02 51 91 72 25 - http://cite-des-oiseaux.vendee.fr - ♿ - juil.-août : 11h-19h ; juin et sept. : tlj sf sam. 10h-12h30, 14h-18h, dim. et j. fériés 14h-19h ; avr.-mai : tlj sf sam. 14h-18h ; reste de l'année : observation le dim. 15h-17h - possibilité de visite guidée - 4,50 € (-18 ans gratuit), prêt de jumelles. Située sur un important trajet migratoire, cette réserve ornithologique de 54 ha accueille autour de ses trois plans d'eau un grand nombre d'espèces d'oiseaux migrateurs ou sédentaires : foulques, hérons, grèbes, busards… Vous pourrez les admirer dans leur milieu naturel du haut d'un **observatoire** niché au beau milieu des bois, et découvrir l'évolution des oiseaux du jurassique à nos jours, leurs techniques de vol et modes de vie, au **centre de découverte de l'Oiseau**, installé dans une métairie du 17e s.

NOS ADRESSES À TIFFAUGES

HÉBERGEMENT

BUDGET MOYEN

Manoir de la Barbacane – *2 pl. de l'Église - ✆ 02 51 65 75 59 - www.hotel-barbacane.com - 16 ch. 85/150 € - ☕ 11 €.* Cette demeure du 19e s., bâtie dans le style des manoirs anglais, abrite un intérieur campagnard agrémenté de nombreux bibelots. Les chambres, garnies de meubles rustiques ou exotiques, offrent parfois une échappée sur le château de Barbe-Bleue. Agréable salon-bibliothèque et parc planté d'essences méditerranéennes. Piscine chauffée et bar.

RESTAURATION

BUDGET MOYEN

Auberge du Donjon – *R. du Château - ✆ 02 51 65 71 36 ou 06 07 87 68 76 - aubergedudonjon@free.fr - www.clubdesvivants.fr - fermé dim. soir et lun. ; en hiver : vend. soir et sam. midi sur réserv. - 15,80/26 €.* Cette petite auberge ménage une vue très attractive sur le fameux château de Barbe-Bleue et sur l'étang situé en contrebas. Dans la salle à manger de style rustique ou sur la très agréable terrasse qui doit être prise d'assaut aux beaux jours, vous dégusterez une bonne cuisine traditionnelle.

Pont de Sénard – *85600 St-Hilaire-de-Loulay - ✆ 02 51 46 49 50 - www.hotel-pontdesenard.fr - fermé 26 déc.-2 janv., dim. soir (et vend. soir en hiver) - 17,50/45,90 € - 23 ch. 54/72 € - ☕ 8,20 €.* Hôtel au cadre délicieusement campagnard, proche du vieux pont de pierre qui enjambe la Maine. Les chambres, bien équipées, sont pourvues de balcons donnant sur le jardin ou sur l'eau. Cuisine traditionnelle servie dans la salle à manger-véranda ou sur la plaisante terrasse d'été dominant la rivière.

SPORTS & LOISIRS

La Maison de la Rivière – *Pl. du Lavoir - 85600 St-Georges-de-Montaigu - ✆ 02 51 46 44 67 - www.maisonriviere.terredemontaigu.fr - 7,50 €- 1er avr.-mi juin et 1er-20 sept. : tlj sf lun. 14h-18h, dim. et j. fériés 14h-19h ; 21 sept.-5 nov. : dim., vac. et j. fériés 14h-18h.* Cet ancien moulin à eau restauré, niché dans la verdure et cerné par la rivière la Grande Maine, a aujourd'hui une vocation de centre d'interprétation de la nature : balades en barques avec ou sans guide, sentiers pédestres et botaniques au départ du moulin, animations festives…

La Chabotterie

★★

Vendée (85)

NOS ADRESSES PAGE 286

S'INFORMER

Office du tourisme de Rocheservière – *21 r. du Peplu - 85620 Rocheservière - ✆ 02 51 94 94 05 - www.cc-canton-rocheserviere.fr. - juil.-août : lun.-vend. : 9h30-13h et 14h-17h30, sam. : 10h-12h et 14h-17h30 - reste de l'année : lun.-vend. : 14h30-17h30, sam. : 9h30-12h30 - fermé dim. et j. fériés.*

SE REPÉRER

Carte de microrégion A1 (p. 224) – *Carte Michelin Départements 316 H6.* La D 937, puis la D 763 et la D 18, relient La Roche-sur-Yon au logis de la Chabotterie qui se trouve à 15 km au sud-ouest de Montaigu.

À NE PAS MANQUER

Le parcours-spectacle sur les guerres de Vendée ; la reconstitution très réussie, au cœur de la forêt de Grasla, d'un camp de réfugiés venus échapper aux « Colonnes infernales » ; les collections de l'Historial de la Vendée, nouvellement installé aux Lucs-sur-Boulogne.

ORGANISER SON TEMPS

Comptez 2h pour visiter le logis de la Chabotterie et son jardin, environ 3h pour le circuit de découverte menant jusqu'au chemin de la Mémoire des Lucs, et de 2 à 4h pour découvrir les différentes expositions de l'Historial de la Vendée.

AVEC LES ENFANTS

Ils apprécieront de découvrir Grasla à la recherche de la fée prisonnière dans le « labyrinthe des mystères » ainsi que le spectacle théâtral.

À la Chabotterie, passez de la fureur de la guerre civile à l'art de vivre à l'époque moderne. Découvrez le raffinement simple d'un logis du Bas-Poitou, qui tient son nom de ses propriétaires du 12e s., les Chabot, et le destin du chef royaliste Charette dont la capture, le 23 mars 1796 dans les bois alentour, devait marquer la fin des guerres de Vendée.

Découvrir

LE SITE

✆ 02 51 42 81 00 - http://chabotterie.vendee.fr - juil.-août : 10h-19h ; reste de l'année : 9h30-18h, dim. et j. fériés 10h-19h (18h en h d'hiver) - fermé les 3 dernières sem. de janv., 1er janv., 25 déc. - 6 € (18-25 ans 3 €).

La Chabotterie est un mélange de rusticité et de raffinement propre à la société rurale du Bas-Poitou du 18e s., une synthèse particulièrement harmonieuse de château et de métairie. Elle fut édifiée sur les ruines d'un château féodal vers 1560, époque à laquelle devait apparaître, dans le paysage vendéen, une nouvelle forme de construction : le logis clos, puis remaniée au 18e s.

Intérieur

★ **Salles historiques** – En introduction à la visite des lieux, un film documentaire *(10mn)* évoque les grands épisodes de la vie de **François Athanase de Charette de la Contrie**, dit « Charette ». Vous êtes ensuite invité à découvrir les différentes pièces de cette chaleureuse demeure animée de légers bruitages (murmures de conversation, crépitement d'un feu de cheminée, orage, etc.). Vous verrez le salon de compagnie, la salle à manger (table dressée, sièges estampillés, lustre à cristaux taillés), la cuisine (table sur laquelle Charette blessé fut amené pour y être soigné), la chapelle, la chambre, la salle de commandement, le cabinet d'érudit (tapisseries d'Aubusson des 17e et 18e s.) et pour finir, les combles.

Salle des maquettes – Dans cette salle, une douzaine de maquettes accompagnées d'un design sonore illustrent la diversité et l'originalité des logis vendéens traditionnels.

Parcours-spectacle – *20mn.* Plongez au cœur du soulèvement vendéen de 1793 à 1796 en pénétrant dans ces trois salles dont les maquettes animées, les automates et les animations sonores contribuent à créer de poignantes scènes reconstituées. Le parcours se termine par une série de dessins retraçant la prise, dans les bois de la Chabotterie, d'un Charette traqué et blessé. Ce dernier allait être fusillé à Nantes le 29 mars 1796.

Dans un hall de 400 m^2, une **exposition temporaire** est présentée *(d'avril à octobre)* sur des thèmes relatifs à l'histoire ou au patrimoine vendéen.

Extérieur

Jardin clos – Typique des jardins à la française tels qu'on les trouvait aux 17e et 18e s. dans les logis du Bas-Poitou, il comprend un jardin d'agrément paré de parterres géométriques, un potager divisé en carrés de légumes, une pergola de rosiers anciens et une allée de topiaires en forme de cône ou en boule, le tout organisé autour d'un puits central.

Croix de Charette – *30mn AR.* Un agréable parcours de verdure conduit à travers bois et bocage jusqu'au lieu même où fut capturé Charette, événement commémoré par une croix de granit érigée en 1911.

À proximité Carte de microrégion p. 224-225

Château du Bois-Chevalier A1

À 12 km au nord-ouest de la Chabotterie par la D 7 jusqu'à Rocheservière, puis la D 753 vers Legé et à droite. Visite guidée (1h) du 1er juil. au 9 août : 10h30-16h30 - 3 € (enf. 2 €).

Construit sous Louis XIV par Olivier du Bois-Chevalier (maire de Nantes), il hébergea Charette lors de la guerre de Vendée. Son pavillon central à coupole, flanqué de six autres pavillons coiffés de hauts toits à la française, se reflète dans un miroir d'eau.

Circuit conseillé Carte de microrégion p. 224-225

★ SUR LES PAS DE CHARETTE AB1-2

Circuit de 45 km – environ 3h. Rejoignez la D 18 et prenez à droite. Franchissez la D 763, puis à la Copechagnière, tournez à gauche dans la D 86. Aux Brouzils, empruntez la D 7 en direction des Essarts.

Omniprésent, le souvenir des guerres de Vendée marque ce circuit au cours duquel vous emprunterez la D 7, puis la D 6 *(à droite, direction Belleville-sur-Vie)* longeant la **forêt de Grasla** où Charette et ses hommes trouvèrent refuge le 11 janvier 1794.
Une croix commémorative, dressée à l'entrée d'un étrange village caché en pleine forêt, signale l'accès au refuge de Grasla.

★ Refuge de Grasla B1

02 51 42 96 20 ou 02 51 43 85 90 - www.refugedegrasla.fr - ♿ - de déb. juin à mi-sept. : 11h-18h, jeu. 11h-18h, 20h30-22h ; mai : dim. et j. fériés 14h-18h - 6 € (6-14 ans 3,50 €), gratuit Journées du patrimoine.

Durant l'hiver 1794, de nombreux habitants des paroisses de la région – contraints de fuir pour échapper aux « Colonnes infernales » du général Turreau – s'enfonçaient dans la forêt de Grasla pour y créer un camp de survie. Ainsi vécurent, dans des conditions extrêmement précaires, quelque 2000 réfugiés dont le village a été recréé ici grandeur nature : abris, forge, chapelle en plein air... Un **parcours interactif** semi-guidé agrémenté de commentaires audio, et un **spectacle théâtral** intitulé *« Pierre, Capitaine de Paroisse » (dim. 16h30 et 18h30, jeu. 20h30 - suppl. 1 €)* vous permettront d'appréhender de façon originale ce chapitre de l'histoire vendéenne.
Réserve de bois pour les édifices de la région et les navires de Rochefort, les 600 ha de forêt environnante ont inspiré l'exposition **La forêt sous les toits**, qui familiarise le visiteur avec l'art du charpentier, et des **chasses au trésor** pédestres ou cyclistes à mener GPS en main.
Poursuivez sur la D 6. À St-Denis-la-Chevasse, prenez sur la droite la D 39 qui conduit aux Lucs-sur-Boulogne.

Les Lucs-sur-Boulogne A2

Pl. du Sénéchal - 85170 Les Lucs-sur-Boulogne - 02 51 46 51 28 - juil.-août : se rens. pour les horaires.

Le 28 février 1794, l'une des « Colonnes infernales » du général Cordelier massacre un grand nombre d'habitants du Grand-Luc. Le 5 mars, c'est le tour des paroissiens du Petit-Luc, réfugiés dans l'église. Ces massacreurs ne sévirent pas seulement aux Lucs, et c'est à la mémoire de toutes leurs victimes qu'un monument a été édifié en mai 1993.
Église St-Pierre – Construite en 1902, elle possède des vitraux évoquant les massacres de 1794 *(commande de la bande sonore à côté de l'orgue)*.
À la sortie de la ville en direction de Belleville-sur-Vie, remarquez sur le rond-point le monument commémoratif **« Vendée 93 »** et son carillon.

★ Historial de la Vendée A1

Sur la commune des Lucs. Suivre les panneaux indiquant l'Historial et le Mémorial de Vendée. Pl. de la Mairie - 05 49 32 83 16 - http://museepoitouprotestant.com - ♿ - juil.-août : 10h30-12h, 14h30-18h30, dim. 14h30-18h30 ; avr.-juin, sept. et vac. de la Toussaint : 14h30-18h ; oct. : w.-end 14h30-18h - possibilité de visite guidée (1h) - fermé lun. - 5 € (8-15 ans 1,80 €), gratuit Journées du patrimoine.

L'Historial réunit les collections de l'ancien Écomusée de la Vendée. Parfaitement intégré au paysage sous sa vaste toiture végétale, ce tout nouveau musée à l'architecture résolument contemporaine retrace, sur quelque 3 100 m², l'histoire de la Vendée de la préhistoire à nos jours. Surmonté d'une grande frise du temps, le parcours se divise en huit sections.
Une salle est consacrée à la **géologie**. La **préhistoire** est illustrée par la reconstitution d'un fortin de pierre et par une collection d'objets issus de fouilles. Un film s'attarde sur le mystère d'Auzay où furent retrouvés des vestiges

Toiture végétale de l'Historial, aux Lucs-sur-Boulogne.
F. Leroy / hemis.fr

remontant à 5 500 ans. L'espace **antique** s'attache à la prospection archéologique aérienne dont un simulateur d'hélicoptère donne un saisissant aperçu.

L'évocation du **millénaire médiéval** s'ouvre sur un décor d'échoppe à colombages et de portail d'église. Ils abritent respectivement le produit de fouilles et un résumé de l'histoire religieuse de la région. Dans la tour, on entendra la légende de Mélusine, tandis qu'une projection s'intéresse à Aliénor d'Aquitaine et aux abbayes du Poitou.

Les salles consacrées à l'**époque moderne** explorent le château du Puy du Fou, les guerres de Religion et brossent un portrait économique et social du Bas Poitou d'alors. Un navire grandeur nature illustre les rapports complexes entretenus par la région avec la mer. Vous remarquerez au passage une belle collection d'éditions originales des humanistes de Fontenay-le-Comte.

Véritable martyrologe, l'espace dédié aux **guerres de Vendée** renseigne sur les origines du mouvement et s'attarde sur les principaux épisodes : virée de Galerne, noyades de Nantes et massacre des Lucs en février et mars 1794.

Un décor de village rural annonce les **19e et 20e s.** avec des ateliers reconstitués de cordonnier, de tisserand et de fabricant de cierges. Sont ensuite évoquées la naissance de l'industrie puis, à l'étage, la période napoléonienne, la séparation de l'Église et de l'État ainsi que l'opposition des catholiques vendéens à Napoléon III.

Enfin, **l'aube du troisième millénaire** s'ouvre sur une rétrospective des années 1945 à 1999. On remarquera, dans une vitrine, des décors et personnages originaux du *Manège enchanté*, émission jadis diffusée par l'ORTF et dont l'auteur était originaire de la région.

L'Historial comprend aussi un espace dédié aux enfants, où se succèdent des ateliers de découverte, ainsi qu'un lieu accueillant des expositions temporaires.

★ Chemin de la Mémoire des Lucs A2

À proximité immédiate de l'Historial. ✆ 02 51 47 61 61 - 9h-19h - gratuit. Bâti en 1993, ce mémorial contemporain est dédié à toutes les victimes de la Terreur.

Lieu de souvenir et de recueillement, il comprend un parcours historique et spirituel qui va des berges de la Boulogne jusqu'à une petite chapelle néogothique érigée au sommet d'une ancienne motte féodale. Le visiteur franchit un portail monumental avant de descendre vers l'**Allée de l'Histoire**. Celle-ci, jalonnée de repères historiques, remet en mémoire les principaux événements ayant précédé, en 1793, les tentatives d'anéantissement de la Vendée.

Plus loin se dresse le **Mémorial de Vendée** à proprement parler, à l'intérieur duquel plusieurs salles font revivre la fin de l'insurrection et le drame de la Vendée vaincue. Des scènes sont reconstituées à l'aide d'objets symboliques. Dans la crypte se perpétue le souvenir des victimes de la Terreur, symbolisées par une centaine de pieux en schiste. Le bâtiment d'accueil propose aussi une projection simultanée sur écran et sur maquette en 3D des événements.

Après être sorti du bâtiment du Mémorial et avoir franchi la passerelle sur la Boulogne, on aboutit à un mur calciné, œuvre en granit et brique noire évoquant la destruction des habitations. Le chemin escalade alors la « colline du massacre » et conduit à la chapelle **N.-D.-du-Petit-Luc**. érigée en 1867 sur les vestiges de l'ancienne église paroissiale incendiée par les Colonnes infernales, ses murs sont tapissés de plaques portant la liste des quelque 564 victimes recensées sur les lieux.

Rejoignez la D 18 et prenez à droite vers St-Sulpice-le-Verdon jusqu'au logis de la Chabotterie.

NOS ADRESSES À LA CHABOTTERIE

HÉBERGEMENT

BUDGET MOYEN

Domaine du Bocage – *R. de l'Espérance - 85250 Chavagnes-en-Paillers - ✆ 02 51 43 57 00 - www.domaine-du-bocage.com - fermé dim. soir - P - 16 ch. 49 € - ☕ 6 € - ✕ 11,40/24 €.* Cette ancienne maison de retraite pour prêtres, située à l'écart du bourg, vous propose un séjour paisible dans ses vastes chambres sobrement décorées et ouvertes de plain-pied sur le parc de 1,2 ha. La chapelle abrite aujourd'hui un bar à l'atmosphère conviviale.

POUR SE FAIRE PLAISIR

Manoir de la Thébline – *Rte de l'Herbergement - 85260 Les Brouzils - ✆ 06 77 71 67 25 - www.manoirthebline.com - P - 3 ch. 90 € ☕.* De beaux meubles anciens donnent un cachet aux douillettes chambres de cette jolie demeure du 19e s. Plaisant parc fleuri, salon-billard, bibliothèque.

RESTAURATION

UNE FOLIE

Logis de la Chabotterie – *85260 St-Sulpice-le-Verdon - ✆ 02 51 09 59 31 - www.restaurant-thierrydrapeau.com - ♿ - P - fermé 3 sem. de fin juin à mi-juil., 2 sem. de fin oct. à déb. nov., dim. soir et lun. - formule midi 38 €; 63/128 €.* La guerre de Vendée prit fin dans cette belle demeure historique (musée). Points de heurts aujourd'hui en ces lieux, qui conjuguent même révolution et aristocratie : Thierry Drapeau met tout son sens de l'invention au service de saveurs… faites reines.

La Roche-sur-Yon

50 717 Yonnais - Vendée (85)

NOS ADRESSES PAGE 290

S'INFORMER

Office du tourisme de La Roche-sur-Yon et du pays yonnais – *R. Georges-Clemenceau - 85000 La Roche-sur-Yon - 02 51 36 00 85 - www.ot-roche-sur-yon.fr - juil.-août : 10h-19h, dim. 10h-12h ; reste de l'année : tlj sf dim. 9h30-12h30, 13h30-18h - fermé j. fériés.*

La Roche-sur-Yon en calèche – *02 51 46 14 47 - www.patrimoine-yonnais.fr - juil.-août mar. et vend.-sam. 10h30-12h, 14h30-18h, lun. et merc.-jeu. 14h30-18h - dép. pl. Napoléon (face à la mairie), durée 30mn, 6 € (5-18 ans 3 €).*

Circuit Napoléon – Choix de 3 parcours- découverte du patrimoine architectural et urbain de La Roche-sur-Yon. *Renseignements auprès de l'office de tourisme.*

SE REPÉRER

Carte de microrégion A2 (p. 224) – *Carte Michelin Départements 316 H7.* La Roche-sur-Yon se trouve sur un plateau surplombant l'Yon et le bocage, à 20mn de l'océan Atlantique, 40mn de Nantes par voie express et 3h de Paris en TGV.

SE GARER

Deux parkings principaux en centre-ville : parking Clemenceau (420 places), parking des Halles (200 places).

À NE PAS MANQUER

Son urbanisme très particulier, reflet de la conception politico-architecturale du milieu du 19e s. ; les étalons du haras.

ORGANISER SON TEMPS

Comptez une demi-journée pour la ville et ses alentours.

AVEC LES ENFANTS

Essayez de profiter d'une visite guidée des haras pour les aider à distinguer les races et les champions. Et faites-leur découvrir la Maison des libellules, à Chaillé-sous-les-Ormeaux, qui les enchantera.

Le soir en saison, la préfecture de la Vendée s'anime à l'occasion des « Cafés de l'été » où se produisent chanteurs et conteurs de tous les horizons. Une occasion de découvrir La Roche-sur-Yon dont Napoléon voulait faire une ville moderne idéale. Tracées à grands coups de règles, les avenues rectilignes et l'immense esplanade centrale se tiennent « à carreaux » devant l'impériale statue équestre. Dans ce décor un rien rigide, la superbe façade de verre de l'hôtel du département n'en est que plus remarquable, comme la présence en centre-ville du célèbre haras et de ses magnifiques pur-sang.

Se promener

La Roche-sur-Yon a procédé, ces dernières années, à de grands travaux de rénovation de sa voirie. La circulation en ville et les balades à pied n'en sont que plus agréables !

Place Napoléon

Cette vaste esplanade, prévue pour accueillir 20 000 soldats, est entourée d'édifices de style néoclassique. Au centre de la place s'élève une **statue équestre** (1854) de Napoléon Ier.

Hôtel du département

Jetez un coup d'œil à ce bâtiment moderne conçu par les architectes **Roland Castro** et **Jean-Luc Pellerin**. Il possède une immense façade de verre et une grande tour cylindrique rose où siègent les assemblées du conseil général. Dans l'ancien hôpital napoléonien restauré se tiennent des expositions.

Musée

R. rue Jean-Jaurès - ☏ 02 51 47 48 35 - ♿ - 13h-18h - possibilité de visite guidée (30mn) - fermé, lun., dim. et j. fériés - gratuit.

Riche d'un fonds varié couvrant les beaux-arts et les arts décoratifs aussi bien que l'archéologie, ce musée municipal a pour prédilection la peinture et les arts graphiques depuis le 19e s., ainsi que la photographie contemporaine *(expositions temporaires renouvelées tous les deux à trois mois)*. Il conserve de nombreuses œuvres du peintre **Paul Baudry** (1828-1866), né à La Roche-sur-Yon. Grand prix de Rome 1850, il fut choisi par **Charles Garnier** pour décorer le grand foyer de l'**Opéra de Paris**. Autre enfant du pays, lui aussi présent dans les collections du musée : le célèbre illustrateur **Benjamin Rabier** (1869-1939). Vous souvenez-vous de ses dessins de La Vache qui rit ?

Le Haras de la Vendée

120 bd des États-Unis - ☏ 02 51 37 48 48 - ♿ - juil.-août : 10h-19h ; avr.-juin et sept. : w.-end et merc. 14h-18h - démonstrations équestres 11h, 15h et 17h - 5 € (18-25 ans 3 €).

HISTOIRE ET URBANISME

Cette ville singulière est née de la volonté impériale d'implanter au cœur de la Vendée, tout juste soumise par les armes, une place militaire stratégique destinée à prévenir de nouveaux soulèvements. En 1804, Napoléon transfère le chef-lieu du département de Fontenay à La Roche-sur-Yon, une modeste bourgade qui reçoit alors le nom de… **Napoléon-Vendée**. Il fait tracer un plan de ville par l'ingénieur militaire **Duvivier** qui, contraint par l'absence de pierres, doit bâtir en pisé. Lorsque l'Empereur fait étape en 1808 dans la nouvelle cité bâtie en terre, il destitue immédiatement le responsable, lui reprochant d'avoir élevé une « ville de boue » ! C'est sous la Restauration que la ville prend sa configuration actuelle : plan géométrique en forme de pentagone, larges artères se coupant à angle droit, immense esplanade faisant office de place d'armes. Les six grandes voies rectilignes sont encore conçues pour permettre à des troupes de se déplacer rapidement. Au gré des régimes politiques, la ville changera huit fois de nom : **Bourbon-Vendée** sous la Restauration et la monarchie de Juillet, **Napoléon-Vendée** sous le Second Empire et, enfin, de nouveau **La Roche-sur-Yon** en 1870.

Un joli parc de 4,5 ha sert de cadre à ce haras, l'un des plus importants de France et surtout l'un des rares implanté en pleine ville. La structure appartient aujourd'hui au conseil général qui se charge des animations avec le public, tandis que les haras nationaux se concentrent sur leur mission de reproduction des espèces. On peut assister en journée à des animations équestres, découvrir les chevaux, la maréchalerie, la sellerie et la forge, et visiter des expositions temporaires sur le développement durable. Le soir, en saison, balades nocturnes et grands spectacles équestres au programme.

À proximité Carte de microrégion p. 224-225

Église de La Chaize-le-Vicomte B2

À 11 km à l'est par la D 948.

Vaste et sobre édifice de granit, elle est campée sur un rocher face aux ruines de l'ancien château féodal. On admire la façade fortifiée de cette église romane et sa nef, très majestueuse. Intéressants chapiteaux historiés.

Maison des libellules A3

À Chaillé-sous-les-Ormeaux, à 10 km au sud par la D 85, puis D 36. 9 pl. de l'Église - 02 51 06 03 15 - juil.-août tlj mat. et apr.-midi, visites guidées 14h, 15h30 et 17h ; avr.-juin et sept. : fermé dim. mat. et lun. - oct. : ouv. dim. mat et sam. - 4,50 € (enf. 3 €).

Thème original que celui des libellules. Une petite salle d'exposition vous fait découvrir cet élégant insecte : histoire, caractéristiques, influence sur l'art et la littérature. À l'extérieur, le jardin des Agrions propose un parcours d'observation à travers une prairie fleurie, un verger et bien sûr, un plan d'eau au-dessus duquel évoluent les libellules.

Les Essarts B2

1 r. Armand-de-Rougé - 02 51 62 85 96. Se renseigner pour les horaires. À 20 km au nord-est par la D 160.

Ce gros bourg-marché est installé dans un vallon, au cœur du bocage.

Vieux château – *02 51 48 40 75 - www.chateau-des-essarts.com - - juil.-août : 10h-18h30 ; juin et sept. : 14h-18h30 - possibilité de visite guidée (1h) - 4 € (-12 ans 2 €).* Une entrée, flanquée de deux tours rondes découronnées, donne accès aux ruines de la **forteresse**, siège au Moyen Âge d'une puissante baronnie. À droite de l'entrée, le donjon carré, du 11e s., renferme une salle voûtée. À gauche, on distingue, sous les arbres, un tumulus gallo-romain qui fut transformé en « motte », entourée de douves et de palissades. Dans le fond se dresse le logis seigneurial, reconstruit au 15e s. et incendié en 1794.

Le **château moderne** fut bâti de 1854 à 1857 par Phidias Vestier (1796-1874), architecte spécialisé dans le style gothique troubadour, tandis que le parc fut dessiné au 19e s. par Bühler.

Château de la Grève B2

À 8 km des Essarts par St-Martin-des-Noyers - suivre les panneaux - 02 51 07 86 36 - www.asso-chateau-greve.com - juil.-août : 14h30-18h30, merc. 10h-13h ; de mi-juin à fin juin et de déb. sept. à mi-sept. : 14h30-18h30 ; vac. de Pâques : 14-17h - possibilité de visite guidée (1h) sur réserv. - 5 € (12-18 ans 2,50 €, -12 ans gratuit).

Ce château plein de charme, dont les origines remontent au 12e s., est situé au bord d'un grand étang, dans une région de forêts jadis peuplée de brigands

4

de toutes espèces. Fortifié pendant la guerre de Cent Ans, puis sérieusement remanié durant les guerres de Religion, le château fut transformé aux 19e et 20e s. en domaine agricole. Vous remarquerez tout particulièrement le **corps de logis** du 16e s., avec ses cheminées, sa salle de gardes et ses caves voûtées du 15e s.; la **grosse tour**, elle aussi du 16e s., dont la charpente est entièrement restaurée selon les techniques traditionnelles; et une spacieuse **grange** du 19e s., édifiée avec des pierres d'origine.

NOS ADRESSES À LA ROCHE-SUR-YON

HÉBERGEMENT

BUDGET MOYEN

Hôtel La Vendée – *4 r. Malesherbes, quartier des Halles - à 300 m de l'église - ✆ 02 51 37 28 67 - www.hotel-vendee.com - 32 ch. 60/79 € - ☕ 7,50 €.* Les jeunes propriétaires qui ont repris cet hôtel situé dans le paisible quartier du marché des Halles l'ont entièrement relooké : la façade, la réception, la salle des petits-déjeuners et les chambres arborent un style contemporain sobre et plaisant. Un ensemble de bon confort et bien équipé.

Chambre d'hôte Le Logis de la Lande – *85430 La Boissière-des-Landes - à 10 km au sud de la Roche-sur-Yon par D 747, rte de La Tranche-sur-Mer - ✆ 02 28 15 52 49 - www.logisdelalande.com - lelogisdelalande@wanadoo.fr - ⊭ - 4 ch. 64 € ☕ et 1 gîte de 6 pers. 607/864 €/sem.* Cet ancien logis de prêtres réfractaires abrite aujourd'hui des chambres confortables et toutes différentes (rustique, « rétro », de style…) ainsi qu'un gîte pour 6 pers. Cuisine commune et salon de lecture à disposition; étang de pêche et sentiers de randonnée pédestre. Chiens et chats sont les bienvenus.

POUR SE FAIRE PLAISIR

Hôtel Napoléon – *50 bd Aristide-Briand - ✆ 02 51 05 33 56 - hotel-nap@wanadoo.fr - 29 ch. 75/120 €- ☕ 9,50 €.* Le hall et la salle des petits-déjeuners évoquent bien sûr le souvenir de Napoléon, avec mobilier et objets à l'appui. Situé sur un grand boulevard, il est heureusement bien insonorisé côté façade. Trois de ses chambres ont un petit coin salon.

RESTAURATION

PREMIER PRIX

Le Grand Café – *4 r. Georges-Clemenceau - ✆ 02 51 42 96 80 - 11/25 €.* Cet établissement décoré dans l'esprit des Années folles abrite un bar au rez-de-chaussée et une brasserie à l'étage. Celle-ci est chaleureuse et domine les jardins de la mairie; vous aurez le choix entre les grillades, salades, plats traditionnels ou les pizzas maison. Presse du jour à disposition.

BUDGET MOYEN

Le Clemenceau – *40 r. Georges-Clemenceau - ✆ 02 51 37 10 20 - www.brasserie-le-clemenceau.fr - fermé 1er janv., 1er Mai et 25 déc. - réserv. conseillée - 29,90 €.* Une adresse incontournable à la Roche-sur-Yon. Cette brasserie de style contemporain conserve, malgré ses dimensions (40 salariés, 340 couverts), une atmosphère humaine, voire intimiste. La carte, renouvelée tous les trois mois propose de bons produits de la région (porc fermier Label Rouge de Vendée).

POUR SE FAIRE PLAISIR

Le Rivoli – *31 bd Aristide-Briand - ✆ 02 51 37 43 41 - www.le-rivoli.com - fermé 2 sem. en août, lun. soir, sam. midi et dim. - 30/39 €.* Couleurs vives, tête de rhinocéros, banquettes et nappes aux motifs psychédéliques : le décor joue la carte de l'originalité. Et la cuisine reste sage et traditionnelle.

EN SOIRÉE

Bon à savoir – Disponibles à l'office de tourisme : le magazine *Roche mag* qui recense l'actualité sportive, culturelle, etc. du mois ainsi que les événements à venir (musique, sports, expos…) et le *Guide du tourisme en Pays yonnais*. Le Manège, scène nationale de la ville, édite son propre programme de spectacles.

Le Grand R – *R. Pierre-Bérégovoy - Esplanade Jeannie-Mazurelle - ✆ 02 51 47 83 83 - www.legrandr.com - tlj sf dim. et lun. 12h-18h30, sam. 11h-17h - fermé juil.-août.* Théâtre, danse, musique, écriture, etc. sont au programme de cet établissement géré par une association qui défend la création artistique contemporaine. Deux salles de spectacle : Le Manège (840 places) et le Théâtre (340 places).

AGENDA

Les Cafés de l'Été – *Jardin de la Mairie - déb. juil.-mi-août : jeu. et vend. soir à 21h45.* Concerts gratuits en plein air où tous les styles de musique sont représentés : une des manifestations incontournables de l'été.

Angers, l'Anjou bleu et les Mauges 5

Carte Michelin 317– Département (49)

Angers au bord de la Maine.
P. Wysocki / hemis.fr

ANGERS, L'ANJOU BLEU ET LES MAUGES

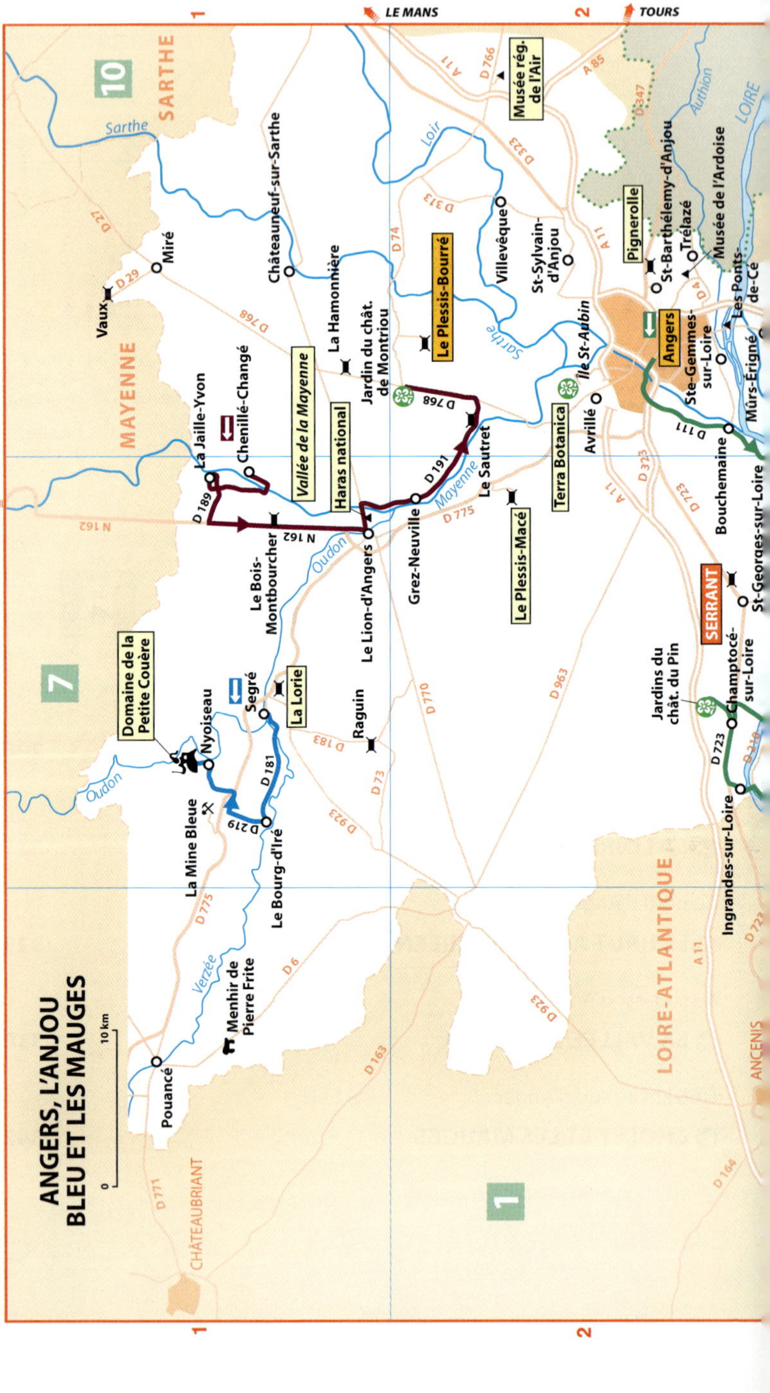

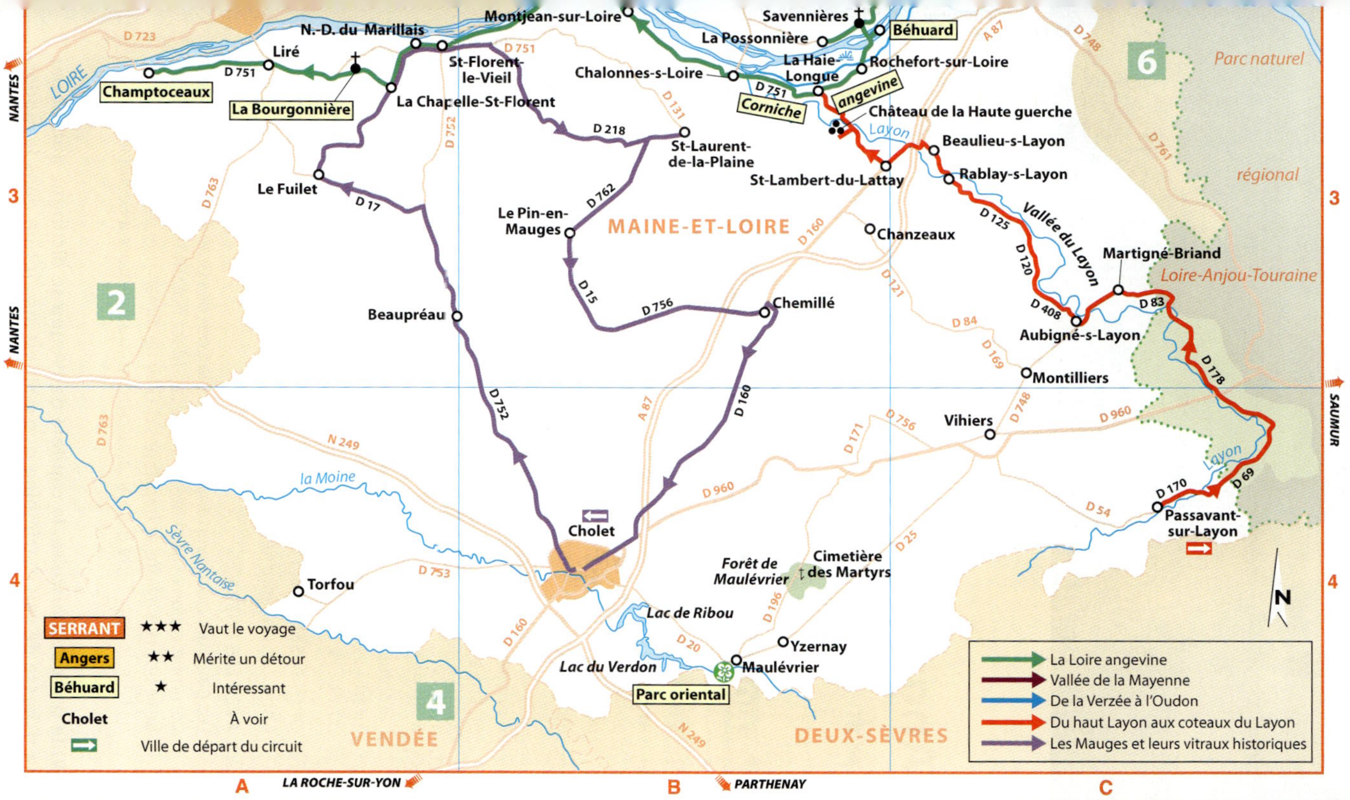

NANTES
NANTES
SAUMUR
LA ROCHE-SUR-YON
PARTHENAY
A
B
C
3
4
Champtoceaux
Liré
N.-D. du Marillais
La Bourgonnière
Montjean-sur-Loire
St-Florent-le-Vieil
La Chapelle-St-Florent
Le Fuilet
Beaupréau
Torfou
Le Pin-en-Mauges
St-Laurent-de-la-Plaine
Chalonnes-s-Loire
La Possonnière
Savennières
Béhuard
La Haie-Longue
Rochefort-sur-Loire
Corniche angevine
Château de la Haute guerche
Layon
St-Lambert-du-Lattay
Beaulieu-s-Layon
Rablay-s-Layon
Vallée du Layon
Martigné-Briand
Aubigné-s-Layon
Montilliers
Vihiers
Passavant-sur-Layon
Chanzeaux
Chemillé
Cholet
Forêt de Maulévrier
Cimetière des Martyrs
Lac de Ribou
Lac du Verdon
Yzernay
Maulévrier
Parc oriental
MAINE-ET-LOIRE
VENDÉE
DEUX-SÈVRES
Parc naturel régional Loire-Anjou-Touraine
LOIRE
la Moine
Sèvre Nantaise
2
4
6
D 723
D 751
D 763
D 752
D 131
D 218
D 17
D 762
D 15
D 756
D 160
D 121
D 84
D 169
D 748
D 761
D 125
D 120
D 408
D 83
D 178
D 960
D 69
D 170
D 54
D 171
D 25
D 196
D 20
D 753
N 249
A 87
N
SERRANT ★★★ Vaut le voyage
Angers ★★ Mérite un détour
Béhuard ★ Intéressant
Cholet À voir
Ville de départ du circuit
La Loire angevine
Vallée de la Mayenne
De la Verzée à l'Oudon
Du haut Layon aux coteaux du Layon
Les Mauges et leurs vitraux historiques

Angers

★★

152 337 Angevins (agglomération : 226 843) – Maine-et-Loire (49)

NOS ADRESSES PAGE 316

S'INFORMER

Angers Loire Tourisme – *7 pl. du Prés.-Kennedy - ✆ 02 41 23 50 00 - www.angersloiretourisme.com - mai-sept. : 10h-19h, dim. et j. fériés 10h-18h ; reste de l'année : 14h-18h, dim. et j. fériés 10h-13h - fermé 1er janv., 1er mai, 25 déc.*

SE REPÉRER

Carte de microrégion C2 (p. 294) – *Carte Michelin Départements 317 F4.* À environ 296 km au sud-ouest de Paris, 92 km au nord-est de Nantes, 60 km au nord-ouest de Saumur et 50 km au sud de Château-Gontier, Angers ouvre la porte ouest de la vallée des châteaux de la Loire.

À NE PAS MANQUER

L'architecture de la forteresse et la tenture de l'Apocalypse, les anciens quartiers, les collections du musée des Beaux-Arts et de la galerie David-d'Angers, le musée Jean-Lurçat et de la Tapisserie contemporaine.

ORGANISER SON TEMPS

Comptez une journée pour la ville et une autre pour les environs.

AVEC LES ENFANTS

Les parcours-découverte « Entrez dans la Cour des Grands » (au musée de la Communication et au château du Plessis-Macé notamment) ; les loisirs du lac de Maine ; les avions et baptêmes de l'air (le dimanche) du musée régional de l'Air ; le parc Terra Botanica ; le parc Anjou Aventure à Écouflant.

Ville d'art et d'histoire, la capitale de l'Anjou se distingue autant par la richesse de son patrimoine que par son inscription dans la modernité. Foyer des Plantagenêts, cité florissante de la Renaissance, Angers abrite les murailles colossales de la célèbre forteresse médiévale du roi René et l'extraordinaire tenture de l'Apocalypse. Si elle dispose

La tenture de l'Apocalypse (château d'Angers).
M. Dozier / hemis.fr

d'un capital architectural et mobilier riche et ancien et de nombreux parcs et jardins qui raviront les visiteurs, elle est aussi une ville jeune et dynamique, dotée d'un théâtre très contemporain. Dans ses rues parcourues par le tout nouveau tramway, inauguré en juin 2011, 33 000 étudiants y répandent le souffle de la jeunesse.

Découvrir Plan de ville p. 304-305

★★★ LA FORTERESSE A1-2

2 prom. du Bout-du-Monde - ✆ 02 41 87 43 47 - www.monuments-nationaux.fr - visite avec les monuments (tenture et château : 2h) ou audioguidée (1h30) - avr.-août : 9h30-17h45 ; reste de l'année : 10h-17h30 (dernière entrée 45mn av. la fermeture) - fermé 1er janv., 1er et 8 Mai, 1er et 11 Nov., 25 déc. - 6 € (-18 ans).

Élevée à partir de 1231 par Blanche de Castille, mère et régente de Saint Louis, elle constitue un magnifique spécimen d'architecture féodale, englobant 25 000 m² entre ses remparts, bordés de douves sèches ou surplombant une falaise, qui relient 17 tours. Il s'agit avant tout d'une forteresse, dont la fonction est d'abriter une garnison, plus que d'un véritable château. Pendant les guerres de Religion, le roi Henri III ordonna la démolition du monument, mais le gouverneur **Donadieu de Puycharic** imagina un habile subterfuge : il découronna toutes les tours, autrefois coiffées de toits en poivrière, et les aménagea en terrasse. Elles perdirent environ 10 m de hauteur mais, dans le même temps, le gouverneur adaptait la forteresse aux évolutions de l'artillerie, en renforçant les murs et en ajoutant des canons. La forteresse devient une enceinte militaire et une prison.

DES FIANÇAILLES POUR LA PAIX CIVILE

C'est à Angers qu'Henri IV met fin, en 1598, aux troubles de la Ligue en promettant son fils légitimé César de Bourbon (1594-1665), qu'il avait eu avec Gabrielle d'Estrées, à Françoise de Lorraine (1592-1669). Elle est la fille du duc de Mercœur qui, dirigeant la Sainte-Ligue en Bretagne, représentait le dernier soutient des ligueurs ultra-catholiques. La promesse de mariage est signée le 5 avril au château : les futurs époux ont alors 3 et 6 ans. Huit jours plus tard, l'édit de Nantes entre en vigueur et les protestants obtiennent la liberté de culte. Quant aux petits fiancés, ils seront mariés onze ans plus tard et auront trois enfants.

Les comtes d'Anjou

LA PREMIÈRE MAISON D'ANJOU (10e-13e s.)

Avec les comtes Foulques *(p. 60)*, Angers vécut une période particulièrement brillante. La décadence du pouvoir royal carolingien facilite, dès la fin du 9e s., l'émergence de principautés territoriales indépendantes. La première dynastie angevine apparaît ainsi en 898 avec **Foulques le Roux**, vicomte puis comte d'Angers. Foulques II le Bon agrandit l'héritage en direction du Maine sans se soucier de l'existence du roi de France, le pâle Louis IV d'Outremer.

Aux 11e et 12e s., la dynastie parvient au faîte de sa puissance : une remarquable habileté politique, dépourvue de scrupules et servie par un exceptionnel dynamisme guerrier, ainsi qu'un sens aigu des alliances matrimoniales concourent à cet apogée. **Foulques III Nerra** fut le plus redoutable de cette lignée de puissants féodaux.

Un féodal bâtisseur

Le féroce **Foulques III Nerra** (987-1040) ne cesse de guerroyer pour agrandir son domaine : tour à tour, il obtient la Saintonge, annexe les Mauges, pousse jusqu'à Blois et Châteaudun, s'empare de Langeais, de Tours, intervient en Vendômois, puis prend Saumur et de nombreuses autres places fortes. Ambitieux, cruel, violent, rapace et cupide, Nerra (le Noir, car il avait le teint très brun) est le type même du grand féodal de l'an 1000, avec des retours soudains d'humilité chrétienne et des crises de repentir ; il comble alors de largesses les églises et les abbayes, ou prend le bâton de pèlerin et part pour Jérusalem. Il est également un grand bâtisseur de forteresses, points d'ancrage de ses conquêtes, éparpillées à travers le Val de Loire *(p. 382)*.

Son fils Geoffroi II (1040-1060) poursuit l'œuvre paternelle en s'assurant du Maine et de la Touraine. Ses neveux se partagent la succession. **Foulques IV le Réchin** (le Chagrin) finit par l'emporter sur Geoffroi III, au prix du recul des possessions angevines : perte de la Saintonge, du Maine et du Gâtinais. En 1092, le roi Philippe Ier séduit sa seconde femme, la jeune et ravissante Bertrade de Montfort, l'enlève et l'épouse. Ce scandale a pour sanction l'excommunication majeure prononcée contre le roi.

Les Angevins s'exportent

Geoffroi IV Martel, tué en 1106, et surtout **Foulques V le Jeune** (1109-1131) redressent la situation. Ce dernier use de la stratégie des alliances matrimoniales en tirant le meilleur parti de la rivalité franco-anglaise. Il récupère le Maine, par son mariage en 1109. Il marie plus tard ses deux filles au gré de ses relations avec les rois de France et d'Angleterre. Mais sa plus belle réussite, en 1128, est l'union de son fils Geoffroi avec Mathilde d'Angleterre, fille héritière du roi Henri Ier et veuve de l'empereur germanique Henri V. Ultime consécration : devenu veuf, Foulques épouse en 1129 l'héritière du royaume de Jérusalem, Mélisende, fille de Baudouin II. Il fonde là-bas une nouvelle dynastie angevine et, en fin diplomate, consolide la position des États latins en Palestine.

Geoffroi V (1131-1151) gouverne d'une main de fer le « Grand Anjou » (Anjou, Touraine, Maine) et tente de faire valoir les droits de sa femme sur l'Angleterre (dont le roi est, depuis 1135, Étienne de Blois) et la Normandie qu'il annexe en 1144. Geoffroi V avait pris l'habitude d'orner sa coiffure d'une branche de genêt, d'où son surnom de **Plantagenêt** qui devient le nom de sa dynastie.

Plantagenêts et Capétiens

Fils de Geoffroi V et de Mathilde, **Henri Plantagenêt** épouse en 1152 Aliénor d'Aquitaine, dont le mariage avec le roi de France Louis VII vient d'être annulé. À ses domaines, qui comprennent l'Anjou, le Maine, la Touraine et la Normandie, il ajoute ainsi le Poitou, le Périgord, le Limousin, l'Angoumois, la Saintonge, la Gascogne, la suzeraineté sur l'Auvergne et le comté de Toulouse. En 1153, il contraint Étienne de Blois à le reconnaître comme héritier et lui succède l'année suivante sur le trône d'Angleterre. Sa puissance dépasse désormais celle du Capétien. Henri II réside le plus souvent dans ses terres de France, notamment à Angers.

LES DEUXIÈME ET TROISIÈME MAISONS D'ANJOU (13e-15e s.)

Après le règne de Philippe Auguste et la confiscation de l'Anjou au profit du domaine royal des Capétiens (traité de Chinon, 1214), Blanche de Castille et son fils Louis entreprennent la construction, en 1231, de l'impressionnante forteresse d'Angers. En 1246, Saint Louis donne l'Anjou, avec le Maine, en apanage à son jeune frère Charles. En 1258, le traité de Paris en confirme la possession au roi de France. En 1360, l'Anjou est élevé au titre de duché par Jean le Bon en faveur de son fils Louis. Du 13e au 15e s., des princes capétiens directs, puis des Valois, gouvernent l'Anjou. Aux deux extrémités de cette lignée se détachent les figures hautes en couleur de Charles Ier d'Anjou, frère de Louis IX, et du roi René.

Charles Ier d'Anjou (1227-1285)

Dévot et ambitieux, Charles Ier est, en 1264, appelé par le pape Urbain IV pour combattre Manfred de Hohenstaufen, roi de Naples et de Sicile, en disgrâce auprès du Saint-Siège. Il en profite pour conquérir la Sicile et le royaume de Naples et étendre son influence sur le reste de la péninsule. Grisé d'orgueil, il rêve d'y ajouter la Terre sainte, l'Égypte et Constantinople. Les **Vêpres siciliennes** le rappellent durement à la réalité : le lundi de Pâques 1282, à l'heure des vêpres, les Siciliens massacrent six mille Français, dont la moitié d'Angevins.

Le bon roi René (1409-1480)

Dernier des ducs et roi titulaire de Sicile, René est l'un des esprits les plus complets de son temps. Il maîtrise le latin, le grec, l'italien, l'hébreu et le catalan, joue et compose de la musique, peint, écrit des vers, connaît les mathématiques, la géologie et la jurisprudence. Amateur de parfums et de jardins, il introduit l'œillet et la rose de Provins. À 12 ans, il a épousé Isabelle de Lorraine et lui reste tendrement attaché durant les 33 ans de leur union. Après la mort d'Isabelle, il épouse Jeanne de Laval qui a 21 ans. Ce second mariage est aussi heureux que le premier. Vers la fin de sa vie, il s'accommode de la mainmise de Louis XI sur l'Anjou. Également comte de Provence, c'est avec philosophie qu'il délaisse Angers pour Aix où il termine ses jours à l'âge de 72 ans.

VERS LE 3e MILLÉNAIRE

Sous les ducs, une université avait été fondée à Angers. En 1364, Charles V lui donne ses lettres de noblesse en créant l'université « Droit, Médecine et Théologie » et, en 1432, au temps du roi René, le pape Eugène IV la reconnaît officiellement. Au 21e s., elle compte plus de 30 000 étudiants.

Parallèlement, de nombreuses industries, un tissu diversifié de PME et une forte croissance démographique dynamisent Angers, où de grands projets urbains sont menés…

Logis royal et chapelle – *En cours de restauration, le logis devrait rouvrir ses portes courant 2012.* Ces bâtiments du 15e s. se dressent à l'intérieur de l'enceinte. Pour bien comprendre l'évolution architecturale du site, commencez votre visite par le rez-de-chaussée du logis royal, dont il ne reste qu'un cinquième de l'édifice originel. Cet élégant logis, qui abrita la fastueuse vie de cour des rois d'Anjou, accueille un ensemble de maquettes.

Par l'escalier contigu, que fit construire le roi René, on accède à l'étage *(expositions tournantes de tapisseries).*

Dans la chapelle, vaste et claire, admirez les vantaux gothiques sculptés de la porte, l'oratoire doté d'une cheminée et, sous une clef de voûte, la représentation de la croix d'Anjou, qui deviendra croix de Lorraine *(**encadré p. 392**).*

CHÂTEAU DE LA LOIRE ?

Contrairement à Blois ou Amboise, mais comme Chenonceau ou Chinon, Angers ne borde pas la Loire mais s'étend sur les rives d'un affluent, à quelques kilomètres de leur point de jonction. Néanmoins, son histoire et sa position stratégique en font l'un des grands châteaux de la Loire.

Les « cachots » – De nombreux espaces, de taille et de confort très variés, servirent de lieu d'enfermement. Ainsi, le surintendant des Finances Fouquet séjourna trois mois au château après que Louis XIV l'eut fait arrêter. *Possibilité de visite guidée. Se renseigner.*

Tours, remparts et jardins – De la plus haute des tours, la **tour du Moulin**, à l'angle nord, **vues**★ étendues sur la cathédrale et St-Aubin, les rives de la Maine, ainsi que l'intérieur de l'édifice, la muraille, le dessin soigné des jardins, la chapelle et le logis royal.

Poursuivre le **tour des remparts** du côté est pour traverser le charmant **jardin médiéval**. Il s'étend sur une des anciennes terrasses d'artillerie, près d'une vigne, comme aimait à en planter le roi René, tandis que les jardins en contrebas abritent bignones, lauriers et roses.

Porte des champs – À l'angle sud, cette ancienne entrée principale de la forteresse, qui a conservé son système de défense avec ses herses et ses assomoirs, s'ouvre aujourd'hui sur le vide. Elle n'en est que plus impressionnante. À deux pas de là, le bar-restaurant, Le Logis du Gouverneur, permet de se désaltérer ou de se restaurer en terrasse tout en restant dans l'enceinte du château.

★★★ LA TENTURE DE L'APOCALYPSE

Au sein de la forteresse – voir ses conditions de visite – la tapisserie étant conservée à température constante, il fait très frais dans la salle l'été.

Abritée dans une galerie spécialement conçue pour elle, mondialement célèbre, elle est la plus ancienne tenture tissée sur métier et de cette dimension, conservée en Europe, et la seconde, toutes techniques confondues, qui nous soit parvenue après la tapisserie de Bayeux.

Elle fut commandée pour le duc Louis Ier d'Anjou, et vraisemblablement exécutée à Paris entre 1373 et 1383, sur des cartons de **Hennequin de Bruges**, d'après les enluminures d'un manuscrit du roi Charles V. En 1400, elle fut tendue dans la cour de l'évêché d'Arles lors du mariage de Louis II d'Anjou avec Yolande d'Aragon. Léguée par le roi René à la cathédrale d'Angers, elle y était exposée lors des fêtes religieuses, avant de sombrer dans l'oubli à la fin du 18e s.

Pendant les temps troublés de la Révolution, la décision fut prise de découper les tapisseries et d'en disperser les morceaux, afin de les protéger. On perdit parfois la notion de leur valeur, seize scènes furent perdues, plusieurs retaillées et l'une aurait même servi un temps à faire blanchir les salades. Enfin, en 1843, l'évêque d'Angers ayant acquis une partie de la tenture, le **chanoine Joubert** s'attacha à réunir les pièces et à reconstituer leur succession. Leur restauration s'étendit entre 1843 et 1870.

Longue à l'origine de 133 m et haute de 6 m, la tenture était composée de six pièces de dimensions égales, comprenant chacune un grand personnage assis sous un dais, le regard tourné vers deux rangées de sept tableaux, dont le fond, alternativement rouge et bleu, forme un damier. Il faut savoir que, contrairement à son acception moderne, l'apocalypse – transcription du terme grec apokalipsis – désignait à l'origine la mise à nu, l'enlèvement du voile ou la révélation. Le grand personnage lit donc les **révélations** et invite à en observer l'accomplissement qui suit. En haut et en bas, deux longues bordures représentent le Ciel, peuplé d'anges musiciens, et la Terre, jonchée de plantes (disparue dans la première partie).

Les 76 tableaux qui nous sont parvenus forment un ensemble magnifique. La tenture interprète au plus près le dernier livre du Nouveau Testament, l'**Apocalypse**, écrit par saint Jean dans une grotte de l'île grecque de Patmos. Selon celui-ci, le retour du Christ, sa victoire sur le mal et la fin du monde actuel s'accompagneront de signes dans le ciel et de persécutions. Pour ranimer l'espérance des chrétiens, l'auteur présente, sous forme de visions prophétiques, la victoire du Christ et, après maintes épreuves, le triomphe de son Église. Notez que l'illustration fournie par la tapisserie d'Angers est fortement influencée par le contexte des guerres franco-anglaises. Ainsi, le monstre aux sept têtes de l'Apocalypse a un faciès de léopard, emblème de l'Angleterre. Repérez aussi dans le siège de la ville du 6e « chapitre », parmi les troupes de Satan, le Prince noir, un casque rouge bourguignon et un Sarrasin !

Des rectangles blancs délimitent les **six chapitres**, lesquels se lisent un peu comme une bande dessinée, de gauche à droite et de haut en bas. Même si certaines « cases », dès le 14e s., n'ont pas été tissées au bon endroit et si d'autres ont disparu.

Chapitre 1 (4 scènes manquantes) – Saint Jean, toujours représenté vêtu de rouge, se prosterne devant le Christ tenant dans sa bouche le glaive à double tranchant, symbole de la parole qui sauve et qui juge. Les 24 rois voient la Gloire de Dieu. Il faut ouvrir le livre des révélations, mais qui sera digne de briser les sept sceaux qui le scellent ? Au désespoir, Jean pleure, alors que voici bientôt l'agneau immolé. Les 6 premiers sceaux sont ouverts : le premier s'accompagne de la victoire du cavalier blanc, les autres de guerres, famines, morts, martyrs, tremblements de terre et tempêtes.

Chapitre 2 (3 scènes manquantes) – Les élus arrivent, l'ouverture du 7e sceau déclenche sept nouvelles étapes, annoncées par des trompettes : la grêle et le feu, le naufrage, une étoile empoisonnant les eaux, un aigle de malheur, l'invasion des sauterelles puis des cavaliers. Jean mange le livre de la bonne nouvelle pour pouvoir la proclamer.

Chapitre 3 (complet) – Deux témoins envoyés convertir le monde sont combattus, puis tués par la Bête. Ils ressuscitent et la 7e trompette annonce la victoire du bien sur le mal. La Femme revêtue du Soleil (Marie) vient, elle va enfanter ; l'archange Michel et ses anges terrassent le Dragon (Satan) qui veut dévorer l'enfant. Le Dragon, précipité sur la terre, fait alliance avec la Bête.

Chapitre 4 (complet) – La Bête obtient le pouvoir et les hommes se divisent : certains l'adorent, ceux qui lui résistent sont persécutés. L'Agneau apparaît sur la montagne de Sion, ses fidèles portent au front le signe de la croix.

Trois anges annoncent trois bonnes nouvelles : la condamnation du Dragon, la chute de Babylone, le Jugement. Viendront la moisson des élus et la vendange de la colère de Dieu.

Chapitre 5 (3 scènes manquantes) – Après un temps de paix vient celui de la colère de Dieu, confiée aux anges sous forme de 7 flacons, qui est déversée sur la terre : maladies, empoisonnement des eaux, soleil brûlant, invasions des grenouilles, puis tonnerre se succèdent. La chute de Babylone, la Grande Prostituée, « mère des fornications et des abominations de la terre », est annoncée. La voici se mirant avec coquetterie, alliée à la Bête. Babylone est envahie par les démons.

Chapitre 6 (8 scènes manquantes) – De nombreuses pièces manquent pour la fin du livre. Dans les derniers combats, on reconnaît pourtant le Verbe de Dieu (Cavalier blanc) chargeant les bêtes, la venue de la Jérusalem nouvelle et le fleuve coulant du trône de Dieu. Le dragon enchaîné pour mille ans et le Jugement dernier font partie des pièces disparues.

Se promener Plan de la ville p. 304-305

★ DANS LA VIEILLE VILLE

Circuit tracé en vert sur le plan de la ville (p. 304-305) – Comptez une demi-journée pour la visite.

Se promener à travers les rues du vieil Angers, c'est un peu visiter les galeries d'un musée en plein air. La vie et l'animation ne font pas défaut, et vous pourrez, si le cœur vous en dit, couper la journée par un pique-nique au Jardin des plantes.

Partez de l'entrée du château, puis engagez-vous dans la petite rue St-Aignan.

Quartier de la cathédrale

Rues étroites et habitations peu élevées rappellent l'ancienneté de ce charmant quartier.

Remarquez l'**hôtel du Croissant** A1 du 15e s., aux fenêtres à meneaux et arcs en accolade, qui abritait le greffier de l'ordre du Croissant, ordre de chevalerie militaire et religieux fondé par le roi René.

En face, intéressantes maisons à pans de bois. Sur le blason de la façade figurent les armes de **saint Maurice**, le patron de l'ordre du Croissant, légionnaire chrétien du 4e s., mis à mort parce qu'il refusait de tuer ses coreligionnaires.

Continuez jusqu'à la montée St-Maurice, longue volée d'escaliers qui mène au parvis de la cathédrale.

★ Cathédrale St-Maurice B1

4 r. St-Christophe - ☏ 02 41 87 58 45 - 9h-19h.

La **façade** de ce bel édifice des 12e et 13e s. est surmontée de trois tours, deux sont coiffées de flèches de 70 m de haut (15e s.) ; celle du milieu fut ajoutée au 16e s., de même que la galerie de huit chevaliers en costume Renaissance figurant saint Maurice et ses compagnons martyrs. Au rez-de-chaussée s'ouvre le **portail** : mutilé par les protestants et par les révolutionnaires, il a subi aussi les atteintes des chanoines qui, au 18e s., supprimèrent le trumeau et le linteau pour faciliter le passage des processions ; remarquez la finesse des statues, la grâce des plissés : dans les ébrasements et au **tympan★**, Christ en majesté entouré des symboles des évangélistes (traces de polychromie).

Intérieur – Le vaisseau unique est couvert d'une des premières voûtes gothiques nées en Anjou (milieu du 12e s.). D'un type particulier, la clef des ogives est située à plus de 3 m au-dessus des clefs des formerets et des doubleaux, alors que dans les autres voûtes gothiques toutes ces clefs sont sensiblement à la même hauteur. Cette forme bombée a reçu le nom de **voûte angevine**. Celles de St-Maurice couvrent la plus large nef qui ait été élevée à l'époque : 16,38 m, alors que la largeur normale était de 9 à 12 m. Les chapiteaux et les modillons, sculptés de frises végétales, supportent une galerie à rampe de fer forgé.

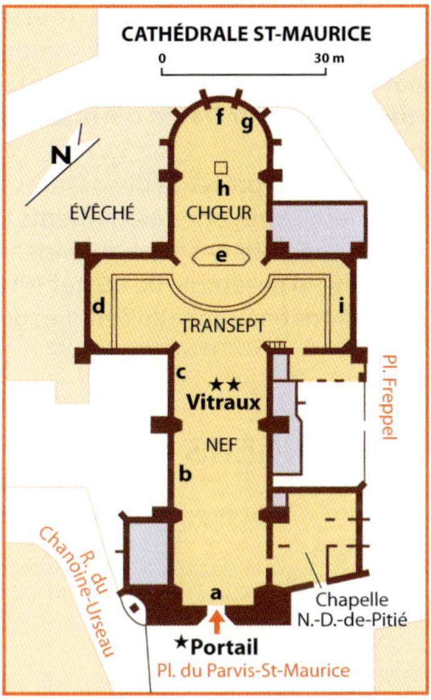

Dans le transept, les voûtes angevines sont d'une époque plus avancée que celles de la nef : les nervures, plus nombreuses, sont aussi plus légères et gracieuses.

Des **vitraux★★** illuminent le chœur (13e s.), le transept et la nef. Remarquez les plus anciens (b, 12e s.) à gauche en entrant, puis les rosaces de l'Apocalypse (d, 1453) et les belles tonalités bleues et rouges des verrières du chœur (g, 13e s.). Dans le chœur, des peintures murales du 13e s. et les tombeaux des ducs d'Anjou, dont les fragments de celui du roi René, ont été découverts derrière les stalles. L'ensemble n'est pas accessible mais quelques-unes sont visibles au-dessus des boiseries. Le mobilier est de grande qualité : grandes orgues (a) du 18e s. soutenues par des atlantes, chaire monumentale (c) du 19e s., maître-autel (e) surmonté de colonnes de marbre et d'un baldaquin de bois doré (18e s.), tapisseries (en saison), stalles sculptées du 18e s. (f) et statue de sainte Cécile en marbre, par David d'Angers (h).

En longeant l'évêché, gagnez la rue de l'Oisellerie.

Aux nos 5, 7 et 9, trois jolies maisons à colombages du 16e s.

Prenez la première rue à droite.

★ Maison d'Adam B1-2

Demeure du 15e s. à pans de bois, aux poteaux ornés de nombreux personnages sculptés. Elle devrait son nom au pommier qui semble soutenir la tourelle d'angle, encadré, jusqu'à la Révolution, des deux statues d'Adam et d'Ève. Mais il se trouve aussi qu'au 18e s. cette maison fut habitée par un juge du nom de Michel Adam…

Poursuivez par la rue Toussaint. Au no 37, le portail classique de l'**ancienne abbaye Toussaint** s'ouvre sur une élégante courette flanquée d'une tourelle sur trompe.

Revenez en arrière et remontez la rue Toussaint.

★ Galerie David-d'Angers B2

33 bis r. Toussaint - ✆ 02 41 05 38 00 - www.angers.fr - juin-sept. : 10h-18h30 ; reste de l'année : tlj sf lun. 10h-12h, 14h-18h - fermé 1er janv., 1er Mai, 1er et 11 Nov., 25 déc. - 4 € (-26 ans gratuit).

L'ancienne église abbatiale Toussaint (13e s.), dont les voûtes angevines effondrées en 1815 ont été remplacées par une vaste verrière soutenue par une charpente de bois, abrite la quasi-totalité des œuvres d'atelier que le sculpteur **David d'Angers** (1788-1856) légua de son vivant à sa ville natale.
La collection présente des statues monumentales (le roi René, Gutenberg, Jean Bart, Larrey), des monuments funéraires (copie du tombeau du général Bonchamps, célèbre général vendéen, qui sauva le père de l'artiste à St-Florent-le-Vieil), un ensemble de bustes (Chateaubriand, Victor Hugo, Balzac) et des médaillons en bronze aux effigies des contemporains de l'artiste. Remarquez

ANGERS

SE LOGER

- Camping Lac du Maine ... 3
- Chambre d'hôte du Domaine des Chesnaies ... 1
- Chambre d'hôte Le Grand Talon ... 10
- Château de Noirieux ... 11
- Gîte de charme La Pointerolle ... 12
- Grand Hôtel de la Gare ... 13
- Hôtel d'Anjou Best Western ... 14
- Hôtel de France ... 15
- Hôtel Le Cavier ... 16
- Hôtel de Champagne ... 17
- Hôtel Le Continental ... 19
- Hôtel Le Progrès ... 22
- Hôtel du Mail ... 25
- Le Home du 12bis ... 27

SE RESTAURER

- Art & Thé ... 3
- Autour d'un Cep ... 4
- Chez Rémi ... 1
- L'Hoirie ... 6
- La Ferme ... 7
- Le Bouchon Angevin ... 2
- Le Favre d'Anne ... 5
- Le Grand Jardin ... 8
- Le Petit Comptoir ... 10
- Le Relais ... 13
- La Villa Toussaint ... 18
- Ma Campagne ... 20
- Mets et Vins Plaisirs ... 21
- Provence Caffé ... 22
- Une Île ... 24

aussi, dans un renfoncement vitré, le *Jeune berger* qui s'intègre parfaitement dans le jardin de la très moderne bibliothèque municipale.

En sortant du musée, à gauche, on peut voir le cloître du 18e s. dont les deux galeries ont été restaurées.

Logis Barrault *(abrite le musée des Beaux-Arts)* B2

Donnant sur une charmante placette, cette belle demeure de la fin du 15e s., construite par Olivier Barrault, secrétaire du roi, trésorier des États de Bretagne et maire d'Angers, fut occupée au 17e s. par le séminaire. Celui-ci comptait **Talleyrand** parmi ses élèves.

★★ Musée des Beaux-Arts B2

14 r. du Musée - ✆ 02 41 05 38 00 - www.musees.angers.fr - ♿ - juin-sept. : 10h-18h30 ; reste de l'année : tlj sf lun. 10h-12h, 14h-18h - fermé 1er janv., 1er Mai, 1er et 11 Nov. et 25 déc. - 4 € (-26 ans gratuit), billet combiné avec les expositions temporaires - plan et liste des immanquables disponibles à l'entrée - parcours « Entrez dans la cour des grands » - boutique et café.

Le musée des Beaux-Arts d'Angers a fait peau neuve en 2004. Cinq années de travaux de rénovation et d'extension ont permis de conférer à ses remarquables **collections** l'écrin qu'elles méritaient.

Au **rez-de-chaussée**, le parcours « Histoire d'Angers » évoque l'histoire de la ville depuis le néolithique jusqu'à nos jours à travers une collection d'objets d'art et archéologiques auxquels s'ajoutent des plans, photographies et portraits. Remarquez l'oliphant en ivoire de la cathédrale et un fragment du tombeau du roi René, qui laisse imaginer ce qu'il fut avant d'être brisé au temps des guerres de Religion. Le **1er étage** abrite le cabinet d'arts graphiques, lieu d'exposition dédié aux œuvres fragiles sur papier : dessins, photographies, gravures. Les collections de peintures rassemblées à ce niveau offrent un large panorama de l'art européen depuis les primitifs (impressionnant *Jugement dernier* de Segna di Buonaventura) jusqu'à l'Italie du 18e s. Remarquez, dans la section « Le portrait en Europe », celui de Catherine de Médicis (vers 1565-1570) par François Clouet et l'autoportrait de Jordaens (1650), dans lequel l'artiste se représente en amateur d'art tenant une statuette de Vénus et Cupidon. Dans le cabinet des Collectionneurs sont exposés de remarquables ivoires, dont *L'Attaque du château d'Amour* (1350). Le 18e s. français est particulièrement à l'honneur au **2e étage**, qui présente des œuvres de Fragonard, Watteau, Van Loo et surtout de superbes natures mortes de Chardin. Parmi les toiles du 19e s., prêtez attention au remarquable *Paolo et Francesca* d'Ingres, dont le sujet est emprunté à la *Divine Comédie* de Dante. Cette partie du musée offre aussi l'occasion de se familiariser avec des œuvres de peintres angevins du 19e s. comme Lenepveu et Bodinier. La dernière salle du 2e étage rassemble quelques œuvres impressionnistes, dont le *Train dans la campagne* de Monet.

Enfin, un espace situé au 1er étage est consacré à des œuvres d'artistes du 20e s. Certains sont de la région comme Morellet et Axilette, ou angevins comme Daniel Tremblay et Alexis Mérodack-Jeaneau. Une galerie, au rez-de-chaussée, présente des sculptures et peintures académiques du 19e s.

Tour St-Aubin B2

Beffroi (12e s.) de l'ancienne abbaye St-Aubin, riche monastère bénédictin fondé au 6e s., où saint Aubin, évêque d'Angers (538-550), fut inhumé.

★ Anciens bâtiments conventuels B2

Pl. Michel-Debré - ✆ 02 41 81 49 49 - www.cg49.fr - tlj sf w.-end 8h45-17h45 sur présentation d'une pièce d'identité - gratuit.

Les bâtiments de l'abbaye St-Aubin, reconstruits en grande partie aux 17e et 18e s., sont actuellement occupés par l'hôtel du département et la préfecture.

À gauche de la cour, et visible au travers de baies vitrées, la **galerie romane★★** du cloître présente des sculptures d'une finesse remarquable. La porte aux voussures sculptées menait à la salle capitulaire, dont les arcatures voisines permettaient aux frères qui n'avaient pas « voix au chapitre » d'assister aux débats depuis la galerie. Décorant la baie géminée, à droite de la porte, une Vierge en majesté est encensée par deux anges ; plus bas, on reconnaît l'épisode des Rois mages : à gauche, Hérode envoie ses soldats massacrer les

Le château d'Angers et la cathédrale St-Maurice dominant la Maine.
Nicolas Thibaut/Photononstop

enfants innocents, tandis que, à droite, l'étoile guide les Mages. La dernière arcature à droite porte la scène la mieux conservée de l'ensemble : au centre se prépare le combat inégal de David armé de sa fronde contre le géant Goliath en cotte de mailles ; à droite, David vainqueur tranche la tête du vaincu ; à gauche, il présente son trophée au roi Saül. La salle capitulaire abrite une copie de la **porte de bronze du Castel Nuovo** à Naples : la ville fut en effet la capitale du royaume d'Anjou de 1266 à 1460 ; cette porte commémore la défaite des Angevins au profit des rois d'Aragon. Un boulet a percé un des panneaux, souvenir d'une bataille navale durant laquelle Charles VIII, qui la rapportait en France comme butin de guerre, fut battu par les Génois.
Prenez la rue St-Martin.

Collégiale St-Martin B2

23 r. St-Martin - ✆ 02 41 81 16 00 - www.collegiale-saint-martin.fr - juin-sept. : 10h-19h ; oct.-mai : tlj sf lun. 13h-18h - fermé 1er janv., 1er et 8 Mai, 1er et 11 Nov. et 25 déc. - 3 € (-18 ans gratuit) - audioguide en 5 langues compris dans le prix de la visite - parcours « Entrez dans la cour des grands » - animations et expositions.

La première église construite ici le fut au 5e s., hors les murs de la cité (la crypte en révèle les fondations). Le transept, la croisée du transept alternant brique et tuffeau, et le tracé de la nef sont un des rares vestiges d'architecture carolingienne en France, d'une exceptionnelle ampleur. Au 11e s., Foulques Nerra fait voûter la croisée du transept et, au siècle suivant, le chœur de style gothique angevin double la longueur de l'édifice. Quarante œuvres religieuses illustrent particulièrement les écoles angevine et mancelle de terre cuite du 17e s. Une exposition permanente relate l'histoire de la collégiale.
Par la rue St-Denis, rejoignez la place du Ralliement.

Place du Ralliement B1

Avec ses commerces, ses terrasses de cafés et la façade monumentale de son théâtre, elle constitue le centre vivant de la ville.
Prenez la rue de l'Espine.

CURNONSKY

De son vrai nom Maurice Edmond Sailland (1872-1956), né à Angers, il se distingue au début du 20e s. par ses chroniques gastronomiques. Sous le nom de Bibendum, il collabore avec André Michelin aux « Lundis de Michelin » de l'*Auto Journal*. Sous son second pseudonyme de Curnonsky, il publie de nombreux articles et livres, et fonde l'Académie des gastronomes. Il reste célèbre pour sa stature (120 kg), pour le titre de « prince des gastronomes » que lui décernent 5 000 experts, gourmets et chefs en 1927, et pour la stimulation bénéfique qu'il exerça sur la cuisine de terroir française.

Quartier St-Laud B1

La petite rue St-Laud traverse un agréable quartier piéton et commerçant, avec quelques vieilles façades : voir en particulier le n° 21 de la rue St-Laud (15e s.) et le n° 9, rue des Poëliers (16e s.). Continuez par la place du Pilori, puis prenez à droite la rue Pocquet-de-Livonnières. Au n° 14, remarquez le décor classique de l'**hôtel de Livois** (17e s.) (C1). Observez en face, en dépit de la dégradation du tuffeau, le style romano-byzantin de l'église **N.-D.-des-Victoires** (fin 19e s.) (C1) à laquelle ne manque que le clocher, jamais édifié.

Traversez la place Louis-Imbach pour découvrir le Muséum des sciences naturelles.

Muséum des sciences naturelles C1

43 r. Jules-Guitton - ✆ 02 41 05 48 50 - www.angers.fr/museum - mar.-dim. 14h-18h - fermé 1er janv., 1er et 8 Mai, 14 Juil., 1er et 11 Nov. et 25 déc. - 4 € (-18 ans gratuit).

Installé en centre-ville dans deux bâtiments historiques de charme, ce musée abrite une multitude de trésors parmi lesquels 700 animaux naturalisés, 50 000 fossiles, 200 000 coquillages et 2 500 oiseaux. Ces précieuses collections témoignent de la diversité des espèces et de l'évolution de la nature.

★ Église St-Serge C1

Pl. du Chanoine-Bachelot - ✆ 02 41 43 66 76 - 9h-19h.

Elle fut jusqu'en 1802 l'église de l'abbaye bénédictine du même nom, fondée au 7e s. La nef (15e s.) contraste avec le chœur, car ses piliers massifs la font apparaître plus étroite. Remarquablement large, élégant et lumineux, le **chœur★★** du 13e s. offre un parfait exemple du style angevin à son apogée, avec ses 13 voûtes qui retombent en faisceaux de nervures sur de fines colonnes. De gracieux vitraux en grisaille (13e s.) garnissent ses fenêtres hautes. Ceux de la nef (15e s.) représentent les prophètes, côté nord, et les apôtres, côté sud. Sur le mur du fond du chœur, *sacrarium* – armoire à reliques – de style flamboyant.

★ LES JARDINS

Agrémentée par les grands espaces verts de l'île St-Aubin au nord, des parcs St-Nicolas et du lac de Maine au sud, Angers affiche le taux record d'un peu plus d'un tiers de sa surface en espaces verts, une proportion comparable (pour une taille moindre, bien sûr) à celle de Londres ! Forte d'une réputation prestigieuse dans le domaine de la production de graines, plantes, arbres et arbustes, la capitale de l'Anjou affiche une identité originale dans l'entretien de ses espaces verts. En effet, outre les espaces boisés semi-sauvages et dévolus aux loisirs que sont les deux poumons verts précédemment cités, elle opte pour un fleurissement à la fois massif et diversifié : des 400 000 plants annuels produits et mis en place par le service des espaces verts les « couleurs criardes » sont officiellement exclues, « sauf en automne ». Le choix des plantes à fleurs fait l'objet d'une recherche et d'un renouvellement notable tandis que, en toute saison, les alignements d'arbres se distinguent par leurs couleurs de feuillage, d'écorce ou de floraison : 188 essences sont utilisées, soit presque quatre fois plus qu'à Paris. Ainsi, au printemps, vous apprécierez le boulevard Foch bordé de magnolias à grandes fleurs blanches, les azalées qui font face au musée des Beaux-Arts, l'été, les fleurs blanches du grand catalpa rue Plantagenêt, le foisonnement du jardin du Mail (40 000 fleurs estivales), les innovations du jardin de l'Arboretum, etc. Cet effort, qui fait de la ville – et plus particulièrement de certains de ses jardins – la vitrine de l'horticulture angevine est, presque chaque année, récompensé par un des grands prix nationaux du fleurissement.

Jardin des plantes C1

Situé sur l'arrière du centre des congrès et face aux anciens bâtiments conventuels (18e s.) de l'abbatiale St-Serge, ce jardin paysager est planté de beaux arbres aux essences rares (notamment, à l'entrée, l'orme de Sibérie de plus de 30 m). Bassin, chèvres et volière distrairont les promeneurs, ainsi que la petite chapelle romane St-Samson, remaniée aux 16e et 17e s.

Jardin du Mail C1-2

Bd de la Résistance- et-de-la-Déportation, en face de l'hôtel de ville.

Jardin de style néoclassique. L'imposante fontaine et le grand bassin en composent l'axe central. Vaste aire de jeux, manège et promenade en poney pour les enfants. Joli fleurissement estival.

★ Parc de l'Arboretum, le jardin des collections Hors plan

7 r. du Château-d'Orgemont - ✆ 02 41 22 53 00 - de 8h à la fermeture du parc. Jardins de l'Arboretum : tlj sf merc. 14h-20h (hiver 17h30).

Au sud-est du centre-ville, voici le rendez-vous des innovations en matière de jardinage, abrité par les grands et beaux arbres de collection de l'arboretum Gaston-Allard (7 ha ; chênes, conifères et arbustes). Une superbe allée de chênes de diverses variétés mène à la maison du premier concepteur du lieu, le botaniste Gaston Allard (1838-1918). Depuis quelques années, les 7 500 m² aux abords du bâtiment sont consacrés à un choix de plantes vivaces ou annuelles, de bulbes et d'arbustes, parmi lesquels les nouveautés de l'horticulture régionale, associés par couleurs ou textures et renouvelés fréquemment. Le lieu, qui accueille aussi des sculptures contemporaines et de beaux arbustes en pots (cercidiphyllum aux feuilles sentant le caramel en automne, fruits et fleurs des cornus kousa, amélanchiers, arbousiers…), s'avère idéal pour apprécier le port et la robustesse des espèces. Au fond, un petit jardin des sens décline senteurs, touchers, couleurs d'écorces ou de fruits (remarquez le rare mûrier à papier portant des fruits orange l'été) autour d'un bassin rectangulaire planté de nymphéas. Un oculus dans le mur laisse apercevoir la **Collection nationale d'hortensias** voisine *(visite sur RV).*

★ Parc de Balzac Hors plan

Passez la Maine au pont de la Basse-Chaîne et garez-vous soit au parking Yolande-d'Aragon, soit au parking Farcy-Balzac (ombragé) - accès libre - ✆ 02 41 05 40 00 - 8h-20h (hiver 17h30).

Bordant le nouveau quartier du Front de Maine, les 50 ha de ce parc font le lien entre le centre-ville tout proche et le parc de loisirs du lac de Maine. De conception moderne, le parc de Balzac se décline en territoires différenciés. Le long de la Maine, les **prairies inondables** imitent résolument le marais poitevin, avec ses haies de saules, de frênes, d'aulnes et de peupliers, ses baudets et ses vaches (ici des Highlands Cattle). L'ensemble est quadrillé de chemins surélevés. Légèrement en retrait quoique toujours inondables, les **espaces thématiques★** laissent un peu plus paraître le travail du jardinier : des vagues successives (le terrain en adopte parfois le mouvement) jouent sur les gammes de graminées, champs fleuris, écorces de couleur, arbres aux oiseaux. Tout au fond, les 120 **jardins familiaux★**, agrémentés de cabanes bleues ou roses, sont le domaine des fleurs et légumes, ponctués de grands rosiers grimpants. Terminez votre visite par la prometteuse **chênaie**, avec son allée de 1 100 chênes hybrides ou originaires d'Amérique, de Chine et d'ailleurs, dont vous observerez la variété dans la forme des feuilles ou des glands !

Parcs St-Nicolas Hors plan

Entrée des Combes, bd Lavoisier - accès libre.

Quatre grands parcs semi-naturels forment une sorte de chapelet le long de l'étang St-Nicolas. Ils alternent de planes allées de promenade, sur les rives, et une végétation plus sauvage le long de chemins escarpés, dans les anciennes carrières d'ardoise. Cet espace vert singulier couvre 112 ha, en pleine ville. Il abrite aussi une animalerie pour la plus grande joie des enfants.

Parc du lac de Maine Hors plan

Accès par la voie des Berges, direction Nantes.

Deux cents hectares de bois et de pelouses entourent le lac de Maine. Le parc de loisirs (baignade, planche à voile, canoë, vélo, randonnée, tennis, swing-golf…) attire de nombreux Angevins le week-end.

LA RIVE DROITE DE LA MAINE

★★ Musée Jean-Lurçat et de la tapisserie contemporaine B1

4 bd Arago - ✆ 02 41 24 18 45 - www.musees.angers.fr - ♿ - juin-sept. : 10h-18h30 ; reste de l'année : tlj sf lun. 10h-12h, 14h-18h - fermé 1er janv., 1er Mai, 1er et 11 Nov., 25 déc. - 4 € (-26 ans gratuit).

Le musée occupe l'**hôpital St-Jean★**, fondé en 1174 par Étienne de Marçay, sénéchal d'Henri II Plantagenêt. La vaste salle des Malades, remarquable par ses voûtes angevines reposant sur de fines colonnes, conserve, à droite de l'entrée, la **pharmacie★** de l'hôpital (17e s.), dont les boiseries sont garnies de pots et de chevrettes (supports) en faïence. Dans la niche centrale, voyez le somptueux vase à thériaque (préparation pharmaceutique antipoison) en étain, de 1720. Accrochée sur 80 m de long, la série de tapisseries de Lurçat intitulée **Le Chant du monde★★** (1957-1966).

« LE CHANT DU MONDE »

Jean Lurçat (1892-1966), rénovateur de l'art de la tapisserie, avait découvert avec admiration, en 1938, la tenture de l'Apocalypse et en avait été profondément marqué ; 19 ans plus tard, il entreprit sa plus belle pièce, exposée ici. Ces dix compositions symboliques sont l'aboutissement de ses recherches : conception monumentale, absence quasi totale de perspective, travail à gros points, réduction du nombre des teintes. L'ensemble illustre les joies et les angoisses de l'homme face à l'Univers et enchevêtre formes, rythmes et couleurs avec un rare dynamisme.

Par la porte du mur ouest, on accède au cloître roman qui s'ouvre sur un jardinet et abrite de nombreux fragments lapidaires.
Plus à l'ouest, les **anciens greniers** sont ornés de baies géminées. La donation Simone-Lurçat rassemble des peintures, des céramiques et d'autres tapisseries de son époux. Une salle est réservée aux tapisseries de la donation Thomas-Gleb. On verra également les œuvres tissées de Grau-Garriga. Le reste du bâtiment est affecté aux expositions temporaires.

★ La Doutre A1

Ce quartier « d'outre »-Maine conserve de vieilles maisons à pans de bois mises en valeur : sur la jolie **place de la Laiterie**, dans la rue Beaurepaire qui relie cette place au pont (en particulier, au n° 67, la demeure datée de 1582 de l'apothicaire Simon Poisson, ornée de statues), et le long de la rue des Tonneliers. Voir également l'**église de La Trinité** (12e s.), surmontée d'un clocher du 16e s., et l'**abbaye du Ronceray**. Fondée au 11e s., elle doit son nom à une statue de la Vierge découverte dans les ronces. Les bâtiments actuels datent du 17e s.
Au 23 bd Descazeaux, ne manquez pas l'**hôtel des Pénitentes**, un élégant corps de logis avec tourelle et lucarnes Renaissance. Refuge, prison et hospice, il tire sa dénomination de la communauté de femmes qui l'a occupé aux 17e et 18e s.

Le Quai-Forum des arts vivants A1

Pôle culturel majeur de la ville, le Quai est composé de trois structures de création et de diffusion : le **NTA**, Nouveau Théâtre d'Angers, assure une programmation d'art dramatique nationale, le **CNDC** (Centre national de danse contemporaine, qui a fêté ses 30 ans en 2008) et une école supérieure de danse. **Open-Arts** propose une programmation pour le cirque, les arts visuels et de la rue ainsi que les musiques. Pari réussi, il répond au projet unique de regrouper en un seul lieu toutes les formes d'art.
Au rez-de-chaussée, le forum vous accueille avec des expositions temporaires. Depuis la terrasse du toit, la **vue panoramique** est imprenable sur la forteresse, la ville et la Maine *(ascenseur gratuit : dim.-jeu. 11h30-22h30 ; vend.-sam. 11h30-0h)*. Prenez un verre au restaurant *Coba Lodge* !

À voir aussi Plan de la ville p. 304-305

Musée du Génie Hors plan

106 r. Éblé - ✆ 02 41 24 83 16 - www.musee-du-genie-angers.fr - 1er mars-16 déc. : merc.-dim. 13h30-18h - fermé janv.-fév., lun. de Pâques, 1er et 8 Mai, lun. de Pentecôte, 25 déc. - 4 € (-12 ans gratuit) billet combiné avec le musée de la communication St-Barthélémy-d'Anjou.
Ses collections présentent les savoir-faire des sapeurs, de l'Antiquité à nos jours. Gravures, cartes, peintures, maquettes, uniformes, armes instruisent le visiteur le long d'un parcours agrémenté de films et d'écrans interactifs. Une découverte de l'Histoire de France à travers celle du Génie.

À proximité Carte de microrégion p. 294-295

★ Musée régional de l'Air C2

Aéroport d'Angers-Marcé ; 25 km depuis Angers, par l'A 11, sortie n° 12 (Seiches-sur-le-Loir) - ✆ 02 41 33 04 10 - www.musee-aviation-angers.fr - ♿ - juil.-août :

tlj sf lun. 10h-12h, 14h-18h, dim. 15h-19h ; 16 avr.-30 juin et 1er sept.-15 oct. : tlj sf lun. 14h-18h, dim. 15h-19h ; 16 oct.-15 avr. : w.-end 14h-18h - fermé 1er janv., 1er Mai, 25 déc. - 5 € (-18 ans 2 €).

Patrie des Gasnier, célèbres pionniers de l'aviation, Angers se devait de faire revivre le patrimoine des ailes anciennes, l'aviation légère et le vol à voile. Dans un local conçu à cet effet, une cinquantaine d'aéronefs sont présentés en état de vol, dont le biplan de René Gasnier (1908), l'autogire (1930) ou voiture de l'air, le Cri-cri (1970), plus petit bimoteur du monde, et le Starck, ancêtre de l'ULM.

Musée-château de Villevêque C2

44 r. du Gén.-de-Gaulle - 49140 Villevêque - 02 41 76 88 07 - www.musee.angers.fr - w.-end 10h-18h - possibilité de visite guidée (1h) - 2 €.

Cette ancienne résidence des évêques d'Angers est dotée d'une riche collection d'art (du 12e au 16e s.) provenant d'Europe et d'une bibliothèque d'ouvrages de grande importance. Daniel Duclaux, riche industriel et amateur d'art, a légué l'ensemble à la ville d'Angers. Le parc conclut agréablement la visite.

St-Sylvain-d'Anjou C2

À 9 km au nord-est d'Angers, par la D 323.

Une coopération étroite entre archéologues et compagnons charpentiers du Devoir a permis la reconstitution précise d'un **château à motte** et de sa basse-cour.

Carré Cointreau à St-Barthélemy-d'Anjou C2

À 6 km à l'est, bd des Bretonnières - bus ligne n° 7 - 02 41 31 50 50 - www.cointreau.com - visite sur réserv. (7 j. av.) mai-oct. : tlj sf dim. et lun. ; nov.-avr. : sam. sur réserv. - 10 € (-18 ans 3,80 €).

Fondée en 1849 par les frères Cointreau, inventeurs de la liqueur cristalline à saveur d'orange (symbolisée par un Pierrot), cette entreprise angevine, située dans la zone industrielle St-Barthélemy-Croix-Blanche, propose la visite de ses installations en quatre espaces. Celui du **produit** s'ouvre sur le monde des arômes et lève un coin de voile sur les secrets de fabrication, les étapes d'élaboration et les fabuleux alambics ; l'**entreprise** raconte 150 ans de traditions et d'innovations ; le secteur **communication** (dès la fin du 19e s., la Maison Cointreau a fait travailler pour sa réclame de célèbres affichistes, parmi lesquels Tamagno, Jossot, Ogé, Loupot et Mercier) suit une longue passerelle au-dessus de la chaîne d'embouteillage ; enfin, le moment convivial attendu est celui de la **dégustation**, qui est une découverte œnologique car le barman vous fera apprécier des arômes au nez et des saveurs en bouche… tout un programme !

★ Château de Pignerolle C2

6 km à l'est par la D 61, à la sortie de St-Barthélemy-d'Anjou.

Dans un grand parc public de plus de 70 ha, ce château, réplique du Petit Trianon de Versailles, fut construit au 18e s. par l'architecte angevin Bardoul de La Bigottière pour Marcel Avril, écuyer du roi et directeur de l'Académie d'équitation d'Angers. Durant la Seconde Guerre mondiale, il a successivement abrité le gouvernement polonais en exil, le quartier général de l'amiral Doenitz, qui en avait fait son centre de communication radio avec les sous-marins, et, après la Libération, des unités américaines sous les ordres du général Patton (un blockhaus est ouvert à la visite).

Le château abrite le **musée de la Communication★★** – *02 41 93 38 38 - www.musee-communication.com - juin-août : 10h-12h30, 14h30-18h ; avr.-mai et sept. : 10h-12h30, 14h30-18h ; oct.-mars : sam. 14h30-18h, dim. 10h-12h30, 14h30-*

Le château de Pignerolle.
B. Gardel / hemis.fr

18h ; vac. scol. (zone A) merc.-dim. 10h-12h30, 14h30-18h - fermé janv., 1er Mai, 11 Nov., 25 déc. - 5,50 € (-12 ans gratuit). Cette riche collection d'appareils scientifiques retrace l'histoire des communications, les grandes étapes qui l'ont marquée et les différents moyens ou modes d'expression utilisés. Le rez-de-chaussée, dédié à Léonard de Vinci, évoque l'origine de la communication. Le 1er étage présente une grande rétrospective, de la TSF (une salle est consacrée à l'évolution des postes de radio de 1898 à 1960) à la télévision (reconstitution d'un studio des années 1950). Au 2e étage, reconstitutions du salon du *Nautilus* d'après Jules Verne et de l'arrivée d'Armstrong sur la Lune. Dans le parc, vous retrouverez un autre mode de communication, plus naturel : celui des oiseaux…

Musée de l'Ardoise à Trélazé C2

7 km à l'est d'Angers, par la D 4 - 02 41 69 04 71 - www.lemuseedelardoise.fr - - juil.-août : tlj sf lun. 14h-18h ; sept.-nov. et mi-fév.-30 juin : w.-end et j. fériés 14h-18h ; vac. de fév. et vac. de Pâques (zone A) : tlj sf lun. 14h-18h - démonstration de fente d'ardoise à 16h - fermé de déb. déc. à mi-fév. - 5,50 € (-6 ans 2,80 €).

Trélazé est connu pour ses ardoises, dont l'exploitation a débuté au 12e s. Au temps de la navigation sur la Loire, elles remontaient son cours par bateau pour aller couvrir de leur chape bleutée les églises, châteaux, manoirs ou simples maisons qui bordaient le fleuve et ses alentours. Près d'une carrière désaffectée à ciel ouvert, sur un site de 3 ha, le musée de l'Ardoise présente des éléments de géologie, les anciennes techniques d'extraction de l'ardoise, la vie des ardoisiers, et enfin des procédés d'exploitation plus récents. Une démonstration de fente à l'ancienne est assurée par d'anciens « perreyeux ». Ces fendeurs vous conteront avec passion l'histoire de leur métier et l'évolution des savoir-faire.

Les Ponts-de-Cé C2

À 6 km au sud par la D 160.

Traversés par le canal de l'Authion et les bras de la Loire, Les Ponts-de-Cé (avec ses quatre ponts) auront vu couler maints ruisseaux de sang…

Sous Charles IX, un corps de troupes, commandé par Strozzi, veut passer de Vendée en Anjou. Embarrassé par les 800 ribaudes qui accompagnent les soldats, le rude capitaine les fait jeter à la Loire. En 1562, les huguenots s'emparent du château mais ils en sont chassés, et ceux qui n'ont pas péri au cours du combat sont précipités dans le fleuve. En 1793, de nombreux Vendéens sont fusillés dans l'île qui entoure le château. De style gothique, ravagée par un incendie en 1973, l'**église St-Aubin** conserve quelques éléments de mobilier intéressants : retables et statues, notamment un beau Christ aux liens. Les vestiges du château, couronnés de mâchicoulis, abritent un charmant petit **musée des Coiffes et des Traditions** - *✆ 02 41 44 68 64 - juil.-août : 10h-12h30, 14h30-18h30 ; mai-juin : w.-end et j. fériés 14h30-18h30 ; avr., et sept.-oct. : dim. et j. fériés 14h30-18h30 ; fermé reste de l'année - 3 € (-18 ans gratuit).*

Roche de Mûrs à Mûrs-Érigné C2

À 10 km d'Angers par la D 160, puis la route de Nantes, et ensuite la rue de la Roche-de-Mûrs.

Ce promontoire domine le Louet et offre un magnifique **panorama★** sur la vallée de la Loire. Au premier plan, les grandes étendues de prairies inondables du Val de Louet, les peupleraies, les serres horticoles et au loin la silhouette urbaine d'Angers où l'on distingue les flèches de la cathédrale St-Maurice.

Ce site, chargé d'histoire, rappelle la perte d'un bataillon républicain au moment de la Révolution. En juillet 1793, à la suite d'affrontements sans relâche, 12 000 insurgés vendéens jettent les soldats dans le vide ! C'est pour ces hommes « morts pour la République » qu'un monument a été érigé à l'occasion du centenaire de la Révolution française.

Une randonnée de 6 km (environ 2h) longe le Louet et vous fait découvrir le village de Mûrs-Érigné *(balisage vert). Rens. ✆ 02 41 05 50 00 (Angers Loire Métropole) - un livret rassemble les sentiers de l'agglomération angevine « le plaisir en marche » (8 € dans les offices de tourisme ou les librairies).*

Sainte-Gemmes-sur-Loire C2

À 5 km au sud-est d'Angers par la rue Létanduère (gare ferroviaire) puis la route de Hutreau (D 312).

Cette petite commune de l'agglomération d'Angers, étendue au bord d'un bras de Loire, dévoile de beaux points de vue depuis ses rives arborées et meublées de tables de pique-nique.

Bouchemaine C2

À 10 km au sud-ouest d'Angers par la D 411.

Charmant village des bords de Maine, où l'on vient goûter la **vue★** depuis l'un des bons restaurants panoramiques. Un peu plus loin, le paysage d'eaux et de roseaux de La Pointe, où **Maine et Loire convergent**, est enchanteur.

Île Saint-Aubin C2

Vers le nord, prendre la direction du CHU et suivre les indications. Accessible du printemps à l'automne uniquement par bac, à vélo ou à pied.

Aux portes d'Angers, l'île Saint-Aubin offre un dépaysement total. La très courte traversée en bac et une pause à la guinguette valent déjà le détour. D'une superficie de 600 ha, l'île est un site naturel protégé. Un sentier d'interprétation permet de découvrir les spécificités de cette zone, ainsi que la faune et la flore présentes. Des animations sont proposées pendant la saison estivale.

★ Terra Botanica C2

Rte de Cantenay-Épinard (D 107), à 4 km au nord du centre d'Angers - 02 41 25 00 00 - www.terrabotanica.fr - mai-août et vac. scol. de Pâques et Toussaint : 9h-18h ou 10h-19h ; avr. et sept. : vend., sam. et dim. 9h-18h ou 10h-19h - 17,50 € (enf. 10 €, famille 50 €).

Premier parc ludique et pédagogique consacré au végétal, Terra Botanica offre à la fois le spectacle de la nature et la compréhension du vivant. Inauguré en 2010 dans une région qui ne fut pas choisie par hasard – l'Anjou est réputé pour sa culture horticole – il déploie 11 ha de jardins, d'espaces aquatiques et de serres, jalonnés de 40 attractions et animations *(Les grandes explorations, L'odyssée botanique, À l'épreuve des extrêmes, Voyage au centre de la plante, Balade des cimes…)* et répartis selon quatre thèmes.

Le Végétal convoité, où l'on apprend comment l'homme a donné du sens au végétal.

Le Végétal généreux, développant ces liens entre l'homme et la nature : comment le premier s'est rendu maître de la seconde, et l'a utilisée pour se nourrir, se vêtir, s'abriter.

Le Végétal apprivoisé, témoignant de l'adaptation progressive du végétal à cette exploitation par l'homme.

Le Végétal mystérieux, enfin, révélant les mystères résolus et irrésolus de la matière organique : ADN, chlorophylle…

Le parc s'organise autour d'un « cœur » qui abrite un café et un restaurant original, sous la houlette de Pascal Favre d'Anne *(aussi Nos adresses p. 319)*.

★ Château du Plessis-Macé B2

À 15 km au nord-ouest d'Angers - 02 41 32 67 93 - juil.-août : 10h30-19h ; avr.-juin, sept.-oct. : tlj sf lun. et mar. 13h30-18h - fermé 1er janv., 25 déc. - 5,50 € (7-12 ans 2 €) - parcours « Entrez dans la cour des grands » d'une journée (se renseigner au château ou www.entrezdanslacourdesgrands.com).

Bien à l'abri derrière ses arbres, son enceinte flanquée de tours et son donjon bordé de douves, le Plessis-Macé offre un bel exemple de château de style gothique flamboyant. Fondé au 11e s. par Matthieu Ier du Plessis (d'où son nom, Plessis-Macé, Matthieu pouvant se prononcer Macé), il fut reconstruit au milieu du 15e s. par Louis de Beaumont, chambellan du roi Louis XI, lequel conserva les quatre tours rondes qu'il fit coiffer de poivrières. Passée aux mains de la famille **du Bellay**, la demeure resta leur propriété durant 168 ans. C'est ici que fut signé le dernier des trois documents unissant la Bretagne et la France en 1532. Des hôtes prestigieux y furent accueillis, dont François Ier, Henri IV et le poète Joachim du Bellay. Aujourd'hui, propriété du département de Maine-et-Loire, le Plessis-Macé est devenu le haut lieu du **Festival d'Anjou** *(p. 320)*.

Sur la **façade** de la cour, le blanc du tuffeau s'oppose à la couleur noire du schiste tandis qu'un donjon en ruine dresse sa masse imposante. La monotonie de ces murailles est rompue par les harmonieuses fenêtres dont elles sont percées. Sur le côté droit s'ouvrent les dépendances comprenant des écuries et une salle des Gardes. Sur la gauche se succèdent la chapelle, une tourelle d'escalier et le **logis seigneurial** surmonté de gâbles aigus. Une charmante **galerie suspendue★**, véritable dentelle de tuffeau, accueillait jadis les dames qui pouvaient ainsi assister aux joutes et aux jongleries. Face à cette galerie, une loggia était réservée aux serviteurs. Ne manquez pas la **chapelle St-Michel**, de style flamboyant. Elle est habillée par de rares **boiseries★** gothiques du 15e s. formant une tribune à deux étages. Le premier était réservé au seigneur et aux écuyers et le second, aux serviteurs.

NOS ADRESSES À ANGERS

VISITES

Visites guidées – Label Ville d'art et d'histoire. Toute l'année, visites à thème accompagnées par des guides-conférenciers agréés par le ministère de la Culture et de la Communication. L'été, visites-spectacles, balades nocturnes, sorties nature, découvertes gourmandes, végétales ou sportives.

Citypass - Il donne accès à plus de 20 sites et visites, permet de participer à un parcours guidé « Angers ville d'art et d'histoire » et de découvrir la ville en petit train touristique ✆ *02 41 23 50 00 (OT).*

Zevisit – Visites audioguidées pour lecteurs mp3, à télécharger sur www.angersloiretourisme.com.

Géoquestour – *Sur Ipad ou Iphone*. Itinéraire ludique à découvrir en famille : « Sur les pas du roi René ».

Le circuit « **Angers historique** » permet de découvrir à pied ou à vélo le patrimoine de la ville (2h) ; ♿ un parcours *Confort* a également été aménagé pour les personnes à mobilité réduite et les familles munies de poussettes. Cartes disponibles en six langues à Angers Loire Tourisme

HÉBERGEMENT

PREMIER PRIX

Camping Lac de Maine – *Av. du Lac-de-Maine (accès par le pont de la Basse-Chaîne) - ✆ 02 41 73 05 03 - www.camping-angers.fr. - fin-mars-mi-oct. - 140 empl. 18,50 €.* Camping 4-étoiles au bord du lac.

BUDGET MOYEN

Grand Hôtel de la Gare – *5 pl. de la Gare - ✆ 02 41 88 40 69 - www.hotel-angers.fr - fermé 1er-20 août et 23 déc.-2 janv. - 52 ch. 55/82 € - ☕ 9 €.* Décor très sobre, bonne isolation phonique et vue sur le jet d'eau, au centre de la place.

Hôtel de Champagne – *34 av. Denis-Papin - ✆ 02 41 25 78 78 - www.hoteldechampagne.com - 29 ch. 54/86 € - ☕ 8,50 €.* Face à la gare, à deux pas du centre-ville, chambres tout confort, rénovées et redécorées avec goût. Label de qualité « hotelcert ».

Hôtel Le Progrès – *26 r. Denis-Papin - ✆ 02 41 88 10 14 - www.hotelleprogres.com - P - fermé du 6 au 21 août et 24 déc.-1er janv. - 41 ch. 60/78 € - ☕ 8,50 €.* À deux pas de la gare, une adresse accueillante, des chambres actuelles, claires et pratiques. Avant de visiter le château, requinquez-vous grâce au copieux buffet du petit-déjeuner.

Hôtel du Mail – *8 r. des Ursules - ✆ 02 41 25 05 25 - www.hoteldumail.fr - P (payant) - 26 ch. 62/82 €- ☕ 10/16 €.* Les murs de cet ancien couvent d'ursulines vous préserveront des bruits du centre-ville tout proche. Chambres personnalisées et assez spacieuses, au confort douillet ; celles du dernier étage sont mansardées. L'été, petits-déjeuners servis en terrasse sous un tilleul.

Hôtel Le Continental – *14 r. Louis-de-Romain - ✆ 02 41 86 94 94 - www.hotellecontinental.com - 25 ch. 65/75 € - ☕ 9,50 €.* Une situation centrale, des chambres lumineuses et régulièrement entretenues, et une bonne insonorisation font la réputation de cet hôtel aménagé dans un immeuble ancien.

Le Home du 12bis – *12 bis r. Delaage - ✆ 06 77 88 90 97 - www.chambredhoteangers.com - 1 appart. 70 €.* Appartement moderne tout confort donnant sur un paisible jardin, à deux pas du château.

Hôtel de France – *8 pl. de la Gare - ✆ 02 41 88 49 42 - www.hoteldefrance-angers.com - P - 55 ch. 80/165 € - ☕ 14,50 €.* Chambres cossues et bien équipées, petits coins-salon, salle de séminaires et bon petit-déjeuner (produits locaux) : la clientèle d'affaires – entre autres – apprécie. Ambiance feutrée, cuisine actuelle et bon choix de vins du cru aux plantagenêts.

UNE FOLIE

Hôtel d'Anjou Best Western – *1 bd du Maréchal-Foch - ✆ 02 41 21 12 11 - www.hoteldanjou.fr - P - 53 ch. 111/176 € - ☕ 13,50 € - wifi gratuit.* Au cœur d'Angers, cet hôtel né en 1845 conserve des intérieurs historiques, mêlant inspirations Renaissance, classique et Art déco. Patine et confort… Au restaurant, carte traditionnelle et décor François Ier : fresques, plafonds à la française et salamandres.

Dans les environs

BUDGET MOYEN

Hôtel Le Cavier – *La Croix-Cadeau - 49240 Avrillé - 8 km au nord-ouest d'Angers par D 775 - ✆ 02 41 42 30 45 - www.lacroixcadeau.fr - ♿ - P - 43 ch. 57/72 € - ☕ 9,20 € - ✕ 21/38 €.* Les ailes de ce moulin du 18e s. peuvent encore tourner ! Ses vieilles pierres abritent les salles à manger, près de la machinerie d'origine. Les chambres sont aménagées dans une construction récente. Terrasse au bord de la piscine d'été.

Chambre d'hôte Le Grand Talon – *3 rte des Chapelles - 49800 Andard - 11 km à l'est d'Angers par D 347 dir. Saumur puis D 4 - ✆ 02 41 80 42 85 - 💳 - 3 ch. 61/71 € ☕.* Élégante demeure du 18e s. tapissée de vigne vierge et précédée d'une plaisante cour carrée. Chambres décorées avec beaucoup de goût, agréables à vivre. Aux beaux jours, petit-déjeuner sous les parasols du joli jardin. Accueil charmant.

Chambre d'hôte du Domaine des Chesnaies – *La Noue - 49190 Denée - ✆ 02 41 78 79 80 ou 06 84 00 77 89 - www.domainedeschesnaies.com - 4 ch. 80 € ☕, 70 € ☕ à partir de la 2e nuit.* Les chambres sont aménagées dans les dépendances de cette belle gentilhommière du 16e s. Elles sont spacieuses, joliment contemporaines et ouvrent toutes sur le magnifique jardin créé au 19e s. et inscrit à l'ISMH. Une chambre enfant. Apéritif d'accueil. À découvrir également, les vins du domaine.

Gîte de charme La Pointerolle – *Chemin des Landes - 49800 Trélazé - ✆ 02 41 57 15 54 ou 06 47 03 38 20 - gitelapointerolle.monsite.orange.fr - P - 1 sem. juil.-août : 220 € ; moyenne sais. : 200 € - possibilité de séjour inférieur à 1 semaine.* À proximité du château de Pignerolle, un gîte de charme pour deux personnes dans un écrin de verdure. Très belle pièce d'eau, vélos à disposition. Miel de la propriété.

UNE FOLIE

Château de Noirieux – *Relais et châteaux - 26 rte du Moulin 49125 Briollay - 17 km au nord-est d'Angers - ✆ 02 41 42 50 05 - www.chateaudenoirieux.com - ♿ - P - fermé 14 fév.-25 mars, 14 nov.-1er déc. et oct.-mai : dim. et lun. - 175/420 € - ☕ 23 € - ✕ 65/125 € - bistrot 34 €* - Élégant château dominant le Loir, établi dans un parc propice à la promenade.

Chambres magnifiquement décorées. Cuisine raffinée. Une des plus belles caves du département.

RESTAURATION

Angers

PREMIER PRIX

Art & Thé – *7 r. de la Chaperonnière - ✆ 02 41 34 06 31 - 10h-19h tlj sf dim. et lun. - formule 13 € - 15/20 €.* À deux pas de la cathédrale et de la Maison d'Adam, cet agréable salon de thé propose, à toute heure de la journée, d'excellentes salades composées, une restauration légère particulièrement soignée et de bons desserts. Bon rapport qualité/prix.

Le Bouchon Angevin – *44 r. Beaurepaire - ✆ 02 41 24 77 97 - www.lebouchonangevin.fr - fermé fin juil.-fin août, dim., lun. - 14/25 €.* Chaleureux resto-cave aux murs couverts de bouteilles, réputé également pour ses whiskies. Carte traditionnelle.

Chez Rémi – *7 bis bd Foch - ✆ 02 41 24 95 44 - fermé sam., dim. et lun. - 17/20 € déj. - 28 €.* Cuisine du marché inventive avec des produits frais ; bon marché. La salle est petite. Réserv. conseillée.

BUDGET MOYEN

Ma Campagne – *14 prom. de Reculée - ✆ 02 41 48 38 06 - fermé dim. soir, lun. et mar. soir - 17 € déj. - 27/40 €.* Décor champêtre et vue sur la Maine pour ce restaurant à la carte ambitieuse avec un excellent rapport qualité/prix. Terrasse ombragée.

La Ferme – *2 pl. Freppel - ✆ 02 41 87 09 90 - fermé 20 juil.-12 août, dim. soir et merc. - réserv. obligatoire - 12,50 € déj. - 18,60/29,90 €.* Dans ce restaurant bien connu situé au pied de la cathédrale, vous dégusterez une cuisine du terroir traditionnelle dans un décor simple. L'une des plus agréables terrasses de la ville.

Provence Caffé – *9 pl. du Ralliement - ✆ 02 41 87 44 15 - www.provence-caffe.com - fermé 1er-24 août, 19 déc.-3 janv., dim. et lun. - réserv. obligatoire - 14,50/32 €.* Jouxtant l'hôtel St-Julien, un restaurant coté qui affiche complet midi et soir. Le patron, originaire du Midi, a parfumé sa carte de saveurs méditerranéennes. La salle à manger a elle aussi un air provençal. On entendrait presque les cigales…

Mets et Vins Plaisirs – *44 bd Ayrault - ✆ 02 41 87 03 35 - fermé sam. midi, dim., lun. soir. - formule midi 12,50 € - 20/45 €.* Hamburger de foie gras ou carpaccio de St-jacques à l'huile de truffe dans une salle lumineuse meublée design, qui a conservé ses murs de pierre apparente.

Le Relais – *9 r. de la Gare - ✆ 02 41 88 42 51 - www.destination.anjou.com/relais - fermé 3 août-3 sept., 24 déc.-8 janv., dim., lun. et j. fériés - 22/40 €.* Banquettes rouges, boiseries, comptoir en bois et fresques murales sur le thème du vin caractérisent le sobre décor contemporain de ce sympathique restaurant apprécié des gourmets. Appétissante cuisine actuelle et une carte des vins bien composée.

Le Grand Jardin – *1 pl. Mendès-France - ✆ 02 41 60 34 81 - 15,50/29 € déj. - 31 € - ☕ 16 €.* Le restaurant de l'hôtel Mercure (centre) a le bel avantage de s'ouvrir sur le Jardin des plantes. Points forts : la déco, l'espace entre les tables, la variété des créations et l'originalité des plats. Excellents petits-déjeuners bio.

La Villa Toussaint – *43 r. Toussaint - ✆ 02 41 88 15 64 - fermé dim. lun.- déj. 20/25 € - 30 €.* Cuisine du monde dans un joli cadre. Ambiance zen et branchée.

Autour d'un Cep – *9 r. Baudrière - ✆ 02 41 42 61 00 - fermé 9-15 mai, août, vac. de Noël, sam. midi, dim. et lun. - formule midi 17 €, 27/35 €.* Un petit restaurant épatant, tenu par deux jeunes associés : l'un bon cuisinier, respectueux de la tradition ; l'autre bon sommelier et fils de vigneron. Un duo complémentaire…

Le Petit Comptoir – *40 r. David-d'Angers - ✆ 02 41 43 32 00 - lepetitcomptoir49@orange.fr - fermé 16-25 janv., 30 juil.-21 août, dim. et lun. - 29 €.* La façade rouge carmin de ce bistrot angevin dissimule une salle à manger exiguë mais chaleureuse. Ambiance décontractée et généreuse cuisine exprimant une belle inventivité.

POUR SE FAIRE PLAISIR

Le Favre d'Anne – *18 quai des Carmes - ✆ 02 41 36 12 12 - www.lefavredanne.fr - fermé dim.-lun. - 20/32 € déj. - 45/90 €.* Restaurant étoilé, situé dans un hôtel particulier le long de la Maine face au château. Le chef propose une belle cuisine créative et vous entraîne dans une découverte de saveurs et de textures raffinées. Pascal Favre d'Anne préside également aux destinées du Veri Fraich, l'original « éco-restau » de Terra Botanica (*↻ p. 315*).

Une Île – *9 r. Max-Richard - ✆ 02 41 19 14 48 - fermé dim. lun. - 30 € déj. - 49/82 €.* À côté de la gare, Catherine et Gérard Bossé, anciens propriétaires des Tonnelles à Béhuard, vous accueillent dans une salle aux lignes épurées. Belle cuisine recherchée et récompensée d'une étoile. Carte des vins régionaux étoffée.

Dans les environs

BUDGET MOYEN

L'Hoirie – *R. Henri-Faris - 49070 Beaucouzé - ✆ 02 41 72 06 09 www.ruedesrestos.com - P - fermé dim. soir et lun. - 24,50/55 €.* Malgré une situation peu avantageuse en bordure de rocade, cette table mérite le détour. On y goûte une appétissante cuisine actuelle, dans une salle sobrement moderne bien isolée de la rue.

ACHATS

La Petite Marquise – *22 r. des Lices - ✆ 02 41 87 43 01 - www.lapetitemarquise.fr - tlj sf dim. apr.-midi et lun. mat. 9h-19h15 - fermé 1er janv. et lun. en juil.-août.* Les Quernons d'Ardoise, ça vous dit quelque chose ? Si vous ne connaissez pas cette spécialité angevine composée de nougatine et de chocolat bleuté imitant les ardoises de la ville, rendez-vous dans cette boutique cossue, car c'est ici qu'elle est née.

Maison du Vin de l'Anjou – *5 bis pl. Kennedy - ✆ 02 41 88 81 13 - www.vinsdeloire.fr - avr.-sept. : tlj sf lun. mat. 10h-13h, 14h30-19h ; fermé dim. ; oct.-mars : tlj sf dim. et lun. 10h30-12h30, 15h-18h - fermé 1er janv., 1er et 8 Mai, 1 Nov. et 25 déc, mi jan. mi fév.* Située au centre d'Angers, près du château, cette maison au cadre lumineux propose en dégustation une large palette de vins de la région, du Pays nantais au Saumurois en passant par l'Anjou, ainsi que de la documentation. Pour commencer idéalement la route touristique du vignoble de l'Anjou.

Maison d'Adam – *1 pl. Ste-Croix - ✆ 02 41 88 06 27 - www.maison-artisans.com - tlj sf dim. 9h30-19h, lun. 14h-19h.* Cette demeure de la fin du 15e s. derrière la cathédrale, abrite les plus belles pièces d'artisanat des Pays de la Loire. Plus de 80 créateurs y exposent leurs œuvres : sculptures, verre soufflé, bois tourné, mais aussi une collection de tapisseries, réalisées sur métier Jacquard.

Carré et boutique Cointreau – *Bd des Bretonnières, Croix-Blanche, ZI St-Barthélemy-d'Anjou - ☎ 02 41 31 50 50 - www.cointreau.com - P - boutique et visite : se renseigner pour les horaires.* L'unique site de fabrication de la célèbre liqueur. Visite de la distillerie et dégustation.

ACTIVITÉS

La Loire à vélo – *www.loireavelo.fr.* Au départ d'Angers, la Boucle angevine traverse de beaux paysages ardoisiers, longe les bords de Maine et ceux de la Loire (40 km).

Maine-Anjou-Rivières – *☎ 02 41 95 10 83 - www.maine-anjou-rivieres.com.* Croisières sur la Maine, la Mayenne et la Sarthe.

Navettes fluviales – Durant l'été, au départ d'Angers, 4 lignes sont proposées en direction de la Loire, la Sarthe et la Mayenne. *Rens. OT ☎ 02 41 23 50 00 ou Maison du port (☎ 02 41 23 50 02).*

Aéro-Club d'Angers-Marcé – *☎ 02 41 33 50 61 -www.aeroclubangers.fr - 9h-18h - 69 € pour un baptême de l'air.* Pour compléter la visite du musée régional de l'Air, présentez-vous à l'accueil du bâtiment à gauche de la tour de contrôle : l'aéroclub d'Angers-Marcé vous propose baptême de l'air (20mn), leçons de pilotage ou vol de 15 à 20mn vers la destination de votre choix.

Maison de l'environnement – *Av. du Lac-de-Maine - ☎ 02 41 22 32 30.* Installée dans une belle maison du 15e s., elle organise des expositions, des journées de sensibilisation à l'environnement, ainsi que des stages d'initiation et de découverte.

Bon à savoir – À 5mn du centre-ville, le parc de loisirs du lac de Maine offre 200 ha de verdure et d'eau pour se baigner et pratiquer tennis, planche à voile, canoë, swing-golf, course d'orientation.

Le parc Anjou Aventure – *Parc des Sablières - Écouflant - autoroute A11 sortie 14, suivre Tiercé puis suivre les flèches - ☎ 02 41 96 89 68 - www.parcanjouaventure.fr - juil.-août dép. tlj 13h-16h - avr.-juin et du 1er sept au 1er nov. : ts les w.-ends et j. fériés et tlj pdt les vac. scol. de la zone A - dép. 13h30-16h - réservation conseillée.* Situé à 5mn d'Angers, au cœur de la forêt d'Écouflant, le parc Anjou Aventure propose des parcours d'accrobranche pour tous niveaux et en toute sécurité.

AGENDA

Festival 1ers Plans – *Janv. - www.premiersplans.org.* Compétition des premiers films de cinéastes européens.

Made in Angers – *Fév.-mars - www.madeinangers.fr* Une centaine d'entreprises ouvrent leurs portes durant un mois.

Festival d'Anjou – *De mi-juin à mi-juil. - ☎ 02 41 88 14 14 - www.festivaldanjou.com* Représentations théâtrales en extérieur dans des sites prestigieux.

Tempo'Rives – *Juil-août.* Concerts gratuits dans le quartier de la Doutre, en bord de Maine, cale de la Savatte.

Les Accroche-cœurs – *Sept.* Trois jours de festivités de rue.

Marathon International de la Loire – *Bouchemaine - ☎ 02 41 73 86 10 - www.canoekayakpaysdelaloire.fr - dernier w.-end de sept.* Amateurs, passionnés et professionnels de canoé-kayak filent sur l'eau au rythme d'une vraie course pour les uns, d'une tranquille balade pour les autres.

La Loire à Champtoceaux.
G. Rigoulet / hemis.fr

La Loire angevine

★

Maine-et-Loire (49)

NOS ADRESSES PAGE 328

S'INFORMER
Loire Layon Tourisme – *Place de l'Hôtel-de-Ville - 49290 Chalonnes-sur-Loire - ✆ 02 41 78 26 21 - www.loire-layon-tourisme.com - juil.-août : lun.-sam. et j. fériés 10h-13h, 14h-18h, dim. 10h-13h ; mai-juin et sept. : lun.-sam. 10h-13h, 14h-18h, j. fériés 10h-13h (sf 1er Mai) ; oct.-avr. : lun. 14h-17h, mar.-merc. et vend. 10h-13h, 14h-17h, jeu. et sam.10h-13h, fermé j. fériés.*

SE REPÉRER
Carte de microrégion A3-B2-3 (p. 294-295) – *Carte Michelin Départements 317 F4*. La Loire angevine s'étire de la confluence avec la Maine (au sud de Bouchemaine) à la frontière de la Loire-Atlantique (Champtoceaux).

À NE PAS MANQUER
La charmante île de Béhuard, la corniche angevine, la promenade de Champalud à Champtoceaux et le château de Serrant

ORGANISER SON TEMPS
Comptez environ 4h pour le circuit, 1h30 pour le château de Serrant.

AVEC LES ENFANTS
L'Arche et le Jardin des kangourous à La Possonnière, le moulin de l'Epinay à la Chapelle-St-Florent.

Des églises angevines dans des petits villages colorés, puis une vue plongeante sur de vertes vallées vous font découvrir une Loire oubliée, bordée de cités assoupies. En retrait du fleuve, derrière son harmonieuse façade, le château de Serrant est probablement l'un des plus magnifiquement meublés de France : une prestigieuse collection de mobilier et d'œuvres d'art, constituée en près de quatre siècles, s'y découvre dans de grands salons d'apparat, de multiples chambres et une gigantesque bibliothèque où la patine du temps coexiste avec l'atmosphère conviviale d'une maison qui n'a jamais cessé d'être habitée.

Circuit conseillé Carte de microrégion p. 294-295

Pour visualiser ce circuit de 90 km, reportez-vous à la carte de microrégion p. 294-295 – Comptez environ 4h. Quittez Angers par le boulevard du Bon-Pasteur et prenez à gauche la D 111, vers le sud, en direction de Savennières.

Au-delà de La Pointe, la route s'éloigne de la rive du fleuve et court à travers les vignes. Dans la descente qui s'amorce après Épiré, elle domine le vallon profond d'un petit affluent de la Loire.

Savennières B3

L'**église** du village présente un joli chevet roman aux modillons sculptés et un portail sud de la même époque. Remarquez le décor de briques en « arêtes de poisson » qui orne le mur en schiste (10e s.) de la nef.

Les vins blancs secs de Savennières proposent deux appellations particulièrement réputées : coulée-de-serrant et roche-aux-moines. Des balades dans le vignoble sont proposées au **domaine de Closel** *(Château des Vaults - 1 pl. du Mail - 49170 Savennières - 02 41 72 81 00 - www.savennieres-closel.com).*

La Possonnière B3

La petite commune abrite le **moulin de la Roche**, un moulin à vent du 17e s. qui fonctionna jusqu'en 1914, ainsi que deux parcs qui raviront les plus jeunes : le **parc d'attractions l'Arche** *(02 41 72 21 09 - www.parc-attractions-arche.com)* et le **Jardin des kangourous** *(02 41 72 65 50 - www.lejardindeskangourous.com).*

Rebroussez chemin jusqu'à Savennières et tournez à droite dans la D 106.

★ Béhuard B3

La charmante île de Béhuard s'est constituée autour d'un rocher où campent sa petite église et son village entièrement restauré. Le long du calvaire, un court chemin mène vers la Loire et une large plage de sable.

Église Notre-Dame – En face du **logis du roi** (15e s.) bâti, selon la tradition, pour les visites de Louis XI, un petit escalier donne accès à l'église. À l'époque païenne, il existait déjà un sanctuaire dédié à une déesse marine, qui fit place au 5e s. à un oratoire ; on y priait pour les mariniers « au péril de la Loire ». Au 15e s., Louis XI, sauvé d'un naufrage, fit élever l'église actuelle qui devint un but de pèlerinage populaire à la Vierge, protectrice des voyageurs : n'avait-elle pas connu la fuite en Égypte ?

La nef principale est en partie formée par le rocher ; au mur du chœur sont suspendues des chaînes, offertes en ex-voto par un galérien revenu des prisons barbaresques ; les miséricordes des stalles (16e s.) sont malicieusement historiées ; et dans une niche se trouve la statue de N.-D.-de-Béhuard. Dans la nef latérale, vous verrez un intéressant vitrail (fin 15e s.) où figure une Crucifixion, avec Louis XI à gauche en donateur.

LA VIERGE DES AVIATEURS

N.-D.-de-Lorette, honorée à la Haie-Longue, est la patronne des aviateurs. Cela a de quoi étonner. L'explication vient du nom de la ville de Loreto (Lorette en français) où, sur la côte italienne, une maison est vénérée sous le nom de Santa Casa. Selon une légende locale, cette maison serait celle de la Vierge qui aurait été amenée là après avoir été transportée dans les airs par les anges, de Nazareth en Yougoslavie, puis jusqu'à Loreto. Cette belle histoire valut a N.-D.-de-Lorette de parainer les métiers aériens.

En sortant, offrez-vous une promenade dans le vieux **village★** et ses maisons des 15e et 16e s.

Rochefort-sur-Loire B3

Rochefort est situé dans un cadre agreste au bord du Louet, bras de la Loire. Plusieurs maisons anciennes, à tourelles ou à échauguettes, se dressent sur la place en contrebas de la D 751. Les coteaux voisins produisent le célèbre **quarts-de-chaume**, vin blanc parfumé et long en bouche.

★ La corniche angevine B3

Cette route (D 751) taillée dans la falaise jusqu'à Chalonnes offre, à partir de la Haie-Longue, des vues plongeantes sur toute la largeur du Val et sur les petites localités qui bordent la Loire.

La Haie-Longue B3

En arrivant à la Haie-Longue, vous apercevrez dans un virage une chapelle dédiée à **N.-D.-de-Lorette** *(encadré)*. En face se dresse un monument élevé à la mémoire de René Gasnier, pionnier de l'aviation. **Vue★** remarquable sur la Loire et ses « boires », nappes paresseusement étalées sous une lumière argentée ; prairies, manoirs à tourelles, arbres et coteaux ponctuent ce paysage empreint d'une douceur musicale.

Chalonnes-sur-Loire B3

Saint Maurille, évêque d'Angers au 5e s., y vit le jour. Du quai sur la Loire, jolie vue sur le fleuve. Le vieux port accueille quelques barques de pêche et bateaux de plaisance.

Après Chalonnes, la D 751 suit le bord du plateau, coupé de petites vallées affluentes.

Montjean-sur-Loire B3

Montjean (prononcer : Montejan) serre ses rues étroites sur un promontoire rocheux qui domine la Loire.

De la terrasse proche de l'église, **vue** étendue sur le Val, le pont suspendu franchissant la Loire et les nombreux villages aux toits d'ardoise. Le bourg fut autrefois un important port fluvial, comme en témoigne le site dédié à l'histoire de la batellerie de Loire, **Cap Loire** *(20 r. d'Anjou - 49570 Montjean-sur-Loire - ✆ 02 41 39 07 10 - www.caploire.fr)*.

De Montjean à St-Florent, suivez la D 210.

Gagnez Champtocé, de l'autre côté de la Loire, par la D 15.

Champtocé-sur-Loire B2

À la sortie est du village se dressent les ruines d'un des châteaux de **Gilles de Rais** (1404-1440), personnage inquiétant qui aurait inspiré à Charles Perrault son conte *Barbe Bleue* *(encadré p. 280)*.

5

JOACHIM DU BELLAY (1522-1560)
Nourri de poésie grecque et latine, ce grand poète du 16e s. veut donner à sa langue maternelle une littérature aussi noble que celle qu'il admire chez les Anciens ; c'est lui qui rédige le manifeste du groupe de la Pléiade, *Défense et Illustration de la langue française*, paru à Paris en 1549. Il le signe d'un « I.D.B.A. », pour Joachim du Bellay Angevin, qui marque son attachement à sa province. En 1553, accompagnant à Rome le cardinal du Bellay, son cousin, il écrit le recueil des *Regrets*, dans lequel un sonnet resté fameux chante son village natal :

[…] *Plus me plaist le séiour qu'ont basty mes ayeux,*
Que des palais romains le front audacieux :
Plus que le marbre dur me plaist l'ardoise fine,
Plus mon Loire Gaulois, que le Tibre latin,
Plus mon petit Lyré, que le mont Palatin,
Et plus que l'air marin la doulceur Angevine […]

Jardins du château du Pin – *Champtocé-sur-Loire (quittez Champtocé à l'est par la D 723 et prenez à gauche - fléchage) - ✆ 06 11 68 61 81 - www.jardinsduchateaudupin.com - mai-oct. : w.-end et j. fériés 14h-18h - autres j. sur RV - 5 € (-12 ans gratuit).*
Au pied du château (12e-15e s.), les jardins s'étagent sur 14 niveaux et 5 ha. En sortant de l'orangerie, vous découvrirez une collection de grands agrumes, d'avocatiers, de bananiers, de daturas et de lauriers-roses en pots. Autour d'un bassin de nymphéas, une ronde d'ifs est taillée selon un art de la taille décorative, l'art topiaire, particulièrement sophistiqué. Massifs de vivaces, d'iris, de lavande, de roses jaunes entourent les bassins ou cernent les pelouses. Notez aussi l'allée de châtaigniers vieux de 700 ans, le potager aux centaines de dahlias et de roses et l'élégante chapelle du 18e s. avec sa pendule du 16e s. en état de marche.
Rebroussez chemin et prenez la D 723 vers l'ouest en direction d'Ingrandes.

Ingrandes-sur-Loire B2

Face à la Loire, Ingrandes était aux 17e et 18e s. un port important, dont on appréciera mieux le caractère de la rive sud du fleuve, en voyant l'ensemble des murailles basses qui protègent la ville des crues. Sa situation à la lisière de la Bretagne en faisait aussi un lieu idéal de contrebande du sel : l'Anjou en effet était soumis à la gabelle, impôt sur le sel d'autant plus impopulaire que la salaison était le seul mode de conservation des aliments, tandis que la Bretagne en était exonérée. Son **église** moderne (1956) est illuminée par d'immenses verrières, exécutées par les ateliers Loire d'après Bertrand.
Traversez la Loire et prenez la D 210.
La **route★**, dégage de belles perspectives sur le fleuve.

St-Florent-le-Vieil A3

St-Florent et sa colline s'aperçoivent de loin. Du pont de la Loire, on découvre l'église dans une masse de verdure, au sommet de son rocher, et les maisons en schiste dévalant jusqu'aux quais. La bourgade vit naître **Julien Gracq** (1910-2007).
Église – Cette ancienne abbatiale du monastère bénédictin qui couronne le mont Glonne présente une façade et une tour classiques (début 18e s.). Dans la crypte, restaurée comme le chœur à la fin du 19e s., Vierge du « Bien mourir », statue en pierre polychrome du 15e s.

Dans une chapelle à gauche, **tombeau de Bonchamps★**, en marbre blanc (1825), où **David d'Angers** a représenté le chef vendéen en héros antique pour commémorer sa clémence. En effet, le soulèvement de la Vendée angevine avait pris naissance à St-Florent le 12 mars 1793. Mais, le 18 octobre, les blancs, vaincus devant Cholet, épuisés, refluèrent sur St-Florent. Parmi ces derniers, figurait Bonchamps, près d'expirer. Exaspérés par les représailles républicaines de Westermann et de l'armée de Mayence, les royalistes se préparèrent à venger leur chef en massacrant leurs prisonniers républicains entassés dans l'église. Prévenu du sort qui attendait les malheureux, Bonchamps, à l'article de la mort, supplia son cousin Autichamps d'obtenir la grâce des prisonniers. Autichamps accourut alors vers l'église et cria : « Grâce aux prisonniers, Bonchamps le veut, Bonchamps l'ordonne ! » Et les blancs épargnèrent leurs 5 000 captifs. Ceux-ci comptaient dans leurs rangs le père du sculpteur David d'Angers qui, en reconnaissance, exécuta l'émouvant monument placé dans l'église.

Dans le chœur, côté nord, des vitraux historiques racontent les événements de la guerre de Vendée qui ont marqué ce lieu, principalement le soulèvement du 12 mars 1793, la mort de Cathelineau, les prisonniers au champ des martyrs, les adieux du curé Robin, la paix de St-Florent.

Dans la crypte sont rassemblés un reliquaire de St-Florent, un dépôt lapidaire et une exposition sur Cathelineau.

Sur l'**esplanade**, ombragée, s'élève une colonne en l'honneur de la duchesse d'Angoulême, fille de Louis XVI. Depuis les terrasses, **vue★** étendue sur le Val de Loire.

Musée d'Histoire locale et des Guerres de Vendée – *✆ 02 41 72 62 32 - mai-sept. : 14h30-18h30 - possibilité de visite guidée - fermé oct.-avr. et j. fériés - 3 € (-12 ans gratuit).* Aménagé dans l'ancienne chapelle du Sacré-Cœur (17e s.), il rassemble des documents, des costumes et des armes ayant trait au mouvement vendéen et à ses chefs.

Plus bas, dans la rue qui porte son nom, une plaque indique la maison où mourut Cathelineau, le 14 juillet 1793. La chapelle St-Charles (1858), aujourd'hui dans la cour d'une école, contient son tombeau ainsi que celui de son fils.

Dirigez-vous vers La Chapelle-St-Florent par la D 751 et la D 152.

La Chapelle-St-Florent A3 *(Cholet et les Mauges, p. 348)*

Revenez vers la D 751, qui serpente à l'ouest parmi les collines.

★ Chapelle de la Bourgonnière A3

Au sud de la D 751, entre Le Marillais et Bouzillé - ♿ - visite sur RV : contacter Mme Monique de Saint-Pern au 02 40 98 10 18.

5

Cette belle chapelle seigneuriale, au portail délicatement sculpté (rinceaux et cornes d'abondance), appartenait à un château qui brûla pendant la Révolution. Les tours, tourelles et contreforts qui renforcent l'édifice sont ornés de coquilles, d'initiales LC, et de tau (T grec), emblèmes des Antonins, ordre hospitalier protégé par Charles du Plessis et Louise de Montfaucon, les bâtisseurs du sanctuaire de 1508 à 1523. Les Antonins soignaient le mal des ardents, fièvre violente, dite aussi « feu de saint Antoine ». La nef supporte de belles voûtes en étoile, ornementées de blasons et de clefs pendantes. À droite, un rare banc seigneurial orné de grotesques à l'italienne (16e s.) ; au centre, le retable du maître-autel est surmonté d'une remarquable statue de la Vierge, attribuée à Michel Colombe, entre saint Sébastien et saint Antoine ermite. Le **retable★** de gauche, couvert de rinceaux et d'angelots, est dû, comme celui du maître-autel, à un artiste italien. Un admirable Christ en majesté se détache sur un fond peint où figurent les anges portant les instruments de la Passion, ainsi que Charlemagne et Saint Louis, patrons des donateurs.

Liré A3

Ce village doit sa célébrité au poète **Joachim du Bellay**, qui naquit à 1,5 km de Liré, au domaine de la Turmelière, où ne subsistent que les ruines du château natal.

Musée Joachim-Du Bellay – *✆ 02 40 09 04 13 - www.museedubellay.com - juil.-août : mar.-vend. 10h30-12h30, 15h-18h, w.-end 15h-18h30 ; mars-juin et sept.-oct. : 10h30-12h30, 15h-18h, 3e w.-end du mois 11h-18h ; possibilité de visite guidée (1h15) - 4,60 € (10-18 ans gratuit).*

Installé dans un logis du 16e s. au décor moderne, il propose un voyage à la rencontre du poète et de son temps. À l'entrée, petit jardin contemporain d'inspiration Renaissance.

★ Champtoceaux A3

Site★ admirable, juché au faîte d'un piton dominant le Val de Loire. Derrière l'église, la **promenade de Champalud★★** offre un balcon panoramique sur la Loire, divisée en bras et en vastes îles sablonneuses ; elle vous permettra également de visiter les ruines de la citadelle démolie en 1420, ainsi qu'un ancien péage fluvial. Les vins blancs locaux ont acquis une réputation justifiée.

À proximité Carte de microrégion p. 294-295

★★★ Château de Serrant B2

✆ 02 41 39 13 01 - www.chateau-serrant.net - 4 juin-16 sept. : 9h45-17h15 ; mars-mai et 17 sept.-18 nov. : merc.-sam. 13h30-17h15, dim. et j. fériés 9h45-12h, 13h30-17h15 ; visite guidée 10h, 11h, 12h, 14h15, 15h15, 16h15 et 17h15 - 9,50 € (-16 ans 6,50 €) - animations pour les familles, jeux et ateliers pour enfants.

D'époque médiévale, le premier château a appartenu à la famille **Serrant**, jusqu'au mariage de Françoise de Serrant avec Jean de Brie au 14e s. C'est donc Charles Péan de Brie qui, à la fin du 16e s., entreprend la construction du château Renaissance. Il le commande à l'architecte angevin **Jean de l'Espine**, bâtisseur du clocher central de la cathédrale d'Angers, pour édifier un corps de logis autour d'un escalier à double volée contrariée ainsi que deux ailes. Les travaux seront suspendus par manque d'argent et ne s'achèveront qu'au milieu du 17e s. avec Guillaume Bautru le nouveau propriétaire.

★★★ **Appartements** – Desservis par un escalier aux voûtes décorées de caissons sculptés, les pièces d'apparat sont ornées de tapisseries des Flandres et de Bruxelles voisinant avec des meubles rares, comme l'incomparable **cabinet d'ébène** de Pierre Gole (17e s.) à 33 tiroirs situé dans le grand salon. Admirez le mobilier des 17e, 18e et début 19e s., aux prestigieuses signatures de Saunier ou de Saint-Georges, ou encore le mobilier Empire de **Jacob** recouvert

LE CHÂTEAU DES DUCS DE LA TRÉMOILLE

Après diverses occupations aux 16e et 17e s., la propriété fut acquise au 18e s. par Antoine Walsh, noble irlandais qui suivit Jacques II Stuart en exil en France et devint armateur à Nantes. Une de ses descendantes ayant épousé en 1830 le **duc de La Trémoille**, le château est entré alors dans le giron de cette grande famille poitevine sans changer de mains depuis.

Le château de Serrant.
Guido Alberto Rossi/Tips/Photononstop

de tapisseries de Beauvais, commandé pour la venue de Napoléon Ier et de Joséphine. Les peintures offrent de beaux témoignages des écoles française et italienne et les sculptures d'heureuses surprises, comme le buste de l'impératrice Marie-Louise par **Antonio Canova**, dans la chambre Empire du premier étage.

★★ **Grand salon** – Parmi les œuvres qui se côtoient ici, les deux nymphes en terre cuite, *Dryade* et *Hamadryade*, sont du sculpteur baroque **Antoine Coysevox** (1640-1720).

★★★ **Bibliothèque** – Elle recèle des trésors : quelque douze mille volumes, parmi lesquels des incunables, des gravures de Piranèse, des premières éditions des *Fables* de La Fontaine et de l'*Encyclopédie* de Diderot, habillent ses murs. Remarquez sur certains volumes de la bibliothèque un sceau représentant une croix potencée formée de quatre T, initiales des principaux fiefs historiques des familles Trémoille, Thouars, Talmont et Tarente, unies par la couronne royale de Naples à laquelle ils prétendaient. Ici, comme dans toutes les pièces, l'heureux mariage de différents éléments de mobilier et d'objets décoratifs témoigne que Serrant est toujours habité et bien vivant.

Ce sens du raffinement est perceptible partout dans le château, jusque dans les **cuisines** où un remarquable ensemble de pièces témoigne de ce que fut l'art de la table dans les grandes maisons ducales.

★★ **Chapelle** – Donnant sur la cour d'honneur, elle fut élevée par l'architecte Jules Hardouin-Mansart (1646-1708) et s'honore du magnifique **tombeau** en marbre blanc, dessiné par Lebrun et sculpté par Coysevox et Collignon, du marquis de Vaubrun tué à la bataille d'Altenheim (1673).

St-Georges-sur-Loire B2

2 km à l'ouest par la D 723. Ce village est bâti non loin de la célèbre **coulée de Serrant** où s'élaborent quelques-uns des meilleurs vins blancs de l'Anjou, avec les savennières roche-aux-moines. L'**abbaye**, fondée en 1158, fut desservie par des augustins, puis, jusqu'en 1790, par les génovéfains, chanoines réguliers dépendants de l'abbaye Ste-Geneviève à Paris. Dans le majestueux bâtiment abbatial (1684) occupé par la mairie, **escalier** monumental avec une remarquable rampe de fer forgé. L'été, l'ancienne salle capitulaire est affectée aux expositions temporaires. *Juil.-août : tlj sf lun. 11h-12h30, 14h30-18h30 ; reste de l'année : visite sur demande à la mairie au 02 41 72 14 80.*

NOS ADRESSES DANS LA LOIRE ANGEVINE

HÉBERGEMENT ET RESTAURATION

BUDGET MOYEN

Auberge de la Loire – *2 quai des Mariniers - 49570 Montjean-sur-Loire - ✆ 02 41 39 80 20 - www.aubergedelaloire.com - fermé 21 déc.-15 janv. - 8 ch. 60 € - ☕ 8 € - 1/2 P 62 €.* Accueillante auberge familiale des bords de Loire. On y déguste une délicieuse cuisine traditionnelle à base de produits frais, provenant notamment de la pêche locale. Chambres simples et bien tenues, dont la moitié regardent le fleuve.

Le Champalud – *1 pl. du Chanoine-Bricard - 49270 Champtoceaux - ✆ 02 40 83 50 09 - www.lechampalud.com - ♿ - 19 ch. 61/99 € - ☕ 8,50 €. ✕ 18/41 € (fermé dim. soir d'oct. à mars).* Au cœur du village, face à l'église, petit hôtel bien tenu, mêlant mobilier fonctionnel, poutres apparentes et vieilles pierres. Chambres spacieuses et bien équipées. Côté restaurant, décor rustique et cuisine traditionnelle. Bar-pub.

POUR SE FAIRE PLAISIR

Chambre d'hôte La Rousselière – *49170 La Possonnière - 18 km au sud-ouest d'Angers par D 111 - ✆ 02 41 39 13 21 - www.anjou-et-loire.com/rousseliere - P - fermé 20 nov.-15 déc. - ⊭ - 5 ch. 100 € ☕ - ✕ 30 €.* Belle demeure du 18e s. et parc de 4 ha avec chapelle du 17e s. et piscine. Chambres raffinées, décorées en fonction du nom qu'elles portent (« Arlequin », « Toscane », etc.) et garnies de meubles anciens. Légumes du potager en saison, volailles de ferme et poissons de Loire à la table d'hôte.

ACHATS

Clos de la Coulée de Serrant – *Château de la Roche-aux-Moines - 49170 Savennières - ✆ 02 41 72 22 32 - www.coulee-de-serrant.com - tlj sf dim. et j. fériés 9h-12h, 14h-17h45.* Plantée au 12e s. par les moines cisterciens, la Coulée du Serrant est aussi connue pour son système de viticulture en biodynamie, excluant les engrais chimiques. Ses vins AOC font le bonheur des sommeliers. Dégustation et vente directe.

ACTIVITÉS

Terre et Loire – *Rochefort-sur-Loire - ✆ 06 30 05 55 40 - terre-et-loire.com.* Croisières sur la Loire en toue sablière.

AGENDA

Festival Les Orientales – *Fin juin.* Musiques et traditions d'Orient à St-Florent-le-Vieil - *www.lesorientales.fr*

Le Haut Anjou segréen

★

Maine-et-Loire (49)

NOS ADRESSES PAGE 336

S'INFORMER

Office de tourisme Anjou bleu Segré – *5 r. David-d'Angers - 49500 Segré - ℘ 02 41 92 86 83 - 20 juin-18 sept. : 9h30-12h30, 14h-18h, w.-end et j. fériés 9h30-12h30 ; 18 avr.-18 juin et 19 sept.-31 oct.* **Office de tourisme Anjou Bleu Le Lion d'Angers** - *56 r. du Général-Leclerc - 49220 Le Lion d'Angers - ℘ 02 41 95 83 19 - www.anjoubleu.com - juil-mi-sept : lun.- vend. 9h30-12h30, 14h-18h, sam.-dim. et j fériés 9h30-12h30 ; mai-juin, mi-sept-oct : tlj sf sam.-dim. 9h30-12h30 ; nov.-mi-avr. : jeu. et ven. 9h30-12h30, 14h-17h30.*

SE REPÉRER

Carte de microrégion AB1 (p. 294) – *Carte Michelin Départements 317 D 2.* Le Haut Anjou segréen désigne la partie ouest du Haut Anjou, lequel englobe tout le nord du Maine-et-Loire. Il comprend la Sarthe et la Mayenne mais exclut le Loir, associé au Baugeois (*p. 391*). Segré se trouve 45 km de Laval et 43 km d'Angers.

À NE PAS MANQUER

Les somptueux décors des châteaux de la Lorie et du Plessis-Bourré, le Haras national du Lion d'Angers, la vallée de la Mayenne.

ORGANISER SON TEMPS

Comptez 1h à 2h par château, une journée pour explorer les vallées de la Mayenne et de la Sarthe.

AVEC LES ENFANTS

Les loisirs du domaine de la Petite Couère, le haras du Lion d'Angers, le centre Anjou Sport Nature à La Jaille-Yvon, la Maison de la rivière à Châteauneuf-sur-Sarthe.

Également appelé Anjou bleu, le Haut Anjou segréen tire son nom de Segré, petite ville bleue en bordure de rivière aux maisons de schiste et d'ardoises, accrochées au coteau. Ses quais bruissants et ses vieux ponts de pierre voient encore passer quelques bateaux descendant vers Angers ou Nantes. À l'est, les vallées de la Mayenne et de la Sarthe ont vu se développer un tourisme vert qui, loin des sentiers battus de la Loire, ravira les visiteurs en quête de tranquillité.

Découvrir

SEGRÉ ET SES ENVIRONS Carte de microrégion p. 294-295

Voir également notre circuit « De la Verzée à l'Oudon » ci-après (p. 334).

Segré B1

Segré fit partie du douaire (domaine) de Bérengère de Navarre, la femme de Richard Cœur de Lion. Par la suite, elle fut prise par les Bretons, reprise par les Anglais et partiellement détruite par Henri IV. Pour contempler à loisir la ville et ses vieux quartiers : le **Vieux Pont** avec son arche en dos-d'âne au-dessus de l'Oudon, et la **chapelle St-Joseph**, qui ménage de jolies vues sur la vallée.

★ Château de la Lorie B1

À la sortie est de Segré par la D 863. ✆ 02 41 92 10 04 - ♿ - tlj sf mar. 10h-12h, 15h-18h - 8 € (-18 ans 4 €) - visite guidée (1h) - dép. ttes les h.

Après avoir remonté le réseau de petites routes d'un parc ombragé, une longue allée sous la voûte des arbres débouche sur la grille du château. Il apparaît encadré de ses jardins à la française et défendu par des douves sèches. Les époques s'entremêlent et l'élégance des lieux se révèle au visiteur au fur et à mesure que défilent portails, escalier majestueux, petits et grands salons.

Le donjon médiéval qui, autrefois, se dressait à la Lorie aurait été rasé en 1433 par le comte d'Arundel, et il faut attendre 1632 pour que le grand prévôt d'Anjou **René Le Pelletier** décide d'y faire bâtir un château de plan rectangulaire encadré sur sa face arrière par deux longues ailes. Au fil des siècles, le château s'agrandit avec, notamment, d'immenses écuries destinées à fournir la Maison royale, et s'embellit en se dotant d'une grande galerie et d'un grand salon somptueusement décoré.

★ **Grand salon de Marbre** – Il fut achevé en 1780 sur les dessins de l'architecte Jean-Sébastien Leysner, selon les principes des décors de palais princiers. Couronné par une coupole majestueuse, il a conservé la totalité du mobilier qui, en 1779, avait été commandé pour cette pièce à l'ébéniste Pluvinet à Paris. Quant au sol, il est en incrustation de marbres polychromes.

Grande galerie – Conçue par le marquis de Saint Genys en 1904, elle abrite de magnifiques objets anciens ainsi que des œuvres d'art du début du 20e s.

★★ **Salle à manger** – Œuvre de l'architecte parisien Camut en 1904, cette pièce en rotonde a été dessinée sur mesure pour y placer de très belles boiseries provenant du château de Vitry-sur-Seine.

★ **Petit salon** – Aménagé dans les années 1750, il est orné de magnifiques boiseries Louis XV sculptées. Très intime, cette pièce, dotée d'un mobilier du 18e s., est éclairée par un beau lustre en porcelaine de Meissen du 19e s.

Chapelle – Une galerie dont l'accès se fait par le premier étage, permet de contempler son autel en bois.

Champ de course – L'histoire de ce château est intimement liée à celle de l'élevage des chevaux avec ses grands haras qui, dès 1750, ont fourni la Maison royale. La Lorie possède son propre champ de course, l'hippodrome de Segré, dont les pistes s'étendent sur plus de 30 ha.

Château de Raguin B1

▶ 8,5 km au sud par la D 923, puis la D 183 à gauche dans St-Gemmes-d'Andigné. ✆ 02 41 61 40 20 - visite guidée (45mn) juil.-août : 14h-18h - 5,35 € (enf. 3 €).

Sur l'emplacement de l'ancien château du 15e s., Guy du Bellay, fils de Pierre du Bellay (cousin du poète), fit construire vers 1600 cet édifice Renaissance. Maréchal des camps et des armées du roi, Pierre du Bellay avait le goût du faste. À l'occasion du mariage de son fils Antoine (1648), il fit lambrisser et peindre murs et plafonds du salon du 1er étage et de la « chambre des Amours ».

La Mine-Bleue B1

▶ À 12 km à l'ouest de Segré par la D 775, tournez en direction de Bel-Air et suivez la D 219 jusqu'à la Gâtelière. ✆ 02 41 94 39 69 - visite guidée (1h30) mai-sept. - 12,60 € (enf. 6,80 €). Attention, température fraîche.

Le château de La Lorie.
Arnaud Février/Photononstop

Pendant une trentaine d'années, l'or noir d'Anjou, c'est-à-dire l'ardoise, a été exploité dans la région. Après la fermeture de la mine, la carrière a été intelligemment réaménagée en site touristique. Après une descente à 130 m sous terre en funiculaire, un petit train minier qui emmenait les « perreyeux » dans les chambres d'exploitation conduit au cœur de la mine. Au fil des galeries, le guide fait revivre le quotidien des mineurs, leur savoir-faire et les différentes techniques d'extraction, en utilisant le vocabulaire des gars *d'là-bas*.

AUTOUR DE POUANCÉ Carte de microrégion p. 294-295

Pouancé A1

Face à l'imposante place forte de Châteaubriant, l'antique forteresse de Pouancé, immuable depuis 1050 derrière sa ceinture de bois et d'étangs, semble encore veiller aux incursions de ses voisins bretons !

Château – *✆ 02 41 92 41 08 (mairie) - visite guidée (1h) (4 j. av.) de mi-juin à mi-sept. - 2,25 € (6-12 ans 1,20 €).* En grande partie ruiné, il reste un exemple intéressant de forteresse à enceinte ovale rythmée de tours rondes (13e-15e s.). Il garde d'imposantes courtines renforcées par une caponnière de tir (chemin couvert). Une poterne relie celle-ci à une tour tenant lieu de donjon.

UN CHÂTEAU ET DES FORGES

À la limite de l'Anjou et de la Bretagne, Pouancé est protégée par sa forteresse depuis le 11e s. Au gré des successions, il échoit, au 16e s., aux Cossé-Brissac. C'est l'un d'eux, Louis, duc de Brissac, qui créa ici l'un des premiers hauts-fourneaux (1562), offrant à la région une longue période d'activité industrielle. Alimentée par le fer du bassin de Segré, Pouancé a ainsi joué un important rôle économique grâce à ses forges.

LES ALCHIMISTES ET LA VIE DE CHÂTEAU

On imagine volontiers un alchimiste comme l'adepte d'une science maudite, travaillant en ermite dans quelque cave obscure. Selon ce cliché hérité du 19e s., les alchimistes du Moyen Âge et de la Renaissance auraient été des magiciens ne s'exprimant que dans un langage impénétrable et mystérieux. Pourtant, loin de tout rêve démoniaque, vouloir transformer des métaux en argent ou en or et élaborer un élixir de longue vie fut l'idée de brillants esprits. Si au regard de nos connaissances leurs conceptions se sont révélées erronées, ces hommes n'en étaient pas moins de véritables savants. Ils étaient animés par la perspective de comprendre la matière et de la transformer, au prix de laborieuses expérimentations en laboratoire, avec l'humilité et la persévérance du chercheur. Ces alchimistes ont ouvert la voie à la chimie et, loin d'être des sorciers, ils n'étaient que rarement persécutés. Nombre d'entre eux appréciaient les honneurs et la bonne société. En témoigne, à la fin de la Renaissance, leur présence au sein des cours savantes des Médicis, de la reine Christine de Suède ou d'Henri IV. C'est pourquoi les plafonds du château du Plessis-Bourré sont ornés de tableaux affichant des éléments de la symbolique des alchimistes.

Menhir de Pierre Frite A1

À 5 km au sud par la D 878 jusqu'à La Prévière, puis la D 6, à gauche, et un chemin signalé à droite.

Ce menhir, campé au milieu des bois, mesure 6 m de haut.

ENTRE MAYENNE ET SARTHE Carte de microrégion p. 294-295

Voir également notre circuit « Vallée de la Mayenne » ci-après (p. 335).

★★ Château du Plessis-Bourré C2

02 41 32 06 72 - www.plessis-bourre.com - visite guidée (1h) juil.-août : 10h-18h (dernière visite 17h45) ; avr.-juin et sept. : tlj sf merc. 10h-12h, 14h-18h ; oct.-nov. : tlj sf merc. 14h-18h ; reste de l'année se rens. - 9 € (7-15 ans 5 €).

Tout à la fois forteresse et résidence d'agrément, ce remarquable château du 15e s. n'a subi que peu de modifications depuis sa construction. Il abrite des chefs-d'œuvre, tapisseries, boiseries, meubles et, surtout, une extraordinaire série de vingt-quatre tableaux ornant un plafond à caissons. Vous l'avez peut-être déjà vu au cinéma dans *Peau d'Âne*, *Le Bossu* ou, plus récemment, dans *La Princesse de Montpensier* car, avec ses larges douves, son double pont-levis et ses tours, il offre un cadre de tournage idéal.

Après la démolition du manoir médiéval du Plessis-le-Vent, le nouveau château est élevé en cinq ans, décoration comprise. Son unité architecturale, parfaite, est restée préservée jusqu'à nos jours.

Extérieur – Protégé par un châtelet à double pont-levis et quatre tours dont la plus grosse, à mâchicoulis, sert de donjon, le Plessis a conservé de très larges douves franchies par un pont de 43 m de long. À la base de l'enceinte, une plate-forme de 3 m de large permettait le tir à boulets rasants. À gauche du châtelet pointe le fin clocher de la chapelle. Passée la voûte d'entrée, la forteresse se métamorphose en demeure de plaisance avec sa cour spacieuse, ses ailes basses, sa galerie d'arcades, ses tourelles d'escalier et les hautes lucarnes de son logis seigneurial.

Rez-de-chaussée – À l'intérieur, l'une des **salles de réception** possède une superbe serrure aux armes de France. Ces pièces sont richement meublées en style Louis XIV et Louis XV. Leurs fenêtres donnent sur un paysage de bois et de prairies. Dans l'aile en retour, la salle du Parlement, avec ses voûtes ogivales prismatiques, abrite une magnifique cheminée monumentale. Par un escalier à vis décoré de petites sculptures d'inspiration alchimique, on accède à une salle bien énigmatique.

Salle des Gardes – Elle est surmontée d'un **plafond★★★** en bois peint à la fin du 15e s. Admirablement préservé car longtemps dissimulé, ce plafond à caissons comprend vingt-quatre tableaux d'un auteur anonyme.

Six grands caissons comprennent chacun quatre hexagones. Seize de ces tableaux affichent une symbolique inspirée notamment des trois grands principes actifs reconnus par les alchimistes : le mercure, le soufre et le sel. Les huit autres peintures figurent des scènes proverbiales. Ces tableaux furent recouverts pour être dissimulés au 18e s., peut-être par rejet de l'alchimie après les grandes découvertes scientifiques, ou bien pour les protéger des tourmentes de la Révolution.

Parmi ceux-ci, remarquez *L'Ourse et les deux singes* où l'ourse figure l'Étoile polaire sur laquelle l'alchimiste règle sa route. Quant au *Phénix, renaissant de ses cendres*, il pourrait représenter la pierre philosophale. Des scènes humoristiques montrent une femme urinant, ou cousant le croupion d'une volaille.

Des strophes poétiques accompagnent le réalisme cru de ces scènes. Tout de rouges, de bleus et d'ors cuivrés, ces peintures sont d'une qualité picturale et d'une fraîcheur exceptionnelles.

Chapelle Ste-Anne – Une belle collection d'art sacré de Haute Époque y est exposée. Cette chapelle permet d'accéder à la cour d'honneur avant de faire une agréable promenade dans le parc.

Manoir de la Hamonnière C1

Champigné - ✆ 02 41 42 01 38 - visite guidée (30mn) sur RV - 1 € (enf. gratuit).

Cette gentilhommière, bâtie entre 1420 et 1575, reflète l'évolution des styles de la Renaissance. En façade sur cour, à droite, un sobre corps de logis avec sa tourelle d'escalier et à gauche, une partie Henri III : notez la travée de fenêtres encadrée de pilastres aux chapiteaux déclinant les ordres. À l'arrière, un donjon de plaisance, probablement ultime adjonction du 16e s., flanqué d'une tourelle d'escalier, tranche par ses fenêtres en plein cintre.

Châteauneuf-sur-Sarthe C1

Blotti sur la rive ouest de la Sarthe, le bourg abrite la **Maison de la rivière** *(Cour du Moulin - ✆ 02 41 33 91 64 - www.maisondelariviere.fr)*, pour tout savoir sur cet affluent de la Loire : écosystème, histoire, vie des bateliers…

5

LE GRAND ARGENTIER DU ROI DE FRANCE

Né à Château-Gontier, **Jean Bourré** entra au service du dauphin Louis, fils de Charles VII, pour ne plus le quitter. Bien lui en a pris : après le sacre de Louis XI en 1461, Bourré fut promu secrétaire des Finances et trésorier de France. Inlassable (et richissime) bâtisseur, il fit édifier plusieurs châteaux (**Langeais**, **Jarzé**, **Vaux**…). Ayant acheté celui du Plessis-le-Vent, il entama en 1468 les travaux d'un nouveau domaine auquel il donna son nom. Il y invita l'amiral de Graville, Pierre de Rohan, Louis XI, bien sûr, Charles VIII…

Miré C1

L'église de ce village est couverte d'une voûte de bois en carène que décorent 43 panneaux peints (fin 15e s.). L'observation de la voûte révèle les évangélistes, les anges portant les instruments de la Passion, Adam et Ève, le Christ, sainte Anne, l'Annonciation, les Apôtres et trois personnages de l'Ancien Testament.

Château de Vaux C1

À 3,5 km au nord-ouest de Miré par la D 29 en direction de Bierné - Visite des extérieurs et tour des douves : ttle l'année - accueil juil.-août : 10h-19h - gratuit.

Un peu en retrait de la route apparaît la gracieuse silhouette de ce manoir élevé à la fin du 15e s. par **Jean Bourré**, grand argentier de Louis XI. L'édifice a conservé une partie de son enceinte et son élégant corps de bâtiment à tourelle d'escalier et fenêtres à meneaux.

Circuits conseillés Carte de microrégion p. 294-295

DE LA VERZÉE À L'OUDON B1

Pour visualiser ce circuit de 21 km, reportez-vous à la carte de microrégion (p. 294-295) – Comptez environ 45mn. Quittez Segré au sud par la D 923 vers Candé et, après un passage à niveau, prenez la D 181 à droite.

Le Bourg d'Iré

À 8 km à l'ouest par la D 181.

Dans le vallon de la Verzée. Du pont, jolie **vue**.

Prenez à droite la D 219. Après Noyant-la-Gravoyère, capitale de l'ardoise fine, rejoignez Nyoiseau par la D 775 vers Segré, puis tournez dans la première route à gauche.

Cette petite route suit une gorge, en partie envahie par les étangs ; voir notamment ceux de St-Blaise et de la Corbinière (parc de loisirs).

Nyoiseau

Ce village (*niosellum*, « petit nid »), perché sur les hauts de la vallée de l'Oudon, conserve les vestiges d'une abbaye bénédictine de femmes, actuellement occupés par une ferme et la mairie.

Sur la route de l'Hôtellerie-de-Flée, remarquez un pont gallo-romain.

À la sortie nord de Nyoiseau.

★ **Domaine de la Petite Couère** – *02 41 61 06 31 - www.lapetitecouere.fr - - mai-18 sept. : tlj sf lun. 10h-19h ; 19 sept.-1er nov. : dim. 10h-19h - 13 € (3-11 ans 5,50 €).*

Lieu de détente et de promenade, ce vaste parc de loisirs (82 ha) offre un éventail de distractions intelligemment conçues et pour tous les âges.

Dès l'entrée, un **musée du Tracteur et du Matériel rural** présente plus de quatre-vingts modèles de 1910 à 1950. Exposition d'une quarantaine de voitures anciennes dont un rare Phaéton Brasier de 1913 ou une Peugeot Tonneau de 1901, et une collection de 2600 voitures miniatures! Au centre du parc, **reconstitution d'un village du début du 20e s.** : mairie, école, café-épicerie, forge et diverses autres échoppes. Dans un des greniers, une originale collection de machines à laver le linge lessiveuses-essoreuses manuelles, de 1880 à 1950.

Plusieurs sentiers pédestres balisés *(de 1 à 6 km)*. Riche d'une faune de plus de 80 espèces représentées par 600 animaux dont des émeus, baudets du Poitou, lamas et des cerfs vivant en semi-liberté, le parc permet presque toujours leur approche.

Deux petits trains touristiques mènent les visiteurs des nombreuses aires de pique-nique à la gare du village *(casiers prévus pour glacières et paniers)*.

VALLÉE DE LA MAYENNE Carte de microrégion

Pour visualiser ce circuit de 40 km au départ de Chenillé-Changé, reportez-vous à la carte de microrégion (p. 294-295) – Comptez 3 h.

Trop abrupte pour avoir des maisons sur ses berges, la vallée de la Mayenne a conservé son caractère sauvage. Cette route traverse des villages en haut de coteaux, avec leurs jolies constructions basses de pierre rousse blottie sous des toits d'ardoise. Vous découvrirez de magnifiques vues sur la rivière. Et, au hasard de la route, n'hésitez pas à vous aventurer sur les chemins qui mènent aux rives. Peut-être y découvrirez-vous un moulin ou quelque château oublié.

Chenillé-Changé B1

C'est l'un des plus charmants villages du Segréen, avec son **moulin à eau fortifié** datant du début du siècle et toujours en activité : voyez les larges traînées de farine qui recouvrent par endroits ses parois de schiste. Il produit également de l'électricité depuis 2007 – *02 41 95 10 83 - www.chenille-change.com - mai-sept. : 10h-12h, 14h30-18h30, dim. et j. fériés 15h-18h ; mars-avr. et oct. : tlj sf dim. 14h30-18h - gratuit.*

De vieilles maisons, une église du 11e s. et une **base de tourisme fluvial** avec ses « pénichettes » amarrées le long des rives ombragées attendent paisiblement promeneurs et plaisanciers.

Traversez la rivière vers Chambellay, puis prenez à droite la D 187.

La Jaille-Yvon B1

Perché sur sa falaise, ce village domine la rivière.

Du chevet de l'église, le panorama se développe sur la vallée couverte de cultures et de prairies.

De la nationale, on aperçoit à gauche, peu après la route de Chambellay, les imposants bâtiments (15e-17e s.) du **château du Bois-Montbourcher**, entouré de bois et de pelouses, en bordure d'un vaste étang.

Le Lion d'Angers B1

Agréablement situé au bord de l'Oudon, ce centre d'élevage, notamment de chevaux de demi-sang, organise courses et concours hippiques réputés dans tout l'Anjou et le « Mondial du Lion », concours complet international d'équitation.

Église St-Martin – *Clés à l'office du tourisme du Lion-d'Angers (02 41 95 83 19) en échange d'une pièce d'identité.* Beau portail préroman et nef à voûte de bois romane. À l'intérieur, des peintures murales du 16e s. représentent le démon vomissant les péchés capitaux, le Christ en croix et saint Christophe, ainsi qu'un *Ecce homo* en diptyque.

★ **Haras national du Lion d'Angers** – *À 1 km à l'est du Lion-d'Angers, domaine de l'Isle-Briand. ✆ 02 41 18 05 05 - www.lelion-hn.com - ♿ - visite guidée (1h) 2 avr.-14 sept. : horaires variables, se rens. - 6 €.*

En 1974, les haras nationaux, trop à l'étroit dans le centre-ville d'Angers, furent transférés au domaine de l'Isle-Briand où ils bénéficient d'installations ultramodernes ; quelque 55 chevaux sélectionnés vivent ici.

On visite les bâtiments de stockage du foin et de germination de l'avoine, la sellerie, la forge et le manège.

Les boxes sont groupés par catégorie de chevaux : cob normand, trait breton ou percheron, anglo-arabe, pur-sang, selle français, trotteurs et poneys.

Les anciens « cracks » y finissent paisiblement leurs jours en reproducteurs. La vie de château !

Grez-Neuville B2

Au cœur du bassin de la Maine, ce sympathique village étale ses pentes douces le long de la rivière, où se reflète son clocher d'ardoise ; c'est une base de départ de **croisières fluviales** sur la Mayenne et l'Oudon.

Continuez sur la D 191 qui domine la rivière, parfois en balcon.

La route passe au pied de l'imposant **château du Sautret**, bordé de douves sèches.

À Feneu, prenez à gauche la D 768 en direction de Sablé. À 4,5 km prenez à gauche la D 74 vers Sceaux-d'Anjou ; Montriou est indiqué à gauche.

Parc et jardin du château de Montriou C2

✆ 02 41 93 30 11 - www.chateau-de-montriou.com - de déb. juin à mi-oct. : tlj sf lun. 14h-19h ; avr.-mai : w.-end 14h-18h - 5 € (-12 ans gratuit).

C'est surtout pour son étonnante collection de cucurbitacées (courges, courgettes, citrouilles, gourdes, coloquintes), qui envahissent jusqu'aux pergolas et retombent en spectaculaires stalactites végétales, que l'on connaît Montriou. Ne manquez pas pour autant le séquoia *gigantea* – le plus gros arbre du Maine-et-Loire, avec 9,40 m de circonférence –, le potager, le coup d'œil sur le château (15e et 19e s.) et la jolie chapelle (15e s.).

NOS ADRESSES DANS LE HAUT ANJOU SÉGRÉEN

HÉBERGEMENT

PREMIER PRIX

Chambre d'hôte Les Travaillères – *Les Travaillères - 49220 Le Lion-d'Angers - 5 km au nord-ouest du Lion-d'Angers par D 775, sortie La Himbaudière - ✆ 02 41 61 33 56 - www.lestravailleres.com - 3 ch. 45 €.* Ancienne ferme en pleine campagne. Trois chambres, dont deux familiales, aménagées dans un bâtiment indépendant. Salle de séjour avec cheminée et coin bibliothèque. Agréable mélange de confort et de rusticité.

Chambre d'hôte M. et Mme Brochard – *10 r. de l'Abattoir - 49370 St-Clément-de-la-Place - dormircheznous.free.fr - ✆ 02 41 77 31 63 ou 06 73 46 11 69 - 3 ch. 45 € - 12 €.* Au cœur du village, cette bâtisse du 15e s. fort bien restaurée ressemble à une maison de poupée. Des trois chambres, préférez la « nuit de noces » avec son lit à baldaquin. Petits-déjeuners copieux et table d'hôte familiale, servis chez les propriétaires.

Chambre d'hôte Les Hauts de Brèges – *Brèges - 49500 Nyoiseau - ✆ 02 41 61 39 07 -*

www.hauts-de-breges.com - fermé 20 déc.-6 janv. - - 3 ch. 45 € - repas 15 €. Au cœur d'une propriété de 3 ha bordée d'un étang, une ferme de la fin du 15e s. entièrement restaurée. Beaucoup de caractère et un résultat magnifique. La salle à manger-salon et les chambres ont été aménagées dans les anciennes écuries. Table d'hôte savoureuse.

POUR SE FAIRE PLAISIR

Manoir du Bois de Grez – *Rte de Sceaux d'Anjou - 49220 Grez-Neuville - 02 41 18 00 09 - www.boisdegrez.com - 4 ch. 80/90 €.* Dans les quatre chambres bourgeoises, poutres apparentes et mobilier ancien. Un manoir idéal pour les amoureux de vieilles pierres !

RESTAURATION

BUDGET MOYEN

Ferme-auberge La Touche – *49520 Le Tremblay - 02 41 94 22 45 - www.fermeaubergelatouche.com - merc. midi-dim. midi en juil.-août et vend. soir-dim. midi le reste de l'année - 16,50/25,60 €.* Dans un décor rustique, menus terroir concoctés exclusivement à base de produits fermiers, dont les volailles maison.

La Table d'Anjou – *16 r. d'Anjou - 49125 Tiercé - 02 41 42 14 42 - www.destination-anjou.com/tabledanjou - fermé 2-19 janv., 20 juil.-12 août, dim. et merc. soir, lun. et mar. - 16,50/53 €.* Restaurant situé au centre d'un village voisin du château du Plessis-Bourré. Lumineuses salles à manger de style néo-rustique, petite terrasse fleurie sur l'arrière et accueil aimable : un tiercé gagnant !

Ferme-auberge Théâtre de l'Herberie – *1 km à l'ouest de Pouancé dir. Châteaubriant par D 771 puis Rennes par D 3 (GPS : Haute Herberie) - 02 41 92 62 82 - www.ferme-herberie.com - - réserv. obligatoire - 18/40 €.* Élevage de chevaux et d'agneaux, cultures potagères, florales et d'herbes aromatiques, cuisine du terroir et soirées théâtrales : un étonnant cocktail qui fonctionne à merveille dans cette ancienne écurie.

Le Pigeon Blanc – *13 r. de l'Église - 49220 Vern-d'Anjou - 02 41 61 41 25 - www.lepigeonblanc.com - fermé 7-25 août, mi-janv.-mi-fév., dim. soir, mar. soir et merc. - 19/52 €.* Cuisine gourmande et généreuse réalisée par le jeune chef – au parcours déjà riche – qui a repris la maison familiale. Ambiance contemporaine et mobilier épuré. Accueil charmant.

La Table du Meunier – *Le Moulin - 49220 Chenillé-Changé - 02 41 95 10 98 - www.restaurant-meunier.com - 12h00-14h00, 19h30-21h30 - fermé lun. soir, mar., merc. (variable selon les mois) - 24,90/33,70 €.* Six salles, une véranda et une belle terrasse pour satisfaire tous les goûts ! Bonne carte traditionnelle et vue sur la Mayenne.

ACTIVITÉS

Plusieurs prestataires proposent des croisières sur la Mayenne et la Sarthe.

Anjou Navigation – *Quai de l'Hirondelle - 49220 Grez-Neuville - 02 43 95 68 95 - www.anjou-navigation.fr*

L'Hirondelle – *02 41 95 14 23 - www.bateau-hirondelle.com* Départs de Chenillé-Changé, Grez-Neuville et Angers.

Maine-Anjou-Rivières – *02 41 95 10 83 - www.maine-anjou-rivieres.com* Départs de Chenillé-Changé, Châteauneuf-sur-Sarthe et Angers.

Anjou Sport Nature – *Route de la Mayenne - 49220 La Jaille-Yvon - 02 41 95 14 32 - www.anjousportnature.com*

Vallée du Layon

Maine-et-Loire (49)

NOS ADRESSES PAGE 341

S'INFORMER

Office de tourisme Beaulieu-sur-Layon – *3 r. St-Vincent - 49750 Beaulieu-sur-Layon - ✆ 02 41 78 65 07 - www.tourisme.fr/office-de-tourisme/beaulieu-sur-layon.htm.*

Office de Tourisme du Vihiersois-Haut Layon – *Place Charles-de-Gaulle - 49310 Vihiers - ✆ 02 41 70 95 35 - www.tourisme-vihiersois.com - juin-août : lun. 14h-18h, mar.-vend. 10h-13h, 14h-18h, sam. 9h30-12h30 ; sept.-mai : mar.-vend. 9h-13h, 14h-17h.*

SE REPÉRER

Carte de microrégion BC3-4 (p. 295) – *Carte Michelin Départements 317.*
Le Layon, qui prend sa source aux confins du Poitou, serpente longuement avant de se jeter dans la Loire, en aval d'Angers.

À NE PAS MANQUER

Les paysages de la corniche angevine; la dégustation sur place de coteaux-du-layon.

ORGANISER SON TEMPS

Comptez 3h pour l'ensemble du circuit.

AVEC LES ENFANTS

Les jeux du musée de la Vigne et du Vin d'Anjou.

Le Layon, canalisé sous Louis XVI, se perd entre cultures fruitières et vignobles. Moulins à vent et cyprès ponctuent les coteaux qui ont donné leur nom à un grand vin blanc : quarts-de-chaume ou bonnezeaux, deux crus réputés de coteau-du-layon et excellents vins de garde !

Circuit conseillé Carte de microrégion p. 294-295

DU HAUT LAYON AUX COTEAUX DU LAYON

Pour visualiser ce circuit de 44 km, au départ de Passavant, reportez-vous à la carte de microrégion (p. 294-295).

Passavant-sur-Layon C4
Dans cet agréable village, au bord d'un étang formé par le Layon, voyez les imposants vestiges du château.
Suivez la direction de Nueil-sur-Layon ; tournez à droite après l'église dans la D 77, puis, après le pont sur le Layon, prenez à gauche vers Doué-la-Fontaine.
À Passavant, le paysage est encore poitevin avec ses haies, ses chemins creux, ses fermes à toit de tuiles romaines. Des **vignobles** couvrent les pentes bien exposées et, à Nueil, les ardoises apparaissent.
À la sortie des Verchers, prenez à gauche vers Concourson.
Dominant le Layon, la route traverse une belle et douce campagne, offrant après Concourson une vue étendue sur la vallée.

Après St-Georges, continuez vers Brigné, puis à gauche vers Martigné-Briand.

Martigné-Briand C3

Village vigneron entourant un château très endommagé par les guerres de Vendée. L'édifice, construit au début du 16e s., présente sur sa façade nord des baies vitrées ornées de motifs flamboyants.

Prenez la D 748 vers Aubigné.

Aubigné-sur-Layon C3

Bourg pittoresque conservant de belles demeures. À côté de l'église (11e s.), porte fortifiée où subsistent les traces de la herse et du pont-levis.

LE COTEAUX-DU-LAYON, UN NECTAR DORÉ

Vin blanc moelleux, fin et délicat, il est produit par le cépage chenin blanc (ou pineau de la Loire), vendangé tard en septembre, lorsque le grain commence à se couvrir de pourriture noble.

Quittez Aubigné vers Faveraye-Mâchelles, et prenez à droite la D 120; après avoir coupé la D 24, on rejoint la D 125 vers Rablay.

Rablay-sur-Layon C3

Bourg vigneron et d'artistes bien abrité. Dans la Grande-Rue, la maison de la Dîme (15e s.), à encorbellement, est bâtie en brique et pans de bois. Un bâtiment du 17e s. accueille des échoppes d'artistes.

On traverse le Layon par la D 54 avant de longer une sorte de cirque tapissé de vignes; du plateau, vue étendue sur la vallée.

Beaulieu-sur-Layon C3

Cette petite cité vigneronne dominant les coteaux du Layon *(table d'orientation)* conserve quelques maisons à la Mansart, en particulier la mairie, installée dans l'ancienne demeure du régisseur de l'abbesse du Ronceray. Voir les fresques du 13e s dans l'**église**.

Une ancienne ligne de chemin de fer aménagée en sentier de randonnée pédestre longe le Layon sur 25 km. Avis aux amateurs de balades champêtres et de déjeuners sur l'herbe.

On descend dans une vallée aux parois creusées de caves et de carrières. Au lieu-dit Pont-Barré, joli coup d'œil sur la rivière et un pont médiéval ruiné, témoin, le 19 septembre 1793, d'un violent combat entre blancs et bleus.

Rejoignez la D 160 et suivez-la vers le sud.

St-Lambert-du-Lattay B3

Musée de la Vigne et du Vin d'Anjou – Installé dans les celliers de la Coudraye, ce petit musée évoque l'univers du vigneron angevin. Outils de viticulteurs et de tonneliers, illustrations, collection de pressoirs. Un jeu d'observation et de découverte baptisé « Les Clefs du musée » a été spécialement conçu pour les enfants (7-14 ans). *Pl. des Vignerons - 02 41 78 42 75 - juil.-août : 11h-13h, 15h-19h ; avr.-juin et de déb. sept. au 11 Nov. : w.-end et j. fériés 14h30-18h30 - possibilité de visite guidée (1h30) - 5,20 € (enf. 3,40 €).*

La route de St-Aubin-de-Luigné, sinueuse et accidentée, court entre les vignes du quarts-de-chaume.

Peu avant St-Aubin, tournez à gauche dans la D 106, puis bientôt à droite.

Château de la Haute-Guerche B3

02 41 78 41 48 - juil.-août : 9h-12h, 14h-18h ; mai-juin : 14h-18h - fermé sept.-avr., 1er et 8 Mai.

Bâtie sous Charles VII, cette forteresse dominant la vallée, incendiée pendant les guerres de Vendée, est réduite à ses tours ruinées. Vue dégagée.

Revenez à St-Aubin pour gagner Chaudefonds et prendre la route d'Ardenay, qui rejoint la **corniche angevine★** *(circuit, p. 323).*

À voir aussi Carte de microrégion p. 294-295

Montilliers C3

À 5 km au sud-ouest d'Aubigné-sur-Layon par la D 748.

L'église (1900) a été reconstruite autour du chœur et du clocher du 11e s. et possède de très belles verrières, dont celle dite « du massacre du Moulin de la Reine », par Clamens. Lors de ce massacre, seuls deux enfants furent épargnés par les bleus.

Chanzeaux B3

À 6 km au sud de Saint-Lambert-du-Lattay par la D 160 et Le Gué.

L'église incendiée en 1794 et reconstruite au 19e s. est accolée au clocher du 13e s. C'est dans ce clocher que le 9 avril 1795, dix femmes et dix-huit hommes dont un prêtre se réfugièrent et résistèrent pendant cinq heures, jusqu'à ce que les bleus y mettent le feu.

Dans l'église, à la base de ce clocher, un vitrail de Clamens représente cette tragédie. Elle s'ajoutait aux précédents massacres de la commune de Chanzeaux, qui perdit plus de la moitié de sa population pendant la Révolution (environ 700 victimes). Plusieurs autres verrières modernes (1955) évoquent les hauts faits des guerres de Vendée. Les grandes fresques de Livache sur le mur nord de la nef illustrent avec sobriété le jugement et la marche des femmes et des vieillards vers leur lieu d'exécution, le 25 janvier 1794.

NOS ADRESSES DANS LA VALLÉE DU LAYON

HÉBERGEMENT ET RESTAURATION

BUDGET MOYEN

Au Relais de Martigné – *Rte de Vihiers - 49540 Martigné-Briand - ✆ 02 41 59 42 14 - fermé le soir sf sur réserv. - ♿ - P - formule déj. 10,50 € - 16/32 €*. Lors de votre découverte de la vallée et de sa production viticole, vous pouvez faire étape dans ce modeste restaurant. La cuisine, simple, rallie tous les suffrages, d'autant que les prix sont fort raisonnables. Terrasse.

POUR SE FAIRE PLAISIR

Chambre d'hôte Le Clos des 3 Rois – *13 r. Jacques-du-Bellay - 49380 Thouarcé - ✆ 02 41 66 34 04 - www.closdes3rois.fr - 5 ch. 67/87 €* ☕. Dans une propriété de 1845, au cœur du village, cette ancienne maison de notaire compte cinq chambres totalement indépendantes, de part et d'autre de l'habitation principale. Chacune bénéficie d'une décoration personnalisée, une vraie réussite. Soirées dégustation, dont une spéciale vin nouveau, le dernier week-end de novembre. Boutique de spécialités locales.

Hôtel le Moulin du Chapitre – *Moulin du Chapitre - 49750 Chanzeaux - ✆ 02 41 74 01 42 - www.moulin-du-chapitre.com - fermé 1 sem. en fév. et déb. déc.-fin janv. - ♿ - P - 7 ch. 70/95 €* ☕. Vous apprécierez la tranquillité de ce hameau construit autour de son moulin à eau. Vaste choix d'hébergement, chambres, gîtes et appartements, avec vue sur le bief.

Le Relais de Bonnezeaux – *49380 Thouarcé 1 km rte d'Angers - ✆ 02 41 54 08 33 - www.relais-bonnezeaux.fr - fermé 26 déc.-20 janv., mardi soir, dim. soir et lundi - P - formule déj. 17 € - 28/44 € bc.* Sur la Route des vins, restaurant aménagé dans une ancienne gare de campagne. Les tables de la véranda profitent de la vue sur les vignes. Cuisine traditionnelle et crus locaux.

ACHATS

Domaine Sauveroy – *Rte de Cholet - 49750 St-Lambert-du-Lattay - ✆ 02 41 78 30 59 - http://www.sauveroy.com - tlj sf dim. 9h-12h30, 14h-18h sur RV - fermé j. fériés*. Sur une exploitation familiale de 28 ha, M. Cailleau produit un vin de qualité élevé dans le respect de l'environnement. Cuvées prestigieuses comme l'anjou blanc Clos des Sables, le coteaux-du-layon Cuvée Nectar ou le cru anjou-villages Cuvée Andécaves. La gentillesse et l'enthousiasme des patrons font de ce domaine une adresse rare.

ACTIVITÉS

Espace VTT des coteaux du Layon – Treize circuits VTT classés selon leur niveau de difficulté (rouge, bleu ou vert) empruntent des chemins en bord de Loire, au cœur des vignes, au milieu des forêts et du bocage de la vallée du Layon - *www.layon.org*.

Les Écuries du Layon – *Saint-Martin - 49610 Soulaines-sur-Aubance - ✆ 02 41 45 38 47 - 20 € (2h)*. Promenades équestres entre forêts et coteaux couverts de vignes de l'Aubance.

Cholet et les Mauges

54 632 Choletais – Maine-et-Loire (49)

NOS ADRESSES PAGE 350

S'INFORMER

Office de tourisme du Choletais – *14 av. Maudet - 49300 Cholet - ✆ 02 41 49 80 00 - www.ot-cholet.fr - juil.-août : 9h30-18h30, dim. et j. fériés 10h-13h, 14h30-17h ; mai-juin et sept. : 9h30-12h, 14h-18h, mar. 10h-12h, 14h-18h, dim. 10h-12h ; reste de l'année : tlj sf dim. 9h30-12h, 14h-18h, mar. 10h-12h, 14h-18h.*

SE REPÉRER

Carte de microrégion AB3-4 (p. 295) – *Carte Michelin Départements 317 D6.* À 65 km d'Angers (au sud-ouest) et 55 km de Nantes (au sud-est).

À NE PAS MANQUER

L'histoire du mouchoir rouge de Cholet ; le souvenir des guerres de Vendée rendu présent par les vitraux des Mauges ; le parc oriental de Maulévrier ; le *Labyrinthe du GRAV* au musée d'Art et d'Histoire.

ORGANISER SON TEMPS

Comptez 2h pour la ville, une journée pour les environs.

AVEC LES ENFANTS

Le tissage et le jardin des plantes utiles au musée du Textile ; les démonstrations de la Maison du potier ; l'évocation des métiers anciens à St-Laurent-de-la-Plaine ; les parcours-découvertes du parc de Maulévrier et de Camifolia (jardin de Chemillé) ; le parc GlisséO ; les sports de plein air.

Le petit mouchoir rouge raconte à lui seul toute l'histoire. Emblème de Cholet, il est l'étendard de sa vocation textile séculaire, très florissante au 19e s., et toujours d'actualité. Il évoque aussi la tragédie des guerres vendéennes, dont les remarquables vitraux des églises des Mauges illustrent les drames, mais aussi les actes d'héroïsme.

Se promener

CHOLET

Comptez 30mn.

Au cœur de la cité, dans le quartier Notre-Dame, la place Rougé, la rue du Devau et son prolongement, le parvis et la rue Jean-Paul-II, piétonne, conservent quelques maisons aux beaux balcons de fer forgé du 18e s., vestiges de l'époque prospère du textile.

Place Rougé – C'est sur cette place qu'éclata la première insurrection des Vendéens à Cholet, le 4 mars 1793.

En remontant la **rue du Devau**, remarquez les beaux hôtels particuliers, notamment au n° 27, devenu Maison des sciences et techniques.

En revenant sur vos pas jusqu'à l'église Notre-Dame, de style néogothique (1854- 1885), et son parvis Jean-Paul-II, vous vous trouvez à l'ancien Carrefour des Toiles et centre d'affaires de la ville.

Le musée du Textile à Cholet.
L.M. Preau / hemis.fr

Tournez à gauche dans la **rue des Vieux-Greniers**, pour découvrir, dans un renfoncement au n° 41, le plus ancien bâtiment de Cholet, la **tour du Grenier à sel** (16e s.). Dans cette tour carrée à pans coupés et échauguette d'angle, on conservait le sel soumis à l'impôt de la gabelle.
Revenez sur vos pas et empruntez, à gauche, la **rue Jean-Paul-II**. Au n° 22, dans ce bel immeuble, primé pour la qualité de sa restauration en 1969, habitait Louis Denis, libraire et imprimeur sous la Révolution, condamné à deux ans de prison pour avoir diffusé des feuillets hostiles à celle-ci. À la libération de Cholet, il présidera l'administration de la ville.
La belle perspective de la rue conduit à un majestueux portail de granit du 17e s. qui ouvre sur l'agréable **jardin du Mail**, dont les allées de tilleuls entourent le palais de justice (1870). C'est sur ce promontoire que se trouvait l'ancien château du 11e s., dont ne subsistent que quelques ruines des murailles.
En contrebas, vous pourrez traverser l'avenue de l'Abreuvoir pour vous rendre au musée d'Art et d'Histoire.

5

★ Musée d'Art et d'Histoire

27 av. de l'Abreuvoir - ☏ 02 72 77 23 22 - www.ville-cholet.fr - ♿ - juil.-août : tlj sf mar. 10h-12h, 14h-18h ; reste de l'année : merc.-dim. 10h-12h, 14h-18h - fermé 1er janv., 1er mai, 25 déc. - 3 € (enf. gratuit) billet combiné avec le musée du Textile - parcours « Entrez dans la cour des grands ».
Installé dans un bâtiment en face de l'hôtel de ville, il présente deux galeries distinctes : la galerie d'Histoire et la galerie d'Art.
Galerie d'Histoire – Elle évoque principalement Cholet en 1793, puis les guerres de Vendée (1793-1796, 1815 et 1832) et les tragiques événements qui ravagèrent la ville et la région pendant la tourmente postrévolutionnaire (cartes, tableaux, armes, objets usuels…). Dans la rotonde sont exposés les portraits en pied de quelques généraux vendéens, dont Henri de La Rochejaquelein, par Pierre Guérin, et Cathelineau, tableaux commandés par le roi Louis XVIII pour la salle des Gardes du château de St-Cloud.

Galerie d'Art – Le 18e s. est représenté par des œuvres du Choletais Pierre-Charles Trémolières (1703-1739), de Carle van Loo, Hallé, Nattier, de Troy, Coypel, de Loutherbourg. Des sculptures d'Hippolyte Maindron et des peintures de Troyon, Diaz de la Peña, Maufra illustrent le 19e s. Pour le 20e s., l'« abstraction géométrique » domine : autour de Morellet, natif de Cholet, œuvres de Vasarely, Gorin, Nemours, Herbin, Claisse, Valmier, Honegger et Magnelli. La dernière salle accueille *Labyrinthe du GRAV* (1963), réalisé par le Groupe de Recherche d'Art Visuel (1960-1968) dont a fait partie François Morellet. Une œuvre à laquelle il est « interdit de ne pas participer » !

Musée du Textile

R. du Dr-Roux - ✆ 02 72 77 22 50 - www.museedutextile.com - ♿ - juil.-août : tlj sf lun. 10h-12h, 14h-18h ; reste de l'année : merc.-dim. 10h-12h, 14h-18h - fermé 1er janv., 1er Mai, 25 déc. - 1,50 € billet combiné avec le musée d'Art et d'Histoire.

Situé au nord-ouest de Cholet, en direction de Beaupréau, ce musée a été aménagé dans le cadre de la blanchisserie de la rivière Sauvageau, remarquable exemple du patrimoine industriel du 19e s.

La visite débute dans un bâtiment moderne, inspiré du Crystal Palace de Londres, où quatre métiers à tisser (en état de marche) illustrent l'évolution des techniques jusqu'en 1910. On pénètre ensuite dans la salle de la Machine à vapeur où sont évoqués les fourneaux et l'énorme machinerie, aujourd'hui disparue. Les salles suivantes retracent l'histoire du textile. Découvrez, au « jardin textile », les plantes utiles à la fabrication et à la teinture des tissus.

À proximité Carte de microrégion p. 294-295

Lac de Ribou B4

À 3,5 km au sud-est.

Planche à voile, pêche, aviron, voile, etc., tous les sports nautiques, ou presque, ont leur place sur ce vaste plan d'eau artificiel entouré de collines, dont les pentes gazonnées permettent également de pratiquer golf, tir à l'arc ou équitation ; un camping y est aménagé.

Lac du Verdon B4

À 5 km au sud-est.

Situé juste en amont du lac de Ribou, ce plan d'eau de 280 ha, importante réserve ornithologique, constitue un vrai paradis pour les milliers d'oiseaux migrateurs qui y font étape.

Maulévrier B4

À 13 km au sud-est par la D 20.

Son nom daterait de l'époque mérovingienne et signifierait « mauvais lévrier ». **Foulques Nerra** *(p. 382)* y construisit en 1036 le premier château et y établit une baronnie qui, sous Louis XIV, revint au frère de Colbert, puis à ses descendants jusqu'en 1895. Une stèle érigée dans le parc évoque le chef vendéen **Stofflet**, qui fut garde-chasse ici en 1774.

Détruit en partie à la Révolution, le château fut rebâti au 19e s. sur le plan originel. À la fin du siècle, un industriel choletais l'acquit et fit appel pour le restaurer à l'architecte **Alexandre Marcel**, qui entreprit d'aménager le parc.

★ Parc oriental de Maulévrier B4

À 13 km au sud-est par la D 20. ✆ 02 41 55 50 14 - www.parc-oriental.com - juil.-août : 10h30-19h30 ; mai-juin et sept. : 14h-18h, w.-end et j. fériés 14h-19h ; de mi-mars à fin avr. et de déb. oct. à mi-nov. : tlj sf lun. 14h-18h, dim. et j. fériés 14h-19h - 6,50 € (-12 ans gratuit).

Dominé par les terrasses du château Colbert, ce parc de 28 ha fut aménagé de 1899 à 1910. Conçu comme un décor changeant au fil des saisons, ce paysage japonais concrétise, autour d'un paisible lac, toute la symbolique du cheminement de la vie et l'évolution des éléments vivants, du lever au coucher du soleil, de la naissance à la mort. Au centre, le pont rouge permet d'accéder aux îles de la « Grue » et de la « Tortue », symboles de Paradis. En suivant le sentier autour de l'étang ponctué de lanternes japonaises, on découvre, parmi les arbres taillés « en nuages » selon la méthode japonaise, quelques essences exotiques (érables du Japon, *Magnolia stellata, Cryptomeria,* cerisiers à fleurs, aucubas...) et des éléments architecturaux appropriés : pagode, temple, statue de Bouddha... Le Temple khmer est utilisé pour le culte bouddhiste. Au sortir des allées assombries de conifères, exposition de bonsaïs et atelier *raku* (poterie).

Forêt de Maulévrier B4

À 21 km à l'est.

Le long de la D 196, entre Chanteloup-les-Bois et Yzernay, voyez le romantique **cimetière des Martyrs**, à l'ombre de ses grands chênes.

La forêt de Maulévrier, alors presque impénétrable, cachait lors des guerres de Vendée le quartier général de **Stofflet**, où étaient soignés les blancs blessés au combat. Le 25 mars 1794, guidés par un traître, surviennent les bleus qui y massacrent 1 200 réfugiés ; deux jours plus tard, les Vendéens se vengent par un second massacre. La chapelle commémorative, ornée des statues de Stofflet et de Cathelineau, isolée dans la forêt, ne résonne plus que du chant des oiseaux.

Circuit conseillé Carte de microrégion p. 294-295

LES MAUGES ET LEURS VITRAUX HISTORIQUES

Pour visualiser ce circuit de 123 km, se reporter à la carte de microrégion (p. 294-295) – Comptez environ une journée.

Tout au sud de l'Anjou, aux confins de la Vendée et du Poitou, les Mauges constituent un territoire à part, silencieux et secret, limité au nord par la Loire, à l'est par le Layon, au sud et à l'ouest par les départements de Vendée et des Deux-Sèvres.

Dans cette région verdoyante, couverte de bocages et vouée à l'élevage, le bétail de race durham-mancelle engraisse paisiblement, avant d'affluer aux foires de Chemillé et de Cholet, deuxième marché aux bovins de France.

De grandes routes rectilignes furent tracées sous la Révolution et sous l'Empire pour des raisons stratégiques et militaires, coupant comme des saignées le lacis des chemins creux propices aux embuscades, où se déroulèrent bien des épisodes des guerres de Vendée ; les moulins qui dressent encore sur les hauteurs leur armature de bois, permettaient aux blancs de communiquer par signaux, quand le fameux cri des chouans ne suffisait plus.

Quittez Cholet par la D 752 au nord-ouest.

Vendée blanche… et rouge sang

Des bâtiments élevés avant la Révolution, il ne reste presque rien à Cholet, tant la ville a souffert des guerres de Vendée.

VENDÉENS CONTRE BLEUS

Dès le début de l'insurrection paysanne, la ville est prise par les blancs (14 mars 1793) qui s'y rassemblent avant de marcher victorieusement sur Saumur et Angers. Mais, le 17 octobre, l'armée de Kléber la reprend après un combat sanglant qui oppose 40 000 Vendéens à 25 000 bleus : « Combat de tigres contre des lions », s'exclame le vainqueur ; 10 000 morts restent sur le terrain. Soixante à quatre-vingts mille hommes, femmes et enfants, poussés par la panique, franchissent la Loire : cet épisode, connu sous le nom de la **Virée de Galerne**, tourne au drame. Les survivants sont massacrés par milliers, fusillés ou noyés dans la Loire.

Le général **Westermann**, dans une lettre devenue célèbre, écrit à la Convention : « Il n'y a plus de Vendée, elle est morte sous notre sabre libre… J'ai écrasé les enfants sous les pieds des chevaux et massacré les femmes. Je n'ai pas un prisonnier à me reprocher. »

Le 10 mars 1794, **Stofflet** se rend maître de la ville après un corps à corps avec les bleus, mais, quelques jours plus tard, les « colonnes infernales » du général Turreau mettent Cholet à feu et à sang. Le 18 mars, Stofflet revient, bientôt chassé par le général Cordellier ; la ville en sort ruinée.

LIEUX DU SOUVENIR VENDÉEN

Avrillé : la chapelle du champ des martyrs (2 000 entre janv. et avr. 1794), vitraux historiques de Clamens.

Près de **Cholet** : croix érigée sur la route de Nuaillé, à l'endroit où tomba La Rochejaquelein (29 janvier 1794).

Maulévrier : la pyramide de Stofflet et le cimetière des Martyrs.

Notre-Dame du Marillais : champ des martyrs du 25 mars 1794 ; dans l'église, vitrail des martyrs du Marillais.

Près de **Torfou**, au carrefour de la D 949 et de la D 753 : une colonne rappelle la victoire vendéenne contre l'armée de Mayence (19 septembre 1793).

Vihiers : l'église et son vitrail du « Saut de Santerre », racontant la fuite du général devant les blancs et le saut à cheval qui l'épargna.

Yzernay : la chapelle de la Musse et la chapelle du cimetière des Martyrs.

DES VITRAUX POUR TÉMOIGNER

De très nombreuses églises ayant été brûlées et détruites, le grand effort de reconstruction de la seconde moitié du 19e s. conduit les curés de paroisses, aidés par des donateurs, à commander des vitraux significatifs pour l'histoire locale et pour la foi chrétienne. Accompagnés généralement d'une légende explicative sur le vitrail même, ils racontent les hauts faits des héros vendéens, des généraux aux plus humbles paroissiens et témoignent le plus souvent d'événements locaux tragiques. Ces compositions, que l'on découvre notamment à Chanzeaux, Chemillé, Montilliers, Le Pin-en-Mauges, La Salle-de-Vihiers, Vihiers, St-Laurent-de-la-Plaine, et plus au nord, à La Chapelle-St-Florent ainsi qu'au Marillais, ont pour la plupart été réalisées par des maîtres verriers locaux, parmi lesquels Clamens, Bordereau et Meignen.

LES MOUCHOIRS DE CHOLET

Le tissage est une vieille tradition de Cholet où, dès l'an 1000, on cultivait et filait le chanvre et le lin. Au 16e s., le mouchoir, importé d'Italie, fait son apparition en France.

Blanc de Cholet

Au siècle suivant, l'usage se répand de blanchir la toile : les fabricants obtiennent le fameux « blanc de Cholet » en exposant leurs tissus sur des prairies verdoyantes au sol argileux et bien humide. Au 18e s., les toiles de Cholet font partie des cargaisons de produits manufacturés que les armateurs de Nantes et de La Rochelle échangent sur les côtes d'Afrique contre des esclaves, eux-mêmes revendus aux Antilles contre du rhum rapporté en France : c'est le « commerce triangulaire ».

APRÈS LA RÉVOLUTION

La ruine de la ville lors des guerres de Vendée n'entame pas pour autant Cholet, qui reconstruit ses métiers et, avec ténacité, développe son industrie textile durant tout le 19e s.
Faut-il alors s'étonner que de Cholet la « blanche » (royaliste), soit née la grande « promo » du blanc, au mois de janvier, « promo » reprise par toutes les grandes surfaces de France ? Quoi qu'il en soit, aujourd'hui, le linge de maison (table, literie) haut de gamme, en coton, lin ou métis (mélange de lin et coton), demeure réputé, et le secteur de la confection du Choletais est l'un des principaux centres français.

L'EMBLÈME DE LA VILLE

Le mouchoir rouge est né en 1900 au théâtre de Cholet, d'une chanson de Théodore Botrel évoquant les guerres de Vendée, lors d'un concert dont il était l'invité vedette. Le « barde breton » de l'époque, auteur de la célèbre *Paimpolaise*, déclenche l'enthousiasme.

Rouge sang

Le succès est tel qu'un industriel local tisse aussitôt quelques mouchoirs rouges (une nouveauté car ils étaient traditionnellement blancs ou à carreaux), les envoie à Botrel qui les offre à ses fans lors de ses représentations en France et à l'étranger… Ainsi l'étoffe écarlate, sang et lin allait devenir, au-delà des frontières, le symbole de Cholet.

CLAMENS, BORDEREAU ET MEIGNEN, MAÎTRES VERRIERS

Il faut attendre presque un siècle pour voir apparaître les premiers vitraux « vendéens », d'abord isolés. Jean Clamens, maître verrier à Angers, inaugure, en 1883, la vague de création sur le sujet. Il travaille sur commande des prêtres et de l'évêché et s'adjoint le concours du portraitiste René-Victor Livache. Le souci du détail, la finesse du trait, la délicatesse des coloris caractérisent l'œuvre des deux artistes. Ils font rapidement école auprès de leurs confrères, concurrents et successeurs, comme Bordereau et Meignen. Dans les années 1930, les perspectives s'effacent, le dessin se stylise et, à partir de 1940, on opte pour une expression symbolique, un trait plus lourd et des coloris plus violents.

Beaupréau A3

Petite ville aux rues en pente bâtie sur une butte au bord de l'Èvre, Beaupréau (ne prononcez pas le « é ») fut en 1793 l'un des quartiers généraux des Vendéens; leur chef, Maurice Gigost d'Elbée, possédait à St-Martin (faubourg de la ville) un manoir qui abrite aujourd'hui la bibliothèque. Malgré les incendies, Beaupréau a conservé son **château**, dont on aperçoit la façade depuis la rive gauche de la rivière : il présente encore une entrée pleine de caractère, où deux grosses tours encadrent un pavillon du 17e s.; la toiture pyramidale est flanquée de deux petites coupoles d'ardoise. Incendiée en 1793, l'église Notre-Dame fut reconstruite entre 1854 et 1863 dans un style néogothique. Deux verrières (1865) sont consacrées aux héros des guerres de Vendée. Dans la chapelle des monuments aux morts, un vitrail représente l'abbé Noël Pinot à l'échafaud. Celui-ci a été béatifié en 1926.

Continuez sur la D 752 et tournez à gauche sur la D 17.

Le Fuilet A3

Dispersé en multiples hameaux (les Challonges, Bellevue, les Recoins, etc.), le Fuilet occupe un site où la qualité de la terre, une excellente argile, a favorisé l'implantation de nombreuses briqueteries et poteries aux produits divers (poteries d'ornement, horticoles ou artistiques).

La Maison du potier – *2 r. des Recoins - ✆ 02 41 70 90 21 - www.maisondu potier.net - visite guidée (1h) juil.-août : tlj sf sam. 10h30-12h, 14h-17h et 1 dim. par mois (horaires se rens.); reste de l'année sur RV - 4,50 € (8-13 ans 6 €).*

L'histoire du travail de l'argile est accompagnée de nombreuses démonstrations.

Prenez la D 143 au nord puis la D 152.

La Chapelle-St-Florent A3

Construit au 19e s., le **moulin de l'Épinay** *(r. de l'Evre - ✆ 02 41 72 73 33 - www.moulinepinay.com)* y est encore en fonctionnement. Après sa visite, le métier de meunier n'aura plus de secret pour vous.

À l'intersection avec la D 751, prenez à droite vers St-Florent-le-Vieil.

Saint-Florent-le-Vieil A3 (*La Loire angevine p. 321*)

Continuez vers St-Laurent-de-la-Plaine par la D 250 et la D 218.

Avant l'entrée du village, remarquez la chapelle N.-D.-de-la-Charité.

St-Laurent-de-la-Plaine B3

Chapelle N.-D.-de-la-Charité – Deux beaux vitraux illustrent le pèlerinage de Cathelineau en ce lieu, et l'apparition de la Vierge dans un chêne à l'origine de cet ancien lieu de culte. Non loin, à l'extérieur, la croix indique l'emplacement du chêne détruit par les bleus le 29 août 1791. La moitié des habitants de St-Laurent-de-la-Plaine moururent dans les prisons d'Angers et au champ des martyrs d'Avrillé.

★ **Musée des Métiers** – *Pl. de l'Église - ✆ 02 41 78 24 08 - www.musee-metiers.fr - ♿ - juin-sept. : tlj sf lun. 14h-18h30; du 20 mars au 1er juin : w.-end et j. fériés 14h30-18h30 - possibilité de visite guidée (1h30) - 5,20 € (-6 ans gratuit).*

Cette riche collection d'outils et de machines d'autrefois a été rassemblée grâce à la volonté et la ténacité de quelques habitants du village. Elle est présentée dans un ensemble de bâtiments formant hameau; l'ancien presbytère du 18e s. est l'une des deux seules maisons qui ont survécu au passage de la « colonne infernale » en 1794. Dans la salle d'accueil, un escalier en dentelle de pierre, copie de l'escalier du Mont-St-Michel, ainsi qu'une cheminée monumentale, ont été réalisés par le chantier-école de la Cité. Une

grange magnifiquement charpentée (18e s.) abrite la **rue des Échoppes** : cave de tisserand, sabotier, huilier, forgeron, cirier, repasseuse, tonnelier. Plus de 70 métiers sont représentés, illustrés par des milliers d'objets issus de toute provenance (métiers à tisser, scie des Vosges, roue à aubes).
Rebroussez chemin (D 17 jusqu'à Bourgneuf-en-Mauges), puis tournez à gauche par la D 762.

Le Pin-en-Mauges B3

La statue de l'enfant du pays, Jacques Cathelineau, trône au centre de la bourgade. Derrière elle, l'église St-Pavin, de style néogothique (1893), renferme une exceptionnelle collection de 15 **vitraux★** historiques, œuvre de Jean Clamens (de 1896 à 1899). C'est toute l'histoire des guerres de Vendée qui se trouve ici résumée, mettant en scène ses généraux, et principalement Cathelineau, dit « le saint de l'Anjou ». Dans le transept nord, son tombeau (une partie des ossements repose à St-Florent-le-Vieil) est l'œuvre du Choletais Biron, qui le campe un sabre à la main. Le petit **musée Cathelineau** se visite sur RV - *✆ 02 41 75 38 31 (OT de Beaupréau).*
À la sortie sud prenez la D 15 vers Jallais que vous traversez, puis la D 756.

Chemillé B3

Important centre d'élevage et de production de plantes médicinales, la petite ville s'étire dans le vallon de l'Hyrôme. En juillet 1793, elle fut le théâtre de violents combats entre les blancs et les bleus : c'est le « grand choc de Chemillé », au terme duquel 400 bleus faits prisonniers échappèrent à la mort grâce à l'intervention du général d'Elbée.

Fortement restaurée au début du 20e s., l'**église St-Pierre** (12e s.) abrite un beau vitrail (1917), œuvre de Jean Clamens, relatant l'épisode du **Pater des Vendéens** : d'Elbée fait réciter le Notre-Père à ses soldats pressés de tuer leurs prisonniers et, les incitant ainsi à « pardonner les offenses », obtient d'eux qu'ils les épargnent. Exposition permanente sur « la Vendée chemilloise ».

L'église Notre-Dame « l'ancienne » *(désaffectée)* est coiffée d'un audacieux **clocher** roman, orné à la base d'arcatures aveugles et de deux étages de baies abondamment décorées. De belles fresques des 12e, 15e et 19e s. sont visibles à l'intérieur lors des rares jours d'ouverture.

Camifolia – *11 r. de l'Arzillé - ✆ 02 53 58 58 53 - www.theatre-foirail-camifolia.com - juil.-août : mar.-dim. 10h-19h, lun. 14h-19h ; mai-juin : tlj sf lun. 14h-19h ; sept. : tlj sf lun. 14h-18h ; oct. : merc. et w.-end 14h-18h (dernière entrée 1h av. la fermeture - 6,50 € (-12 ans gratuit).*

Le Jardin des plantes médicinales et aromatiques, situé en partie dans les jardins de la mairie, présente plus de 300 espèces de plantes utilisées en pharmacie. À découvrir, ou redécouvrir, la camomille, l'indigo, la garance des teinturiers *(Rubia tinctoria)* ou la gaude *(Reseda luteola)* à teinte jaune et les variétés de la flore qu'abrite la serre méditerranéenne. Une exposition permanente sur l'historique des plantes médicinales et des expositions temporaires complètent utilement cette agréable promenade. Animations et ateliers de formation sont proposés tout au long de la saison.

De la citadelle subsiste, place du Château, une porte appareillée en « rucher d'abeilles » (13e s.).
Revenez à Cholet par la D 160.

NOS ADRESSES À CHOLET

HÉBERGEMENT

PREMIER PRIX

Chambre d'hôte Parfum d'Ici et d'ailleurs – *La Foy Moreau - 49450 La Renaudière - 02 41 30 85 20 - www.lafoymoreau.com - P - - 4 ch. 55 € - 19 €.* Reconvertie en maison d'hôte, cette exploitation agricole a gardé un aspect authentique dans un environnement fleuri. Chambres « d'ici », décorées dans un style rustique, et « d'ailleurs », respectivement inspirées de la fougue ibérique ou de la sérénité extrême-orientale. Viande de production maison à la table d'hôte.

Chambre d'hôte Le Clos du Marais – *6 chem. du Marais - 49120 Chemillé - 02 41 30 08 04 ou 06 62 00 12 77 - www.closdumarais.com - fermé oct. - P - - 58 € .* Derrière les murs de cette grande bâtisse sur les hauteurs de Chemillé se cache un intérieur superbe, alliant volumes amples et décoration riche. Aménagées sur la mezzanine, les 5 chambres portent joliment des noms de plantes médicinales. Dehors, le parc, son étang et les jardins d'eau viennent parfaire le cadre.

BUDGET MOYEN

Park Hôtel – *4 av. A. Manceau - 02 41 62 65 45 - www.hotel-duparc-cholet.fr - P - - fermé dernière sem. de déc. - 54 ch. 61/76 € - 7,50 €.* Chambres modernes, fonctionnelles et bien insonorisées, grande salle de réunion et buffet de petits-déjeuners : cette adresse pratique se trouve près de la patinoire de Cholet.

POUR SE FAIRE PLAISIR

San Benedetto – *26 bd Gustave-Richard - 02 41 62 07 20 - www.sanbenedetto-hotel.com - 50 ch. 96/146 € - 11 €.* Le plus ancien hôtel de la ville. Désormais, tout est très moderne, voire tendance, avec de beaux volumes. Les chambres, immaculées, sont ponctuées de touches colorées.

RESTAURATION

BUDGET MOYEN

La Grange – *64 r. de St-Antoine - 02 41 62 09 83 - fermé merc. soir, dim. soir et lun. - 17,80/49 €.* Poutres apparentes et cheminée témoignent du passé de cette ancienne ferme rénovée (tons beige, chocolat et vanille) où l'on savoure une cuisine actuelle et soignée, sans se ruiner.

Le Pouce Pied – *1 r. du Lait-au-Beurre - 02 41 58 50 03 - www.lepoucepied.com - fermé 2 sem. fin août, sam. midi, dim. soir et lun. - formule midi 18 €; 28/47 €.* Un restaurant de poche un peu excentré, où les tables sont décorées de pouces-pieds ! La cuisine est alléchante et gorgée de saveurs, le tout à prix raisonnable.

POUR SE FAIRE PLAISIR

Au Passé Simple – *181 r. Nationale - 02 41 75 90 06 - aupassesimple2@wanadoo.fr - fermé 3-25 août, 22 déc.-4 janv., dim. soir, lun. et mar. - formule déj. 15 € - 38/78 €.* Cuisine inventive d'une belle harmonie gustative et décor mariant l'ancien et le contemporain : ce restaurant de poche ne manque pas de charme.

L'Ourdissoir – *40 r. St-Bonaventure - 02 41 58 55 18 - fermé 27 juil.-17 août, 21 fév.-3 mars, dim. soir, lun. soir et merc. - 17/55 €.* Deux salles rustiques (beaux murs en pierre) dont l'une fut un atelier de tisserands de la ville du mouchoir, et mobilier contemporain. Copieuse cuisine actuelle et un menu du terroir.

ACHATS

Bon à savoir – Si la boutique du musée du Textile reste le seul site où sont tissés les fameux mouchoirs rouges de Cholet, on pourra aussi trouver ces derniers dans le magasin « La Bonne Toile de Cholet », *2 av. Gambetta*, dans le centre-ville, ainsi qu'à l'office de tourisme.

ACTIVITÉS

CISPA – *Port de Ribou - ✆ 02 41 49 80 60 - www.cholet-sports-loisirs.fr - fermé 25 déc.-1er janv. et j. fériés.* Derrière ces initiales se cache le Centre d'Initiation aux sports de plein air. Il est aménagé sur les berges du lac de Ribou situé à la périphérie de Cholet. Location de dériveurs, planches à voile, canoës-kayaks ; tennis, tir à l'arc, golf, escalade et VTC. Possibilité d'hébergement et de restauration.

Cholet Basket – *Salle de la Meilleraie - Parc des expositions - av. Marcel-Prat - ✆ 02 41 58 30 30 ou 02 41 71 65 12 - www.cholet-basket.com* Un club de renommée internationale. Programme des matchs sur le site Internet.

GlisséO – *Av. Anatole Manceau - ✆ 02 41 71 64 20 - www.glisseo.com.* Grand complexe aqua-ludique pensé pour les grands et les petits, qu'ils soient sportifs ou amateurs : piscines d'apprentissage, bassins ludiques, espaces de repos et de remise en forme (hammam, sauna…), patinoire, kart sur glace…

AGENDA

Festival des Arlequins – *4 jours en avr.* Face au public et à un jury de professionnels, une douzaine de représentations de théâtre par des troupes amateurs *- théâtre Interlude - ✆ 02 72 77 24 24 - www.ville-cholet.fr/arlequins*

Carnaval – *1 sem. en avr.* Une semaine de festivités rythmée par la passage des cortèges défilant de jour comme de nuit. L'un des grands carnavals du pays - *✆ 02 41 62 28 09.*

Les Z'Allumés – *Mai.* Festival dédié à toutes les jeunesses : bacs à sable, trampolines, spectacles d'eau, concerts… - *✆ 02 72 77 23 61.*

EstiJazz – *Juil.* Concerts de jazz et de musiques du monde au parc de Moine - *✆ 02 72 77 24 24.*

Enfantillages – *Juil.* Au Parc de Moine, concerts, spectacles clownesques et autres rigolades sont au programme du festival jeune public. *Programme disponible début juin sur www.ville-cholet.fr - ✆ 02 72 77 20 00 - entrée libre.*

Marché et crèche vivante de Noël – *Déc.*

LE SAUMUROIS ET LE BAUGEOIS

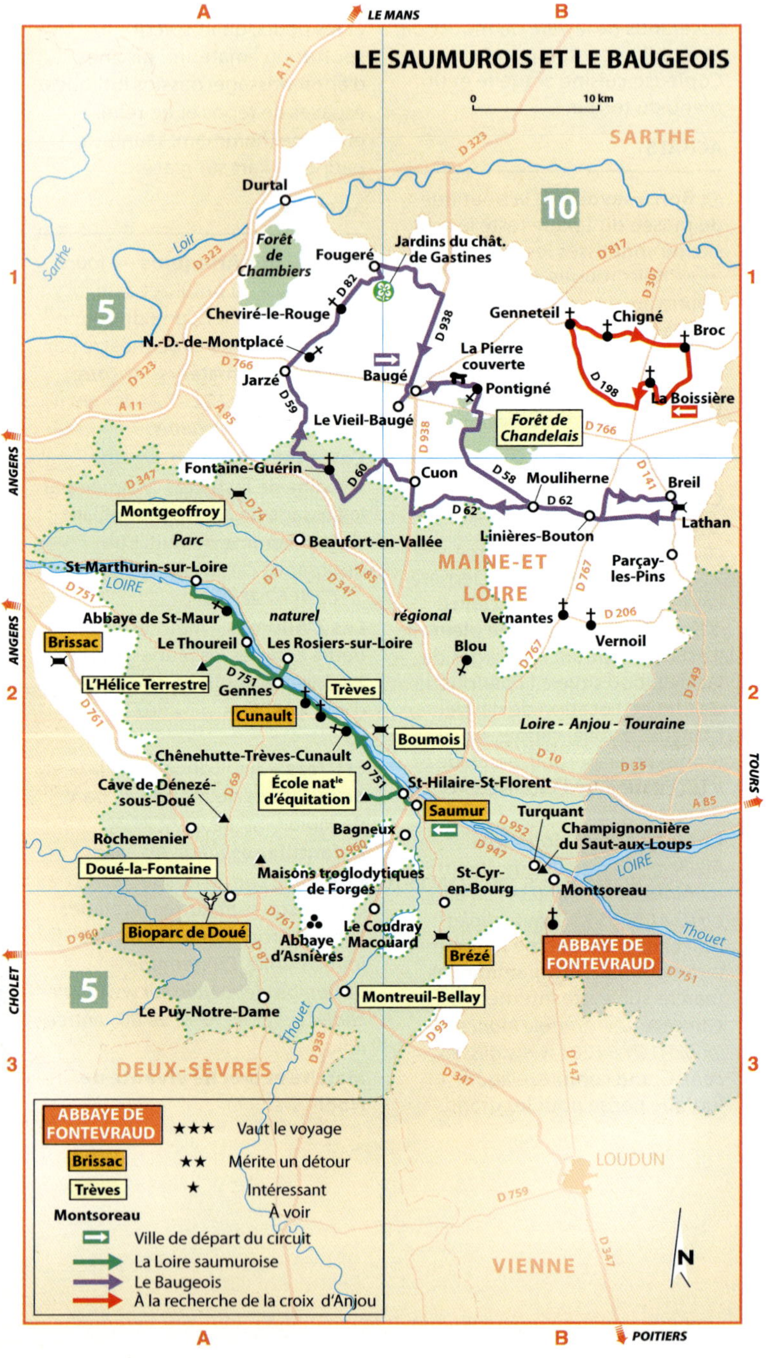

Le Saumurois et le Baugeois 6

Carte Michelin 317 – Département (49)

Saumur

★★

28 654 Saumurois – Maine-et-Loire (49)

NOS ADRESSES PAGE 361

S'INFORMER

Office de tourisme – *Quai Carnot - 49400 Saumur - ✆ 02 41 40 20 60 - www.saumur-tourisme.com - de mi-mai à déb. oct. : 9h15-19h, dim. 10h30-17h30, 10h30-12h30, 14h30-17h30 ; de déb. oct. à mi-mai : 9h15-12h30, 14h-18h, mar., 10h-19h, w.-end 10h30-12h30, 14h30-17h30 - fermé 1er janv., 25 déc.* Ayant le label Ville d'art et d'histoire, le vieux Saumur se découvre facilement à pied grâce à un document remis gratuitement à l'office de tourisme « Saumur, ville close aux portes de l'Anjou ».

SE REPÉRER

Carte de microrégion B2 (p. 352) – *Carte Michelin Départements 317 I5.* À 65 km au sud-est d'Angers et 35 km au sud de Baugé.

À NE PAS MANQUER

Le château, la découverte à pied de la vieille ville, la coupole de N.-D.-des-Ardilliers, le musée des Blindés.

ORGANISER SON TEMPS

Comptez une journée.

AVEC LES ENFANTS

Les manifestations équestres, le musée des Blindés.

La « perle de l'Anjou » n'a rien perdu de son éclat… Campé sur son coteau de tuffeau, son château capte le doux soleil de Loire comme une enluminure. Saumur, c'est aussi la patrie du cheval où l'on admire les cavaliers du Cadre noir dans leurs tuniques noir et or entre « sauts d'école » et acrobaties équestres.

Le château et la vieille ville.
C. Guy / hemis.fr

Se promener Plan de ville p. 356

★ VIEUX QUARTIER

Entre le château et le pont, les ruelles tortueuses qui sillonnent la vieille ville ont gardé leur tracé moyenâgeux.
La rue St-Jean et ses commerces mènent jusqu'à la **place St-Pierre**, où voisinent façades à colombages et maisons du 18e s. aux balcons de fer forgé. Une halle, construite en 1982, s'harmonise avec les maisons alentour.
L'été, les églises St-Pierre, N.-D.-de-Nantilly, la chapelle St-Jean et N.-D.-des-Ardilliers sont ouvertes. *Visite libre 8h30-12h, 14h-18h ; visite guidée payante certains jours de la semaine - parcours-découverte pour les enfants possible à N.-D.-de-Nantilly - se renseigner à l'office de tourisme.*

Église St-Pierre B2

Édifice gothique Plantagenêt dont la façade écroulée a été rebâtie au 17e s. ; elle a conservé au croisillon droit une porte romane aux belles voussures.
À l'intérieur, une riche **tapisserie★** de six pièces (16e s.) illustre dix scènes de la vie de saint Pierre. Elle est présentée durant l'été. La restauration des grandes orgues permet d'organiser des concerts réguliers.

SAUMUR LA PROTESTANTE

À la fin du 16e s. et au 17e s., la ville atteint son apogée. C'est l'un des grands foyers du protestantisme. Henri III la donne comme « place de sûreté » au roi de Navarre. Le futur Henri IV y installe **Duplessis-Mornay**, grand soldat, fin lettré et fervent réformé. Celui que les catholiques appellent le « pape des huguenots » fonde ici une académie protestante très réputée. En 1611, une assemblée générale des Églises protestantes s'y réunit afin de renforcer leur organisation à la suite de la mort d'Henri IV et du départ de Sully. En 1623, Louis XIII, inquiet du danger protestant, ordonne de démanteler les murailles de la ville. La révocation de l'édit de Nantes (1685) porte un coup fatal à Saumur : de nombreux habitants s'expatrient, le temple est démoli.

★ Hôtel de ville B2

La partie gauche, seule, remonte au 16e s. Autrefois baigné par la Loire, le bâtiment faisait partie de l'enceinte et formait tête de pont, d'où son aspect défensif. Côté cour, l'édifice est finement sculpté, dans un style de transition gothique-Renaissance.

Chapelle St-Jean B2

L'été, les tapisseries de la vie de saint Florent et de saint Florian (16e s.) sont visibles dans cette chapelle gothique située rue Corneille, entre l'hôtel de ville et le théâtre.

SE LOGER		SE RESTAURER
Best Western Hôtel Adagio ①	Cristal Hôtel ⑤	Au Quai de Loire ⑩
Camping L'Île d'Offard ⑬	Hôtel Alcyon ④	L'Alchimiste ②
Château de Beaulieu ②	Hôtel Kyriad ⑦	L'Escargot ③
Château de Verrières ③	Hôtel Le Volney ⑲	Le Gambetta ④
		Les Ménestrels ⑥

★ Église N.-D.-de-Nantilly B3

Bel édifice roman auquel Louis XI, toujours très dévoué à Notre-Dame, ajouta le bas-côté droit ; son oratoire a servi de chapelle baptismale. Dans le même collatéral, sur un pilier à gauche, on note l'épitaphe composée par le roi René d'Anjou pour sa nourrice Tiphaine. Dans l'absidiole à droite du chœur, belle statue vénérée de N.-D.-de-Nantilly, en bois peint du 12e s. Le buffet d'orgue, soutenu par des atlantes, date de 1690. Vingt et une **tapisseries** (15e-18e s.) issues d'une exceptionnelle collection, objets d'une belle restauration, sont exposées tour à tour pendant l'été et lors des fêtes liturgiques. Parmi elles, neuf tapisseries sur la vie de la Vierge.

Découvrir

★★ Le château B3

☏ 02 41 40 24 40 - www.ville-saumur.fr - Bien que les travaux de reconstruction du rempart éboulé en 2001 soient terminés, les intérieurs ne sont pas encore visibles. Restent ouvertes : la terrasse avec son panorama, la cour d'honneur, la salle souterraine et des salles présentant une sélection des plus belles pièces du musée. L'ancienne abbatiale, ouverte, abrite le musée du Cheval et une présentation des grandes étapes de la construction du château - avr.-juin et sept.-fév. : tlj sf lun. 10h-13h, 14h-17h30 ; juil.-août : tlj sf lun. 10h-18h30 ; visite guidée pour groupes sur RV tte l'année - basse sais. : adultes 4 € (6-16 ans 3 €), groupes 3 € ; haute sais. : adultes 9 € (6-16 ans 6,50 €), groupes 6 €. Son et lumière, voir Nos adresses.

LE REMPART EN CHIFFRES

La reconstruction du rempart nord-ouest a nécessité en trois ans : 2 000 t d'acier, 8 000 m^2 d'échafaudages, 1 300 m^3 de pierre de tuffeau, et près de 125 000 heures de travail.

Place forte de Foulques Nerra, comte d'Anjou (11e s.), résidence de Geoffroy Plantagenêt au 12e s., forteresse voulue par Saint Louis au 13e s., le château trouve la forme que nous lui connaissons au 14e s., sous les **ducs d'Anjou**. Après la mort du dernier duc, le roi René, le « château d'Amour » retourne à la couronne de France (1480). Philippe **Duplessis-Mornay**, ami et mentor d'Henri de Navarre qui lui confie le poste de gouverneur, lui adjoint au 16e s. des fortifications en étoile.

Le château a conservé son allure de forteresse que tempère l'élancement gracieux de ses multiples tours aux toits coniques. Il abrite un **logis** de plaisance, dont les fenêtres s'ornent de balustrades richement sculptées. Résidence du gouverneur de Saumur sous Louis XIV et Louis XV, il fut transformé en prison, puis en caserne, avant d'être acheté par la ville en 1906. Depuis, le monument a connu plusieurs campagnes de restauration, la dernière concernant l'extérieur de la tour ouest et de l'aile sud. Les visiteurs peuvent admirer les splendides lucarnes restituées à partir des modèles d'origine.

Terrasse – Servant de cour au château, elle s'ouvre sur un beau **panorama★** embrassant la ville, les vallées de la Loire et du Thouet.

★★ **Musée d'Arts décoratifs** – *Fermé provisoirement.* Formé en partie par la donation Lair, il présente un bel ensemble d'œuvres d'art du Moyen Âge et de la Renaissance : sculptures sur bois et albâtre, **tapisseries**, meubles, peintures, ornements liturgiques et une importante collection de faïences et de porcelaines tendres françaises des 17e et 18e s.

Parc naturel régional Loire-Anjou-Touraine

Les parcs naturels régionaux diffèrent des parcs nationaux par leur conception et leur destination. Ce sont des zones habitées, choisies pour être l'objet d'aménagements et de terrains d'activités propres à développer l'économie (création de coopératives, promotion de l'artisanat), à protéger le patrimoine naturel et culturel (musées, architecture…) et à initier les gens à la nature. Le PNR est géré par un organisme (syndicat mixte, association…) comprenant élus locaux, propriétaires, représentants d'associations, etc. Une **charte** établie avec l'accord des habitants définit ses limites et son programme.

Créé en 1996, le Parc naturel régional Loire-Anjou-Touraine comprend 136 communes des départements d'Indre-et-Loire (région Centre) et Maine-et-Loire (région Pays de la Loire) et s'étend sur 235 000 ha. L'entité géographique s'articule autour de la **Loire** et de ses confluences avec l'Indre, la Vienne et le Thouet. Le patrimoine naturel est donc typique d'un paysage de territoire de confluences : vallées, bocages, bois et landes.

À Montsoreau, **la Maison du Parc** *(p. 374)* qui abrite également l'office de tourisme se distingue par sa construction écologique labellisée « haute qualité environnementale ». Bâtiment démonstratif, il a reçu le label Tourisme et handicap « Handicap moteur ». Mobilier interactif, scénographie permanente et expositions temporaires, films et ressources documentaires sont proposés.

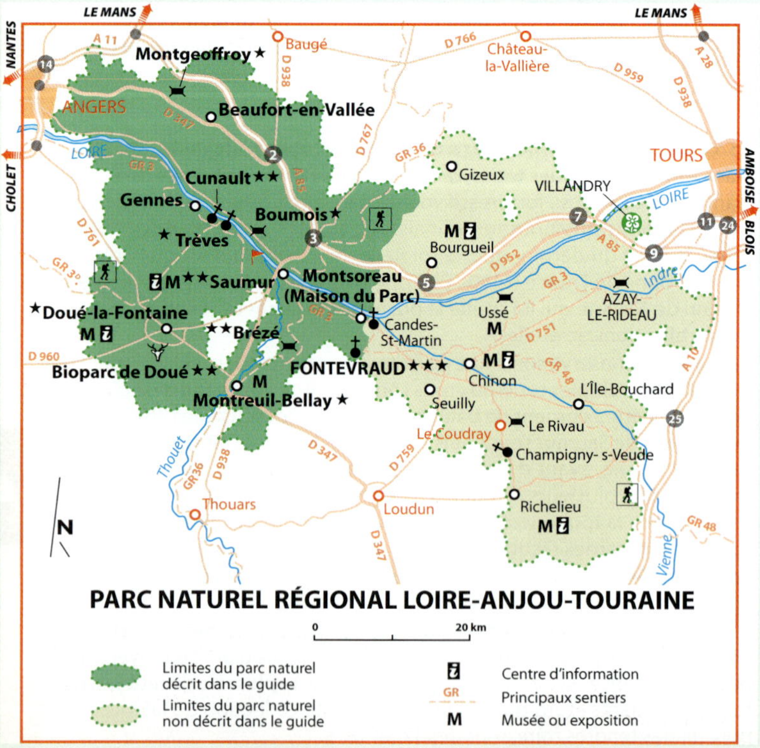

UNE RENOMMÉE DUE AU CHEVAL

À partir du 19e s., d'illustres personnages se sont succédé à Saumur : le **colonel Lhotte**, écuyer en chef du Cadre noir (1864-1870) et père de l'équitation moderne, le maréchal Bugeaud, gouverneur général de l'Algérie (1840-1847), **Charles de Foucauld** (en 1878 et 1879), qui fut officier de cavalerie avant de se faire ermite en Algérie, le maréchal **Lyautey** et Henry de Bournazel – le « cavalier rouge » –, qui s'illustrèrent au Maroc, ou encore, le maréchal Philippe Leclerc de Hauteclocque, qui participa à la libération de la France à la tête de la 2e DB sous le nom de Leclerc.

★ **Musée du Cheval** – *La salle du musée est fermée pour travaux, une exposition temporaire est mise en place dans une autre pièce.* Il retrace l'histoire du cheval de selle et de l'équitation à travers les âges et les pays : rares collections de selles, de mors, d'étriers, d'éperons, riches harnachements provenant du monde entier.

Musée de la Cavalerie A1-2

Pl. Charles-de-Foucauld - ✆ 02 41 83 69 23 - http://museecavalerie.free.fr - ♿ - lun.-jeu. 9h-12h, 14h-17h, w.-end 14h-18h - fermé de mi-nov.à fin fév. - gratuit.
Ce musée militaire retrace l'histoire de la cavalerie de Charles VII (1445) à nos jours. Situé dans les anciennes écuries restaurées du Cadre noir (édifiées en 1827), il présente ses collections sur plus de 1 400 m² : de la naissance de la cavalerie au Second Empire avec tableaux, sculptures, armes, casques et costumes, puis du Second Empire à nos jours. Un espace est dédié à la recherche. Dans l'entrée, sur le mur qui fait face : la *Bataille de Waterloo* et, derrière le bureau d'accueil à gauche : la *Libération de Strasbourg*.

★★ Musée des Blindés Hors plan

Par le bd Louis-Renault, suivez le fléchage - 1043 rte de Fontevraud - ✆ 02 41 83 69 98 - www.museedesblindes.fr - ♿ - juil.-août : 9h30-18h30 ; mai, juin, sept., vac. scol. de Pâques et de Toussaint (ttes zones) : 10h-18h ; janv.-avr. et oct.-déc. : 10h-17h, w.-end et j. fériés : 11h-18h (dernière entrée 1h av. la fermeture) - fermé 1er janv., 25 déc. - 7 € (-16 ans 4 €) - parcours « Entrez dans la cour des grands ».
Il abrite près de 800 véhicules (chars, engins blindés, pièces d'artillerie), dont 200 en état de marche, provenant de 17 pays différents. Le musée retrace l'évolution de l'ABC (arme blindée et cavalerie) de 1917 à nos jours. Parmi les plus prestigieux : le Saint-Chamond, le Schneider et le Renault FT 17. Ce dernier, « le char de la victoire », prit une large part aux derniers combats de la Grande Guerre. Outre des blindés alliés qui débarquèrent le 6 juin 1944, sont présentés des véhicules de la Forpronu (Nations unies) et des chars russes (du T 34 au T 72) et une importante collection de maquettes.

LES CADETS DE SAUMUR

Du 18 au 20 juin 1940, 800 officiers élèves de l'École d'application de cavalerie de Saumur, sous le commandement du général Pichon, résistèrent vaillamment entre Gennes et Montsoreau à l'avance des forces allemandes. Leur courage et leur résistance obstinée, malgré de piètres moyens, forcèrent l'admiration des adversaires, qui baptisèrent ces jeunes braves les « cadets de Saumur », bien que ce terme ne soit pas employé par l'École de cavalerie de Saumur.

★ Église N.-D.-des-Ardilliers Hors plan

À la sortie est de la ville sur le quai du Jagueneau, D 947.

La dévotion à Notre-Dame-des-Ardilliers s'est développée à partir du règne de François Ier, à la suite de la découverte d'une **statue miraculeuse** par un laboureur, au 15e s. Ce bel édifice, rebâti au 17e s., devint alors l'un des sanctuaires de pèlerinage les plus fréquentés de France en accueillant plus de 10 000 pèlerins par an. La coupole, inspirée de l'architecture italienne, saisit par son élévation (42 m). La statue miraculeuse se trouve à gauche de la nef, dans la chapelle Richelieu.

À proximité Carte de microrégion p. 352

★ Château de Boumois A2

À 7 km au nord-ouest de Saumur, sur la rive droite de la Loire, à St-Martin-de-la-Place - ✆ 02 41 38 43 16 - se rens. pour les visites.

À gauche de l'entrée principale s'élève un pigeonnier du 17e s., qui a conservé son échelle tournante et ses 1 800 boulins (niches à pigeons).

Sous un appareil féodal extérieur, ce château du début du 16e s. dissimule un délicat logis de la Renaissance. Une enceinte fortifiée, jadis renforcée de douves, protège la cour seigneuriale fermée par un portail monumental.

Flanqué de deux grosses tours à mâchicoulis, le **logis seigneurial** (fin du 15e s.) est desservi sur la cour intérieure par une tourelle d'escalier. Sa porte, travaillée de motifs Renaissance très soignés, conserve encore une extraordinaire serrure en fer forgé d'origine. La grande salle recèle une effigie en marbre de Marguerite de Valois, un portrait en pied d'Elisabeth Ire d'Angleterre et un paravent de Coromandel fabriqué en Inde en 1663.

Bagneux B2

Par la sortie sud de Saumur.

Au cœur de la région la plus anciennement habitée d'Anjou, Bagneux englobe un vieux village bâti au bord du Thouet.

Musée du Moteur – *18 r. Alphonse-Cailleau, 2e rue à gauche après le pont Fouchard - ✆ 02 41 50 26 10 - museedumoteur.fr - 7 avr.-15 sept. : tlj sf lun., dim. et j. fériés 14h-18h - reste de l'année : vend.-sam. 14h-18h - possibilité de visite guidée (1h15) 5 € (-16 ans 2,50 €).* Cette collection de moteurs est née de la volonté de passionnés de mécanique, pour la plupart anciens élèves de l'École industrielle de Saumur, soucieux de conserver et de restaurer des moteurs anciens et contemporains. Vous pourrez y admirer, notamment, le moteur Viking d'*Ariane IV* ainsi que de nombreux prototypes.

Revenez sur la rue du Pont-Fouchard et prenez un peu plus loin à gauche, après la mairie, la rue du Dolmen.

Grand Dolmen – *56 r. du Dolmen - ✆ 02 41 50 23 02 - www.saumur-dolmen.com - ♿ - juil.-août : 9h-19h ; reste de l'année : tlj sf merc. 10h-12h, 13h-19h - 4 € (-16 ans 2,50 €).* Situé au centre de Bagneux, ce monument mégalithique funéraire, bien antérieur à l'époque gauloise, fut érigé il y a plus de 5 000 ans. C'est l'un des plus remarquables dolmen d'Europe. D'une longueur de plus de 23 m et large de 7 m, cette allée couverte est composée de 16 dalles verticales totalisant environ 500 t et soutenant un toit à 3 m de hauteur. Sur le site, sont exposées plusieurs dizaines de pierres des différentes époques préhistoriques. À proximité, une jolie **chapelle** abrite une *Vierge à l'Enfant* de Salviati et un groupe sculpté de la Sainte Famille du 15e s., d'origine bourguignonne.

NOS ADRESSES À SAUMUR

HÉBERGEMENT

PREMIER PRIX

Camping L'Île d'Offard – *Bd. de Verden - accès par centre-ville - ✆ 02 41 40 30 00 - www.cvtloisirs.com - de déb. mars à mi-nov. - ♿ - P - réserv. conseillée - 258 empl. 30,50 €.* Occupant une grande partie de l'île d'Offard, cette grosse structure propose un hébergement en dortoirs ou chambres avec restauration, et un secteur locatif de 44 mobile homes, disponibles à la nuitée hors saison. Blocs sanitaires impeccables, terrain de camping verdoyant et bien entretenu.

Hôtel Le Volney – *1 r. Volney - ✆ 02 41 51 25 41 - www.levolney.com - fermé 25 déc.- 8 janv. - 14 ch. 37/59 € - ☕ 7 €.* Face à la Poste, chambres simples, fraîches et bien tenues : un bon point de départ pour les petits budgets souhaitant découvrir Saumur et sa région.

BUDGET MOYEN

Hôtel Kyriad – *23 r. Daillé - ✆ 02 41 51 05 78 - www.central-kyriad.com - 24 ch. 50/120 € - ☕ 9 €.* Situation centrale mais calme assuré, accueil particulièrement soigné, chambres décorées avec goût, dont deux très spacieuses et flambant neuves : agréable en tous points.

Hôtel Alcyon – *2 rte de Rouen - ✆ 02 41 67 51 25 - www.alcyon-saumur.com - P - 16 ch. 52/58 € - ☕ 7 € - soirée étape 98 €.* À 800 m du centre-ville sur le bras nord de la Loire, cet établissement contemporain fraîchement rénové est très agréable. Copieux petit-déjeuner. La navette de l'hôtel assurera vos déplacements intra-muros. Location de voitures et vélos.

Cristal Hotel – *12 pl. de la République - ✆ 02 41 51 09 54 - www.cristal-hotel.fr - 20 ch. 58/93 €.* Les chambres, un brin vieillottes mais propres et vastes, valent surtout pour leur emplacement, au cœur de Saumur, face à la Loire : réservez-en une avec vue !

POUR SE FAIRE PLAISIR

Best Western Hôtel Adagio – *94 av. du Gén.-de-Gaulle - ✆ 02 41 67 45 30 - www.hoteladagio.com - ♿ - P - 39 ch. 84/130 € - ☕ 11,50/13 €.* À 500 m de la gare, un bel hôtel proposant cinq catégories de chambres, toutes joliment décorées dans un style contemporain et coloré, certaines avec vue sur la Loire.

Château de Beaulieu – *R. de Montsoreau - ✆ 02 41 50 83 52- www.chateaudebeaulieu.fr - 5 ch. dont 2 suites 95/150 € ☕.* À 2 km du centre de Saumur, en retrait de la D 947, au calme dans un parc arboré avec piscine chauffée, ce château du 18e s. dispose d'élégantes chambres meublées d'antiquités et dotées de tout le confort. Cadre raffiné, accueil chaleureux et attentionné.

UNE FOLIE

Château de Verrières – *53 r. d'Alsace - ✆ 02 41 38 05 15 - www.chateau-verrieres.com - ♿ - P - 10 ch. 150-290 € - ☕ 15 €.* Un lieu idéal pour un séjour romantique : un bel édifice Napoléon III, des boiseries aux teintes chaudes, un décor Belle Époque et un grand parc… Accueil amical des châtelains.

RESTAURATION

BUDGET MOYEN

L'Alchimiste – *6 r. de Lorraine - ✆ 02 41 67 65 18 - fermé 1 sem. en juin, vac. de la Toussaint, 1 sem.*

en fév., dim. soir, mar. soir et merc. 18 €. On ne sert pas ici de cuisine moléculaire mais des bons petits plats (flan de courgette au chèvre frais, poire pochée…). Mieux vaut réserver car c'est souvent complet!

Au Quai de Loire – *10 bis pl. de la République - ✆ 02 41 67 35 05 - www.cristal-hotel.fr - ♿ - formule déj. 10,80 € - 19/29 € - 24 ch. 58/93 € - ☕ 9 €.* La cuisine goûteuse, l'ambiance décontractée et le décor soigné aux nuances de gris, noir et blanc expliquent le succès de cette petite adresse idéalement située sur les quais longeant la Loire.

L'Escargot – *30 r. Maréchal-Leclerc - ✆ 02 41 51 20 88 - fermé 2 sem. fin août, 1 sem. fin déc., 2 sem. en fév. mar. et merc. - formule du jour 17 €, 24/32 €.* Un joli petit Escargot où prendre le temps de bien manger! Décor feutré et savoureuse cuisine traditionnelle, élaborée à partir de produits de premier choix. Agréable terrasse.

POUR SE FAIRE PLAISIR

Les Ménestrels – *11 r. Raspail - ✆ 02 41 67 71 10 - fermé lun. dim. de janv.-mi avril-le reste de l'année dim. et lun. midi sf j. feriés ou fêtes - formule déj. 18/25 € - 34/70 €.* Un beau choix de vins de Loire escorte la cuisine actuelle de ce restaurant, dont une salle est aménagée dans une chapelle qui daterait du 14e s.

Le Gambetta – *12 r. Gambetta - ✆ 02 41 67 66 66 - www.restaurantlegambetta.com - fermé 27 juil.-20 août, 2 dernières sem. janv., dim. soir, lun. et merc. – 21,50/92 €.* Cette maison de pays sise à proximité de l'École de cavalerie abrite deux sobres salles à manger. Cuisine gastronomique de saison très goûteuse.

ACHATS

La Duchesse Anne – *22 r. Franklin-Roosevelt - ✆ 02 41 51 07 50 - www.laduchesseanne.fr - tlj sf lun. 9h-19h15, sam. 8h30-19h30, dim. et j. fériés 8h-13h.* Les créations de ce maître chocolatier s'inspirent souvent de l'histoire de Saumur : le Couscher, praliné aux quatre épices, rend hommage à une figure locale ; le Saumur, les Perles d'Anjou et le Plantagenêt évoquent quant à eux le passé de l'ensemble du Val de Loire… Dans tous les cas, on se régale de ces trouvailles historico-gastronomiques.

Sébastien Girardeau – *51-53 r. St-Nicolas - ✆ 02 41 51 30 33 - www.le-pied-de-cochon.fr - fermé 3 sem. en fév. et 15 j. en août, j. fériés sf mat.* Cette boutique est l'endroit idéal pour faire provision de produits régionaux : pieds de cochon (récompensés dans plusieurs concours), foie gras, boudin noir (champion d'Europe du boudin blanc, boudin truffé à 10 %), etc. À la bonne chère s'ajoutent quelques bouteilles rares, car le maître des lieux s'annonce volontiers « antiquaire en vins ». Accueil sympathique.

Maison du vin de Saumur – *Quai Lucien-Gautier - ✆ 02 41 38 45 83 - avr.-sept. : 9h30-13h, 14h-19h, dim. 10h30-13h, lun. 14h-19h ; oct.-mars : mar.-sam. 10h30-12h30, 15h-18h (14h30-18h30 sam.) - fermé de mi-janv. à mi-fév., 1er et 8 Mai et 1er nov.* Pour découvrir la production régionale, plus d'une cinquantaine de crus du Saumurois, d'Anjou et de Touraine sont disponibles. Dégustations commentées, conseils, boutique et bonnes adresses de vignerons.

Distillerie Combier – *48 r. Beaurepaire - ✆ 02 41 40 23 00 - www.combier.fr - avr.-mai et oct. : mar.-dim., visite 10h30,*

14h30 et 16h30; juin et sept.: tlj visite 10h30, 14h30 et 16h30; juil.-août: tlj visite 10h30, 12h, 14h30, 16h et 17h30 - fermé dim. de déb. janv. à fin mars et en nov., lun. de janv. à fin mai et d'oct. à déc.; j. fériés sf 8 Mai, 14 Juil. et 15 août - 4 € visite guidée et dégustation (-16 ans gratuit). Découvrez la plus ancienne distillerie du Val de Loire encore en activité, émerveillez-vous devant la salle des alambics aux cuivres rutilants, dégustez et repartez avec la liqueur ou le sirop de votre choix : absinthe, Guignolet, Pastis d'Antan ou crèmes de fruits.

Gratien & Meyer – *Rte de Montsoreau - ✆ 02 41 83 13 32 - www.gratienmeyer.com - : boutique 9h30-18h, avr. oct. visite 10h-11h, 14h-17h; nov.-mars : boutique et dégustation-visite sur RV 10h-17h - fermé 1er janv. et 25 déc. - 3 €.* Des kilomètres de galeries creusées dans le tuffeau accueillent l'exposition « Un siècle de fines bulles », présentant toutes les étapes de production du Saumur selon la méthode traditionnelle pratiquée au 19e s.

Les Caves de Louis de Grenelle – *839 r. Marceau - ✆ 02 41 50 17 63 - www.louisdegrenelle.fr - sais.: 9h30-18h30; hors sais.: tlj sf dim. 10h-12h, 13h30-18h - fermé j. fériés.* À 12 mètres sous terre, dans cette ancienne carrière de tuffeau creusée au 15e s. en plein cœur de Saumur, se perpétue un savoir-faire ancestral : depuis 1859 s'y élaborent selon la méthode traditionnelle Crémant de Loire et Saumur brut. Quatre millions de bouteilles reposent dans ces caves. Visite guidée suivie d'une dégustation commentée.

ACTIVITÉS

Base nautique de Millocheau – *✆ 02 41 51 17 65 (voile) et 02 41 50 62 72 (canoë-kayak).*

Bateaux traditionnels

Le « Saumur-Loire » – *✆ 06 63 22 87 00 - www.bateaux-nantais.fr - mai-sept.* Bateau au départ du quai Lucien-Gautier, au pied de l'hôtel de ville.

AGENDA

Pâques – Concours de voltige international.

Avr.-oct. – Nombreuses présentations commentées, soirées de gala et visite guidée du Cadre noir à l'École nationale d'équitation.

Mai – Journées nationales du livre et du vin; concours équestre complet international.

Juin – Festival international de musiques militaires; concours d'attelage international.

Juillet – Carrousel de Saumur; « Loire en fête ».

Juil. et août – Spectacle son et lumière *Le trésor des ducs d'Anjou - ✆ 02 41 83 31 31 - www.letresordesducsdanjou.com - du 1er juil. au 20 août les jeu., vend., sam. à la tombée de la nuit (durée : 1h30).*

Août – Grandes Tablées du saumur-champigny.

Septembre – Grande Semaine de Saumur (attelage, dressage, élevage). – Festivini : pendant une semaine, un grand rendez-vous autour des vins de Saumur (Vignes vins randos, vendanges du château, marché des vins, dîners mets et vins à Fontevraud, etc.)

Novembre – Salon international de Saumur « Ar(t) Cheval ».

La Loire saumuroise

★★

Maine-et-Loire (49)

NOS ADRESSES PAGE 372

S'INFORMER

Office de tourisme – *Quai Carnot - 49400 Saumur - ☎ 02 41 40 20 60 - www.saumur-tourisme.com - de mi-mai à déb. oct. : 9h15-19h, dim. 10h30-17h30, 10h30-12h30, 14h30-17h30 ; de déb. oct. à mi-mai : 9h15-12h30, 14h-18h, mar., 10h-19h, w.-end 10h30-12h30, 14h30-17h30 - fermé 1er janv., 25 déc.*

SE REPÉRER

Carte de microrégion AB2 (p. 352) – *Carte Michelin Départements 317 I5.*
La Loire saumuroise s'étire d'Angers à Montsoreau, aux frontières de la Touraine.

À NE PAS MANQUER

Le Cadre noir et les caves de St-Hilaire-St-Florent, Montsoreau, la découverte de la faune et de la flore de Loire en bateau, le château de Brissac.

ORGANISER SON TEMPS

Comptez une journée.

AVEC LES ENFANTS

Culture et dégustation au musée du Champignon, le Parc miniature Pierre et Lumière, le parcours-découverte du château de Brissac.

À l'est d'Angers, au cœur du Parc naturel régional Loire-Anjou-Touraine, la Loire creuse son lit entre vignobles et coteaux percés de spectaculaires villages troglodytes : Montsoreau, Turquant mais aussi Saint-Georges-des-Sept-Voies, qui abrite une étonnante œuvre d'art façonnée dans le tuffeau. À l'ouest du Val de Loire, qui termine sa course au sud de la capitale angevine, surgissent encore des châteaux de renom, tel celui de Brissac. Dominant la vallée de l'Aubance, il trône au milieu de son parc, planté de superbes cèdres. Ses 48 mètres de hauteur en f**ont le plus haut château de France.**

Découvrir Carte de microrégion p. 352

Montsoreau B2

À 13 km à l'est par la D 947.

Cette petite cité cossue aux maisons de tuffeau doit sa notoriété à son impressionnant château, planté en bordure de Loire. Alexandre Dumas s'en inspira pour son roman *La Dame de Monsoreau*. Montsoreau est classée « Petite Cité de caractère » et figure sur la liste des « Plus beaux villages de France ».

★ **Château** – *7 quai Alexandre-Dumas - ☎ 02 41 67 12 60 - www.chateau-montsoreau.com - mai-sept. : 9h-19h ; avr. et du 1er oct. à mi-nov. : 14h-18h ; mars : w.-end 14h-18h - 8,50 € (-14 ans 5,40 €).*

Autrefois baignée par le fleuve, la forteresse arbore des tours carrées et une architecture militaire imposante. Édifié au milieu du 15e s. pour Jean II de

Le château de Montsoreau.
P. Body / hemis.fr

Chambes, ce lieu stratégique devint une place forte de contrôle des circulations terrestres et fluviales. La prospérité venant, il se transforme en demeure de plaisance avec l'adjonction d'une tourelle octogonale qui, côté cour, fera évoluer le château vers un style Renaissance. Du haut des remparts, la **vue★★** englobe le cours sauvage de la Loire, l'Anjou, la Touraine et le Poitou.

Imaginaires de Loire – Longtemps abandonné, ce château bien restauré compense avec bonheur son absence de mobilier par une présentation scénographique de maquettes des bateaux qui ont parcouru la Loire à partir du 18e s. Tournée vers le rêve et l'imaginaire, celle-ci fait apparaître le fleuve royal et l'univers de la Loire angevine historique, culturelle, économique et sociale.

Champignonnière du Saut-aux-Loups B2

À la sortie de Montsoreau, sur le coteau de la Meaumenière - 02 41 51 70 30 - www.troglo-sautauxloups.com - - de mars à mi-nov. : 9h-18h (possibilité de visite guidée) - 5,90 € (-18 ans 4,50 €). Nos adresses.

Vous pourrez suivre les différents stades de culture du champignon, de la semence de laboratoire à l'assiette. Vous découvrirez certaines variétés, encore peu exploitées en France, telles que le shiitaké, d'origine japonaise, très en vogue dans les grands restaurants et auquel sont prêtées des vertus médicinales. Vous pourrez déguster, en saison, les délicieux « galipettes », ramassés bien mûrs puis cuits dans des fours à pain. La terrasse du restaurant offre une belle vue sur la Loire.

LA DAME DE MONTSOREAU

L'héroïne du roman d'Alexandre Dumas avait pour amant le beau Bussy d'Amboise, attiré dans un traquenard et assassiné par son mari au château de la Coutancière (sur la rive sud). Malgré ce drame, elle n'en vécut pas moins en fort bonne harmonie avec son époux, et ce durant plus de quarante ans…

Village troglodyte de Turquant B2

À 3 km à l'ouest de la champignonnière du Saut-aux-Loups par la D 947.
Accroché à son éminence, ce ravissant village, l'un des plus séduisants du Val de Loire occidental, a remarquablement valorisé ses troglodytes qui accueillent aujourd'hui ateliers d'artistes et boutiques d'artisans. Son riche programme culturel (expositions, concerts, films en plein air…) participe de sa volonté de faire connaître ces étonnantes grottes habitées.

Circuit conseillé Carte de microrégion p. 352

Pour visualiser ce circuit de 40 km au départ de Saumur vers l'ouest, reportez-vous à la carte de microrégion (p 352) – Comptez environ 3h30.

Saumur B2 (*p. 354*)

Quittez Saumur par la D 751.

St-Hilaire-St-Florent B2

2 km au nord-ouest.
Ce village qui fait partie de Saumur et qui a conservé les vestiges d'une abbaye du 12e s. s'étire le long d'une rue entre un coteau et la rive gauche du Thouet. Les grands producteurs viticoles fabriquent ici, selon des méthodes traditionnelles, un vin effervescent réputé. Leurs caves, creusées dans la falaise, se succèdent tout au long de la route.

Caves Bouvet-Ladubay – *02 41 83 83 83 - www.bouvet-ladubay.fr - - visite guidée (1h) juin-sept. : 9h-19h ; oct.-mai : 9h-12h30, 14h-18h, dim. et j. fériés 10h-12h30, 14h30-18h - fermé 1er janv., 25 déc. - 1 € (-18 ans 0,50 €).* L'un des premiers producteurs de saumur brut dévoile ici toutes les étapes de l'élaboration de ses vins, de la première fermentation à l'étiquetage de ses bouteilles. Une école de dégustation est ouverte aux touristes, amateurs ou sommeliers. Exceptionnelle collection d'étiquettes.

Galerie d'art contemporain Bouvet-Ladubay – *www.bouvet-ladubay.fr - la galerie est ouverte uniquement lors des expositions - se renseigner au 02 41 83 83 83.* Neuf salles d'exposition présentent des artistes contemporains à la recherche de lignes nouvelles dans des domaines aussi divers que l'architecture, la sculpture, la peinture mais aussi le grand reportage. Un charmant petit théâtre, destiné, à la fin du 19e s., au personnel de l'entreprise, est également ouvert.

À CONSOMMER AVEC PLAISIR ET MODÉRATION
Les vignes du coteau de la Maumenière produisent des vins blancs, sec ou demi-sec, un rosé de cabernet, dit cabernet-de-saumur, et un vin rouge, d'une très agréable fraîcheur, connu généralement sous l'appellation de saumur-champigny.

★ **Institut français du Cheval et de l'Équitation - Le Cadre noir de Saumur** – *02 41 53 50 60 - www.cadrenoir.fr - - visite guidée des installations de l'école (1h, dép. ttes les 30mn, sf mat. de présentation) du 15 fév. au 6 nov. : tlj sf dim. et j. fériés 9h30-11h30 (11h du 15 fév. au 3 avr. et du 18 oct. au 6 nov.), 14h-16h, lun. 14h-16h, sam. 9h30-11h - 7 € (-12 ans 5 €). « Enquête au Cadre Noir » visite ludique : vac. scol. merc. 15h et 17h.* Implantée en 1972 sur les plateaux de Terrefort et de Verrie, cette école moderne comporte plusieurs unités comprenant chacune un grenier où sont stockés grains et fourrages, un manège pouvant accueillir 1 200 spectateurs assis, et des écuries pour 400 chevaux, avec sel-

200 000 TONNES DE CHAMPIGNONS !
Les anciennes carrières de tuffeau qui creusent tout le coteau aux environs de Saumur sont largement utilisées pour la culture des champignons ; elles bénéficient d'une humidité et d'une température constantes, entre 11 et 14 °C. Si la culture en carrière se pratique depuis Napoléon Ier, elle est aujourd'hui développée à l'échelon industriel et occupe 800 km de galeries pour une production de l'ordre de 200 000 t par an en Saumurois. Ces résultats représentent quasiment la moitié de la production française. Outre le champignon de Paris, on y cultive le pleurote ou le pied-bleu et de nouvelles espèces, telles que le champignon japonais shiitaké.

leries et salles de douche. Placée sous la tutelle du ministère de la Jeunesse et des Sports, cette école est, entre autres, chargée d'assurer le maintien et le rayonnement de l'équitation française. En avril, mai, juin et septembre, la visite « Arts et métiers de l'équitation » permet de rencontrer un palefrenier-soigneur, un maréchal-ferrant et un écuyer du Cadre noir.
Fondé à Saumur en 1814, le **Cadre noir** a rejoint l'École nationale d'équitation en 1984. Élément essentiel de l'école, il présente à travers le monde les aspects les plus variés de l'équitation académique lors de **galas** exceptionnels.
Musée du Champignon – *☏ 02 41 50 31 55 - www.musee-du-champignon.com - ♿ - de mi-fév. à mi-nov. 10h-19h - possibilité de visite guidée sur RV (1h30) - 7,50 € (-6 ans gratuit, 6-18 ans 5,50 €) - billet combiné avec Pierre et Lumière 12 € (6-18 ans 9 €).* Avec ses 12 t de champignons produits annuellement, cette champignonnière en activité présente les diverses méthodes de culture en expliquant comment l'ancienne technique des meules est progressivement remplacée par l'utilisation de caisses de bois, de sacs plastiques, de blocs de paille ou de troncs d'arbres. Le Muséum des champignons sauvages dispose de centaines d'espèces réparties par familles. Cueillette et dégustation possibles.
Parc miniature Pierre et Lumière – *☏ 02 41 50 70 04 - www.pierre-et-lumiere.com - ♿ - fév.-nov. : 10h-19h - possibilité de visite guidée - 7,50 € (-6 ans 5,50 €).*
La pierre de tuffeau a servi à la construction des plus beaux monuments de la région. Hommage lui est rendu dans cette carrière souterraine où sont présentées des œuvres du sculpteur contemporain Philippe Cormant, parmi lesquelles des représentations de la cathédrale St-Gatien de Tours et de l'abbaye de Fontevraud. Le parcours est pédagogique et intéressant.

Chênehutte-Trèves-Cunault A2

La jolie **église** romane, qui se dresse au bord de la route à la sortie nord du bourg de Chênehutte, est dotée d'un beau portail roman aux voussures ciselées.
★ **Église de Trèves** – Blottie au pied d'un donjon du 15e s., cette petite église, autrefois chapelle d'un château fort, mérite votre attention. Sa large nef romane aux murs rythmés de grandes arcades saisit le visiteur par sa beauté. À l'entrée du chœur, l'arc triomphal a conservé sa poutre de gloire portant un Christ en croix. Notez la vasque de porphyre aux sculptures primitives : à droite le gisant, à gauche le tabernacle, petite tour de pierre finement ajourée de baies flamboyantes.
★★ **Église Notre-Dame de Cunault** – Le monastère de Cunault fut fondé au 4e s. En 847, il accueille les moines de Noirmoutier chassés par les Normands, lesquels obligent la communauté à fuir plus loin, en 862, jusqu'à Tournus. Le calme revenu, le site devient un riche prieuré bénédictin dépendant de l'abbaye de Tournus. Seule l'église des 11e-13e s. nous est parvenue, avec son clocher massif (11e s.) couronné d'une flèche de pierre (15e s.).

Intérieur – L'ampleur et la hauteur des piliers, caractéristiques du style gothique angevin *(p. 68)*, sont stupéfiantes. Construite dans la lignée des grandes abbayes bénédictines, l'église de Cunault fut conçue pour s'ouvrir aux foules, attirées le 8 septembre par son pèlerinage à Notre-Dame, autour du chœur où un déambulatoire et des chapelles rayonnantes se prêtaient aux processions. Comme les larges bas-côtés qui encadrent la nef, ce chœur surélevé permettait aux fidèles de voir l'officiant.

L'édifice frappe par le dépouillement de ses lignes et par la richesse de ses 223 **chapiteaux** des 11e-12e s. finement ouvragés. Deux seulement, à l'entrée du chœur, sont à portée de regard sans jumelles : vous y découvrirez, à droite, neuf moines debout, et, à gauche, saint Philibert accueillant un pécheur. Les autres, haut placés sous les voûtes, ne dévoilent pas à distance leur décor raffiné. Dans les chapelles du déambulatoire, remarquez, en commençant par la gauche, une pietà et un chapier en frêne (16e s.) où étaient rangées les chapes, habits liturgiques à capuchon. Observez, en noyer polychrome du 13e s., la **châsse de saint Maxenceul**, lequel avait évangélisé Cunault au 4e s. Un beau saint Christophe et quelques fragments subsistent des fresques du 15e s. Dans le clocher, quatre cloches proviennent de la cathédrale de Constantine, en Algérie. Face à l'église, se trouve la jolie maison du prieur du 16e s.

Gennes A2

En bordure de Loire, Gennes s'adosse à un cadre de collines boisées, dont les vallons recèlent de nombreux mégalithes dont le **dolmen de la Madeleine** au sud, sur la route de Doué. Par ailleurs, la découverte d'un nymphée, d'un aqueduc, de thermes et d'un amphithéâtre laisse supposer l'existence, à l'époque gallo-romaine, d'un sanctuaire réservé au culte des eaux. Les environs de Gennes sont riches en vestiges très anciens dont de nombreux mégalithes, dolmens ou menhirs, ainsi qu'une remarquable concentration de vestiges gallo-romains.

Église St-Eusèbe – *Accès à la cour extérieure uniquement.* Campée en surplomb de la Loire, elle n'a conservé que son transept, sa tour du 12e s. et, au nord, une petite porte du 11e s. La plate-forme de son clocher domine un vaste panorama sur Gennes et le Val de Loire, de la centrale nucléaire d'Avoine jusqu'à Longué et Beaufort. Dans l'enclos *(accessible par la cour de l'église)* a été érigé un historial aux « cadets de Saumur », tombés pour la défense de la Loire en juin 1940.

Revenez à Gennes, traversez la Loire, 1 km au nord.

Les Rosiers-sur-Loire A2

Dans ce village relié à Gennes par un pont suspendu, l'**église** à clocher Renaissance est l'œuvre de l'architecte angevin Jean de l'Espine. La tourelle d'escalier, dont elle est flanquée, est percée de jolies fenêtres encadrées de pilastres. Sur la place de l'église, se dresse la statue de Jeanne de Laval, seconde femme du roi René d'Anjou.

De retour sur la rive gauche, prenez aussitôt à droite la D 132 qui longe le fleuve.

Le Thoureil A2

Tranquille et pimpant village, ancien port fluvial très actif d'où étaient exportées les pommes de l'arrière-pays. Dans l'**église**, de chaque côté du chœur, remarquez les belles châsses en bois de la fin du 16e s., ornées de statuettes de saints bénédictins, dont saint Maur et saint Romain, ou

de saints populaires dans la région comme saint Christophe, saint Jean ou saint Éloi.

Prenez la D 156 puis la D 751 à droite. À St-Georges-des-Sept-Voies, suivez le fléchage vers L'Orbière et l'Hélice Terrestre.

★ L'Hélice Terrestre A2

L'Orbière - 49350 St-Georges-des-Sept-Voies - ✆ 02 41 57 95 92 - heliceterrestre.canalblog.com - mai-sept. 11h-20h, reste de l'année sam.-dim. (et tlj. durant les vacances) 14h-18h - 4 €.

Ce village troglodyte laissé à l'abandon fut acquis par l'artiste Jacques Warminski (1946-1996) qui, en 1992, entrepris une incroyable tâche : creuser et sculpter, jour après jour, le tuffeau offert à lui en quantité illimitée. Lorsqu'il disparaît en 1996, il laisse un labyrinthe souterrain doublé d'un amphithéâtre en hélice à ciel ouvert. Spirale terrestre tournée vers l'espace, formes organiques enfantées dans la matière minérale, fresques contemporaines aux inspirations hiéroglyphiques : le parcours, rythmé d'ouvertures sur l'extérieur comme de petites salles intestines, invite à un voyage aux libres interprétations, fascine et déroute à la fois, bouscule les repères. Les plus jeunes y trouveront un formidable terrain de cache-cache !

À proximité, le prieuré de St-Georges-des-Sept-Voies abrite une **église** des 12e et 13e s. Ravissante tour romane carrée et, à l'intérieur, beau retable en bois polychrome du 18e s.

Rebroussez chemin et, au Thoureil, tournez à gauche sur la D 132.

Abbaye de St-Maur-de-Glanfeuil A2

Face à la Loire, cette ancienne abbaye bénédictine tiendrait son nom d'un ermite angevin qui, au 6e s., fonda un monastère à l'emplacement de la *villa* romaine de Glanfeuil dont le nom signifiait « rive feuillue ».

Traversez la Loire par la D 55.

St-Mathurin-sur-Loire A2

Postée sur la rive nord de la Loire, la bourgade accueille un centre d'interprétation dédié au fleuve, la **Maison de la Loire en Anjou** *(20 Levée-du-Roi-René - ✆ 02 41 57 37 55 - www.maisondeloire-anjou.fr - juil.-août : 10h-12h30, 14h30-18h30 ; avr.-juin et sept. : mar.-sam. 10h-12h30 et 14h30-18h, dim. 14h30-18h ; oct.-mars : 14h30-17h30 sf lun. et fêtes de fin d'année - 5 €, réduit 2,50 € - visites guidées payantes).* Expositions et animations y relatent l'histoire de l'implantation des hommes le long du fleuve, les différentes facettes de l'écosystème ligérien, les enjeux de l'eau, etc.

À proximité Carte de microrégion p. 352

★★ Château de Brissac A2

✆ 02 41 91 22 21 - www.brissac.net - ♿ - visite guidée uniquement (1h15) juil.-août : 10h-18h ; avr.-juin et sept.-oct. : tlj sf mar. 10h-12h15, 14h-18h ; reste de l'année se rens. (dernière entrée 30mn av. la fermeture) - 9 € (-8 ans gratuit).

Quarante-huit mètres de hauteur font de cet incroyable édifice de sept étages le plus haut château de France. Flanqué de deux grosses tours médiévales, doté d'une façade d'inspiration baroque, le palais des ducs de Brissac ne compte pas moins de deux cents salles. Cet enchevêtrement de galeries et de salons, de bibliothèques et de chapelles, de chambres et d'antichambres, dissimule même un théâtre. Véritable ville derrière les murs, son labyrinthe de couloirs dérobés, d'escaliers majestueux et de salles immenses compose un décor somptueux. En sortant, vous serez séduit par son parc paysagé bordé d'une forêt et d'un vignoble produisant des vins d'Anjou parmi les plus fameux.

★ **Façade** – De style Louis XIII, élevée au début du 17e s., elle est flanquée de deux tours médiévales rondes, massives, cerclées de mâchicoulis et coiffées de toits coniques. Ce contraste de style et d'époque, qui aujourd'hui fait le charme de Brissac, résulte des aléas de l'histoire.

Nous sommes à l'époque des guerres de Religion. Armées catholiques et protestantes se disputent le château qui est même assiégé par Henri IV. Ces échauffourées l'endommagent au point de le rendre inhabitable jusqu'à ce qu'en 1600 le premier **duc de Brissac** entreprenne d'élever un vaste palais en lieu et place de la forteresse à demi ruinée. Il confie les travaux à l'architecte Jacques Corbineau. Plutôt que de la raser, les deux hommes décident que les ouvriers détruiront l'ancien édifice au fur et à mesure qu'ils construiront le nouveau. Cependant le duc meurt en 1621. Privé de commanditaire, le gigantesque chantier s'arrête et ne sera jamais achevé. Les deux grosses tours restent en place tandis que l'aile droite ne sort jamais de terre et que le portail se trouve décentré dans la façade.

Énorme cube aux multiples modules, ce château qui, depuis cinq siècles, n'a jamais cessé d'être habité par la famille des ducs de Brissac, se visite comme une véritable ville dont chacun des quartiers est marqué par les empreintes de sa longue histoire.

★ **Salon doré**– Parmi les œuvres que surmonte son magnifique plafond du 17e s., à poutres et caissons sculptés, figure une tapisserie des Gobelins représentant deux épisodes de l'histoire de Don Quichotte.

★ **Grande galerie** – Comme la galerie sur le Cher de Chenonceau, ou la galerie des Glaces de Versailles, cette pièce principale du château a été conçue pour les grandes réceptions. Elle est longue de 32 m et les poutres et solives de son **plafond★★**, en chêne et châtaignier, sont richement ornées d'une centaine de petits tableaux évoquant la mythologie, les héros bibliques et des thèmes antiques comme Diane et Actéon, où ce dernier, métamorphosé en cerf, est dévoré par ses chiens de chasse après avoir surpris la déesse au bain. Quant aux murs, ils sont ornés de verdures d'Aubusson du 17e s. et de portraits, dont celui de la quatrième duchesse de Brissac, en figure allégorique des Beaux-Arts.

★★ **Chambre de Louis XIII** – On accède au premier étage par l'**escalier Louis XIII★**. La chambre conserve le souvenir du roi qui, âgé de 19 ans, séjourna ici en août 1620. C'est à Brissac, alors quartier général des armées royales, que fut scellée sa réconciliation avec sa mère, Marie de Médicis, contrainte de négocier après que ses troupes eurent été battues par celles de son fils. Au-dessus de la cheminée, un plat en cuivre porte la représentation du profil de la reine mère vaincue. D'époque Louis XIV, réalisées d'après les tableaux de Charles Lebrun, quatre tapisseries représentent des scènes de l'épopée d'Alexandre le Grand. Quant au mobilier de la pièce, d'époque Louis XIII, il comporte un lit à baldaquin et deux précieux cabinets à secrets Renaissance d'origine génoise.

Galerie des Portraits – Ses murs sont ornés des portraits de plusieurs générations des membres de la famille Cossé-Brissac dont quatre maréchaux et la célèbre Veuve Clicquot qui, au début du 19e s., avait édifié un empire en exportant son Champagne dans le monde entier.

★ **Chambre des Chasses** – Elle abrite une série de tapisseries d'origine flamande inspirées des *Chasses de Maximilien* conservées au Louvre. Ces tapisseries ont appartenu à deux rois de France, Louis XIV puis Louis-Philippe avant d'être acquises par les Brissac durant le Second Empire.

Le château de Brissac.
M. Dozier / hemis.fr

★ **Chambre Mortemart** – Son lit à baldaquin richement sculpté à la fin du 19e s. porte les armoiries de Diane de Cossé-Brissac et de son époux. Les murs sont ornés d'une suite de tapisseries de Bruxelles du 15e s. évoquant l'enlèvement de Proserpine par Pluton, le dieu des Enfers.

★★ **Théâtre** – Avec ses somptueuses dorures et draperies rouges, ce lieu attachant fut inauguré au 2e étage en 1890 par la marquise de Brissac. Née Jeanne Say, héritière de la dynastie des sucres Say, cette femme avait une passion pour l'opéra et une vocation de cantatrice. Malgré son talent, sa position sociale interdisait à cette soprano de se produire en public, sauf pour des œuvres de bienfaisance. Elle décida donc de se faire construire son propre théâtre où jusqu'à sa mort, en 1916, elle organisa un festival annuel de renom au cours duquel elle interprétait des œuvres de Wagner, Saint-Saëns ou encore Offenbach. Ses costumes de scène sont exposés aujourd'hui dans cet émouvant théâtre qui, abandonné durant 50 ans, fut restauré à la fin du 20e s.

Chapelle – Elle abrite un **bas-relief★** en marbre de David d'Angers ainsi que des stalles ouvragées, de style Renaissance italienne.

Cuisines du 17e s. – Au sous-sol, elles jouxtent les caves fortifiées du 15e s. ainsi que le cellier.

Parc

Avec ses allées fleuries et ses arbres centenaires un vaste parc paysager à l'anglaise s'étend tout autour du château. La promenade donne le recul nécessaire à l'appréciation de l'architecture du château.

Un sentier mène aux **écuries** (1883) restaurées et monte jusqu'à l'étonnant mausolée du 19e s. de la famille Brissac dont les portes ouvrent pour les Journées du patrimoine.

NOS ADRESSES DANS LA LOIRE SAUMUROISE

HÉBERGEMENT

BUDGET MOYEN

Chambre d'hôte La Pichonnière – *La Pichonnière - 49320 Charcé-St-Ellier-sur-Aubance - ✆ 02 41 91 29 37 - http://www.gite-brissac.com* - ♿ - 🅿 - ✗ - *4 ch. 52/65 €* ☕. Dans l'enceinte d'une exploitation orientée vers la semence de fleurs, ce site se pare des plus belles couleurs entre mai et août. Outre le superbe gîte, 4 chambres sont à disposition, dont 2, au rez-de-chaussée, avec accès direct. Une halte sympathique, à deux pas de Brissac et de son célèbre château.

Village hôtelier Le Bois de Terrefort – *Av. de l'Éducation-Nationale-d'Équitation - St-Hilaire-St-Florent - 49400 Saumur - ✆ 02 41 50 94 41 - www.villagehotelier.com* - ♿ - 🅿 - *14 ch. 55/60 € - ☕ 6 €.* Non loin de Saumur, près de l'École nationale d'équitation, ce village hôtelier, avec piscine et bar, dispose de *cottages* simples et fonctionnels. Le calme de la campagne et la modestie des prix en font une étape idéale pour petits budgets.

Chambre d'hôte Le Moulin de Clabeau – *Nelly et François Daviau - 49320 Vauchrétien - ✆ 02 41 91 22 09 - www.gite-brissac.com* - 🅿 - ✗ - *3 ch. 70/75 €* ☕. Appartenant à la même famille depuis 1537, cet ancien moulin à eau compte 3 chambres, dont 1 familiale, très simples mais décorées avec goût. Un superbe salon à l'étage, plein de caractère, avec charpente d'origine. Expositions d'artistes, dégustation des vins de la propriété et vente de produits locaux dans la petite boutique.

POUR SE FAIRE PLAISIR

Les Terrasses de Saumur – *Chemin de l'Alat - 49400 St-Hilaire-St-Florent - ✆ 02 41 67 28 48 - www.lesterrassesdesaumur.fr* - ♿ - 🅿 - *fermé 20-30 déc. - 20 ch. 75/160 € - ☕ 12 € - formule déj. 22 € - 27,50/52 € - 1/2 P suplément 45 €/pers.* Dominant Saumur et son château, hôtel doté de chambres agréables, bien équipées, parfois avec terrasse. Piscine chauffée, sauna et spa. Cuisine gastronomique inventive servie dans une salle en rotonde avec vue sur le château.

Hôtel Le Bussy – *4 r. Jehanne-d'Arc - 49730 Montsoreau - ✆ 02 41 38 11 11 - www.hotel-lebussy.fr - fermé mi-déc.-mi-mars* - 🅿 - *12 ch. 84/99 € - ☕ 10 €.* Maison du 18e s., belles chambres calmes confortables avec vue sur le château. Petits-déj. en chambre, en terrasse ou dans une salle troglodytique.

UNE FOLIE

p. 369 – Le château de Brissac propose des chambres et suites haut de gamme.

RESTAURATION

PREMIER PRIX

Le Montsorelli – *5 r. Jehanne-d'Arc - 49730 Montsoreau - ✆ 02 41 38 11 11 - www.hotel-lebussy.fr* - 🅿 - *menu 13,50 €* - Des grillades légères servies avec le sourire sur une bellle terrasse avec vue sur le château. Bar cosy avec billard.

La Dentellière – *15 quai Philippes-de-Commines - 49730 Montsoreau - ✆ 02 41 52 41 68 - 14/25 €.* Au pied du château face à la Loire, salle décorée de dentelles; salades et carte imaginative de crêpes. Goûtez à la crêpe de blé noir au curry.

BUDGET MOYEN

Le Petit Manoir – *12 r. Armand-Brousse - 49610 St-Melaine-sur-Aubance - ☏ 02 41 45 33 32 - fermé le soir sf vend. et sam. - réserv. conseillée - ♿ - P - formule déj. 11 € - 19/30 €.* Au cœur du vignoble de l'Aubance, ce restaurant situé au centre du village bénéficie d'une solide réputation auprès des habitants. Il faut donc s'attendre à trouver salle comble le midi en semaine. Cuisine goûteuse à prix très doux, en salle ou en terrasse.

POUR SE FAIRE PLAISIR

Diane de Méridor – *12 quai Ph.-de-Commines - 49730 Montsoreau - ☏ 02 41 51 71 76 - www.restaurant-dianedemeridor.com - fermé mar. et merc. - ♿ - formule déj. 17 € - 29/55 €.* Cuisine créative raffinée. Service agréable et stylé. dans une belle maison de tuffeau face à la Loire. Excellente adresse.

PRENDRE UN VERRE

Le Pavillon des Cèdres – *Dans le parc du château de Brissac - 49320 Brissac-Quincé - ☏ 02 41 91 22 21 - www.brissac.net -* Un agréable salon de thé servant gâteaux et pâtisseries maison.

ACHATS

Champignonnière du Saut-aux-Loups – *Av. de la Loire, rte de Saumur (à la sortie de Montsoreau, sur le coteau de la Maumenière) - ☏ 02 41 51 70 30 - www.troglo-sautauxloups.com - mars-nov. 10h-18h.* La boutique vend champignons de Paris, shitakés, pieds-bleu, pleurotes et autres produits du terroir. Restauration sur place et à emporter *(de mi-juin à mi-sept. tlj à midi sf mar., ainsi que vend. et sam. soir ; de mars à mi-juin et de mi-sept. à nov. w.-end et j. fériés à midi).* *p. 365.*

Domaine de la Petite Chapelle - EARL Deze Laurent – *4 r. des Vignerons - 49400 Souzay-Champigny - ☏ 02 41 52 41 11 - tlj sf dim. 8h30-12h, 14h-18h30 - fermé j. fériés - visite et dégustation uniquement sur RV.* Ce domaine de 33 ha se trouve au cœur même du terroir saumur-champigny. C'est d'ailleurs au grand-oncle de l'actuel propriétaire que l'on doit cette appellation. Le vin est ici essentiellement produit à partir des cépages cabernet franc, chenin et chardonnay. Si vous ne deviez goûter qu'un seul cru, optez pour la cuvée des Chaneluzes, issue de jeunes vignes.

La Cave aux Moines – *Préban - 49350 Chênehutte-Trèves-Cunault - ☏ 02 41 67 95 64 - www.cave-aux-moines.com - P - visite w.-end et j. fériés de Pâques à mi-juin, tlj de mi-juin à mi-sept. : 10h-18h30 ; dim. après-midi tte l'année - 5 € (-14 ans 3 €) - ✕ tte l'année vend. soir, sam. et dim., tlj mi-juin-mi-sept. :* 23 €. Cette galerie creusée dans le tuffeau, longue de 7 km, abrite une champignonnière depuis le début du 20e s., mais aussi une chambre de reproduction d'escargots, un caveau de dégustation de vin, un restaurant troglodytique et une discothèque (ouverte en fin de semaine). Champignons de Paris, pleurotes, pieds-bleus ou encore shitakés sont proposés frais à la boutique.

ACTIVITÉS

La Loire à vélo – *De Saumur à Montsoreau - www.loire-a-velo.fr.* Très beau tronçon de la piste aménagée sur la rive sud de la Loire, entre vignes du Saumurois et troglodytes (Souzay-Champigny et Turquant).

Bateaux traditionnels

Le « Loire de lumière » – ✆ *02 41 45 24 24 - www.loiredelumiere.com* Au départ de St-Mathurin-sur-Loire. Balades à la découverte de la faune et de la flore.

L'Amarante & La Belle Adèle – ✆ *02 47 95 80 85 - www.bateauamarante.com* - Depuis les quais de Montsoreau, balades sur la Loire commentées ou gourmandes à bord d'un authentique bateau ligérien, pour repas de famille et groupes, mais aussi pour deux, balades romantique au clair de Lune.

Rêves de Loire et d'ailleurs – *26 res du Parc - 49350 Le Thoureil - ✆ 07 86 18 52 10.* Au départ du Thoureil, les richesses de la Loire et d'autres fleuves du monde, sur un bateau traditionnel ou à travers des projections audiovisuelles.

Parc naturel régional Loire-Anjou-Touraine – *Maison du parc - 15 av. de la Loire - 49730 Montsoreau - ✆ 02 41 38 38 88 - www.parc-loire-anjou-touraine.fr - ♿ - juin-sept. : 9h30-19h (dim. 10h30) ; avr. et oct. : tlj sf lun. 9h30-13h (dim. 10h30), 14h-18h ; mai : 9h30-13h (dim. 10h30), 14h-18h ; mars et nov. : w.-end 14h-17h, vac. scol. et j. fériés tlj sf lun. 10h30-13h, 14h-17h - fermé déc.-fév.* Des tables de pique-nique sont à la disposition du public. Point de départ de nombreux circuits pédestres, VTT et équestres.

Montgolfières d'Anjou – ✆ *02 41 40 48 04 - www.montgolfieres.fr.* Prenez votre envol depuis l'île de Gennes.

AGENDA

Les Puces de Montsoreau – *chaque 2e dim. du mois - quai de la Loire - ✆ 02 41 51 70 15/70 22 - www.ville-montsoreau.fr.*

Avril (1re quinz.) – Au château de Brissac, Festival international le la création florale.

Mi-juil.-mi-août – *Vend. soir.* Saisons musicales de Montsoreau. Concerts classiques au château ou à l'église St-Michel - ✆ *02 41 51 70 22 - www.ville-montsoreau.fr - 17 €.*

Septembre – Journées européennes du Patrimoine.

Noël –Grand marché animé au château de Brissac.

Abbaye royale de Fontevraud

★★★

49590 – Maine-et-Loire (49)

NOS ADRESSES PAGE 380

S'INFORMER

Office de tourisme – *Pl. St-Michel - 49590 Fontevraud-l'Abbaye - ☎ 02 41 51 79 45 - www.saumur-tourisme.com - juil.-août : 9h30-13h, 14h-19h, dim. et j. fériés 10h-13h, 14h30-17h ; juin- et 1er-15 sept. : 9h30-13h, 14h-18h30, dim. et j. fériés : 10h30-13h, 14h30-17h ; 16-30 sept. : tlj sf dim. 9h30-13h, 14h30-18h - fermé déb. oct.-fin mars.*

Visites-conférences – *☎ 02 41 51 87 97- www.abbayedefontevraud.com.*

SE REPÉRER

Carte de microrégion B3 (p. 352) – *Carte Michelin Départements 317 J5.*
À 5 km de Montsoreau et 15 km de Saumur.

À NE PAS MANQUER

L'architecture de l'église abbatiale, les gisants et les cuisines romanes.

ORGANISER SON TEMPS

Comptez 2h30 pour l'ensemble du site.

AVEC LES ENFANTS

Parcours de découverte ludique.

Ensemble patrimonial exceptionnel, l'abbaye royale de Fontevraud est l'une des plus grandes cités monastiques d'Europe. Ultime demeure de la dynastie Plantagenêt, elle conserve leurs gisants polychromes sous les coupoles de l'abbatiale aux voûtes aériennes. Ce pur joyau de l'architecture angevine a conservé intactes ses cuisines romanes, avec leurs absidioles et leur toit de pierre en écailles de poisson. Sur près de six hectares, la formidable succession des édifices vous invite à remonter le temps.

Découvrir Carte de microrégion p. 352

★★★ L'ABBAYE B3

Comptez 2h - ☎ 02 41 51 71 41 - www.abbaye-fontevraud.com - juil.-août : 9h30-19h30 ; 9 avr.-juin et sept.-3 nov. : 9h30-18h30 ; 4 nov.-31 déc. et 28 janv.-8 avr. : 10h-17h30 (dernière entrée 30mn av. la fermeture) - fermé janv., 25 déc. - 9 € (-8 ans gratuit).

Parmi les bâtiments qui bordent la cour d'entrée, remarquez sur la gauche la « fannerie », vastes écuries du 18e s., et sur la droite le logis abbatial des 17e et 18e s., décoré de guirlandes et de bas-reliefs. L'entrée se situe dans la caserne des militaires chargés, au 19e s., de garder la prison. Au 1er étage, des expositions temporaires sont consacrées aux artistes en résidence.

6

L'esprit de Fontevraud

LA FONDATION (1101)

L'ordre fontevriste est fondé par **Robert d'Arbrissel** (vers 1045-1116) qui, après avoir vécu en ermite dans une forêt de Mayenne, reçoit du pape Urbain II la mission de prêcher dans l'ouest de la France. Il choisit cet endroit pour installer un ensemble monastique atypique. L'abbaye accueille une communauté double de moines et de moniales partageant un même site tout en vivant dans quatre monastères distincts : St-Jean-de-l'Habit regroupera les prêtres et les frères lais, Ste-Marie les contemplatives, Ste-Marie-Madeleine les converses tandis que St-Lazare abritera les moniales chargées d'encadrer les lépreux. Tous seront placés sous l'autorité d'une abbesse initialement choisie parmi les veuves. Plus tard, celle-ci sera qualifiée de « chef et générale de l'Ordre », prééminence féminine qui persistera jusqu'à la Révolution.

Un ordre aristocratique

Ce nouvel ordre connaît un rapide succès et prend vite un caractère aristocratique. Dirigé par des femmes, le monastère ne reçoit d'ordres que du pape et du roi. Les abbesses, de haute lignée, lui procurent des dons importants et de puissantes protections. Les Plantagenêts comblent l'abbaye de bienfaits et choisissent l'église abbatiale pour lieu de sépulture ; une dizaine d'entre eux y seront inhumés. C'est le refuge des femmes nobles devenues veuves, des filles de sang royal ou de grandes familles qui, de gré ou de force, se retirent du monde. Trente-six abbesses, la moitié de sang royal, dont cinq Bourbons, s'y succèdent de 1115 à 1792 : Renée et Louise de Bourbon (16e s.), Jeanne-Baptiste de Bourbon, fille légitimée d'Henri IV, et **Gabrielle de Rochechouart de Mortemart**, sœur de Mme de Montespan, font de l'abbaye un centre spirituel et culturel. Au 18e s., 75 prieurés et environ 100 domaines relèvent de Fontevraud, qui compte une centaine de religieuses et vingt frères.

LES PLANTAGENÊTS

La présence de leur gisant au milieu de l'église le dit suffisamment : un lien étroit unit le couple d'Aliénor et d'Henri II Plantagenêt à Fontevraud. Un couple à la vie mouvementée. Née aux environs de 1122, Aliénor est la fille aînée de Guillaume X, duc d'Aquitaine. Lorsqu'elle épouse en premières noces le futur Louis VII, elle unit au royaume de France un territoire plus important que celui de son époux. Après quinze ans de mariage et malgré la naissance de

P. Body / hemis.fr

leur deuxième fille, les deux époux se brouillent et obtiennent l'annulation du mariage sous prétexte d'une parenté trop proche (cousinage au 9e degré).

Roi et reine de Fontevraud

Sitôt libre, sitôt convoitée : Aliénor, qui vient d'échapper à une tentative d'enlèvement, épouse en 1152 le futur **Henri II Plantagenêt**, héritier de l'Anjou, de la Normandie, et roi d'Angleterre. Le couple est d'abord heureux, Aliénor met au monde huit enfants dont le troisième fils sera **Richard Cœur de Lion** (1157) et le dernier **Jean sans Terre** (1166). Chaque événement est célébré par une donation à l'abbaye de Fontevraud. Mais la brouille s'insinue dans le couple. Accusée de complot contre son époux, Aliénor est même emprisonnée par son mari pendant près de quinze ans. À la mort de ce dernier, en 1189, la reine, libérée par Richard, s'empresse de le faire couronner avant son départ en croisade. Pendant l'absence de son fils, elle assume le pouvoir puis se retire à Fontevraud. Son dernier acte politique est de partir en Castille, où sa fille Aliénor règne aux côtés d'Alphonse VIII, pour ramener sa petite-fille Blanche et l'unir au futur Louis VIII, dont le fils, **Saint Louis**, réunira l'Aquitaine à la France. Aliénor s'éteint à Poitiers le 31 mars 1204, avant d'être inhumée à Fontevraud.

LES TEMPS MODERNES

Deux siècles après les actes de vandalisme des huguenots en 1562, les révolutionnaires pillèrent entièrement l'abbaye en 1793 puis le monastère des moines devint une carrière de pierre. Aussi Napoléon n'eut-il aucun mal à transformer le monastère en prison, situation qui perdura jusqu'en 1963.

Le temps de la prison

L'écrivain Jean Genet livra une évocation poétique de la Centrale de Fontevraud dans *Le Miracle de la rose* : « De toutes les centrales de France, Fontevraud est la plus troublante. C'est elle qui m'a donné la plus forte impression de détresse et de désolation, et je sais que les détenus qui ont connu d'autres prisons ont éprouvé, à l'entendre nommer même, une émotion, une souffrance, comparables aux miennes. Je ne chercherai pas à démêler l'essence de sa puissance sur nous : qu'elle la tienne de son passé, de ses abbesses filles de France, de son aspect, de ses murs, de son lieu, du passage de bagnards partant pour Cayenne, des détenus plus méchants qu'ailleurs, de son nom [...] ».

Aujourd'hui, le centre culturel de l'Ouest

Rendue au public depuis 1975, l'abbaye est un lieu de résidence pluridisciplinaire pour les créateurs (patrimoine, musique, films d'animation). Le centre gère et anime le monument par des concerts, spectacles, expositions et conférences.

★★ Église abbatiale

La vaste église du 12e s., divisée, au temps du pénitencier, en plusieurs étages de dortoirs, a retrouvé toute son ampleur et sa pureté originelles. La façade a subi plusieurs remaniements au fil des siècles. Sa porte romane a été rétablie au début du 20e s. par l'architecte Lucien Magne, disciple de Viollet-le-Duc. Sur la colline en surplomb du chevet de l'église abbatiale, un module présente Robert d'Arbrissel, religieux itinérant, fondateur de l'abbaye et de l'ordre religieux de Fontevraud au début du 12e s. À l'intérieur, longue de 60 m, large de 15 m, la nef, aux chapiteaux délicatement sculptés d'inspirations angoumoise et saintongeaise, est coiffée d'une file de quatre coupoles à pendentifs sous lesquelles sont étendus quatre gisants★★ polychromes : celui d'Henri II Plantagenêt (1133-1189), roi d'Angleterre qui fit de Fontevraud une abbaye royale, celui de son épouse Aliénor d'Aquitaine (vers 1122-1204) et ceux de leur fils Richard Cœur de Lion (1157-1199) et de leur brue Isabelle d'Angoulême (vers 1188-1246), femme de leur autre fils Jean sans Terre (roi d'Angleterre de 1199 à 1216). La vie d'Aliénor d'Aquitaine est expliquée sur un module.

Fontevraud constitue l'exemple le plus septentrional de l'architecture angoumoise et démontre les liens unissant au 12e s. les possessions aquitaines et angevines à l'empire Plantagenêt. Légèrement antérieurs à la nef, le transept, le **chœur** et, à l'extérieur, le **chevet**★★ s'inscrivent dans la grande tradition de l'art roman du 12e s. Ils suivent le modèle des abbayes bénédictines à déambulatoire et chapelles rayonnantes, où l'abondance de la lumière et la multiplication des lignes verticales symbolisaient l'élan vers Dieu. Dans la salle capitulaire, de belles peintures murales du 16e s. illustrent la vie du Christ.

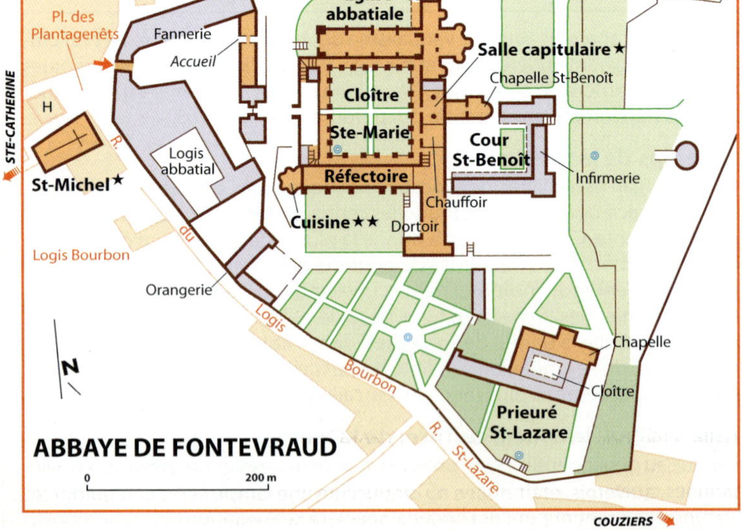

Cloître Ste-Marie ou cloître du Grand-Moutier

Ce cloître du couvent des religieuses est couvert de voûtes gothiques présentant des façades Renaissance, à l'exception de la galerie méridionale purement gothique. De la galerie orientale, une porte richement sculptée au seuil pavé d'armoiries gravées de la famille des Bourbons ouvre sur la **salle capitulaire★** : les peintures murales du 16e s., dues à l'artiste angevin Thomas Pot, figurent des scènes de la Passion du Christ et incluent des représentations de certaines abbesses de Fontevraud (adjonctions tardives pour la plupart).

Chauffoir

La seule pièce de l'abbaye qui fût chauffée, était utilisée par les religieuses pour des travaux manuels comme la broderie. Au 20e s., alors que Fontevraud était un lieu de réclusion, le chauffoir fut transformé en cuisine.

Cour St-Benoît

Dès l'époque médiévale, elle desservait l'infirmerie. L'aile nord inclut la **chapelle St-Benoît**, édifiée au 12e s. dans le style gothique Plantagenêt.

Réfectoire

Longue de 45 m, cette belle salle aux murs romans est couverte d'une voûte gothique (1515). La table de l'abbesse se trouvait sur une estrade, à l'extrémité orientale du réfectoire. Du haut d'une chaire, une semainière lisait la Bible aux religieuses qui se devaient de garder un parfait silence.

★★ Cuisines romanes

D'inspiration byzantine, elles sont célèbres pour leur toiture de pierre taillée en écailles de poisson et ponctuée de nombreuses cheminées, aménagées en 1904 lors de leur reconstruction par Lucien Magne. Emblématiques de Fontevraud, les cuisines, qui servaient aussi de fumoir, témoignent par leur beauté et leur ampleur de l'importance de l'abbaye. Il s'agit des plus belles cuisines romanes (12e s.) parvenues jusqu'à nous. L'ensemble, de forme octogonale, initialement isolé, comporte cinq absidioles (huit à l'origine), chacune abritant un foyer. Le tout est surmonté d'une hotte se prolongeant en une cheminée centrale qui culmine à 28 m.

Prieuré St-Lazare

Cet ensemble, qui accueillait jadis les moniales chargées d'encadrer les lépreux, abrite un hôtel actuellement en travaux *(Nos adresses)*, tandis que le cloître sert de restaurant d'été ; il est possible d'accéder à la chapelle St-Lazare (12e s.) et au bel escalier à vis du 18e s. situé dans l'aile ouest du cloître.

LE VILLAGE

★ **Église St-Michel** – Agrandie et transformée au 15e s., l'église garde de l'édifice du 12e s. une très pure arcade intérieure à colonnettes et une voûte angevine. Elle abrite un ensemble exceptionnel d'**œuvres d'art★**. Le maître-autel, de bois sculpté et doré, fut commandé par l'abbesse Louise de Bourbon-Lavedan en 1621 pour l'église abbatiale. Dans une chapelle latérale, à gauche, se trouvent un crucifix de bois (15e s.), paisible et douloureux, et un expressif Couronnement d'épines (fin 16e s.). Le portail s'ouvre sur une belle allée bordée d'arbustes. Sur le côté droit de ce chemin, la **chapelle Ste-Catherine**, du 13e s., est surmontée d'une lanterne des morts dans laquelle, autrefois, était hissée au crépuscule une lampe servant à guider les défunts du cimetière qui entourait alors cette chapelle.

NOS ADRESSES À FONTEVRAUD-L'ABBAYE

HÉBERGEMENT

POUR SE FAIRE PLAISIR

Domaine de Mestré – *1 km au nord de Fontevraud, par D 947 dir. Montsoreau - ☏ 02 41 51 72 32 - www.fontevraud.com - fermé 15 déc.-1er avr. - 12 ch. 80 € - ☕ 10 € - dîner 26 €. (hors sais. déj. ou goûter sur réserv.).* Des chambres d'hôtes confortables au décor raffiné dans une ancienne ferme de l'abbaye royale, au mileu d'un parc planté de cèdres et de tilleuls. Petit-déjeuner-buffet copieux. Accueil correct.

Hôtel Abbaye royale de Fontevraud – *Dans l'abbaye, fermé pour travaux.* La réouverture est prévue en 2013, dans un nouveau décor qui saura tirer profit du cadre somptueux qu'offre le prieuré St-Lazare *(voir p. 379)*. Le restaurant gastronomique proposera une nouvelle carte pleine de saveurs.

RESTAURATION

PREMIER PRIX

L'Abbaye Le Délice – *8 av. des Roches - ☏ 02 41 51 71 04 - fermé déb. fév.-déb. mars, fin juin-déb. juil., dern. sem. d'oct. à déb. nov., mar. soir et merc. - 14/28 €.* Un restaurant bordant la rue principale de Fontevraud. On y entre en traversant un café pittoresque. Dans la salle à manger au charme suranné, les produits du terroir sont à l'honneur.

BUDGET MOYEN

La Licorne – *Allée Ste-Catherine - ☏ 02 41 51 72 49 - www.la-licorne-restaurant.com - fermé 1 mois mi-déc.-mi-janv., dim. soir, merc. soir et lun. sauf de mars à sept. - 25/55 €.* Pas de vraie licorne dans cette demeure du 18e s. (tuffeau, poutres) mais la terrasse et le jardin fleuri sont délicieux. Les légumes du jardin se retrouvent à la carte.

SUR LE POUCE

Chez Teresa – *6 av. Rochechouart - ☏ 02 41 51 21 24 - www.chezteresa.com* - À deux pas de l'entrée de l'abbaye, ce charmant petit salon de thé *british* se double d'un magasin d'antiquités. *Five o'clock tea*, gâteaux, sandwiches et repas légers. À l'étage, 2 chambres d'hôtes sur rue à partir de 54 € ☕.

L'orangerie – Dans l'abbaye, ce bar-terrasse ouvert sur les jardins propose boissons et restauration sur le pouce à base de produits locaux dont certains sont bio.

L'Aliénor Café – Dans l'abbaye, entre les cuisines romanes et le réfectoire, ce café littéraire d'aménagement contemporain propose une carte originale et sobre autour d'un choix de vins.

AGENDA

Événements culturels dans l'abbaye – Concerts (musique ancienne, baroque, grégorien, etc.), débats, expositions, spectacles tout au long de l'année ; Festival de Pâques ; la Cité idéale en juin et la saison estivale avec installations artistiques - *☏ 02 41 51 73 52 - www.abbayedefontevraud.com.*

Montreuil-Bellay

★

4 060 Montreuillois – Maine-et-Loire (49)

NOS ADRESSES PAGE 386

S'INFORMER

Office de tourisme – *Pl. du Concorde - 49260 Montreuil-Bellay - ✆ 02 41 52 32 39 - www.ville-montreuil-bellay.com - juil.-août : 9h30-13h, 14h-19h, dim. et j. fériés 10h-13h, 14h-17h ; de déb. mars à juin, sept.-oct. : tlj sf lun. 9h30-13h, 14h30-18h - fermé j. fériés.*

SE REPÉRER

Carte de microrégion A3 *(p. 352) – Carte Michelin Départements 317 I6.* À 15 km au sud de Saumur (D 347) et 10 km au sud-est de Doué-la-Fontaine. Belles vues sur le château et l'église du pont et de la rive gauche du Thouet.

À NE PAS MANQUER

La rare barbacane et la cuisine médiévale du château ; l'architecture de la collégiale du Puy-Notre-Dame, le château de Brézé.

ORGANISER SON TEMPS

Comptez 2h pour visiter la ville et une demi-journée pour les environs.

AVEC LES ENFANTS

Les vers à soie et les girouettes du Coudray-Macouard.

Du haut de son éperon rocheux, sur un point stratégique au contact de l'Anjou et du Poitou, Montreuil-Bellay domine un merveilleux paysage sur la rivière Thouet. Si ce bel exemple de grand château médiéval fortifié fut édifié pour la guerre, il fut aussi un agréable lieu de villégiature, conservant le souvenir de la fougueuse duchesse de Longueville. Quant à la ville qui l'entoure, avec ses berges verdoyantes, ses ruelles et ses maisons anciennes, elle a su conserver un authentique cachet médiéval.

Se promener

★★ CHÂTEAU

✆ 02 41 52 33 06 - www.chateau-de-montreuil-bellay.fr - visite guidée uniquement sur réserv. juil.-août : 10h-12h30, 13h30-18h30 ; avr.-juin et sept.-oct. : tlj sf mar. 10h-12h, 14h-18h - 8,50 € (-7 ans gratuit) - jardins 4,50 €.

Au cœur de la ville, la petite place des Ormeaux *(où il est possible de se garer)* mène à une **barbacane.** Ce type d'ouvrage de fortification avancé, très rare aujourd'hui, se trouve à l'extérieur de la fortification. Grâce à lui, une garnison pouvait défendre l'accès du château en répondant aux premiers assauts. Une fois passée cette première ligne de défense, empruntez le pont qui, enjambant le fossé, permet de passer sous un châtelet pour pénétrer dans l'enceinte du château. Là, l'austérité fait place au spectacle d'une jolie terrasse s'ouvrant sur le panorama d'une belle église, d'un parc à flanc de coteau jusqu'à la rivière et, surtout, des deux gracieux édifices formant le corps du château.

Château Neuf – Sur le site d'une tour castrale édifiée au 11e s., cet édifice en tufffeau fut construit au 15e s. au-dessus de magnifiques caves voutées. Sa belle tourelle d'escalier est ornée de fenêtres à meneaux aux fausses balustrades délicatement sculptées. Habité en quasi-permanence depuis sa construction, il recèle de magnifiques salles historiques comme la chambre de la duchesse de Longueville (1619-1679), sœur de Condé et grande instigatrice de la Fronde, exilée par Louis XIV à Montreuil. Le petit salon de musique est doté d'un splendide bureau du célèbre ébéniste Boulle (1642-1732), en marqueterie de cuivre et d'écaille de tortue. La salle à manger est surmontée de cinq poutres maîtresses habillées de 70 **figures symboliques★** sculptées et peintes, représentations grossières d'animaux réels, imaginaires ou à visages humains dont la plupart sont des monstres dévoreurs.

La cuisine médiévale – Conçue à l'origine pour nourrir 300 hommes de garde, elle est dotée d'un fourneau à sept foyers chauffés aux braises, situé au centre d'un plan carré surmonté de voûtes d'ogives. Avec ses cuivres flamboyants, elle fait partie des cuisines remarquables au même titre que celle de l'Abbaye de Fontevraud.

Le logis des chanoines – Édifié au 15e s., il possède quatre tourelles d'escalier à toit conique qui desservent quatre logis indépendants, comprenant un cellier, des chambres à l'étage et une étuve qui, à la manière d'un sauna, était réservée à l'hygiène des seigneurs.

La cave voûtée – Son pressoir à vin, où les grappes étaient directement versées de la cour par une trappe, servait encore au début du 20e s. C'est ici qu'en 1904 sous l'égide du propriétaire d'alors, Georges de Grandmaison, fut fondée l'éminente confrérie des Sacavins. Lors des grandes assemblées bien arrosées de cette association de joyeux drilles, les novices étaient tenus de prêter serment sous le portrait de Rabelais avant de remonter l'escalier à reculons, sans tomber malgré la quantité de vin consommée.

Collégiale Notre-Dame

Ancienne chapelle du château, construite de 1472 à 1484 et pour le service de laquelle fut fondé un chapitre de quatorze chanoines, elle étonne par son architecture rigoureuse et la puissance de ses contreforts. Dans la nef unique décorée d'une litre funéraire, bandeau noir aux armes seigneuriales. Remarquez, à gauche, l'oratoire privé du seigneur.

En sortant du château, prenez à droite la rue du Marché puis la rue du Tertre.

Les Nobis

Dans la rue qui longe les agréables jardins aménagés sur la rive droite du Thouet, les ruines de l'église St-Pierre (11e s.), incendiée par les huguenots au 16e s., se dissimulent sous les arbres. Belle abside romane aux chapiteaux sculptés. À côté subsistent les deux ailes du cloître du prieuré (18e s.).

Remontez par les escaliers St-Pierre et poursuivez à droite.

Maison Dovalle

69 r. Dovalle.

Récemment transformée en maison d'hôtes, cette demeure du 15e s. présente une façade remaniée au 18e s. Le logis doit son nom au poète romantique **Charles Dovalle** (1807-1829), mort en duel, dont l'œuvre fut publiée sous le titre *Le Sylphe* et dont seule la préface rédigée par Victor Hugo aurait survécu. Au bout de la rue Dovalle, à gauche, se dressent les splendides vestiges d'une longue section de **muraille médiévale★**. Par un chemin, vous atteignez la **porte St-Jean,** du 15e s., qui, entre deux tours à bossages, ouvre sur la rue Nationale. Cette voie est fermée à l'autre extrémité par la porte Nouvelle.

FOULQUES NERRA, L'ESSAIMEUR DE FORTERESSES
Vers la fin du 10e s., quelques jours après le sacre du roi de France Hugues Capet, son vassal le comte d'Anjou meurt. Son fils âgé de 20 ans Foulques III dit Foulques Nerra, lui succède. Bientôt ce nouveau comte d'Anjou apparaît comme l'un des plus ardents batailleurs de l'époque médiévale. De son avènement en 987 à sa mort en 1040, il ne cesse de guerroyer contre la maison de Blois, les Normands ou les Bretons, tuant au combat le comte de Rennes Conan Ier. Au cours de ses luttes incessantes, l'infatigable combattant fait édifier un important réseau de forteresses, ou de mottes castrales, le plus souvent en bois, dont ses vassaux sont tenus de parfaire les défenses. Parmi la trentaine qui lui sont attribuées, celle de Montreuil-Bellay fut édifiée en 1025, à l'emplacement du château actuel.

À proximité Carte de microrégion p. 352

★★ Château de Brézé B3

À 12,4 km au nord-est de Montreuil-Bellay par la D 360 et la D 162 - 02 41 51 60 15 - www.chateaudebreze.com - avr.-sept. : 10h-18h30; oct.-déc. et fév.-mars : tlj sf lun. 10h-18h - fermé janv., 25 déc. - château et souterrains 11 € (6-15 ans 6 €, 15-18 ans 9 €).

De loin, au milieu des vignes, rien ne distingue cet élégant édifice Renaissance de ses voisins. Pourtant, tel un iceberg de pierre, le château de Brézé est doté d'une partie cachée. Sous la roche se dissimule l'une des plus importantes forteresses souterraines de l'époque médiévale, avec des douves profondes de 18 m, bordées d'un redoutable chemin de ronde, invisible et percé de mille trous de visée. Retranché derrière ses douves sèches, l'élégant château Renaissance a été remanié à partir de 1850 par **René Hodé** dans un style néo-gothique. Cet architecte angevin a modifié deux des trois ailes du château, en y créant la Grande galerie, la Tour carrée et une rotonde à la base de la Tour de l'horloge. Depuis les toits, la vue panoramique permet d'appréhender les différentes reconstructions, les parties visibles de l'ensemble troglodyte, ainsi que le domaine dont 30 ha sont consacrés à la vigne.

Grande galerie – Aménagée au 19e s., elle recèle un beau mobilier, un décor classé du 19e s. et des tableaux, probablement sauvés pendant la Révolution, qui mettent en scène différents membres de la famille royale dont Louis XVI, Marie-Antoinette, le dauphin Louis XVII, Louis XVIII et le comte de Chambord. On observe aussi un tableau, daté de 1850, qui figure les sept frères de la famille Dreux, dont la plupart sont coiffés de chapeaux noirs et portent la fraise, la fameuse collerette blanche qui fut à la mode au 16e s.

Chambre de Richelieu – Seule pièce à avoir conservé son aménagement du 16e s., elle comporte un sol couvert de tomettes et une belle cheminée monumentale dont le manteau, décoré dans le style de la Renaissance tardive, est incrusté de marbres polychromes formant de larges motifs géométriques surmontant des jambages dont les extrémités sont des griffes de lion.

Appartements de M. de Dreux-Brézé – De styles néo-gothique et Renaissance, la totalité du mobilier de la chambre et du bureau porte l'estampille du sculpteur angevin Jacques Gronneau (19e s.).

★★ Ensemble troglodyte

Pour la visite de plus de 1 km de souterrains et d'escaliers, une bonne paire de chaussures ainsi qu'un vêtement chaud sont conseillés.

Par une porte discrète donnant sur la cour d'honneur, une galerie creusée au 15e s. s'enfonce dans la roche. Vous voici plongé dans un vaste réseau souterrain empreint d'histoire et de mystère. Sa richesse et sa complexité tiennent à la juxtaposition et au recoupement des roches médiévales, des carrières de pierre creusées pour le château, des caves pour l'exploitation du vignoble et de leurs différentes utilisations au cours des siècles.

★ **Roche de Brézé** – Situé sous le château, cet habitat seigneurial, premier secret dévoilé, est attesté par les textes dès le 9e s. On y pénétrait, à l'origine, par un étroit couloir coudé, bien défendu. Les salles, creusées dans la roche, se développent autour d'un **puits de lumière** percé d'étroites ouvertures évasées vers l'intérieur, s'ouvrant au-dessus du plafond rocheux. La présence de silos de bonne taille, destinés à conserver les récoltes dues au seigneur, atteste de la puissance du propriétaire. Depuis ce site, un couloir mène au **chemin de ronde** souterrain. Percé de meurtrières donnant dans les douves, il a été creusé par Gilles de Maillé-Brézé vers 1448 afin de rendre son château invulnérable. Il débouche dans les fossés par un pont-levis qui enjambe une fosse. De l'autre côté des fossés, un réseau de **caves** abrite les cinq immenses salles qui furent utilisées par les quelque 500 hommes de troupe du Grand Condé. Situées à côté du fournil, elles ont été reconverties en celliers et en pressoir.

★ **Fournil souterrain** – Accessible par un étroit escalier aménagé dans la roche, il frappe par ses belles ouvertures, mais aussi par l'importance de sa cheminée et de son four à pâtisserie. La chaleur dégagée par les fours de la boulangerie permettait le levage plus rapide et le contrôle de la pâte à pain dans la pièce carrelée au-dessus, ainsi que la culture du ver à soie dans une salle appelée magnanerie. Remarquez les imposantes étagères taillées dans la roche. En face, la chambre du mitron est une niche aménagée en mezzanine dans la paroi.

Pressoir et celliers – La salle du pressoir était à l'usage des seigneurs pour les fameux vins blancs de Brézé : la vendange tombait directement d'un puits, creusé dans le plafond rocheux qui s'ouvrait juste au milieu des vignes. Ensuite, le jus était acheminé dans les cuves par des canaux aménagés à même le sol. Ce dispositif servait encore en 1976. D'autres pièces abritaient les barriques.

LA TERRE DE BACCHUS

La légende veut que le site de Brézé ait d'abord été nommé *briseum terra*, soit « terre de Bacchus », en l'honneur de son vignoble, avant de se transformer en Brézay puis en Brézé. Selon une autre étymologie, non moins crédible, Brézé découlerait du nom de son ancien propriétaire gaulois, un certain Brizios. Quoi qu'il en soit, datant de ces périodes anciennes, quelques vestiges de structures de pierre sèche demeurent aujourd'hui visibles. Dès le 12e s., ce fief important donne son nom aux seigneurs fondateurs de la première forteresse et ce seront leurs successeurs, les Maillé-Brézé, qui construiront le logis Renaissance. En 1615, la terre de Brézé est érigée en marquisat par Louis XIII, afin de récompenser le maréchal Urbain de Maillé-Brézé, grand amiral de France, pour ses bons et loyaux services. La même année, Urbain se marie avec la sœur du futur cardinal de Richelieu et leur fille Claire épousera l'un des plus brillants militaires du 17e s. : le Grand Condé. C'est ainsi que, participant à la Fronde contre Mazarin, le prince de Condé se réfugie avec son armée à Brézé, domaine qu'il échangera en 1682 contre le domaine de la Galissonnière, propriété des Dreux. De nos jours, l'illustre famille Dreux-Brézé continue d'habiter le château.

★ **Cathédrales d'images** – Les trois derniers celliers accueillent un spectacle visuel et musical grandiose évoquant l'héritage ligérien.

Parc

Les 20 ha du parc à l'anglaise se prêtent à la promenade. Vous y découvrirez, notamment, le colombier le plus important d'Anjou.

★ **Colombier** – Édifié en 1550 près de l'entrée du château, il comprend 3 700 boulins, soit 3 700 niches destinées chacune à un couple de pigeons. Dans l'ancien régime, la possession d'un colombier était un privilège accordé proportionnellement au nombre d'arpents de terre possédés par le seigneur.

St-Cyr-en-Bourg B3

À 11,5 km au nord-est de Montreuil-Bellay par la D 360 et la D 162.

Cave de Saumur – *02 41 53 06 18 - www.cavedesaumur.com - visite guidée (1h) - mai-sept. : 10h, 11h, 14h30, 15h30, 16h30 ; reste de l'année sur réserv. - (mini 5 pers. pour 11h, 14h30, 16h30) - fermé 1er janv., dim. et lun. de Pâques, 1er et 11 Nov., 25 déc. - 2,50 € (-15 ans gratuit).* Découvrez les secrets de vinification de la méthode traditionnelle au cours de la visite des galeries (creusées dès le 12e s. pour en extraire le tuffeau), où reposent des millions de bouteilles à l'abri de la lumière.

Quittez Chinon par le sud du plan, puis prenez à droite la D 751 vers Saumur.

Peu avant l'entrée de Candes, franchir à droite le pont sur la Vienne pour apprécier ce superbe **site★**, au confluent de la Loire et de la Vienne.

Revenez sur la rive gauche.

Le Coudray-Macouard A3

À 8 km au nord-est de Montreuil-Bellay par la D 347.

Sa **magnanerie** (**Maison de la soie d'Anjou** – *3 imp. Bel-Air - 02 41 67 91 24 - Pâques-mi-juin et mi-sept.-mi-oct. : 14h-18h sauf lun. ; mi-juin-mi-sept. : mar.-sam. 10h-18h et dim. 14h-18h - 5 €, réduit 3 €.* Endroit où l'on découvre les secrets de la sériciculture (élevage du ver à soie, filature, teinture et nouvelles utilisations dans la cosmétique et l'alimentation) et l'**Atelier de la Girouetterie** *(24 r. du Puits-Venier - 02 41 67 98 30 - www.girouette.com - mar.-sam. 9h-12h et 14h-17h45 sf août mar.-dim. 15h-18h - entrée libre)*, qui fabrique ses enseignes comme autrefois, renouent avec les traditions angevines.

Ancienne abbaye d'Asnières A3

À 7,5 km au nord-ouest par la D 761 et à droite vers Cizay - 02 41 67 04 70 - juil.-août : tlj sf mar. 14h-18h30 ; reste de l'année sur RV - 2,50 € (-15 ans 2 €).

Au nord de la forêt de Cizay, ce sont les ruines romantiques d'un important **monastère** qui fut fondé au 12e s. Le **chœur★** aux voûtes délicatement nervurées, offre, avec celui de Saint-Serge d'Angers, les plus parfaits spécimens de l'art gothique angevin. La chapelle de l'abbé renferme un beau Christ du 14e s.

Le Puy-Notre-Dame A3

À 7 km à l'ouest par la D 77.

Au Moyen Âge, les fidèles venaient vénérer une ceinture de la Vierge, rapportée de Jérusalem au 12e s. Cette relique avait pour vertu de favoriser la naissance d'enfant mâle et d'adoucir les souffrances des femmes enceintes. Saint Louis et Louis XI s'y rendirent en pèlerinage. La vaste **collégiale★** est dotée d'un clocher à flèche de pierre orné d'une baie moulurée où niche une très belle statue de la **Vierge** du 16e s. Dans le chœur, des stalles sculptées en chêne massif (16e s.) servaient de siège rabattable aux membres du clergé. Assomption de la Vierge peinte par Jean Boucher (1621).

NOS ADRESSES À MONTREUIL-BELLAY

HÉBERGEMENT

PREMIER PRIX

Camping Les Nobis – *R. Georges-Girouy - sortie nord-ouest, rte d'Angers et chemin à gauche avant le pont - ✆ 02 41 52 33 66 - www.campinglesnobis.com - déb.-avr.-fin-sept. - ♿ - réserv. conseillée - 123 empl. 21 €.* Au pied des remparts du château, ce terrain verdoyant de 4 ha bénéficie d'une situation agréable sur les bords du Thouet. Location de mobile homes, bar, restauration sur place et nombreuses animations en été.

BUDGET MOYEN

Chambre d'hôte Demeure des Petits Augustins – *Pl. des Augustins - ✆ 02 41 52 33 88 - www.les-petits-augustins.com - fermé nov.-mars - P - 2 ch. 65 €* ☕. Cet hôtel particulier du 17e s. inscrit au monuments historiques constitue une étape élégante au cœur de Montreuil-Bellay. Mobilier ancien dans les chambres calmes.

POUR SE FAIRE PLAISIR

Hôtel Chai de la Paleine – *10 pl. Jules-Raimbault - 49260 Le Puy-Notre-Dame (à 8 km à l'ouest de Montreuil-Bellay) - ✆ 02 41 38 28 25 - www.paleine.fr - fermé 1 sem. fév. - ♿ - P - 12 ch. 70/90 €* ☕. Confortables et parfois mansardées, les chambres sont installées dans l'ancien chai du château. Salle de détente dans le lavoir. Beau parc et petit musée de la Soie. Détail original : le petit-déjeuner est servi dans deux superbes foudres centenaires.

RESTAURATION

BUDGET MOYEN

Hostellerie St-Jean – *432 r. Nationale - ✆ 02 41 52 30 41 - www.hostellerie-saint-jean.com - fermé merc. soir hors sais., dim. soir et lun. - P - formule déj. 12 € - 18/28 €.* Au centre de la cité médiévale avec ses poutres et sa cheminée, ce restaurant dispose d'une grande salle rustique et d'un salon pour les repas de famille. Terrasse dans la cour.

La Grange à Dîme – *R. du Château - ✆ 02 41 50 97 24 - www.grange-a-dime.com - fermé lun.-jeu. sf le soir juil.-août - réserv. conseillée - 24 €.* Coiffée d'une belle charpente en carène de bateau renversé, cette grange à dîme du 15e s. est un cadre de choix pour goûter les fouées, petits pains cuits au feu de bois à garnir soi-même de savoureuses spécialités de la région.

ACHATS

Champignonnière St-Maur - Cave Vivante du Champignon – *1 r. du Château - 49260 Le Puy-Notre-Dame - ✆ 02 41 40 36 47 - troglo.champi.free.fr - avr.-sept. : 10h-12h, 14h-18h.* Visite guidée du labyrinthe souterrain d'une ancienne carrière de tuffeau. Explication des modes de production de champignons comme les pleurotes, les pieds bleus ou encore les shiitakés qu'il est possible d'acheter sur place.

ACTIVITÉS

Grand prix rétro du vignoble – *Dern. w.-end de juil. Le Puy-Notre-Dame.* Un rallye de véhicules anciens dans les rues d'un village vigneron de charme - *www.anjou-tourisme.com*

Doué-la-Fontaine

★

7 442 Douessins – Maine-et-Loire (49)

NOS ADRESSES PAGE 389

S'INFORMER

Office de tourisme – *30 pl. des Fontaines - 49700 Doué-la-Fontaine - ✆ 02 41 59 20 49 - www.ot-douelafontaine.fr - juil.-août : 9h30-13h, 14h-18h30, sam. 10h-17h, dim. 10h-13h ; reste de l'année : lun.-vend. 9h30-12h30, 14h-18h, sam. 9h-12h30 - fermé dim. Pass troglo - visite de 4 sites : Les Perrières, la Rose bleue, la Sablière et Troglodytes et Sarcophages - 14 €.*

SE REPÉRER

Carte de microrégion A2-3 (p. 352) – *Carte Michelin Départements 317 H5.* À 20 km au sud-ouest de Saumur, en lisière du Poitou, « Doué-la-méridionale » s'entoure de nombreuses pépinières et cultures florales.

À NE PAS MANQUER

Le Bioparc et son site troglodytique exceptionnel ; les Chemins de la rose.

ORGANISER SON TEMPS

Comptez une demi-journée pour la ville et ses environs.

AVEC LES ENFANTS

Les animaux du Bioparc, les constructions troglodytiques de Rochemenier et de Forges, les étranges visages sculptés de Dénezé et le parcours-découverte dans le musée aux Anciens Commerces.

Il y a 10 à 12 millions d'années, Doué était recouvert par la mer. En se retirant, elle fit place à un dépôt calcaire coquillier d'origine marine : le falun. Par sa tendreté, cette roche a permis à nos ancêtres de creuser le sol pour en extraire la pierre puis de se loger dans les cavités formées. C'est ainsi que le sous-sol de la ville est troué comme un gruyère et que l'on y trouve de tout : maisons, hangars, étables, caves à vin, restaurants, et même un zoo ! Or, c'est sur ce monde minéral que la plus belle des fleurs a choisi de s'épanouir. Et chaque été, Doué se métamorphose en capitale de la rose.

Se promener

Maisons anciennes

Outre ses maisons troglodytes *(rue des Perrières et rue d'Anjou)*, Doué possède de vieilles demeures à tourelles et escaliers extérieurs. À la sortie de la ville, sur la route de Saumur, un **beau moulin** à vent est l'ultime survivant de ceux qui, par centaines, ont couvert les coteaux de la région.

Arènes

R. des Arènes - ✆ 02 41 59 20 49 - www.ot-douelafontaine.fr - visite libre de l'extérieur - possibilité de visite guidée (40mn) juil.-août.

À la limite de **Douces** et Doué, la pierre coquillière falun fut creusée, probablement entre le 6e et le 9e s., pour édifier une arène que Rabelais citera

6

plusieurs fois dans *Pantagruel*. Sous les gradins, de vastes souterrains servirent également d'habitations. Si, durant la Révolution, elles servirent de prison, ces belles arènes sont devenues, aujourd'hui, le site des Journées de la Rose.

HORTICULTURE
Contrôleur général des Finances de Louis XVI, le baron Foullon (1715-1789) a marqué la ville et contribué à son développement économique en y lançant, avec son jardinier, la culture des roses.

Musée aux Anciens Commerces

Écuries Foullon, quartier de Soulanger, direction St-Georges-sur-Layon. ✆ 02 41 52 91 58 - www.anciens-commerces.fr - ♿ - juil.-août : tlj sf lun. mat. 10h-13h, 14h-19h ; mai-juin et sept. : tlj sf lun. mat. 10h-12h, 14h-19h ; mars-avr. et oct. : tlj sf lun. 14h-18h ; fév. : 14h-18h (dernière entrée 1h av. la fermeture) - 7 € (-16 ans 5 €).

Dans les écuries du baron Foullon, seuls vestiges de son ancien château, deux rues reconstituent la vie commerçante d'autrefois. Une vingtaine de commerces retracent cent ans d'histoire du négoce de détail de 1850 à 1950. Vous découvrirez les boutiques de l'apothicaire, du chapelier, du grainetier, du droguiste, du barbier-perruquier, de l'épicier-mercier ou encore une distillerie d'eau de rose. Avec leurs présentoirs, leurs comptoirs et leurs devantures, chacune des échoppes semble parfaitement authentique.

★★ Bioparc de Doué-la-Fontaine

À la sortie de Doué, sur la route de Cholet. ✆ 02 41 59 18 58 - www.zoodoue.fr - juil.-août : 9h-19h30 ; avr.-juin et sept. : 9h-19h ; vac. scol. fév.-mars, oct. et vac. de Toussaint : 10h-18h30 - 17,50 € (-10 ans 12 €).

Ce superbe zoo occupe le **site★** troglodytique exceptionnel d'une ancienne carrière de falun. Avec ses grottes « en cathédrale » et ses fours à chaux, elle offre un cadre hors du commun à plus de 500 animaux vivant en semi-liberté. En effet, ce parc accueille plus de 70 espèces animales, girafes, rhinocéros, tigres ou pandas roux qui évoluent dans des espaces évoquant des ambiances naturelles de leur pays d'origine. Acacias, bambous, cascades et aplombs rocheux y constituent autant de décors grandioses et de nombreux affûts photos permettent d'observer les animaux au plus près. Vous pourrez ainsi aller du « canyon aux léopards » à la « crique aux manchots » en passant par la « fosse aux charognards ». Ici l'attention est portée sur des soins bien adaptés et sur des enclos favorisant le bien-être animal. Le Bioparc s'efforçant d'aider les espèces menacées à se reproduire pour les réintroduire dans leur milieu d'origine, vous aurez peut-être la chance de pouvoir y observer les derniers-nés.

La cave aux Sarcophages

1 r. de la Croix-Mordret, au sud de la route de Montreuil-Bellay - ✆ 02 41 59 24 95 - www.troglo-sarcophages.fr - ♿ - visite guidée (1h) de mi-mai à fin août : 14h30-19h ; 7-22 avr. : 15h-16h - 4,80 € (6-11 ans 3 €) - visite guidée nocturne avec lampes à carbure en juil.-août : mar. et vend. 20h30 - 7,50 € (6-11 ans 5 €).

De nombreuses fouilles ont mis au jour des sarcophages monolithes mérovingiens des 5e et 6e s. Le site de Doué, qui en aurait produit plus de 30 000, permet de lever le voile du mystère de leur fabrication.

Maison carolingienne

À la lisière sud de la ville, bd du Dr-Lionet, près de la route d'Argenton-Château.

Cette maison forte du 10e s. fut, plus tard, transformée en donjon. Ses murs imposants se dressent encore aujourd'hui.

★ Les Chemins de la rose

Parc de Courcilpeu, D 960, route de Cholet - ✆ 02 41 59 95 95 - www.chemins-delarose.com - de mi-mai à mi-août : 9h30-19h ; de mi-août à fin sept. 10h-18h30 - fermé fin sept.-10 nov. - 6,50 € (-15 ans 4 €).

Un parc de 4 ha où poussent des milliers de roses, issues de plus de 1 300 variétés de rosiers botaniques, anciens et modernes, venant du monde entier, de la rose de Damas, rapportée par les croisés au 13e s., à la York-Lancaster de la reine d'Angleterre. Les jardiniers y prodiguent volontiers leurs conseils.

À proximité Carte de microrégion p. 352 (A2)

Village troglodyte Rochemenier

À Louresse, 6 km au nord de la D 69 et D 177 - ✆ 02 41 59 18 15 - www.troglodyte.info - avr.-oct. : 9h30-19h ; fév.-mars et nov. : w.-end et vac. scol. 14h-18h - fermé déc. et janv. - 5,20 € (enf. 3 €). Sous terre il fait 12 °C : prévoyez une laine.

Abandonné depuis 1930, le village souterrain de Rochemenier, creusé dans un dépôt de falun, est l'un des sites troglodytes les plus complet du val de Loire. Vous y découvrirez deux fermes, leurs logis et dépendances abritant des centaines d'outils paysans, des basse-cours et une chapelle souterraines avec son cœur et sa nef.

Maisons troglodytes de Forges

3,5 km au nord-est par la D 214 - ✆ 02 41 59 00 32 - juin-sept. : 9h30-19h ; mars-mai et oct. : 9h30-12h30, 14h-18h30 - 5,50 € (8-17 ans 3 €).

Ce village troglodytique, occupé par trois familles jusqu'en 1940, démontre la symbiose du monde paysan et de son sol. L'habitat et ses dépendances, creusés sous le niveau du sol autour d'une cour intérieure, s'apparentent aux habitations troglodytiques du Sud tunisien ou seules les cheminées sortent de terre et où les fours sont creusés à même la terre réfractaire.

Cave aux sculptures de Dénezé-sous-Doué

5,5 km au nord par la D 69 - ✆ 02 41 59 15 40 - avr.-oct. : tlj sf lun. 10h30-13h, 14h-18h30 - 4 € (-6 ans gratuit).

Des créatures difformes et provocantes sculptées s'entremêlent sur la paroi de tuffeau. Retrouvées par hasard dans les années 1950 alors qu'un curé du 18e s. avait ordonné leur ensevelissement, ces caves semblent dater du 16e s. L'œuvre comprend environ 300 personnages aux traits satyriques. Par qui et pourquoi ces sculptures ont-elles été réalisées ? Le mystère est entier.

NOS ADRESSES À DOUÉ-LA-FONTAINE

HÉBERGEMENT

BUDGET MOYEN

Hôtel La Saulaie – *2 km par rte Montreuil-Bellay - ✆ 02 41 59 96 10 - www.hoteldelasaulaie.com - fermé 18 déc.-3 janv. - ♿ - P - 44 ch. 53/65 € - ☕ 8 € - 1/2 P 32/48,50 €/pers.* Après la visite de sites troglodytes, retrouvez la lumière naturelle dans cet établissement récent aux chambres spacieuses, à la déco moderne et colorée, terrasse et piscine chauffée de mai à sept.

Auberge Bienvenue - *104 rte de Cholet - ✆ 02 41 59 22 44 - www.aubergebienvenue.com - fermé 3 sem. fin déc.-mi janv., dim. soir et lun. - ♿ - P - 10 ch. 61/85 € - ☕ 10 € - formule 17 € ; 25/56 €.* Une auberge idéale pour aller visiter le bioparc ou découvrir les roseraies. On y sert une savoureuse cuisine ancrée dans la tradition et les saisons (bœuf au tanin d'Anjou). Les chambres sont calmes, spacieuses et bien tenues.

Chambre d'hôte Troglodyte de la Fosse – *7 La Fosse - 49700 Forges - ✆ 02 41 50 90 09 - www.chambrehote-anjou.com - ♿ - P - 🚭 - 5 ch. 68/75 € ☕.* Il règne une ambiance artistique dans cette jolie maison rénovée : toutes les pièces sont décorées de tableaux, objets et luminaires en verre réalisés par la maîtresse des lieux. Les chambres sont plaisantes et trois d'entre elles donnent sur la piscine.

POUR SE FAIRE PLAISIR

Manoir du Bois Noblet – *49700 Louerre - ✆ 02 41 59 31 31- www.leboisnoblet.com - 3 ch. dont 1 suite 90/130 € ☕.* En pleine campagne, à l'orée d'une forêt près d'un village, cette magnifique demeure du 16e s. dispose de chambres au décor raffiné et au grand confort. L'accueil est chaleureux et le petit-déjeuner, accompagné de délicieuses madeleines maison, est servi face à une cheminée monumentale. Table d'hôte.

RESTAURATION

BUDGET MOYEN

Auberge de la Rose – *12 pl. de Gennes - ✆ 02 41 59 13 65 - www.aubergede la rose.fr - 12 ch. 52/64 € - 16,50/35,50 € - formule déj. 12 €.* Une cuisine traditionnelle simple, savoureuse et légère servie avec le sourire dans un cadre agréable.

Le Caveau – *4 bis pl. du Champ-de-Foire - ✆ 02 41 59 98 28 – www.restaurantlecaveau.com - fermé 2 sem. en fév., mar.-merc. - formule déj. 23,50 €. Réserv. conseillée.* Il faut descendre des marches pour entrer dans ce restaurant aménagé dans une carrière. Cuisine régionale, dont les fouaces, petits pains à garnir d'ingrédients, et les galipettes, gros champignons farcis, préparées dans un four à bois.

Restaurant de la Mairie – *17 pl. du Champ-de-Foire - ✆ 02 41 59 12 27 - www.hoteldefrance-doue.com - fermé 20 déc.-15 janv. et lun. - 18/37 €.* Dans la salle à manger, sièges Louis XVI et plafond orné de draperies. Ce restaurant est attenant à l'hôtel de France (17 chambres simples de 45 à 51 € et 1/2 P à partir de 49 €/pers.).

ACHATS

👪 **La Ferme d'Antan** – *94 bis rte de Cholet - ✆ 02 41 50 98 79 - www.terrederose.com - 3,90 € (-12 ans 2,80 €).* Distillerie artisanale aménagée dans une maison centenaire. L'eau de rose étant la spécialité de la maison, vous découvrirez au cours de la visite de vieux alambics et un jardin planté de 3 000 rosiers. Petit écomusée de la ferme (animaux en liberté) et boutique de produits à base de rose. Musée insolite sur la rose et ensemble troglodyte.

AGENDA

Journées de la rose – *www.journeesdelarose.com.* Une exposition florale réputée, chaque année mi-juillet aux arènes, dans un site troglodytique dont la roche met les fleurs en valeur. Concours et animations complètent les parcours.

Baugé

3 423 Baugeois – Maine-et-Loire (49)

NOS ADRESSES PAGE 400

S'INFORMER

Office de tourisme – *Pl. de l'Europe - 49150 Baugé - ✆ 02 41 89 18 07 - www. tourisme-bauge.com - de mi-juin à mi-sept. : 10h-12h30, 13h30-18h30 ; reste de l'année : tlj sf dim. et j. fériés : 11h30-12h30, 13h30-18h.*

SE REPÉRER

Carte de microrégion B1 (p. 352) – *Carte Michelin Départements 317 I3.* Situé entre La Flèche (18 km au nord) et Saumur (40 km au sud) et à 42 km au nord-est d'Angers, Baugé est à la lisière de la belle forêt de Chandelais, sur la rive droite du Couasnon.

À NE PAS MANQUER

L'apothicairerie de l'hôtel-Dieu ; la découverte de la croix d'Anjou ; les façades des hôtels particuliers du centre historique. Notez que sept églises, dites *Églises accueillantes du Baugeois*, accueillent les visiteurs de Pâques à la Toussaint, en leur remettant des documentations explicatives. Parmi celles-ci les églises de Cheviré, Pontigné et Vieil-Baugé.

ORGANISER SON TEMPS

Comptez 2h30 pour la ville, une demi-journée pour les environs.

AVEC LES ENFANTS

Le château, l'apothicairerie et l'exposition « Des soins du corps aux soins de l'âme » à l'hôtel-Dieu.

Aimant chasser dans les forêts avoisinantes, le bon roi René se fit construire à Baugé une demeure dans le goût de la première Renaissance, sur les ruines d'une forteresse. Devenue le siège de juridictions royales au 17e s., la petite cité s'enrichit d'hôtels particuliers et de logis qui lui confèrent un cachet ancien. Construit à la même époque, l'hôtel-Dieu a conservé son apothicairerie avec ses faïences de Nevers et sa poudre de cloporte…

Se promener

Château

Pl. de l'Europe - ✆ 02 41 84 00 74 - www.chateau-bauge.com - 13 juin-11 sept. : 10h-12h30, 13h30-18h ; 26 fév.-13 mars, 16 avr.-12 juin : merc.-dim. 14h-18h ; marché de Noël : 10h-12h30, 13h30-18h - 12 sept.-3 nov. : tlj sf lun.-mar. 14h-18h - 7 € (-7 ans gratuit).

Le roi René dirigea lui-même, à partir de 1455, la construction des tourelles, des lucarnes à gâbles, de l'aile droite de l'oratoire et de l'amusante échauguette de la façade postérieure où les maçons se sont représentés. Une élégante porte en accolade mène à l'**escalier à vis** qui s'enroule sous une magnifique voûte en palmier richement ornée. Remarquez les blasons Anjou-Sicile et les emblèmes, anges, tau (T grec), symboles de la croix du Christ ou étoiles qui, dans l'Apocalypse, désignent les bienheureux. Très ludique, la muséographie fait parler la pierre et revivre le personnage du « bon roi » d'Anjou. Par la magie des images et du son, les combles du château semblent à nouveau habités par leurs anciens hôtes des débuts de la Renaissance. L'art du tournoi et de la fauconnerie, ainsi que la chasse au sanglier, sont évoqués dans la grande salle d'honneur et une reconstitution de la chambre du roi René est ouverte à la visite. Le musée renferme de belles collections d'armes, de monnaies anciennes, de faïences et céramiques rares des 15e et 16e s.

Chapelle des Filles-du-Cœur-de-Marie

8 r. de la Girouardière - ✆ 02 41 89 12 20 - visite guidée : tlj sf mar. 14h30-16h30 - fermeture exceptionnelle selon nécessités de la communauté, se renseigner.
Élément d'un hospice du 18e s., elle abrite la précieuse **croix d'Anjou★★** taillée, selon la tradition, dans le bois de la vraie Croix. Rapportée de Terre sainte par un croisé en 1241, cette merveille d'orfèvrerie fut enrichie de pierres précieuses et de perles fines à la fin du 14e s. pour Louis Ier duc d'Anjou par l'orfèvre parisien de son frère, le roi Charles V. Détail singulier : elle porte le Christ sur chaque face.

Hôtel-Dieu

R. Anne-de-Melun - ✆ 02 41 84 00 74 - www.chateau-bauge.com - 13 juin-11 sept. : 10h-12h30, 13h30-18h ; 12 sept.-3 nov. : tlj sf lun.-mar. 14h-18h ; 26 fév.-13 mars et 16 avr.-12 juin : merc.-dim. 14h-18h, marché de Noël : 10h-12h30, 13h30-18h - 7 € (-7 ans gratuit).
Seule une modeste partie du monumental ensemble se visite. L'hôtel-Dieu fondé en 1639 par Marthe de la Beausse, aidée de la princesse Anne de Melun et des Sœurs hospitalières de La Flèche, contient une **apothicairerie★** intacte depuis sa création en 1675. Soigneusement rangés dans un mobilier Louis XIII en noyer et en chêne, plus de 600 contenants, boîtes peintes, faïences de Nevers, albarelles italo-mauresques du 16e s., abritent encore yeux d'écrevisses, cornes de cerf ou autres poudres de cloportes.
Avant de rejoindre la chapelle de style baroque, ouvrant pendant les offices sur le grand dortoir des malades, on traverse celui-ci pour découvrir l'exposition permanente « Des soins du corps aux soins de l'âme ».

Hôtels particuliers

Les hauts portails des hôtels particuliers des 17e et 18e s. émaillent les rues tranquilles du vieux Baugé : rues de l'Église, de la Girouardière et surtout place de la Croix-Orée. Partant de la place de l'Europe, devant le château, un circuit pédestre balisé de pupitres explicatifs jalonne la ville.

Église St-Laurent

R. de l'Église. Fin 16e-début 17e s. Ses orgues de 1644 ont été restaurées en 1975.

DE BYZANCE À BAUGÉ, LE VOYAGE D'UNE CROIX

La croix à double traverse serait le fruit d'un assemblage de reliques de la vraie Croix conservées à Byzance au 13e s. Passée de main en main, elle parvient à l'abbaye de la Boissière en Anjou, devenant ainsi la **croix d'Anjou** *(p. 396)*. Au 15e s., après leur victoire à Nancy, les troupes de René II duc de Lorraine, descendant des ducs d'Anjou, l'adoptent pour emblème. À partir de 1790, cette **croix de Lorraine** est conservée dans la chapelle des Incurables de l'hospice de Baugé. L'histoire n'est pas finie car, en 1941, elle devient le symbole des Forces françaises libres, avant de devenir l'emblème des partis gaullistes successifs jusqu'au RPR.

Le château de Baugé.
B. Gardel / hemis.fr

Circuits conseillés Carte de microrégion p. 352

LE BAUGEOIS AB1-2

Pour visualiser ce circuit de 95 km, reportez-vous à la carte de microrégion (p. 352) – Comptez environ 4h. Quittez Baugé vers l'est par la D 141 qui suit la vallée du Couasnon.

Pourquoi les clochers du Baugeois voient-ils leur toit se vriller ? Étonnamment, aucune théorie n'imagine que cet élégant mouvement leur ait été imprimé à dessein. Selon les sourciers, les clochers tors suivraient les détours des eaux passant sous l'église. Selon les poètes, ils offriraient toutes leurs faces au vent. Selon les marins, ils seraient le fruit des essais des charpentiers de marine. Selon les menuisiers, le bois, trop vert au moment de la construction, aurait bougé avec le temps. Le débat reste ouvert.

Dolmen de la Pierre couverte B1

Laissez la voiture sur le bas-côté de la route à 3,5 km de Baugé.

Quelques marches sur la gauche mènent à ce dolmen, isolé dans une clairière.

Reprenez la voiture et gagnez Pontigné par la D 141 qui offre de jolies vues à droite sur le Couasnon et le massif forestier de Chandelais.

Pontigné B1

Dédiée à saint Denis représenté au-dessus du portail roman, l'**église** est surmontée d'un clocher tors. La nef porte de larges voûtes Plantagenêt ; au transept, notez les chapiteaux romans à feuilles d'eau et têtes de monstres ; la charmante abside centrale est soutenue par un réseau complexe de boudins rayonnants. Dans les absidioles, **les peintures murales★** d'une grande fraîcheur de coloris (12e et 15e s.) représentent, au sud, le Christ en majesté entouré du tétramorphe (symboles des quatre évangélistes) avec la Résurrection de

Lazare, au nord, la Vierge à l'Enfant entourée de deux anges thuriféraires et des scènes de l'enfance du Christ.
Prenez la route derrière l'église, puis à droite vers la D 766. Belle **vue** sur la vallée plantée de vergers. *Sur la D 766, tournez à gauche, puis tout de suite à droite vers Bocé.*

★ Forêt de Chandelais B1

Belle forêt domaniale (10 000 ha) de chênes rouvres et de hêtres.
Suivez une allée forestière, puis, au carrefour du Roi-René, prenez à droite vers Bocé. Au carrefour avec la D 58, prenez à gauche.

Mouliherne B2

Bâti sur un roc, Mouliherne domine le vallon verdoyant du Riverolle. Son **église**, ancienne chapelle et seul vestige d'une forteresse des comtes d'Anjou, possède un beau clocher carré du 13e s. avec baies ébrasées et flèche hélicoïdale. Observez d'abord la voûte du chœur, en berceau brisé, puis celle du croisillon sud renforcée par des nervures qui comptent parmi les premiers exemples de croisées d'ogives. À la croisée du transept, elles retombent sur de beaux chapiteaux romans à feuilles d'eau et animaux fantastiques. Les voûtes gothiques (12e-13e s.) de la nef, très larges, ont un profil plus raffiné. Dans le chœur, derrière le maître-autel, vous verrez des sarcophages carolingiens (9e et 10e s.) taillés dans la pierre coquillière.

Linières-Bouton B2

5 km à l'est par la D 62.
Dans ce village tranquille, à l'écart de la route, l'**église** présente un beau **chœur**, d'architecture Plantagenêt. Remarquez le tableau figurant l'Annonciation (1677), la crosse monumentale en bois doré de style baroque et le groupe sculpté de la sainte Famille, probablement du 17e s.
Prenez la D 767 à gauche, puis une route sur la droite qui mène à Breil.

Breil B2

Dans les bois du Baugeois, Breil offre un excellent prétexte pour se promener. L'**église** est romane à l'extérieur par son abside circulaire et sa nef que surmonte un haut clocher à flèche de pierre ; de jolies voûtes Plantagenêt couvrent son chœur.

Parc et château de Lathan B2

✆ 02 41 82 31 00 - ♿ - tlj sf mar. 10h-18h - fermé du 1er nov. à Pâques - 3 € (enf. gratuit).
Le parc du 17e s. fait face à l'église. Des charmilles, puis un long tapis vert orné d'ifs taillés précèdent une double rangée de tilleuls. Le grand canal, parallèle, ouvre une remarquable perspective, qui se clôt sur une gloriette du 18e s. Ne manquez pas l'île d'Amour et le labyrinthe souterrain…
Prenez la D 62 jusqu'à la D 938, où vous tournez à droite.

LA BERGÈRE ET LA VIERGE DE MONTPLACÉ

Au début du 17e s., une bergerie occupait l'ancienne chapelle de Montplacé, où une antique statue de la Vierge semblait y avoir été oubliée. Un jour, alors qu'une bergère rentrait ses moutons, la statue s'illumina. Tout le voisinage accourut et, bientôt, des guérisons furent constatées. Grâce aux offrandes des fidèles de plus en plus nombreux, une nouvelle chapelle fut édifiée. C'est ainsi que naquit la tradition d'un pèlerinage à Montplacé.

Cuon B2

Un curieux clocher conique à imbrications coiffe l'église (en face, une ancienne auberge porte encore gravée l'enseigne *« Au Soleil d'Or. On y loge à pied et à cheval »*). En retrait, observez le charmant manoir du 15e s.

Prenez la direction de Chartrené.

On longe le parc du château de la Grafinière et ses belles frondaisons.

Peu après Chartrené, prenez à gauche la D 60. À 4,5 km suivez à droite la D 211 qui, à travers des bois et des landes, rejoint Fontaine-Guérin.

Fontaine-Guérin A2

L'**église** romane au clocher massif coiffé d'une flèche d'ardoise hélicoïdale abrite une remarquable voûte de 126 panneaux peints (15e et 16e s.) d'inspiration profane.

Un plan d'eau aménagé pour la baignade et la planche à voile est accessible par la D 211 en direction de St-Georges-du-Bois.

À partir de St-Georges-du-Bois, prenez la D 59 jusqu'à Jarzé.

Jarzé A1

Cultures, bois et prairies encadrent Jarzé. Le château, construit en 1500, incendié en 1794, fut restauré au 19e s.

Église – Ancienne collégiale de style flamboyant bâtie sur les restes d'un édifice du 11e s. Dans le chœur, dix stalles canoniales (16e s.) à jouées historiées alignent leurs profils capricieux. Dans la niche d'un pilier à droite dans le sanctuaire, une statuette (fin 15e s.) représenterait saint Cyr, le fils de sainte Juliette de Tarse, qui subit le martyre à l'âge de 3 ans. En robe et en bonnet, l'enfant tient une poire à la main. Il semble cependant plus probable que l'enfant représenté ait été le fils de Jean Bourré, seigneur du lieu, et que son geste rappelle simplement que son père introduisit en Anjou la culture des « poyres de bon chrestien ». Au fond de l'abside, les restes d'une belle **peinture murale** du début du 16e s., représentent une Mise au tombeau à demi effacée.

Chapelle N.-D.-de-Montplacé A1

À 2 km par la D 82 vers La Flèche et le premier chemin à droite.

Isolée sur une butte, la chapelle se repère de loin. Entourée de quelques bâtiments de ferme, très sobre, elle dégage pourtant une réelle noblesse, en particulier lorsqu'on observe le beau portail occidental du 17e s. dédié à la Vierge. L'intérieur est orné de trois grands autels du plus pur style baroque. La fameuse statue (voir encadré ci-contre) se niche dans celui de gauche. Il s'agit d'une belle pietà sculptée dans une bille de noyer, sur laquelle subsistent quelques traces de polychromie. Le long des murs sont accrochés de nombreux ex-voto.

Regagnez la D 82 en direction de La Flèche.

Cheviré-le-Rouge A1

Dressée au centre du village, l'**église St-Médard** est dotée d'un clocher du 11e s. La voûte du chœur (12e s.) est un remarquable exemple du style Plantagenêt. Dans le transept, des vitrines présentent vêtements sacerdotaux, de communion et de baptême, échantillons de dentelle et de coiffes. L'été, le clocher abrite une belle exposition de vêtements, ornements liturgiques et pièces d'orfèvrerie. *Visite accompagnée - juin-sept. : w.-end 14h-18h.*

Continuez sur la D 82 en direction de La Flèche.

Jardins du château de Gastines AB1

Avant d'entrer dans Fougeré, sur la droite. ℘ 02 41 90 17 57 ou 02 41 89 18 07 (office du tourisme de Baugé) - mi-juil.-fin août : tlj sf mar. 13h-19h - 4 € (-18 ans gratuit).

Les jardins réalisés par Louis Benech agrémentent le château des 16e et 18e s. d'une terrasse de buis sur laquelle sont plantés ifs, roses, lavandes et anémones du Japon. De nombreuses essences, notamment des bergénias, des ruscus ou saules, ont pris possession d'une douve sèche. Étang et charmantes fontaines, charmilles taillées ou carré de bambous nains se révèlent au fil de la promenade.
Reprenez la D 82 sur la droite pour entrer dans le bourg de Fougeré.

Fougeré A1

C'est à la fougère que la commune doit son nom, mais c'est à son clocher vrillé, légèrement penché, qu'on l'identifie. L'**église St-Étienne** (11e s.) comprend un des plus beaux chevets de l'Anjou et son chœur (13e s.) est de style Plantagenêt. La voûte de la nef en carène de bateau (16e s.) a été repeinte par Grandin de Tours en 1871. Ne pas manquer d'observer les monstres des engoulants (16e s.) et, à l'extérieur (place de la Mairie), les graffitis (11e-12e s.).
Quittez Fougeré par la D 138 jusqu'à St-Quentin-lès-Beaurepaire. Prenez à droite la direction de Vaulandry. Au croisement avec la D 938, tournez à droite pour regagner Baugé. En arrivant, prenez la direction Le Vieil-Baugé.

Le Vieil-Baugé B1

Le vieux village coiffe une colline au-dessus de la vallée du Couasnon. L'**église St-Symphorien**, outre son remarquable clocher vrillé (chef-d'œuvre de couverture), dont l'inclinaison est due au travail du bois, conserve une nef en partie du 11e s. et un admirable **chœur★** du 13e s. à voûtes angevines. La façade et le croisillon sud, Renaissance, sont dus à l'architecte angevin Jean de Lespine.
Depuis 2009, le **manoir de Clairefontaine** (15e), restauré, est ouvert à la visite. Beau mobilier 17e-18e s. *(www.manoirdeclairefontaine.com - ouv. juil.-sept.).*

À LA RECHERCHE DE LA CROIX D'ANJOU B1

Pour visualiser ce circuit de 28 km au départ de La Boissière, reportez-vous à la carte de microrégion (p. 352) – Comptez environ 1h30. Quittez Baugé par la D 766 vers Noyant (à l'est) où vous tournerez à gauche sur la D 767, direction La Boissière.

Abbaye de la Boissière – Elle a abrité durant plus de deux siècles la précieuse **croix d'Anjou**. Ses bâtiments ont été transformés en château au 18e s. et l'église abbatiale du 12e s. est réduite à un chœur renfermant des gisants gothiques et un retable. *✆ 02 41 89 55 52 ou 06 09 48 45 83 - visite guidée (30mn) sur demande, de mi-juil. à fin août : 10h-12h, 15h-18h ; Pâques : 10h-12h, 15h-17h - 5 €.*

Chapelle de la Vraie-Croix – Édifiée au 13e s. sur le chemin de Dénezé, elle présente trois travées de voûtes bombées à l'angevine.
Revenez vers Noyant par la D 767 et prenez à droite la D 198.

Genneteil B1

L'**église** romane, au clocher à tourelle d'escalier du 13e s., s'ouvre par un beau portail du

LA CROIX D'ANJOU

Rapportée d'Orient au 13e s. par un croisé, la croix d'Anjou fut cédée aux cisterciens de la Boissière, qui construisirent une chapelle pour l'abriter. Conservée au château d'Angers pendant la guerre de Cent Ans, elle revint à la Boissière vers 1456 et y resta jusqu'en 1790. Elle sera ensuite transférée à Baugé.
p. 392.

11e s. aux voussures sculptées des signes du zodiaque et de visages humains. Dans la chapelle, au fond à gauche, fresques romanes du 12e s. Sur la voûte, procession de vierges sages et de vierges folles tournées vers la Vierge à l'Enfant, Présentation au Temple et médaillon avec le Christ bénissant.
Prenez la D 138 à l'est jusqu'à Chigné.

Chigné B1

Église fortifiée édifiée du 12e au 15e s. flanquée d'une tour ronde. Remarquez, au-dessus du portail, la ligne de modillons sculptés et les sculptures primitives engagées dans la construction, aujourd'hui très altérées.
Prenez par les Quatre-Chemins vers La Boissière.

Broc B1

La jolie **église** de Broc signale le village par son clocher roman trapu. À l'intérieur, au fond d'une large nef voûtée d'ogives à liernes et tiercerons, l'abside romane a conservé des restes de fresques du 13e s. : Christ en majesté, Annonciation et Vierge en majesté. Sur le mur de la nef, très beau Christ en croix, en bois sculpté, d'époque Louis XIII.

À proximité Carte de microrégion p. 352

Beaufort-en-Vallée A2

À 15 km au sud-ouest de Baugé par la D 60.

Beaufort est dominé par les ruines de son **château**, construit au 14e s. par Guillaume Roger, comte de Beaufort et père du pape Grégoire XI. La tour Jeanne de Laval fut rebâtie au 15e s. par le roi René. Du sommet de la butte, la **vue** s'étend sur la campagne environnante. Idéalement situé entre Saumur et Angers, à quelques kilomètres de la Loire, Beaufort possédait, aux 18e et 19e s., l'une des plus importantes manufactures de toile à voiles en France.

Église – Son beau clocher, édifié par Jean de l'Espine, fut achevé en 1542. À l'intérieur, remarquez l'autel en bois sculpté (1617), l'Adoration des bergers du 17e s. et, sous le grand vitrail du transept, en marbre, l'ancien maître-autel.

Musée Joseph-Denais – *5 pl. Notre-Dame - ✆ 02 41 57 40 50 (mairie) - www.damm49.fr - ♿ - 9 juil.-15 sept. : tlj sf lun. 11h-13h, 14h30-18h, 16 sept.-16 oct. : 14h30-18h ; 22 oct.-2 nov. : tlj sf lun. 11h-13h, 14h30-18h - 5 € (-18 ans gratuit), gratuit 1er dim. du mois.* Concentré de l'idée du musée au 19e s., cet extraordinaire cabinet de curiosités créé par le journaliste et collectionneur Joseph Denais (1851-1916), regroupe les collections exotiques et encyclopédiques de domaines aussi divers que sciences naturelles, beaux-arts, archéologie égyptienne et méditerranéenne, ethnographie ou histoire locale.
Suivez la D 347, puis la D 74 à droite.

★ Château de Montgeoffroy A2

49630 Mazé - ✆ 02 41 80 60 02 - chateaudemontgeoffroy.com - visite guidée uniquement (1h) 15 juin-15 sept. : 10h-18h ; de mi-mars à mi-juin et de mi-sept. à mi-nov. : 10h-12h, 14h-18h - 10 € (-15 ans 4,60 €).

Dans un cadre verdoyant et paisible s'élève une façade blanche sous de hauts toits d'ardoise percés de cheminées en brique rose. Pour accéder à ce bel édifice classique, il faut franchir une grille, remonter une large allée, puis pénétrer enfin dans une cour d'honneur bordée par deux épaisses tours médiévales. Modèle de proportion et d'harmonie, chef-d'œuvre de l'architecture française du 18e s., Montgeoffroy a miraculeusement traversé la Révolution et les guerres de Vendée avec son mobilier d'origine. Chaque meuble, chaque

LA COLÈRE DU MARÉCHAL

Durant la seconde moitié du 18e s., Louis Georges Érasme, **marquis de Contades**, eut l'idée de reconstruire le château de Montgeoffroy. Pour entreprendre les travaux, ce maréchal de France, qui fut de toutes les guerres, dépensa sans compter la somme de 300 000 livres. Pourtant le destin fit qu'il n'y séjourna que peu, ses fonctions militaires puis la Révolution s'étant conjuguées pour l'éloigner définitivement de son cher château. Homme de conviction, il refusa d'émigrer et trouva refuge à Livry auprès de sa maîtresse, Hélène Moreau de Séchelles. Il y mourut en 1795 à l'âge de 95 ans, à la suite, dit-on, d'une violente colère contre ses domestiques.

toile occupe la place pour laquelle il avait été conçu.

L'élégant château et son harmonieuse façade Louis XV dominent la vallée de l'Authion. À l'origine propriété de Geoffroy de Chateaubriand, ancêtre de l'écrivain, Montgeoffroy fut reconstruit par l'architecte parisien Jean Benoît Vincent Barré, entre 1772 et 1776, pour l'illustre **maréchal de Contades**, qui commanda l'armée d'Allemagne pendant la guerre de Sept Ans et fut gouverneur d'Alsace pendant 25 ans. À cet édifice deux tours rondes rescapées du château médiéval sont harmonieusement incorporées. Avec les douves au tracé arrondi et l'ancienne chapelle, elles sont les seuls vestiges de l'ancien château du 16e s. Depuis les années 1770, le château de Montgeoffroy demeure la propriété de la famille Contades. *illustration p. 401.*

Intérieur – Avec ses enfilades de pièces de part et d'autre des salons centraux, le rez-de-chaussée se conforme à la tradition classique.

Intact, le mobilier d'origine de style Louis XV et de style Louis XVI est, pour sa majeure partie, estampillé par de grands maîtres ébénistes comme Gourdin, Roussel ou Durand. Soieries et tissages Jacquard ornent les pièces de réception tandis que des toiles, imprimées à motifs d'arabesques végétales, habillent la salle à manger et nombre de chambres au premier étage. Vous admirerez de magnifiques portraits signés Van Loo, Rigaud et Drouais.

Dans les cuisines, vous observerez une rutilante collection de récipients de cuivre et d'étain.

Chapelle Ste-Catherine – Avec sa voûte angevine, elle est éclairée par un superbe vitrail du 16e s. représentant des anges musiciens et chanteurs.

Écuries – Elles abritent une collection de voitures hippomobiles et jouxtent une **sellerie**, aux murs de sapin de Norvège, où étincelle une collection de selles, d'étriers, de mors, de fouets et de cravaches.

Blou B2

Situé à 26 km au sud de Baugé par la D 938 et la D 206.

L'**église** romane (12e s.), épaulée de lourds contreforts, garde, au transept nord, des fragments du 11e s. appareillés en losange. Le clocher carré, du 13e s., est encastré sur la croisée du transept. *De Pâques au 1er nov. : 8h-19h - reste de l'année : clé disponible au café en face de l'église tlj sf dim.*

Vernantes B2

Situé à 25 km au sud-est de Baugé par la D 58.

Un beau clocher (12e s.) coiffé d'une flèche de pierre signale l'**église** dont il ne reste que le chœur. La nef, détruite par la foudre au 19e s., a été remplacée par un simple porche.

Vernoil-le-Fourrier B2

À 2 km au sud-est de Vernantes.

L'**église** a fière allure avec son clocher massif aux lignes épurées. À droite, en entrant dans la cour, regardez la solide tourelle octogonale et les fenêtres à meneaux de l'ancien logis du prieur.

Parçay-les-Pins B2

Situé à 27 km au sud-est de Baugé, par la D 766 et la D 141.

Le **musée Jules-Desbois** rassemble un bel ensemble des sculptures de l'ami de Rodin. Des œuvres, d'une grande sensualité, comme *Léda et le cygne*, sont bien mises en valeur dans cette ancienne demeure agricole. *1 pl. Jules-Desbois - 02 41 82 28 80 - www.musee-julesdesbois.fr - ♿ - 15 juin-15 sept. : tlj sf lun. 11h-13h, 14h30-18h ; de déb. avr. à mi-juin et de mi-sept. au 1er nov. : w.-end et j. fériés 14h30-18h - 4 € (-18 ans gratuit) billet combiné avec le musée Joseph-Denais de Beaufort-en-Vallée et le musée de Baugé.*

Durtal A1

Situé à 19 km au nord-ouest de Baugé par la D 18

Au pied d'un château, Durtal mérite une halte pour le charme de ses rives du Loir bordées de moulins.

La proximité de la **forêt de Chambiers**, au sud, couvrant 1 300 ha, permet d'agréables promenades pédestres à travers chênes et pins, de la « Table au roy » rayonnent de larges allées. Aux alentours, les vergers de pommiers et de poiriers sont nombreux.

Château – *15 pl. des Terrasses - 09 64 05 82 35 - www.chateau-durtal.com - visite guidée (50mn) juil.-août : 10h30-12h30, 14h30-19h30 ; reste de l'année : lun., vend. 14h30-18h30, w.-end et j. fériés 10h30-12h30, 14h30-18h30 - 7 € (-16 ans 4 €).*

Bon rempart stratégique entre l'Anjou et le Maine, le promontoire rocheux de Durtal fut choisi dès 1040 par le comte Foulques Nerra pour jeter les fondations d'une forteresse. « *Ung fort beau chasteau sur le Loir, et autant seigneurial que tout aultre sçauroit estre en France* » écrira au 16e s. François de Scépeaux, maréchal de Vieilleville (1509-1571), gouverneur et maréchal de France de François Ier, qui invitera à Durtal Henri II, Charles IX et Catherine de Médicis.

Les tours rondes à mâchicoulis et toits en poivrières ainsi que le donjon à six étages datent des 15e et 16e s. tandis que les autres bâtiments et le grand pavillon appartiennent au style Louis XIII.

Du chemin de ronde s'offre une vue sur **la vallée du Loir** (*p. 484*) et la forêt de Chambriers. Ornée de peintures, la galerie Renaissance domine la rivière. Quant au pavillon Schömberg avec bandeaux, cordons et pierre d'angle en bossages vermiculés, il est de style préclassique. Comme la plupart des châteaux de cette époque, celui de Durtal compte aussi une salle des Gardes, des cuisines et des cachots.

Porte Verron – Reste de l'ancienne enceinte du château, cette porte du 15e s. est flanquée de tourelles.

Vue du Vieux Pont – Vue sur le Loir, ses moulins, les toits pointus de la ville, et une tour d'enceinte, plus en amont. En examinant le château depuis ce pont, vous distinguerez parfaitement ses deux époques de construction.

NOS ADRESSES À BAUGÉ

HÉBERGEMENT

PREMIER PRIX

Chambre d'hôte « Les Bouchets » M. et Mme Bignon – *Les Bouchets - 49150 Le Vieil-Baugé - 4 km du Vieil-Baugé par D 144, dir. Chartrené et petit chemin à dte sur 300 m - 02 41 82 34 48 ou 06 71 60 66 05 - www.lesbouchets.com - - 3 ch. 55/65 € - 28 €.* Cette maison typiquement baugeoise bien rénovée est d'une tranquillité appréciable. Chambres confortables et salle de séjour agréable avec cheminée. Trois autres chambres dans un gîte sur la propriété. Anciens restaurateurs, les propriétaires mettent leur savoir-faire au service d'une table d'hôte très réputée.

RESTAURATION

PREMIER PRIX

Restaurant des Plantes – *54 av. d'Angers - 49430 Durtal - 02 41 76 41 57 - www.restaurantdesplantes.com - fermé dim. soir, lun. soir, mar. soir - - 10,50/33 €.* Presque caché à la sortie du village, ce restaurant rénové dans le style boisé connaît un succès tel qu'il affiche souvent complet. La faute à sa formule du midi, faisant le bonheur des gens du voisinage. Pensez à réserver.

BUDGET MOYEN

Les Tonnelles – *13 r. du Port - 49140 Villevêque - 02 41 32 38 70 - www.tonnellesduloir.com - 13 €/31 €.* Une cuisine fraîche servie avec le sourire dans un restaurant dont la terrasse s'ouvre sur les berges sauvages du Loir. Concerts tous les dimanches à 18h de juin à fin août.

La Boule d'Or – *19 av. d'Angers - 49430 Durtal - 02 41 76 30 20 - fermé dim. soir, lun. soir et mar. soir - - - formule déj. 9,70 € - 15,50/40 € - 5 ch. 40 € - 5,50 €.* Tout en restant très classique, cet établissement doit sa réputation à une carte de qualité, faisant la part belle aux produits frais.

ACHATS

Ets Montgolfier – *Rte d'Angers - 1 r. Denis-Papin - 49430 Durtal - 02 41 18 09 39 - www.montgolfier.fr* Depuis 1946, cet établissement perpétue la tradition céramique angevine et propose un riche éventail de créations originales. Objets de la table et de la maison, en grès brillant ou satiné, aux coloris variant selon les collections. Vente directe au magasin d'usine.

EN SOIRÉE

Opéra de Baugé – *02 41 89 75 40 - www.operadebauge.org* En juillet et août, des œuvres du répertoire classique sont interprétées dans le cadre de « thé à l'anglaise » ou de pique-niques dans le parc.

ACTIVITÉS

Centre équestre La Landelle – *Rte de Mouliherne - 49150 La Lande-Chasles - 02 41 82 35 94 - lalandelle.free.fr - 20 € (2h).* Balades équestres dans la forêt baugeoise.

AGENDA

Fête du Loir - *Durtal - Mi-juil. - 02 41 76 37 26 - www.anjou-tourisme.com.* Un défilé de bateaux illuminés et ornés de fleurs, tel un corso vénitien, enchante le Loir le temps d'un week-end.

Le château de Montgeoffroy.
Alain Le Bot / Photononstop

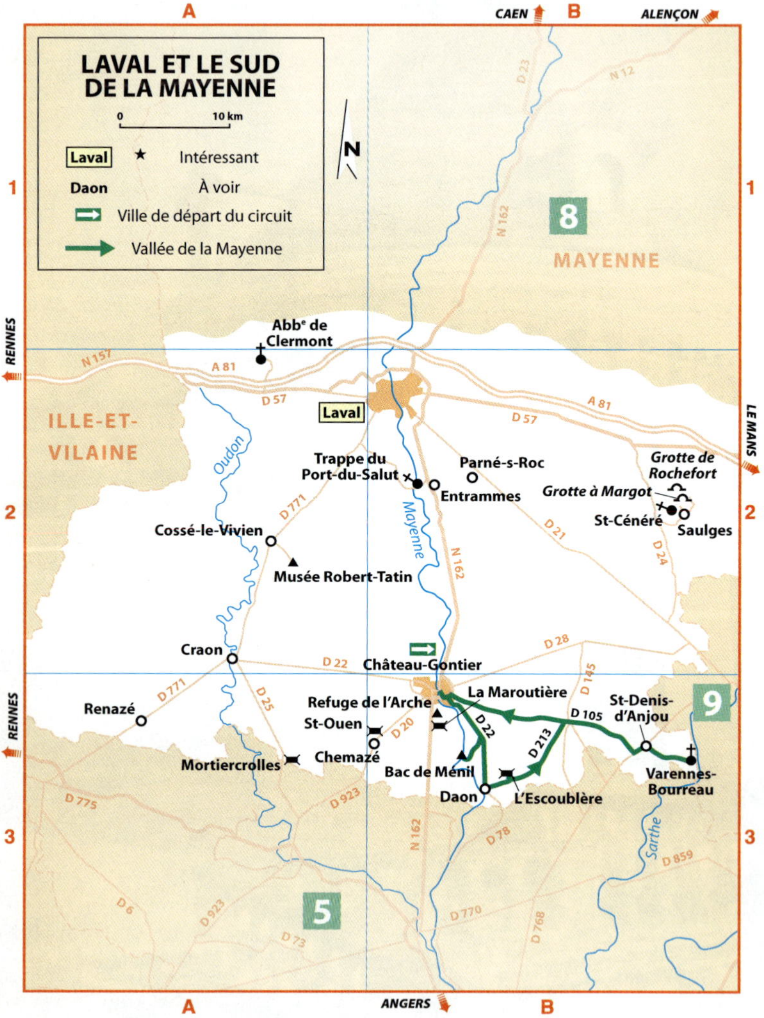
LAVAL ET LE SUD DE LA MAYENNE
0 10 km
Laval ★ Intéressant
Daon À voir
Ville de départ du circuit
Vallée de la Mayenne
N
A
B
1
2
3
CAEN
ALENÇON
RENNES
LE MANS
ANGERS
8
MAYENNE
9
5
ILLE-ET-VILAINE
Abbe de Clermont
Laval
Trappe du Port-du-Salut
Entrammes
Parné-s-Roc
Grotte de Rochefort
Grotte à Margot
St-Céneré
Saulges
Cossé-le-Vivien
Musée Robert-Tatin
Craon
Château-Gontier
La Maroutière
Refuge de l'Arche
St-Ouen
Chemazé
Renazé
Mortiercrolles
Bac de Ménil
Daon
L'Escoublère
St-Denis-d'Anjou
Varennes-Bourreau
Oudon
Mayenne
Sarthe
N 157
A 81
D 57
D 771
D 22
D 25
D 20
D 213
D 105
D 145
D 28
D 21
D 24
N 162
N 12
D 23
D 775
D 923
D 78
D 859
D 6
D 73
D 770
D 768

Laval et le sud de la Mayenne 7

Carte Michelin Departements 310 – Mayenne (53)

Laval

★

51 233 Lavallois – Mayenne (53)

NOS ADRESSES PAGE 410

S'INFORMER

Office de tourisme – *1 allée du Vieux-St-Louis - 53000 Laval - ☎ 02 43 49 46 46 - www.laval-tourisme.com - 9h30-18h30 (18h sam.), dim. 10h-12h - fermé 1er janv., 1er mai, 25 déc.* **Visites guidées** – Label Ville d'art et d'histoire. Visites-découverte animées par des guides-conférenciers agréés par le ministère de la Culture et de la Communication - *renseignements à l'office de tourisme - www.laval-tourisme.com ou sur www.vpah.culture.fr.*

Visites musicales et théâtrales – *mar. soir en juil.-août.* D'agréables occasions de découvrir des lieux méconnus (très beaux hôtels particuliers).

SE REPÉRER

Carte de microrégion B2 (p. 402) – *Carte Michelin Départements 310 E6.* Au carrefour de trois grandes régions (Normandie, Bretagne et Loire), la capitale de la Mayenne se dresse au bord de sa rivière, à 32 km au sud de la ville de Mayenne par la N 162. Le Mans se trouve 86 km plus à l'est par la D 57.

À NE PAS MANQUER

Les œuvres d'art naïf dans le musée du Vieux-Château ; une promenade sur les quais.

ORGANISER SON TEMPS

Comptez 1h pour une promenade dans la vieille ville.

AVEC LES ENFANTS

« C'est quoi cette bouteille de lait ? » : réponse au Lactopôle !

Ni jungles ni tigres à Laval, pourtant le Douanier Rousseau règne en maître au musée d'Art naïf du vieux château. Une invitation au voyage ? Le navigateur Alain Gerbault ne le démentirait pas. Les maisons à pans de bois de sa ville natale au charme candide mènent sur les quais de la Mayenne : une croisière s'impose…

Se promener Plan de ville p. 406

L'essentiel de la ville médiévale escalade le flanc du coteau qui domine la rive droite de la Mayenne et se serre contre le château. Au nord des murailles et sur la rive opposée s'étale la ville moderne.

★ LA VIEILLE VILLE

Circuit tracé en vert sur le plan de la ville (p. 406).

Place de La Trémoille 2

Elle porte le nom du dernier seigneur de Laval, le prince Antoine-Philippe de Talmont, duc de La Trémoille. Au fond de la place se déploie la façade

Le château médiéval et le pont Vieux.
Kevin O'Hara / age fotostock

Renaissance du **Château Neuf** 1, qui accueillit les salons d'apparat des comtes de Laval à partir du 16e s. Agrandi au 19e s., il a abrité le palais de justice jusqu'en 2001.

★ Vieux Château 2

Place de la Trémoille - ✆ 02 43 53 39 89 - www.mairie-laval.fr - visite guidée (1h, ttes les heures, dernier dép. 1h av. la fermeture) juin-sept. : tlj sf lun. 10h-18h, dim., 14 Juil. et 15 août 14h-18h ; reste de l'année : tlj sf lun. 14h-17h, dim. 14h-18h, fermé j. fériés - 2 € (-18 ans gratuit) billet combiné avec le musée d'Art naïf.

Un noble porche du 17e s. accolé à une maison à colombage, du début du 16e s., s'ouvre à droite des grilles du Château Neuf. Il donne accès à la cour du Vieux Château, entourée de remparts du haut desquels la **vue★** sur les toits de la vieille ville est superbe.

Sur la terrasse, à gauche du château qui domine la Mayenne, veille la statue de **Béatrix de Gavre**, baronne de Laval au 14e s., qui contribua au développement du tissage dans la ville. Les « toiles de Laval » eurent leur heure de gloire à l'époque où le travail du lin était florissant dans toute la région ; aujourd'hui, Laval l'a remplacé par celui du coton et des textiles synthétiques.

Le château actuel date essentiellement des 13e et 15e s. Il s'agrémente au 16e s. de baies et lucarnes de tuffeau blanc, sculptées de rinceaux à l'italienne. La crypte et le donjon sont plus anciens (12e et 13e s.). Les salles sont garnies de tableaux ainsi que de belles plaques de cheminée en fonte.

Donjon – Fait exceptionnel, il a conservé sa charpente d'origine ainsi que son **hourd★★**, galerie de bois en saillie sur le mur permettant la défense du pont et de la base des murailles. La charpente est faite d'énormes poutres rayonnantes, posées en porte-à-faux sur le sommet du mur (épais de plus de 2 m) pour supporter le hourd : son poids est équilibré par la masse du poinçon central d'un diamètre de 90 cm. Une salle expose la trousse de trépanation dite « d'Ambroise Paré » ainsi que des gravures et lithographies sur Laval, réalisées par un artiste local, Jean-Baptiste Messager.

Point d'orgue de la visite : l'extraordinaire **charpente** (v. 1220) et sa rosace.

★ **Musée d'Art naïf** – *Visite combinée avec celle du Vieux Château, ou visite libre du musée : 1 € (-18 ans gratuit).* Né à Laval, le peintre naïf **Henri Rousseau**, dit le **Douanier Rousseau** (1844-1910), entra dans la légende par la candeur et la fraîcheur qu'il mettait dans sa peinture. Il portraiturait ses modèles après avoir pris leurs mesures, comme un tailleur. **Alfred Jarry** compta parmi ses « patients ». L'homme jouait aussi du violon et écrivait des pièces de théâtre. Le musée regroupe également de nombreuses toiles de peintres croates, allemands, brésiliens et français, dont Jules Lefranc et Henri Trouillard, deux Lavallois.

Rue des Orfèvres 2

Cette étroite rue est bordée de belles maisons à encorbellement du 16e s. au 18e s., et d'hôtels du 18e s. Elle débouche dans la Grande-Rue. Au carrefour s'élève la **maison** Renaissance (vers 1554) du Grand-Veneur dont la façade et les fenêtres en tuffeau sculpté rappellent celles du château.

Grande-Rue 2

Artère principale de la cité médiévale, elle descend vers la Mayenne entre d'antiques habitations à pans de bois et encorbellements, ou en pierre et décor Renaissance.

Empruntez à droite la rue de la Chapelle.

Cette rue se hisse entre des logis du Moyen Âge ou de la Renaissance.

Continuez tout droit par la rue des Serruriers.

Juste avant d'arriver à la porte Beucheresse, remarquez à gauche deux maisons à pans de bois.

Porte Beucheresse 2

Autrefois, cette porte, dont le nom dérive du mot « bûcheron », donnait directement accès à la forêt de Concise. Cette construction du 13e s. est flanquée de deux tours rondes munies de mâchicoulis, qui faisaient partie de l'enceinte. Elle s'ouvre par une arcade ogivale. Henri Rousseau naquit dans la tour de droite où son père exerçait le métier de ferblantier.

SE LOGER

- Auberge des Remparts ...... (2)
- Bas du Gast (Chambre d'hôte Le) ...... (4)
- Marin'Hôtel ...... (7)
- Moulin de Coupeau (Camping Le) ...... (5)
- Paris (Hôtel de) ...... (1)
- Perier du Bignon (Hôtel) ... (9)
- Village Vacances Pêche (Camping) ...... (10)

SE RESTAURER

- Antiquaire (L') ...... (1)
- Bonne Auberge (Hostellerie à la) ...... (4)
- Edelweiss ...... (7)
- Gerbe de Blé (La) ...... (10)
- Table Ronde (La) ...... (13)

INDEX DES RUES

- Allègre (Promenade Anne d') 1
- Grande-Rue 2
- Orfèvres (R. des) 3
- Trinité (R. de la) 4

BERCEAU DE LA CHOUANNERIE

C'est dans la campagne lavalloise que le nom de **chouans** fut appliqué pour la première fois aux bandes royalistes, alors conduites par Jean Cottereau, dit « Jean Chouan ». Leur signe de ralliement était le hululement du chat-huant. En 1793, les « blancs » (royalistes) ayant occupé la ville de Laval, défirent sous ses murs, aux landes de la Croix-Bataille, l'armée républicaine du général Léchelle dont la science militaire tenait dans la seule prescription : « Il faut marcher majestueusement et en masse. » Un La Trémoille, prince de Talmont, commandait la cavalerie vendéenne. Néanmoins, quelque temps après, La Rochejaquelein dut évacuer Laval et les « bleus » (républicains) s'emparèrent du prince de Talmont. L'infortuné jeune homme fut guillotiné séance tenante.

Faites une pause dans l'agréable **promenade Anne-d'Allègre** aménagée au pied des remparts (vers le jardin de la Perrine). Remarquez la douve sèche, qui barrait autrefois l'accès de la ville aux assaillants.

Cathédrale 2

Remaniée à diverses reprises, elle présente dans la nef et à la croisée du transept des voûtes angevines : cette superstructure, aussi appelée Plantagenêt, se caractérise par une voûte bombée sur croisée d'ogives dont les clés apparaissent à des hauteurs différentes. Aux murs, des tapisseries d'Aubusson (début 17e s.) relatent en six tableaux l'histoire terrible de Judith et Holopherne.
Situé en avant du chœur, sur le pilier gauche, un très beau triptyque peint de l'école maniériste anversoise (16e s.) présente, fermé, le martyre de saint Jean l'Évangéliste et, ouvert, trois scènes de la vie de saint Jean-Baptiste.
Dans le bras du transept nord, imposante porte à tambour en bois sculpté de la fin du 16e s. En sortant de la cathédrale, contournez le chevet pour admirer le portail nord-est, orné de statues en terre cuite du 19e s.

Rue de La Trinité 2

Elle est bordée de maisons anciennes, dont celles des abbés de Clermont (16e s.). Remarquez les belles statues en bois : saint Benoît, saint Bernard, sainte Barbe, saint Christophe et, au centre, la Vierge Marie.
Par la rue du Pin-Doré, rejoignez la place de La Trémoille.

★ LES QUAIS

Les quais de la rive gauche offrent les meilleures **vues★** d'ensemble sur Laval, au bord des eaux calmes de la Mayenne, canalisées depuis le 19e s.
Pont en dos-d'âne du 13e s., jadis fortifié, le **pont Vieux** révèle un tableau plus détaillé de la vieille ville, ses toits d'ardoise, ses rues étroites bordées de maisons à colombages et le donjon du Vieux Château.
Les deux derniers **bateaux-lavoirs** de Laval, habituellement amarrés au quai Paul-Boudet, sont en réparation. Ces embarcations immobiles, apparues dans les années 1880, prolongèrent leur activité jusque vers 1960. Les ménagères venaient battre le linge sur leurs planches et le rincer au fil de l'eau, tandis que d'énormes cuves permettaient de faire bouillir et essorer la lessive.

★ Jardin de la Perrine 2

Établi en terrasses, ce jardin ménage de très belles vues sur la Mayenne, la ville basse et le donjon du château. Vous pourrez admirer la roseraie et de grands arbres : palmiers, tilleuls, châtaigniers, cèdres du Liban, mélèzes.

Espace Alain-Gerbault – *Dans le jardin de la Perrine - ✆ 02 43 56 81 49 ou 02 43 49 47 83 - juin-sept. : tlj sf lun. 10h-18h, dim., 14 Juil. et 15 août 14h-18h ; déb. sept.-mi-déc. et mi-fév.-fin mai : tlj sf lun. 14h-17h, dim. 14h-18h ; reste de l'année : w.-end 14h-17h30, fermé j. fériés - gratuit.* Il présente les multiples facettes de ce grand navigateur lavallois, mal connu, qui a choisi la Polynésie comme ultime escale. Navigateur solitaire, il traversa l'Atlantique en 1923 sur son cotre (petit navire à un mât).

Centre de Culture scientifique, technique et industriel (CCSTI) – *21 r. du Douanier-Rousseau - ✆ 02 43 49 47 81 - tlj sf j. fériés 10h-12h, 14h-18h - 2 € (8-18 ans 1 €).* Installé dans un imposant bâtiment dont l'escalier extérieur s'élève entre deux groupes d'animaux en bronze du sculpteur Gardet, il organise des expositions liées à la science mais aussi à l'archéologie, résultats de fouilles locales. Belle horloge astronomique du 19e s. en bois ouvragé et, dans le square, buste du navigateur Alain Gerbault.

À voir aussi Plan de ville p. 406

Basilique Notre-Dame-d'Avesnières Hors plan

Par le quai d'Avesnières.

Cet ancien sanctuaire marial, lieu de pèlerinage fréquenté, a été érigé en basilique en 1898. Son **chevet★** roman s'apprécie le mieux du pont d'Avesnières. La basilique est couronnée par une jolie flèche de style gothico-Renaissance, dessinée en 1538. Très visible sur la façade ouest, la restauration du 19e s. n'a pas altéré l'unité de style d'origine.

À l'intérieur, deux statues colossales en bois polychrome : saint Christophe portant l'Enfant Jésus date du 16e s. ; l'autre, du 15e s., représente le « Saint Sauveur » ; le Christ, coiffé d'une tiare et revêtu d'une longue robe, semble près de s'élever au ciel. Dans le beau chœur roman, vous admirerez les chapiteaux, un Christ en bois polychrome du 15e s. et, au niveau de la tribune, la statue miraculeuse de Notre-Dame. Les vitraux, modernes, sont signés Max Ingrand. Dans la chapelle axiale : pietà en terre cuite du 16e s., d'origine bretonne. Dans la chapelle sud, tapisserie d'Aubusson du 17e s.

Église St-Vénérand 2

Cette église à cinq travées présente sur la rue une façade richement décorée inspirée de celle de St-André à Mantoue : le **portail flamboyant★** est orné de dais ouvragés. Il est surmonté par un fronton que soutient un arc à motifs Renaissance. À l'intérieur, remarquez la voûte à caissons du chœur (1565) et de beaux retables des 17e s. et 18e s.

Tour Renaise 1

Entourée d'un îlot de verdure, cette tour ronde à mâchicoulis (15e s.) témoigne de la modernisation de l'enceinte urbaine à la fin de la guerre de Cent Ans.

★ Église Notre-Dame-des-Cordeliers Hors plan

Par la rue de Bretagne qui fait suite à la rue du Gén.-de-Gaulle. Tlj sf dim. et j. fériés 8h-19h.

Élevée pour les frères mineurs conventuels (franciscains) entre 1394 et 1407, cette église, ancienne chapelle du couvent, possède un ensemble remarquable de **retables★★** en tuffeau et marbre, œuvre de l'architecte lavallois Pierre Corbineau (1600-1678). Sa famille fit de Laval un centre renommé de création de retables au 17e s., période où cet art prend toute son ampleur :

la magnificence du décor baroque réaffirme avec force la foi catholique. Les chapelles du bas-côté droit datent du 19e s.

★★ Lactopôle André-Besnier Hors plan

10 r. Adolphe-Beck (dir. Tours) - ✆ 02 43 59 51 90 - www.lactopole.com - ♿ - visite guidée sur demande (1 sem. av.) ou sans RV à 10h et 14h30 pdt vac. scol. zone A - tlj sf w.-end et j. fériés : 9h-12h, 14h-18h - 10 € (-6 ans gratuit).

Tout ce que vous avez toujours voulu savoir sur le lait, ses métiers et ses dérivés, depuis son traitement artisanal des années 1950 jusqu'aux nouveaux défis industriels du groupe Lactalis aujourd'hui. Ce n'est pas une simple rétrospective mais une présentation moderne, scientifique et didactique de ces produits majeurs de notre alimentation.

Ancienne église de Pritz Hors plan

2 km au nord. Quittez Laval par la rue du Vieux-St-Louis - ✆ 02 43 49 46 46 (OT). Cette modeste église s'élève dans un jardin au lieu-dit « Pritz ». Elle date des environs de l'an mil et a été remaniée à l'époque romane, comme en atteste le remarquable ensemble de peintures murales (12e-15e s.).

À proximité Carte de microrégion p. 402

Abbaye de Clermont A2

16 km à l'ouest par la D 57 (dir. Rennes), à la Chapelle-du-Chêne à droite puis la D 115. Ses vestiges se dressent dans un site champêtre. À l'entrée, bâtiment (17e s.) du logis des pères.

Église – *✆ 02 43 02 11 96 - ♿ - de 9h à la tombée de la nuit - 4 € (10-16 ans 2 €).* Faisant oublier les nefs latérales en partie détruites, l'extrême pureté des lignes et les vastes baies qui éclairent le large transept révèlent l'ampleur de l'édifice originel. Les six fenêtres du chœur, disposées en trois registres, et les chapelles rectangulaires du transept répondent au style cistercien.

Bâtiment des convers – Deux belles salles voûtées : le cellier (voûtes d'arêtes) et le réfectoire (pierre de schiste) ; cinq fenêtres à double ébrasement.

Revenez à Laval, puis quittez la ville au sud par le quai d'Avesnières, puis la D 1. La route longe la rive droite de la Mayenne puis, offrant d'agréables perspectives sur la vallée, monte vers l'ancienne porte de l'Huisserie.

Prenez la D 112 vers Entrammes ; 1 km plus loin, prenez à gauche une petite route vers L'Enclos et Bonne (écluse). La route descend jusqu'à la rivière d'où se révèle un très joli **point de vue★** englobant l'écluse, un moulin et un château.

Reprenez la D 112 et à gauche la D 103.

Entrammes B2

À 13 km au sud de Laval par la N 162. Du latin *inter amnes* : « entre les eaux ». Cette petite ville tient son nom de sa construction sur un gué situé à la confluence de plusieurs cours d'eau.

Découverts à la faveur d'une restauration de l'église, les **thermes**, dont d'importants éléments architecturaux subsistent (mur de 8 m de haut), apportent un témoignage supplémentaire sur l'importance de l'habitat gallo-romain en Mayenne *(voir Jublains) - 02 43 49 46 46 (office de tourisme) - ♿ - visite guidée (1h15) du 2 juil. au 31 août et Journées du patrimoine : 10h30-12h30, 14h30-18h30 ; du dim. de Pâques au 1er juil. et du 1er sept au 2e dim. de sept. : dim. et j. fériés 15h-18h ; du 1er w.-end d'avr. au dernier w.-end de juin et du 1er w.-end de sept. au 3e w.-end d'oct. : dim. et j. fériés 15h-18h - 3 € (6-18 ans 1,50 €).*

Trappe du Port-du-Salut B2

À 13 km au sud de Laval par la N 162. Les moines y fabriquaient le célèbre fromage de Port-Salut jusqu'en 1959. Le public est admis à visiter l'église abbatiale et la chapelle. Aujourd'hui, la communauté exploite un petit barrage que l'on peut voir sur la Mayenne. L'électricité produite est vendue à EDF.

Parné-sur-Roc B2

À 14 km au sud de Laval par la N 162, puis la D 21. Ce petit village construit sur un roc possède une église du 11e s., qui renferme d'intéressantes peintures murales de la fin du 15e s. et du début du 16e s. À l'entrée, on remarque un Saint-Christophe récemment découvert sous les enduits modernes. À gauche apparaît la silhouette du Christ ressuscité sur un fond d'étoiles rouges et une Vierge des Sept Douleurs ; à droite figurent Côme et Damien, deux frères médecins, populaires au Moyen Âge.

NOS ADRESSES À LAVAL

HÉBERGEMENT

PREMIER PRIX

Camping le Moulin de Coupeau – *R. Jean-Cottereau - 53940 St-Berthevin (4,5 km à l'ouest du centre-ville par la rue du Général-de-Gaulle) - ✆ 02 43 68 30 70 - www.laval-tourisme.com - fin avr.-fin sept. - 24 empl. 10,20 €.* Site ombragé au bord de la rivière du Vicoin pour le camping le plus proche du centre ville.

Camping Village Vacances Pêche – *53170 Villiers-Charlemagne - sortie ouest par D 4, rte de Cossé-le-Vivien et chemin à gauche près du stade - ✆ 02 43 07 71 68 - www.sud-mayenne.com - déb. mars-fin nov. - ♿ - 20 empl. 18,30 €.* Les amateurs de pêche pourront taquiner le goujon à loisir. Le plan d'eau regorge également de brochets, sandres et carpes. Les campeurs auront leur sanitaire et local de pêche privés. Location de petits chalets en bois avec terrasse sur pilotis pour certains.

BUDGET MOYEN

Auberge des Remparts – *2-4 carrefour aux toiles - ✆ 02 43 66 86 80 - 13 ch. 52/64 € - ☕ 8 €.* Bien situé, à deux pas de la tour Renaise, ce petit hôtel abrite des chambres sans charme mais claires et bien tenues.

Marin'Hôtel – *102 av. R. Buron - ✆ 02 43 53 09 68 - www.marin-hotel.fr - 25 ch. 57/66 € - ☕ 6,90 €.* Les mascarons de la façade indiquent l'ancienneté des murs, mais les chambres sont modernes et pratiques. Préférez celles sur l'arrière, plus calmes. Petit-déjeuner continental.

POUR SE FAIRE PLAISIR

Hôtel de Paris – *22 r. de la Paix - ✆ 02 43 53 76 20 - www.hotel-de-paris-laval.fr - fermé 24 déc.-4 janv. - ♿ - P - 50 ch. 70/165 € - ☕ 9 €.* En plein quartier commerçant, édifice de 1954 entièrement rénové. Les chambres, actuelles et fonctionnelles, sont bien tenues (plus calmes sur l'arrière).

Hôtel Perier du Bignon – *7 r. du Marchis - ✆ 02 43 66 02 02 - www.hotel-perier-du-bignon.com - P - ♿ - 26 ch. 95/110 € - ☕ 12 €.* Ce bel hôtel particulier du 18e s. (classé) s'élève sur les hauteurs de la ville. Les chambres y sont cosy, raffinées et toutes différentes. Élégants salons classiques et carte traditionnelle au restaurant ; formule bistrot le midi. Agréable jardin et piscine.

UNE FOLIE

Chambre d'hôte Le Bas du Gast – *6 r. de la Halle-aux-Toiles - ✆ 02 43 49 22 79 - www.chateaulebasdugast.fr - P - 2 ch. 120/150 € et 1 suite 190/250 € (4 pers.) - ☕ 11 €.* Construit au cœur du vieux Laval, ce château des 17e et 18e s. s'entoure d'un beau jardin de 80 buis taillés. En entrant, humez le parfum de la cire qui embaume les parquets en chêne et le mobilier d'époque. Les chambres spacieuses sont décorées avec soin.

RESTAURATION

PREMIER PRIX

Edelweiss – *99 av. R. Buron - ✆ 02 43 53 11 00 - fermé 15 fév.-14 mars, sam. et dim. - 20/50 €.* À côté de la gare, salle à manger décorée dans un style actuel (tons pastel). On y apprécie des plats traditionnels sans esbroufe dans une ambiance conviviale.

BUDGET MOYEN

Hostellerie à la Bonne Auberge – *170 r. de Bretagne par D 57 - ✆ 02 43 69 07 81 - www.alabonneauberge.com - fermé août, 24 déc.-3 janv., vend. soir, dim. soir, sam. et soirs fériés - P - 18/45 € - 12 ch. 78/88 € - ☕ 10 €.* À l'écart du centre-ville, maison régionale tapissée de vigne vierge. La salle à manger, agrandie d'une véranda, est claire et moderne. Goûteuses recettes traditionnelles.

L'Antiquaire – *64 r. de Vaufleury - ✆ 02 43 53 66 76 - fermé 1er-22 juil., 6-27 janv., sam. midi, dim. soir et lun. - formule déj. 16 € - 23/48 €.* Cette maison située au cœur de la vieille ville abrite une plaisante salle à manger cosy où l'on sert une généreuse cuisine classique teintée d'un zeste de modernité.

La Table Ronde – *Pl. de la Mairie - 53810 Changé - ✆ 02 43 53 43 33 - fermé 3 sem. en août, 1 sem. en fév., dim. soir, merc. soir et lun. - ♿ - formule déj. 16,50 € - 24,50/41 €.* L'établissement fait face au château. À l'étage, le restaurant gastronomique : chaises de style Louis XVI et tables soigneusement dressées. Au rez-de-chaussée, le bistrot.

POUR SE FAIRE PLAISIR

La Gerbe de Blé – *83 r. V.-Boissel - ✆ 02 43 53 14 10 - www.gerbedeble.com -fermé 26 juil.-18 août, 15-21 fév., sam. midi et dim. - formule déj. 19 € - 28/52 € - 8 ch. 95/135 € - ☕ 11 €.* Cuisine traditionnelle de produits locaux et de saison servie dans une chaleureuse salle à manger actuelle et soignée (tons crème, éclairage étudié). Chambres fonctionnelles.

EN SOIRÉE

Le Johannesburg – *5 r. de La Trinité - ✆ 02 43 53 21 21 - fermé dernière sem. de juil., 2 sem. déb. août, merc.* Derrière la superbe façade du 17e s. se cachent, paraît-il, les intérieurs d'une ancienne abbaye cistercienne. L'établissement comprend une taverne au rez-de-chaussée et un pub dans une cave profondément enfouie et intime à souhait. Sans doute le lieu le plus agréable de Laval.

ACHATS

Abbaye de la Coudre – *R. St-Benoît - ✆ 02 43 02 85 85 - www.abbaye-coudre.com - tlj sf dim. mat. et lun. mat. 10h-12h, 14h-17h - fermé Pâques et 25 déc.* La boutique propose les produits fabriqués par les communautés monastiques : le fromage Trappe de La Coudre affiné dans les caves voûtées de l'Abbaye, des entremets, confitures, confits de bière et de vin, liqueurs, biscuits, chocolats, miel, nougat, caramels… Espace librairie religieuse, icônes, livres, CD, cassettes.

AGENDA

Les Lumières de Laval – ✆ *02 43 49 46 46 - www.laval-tourisme.com.* Mise en lumière thématique de la ville à l'occasion des fêtes de fin d'année.

Festival des 3 Éléphants – ✆ *02 43 59 77 80 - www.les3elephants.com.* Musiques actuelles et spectacles de rue.

Les Nuits de la Mayenne – ✆ *02 43 53 63 90 - www.nuitsdelamayenne.com - de mi-juil. à mi-août.* Dans tout le département, et en particulier à Ste-Suzanne, Jublains et laval, riche programmation théâtrale et musicale en l'honneur du patrimoine mayennais. Carte blanche à la création.

La Face des étoiles – *Dernier w.-end d'août.* Dans le jardin de la Perrine, animations musicales, spectacles, jeune public, bal…

Croisières-promenades sur la Mayenne – ✆ *02 43 49 46 46 - www.laval-tourisme.com - 14 mai-15 oct. : sam. et dim. à 16h30 et 18h30.* Croisières à la découverte de la nature ou du patrimoine. Location de bateaux et vélos. *Halte fluviale - square de Boston -* ✆ *02 43 53 31 01.*

Randonnée à vélo au bord de l'eau – ✆ *0 820 153 053 (0,12€/mn) - www.tourisme-mayenne.com.* Sur le chemin de halage qui longe la Mayenne, séjours combinant randonnée à vélo (20 à 35 km/j), étapes en hôtel ou chambre d'hôte. Transfert des bagages.

Saulges

341 Salviens – Mayenne (53)

S'INFORMER

Office de tourisme – *4 pl. Jacques-Favrot - 53340 Saulges -* ✆ *02 43 90 49 81 - www.tourisme.lescoevrons.com - juil.-août : tlj sf mar. et merc. 9h-12h30, 13h30-18h, dim. 10h-13h ; reste de l'année : se renseigner.* Visite guidée des églises de Saulges sur demande préalable.

SE REPÉRER

Carte de microrégion B2 (p. 402) – *Carte Michelin Départements 310 G7.* Le petit village de Saulges se situe au croisement de la D 554 et de la D 235, à 40 km au sud-est de Laval.

À NE PAS MANQUER

Un voyage au « centre de la terre », dans les grottes.

ORGANISER SON TEMPS

Visitez les grottes et promenez-vous dans Saulges et ses abords.

En plein bocage mayennais, le bourg enchante les amoureux de nature et d'histoire avec ses paysages frais, qui dominent la vallée de l'Erve, son église construite sur une nécropole mérovingienne, sa vingtaine de grottes préhistoriques peuplées de mystérieuses légendes et sa source aux vertus miraculeuses…

Se promener

Église St-Pierre

Elle fait face à l'église paroissiale, sur la place du village. Dans la **chapelle St-Sérénède** (16e s.) sont vénérées les reliques de ce saint qui évangélisa la région au 7e s. : sur la fresque (mur droit de la chapelle) figurent, à gauche, saint Céneré et, plus à droite, sainte Anne apprenant à lire à la Vierge Marie. En descendant quelques marches, on pénètre dans la **chapelle St-Pierre** (vestige de l'époque mérovingienne) élevée au milieu du 7e s. par saint Céneré.

Oratoire St-Céneré

À 1 km. À la sortie de Saulges en direction de Vaiges, prenez à gauche un chemin en pente douce jusqu'au parking. Par une passerelle enjambant la rivière, gagnez l'ermitage agréablement situé sous bois, au pied des rochers. Chaque année de nombreux pèlerins viennent prier le saint et boire à la source miraculeuse qu'il avait fait lui-même jaillir.
Tout à côté, l'Erve s'élargit en un petit lac très fréquenté des pêcheurs !

Grottes de Saulges

✆ 02 43 90 51 30 - www.grottes-de-saulges.com - visite guidée (45mn) sur demande préalable juil.-août : 10h-11h30, 14h-18h ; de mi-mars à fin juin et de déb. sept. à mi-nov. : 14h-16h30, dim. 10h-11h30, 14h-17h20 - 1 grotte 5,70 € (enf. 3,90 €), 2 grottes 8,70 € (enf. 5,70 €).
Les grottes s'ouvrent dans un joli site au nord du village ; elles présentent des formations géologiques intéressantes et ont livré de nombreux témoignages de l'occupation humaine au cours du paléolithique : ossements et outils de silex. Les premiers décors préhistoriques y ont été découverts en 2005.
Grotte à Margot – Deuxième grotte ornée de Mayenne, elle se distingue par l'étroitesse de ses fissures et les phénomènes d'érosion apparents.
Grotte de Rochefort – Creusée dans des roches sombres, elle s'ouvre dans la falaise de la rive droite. Un couloir et une échelle abrupte conduisent à un petit lac souterrain situé au niveau de la rivière.

NOS ADRESSES À SAULGES

HÉBERGEMENT

BUDGET MOYEN

Hôtel Ermitage – *R. des Deux-Églises - ✆ 02 43 64 66 00 - www.hotel-ermitage.fr - fermé vac. de Toussaint et de Noël, vend. soir, sam. midi et dim. soir du 1er sept. à fin avr. - P - 35 ch. 72/122 € - ☕ 10 € - ✕ 24/60 €.* Tout ce qu'il faut pour vous remettre en forme dans cet hôtel jouxtant l'église St-Pierre. Détente à la piscine puis repos dans le jardin fleuri. Préférez les chambres spacieuses dans l'aile récente.

ACTIVITÉS

Ateliers « préhistoriques » – *www.grottes-de-saulges.com - mai-juin et sept.-oct. - 5 €.* Ateliers « parure et maquillage à la préhistoire » et « art des grottes ornées préhistoriques ». Initiations à l'escalade (dès 6 ans) ou à la spéléologie (dès 16 ans).
Site d'escalade – *www.escaladeenmayenne.fr*

Château-Gontier

11 025 Castrogontériens – Mayenne (53)

NOS ADRESSES PAGE 418

S'INFORMER

Office de tourisme –
Couvent des Ursulines - pl. André-Counord BP 20402 - 53204 Château-Gontier - 02 43 70 42 74 - www.sudmayenne.com - avr.-sept. : 9h30-12h30, 14h-18h, dim. et j. fériés 10h-12h30, 14h-17h30 ; reste de l'année : tlj sf w.-end 9h30-12h30, 14h-18h, fermé j. fériés.

SE REPÉRER

Carte de microrégion B3 (p. 402) – *Carte Michelin Départements 310 E8.*
À 31 km au sud de Laval et 51 km au nord d'Angers.

À NE PAS MANQUER

L'intérieur roman de l'église St-Jean-Baptiste ; le manoir de la Touche du couvent des Ursulines ; les manifestations équestres en saison.

ORGANISER SON TEMPS

Comptez 1h30 pour la visite de la ville, une journée pour les environs.

AVEC LES ENFANTS

Une promenade le long de la Mayenne sur le chemin de halage (85 km de coulée verte préservée entre Mayenne et Daon) au nord de la ville ; les animaux du refuge de l'Arche.

Promeneurs, pêcheurs et autres marins d'eau douce, retrouvez les antiques traditions de batellerie sur la Mayenne. Aux confins de la Bretagne et du Maine, Château-Gontier offre une excellente base de départ pour suivre la rivière, entre falaises et villages perchés.

Se promener Plan de ville p. 416

La ville se divise en deux quartiers : la haute ville, rive droite, aux rues étroites et accidentées, que sépare un vallon emprunté par la Grande-Rue, et le faubourg autour de l'hôpital St-Julien, rive gauche.

LA HAUTE VILLE AB

Circuit tracé sur le plan p. 416 – Comptez 1h30. Départ place St-Jean.

Jardin du Bout-du-Monde

Aménagé dans les jardins du prieuré, vous n'y verrez pas la fin de la Terre, mais une glacière et de jolies échappées sur la Mayenne et sa rive gauche.

★ Église St-Jean-Baptiste

02 43 70 42 74 (office de tourisme) - 8h-19h - possibilité de parcours guidée lors de la visite de la ville.

C'est une des plus anciennes églises de Mayenne construite en silex et roussard (ou grison) par les bénédictins de l'abbaye St-Aubin d'Angers. Elle frappe par la force et la pureté de son **intérieur roman★**. De lumineux

La crypte de l'église romane St-Jean-Baptiste.
G. Rigoulet / hemis.fr

vitraux modernes éclairent la nef. Elle s'ouvre sur les bas-côtés par de grandes arcades reposant sur des piliers irrégulièrement espacés. Dans le transept, fresques du 12e s. : la création des oiseaux, des animaux domestiques, d'Adam et Ève, et l'arche de Noé. Dans la chapelle St-Benoît, on reconnaît les Rois mages. La belle crypte à trois nefs est couverte de voûtes d'arêtes.

Point de vue – En contrebas de l'église St-Jean-Baptiste, on profitera des terrasses établies sur les anciens remparts et plantées de grands ormes pour contempler la rive opposée.

En descendant vers la place St-Just, jetez un coup d'œil sur la montée du Vieux-Collège. Poursuivant par la montée St-Just, on débouche dans la Grande-Rue.

À l'angle de la rue de la Harelle, observez la maison à pans de bois du 15e s. et, en face, l'ancien grenier à sel en tuffeau avec sa tourelle (16e s.).

Remontez la Grande-Rue, prenez à gauche la rue de Thionville, puis, à droite, la rue d'Enfer.

Cette rue pavée est bordée par le soubassement de l'église St-Jean-l'Évangéliste.

La rue de Lierru, à droite, mène à la rue Jean-Bourré.

UNE CITÉ PROSPÈRE

Gontier, qui donna son nom à la ville, était l'intendant de Foulques III Nerra (*p. 60 et p. 298*). Séduit par l'emplacement, il y fait construire une forteresse pour défendre l'accès à son comté. En s'entourant de 2,4 km de remparts, il donne naissance à la ville. Le château sera détruit par la guerre de Cent Ans et l'enceinte rasée par Richelieu. Le développement de la tannerie, du tissage ainsi qu'un actif commerce fluvial entre Laval et Angers permettent à la cité de prospérer. Aujourd'hui encore, le marché aux veaux et la foire aux oies font la réputation de Château-Gontier.

Hôtel Fouquet

Visite sur demande à l'office de tourisme.

Ce bel hôtel (17e s.) abrite le **musée d'Art et d'Archéologie**. Il rassemble, outre des antiquités gréco-romaines, quelques peintures et sculptures.

Remontez la rue du Musée (élégante tourelle à l'angle de la rue Bruchemotte), jusqu'à la rue Chevreul.

Hôtel de Lantivy

Au n° 26. Intéressante façade du 16e s.

La rue René-Homo à gauche, puis, à droite, les rues Fouassier et de l'Allemandier ramènent sur la place St-Jean.

LE FAUBOURG B

Comptez 2h30 pour la visite.

Ce quartier est massé sur la rive gauche de la Mayenne, à partir du quai Pierre-de-Coubertin : il offre un excellent point de vue sur la haute ville.

SE LOGER

Chambre d'hôte Le Chêne Vert ...... ④

SE RESTAURER

L'Amphitryon ...... ④

L'Aquarelle ...... ①

Couvent des Ursulines

Entrée pl. André-Counord - possibilité de visite guidée (2h) : se renseigner au 02 43 70 42 74 (office de tourisme). L'origine du couvent remonte à 1634, lorsque la population de Château-Gontier requit, pour l'éducation des jeunes filles, l'aide des religieuses ursulines. Celles-ci sollicitèrent Pierre et Gilles Corbineau, architectes réputés de Laval, pour édifier progressivement l'ensemble monumental qui abrite aujourd'hui un centre culturel.

Le **manoir de la Touche★** est le bâtiment initial de l'école tenue par les ursulines (15e s.). Remarquez sa belle tour d'escalier à vis hors œuvre.

L'**église de La Trinité** est de style jésuite (17e s.), à la différence de la salle gothique (15e s.), autrefois bibliothèque. Le **théâtre** (1999) est Scène nationale.

Ancienne église N.-D.-du-Genêteil

R. du Gén.-Lemonnier. Jadis chapelle du collège, cette construction romane en schiste, d'aspect sévère, abrite des expositions temporaires. *Se rens. au 02 43 07 88 96 - ♿.*

À voir aussi Plan de ville ci-contre

Marché aux veaux B

Parc St-Fiacre - ✆ 02 43 70 42 74 (office de tourisme) - www.ville-chateau-gontier.fr. Le jeudi matin, au parc St-Fiacre, se tient dès 7h45 l'un des plus grands marchés aux veaux d'Europe. Environ 1 000 veaux sont achetés chaque semaine.

À proximité Carte de microrégion p. 402

Refuge de l'Arche B3

Par la D 267, à la sortie de la ville - ✆ 02 43 07 24 38 - www.refuge-arche.org - mai-août : 9h30-18h ; avr. et sept. : 10h-18h ; mars : 10h-17h ; nov.-fév. : 13h30-17h30 (dernière entrée 1h av. la fermeture) - fermé 1er janv., 25 déc. - 8 € (enf. 5,50 €).

Ni vraiment zoo ni tout à fait hôpital vétérinaire, le refuge de l'Arche a pour vocation de recueillir, soigner et protéger les animaux malades, blessés ou abandonnés (excepté les chats et les chiens). Plus de 800 pensionnaires y sont hébergés sur 14 ha. Lorsque les animaux sont guéris, et si leur état leur permet de survivre seuls dans la nature, ils sont relâchés. Les animaux trop dépendants de l'homme sont gardés au refuge. C'est ainsi que l'on pourra saluer Tsavo, l'ours à collier, Djina, la tigresse, ou Namanga, la lionne, tous bien incapables de se débrouiller en val de Mayenne ! Un aquarium, un terrarium, une grotte aux reptiles et une grande volière (4 000 m^2) complètent la visite.

Château de la Maroutière B3

À 3 km au sud par la N 162. ✆ 02 43 07 20 44 - Visite sur demande préalable. Doté d'un des derniers champs de courses privés, ce petit château, construit au cours des 13e et 14e s., est situé dans un superbe parc.

Château de St-Ouen B3

À 7 km au sud-ouest par la D 20.

Avant d'arriver à **Chemazé**, vous apercevrez à droite cette demeure des 15e et 16e s. Lucarnes à gâbles ciselés et une grosse tour d'escalier carrée qui porte un couronnement en diadème.

Circuit conseillé Carte de microrégion p. 402

VALLÉE DE LA MAYENNE B3

Circuit de 60 km ; comptez 1/2 journée. Quittez Château-Gontier par la D 22 au sud. À Coudray, bifurquez à droite vers La Porte.

Bac de Ménil B3

Entre La Porte et le charmant village de Ménil, montez à bord d'un des derniers bacs tractés à la main en France.

Revenez à La Porte puis gagnez Daon, au sud.

Daon B3

Dominant la Mayenne, Daon (prononcez « dan ») a vu naître l'abbé Bernier, qui négocia la paix entre chouans et républicains. Manoir du 16e s.

À Daon, prenez à l'est la D 213, puis deux fois à gauche.

Une longue allée de tilleuls et de platanes mène droit au joli **manoir de l'Escoublère** (16e s.) entouré de douves.

Reprenez la D 213 en direction de Bierné, puis la D 105 vers St-Denis d'Anjou.

St-Denis-d'Anjou B3

Dans ce village médiéval, l'**église fortifiée** (12e s.) et voûtée en carène est ornée de **fresques** (12e et 15e s.) représentant des saints, dont saint Christophe, saint Jean-Baptiste, saint Nicolas, saint Gilles, saint Hubert et saint Martin *(office de tourisme ✆ 02 43 70 69 09) - www.saintdenisdanjou.com - visite guidée sur demande - 4 € (-12 ans 1,50 €) - visite libre 8h-18h30).* En face de l'église, remarquez la maison des chanoines (15e s.), actuellement hôtel de ville, et les halles (16e s.) qui servaient au commerce des vins.

Chapelle de Varennes-Bourreau B3

Nichée sur une rive de la Sarthe, sous les arbres, elle recèle de belles peintures murales (12e et 15e s.), dont un Christ nimbé de sa mandorle (gloire en forme d'amande).

Revenez à Château-Gontier par la D 105.

NOS ADRESSES À CHÂTEAU-GONTIER

TRANSPORTS

Petit train – *✆ 02 43 70 37 83 - avr.-oct. : dép. quai St-Fiacre.* Visite commentée de la ville (1h15) sur réserv. - *6,20 € (-12 ans 4,85 €).*

HÉBERGEMENT

POUR SE FAIRE PLAISIR

Chambre d'hôte Le Chêne Vert – *Rte de Nantes (1,5 km de la ville) - ✆ 02 43 07 90 48 - www.chenevert-chateaugontier.com - P - ♿ - 5 ch. 75/110 € ☕.* Accueil charmant dans ce magnifique château de la fin du 18e s. aux chambres décorées avec délicatesse. Table d'hôte accompagnée de vin de la propriété familiale du bordelais. Superbe.

RESTAURATION

BUDGET MOYEN

L'Amphitryon – *2 rte de Daon - 53200 Coudray - ✆ 02 43 70 46 46 - www.lamphitryon53.fr - fermé 1 sem. oct., 1 sem. fin déc., 1 sem. avr., mar. midi, dim. soir et lun. - P -*

♿ - *17/45 € - 6 ch. 58/74 € - ☕ 8 €.* Il règne une agréable atmosphère bourgeoise dans cette maison du 19e s., face à l'église du village. Tables joliment dressées ; cuisine au goût du jour et produits du terroir. Plaisantes chambres contemporaines.

L'Aquarelle – *2 r. Félix-Marchand - 53200 St-Fort - ✆ 02 43 70 15 44 - www.restaurant-laquarelle.com - Fermé 1er-13 mars. Formule déj. 14 € - 25/48 €.* Une maison bordant la Mayenne, où le chef réalise une cuisine raffinée (brochettes de homard persillé, mousse de caramel…). Terrasse et grandes baies vitrées.

ACTIVITÉS

Balades – À pied, à vélo, à cheval ou à poney, baladez-vous le long de la Mayenne. Une carte vous est proposée par l'office de tourisme.

Le Duc des Chauvières – *Quai d'Alsace - ✆ 02 43 70 37 83 - d'avr. à fin oct. sur réserv.* Bateau-restaurant-promenade.

Halte fluviale – *Port de Plaisance - 53200 Château-Gontier - ✆ 02 43 07 61 78.* Location de bateaux.

Les Canalous – *Le Port - 53200 Daon - ✆ 03 85 53 76 74 - www.canalous-mayenne.com.*

AGENDA

Mondial du Lion – *3e week-end d'oct.* Un concours complet international d'équitation. En quoi est-il « complet » ? La manifestation n'a rien à voir avec une course hippique. Comme un véritable spectacle équestre, elle réunit de nombreux amateurs d'équitation autour d'un parcours complexe et créatif, permettant aux chevaux et à leur cavalier de déployer leurs talents en saut, souplesse, rapidité et précision. Une vingtaine de pays sont représentés - *www.mondialdulion.com.*

Craon

4 629 Craonnais – Mayenne (53)

S'INFORMER
Office de tourisme Sud-Mayenne – *1 r. Alain-Gerbault - 53400 Craon - ✆ 02 43 06 10 14 - www.sud-mayenne.com - juil.-août : tlj sf mar.*

SE REPÉRER
Carte de microrégion A2 (p. 402) – Carte Michelin Départements 310 D 7.
À 30 km au sud de Laval et 19 km à l'ouest de Château-Gontier.

À NE PAS MANQUER
La visite du château ; en septembre, les courses hippiques internationales.

ORGANISER SON TEMPS
Comptez 1h15 pour la ville, au moins 2h pour les alentours.

Craon (prononcez « cran ») respire le calme et la sérénité. Avec ses jardins, son parc à l'anglaise en bordure de rivière, le château compose l'un des plus beaux exemples d'architecture Louis XVI. Sa vieille ville aux maisons à pans de bois prolonge encore le charme.

Se promener

Vieille ville

Craon conserve, dans ses rues étroites, de belles demeures anciennes à pans de bois, notamment dans la Grande-Rue, l'une des plus vieilles. À voir aussi : le grenier à sel, cour des Onguents, et les halles, place du Pilori.

★ Château

✆ 02 43 06 11 02 - www.chateaudecraon.com - possibilité de visite guidée du château (45mn) juil.-août : tlj sf sam. 13h-19h - visite libre parc et potager (♿) avr.-oct. : tlj sf sam. 13h-19h - 8 € château et parc (enf. 5 €), 5 € parc (enf. 3,50 €).

Construit vers 1770 pour le marquis d'Armaillé, cet élégant château en pierre blanche arbore une **façade** au fronton curviligne et aux baies soulignées de guirlandes Louis XVI, tandis que l'élévation sur cour offre un aspect néo-classique plus rigoureux. À l'intérieur, mobilier Louis XVI et belles boiseries. Admirable rampe en fer forgé dans le vestibule.

Un **jardin** à la française et un beau **parc** à l'anglaise (42 ha), où serpente l'Oudon, invitent à la promenade, que viennent ponctuer « fabriques », jardin potager et serres du 19e s., pigeonnier, chapelle, four à pain, lavoir-buanderie, où l'on pratiquait autrefois la « buée » (grande lessive à la cendre de bois), et glacière (19e s.), pièce enterrée où l'on faisait provision de glace et de neige.

À proximité Carte de microrégion p. 402

Cossé-le-Vivien A2

À 12 km au nord. À la sortie sud-est, prenez la D 126.

★ **Musée Robert-Tatin** – *La Frénouse - ✆ 02 43 78 80 89 - www.musee-robert-tatin.org - avr.-sept. : 10h-19h ; oct.-mars : 14h-18h (dernière entrée 1h av. la fermeture) - visite guidée (45mn) - fermé janv., 25 déc. - musée 5,60 € (enf. 2,60 €),*

UN ARTISTE INCLASSABLE

Art brut ? Art naïf ? Art primitif ? Impossible d'associer vraiment **Robert Tatin** (1902-1983) à un mouvement ou à une école. Sous une forme naïve et visionnaire, cet autodidacte a amalgamé des apports orientaux, précolombiens et même celtiques, en leur conférant un caractère universel pour réaliser « un pont entre l'Orient et l'Occident ». Quelque part entre le baroque romain, l'univers du Catalan Antoni Gaudí et le jardin des Tarots de la plasticienne contemporaine Niki de Saint-Phalle…

maison et musée 7,20 € (enf. 4,60 €). En 1962, Robert Tatin, peintre et céramiste, bâtit au lieu-dit La Frénouse un ensemble architectural insolite, devenu un musée. Par une allée bordée d'étranges statues menant à la porte des Géants et au Dragon, on pénètre dans un nouvel univers. Trois monuments principaux en ciment armé polychrome (Notre-Dame-Tout-le-Monde, porte de la Lune, porte du Soleil) se reflètent dans un bassin cruciforme, jalonné par les douze mois de l'année. L'architecture, la peinture et la céramique s'inspirent d'un parcours initiatique et symbolique.

Renazé A3

À 10 km au sud-ouest. Importante cité ardoisière, notamment au début du 20e s., Renazé a produit jusqu'en 1975 une ardoise de qualité au grain très fin. D'anciens « perreyeurs » font revivre cette activité traditionnelle au **musée de l'Ardoise** aménagé sur le site de Longchamp. Une façon de pénétrer dans le sombre univers de l'exploitation en sous-sol qui, peu à peu, a remplacé l'extraction à ciel ouvert. *02 43 06 41 74 - ♿ - visite guidée (2h) juil.-août : tlj sf lun. et mar. 14h-17h30 ; mai-juin et sept.-oct. : jeu., vend., dim. et j. fériés 14h-17h30 - 4,50 € (enf. 2,50 €).*

Château de Mortiercrolles A3

À 11 km au sud-est par la D 25 (direction Segré) et, 700 m après St-Quentin-les-Anges, chemin à gauche - 06 77 61 66 62 - 15 juil.-31 août - visite libre (extérieur de l'enceinte) 13h30-18h - 2 € (-18 ans gratuit) visite guidée (intérieur de l'enceinte, chapelle et extérieur) 15h30 et 16h30 - 6 € (-18 ans gratuit).

Bel édifice construit à la fin du 15e s. par Pierre de Rohan, maréchal de Gié. De larges douves entourent l'enceinte à quatre tours d'angle, que commande un remarquable **châtelet★** à chaînages de brique et de tuffeau. Dans la cour à droite, le logis seigneurial est orné de superbes lucarnes à gâbles. Au fond, une élégante chapelle : remarquez la jolie porte latérale Renaissance et la piscine décorée de ravissantes coquilles.

NOS ADRESSES À CRAON

HÉBERGEMENT

Hébergement au château – *ci-dessus - www.chateaudecraon.com.*
Chambres d'hôte (100 €) et gîte. Petit-déjeuner dans la salle à manger.

AGENDA

En septembre, courses hippiques. L'hippodrome de la Touche propose les meilleurs parcours d'obstacles de tout l'ouest de la France - *02 43 06 34 58 - http://hippodrome-courses-chevaux-53-craon.courses-craon.com.*

LA HAUTE MAYENNE ET LE PAYS DES COËVRONS

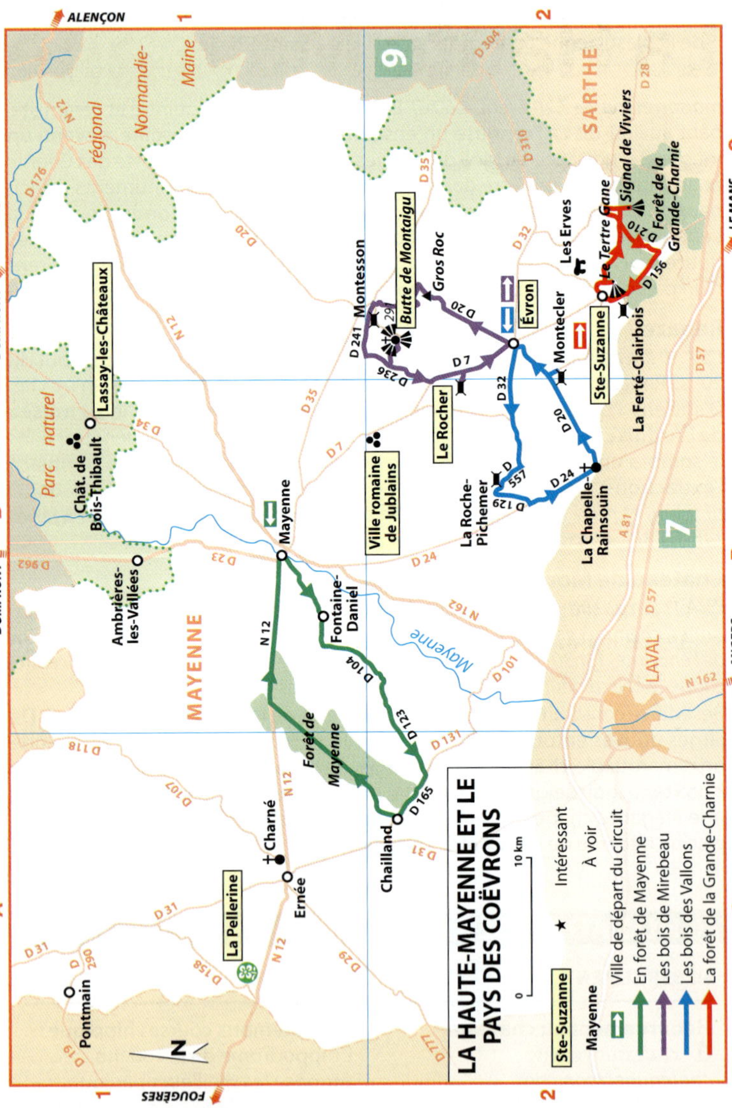

La Haute Mayenne et le pays des Coëvrons 8

Carte Michelin Departements 310 – Mayenne (53)

Mayenne

13 800 Mayennais – Mayenne (53)

NOS ADRESSES PAGE 427

S'INFORMER

Office du tourisme du pays de Mayenne – *Quai de Waiblingen - 53100 Mayenne - ✆ 02 43 04 19 37 - www.paysdemayenne-tourisme.fr - juil.-août : 10h-12h30, 13h30-18h, sam. et j. fériés 10h-12h30, 14h-18h, dim. 10h-12h, 14h-16h ; de Pâques à fin juin : 10h-12h30, 13h30-18h, sam. et j. fériés 10h-12h30, 14h-18h ; reste de l'année : 10h-12h30, 13h30-18h, sam. 10h-12h30, 14h-18h - fermé 1er janv., dim. de Pâques, 1er et 11 Nov., 25 déc.*

SE REPÉRER

Carte de microrégion B1 (p. 422) – *Carte Michelin Départements 310 F5.* Mayenne se trouve à 31 km au nord de Laval par la N 162. Aérée par de larges places, la ville a été reconstruite après les bombardements, sur les coteaux de part et d'autre de la rivière.

À NE PAS MANQUER

Les petits villages de la forêt de Mayenne.

ORGANISER SON TEMPS

Comptez une journée pour visiter la ville puis profiter de ses environs et des nombreuses activités nautiques.

Aux confins du Maine et de la Normandie, Mayenne occupe un site de ville-pont dont la valeur stratégique, soulignée autrefois par un puissant château fort, s'est encore affirmée au cours de la dernière guerre, au moment du Débarquement. La ville continue à monter la garde du haut de son château, dans un environnement de qualité qu'elle a su préserver.

Se promener

Château carolingien

Pl. Juhel - ✆ 02 43 00 17 17 - www.museeduchateaudemayenne.fr - ♿ - juin-sept. : 10h-19h ; reste de l'année : tlj sf lun. 10h-12h30, 14h-17h - possibilité de visite guidée - fermé 1er janv., 1er Mai, 25 déc. - 4 € (18-25 ans 3 €), gratuit 1er dim. du mois ; audioguide 2 €.

Le château de Mayenne, c'est avant tout une histoire qui se raconte ! Il était une fois la transformation d'un château en centre d'art contemporain… jusqu'à

LA MAYENNE NAVIGABLE

Dès qu'il eut acquis le duché de Mayenne en 1654, le cardinal Mazarin entreprit de rendre la rivière navigable de Laval à Mayenne. 150 000 livres furent dépensées pour les premiers travaux, qui tournèrent court. De nouveaux projets aboutirent à la construction, en 1852, de 45 barrages-écluses. En 1874, les quais de Mayenne étaient achevés et la batellerie animait la ville.

ce qu'une découverte vienne bouleverser les projets. Au fil des fouilles, une résidence carolingienne très bien conservée est mise au jour et, une dizaine d'années plus tard, un musée au cœur du château présente ces découvertes archéologiques.
La visite débute par une présentation historique de la Mayenne et du château (bornes interactives, accessibles aux plus petits). Puis, de pièce en pièce, découvrez l'histoire fascinante des origines du site. La muséographie moderne est particulièrement convaincante : des projections lumineuses sur le mur viennent étayer les démonstrations archéologiques d'une voix *off*.

LE HÉROS DE MAYENNE

C'est un Américain : le sergent **Mack Racken**. Dès le 8 juin 1944, la ville fut en partie détruite par un bombardement et, le 5 août, grâce à son héroïsme, le seul pont resté debout sur la Mayenne tomba intact aux mains des Alliés. La route du Maine était alors ouverte.

Basilique Notre-Dame

Cette église a subi de nombreuses transformations. La façade date, comme les piliers et les chapiteaux de la nef, du 12e s., les murs et les fenêtres du transept, du 16e s. Le chœur, à l'instar du reste de l'église, est orné de vitraux modernes (1962) ; il a été reconstruit sur un plan plus vaste et dans le style gothique à la fin du 19e s.

Chapelle des Sœurs-Calvariennes

R. Guyard-de-la-Fosse - ✆ 02 43 30 10 16 - ouv. lors des expositions : mar.-dim. 14h30-18h - 1,60 € (-18 ans gratuit).
Derrière une belle façade baroque, elle abrite un retable de 1668 et accueille des expositions dédiées à la création contemporaine.

Église St-Martin

Face au château, de l'autre côté de la rivière, sur la hauteur - de Pâques au 1er nov. : 9h30-17h.
Au milieu du 11e s., l'église était rattachée à l'abbaye de Marmoutier, près de Tours. L'abside et le transept datent de cette époque. Les vitraux modernes sont signés du maître verrier Maurice Rocher, comme ceux de la basilique Notre-Dame. Dans l'abside, statue en chêne (16e s.) de saint Martin partageant son manteau.

À proximité Carte de microrégion p. 422

★ Ville romaine de Jublains B2 (p. 430)

À 10 km au sud-est de Mayenne, par la D 7 depuis Aron.

Ambrières-les-Vallées B1

À 12 km au nord par la D 23.
Cité médiévale perchée sur un pic rocheux.
Musée des Tisserands mayennais – *Près de la mairie - ✆ 02 43 04 96 19 (en sais.) ou 06 21 06 01 51 (hors sais.) - juil.-août : 14h30-18h30 - fermé lun. - 3 € (6-13 ans 2 €).* Draps, vêtements et voiles de navire ont contribué à la prospérité du « Bas-Maine », devenu en 1790 le département de la Mayenne. Installé dans trois anciennes maisons de tisserands du 18e s., ce musée raconte l'histoire du chanvre mayennais et toutes les étapes de la production de la toile. La cave-

8

atelier, avec des outils, un grand métier à tisser et son mobilier modeste, donne une idée fidèle de la vie des artisans de cette époque. Des films complètent la visite.

Un « questionnaire de l'apprenti tisserand », livret de visite pour les enfants, est disponible à l'entrée - *gratuit*.

Ernée A1

À 24 km à l'ouest par la N 12.

À l'entrée de la ville, à droite au bord de la route, se dresse la **chapelle de Charné** abritée par des platanes. Elle est le seul vestige de l'ancien bourg de Charné, qui se dépeupla au cours des siècles, au profit d'Ernée. Un chœur gothique et un transept, dont la partie centrale voûtée supporte une tour romane, la composent. À l'intérieur, Vierge du 15e s. en bois polychrome.

Ernée et ses alentours ont servi à Balzac pour planter le décor d'une partie de son roman *Les Chouans*.

Circuit conseillé Carte de microrégion p. 422

EN FORÊT DE MAYENNE AB1/2

Circuit de 50 km – Quittez Mayenne au sud-ouest par la D 104.

Fontaine-Daniel B1

Un bel étang que domine une charmante chapelle, des maisons fleuries, une ancienne abbaye cistercienne font l'intérêt de Fontaine-Daniel. Ce village fut créé autour de la fabrique de tissus connue sous le nom de **Toiles de Mayenne**. Fondée en 1806, et installée dans l'abbaye vendue comme bien national à la Révolution, la manufacture produit depuis plus de deux siècles des tissus d'ameublement. *Magasin Toiles de Mayenne - ✆ 02 43 00 34 80 - www.toiles-de-mayenne.com - ♿ - 9h30-12h30, 13h30-18h - fermé dim. et j. fériés - gratuit.*

Par la D 104 et la D 123, gagnez St-Germain-le-Guillaume, puis Chailland par la D 165.

Chailland A2

La petite ville apparaît, dominée par un escarpement rocheux au sommet duquel se dresse une haute statue de la Vierge.

Prenez à droite avant l'église.

La route évite l'éperon rocheux, puis passe entre le château de la Touche et un étang avant de pénétrer dans la **forêt de Mayenne** *(privée)*. Peu à peu, la futaie, composée d'ormes et surtout de chênes, fait place à un épais taillis.

La N 12 prise à droite ramène à Mayenne.

NOS ADRESSES À MAYENNE

HÉBERGEMENT ET RESTAURATION

BUDGET MOYEN

La Marjolaine – *Le Bas-Mont - 53100 Moulay - 6,5 km au sud de Mayenne par N 162 - ✆ 02 43 00 48 42 - www.lamarjolaine.fr - P - ♿ - fermé vend. soir, sam. midi, dim. soir hors saison (oct.-avr.) - 19/42 € - 33 ch. 53/122 € - ☕ 9 €.* Nichés dans un parc, le château et l'ancienne ferme bénéficient du calme de la campagne. La confortable salle à manger sert de cadre à une cuisine actuelle bien tournée et à une belle sélection de vins. À midi, espace bistrot. Chambres douillettes et spacieuses, piscine, espace de remise en forme.

Beau Rivage – *Rte de St-Baudelle - 53100 Moulay - 4 km au sud de Mayenne par N 162 - ✆ 02 43 00 49 13 - www.restaurantbeaurivage.com - P - ♿ - fermé dim. soir et lun. - 17,50/36,50 € - 8 ch. 72 € - ☕ 8 €.* Petit air de guinguette pour ce restaurant et sa belle terrasse ombragée aménagée sur une rive de la Mayenne. Par temps frais, installez-vous dans la jolie salle à manger pour profiter du spectacle de la rôtissoire où l'on prépare viandes et poissons. Chambres gaies et confortables.

POUR SE FAIRE PLAISIR

L'Éveil des Sens – *429 bd Paul-Lintier - ✆ 02 43 30 42 17 - fermé 2 sem. en août, 3 sem. en janv., mar. midi, dim. soir et lun. - 28/43 € (réserv. recommandée).* Des cuissons et assaisonnements précis, une créativité bien maîtrisée, des produits de qualité : cette table réveille les papilles et y laisse une empreinte durable ! Décor sobre et moderne.

ACTIVITÉS

Mayenne est le point de départ de 85 km de chemins de halage et d'anciennes voies ferrées transformées en voies vertes. Plan des randonnées pédestres, équestres ou à vélo disponible à l'office de tourisme.

Base de bateaux électriques et location de vélos – *Halte fluviale - 53100 Mayenne - ✆ 02 43 32 10 32 - www.paysdemayenne-tourisme.fr - du 1er Mai à fin sept. : 14h-18h30, dim. 10h-12h, 14h-18h30 - fermé d'oct. à fin avr., mar. en mai, juin et sept. - de 8,50 à 82 € selon la durée et le type de bateau.*

Club de canoë-kayak – *17 r. Pasteur - 53100 Mayenne - ✆ 02 43 04 18 33 - www.kayakmayenne.fr - merc. et sam. 14h-16h.*

Planches à voile et dériveurs – *Base départementale - La Haie-Traversaine - 53100 Mayenne - ✆ 02 43 04 00 68 - fermé de déc. à fév.*

Lassay-les-Châteaux

★

2 439 Lasséens – Mayenne (53)

S'INFORMER

Office du tourisme Le Horps - Lassay – *8 r. du Château - 53110 Lassay-les-Châteaux - ✆ 02 43 04 74 33 - juin-août. : 9h-12h30, 14h30-17h30, dim. et j. fériés 14h-17h ; mai : tlj sf dim. 9h-12h30, 14h-17h30, sam. 9h-12h30, 14h-17h ; avr. et sept. : tlj sf dim. 9h-12h30, 14h-17h30, sam. 9h-12h30 ; reste de l'année : lun.-mar., jeu.-vend. 9h-12h30, 14h-17h30 - fermé j. fériés (sf 8 mai, 14 Juil., 15 août).*

Visites : visites théâtralisées dans la ville *(certains vend. en juil. et août, 20h30 - 5 €).*

SE REPÉRER

Carte de microrégion B1 (p. 422) – *Carte Michelin Départements 310 G4.*

Lassay-les-Châteaux se trouve dans le Parc naturel régional de Normandie-Maine, à 19 km au nord-est de Mayenne sur la D 34.

À NE PAS MANQUER

Une promenade dans les ruelles pour découvrir les vieilles maisons ; la roseraie municipale.

ORGANISER SON TEMPS

Arrangez-vous pour passer à Lassay au moment du festival Un village en fête.

Lassay-les-Châteaux ! Derrière ce nom, se cache un patrimoine d'exception. Trois châteaux pour un village : l'un dresse de superbes ruines en cours de restauration, le deuxième n'a plus qu'un portail, mais le troisième, spectaculaire, est un témoignage rare de l'architecture militaire médiévale. Dans le bourg protégé par la forteresse, la promenade vous mène le long des rues bordées de façades en granit fauve, à la découverte de quelques habitations remarquables.

Se promener

Vieille ville

Si le château fort reste l'atout majeur de Lassay, la ville a conservé bien d'autres témoignages de son passé. En face du château, le **grenier à sel** du 14e s. a été agrandi au 17e s. De l'autre côté de la rue du Château, la **conciergerie**, de la même époque, a été une prison. En remontant la rue vers le centre-ville, la **chapelle N.-D.-du-Rocher**, avec ses fresques du 14e s., est l'ancienne chapelle du château. Dans le centre, de nombreuses maisons méritent votre attention, notamment celle du **Bailly** (16e s.), auberge à colombage située à l'extrémité de la Grande-Rue vers l'ancien couvent des Bénédictines (18e s.).

★ Château

✆ 02 43 04 05 47 - www.lassay.typepad.com - visite guidée (1h) de fin mai à fin sept. et certains j. fériés : 14h30-18h30 - 5,50 € (7-12 ans 2 €).

L'histoire du château rappelle les figures célèbres d'Henri IV, Victor Hugo, ainsi que celle de **Lavoisier** qui, interné ici pendant la Révolution, utilisa dans une tour un curieux « four chinois » tant pour ses expériences scientifiques que pour la cuisson des premières porcelaines en pâte dure !

Lassay est un des seuls châteaux forts français conservés intacts dans leur architecture d'origine. Dominant les deux étangs et le bourg, il s'impose avec la puissance de ses huit tours coiffées de toits en poivrière et reliées par d'épaisses courtines à mâchicoulis. Il fut reconstruit en 1458, après le démantèlement d'un ouvrage plus ancien. C'est un remarquable exemple d'architecture militaire sous le règne de Charles VII.

Après avoir franchi le pont de pierre qui remplaça en 1749 le pont-levis, on pénètre dans la **barbacane**, ouvrage additif en forme de proue de navire qui était destiné à protéger le pont-levis des boulets de canon. Les deux tours qui encadrent celui-ci sont réunies par le corps de logis dont les salles contiennent des armes et des meubles des 16e et 17e s. Les casemates à deux étages permettaient de prendre sous un feu rasant les rives de l'étang du Barbot. Une promenade dans le parc achève agréablement la visite.

Enfin, un **jardin médiéval** a été reconstitué au-dessus du premier étang.

Roseraie municipale

Tlj, accès libre, par la rue du Couvent, à l'ouest de la place de l'Église.

Située dans l'ancien pré du couvent des Bénédictines, la roseraie conserve une collection de quelque 300 variétés et 4 000 pieds étiquetés. Une enrichissante découverte de cette fleur emblématique, de la rose *gallica* aux hybrides modernes.

Château de Bois-Thibault

Accès par la D 117, en direction du Housseau-Brétignolles. Vue de l'extérieur.

Cette importante maison forte – dont les ruines évocatrices font l'objet d'une campagne de restauration – fut construite au 15e s. par la famille Du Bellay. Très endommagée durant les guerres de Religion, elle fut peu à peu abandonnée.

Dans le bocage alentour, de beaux sentiers pédestres balisés invitent à la promenade, notamment le « circuit des trois châteaux ».

NOS ADRESSES À LASSAY-LES-CHÂTEAUX

HÉBERGEMENT

BUDGET MOYEN

Ferme de Belle-Taille – *53110 Lassay-les-Châteaux (4,5 km au sud-est par la D 33) - ☎ 02 43 00 81 08 - www.gites-de-france-mayenne.com - ♿ - 3 ch. 46 € ☕ - table d'hôte 21 €.* Dans cette jolie ferme normande, trois chambres simples et coquettes – brune, bleue ou rouge, c'est au choix. On s'y endort après un copieux repas préparé à partir des produits de l'exploitation. Accueil adorable.

AGENDA

Festival Un village en fête – Arts de la rue, à Lassay et dans les villages alentour. Grand vide-grenier à Lassay-les-Châteaux. *13 et 14 Juil. - rens. à l'office de tourisme - gratuit.*

Ville romaine de Jublains

★

Mayenne (53)

SE REPÉRER
Carte de microrégion B2 (p. 422) – *Carte Michelin Départements 310 G5.*
À 11 km au sud-est de Mayenne et à 14 km au nord-ouest d'Évron.

À NE PAS MANQUER
Le théâtre, remarquablement conservé.

ORGANISER SON TEMPS
L'ensemble des sites vous retiendra 3h.

AVEC LES ENFANTS
La découverte du musée sera encore plus attrayante avec le livret qui leur est destiné.

Les passionnés de la Gaule et de l'Empire romain doivent absolument visiter le site archéologique de l'ancienne cité de Noviodunum. Elle constitue le meilleur témoin de l'époque gallo-romaine dans la région. Encore lisible, le plan de la ville antique aligne les monuments caractéristiques – thermes, temple, théâtre –, auxquels s'ajoute une forteresse militaire unique en son genre.

Se promener

Musée archéologique départemental

À l'entrée de la forteresse - ✆ 02 43 58 13 20 - ♿ - juil.-août : 9h-18h ; mai-juin et sept. : 9h-12h30, 13h30-18h ; reste de l'année : tlj sf merc. 9h30-17h30 - possibilité de visite guidée (45mn) sur réserv. - 4 € (-18 ans gratuit) ; gratuit 1er dim. du mois ; audioguide 2 €.

Il présente de façon très moderne (diaporama, bornes interactives) les thèmes de l'archéologie en Mayenne, notamment le site paléolithique de Saulges, les sanctuaires gaulois et gallo-romains, l'urbanisation romaine à Jublains et l'artisanat de la poterie au Moyen Âge dans la région de Laval. Expositions thématiques temporaires.

Un livret de découverte pour les enfants est disponible à l'entrée.

NOVIODUNUM : UN CARREFOUR

En bordure de Jublains, les vestiges de la forteresse gallo-romaine du 3e s. témoignent de l'importance des entrepôts qu'elle abritait. Elle semble avoir été l'un des relais du service de l'*annone*, chargé de ravitailler Rome grâce à des impôts prélevés en nature. D'autre part, les nombreuses routes dont on a retrouvé le tracé aux alentours, soulignent l'importance du carrefour de Jublains : étape pour les voyageurs et les marchandises, mais aussi chef-lieu groupant boutiques, services officiels et temples.

L'EMPREINTE ROMAINE

À l'origine de la ville, un sanctuaire gaulois qui devait être le centre religieux et politique du peuple des Aulerques Diablintes. Après la conquête de la Gaule par Jules César, les Romains divisèrent le pays en cités, qu'ils dotèrent de villes comparables aux chefs-lieux actuels. Ainsi naquit *Noviodunum*, chef-lieu de la cité des Diablintes.

Forteresse gallo-romaine

Élevé vers 200 apr. J.-C., le bâtiment central est un vaste entrepôt rectangulaire à étage, dominé par quatre tours d'angle. Il est éclairé par une cour centrale et comporte plusieurs réserves d'eau (puits et citernes). À l'extérieur, près des angles nord et sud, deux petits édifices abritent des thermes.

Au 3e s., l'entrepôt fut entouré par un rempart et par un fossé. Ce dernier fut ensuite comblé pour permettre la construction d'une vaste muraille périphérique, vers 290 apr. J.-C., précédant de peu l'abandon total du monument.

Thermes publics

Situés sous l'église - ✆ 02 43 58 13 20 - ♿ - mai-sept. : 9h-18h ; reste de l'année : tlj sf merc. 9h30-17h30 - gratuit.

L'établissement, qui remonterait à la fin du 1er s., fut remanié au 3e s. puis transformé en église à la fin de l'époque gallo-romaine. Les bains s'élevaient au milieu d'une cour, ou palestre, bordée de portiques et de petites pièces destinées au sport et à la lecture… Le côté ouest, en façade de l'église actuelle, était occupé par le foyer qui alimentait en air chaud les hypocaustes (système de chauffage par le sol) des salles tiède et chaude. À voir : le bain froid *(frigidarium)*, doté d'un beau bassin dallé de schiste bleu ; la salle tiède *(tepidarium)*, où l'on se préparait en se décrassant la peau avec des strigiles (sortes de racloirs) ; et l'étuve *(laconicum)*. Le bain chaud *(cella soliaris)* est au-delà de la zone dégagée.

Théâtre

Accès libre. Situé à l'extrémité sud de la ville romaine, il fut offert à la cité par un riche Diablinte, Orgetorix, sous le règne de Domitien (vers 81-83 apr. J.-C.).

Temple

Il peut être visité librement à l'aide de documents distribués au musée. Il marque l'autre extrémité de la ville romaine, à 800 m du théâtre. Le sanctuaire gaulois a livré des armes déposées en offrande. Il fut reconstruit sous Néron (65 apr. J.-C.), dans de vastes proportions (environ 80 m de côté), avec des tuffeaux et des calcaires coquilliers de la Loire. Un canal permettait de récupérer l'eau de pluie et de l'amener vers un bassin chauffé situé contre l'enceinte du temple.

NOS ADRESSES À JUBLAINS

RESTAURATION

BUDGET MOYEN

La Cella – *23 r. du temple - ✆ 02 43 04 30 36 - fermé lun., dim. soir, mar. soir (sauf juil.-août) et merc. soir - 17/30 €.* Une large carte brasserie. Ici poissons, viandes et pizzas sont cuits au feu de bois.

ACHATS

Forum Métiers d'Art – *9 bis r. du Temple - ✆ 02 43 04 97 92.* Expo-vente d'art mayennais.

Évron

★

7 283 Évronnais – Mayenne (53)

NOS ADRESSES PAGE 435

S'INFORMER

Office du tourisme des Coëvrons *–1 pl. de la Basilique - 53600 Évron - ☏ 02 43 01 63 75 - www.coevrons-tourisme.com - 10h-12h, 13h30-17h30 - fermé dim., lun. et j. fériés.*

SE REPÉRER

Carte de microrégion C2 (p. 422) – *Carte Michelin Départements 310 G6.* Évron se trouve à 26 km au sud-est de Mayenne et 33 km au nord-est de Laval.

À NE PAS MANQUER

La chapelle St-Crespin dans la basilique Notre-Dame.

ORGANISER SON TEMPS

Prenez 1h pour faire le tour de la cité et filez ensuite vous promener dans les alentours.

Il n'est pas difficile de savoir à quoi Évron doit sa notoriété : sa basilique, Notre-Dame-de-l'Épine, avec sa remarquable couverture d'ardoise se repère à dix kilomètres à la ronde. L'une des plus belles églises de la Mayenne vous attend dans cette petite ville honorée par le passage de Saint Louis en 1236, au centre d'une région parsemée d'étangs et de forêts.

Se promener

★ Basilique Notre-Dame

Entrée libre 9h-18h - location d'audioguides à l'office de tourisme : 2 €.

L'abbaye d'Évron fut fondée au 7e s. et rétablie au 10e s. après sa destruction par les Normands. Lieu de pèlerinage important, elle fut sans cesse remaniée jusqu'au 18e s. L'église abbatiale servait de quartier à une demi-brigade de cavalerie lorsque Prosper Mérimée, inspecteur général des Monuments historiques, obtint de la faire classer en 1840.

La tour carrée romane du 11e s., partie la plus ancienne du monument, a gardé ses mâchicoulis et ses hourds (galeries de bois), peu courants dans l'Ouest de la France. Elle relie la partie romane de la nef aux vastes bâtiments conventuels du 18e s.

Les quatre travées romanes de la nef primitive contrastent avec le reste de l'édifice reconstruit sur un plan plus vaste, au 14e s., dans le style gothique rayonnant. On y remarque un très beau buffet d'orgues de la fin du 16e s. et les vestiges d'une fresque : *Vierge allaitant*, dans un trilobe.

Le dépouillement des travées romanes rend plus saisissantes l'ampleur, la hauteur sous voûte, la luminosité et la décoration de la partie gothique. À la croisée du transept, les arcs retombent sur des culs-de-lampe ornés de belles sculptures.

Mise au tombeau, église St-Sixte à La Chapelle-Rainsouin.
B. Rieger / hemis.fr

À l'extrémité nord du transept, pietà du 14e s. et, à l'entrée du déambulatoire, une Vierge à l'Enfant.

Chœur – La légèreté des colonnes ainsi que la finesse de la décoration en font un ensemble élégant que rehaussent encore cinq verrières du 14e s. La réfection des pavés du chœur a permis de découvrir une crypte et des sarcophages dont le plus ancien remonte au 10e s.

★★ **Chapelle St-Crespin** – *Entrée libre 9h-18h - location d'audioguides à l'office de tourisme : 2 €.* Cette chapelle du 12e s. s'ouvre au nord sur le déambulatoire. Supportée par des doubleaux, sa voûte en berceau brisé est d'une grande sobriété. Trois statues de terre cuite du 17e s. figurent saint Benoît, saint Placide et saint Maur ; à l'autel, une grande statue de N.-D. de l'Épine, en bois lamé d'argent, du 13e s. et, à sa droite, les bustes reliquaires de saint Hadouin et de **saint Léon Ier**, surnommé « le Grand ». D'après la Légende dorée, la Vierge lui aurait rendu la main qu'il s'était coupée volontairement. Sous une remarquable Crucifixion (13e s.), une armoire forte renferme deux chefs-d'œuvre d'orfèvrerie : une ravissante Vierge en argent (15e s.) et un reliquaire (16e s.).

LE LAIT DE LA VIERGE

Un pèlerin qui ramenait dans sa besace de précieuses reliques de Terre sainte (quelques gouttes de lait de la Vierge) s'était arrêté à Évron pour boire et se reposer. À son réveil, alors qu'il avait suspendu son sac à la branche d'une aubépine, l'arbuste avait tellement grandi qu'il ne pouvait plus récupérer son vénérable bien. Le pèlerin voulut abattre l'arbre à coups de hache afin d'atteindre son précieux trésor, mais le fer s'émoussait sur le tronc, qui semblait grossir encore. L'évêque de la région (saint Hadouin), consulté, vit dans ce prodige le signe de la volonté divine de construire là un monastère.

Circuits conseillés Carte de microrégion p. 422

LES BOIS DE MIREBEAU BC2

Circuit de 35 km – environ 1h45. Quittez Évron au nord par la D 20.
La route s'élève bientôt, offrant de jolies vues à l'ouest sur des bois et des étangs.
Après Ste-Gemmes-le-Robert, prenez à droite la route, parfois en mauvais état, du mont Rochard.

Gros Roc C2

De cette muraille rocheuse entourée de verdure, on bénéficie d'une vue étendue sur le bocage.
La route contourne ensuite le mont Rochard (alt. 357 m) à travers un paysage de sous-bois et rejoint la D 20. Puis s'amorce la descente sur Bais.
Avant de franchir le pont, tournez à gauche dans la D 241.
L'itinéraire longe le **château de Montesson** (C2) dont le pavillon d'entrée est coiffé d'un toit en « entre-courbes sur les quatre côtés » ; la tour ronde, accolée, possède un original toit à bulbes. Des douves entourent la demeure.
Dans Hambers, à hauteur de l'église, prenez à gauche la D 236. Après 2,5 km, une route à gauche conduit à la butte de Montaigu.

★ Butte de Montaigu C2

Du parking, 15mn à pied AR.
Couronnée d'une ancienne chapelle, cette butte isolée (alt. 290 m) offre un panorama très étendu : au sud-est, les Coëvrons (au sud, Évron, Ste-Suzanne sur un piton) ; au nord-ouest, Mayenne et sa forêt ; au nord et au nord-est, la forêt des Andaines et la forêt de Pail.
Regagnez la D 236 et prenez à gauche ; après Chellé, elle rejoint la D 7. Tournez encore à gauche puis, à l'entrée de Mézangers, à droite.

★ Château du Rocher B2

02 43 01 63 75 (office du tourisme d'Évron) - visite de l'extérieur de mi-juin à déb. oct : 10h-12h, 14h-18h - fermé dim. et j. fériés - gratuit.
Éléonore de Bouillé, dite « **la Dame Verte** », propriétaire des lieux, était une chasseresse incorrigible. Un jour, forçant un cerf, elle n'aurait pas hésité à entrer à cheval, avec toute sa meute, dans l'église des bénédictines d'Étival où s'était réfugié l'animal. Pour ce crime, elle fut condamnée, pour l'éternité, à errer sur ses terres. Par de mystérieuses manifestations, elle continuerait à exprimer son intérêt pour les habitants du château.
Une galerie composée de cinq arcs surbaissés court au pied de l'élégante façade Renaissance. Plus austère est la façade du 15e s. avec vue sur l'étang du parc. Cependant, les fenêtres hautes qui éclairent le granit de la construction et les trois tours coiffées de toits pointus forment un ensemble bien harmonieux.
Rejoignez la D 7, tournez à droite et regagnez Évron.

LES BOIS DES VALLONS BC2

Circuit de 36 km – environ 1h. Quittez Évron à l'ouest par la route de Montsûrs. À la sortie du village de Brée, prenez à droite la D 557. À l'entrée de St-Ouen-des-Vallons, tournez à droite.

Château de la Roche-Pichemer B2

Stationnez devant les douves, sans franchir la grille. De déb. juil. à mi-août : 14h-18h - accès aux extérieurs et au parc en suivant le parcours fléché - gratuit.

Le château se compose de deux corps de logis Renaissance, construits en équerre et coiffés de hauts toits d'ardoise. Trois pavillons carrés en avant-corps ferment les angles et donnent beaucoup de majesté à l'ensemble qui s'élève sur un terre-plein agrémenté de parterres à la française.

Gagnez la D 129 à gauche vers Montsûrs et, de là, suivez la D 24 sur 5 km.

La Chapelle-Rainsouin B2

Dans l'église Renaissance, à gauche du chœur, une chapelle abrite une belle **Mise au tombeau★** en pierre polychrome du 16e s. Remarquez aussi une poutre de gloire et deux pierres tombales que supportent des chiens blasonnés.

Par la D 20, rejoignez Châtres-la-Forêt, prenez à droite la D 562, puis un chemin à droite.

Château de Montecler BC2

Ne se visite pas. Laissez la voiture à l'entrée de l'avenue.

Entre deux cours en terrasses, ce château, construit à l'aube du 17e s., est d'une grande sobriété de lignes que ne déparent pas les communs et la charmante tourelle qui l'encadrent. La partie la plus attachante est le beau pavillon d'entrée précédé d'un double pont-levis. Avec son toit surmonté d'un lanternon, il apporte à l'ensemble une note originale.

Regagnez la D 20 et rentrez à Évron.

NOS ADRESSES À ÉVRON

HÉBERGEMENT ET RESTAURATION

BUDGET MOYEN

La Toque des Coëvrons – *4 r. des Prés - ✆ 02 43 01 62 16 - www.latoquedescoevrons.com - fermé 2 sem. en fév., 1er-15 août, dim. soir, merc. soir et lun. - formule déj. 15,40 € - 18,90/45 €.* Toqué de recettes traditionnelles, le chef mitonne de savoureux petits plats. La jolie salle à manger rustique a été rafraîchie.

Château de la Cour – *53 600 Ste Gemmes-le-Robert - ✆ 02 43 58 19 73 - www.chateau-de-la-cour.com - 4 ch. 70-105 €.* Tapisseries et meubles anciens : 4 chambres d'hôtes de caractère dans un château du 16e s. Et pour 30 € supplémentaires, location de Bentley avec chauffeur !

POUR SE FAIRE PLAISIR

Au Relais du Gué de Selle – *Rte de Mayenne - 53600 Mézangers - ✆ 02 43 91 20 00 - www.relais-du-gue-de-selle.com - fermé 17 déc.-9 janv., 11-27 fév., vend. soir, dim. soir et lun. d'oct. à mai - P - ♿ - 30 ch. 78/258 € - 11 € - rest. 25/70 €.* Vieille ferme restaurée et son jardin sur une rive de l'étang, visible depuis certaines chambres. Pour les plus aventureux, une cabane a été aménagée dans les arbres ! Promenade au bord de l'eau, vélos, pêche, etc. Restaurant au décor soigné et avenant.

AGENDA

Festival d'arts sacrés – *1re sem. de juil. - rens. et réservations à l'office de tourisme.* Musique et arts plastiques de toutes époques et de tous styles.

8

Sainte-Suzanne

★

960 Suzannais – Mayenne (53)

NOS ADRESSES PAGE 439

S'INFORMER

Office de tourisme – *1 r. Jean-de-Bueil - 53270 Ste-Suzanne - ✆ 02 43 01 43 60 - www.coevrons-tourisme.com - avr.-sept. : 9h30-12h30, 14h-18h, dim. 14h-18h ; reste de l'année : tlj sf dim. 14h-18h - fermé 1er janv., 1er et 11 Nov., 25 déc.*

SE REPÉRER

Carte de microrégion C2 (p. 422) – *Carte Michelin Départements 310 G6.* L'A 81 passe à proximité de Ste-Suzanne, mettant la cité à 45mn du Mans (50 km à l'est) et à 40mn de Laval (32 km à l'ouest).

À NE PAS MANQUER

Le panorama sur la ville et la campagne depuis la tour d'orientation.

ORGANISER SON TEMPS

La cité médiévale et ses alentours se découvrent en une demi-journée.

AVEC LES ENFANTS

Participez aux animations du château, inscrivez-les aux ateliers du patrimoine et assistez aux tournois de chevalerie de La Ferté-Clairbois.

Site du Pays d'art et d'histoire Coëvrons-Mayenne classé parmi les Plus beaux villages de France, Sainte-Suzanne est la « perle du Maine », affublée de tous les labels. Éperon rocheux, château, ruelles médiévales : un vrai décor de carte postale ! Seule forteresse que Guillaume le Conquérant ne réussit jamais à prendre, elle se laisse investir par les promeneurs qui, du haut de sa tour d'orientation, sont récompensés par un panorama splendide : bocage, forêt de Charnie et cours de l'Erve. De belles randonnées en perspective.

Se promener Plan de la ville ci-contre

Promenade des Moulins

Départ de l'office de tourisme - 3 km - 1h - non balisé - dépliant recommandé, disponible à l'office de tourisme - gratuit.

Cette promenade le long de l'Erve permet de reconnaître 17 moulins à foulon, à farine, à papier ou à tan, bâtis entre le Moyen Âge et le 19e s. Ils témoignent du passé industriel de la région.

Tour d'orientation

Accès par la rue du Grenier-à-Sel.

Du sommet, on domine la petite cité blottie contre le château fort avec son donjon rectangulaire du 11e s. et ses remparts. Une **vue★** circulaire s'offre sur la ville neuve au pied des remparts et sur la campagne environnante.

Promenade de la Poterne

Au départ de la **tour du Guet**, elle longe le château, d'époque Henri IV, puis la porte de Fer, offrant dans l'intervalle de jolies vues sur la rivière en contrebas.

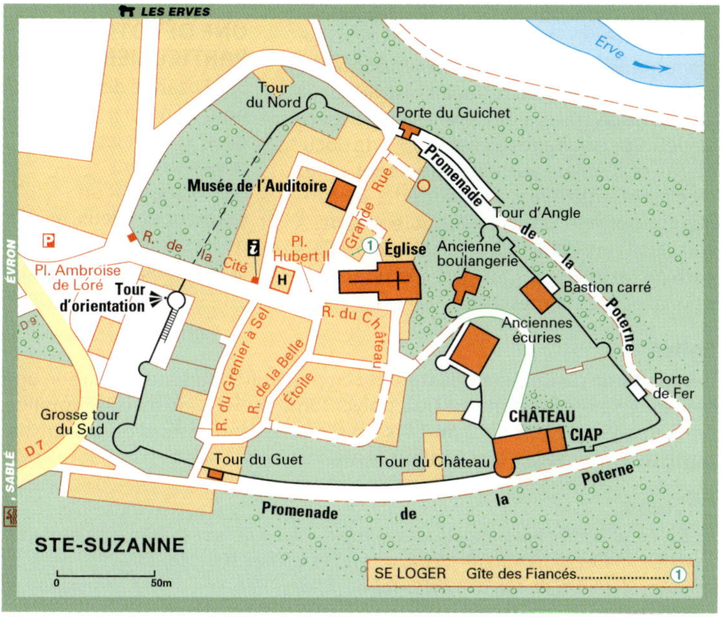

Cette dernière est enjambée par un moulin à eau et dominée par le tertre Gane. Percée de baies en arc brisé, la **porte de Fer** se compose de deux portes. La plus basse était défendue par une herse dont subsistent les rainures. Le **bastion carré** possédait jadis une artillerie de défense. Cette partie de la promenade jusqu'à la **porte du Guichet** (boulets du 16e s.) permet de découvrir : à droite, les collines des Coëvrons avec la blanche carrière de Kabylie (Voutré), ainsi nommée pour ses ressemblances géologiques avec la région kabyle en Algérie ; à gauche, le mont Rochard (reconnaissable à son relais de télévision) et la butte de Montaigu avec la chapelle St Michel.

Musée de l'Auditoire

7 Grande-Rue - ✆ 02 43 01 42 65 - www.museeauditoire.com - juil.-août : 14h30-18h30 ; mai-juin, sept. et vac. de Pâques : w.-end 14h30-18h30 - 4 € (7-18 ans 2,50 €), gratuit Journées du patrimoine.

UNE RÉSISTANCE ACHARNÉE

La cité de Ste-Suzanne opposa à Guillaume le Conquérant une farouche résistance. Les troupes de Guillaume s'étaient établies sur la route d'Assé-le-Béranger au **camp de Beugy**, ou camp des Anglais. Après un siège de trois ans (1083-1086), Guillaume dut renoncer à s'en emparer et, en hommage à son défenseur, Hubert II de Beaumont, lui restitua les domaines de Fresnay et de Beaumont. Mais, pendant la guerre de Cent Ans, les Anglais s'emparèrent de la ville (1425) et la gardèrent quatorze ans !

Labélisé « Architecture de terre remarquable en Europe » en 2011, le camp de Beugy, situé à 800 m du village, est ouvert au public.

Située dans la maison où se tenaient les audiences de justice aux 17e et 18e s., l'exposition permanente **Sainte-Suzanne, cité médiévale, mille ans d'histoire** retrace l'histoire de la forteresse. À travers des scènes composées de petits personnages (échelle 1/3e), de documents et d'objets authentiques, sept salles reconstituent divers événements historiques importants dont la ville fut le théâtre. À voir aussi une collection d'outils de métiers anciens, un intérieur « mainiot », et une exposition de poids et mesures.

UNE DÉVOTION PARTICULIÈRE
Ste-Suzanne doit son nom à une martyre du 3e s., dont les reliques furent rapportées par un seigneur des lieux, et qui est devenue depuis la patronne des fiancés !

Église

Elle renferme d'intéressantes statues : en particulier, au fond du chœur, une gracieuse sainte Suzanne en bois polychrome du 16e s. et, dans le croisillon nord, une Vierge à l'Enfant du 14e s. en pierre. À l'entrée nord de la sacristie, buste de la Vierge portant l'Enfant Jésus.

Château

02 43 58 13 00 - www.ciap.lamayenne.fr - ♿ - juil.-août : 10h-19h ; mai-juin et sept. : 9h45-12h30, 13h30-17h15, w.-end et j. fériés 10h-13h, 14h-19h ; reste de l'année : 9h45-12h30, 13h30-17h15 - fermé mi-déc.-déb. janv. - 4 € (-18 ans gratuit, gratuit Journées du patrimoine, 1er dim. du mois.

En pénétrant dans la cour, on remarque à gauche l'ancienne boulangerie et à droite les ruines d'un imposant donjon. Le château, au fond à droite, remonte à 1608 et est dû à Fouquet de la Varenne, premier contrôleur de la poste en France. Il se distingue par ses lucarnes coiffées d'un fronton triangulaire, ses fenêtres à meneaux et son perron recouvert d'un dôme en ardoise, et abrite un espace d'exposition, le CIAP.

Centre d'Interprétation de l'architecture et du patrimoine (CIAP) – *02 43 58 13 00 - www.ciap.lamayenne.fr - ♿ - juil.-août : 10h-19h ; mai-juin et sept. : 9h45-12h30, 13h30-17h15, w.-end et j. fériés 10h-13h, 14h-19h ; reste de l'année : 9h45-12h30, 13h30-17h15 - fermé mi-déc.-déb. janv. - 4 € (-18 ans gratuit, gratuit Journées du patrimoine, 1er dim. du mois.* Des us et coutumes à la faune et la flore, tout pour comprendre le patrimoine local : expositions temporaires, rencontres thématiques, ateliers pour le jeune public…

À proximité Carte de microrégion p. 422

La Ferté-Clairbois - domaine du Chevalier C2

À 2 km au sud d'Évron - 02 43 01 42 15 - www.ferteclairbois.com - spectacles et animations avr.-oct. : j. et h se rens. - de 6 à 16 € selon les spectacles (-6 ans gratuit).

Les passionnés d'histoire médiévale peuvent rendre visite au chevalier Gilbert de Clairbois qui a reconstitué un petit château fort avec donjon sur motte du 13e s. Spectacles de chevalerie et animations variées : travail de la forge, banquet médiéval, etc.

Dolmen des Erves C2

3 km, par la D 143, route d'Assé-le-Béranger.

Lors des fouilles faites avant sa restauration en 1983, on a pu attribuer l'érection de ce monument mégalithique aux Chasséens, dont la culture apparaît vers le 4e millénaire.

Circuit conseillé Carte de microrégion p. 422

LA FORÊT DE LA GRANDE-CHARNIE C2

Circuit de 26 km – environ 1h30. Quittez Ste-Suzanne par la D 9 au nord-est. À 1 km, prenez à droite une petite route ; 700 m plus loin, laissez votre voiture à hauteur des quelques maisons.

Point de vue du tertre Gane C2

Après avoir traversé une aire de pique-nique boisée, vous arrivez à une plate-forme semée de rocs : vue d'ensemble sur le site de Ste-Suzanne et la plaine alentour.

Signal de Viviers C2

La route se termine sur le bord d'un abrupt boisé d'où vous découvrez les frondaisons de la forêt de la Grande-Charnie. En prenant un sentier à gauche, vous pouvez atteindre un rocher surmonté d'une statue du Sacré-Cœur ; des brèches à travers les arbres permettent de découvrir le massif des Coëvrons.

Une longue descente conduit à Torcé-Viviers-en-Charnie. Tournez à gauche au terme de la descente, traversez le village et prenez à gauche la D 210. À 5,5 km, reprenez à droite la D 156, puis la D 7.

Avant de franchir l'Erve, la route offre une belle vue sur la cité perchée de Ste-Suzanne.

NOS ADRESSES À SAINTE-SUZANNE

VISITES

Visites théâtralisées avec des comédiens faisant revivre quelques personnages célèbres de Ste-Suzanne - *à certaines dates en été, apr.-midi et nocturne - rens. à l'office de tourisme.*

HÉBERGEMENT

PRIX MOYENS

Gîte des Fiancés – *6 pl. Hubert-II-de-Beaumont - 02 43 04 30 21 - gitelesfiances.blogspot.com - 1 ch. et 1 canapé convertible - 190 € 2 nuits.* Son nom rappelle que Sainte-Suzanne est la patronne des fiancés et sa chambre leur rend hommage : lit à baldaquin et linge douillet dans ce chaleureux gîte rustique en plein cœur du village.

AGENDA

Les Médiévales – Fête sur le thème du Moyen Âge dans la ville de Sainte-Suzanne : spectacles de chevalerie, jeux équestres, machines de guerre, histoires et contes médiévaux, animations avec des animaux, artisanat, etc. *2e w.-end de juil., ttes les années impaires - rens. à l'office de tourisme.*

Pontmain

875 Pontmédaniens – Mayenne (53)

S'INFORMER
Office du tourisme de Pontmain – *5 r. de la Grange - ✆ 02 43 08 48 30 - www.cc-bocagemayennais.fr - juil.-août : 10h-13h, 15h-19h ; mai-juin et sept. : tlj sf dim. et lun. 10h-13h, 15h-17 - reste de l'année : vend. et w.-end 10h-13h, 15h-17h - fermé 1er janv., 25 déc.*

SE REPÉRER
Carte de microrégion A1 (p. 422) – *Carte Michelin Départements 310 C4.* Pontmain est à 45 km au nord-ouest de Mayenne.

À NE PAS MANQUER
Perdez-vous sous les charmilles du jardin romantique de La Pellerine, visitez le Centre d'art contemporain.

ORGANISER SON TEMPS
Sauf à faire une démarche spécifique de pèlerinage, deux heures suffisent pour visiter le site.

Haut lieu de pèlerinage marial depuis 1877, Pontmain conserve, malgré l'afflux de visiteurs et l'importance de sa basilique, l'allure d'une petite paroisse rurale. Dans cette pieuse ambiance, vous découvrirez l'histoire de l'apparition miraculeuse.

Se promener

Grange Barbedette
C'est de cette grange au toit de chaume que les enfants puis les habitants du village ont vu apparaître la Vierge. La grange est transformée en chapelle, dans laquelle l'histoire de l'apparition est relatée.

Basilique Notre-Dame-de-la-Prière
La vaste basilique néogothique édifiée dès 1874 dresse ses deux flèches de granit et paraît immense dans la bourgade. Sur le parvis, statue de la Vierge de l'Apparition. Le chœur est éclairé par dix grandes verrières représentant les grandes apparitions en France, ainsi que des scènes de la vie du Christ.

Église paroissiale
À côté de la basilique, elle semble bien modeste. L'intérieur frappe par son abondance de couleurs ; les statues de saint Simon et saint Jude, à qui l'église est dédiée, encadrent l'autel.

Chapelle des Missionnaires-Oblats
Derrière la basilique se trouvent le parc et la mission des oblats de Marie Immaculée. Cette congrégation, reconnue en 1826 par le Saint-Siège, a une vocation d'évangélisation. Elle compte encore une trentaine de religieux, revenus en France après une vie de mission à l'étranger.

L'architecture extérieure de la chapelle (1953) est pesante mais elle surprend par sa nef, éclairée par une lumière dorée que diffusent les verrières basses et, dans le chœur, le vitrail du Christ en majesté découpé dans le béton.

NOTRE-DAME-DE-L'ESPÉRANCE

L'apparition – Le soir du 17 janvier 1871, la Vierge apparaît à sept enfants de Pontmain, parmi lesquels Eugène et Joseph Barbedette. La scène a lieu devant le portail de leur grange. La nouvelle se répand et les villageois se rassemblent autour des enfants. Arrive le curé qui invite ses paroissiens à prier le chapelet. La Vierge se transfigure alors. Une banderole se déroule à ses pieds, portant en lettres d'or ces mots : « Mais priez, mes enfants, Dieu vous exaucera en peu de temps. Mon Fils se laisse toucher. » Apparaît ensuite devant Marie, un crucifix sanglant au-dessus duquel est écrit « Jésus-Christ ». Lorsqu'il s'efface, deux petites croix blanches se plantent sur les épaules de la Vierge, un voile s'élève et l'apparition s'achève.

Dévotion mariale – Très vite, l'évêque de Laval authentifie l'apparition et officialise son culte dans le diocèse sous le vocable « Notre-Dame-de-l'Espérance de Pontmain ». Béni solennellement en juin 1877, le sanctuaire est l'objet depuis d'importants pèlerinages, notamment lors des fêtes mariales et le 17 janvier, jour anniversaire de l'apparition.

Sur le côté, un petit **musée des Missions** expose des objets d'artisanat exotique et brosse un tableau des missions à travers le monde. *☎ 02 43 30 26 46 - ♿ - dim. et j. fériés 14h30-18h - possibilité de visite guidée (30mn) - don possible.*

Centre d'art contemporain

8 bis r. de la Grange - ☎ 02 43 05 08 29 - www.centredartpontmain.fr - merc.-dim. 14h-18h - entrée libre

Bel espace dédié à toutes les disciplines : peinture, photographie, arts graphiques, installations, sculpture, musique…

À proximité Carte de microrégion p. 422

★ Jardin de La Pellerine A1

▶ À 21 km au sud de Pontmain, sur la N 12 entre Fougères à l'ouest et Ernée à l'est. La Larderie - 53220 La Pellerine - ☎ 02 43 05 93 31 - mai-oct. : jeu. et vend. 10h-18h30, w.-end et j. fériés 14h-18h30, autres j. sur rdv - 7 € (-15 ans gratuit).

Deux hectares de jardins entourent une jolie maison du 17e s. Charmilles, arbustes, rosiers par centaines et plantes vivaces enroulées autour d'éléments architecturaux s'y mêlent pour composer des atmosphères variées. Plusieurs bassins agrémentés de plantes aquatiques, dont de magnifiques nénuphars, ajoutent une touche de fraîcheur à l'ensemble.

NOS ADRESSES À PONTMAIN

HÉBERGEMENT ET RESTAURATION

PREMIER PRIX

Auberge de l'Espérance – *9 r. de la Grange - ☎ 02 43 05 08 10 - ♿ - fermé 22 déc.-2 janv. et 1 sem. en fév. - 10,10/16,50 € - 11 ch. 46 € - ☕ 5 €.* Centre d'aide par le travail proposant des chambres fonctionnelles et bien tenues. Attentions particulières en faveur des personnes handicapées. Restaurant.

Le Mans et la vallée de la Sarthe 9

Carte Michelin Départements 310 – Sarthe (72)

Dans la Cité Plantagenêt au Mans.

Frances-Wysocki / hemis.fr

LE MANS ET LA VALLÉE DE LA SARTHE

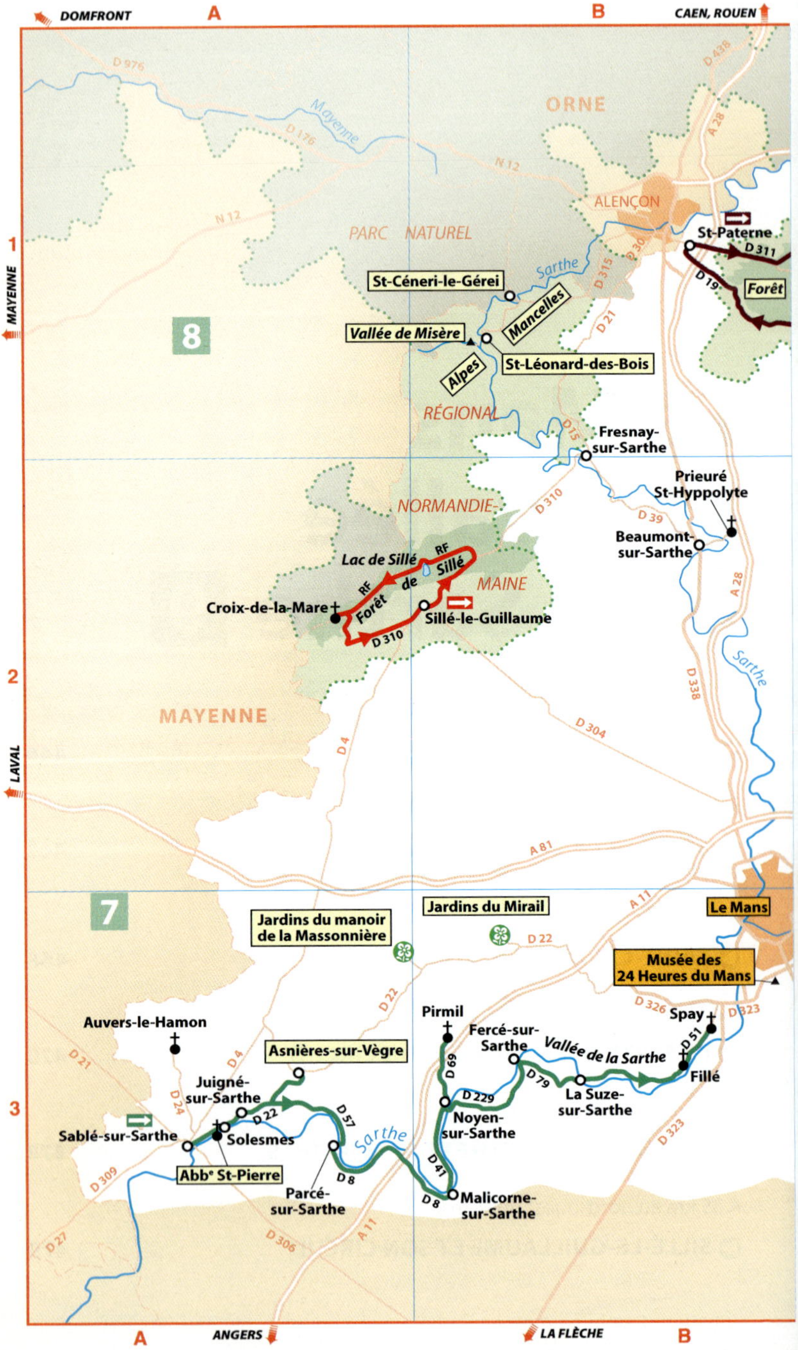

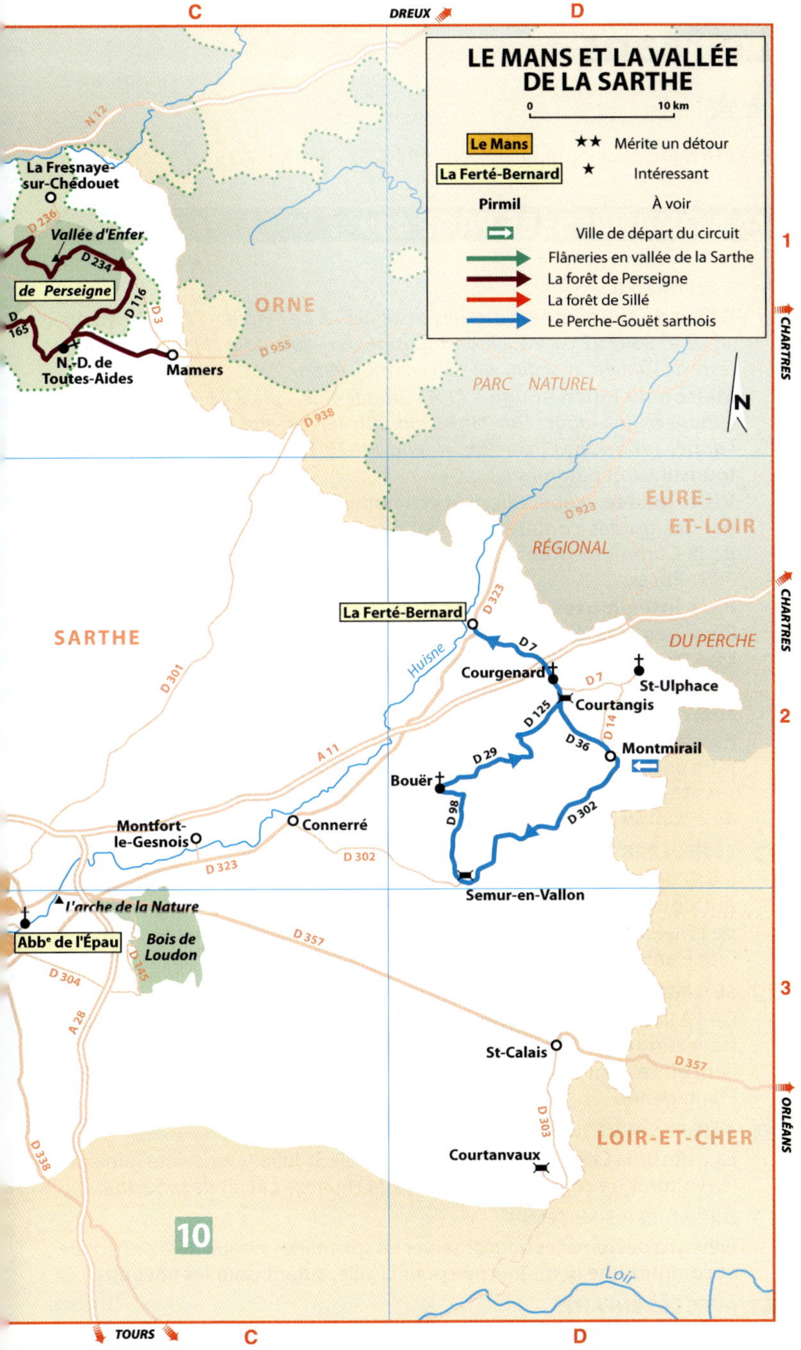
LE MANS ET LA VALLÉE DE LA SARTHE
0
10 km
Le Mans
★★ Mérite un détour
La Ferté-Bernard
★ Intéressant
Pirmil
À voir
Ville de départ du circuit
Flâneries en vallée de la Sarthe
La forêt de Perseigne
La forêt de Sillé
Le Perche-Gouët sarthois
C
D
DREUX
CHARTRES
CHARTRES
ORLÉANS
TOURS
1
2
3
N
ORNE
PARC NATUREL RÉGIONAL DU PERCHE
EURE-ET-LOIR
SARTHE
LOIR-ET-CHER
La Fresnaye-sur-Chédouet
Vallée d'Enfer
de Perseigne
N.-D. de Toutes-Aides
Mamers
La Ferté-Bernard
Huisne
Courgenard
St-Ulphace
Courtangis
Montmirail
Bouër
Montfort-le-Gesnois
Connerré
Semur-en-Vallon
L'arche de la Nature
Abbe de l'Épau
Bois de Loudon
St-Calais
Courtanvaux
Loir
N 12
D 236
D 234
D 116
D 3
D 165
D 955
D 938
D 923
D 323
D 7
D 7
D 14
D 125
D 36
D 29
D 98
D 302
D 302
D 301
A 11
D 323
D 357
D 357
D 304
D 145
A 28
D 303
D 338
10

Le Mans

★★

144 016 Manceaux (agglomération : 194 825) – Sarthe (72)

NOS ADRESSES PAGE 459

S'INFORMER

Office de tourisme – *Hôtel des Ursulines - r. de l'Étoile - 72000 Le Mans - 02 43 28 17 22 - www.lemanstourisme.com - juil.-août : tlj sf dim. 9h-18h ; reste de l'année : tlj sf dim. 9h-18h - fermé j. fériés.*

Maison du Pilier-Rouge – *41-43 Grande-Rue - 02 43 47 40 30 - www.lemans.fr - juil.-août : 10h-23h30, lun. 10h-18h, w.-end 14h30-18h ; reste de l'année : 10h-12h, 13h30-18h, w.-end 14h30-18h - fermé j. fériés.* Accueil touristique et patrimonial.

Visite guidée – Label Ville d'art et d'histoire. Visites-découvertes animées par des guides-conférenciers agréés par le ministère de la Culture et de la Communication - *se rens. à l'office de tourisme et à la Maison du Pilier-Rouge.*

Pass inter-musée – Pour les sites suivants : musée de Tessé, Reine Bérangère, musée Vert et Carré Plantagenêt. *9 € valable 1 an.*

Cité Pass – Permet l'accès libre à 10 sites et visites guidées « Ville d'art et d'histoire » - *en vente à l'office de tourisme et à la Maison du Pilier-Rouge - Pass 24h : 10 €.*

Pass annuel – Visitez malin : passeport à 10 € donnant droit à 1 titre de transport gratuit et 1 entrée gratuite au choix parmi 10 sites. Réductions sur sites touristiques, loisirs, hôtels, restaurants chambres d'hôtes - *Valable du 1er janvier au 31 décembre.*

SE REPÉRER

Carte de microrégion B3 (p. 444) – *Carte Michelin Départements 310 K6.* Autoroute (A 11) et TGV (54mn de Paris) relient cette première grande ville de l'Ouest à ses (presque) voisines Paris (190 km) et Rennes (150 km). La Cité Plantagenêt (vieux Mans) borde la rive gauche de la Sarthe.

SE GARER

De l'A 11, prendre la sortie Le Mans-nord, puis direction centre-ville, traverser la Sarthe et se garer sur les parkings des quais, au pied de l'enceinte romaine. Quelques marches mènent au cœur de la Cité Plantagenêt.

À NE PAS MANQUER

La visite de la Cité Plantagenêt ; la cathédrale St-Julien ; l'enceinte romaine ; les voitures de course du musée des 24 Heures - circuit de la Sarthe.

ORGANISER SON TEMPS

Prévoyez des jumelles pour observer les splendides vitraux de la cathédrale et comptez une demi-journée pour la ville, autant pour les environs.

AVEC LES ENFANTS

L'Arche de la nature, le Carré Plantagenêt et le musée des 24 Heures - circuit de la Sarthe.

La Cité Plantagenêt.
P. Escudero / hemis.fr

Du célèbre circuit automobile à la Cité Plantagenêt, la capitale du Maine, classée Ville d'Art et d'Histoire, satisfera tous les appétits. Les amateurs d'art admireront la cathédrale grandiose, mise en scène pour la Nuit des Chimères en été et à Noël, et se laisseront conter l'histoire et l'archéologie au Carré Plantagenêt. Les promeneurs découvriront la vieille ville, ses ruelles et maisons à pans de bois et ses quais en bordure de Sarthe. Enfin les gourmets apprécieront les « rilles, rillons et rillettes mancelles », ses reinettes parfumées et ses poulets de Loué.

Se promener

★★ LA CITÉ PLANTAGENÊT (VIEUX MANS) Plan de ville p. 449

Circuit tracé en vert sur le plan du Vieux Mans (p. 449) – Comptez 1h. Visite guidée juil.-août - rens. à l'office de tourisme ou à la Maison du Pilier-Rouge.

Place et quinconces des Jacobins

Célèbre par sa vue sur le chevet de la cathédrale, la place des Jacobins a été tracée à l'emplacement du couvent du même nom. À l'entrée du tunnel qui scinde la vieille ville, monument à Wilbur Wright par Paul Landowski.
Montez les escaliers en suivant à pied l'itinéraire indiqué sur le plan.

Place St-Michel

Sur cette paisible place s'élève, au n° 1, la **maison de Scarron** (N^2), de style Renaissance, que le chanoine-écrivain habita. Le presbytère, au n° 1 bis, a conservé une tourelle d'escalier du 15e s.

★ Maison de la Reine-Bérengère M

9 r. de la Reine-Bérengère.
Bérengère, qui vivait au 13e s., n'a certainement pas connu cette élégante demeure édifiée vers… 1460 pour un échevin du Mans. Elle est ornée d'une

Heurs et malheurs du Mans

La tribu gauloise des Cénomans avait fait sa capitale de ce site occupé depuis 6 000 ans, qui évolua de Celmans en *Vindinium*. Elle s'entoure de remparts au 4e s. pour résister aux invasions barbares.

UN MOYEN ÂGE TUMULTUEUX

Les Plantagenêts – Geoffroi Plantagenêt, comte d'Anjou, puis duc de Normandie et comte du Maine par son mariage avec Mathilde, petite-fille de Guillaume le Conquérant, est inhumé à sa mort (1151) dans la cathédrale. Son fils Henri, roi d'Angleterre en 1154, fait construire l'hôpital Coëffort ; retiré au Mans, sa ville natale, il en est délogé par son fils Richard Cœur de Lion, époux de la reine **Bérengère**. C'est à elle que Philippe Auguste donne le comté du Maine qu'il a reconquis sur Jean sans Terre, frère puîné de Richard ; Bérengère fonde l'abbaye de l'Épau, où elle se fera enterrer. Le comté est, par la suite, offert par Saint Louis à son frère Charles. Charles d'Anjou, puis sa famille, résident pendant près de cent ans au Mans.

Le Roman comique – Le chapitre épiscopal du Mans connut quelques fort singuliers titulaires ; après Arnoul Gréban, auteur du *Mystère de la Passion* (vers 1450) en 30 000 vers, après Ronsard, chanoine en 1560, et Jacques Pelletier, ami de Ronsard, **Paul Scarron** entre en scène. Chanoine au Mans, abbé à petit collet (qui n'avait du clerc que l'habit), non ordonné, rimailleur, Scarron (1610-1660) est en 1636 un joyeux luron pourvu d'une excellente santé, d'une prébende et d'une maison canoniale près de la cathédrale. Mais il doit acquitter la « rigoureuse », c'est-à-dire séjourner au Mans de temps à autre. Quel ennui pour un coureur de « ruelles », même s'il raffole de poulardes et de vin d'Yvré. En 1638, une paralysie le rend impotent à moins de 30 ans, victime d'une drogue de charlatan. Marie de Hautefort, jadis aimée de Louis XIII et exilée au Mans, lui offre son amitié ; il écrit *Le Roman comique*, œuvre burlesque contant les aventures d'une troupe de comédiens ambulants dans la ville du Mans et ses environs. En 1652, Scarron épouse **Françoise d'Aubigné**, qui disait alors : « J'aime mieux épouser un cul-de-jatte que le couvent. » Devenue veuve, elle fut élevée au rang de marquise de Maintenon avant d'épouser secrètement Louis XIV (1683), sur qui elle exerça une influence profonde.

CHARLES LE FOL

En 1392, le roi **Charles VI** lance une expédition contre le duc de Bretagne, favorable aux Anglais. Le 5 août, il sort du Mans et chevauche avec sa troupe vers l'ouest, lorsque, soudain, près d'une léproserie, un vieillard se dresse sur son passage et lui crie : « Ne va pas plus loin, noble roi, tu es trahi ! » Cet incident impressionne Charles. Peu après, lors d'une pause sous un soleil écrasant, un homme d'armes heurte un casque avec sa lance dans le silence. Charles tressaille. Pris de fureur et se croyant attaqué, il tire son épée et hurle : « Je suis livré à mes ennemis ! » Il tue quatre hommes et part au galop sur son cheval emballé ; on parvient à le maîtriser et on le reconduit au Mans… Un accès de folie qui va être lourd de conséquences en pleine guerre de Cent Ans : le royaume, privé de maître, livré aux rivalités des princes, s'affaiblit, et Le Mans retombe sous la domination anglaise jusqu'en 1448.

LES TEMPS MODERNES

À la pointe du progrès – Sous l'Ancien Régime, Le Mans possédait des fabriques de bougies, d'importantes manufactures d'étamines, tanneries et ateliers transformant en toile le chanvre cultivé dans la région. Une douzaine de négociants contrôlaient 2 000 métiers produisant 18 000 pièces, les deux tiers destinés à l'exportation. Au 19e s., elle devint un grand centre industriel.

Le berceau de l'automobile française – Le Manceau Amédée Bollée (1844-1917), fondeur de cloches, contribua aux premiers pas de l'automobile. Il acheva sa première voiture, *L'Obéissante*, en 1873, puis construisit *La Mancelle,* dont l'unique moteur était, pour la première fois, placé en avant sous un capot et comportait un axe de transmission longitudinal ; Amédée Bollée fils (1867-1926) se consacra surtout à la voiture de sport avec ses « torpilleurs » (1899) sur pneus Michelin, qui frôlaient la vitesse faramineuse de 100 km/h. Après la Première Guerre mondiale, il entreprit la fabrication de segments de piston empêchant les remontées d'huile. Sur le **circuit de la Sarthe**, le 27 juin 1906, le premier prix est remporté par Szisz sur un véhicule Renault équipé de jantes amovibles Michelin. L'année 1936 voit Louis Renault installer sa première usine décentralisée au sud du Mans, dans la plaine d'Arnage.

Ancien hôtel de Rouxelin d'Arcy.... **B**

Maison de la-Reine-Bérengère (musée)... **M**

Maison de la Tourelle........... **N¹**

Maison de Scarron............... **N²**

Maison des Deux-Amis........ **N³**

INDEX DES RUES

Reine-Bérengère (Rue de la).............1

St-Pavin-de-la-Cité (Rue).......................2

SE LOGER

Chambre d'hôte Le Petit Pont............... 5

Chambre d'hôte Mme Bordeau Marie-Claire................ 13

Hôtel Émeraude................................... 19

Hôtel Le Commerce............................ 16

Hôtel-Motel Papéa............................... 22

Hôtel Mercure Batignolles................... 24

La Demeure de Laclais......................... 1

SE RESTAURER

L'Épicerie du Pré.. 5

La Ciboulette.. 7

La Maison d'Élise... 16

Le Beaulieu.. 4

Le Grenier à Sel.. 13

Le Pré-Carré.. 3

porte en accolade, de poutres reposant sur des culs-de-lampe historiés et d'une façade à pans de bois sculptés.

Musée de la Reine-Bérengère – *7-13 r. de la Reine-Bérengère - ✆ 02 43 47 38 51 - www.ville-lemans.fr - juin-sept. : 10h-12h30, 14h-18h ; oct.-mai : 14h-18h - fermé lun. et j. fériés - 2,80 € (-18 ans gratuit) billet combiné avec les musées municipaux.*

Musée d'**Histoire et d'Ethnographie**. Belle maquette du Mans datée du 17e s., dans la salle Renaissance. Au 1er étage, les poteries vernissées de la Sarthe étonnent par leur verve populaire, leur fantaisie et la fraîcheur de leurs tons (jaune, vert et brun). Au no 7 de la rue de la Reine-Bérengère, sur la façade élevée vers 1530, statues de sainte Catherine et de sainte Barbe.

Maison des Deux-Amis N3

Nos 18-20 r. de la Reine-Bérengère. Ce vaste bâtiment construit vers 1425 fut habité au 17e s. par Nicolas Denizot, poète et peintre, ami de Ronsard et de Du Bellay. On voit sur la façade deux personnages se tenant la main et supportant un écu, d'où le nom de la maison.

Passée la saignée de la rue Wilbur-Wright, on arrive face à la **Maison du Pilier-Rouge**, demeure à pans de bois dont le poteau cornier supporte un chapiteau à tête de mort. Au fond de la place, à l'entrée de la Grande-Rue à droite, la maison du Pilier-Vert, et plus loin, l'**hôtel Rouxelin-d'Arcy** (16e s.) B.

Du Pilier-Rouge, prenez à droite la rue qui porte son nom jusqu'à la place du Hallai puis, la rue du même nom vers la place St-Pierre et ses maisons à colombages.

Hôtel de ville

Il fut construit vers 1760 dans les murs de l'ancien palais des comtes du Maine. S'engager dans l'escalier menant à l'avenue de Rostov-sur-le-Don : on découvre le flanc sud-est du rempart de la vieille ville ; de part et d'autre de l'escalier se détachent une tour et l'ancienne collégiale St-Pierre-la-Cour (du 14e s.) devenue salle d'exposition et de concerts. *✆ 02 43 47 38 51 - tlj sf lun. 10h-12h30, 14h-18h ; j. fériés 14h-18h - fermé 1er janv., 1er Mai, 14 Juil., 15 août, 25 déc.*

Hôtel de Vignolles

À l'entrée de la rue de l'Écrevisse, hôtel (16e s.) coiffé de hauts toits à la française, dû à l'architecte Jacques Androuet du Cerceau.

Maison d'Adam et Ève

No 71 de la Grande-Rue. En fait d'Adam et Ève, il s'agirait plutôt d'Ariane et Bacchus, celui-ci était reconnaissable à son thyrse (bâton entouré de feuilles de vigne). Superbe maison Renaissance de Jehan de l'Espine, médecin astrologue.

Au coin de la **rue St-Honoré**, un fût de colonne, enseigne d'un serrurier, est décoré de clefs. Des maisons à pans de bois l'accompagnent.

Au no 86 de la Grande-Rue, face à la rue St-Honoré, s'ouvre la pittoresque cour d'Assé ; descendez la rue, qui longe de beaux hôtels classiques.

Prenez à droite la rue St-Pavin-de-la-Cité, plus populaire. Après un passage couvert, empruntez la rue Bouquet.

À l'angle de la rue de Vaux, une niche du 15e s. abrite une sainte Madeleine ; l'hôtel éponyme (no 12) date du milieu du 16e s. Plus loin à gauche, perspective sur l'escalier de la grande poterne, pratiquée dans le mur romain.

Reprenez la rue de Vaux en sens inverse.

Au no 4, hôtel de Tucé-Lavardin.

Le fossé de la rue Wilbur-Wright franchi, remontez l'escalier et continuez par la rue des Chanoines. Au no 26, maison canoniale St-Jacques édifiée vers 1560.

Maison de la Tourelle N[1]

Devant le parvis de la cathédrale, gracieuse maison Renaissance aux fenêtres et lucarnes décorées de délicats rinceaux. Elle doit son nom à la tourelle suspendue qu'elle porte à l'angle de l'escalier des Pans-de-Gorron.

Hôtel du Grabatoire

De l'autre côté de l'escalier, face au portail roman de la cathédrale, cet hôtel du 16e s. remplace un bâtiment destiné à recevoir les chanoines malades ; il abrite aujourd'hui l'évêché. À sa droite s'élève la Maison du Pèlerin, décorée de coquilles Saint-Jacques.

Découvrir

★★ Cathédrale St-Julien

Visite : 1h. Prévoyez une paire de jumelles pour identifier sur les vitraux les détails et figures hiératiques ou farouches des apôtres, évêques, saints et donateurs.

Dédié au premier évêque du Mans, St-Julien dresse fièrement au-dessus de la place des Jacobins son **chevet★★★** gothique, admirable par son système enveloppant d'arcs-boutants à double volée qui crée une dynamique d'une rare rigueur. L'édifice actuel comprend une nef romane, un chœur gothique et un transept rayonnant flanqué d'une tour.

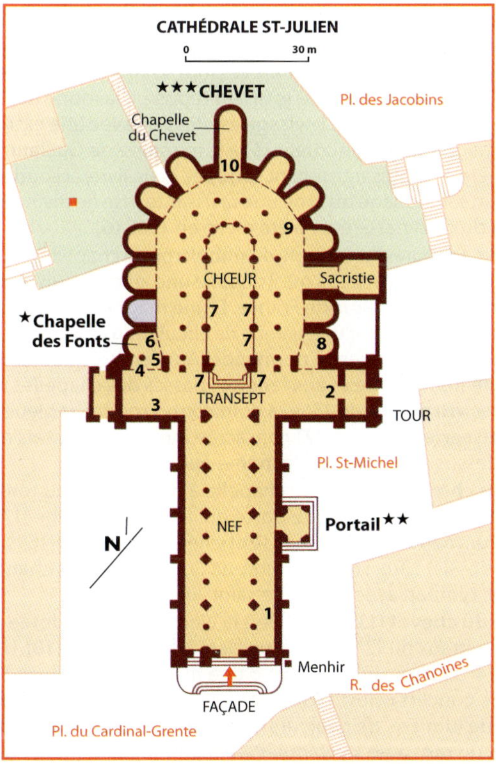

Extérieur – Sur la charmante place St-Michel, le porche sud abrite un superbe **portail★★** du 12e s., contemporain du Portail royal de Chartres, et jadis appelé « Pierre au lait », sans doute une déformation de « la pierre lée » (ou levée) désignant le menhir dressé à l'angle de la façade principale. La tradition veut que l'on plante son pouce dans le « nombril du Mans » pour témoigner d'avoir visité la ville. De chaque côté du portail s'alignent de hiératiques statues-colonnes, personnages de l'Ancien et du Nouveau Testament : aux piédroits, les saints Pierre et Paul, dans les ébrasements, les ancêtres du Christ. Les apôtres occupent les niches du linteau... Vers la droite, perspective sur le transept ajouré d'immenses baies et sur la tour (12e-14e s.) haute de 64 m.

Sur la place du Cardinal-Grente, bordée de demeures Renaissance, s'élève la façade principale, de style roman archaïque. Remarquez le pignon du 11e s., encastré dans celui ajouté au siècle suivant, quand on construisit les voûtes.

Intérieur – Le vaisseau roman repose sur de grandes arcades (11e s.), renforcées par des arcs brisés. Les chapiteaux, majestueux et d'une grande finesse dans le détail, soutiennent des voûtes bombées. Dans le bas de la nef, huit vitraux romans, dont le plus connu est celui de l'Ascension **(1)**. La grande baie de la façade évoque la légende de saint Julien.

Transept – 14e-15e s. Tout ajouré par son triforium et ses immenses verrières, il contraste avec la nef par sa légèreté et l'audace de son élévation. Dans le croisillon droit, buffet d'orgue **(2)** du 16e s. Dans le croisillon gauche, une grande baie et une rose superposées sont garnies de vitraux du 15e s. Trois panneaux de tapisserie **(3)** du 16e s. décrivent la légende de saint Julien.

Dans la chapelle des fonts, qui donne sur le croisillon nord, se font face deux remarquables **tombeaux★★** Renaissance. Celui de gauche **(4)**, œuvre du sculpteur Francesco Laurana, fut élevé pour Charles IV d'Anjou, comte du Maine, frère du roi René d'Anjou ; le gisant repose, à la mode italienne, sur un sarcophage antique ; réaliste, le visage est dessiné avec une extrême finesse. À droite, le magnifique monument **(5)** à la mémoire de Guillaume du Bellay, cousin du poète, le représente tenant son épée et un livre, accoudé à la manière antique sur un sarcophage qu'orne une ravissante frise de divinités nautiques. Le tombeau du cardinal Grente a été élevé en 1965 **(6)**.

Chœur – 13e s. Entouré d'un double déambulatoire à chapelles rayonnantes et haut de 34 m (N.-D. de Paris : 35 m), il déploie une ampleur, un élancement qui le place parmi les plus beaux de France. D'une magnifique envolée, il s'élève sur deux étages séparés par une galerie de circulation et terminés par des arcs brisés très pointus, d'influence normande. Aux fenêtres hautes du chœur et du premier déambulatoire et aux fenêtres basses des chapelles rayonnantes flamboient les **vitraux★★** du 13e s., à dominantes rouges et bleues. La célèbre suite de **tapisseries** du 16e s. **(7)** consacrée aux saints Gervais et Protais est tendue au-dessus des stalles de la même époque.

Pourtour du chœur – Dans la 1re chapelle à droite, Mise au tombeau **(8)** en terre cuite du 17e s. Plus loin, une porte qui provient du jubé (17e s.) fermant jadis le chœur mène à la sacristie ; ses belles boiseries du 16e s. servaient à l'origine de dossiers aux stalles du chœur. Sur la porte des chanoines (14e s.) qui fait suite, tympan avec effigie de saint Julien **(9)**.

La **chapelle du chevet** (13e s.) dédiée à la Vierge Marie est dotée d'un très bel ensemble de vitraux du 13e s., en particulier l'Arbre de Jessé **(10)**. Un **ensemble pictural★** (14e s.) d'une élégance et d'une finesse rares couvre les voûtes ; il représente le concert céleste : quarante-sept anges musiciens et chanteurs, rayonnants de lumière, de couleurs et d'harmonie. Parmi les 27 instruments de musique, un rarissime « échiquier », ancêtre (très) lointain du piano.

L'ÉMAIL PLANTAGENÊT
Cette superbe plaque de cuivre en émail champlevé, dite émail Plantagenêt (12e s.), représente Geoffroi Plantagenêt, comte d'Anjou et du Maine de 1129 à 1151, duc de Normandie en 1144, et père du futur roi d'Angleterre Henri II. Pièce unique provenant de la cathédrale, où elle ornait son tombeau aujourd'hui disparu, elle a quitté en 2009 le musée de Tessé pour rejoindre le nouveau musée d'histoire régionale du Mans : le Carré Plantagenêt.

À voir aussi Plans de la Cité Plantagenêt (p. 449) et du Mans (p. 454)

Carré Plantagenêt Cité Plantagenêt
R. Claude-Blondeau - ✆ 02 43 47 46 45 - www.lemans.fr - tlj sf lun. 10h-18h - fermé j. fériés - 4 € (-18 ans gratuit).
Depuis le paléolithique jusqu'au 15e s., ce musée d'Archéologie et d'Histoire relate le passé de la ville et de ses environs à travers des collections contenant plus de 1 000 objets. À la fois ludiques et scientifiques grâce à une scénographie moderne, cinq circuits chronologiques sont proposés : les temps préhistoriques (bel ensemble de pierres polies), la protohistoire (trésor gaulois), l'Époque gallo-romaine (céramiques, dépôt lapidaire…), le Haut Moyen-Âge (Suaire de Saint-Bertrand) et le Maine médiéval (trésor de Coëffort, **émail Plantagenêt★**). Maquettes, panneaux explicatifs et bornes interactives illustrent ce parcours également pensé pour les plus jeunes.

★ **Enceinte romaine** Cité Plantagenêt
Habilement restaurée, son mortier rose fit du Mans l'une des quatre villes rouges de France (avec Bourges, Limoges et Lyon). Construite à la fin du 3e s., elle arbore encore un périmètre de 1 300 m !

Pont Yssoir Cité Plantagenêt
Belle vue sur la cathédrale, la Cité Plantagenêt et l'enceinte romaine.
Après avoir traversé la Sarthe, gagnez à pied l'église romane N.-D.-du-Pré.

Église N.-D.-du-Pré Le Mans C1
✆ 02 43 28 52 69 - juil.-sept. : merc.-dim. 15h-18h ; oct.-juin : mar.-dim. 15h-18h.
C'est l'ancienne église abbatiale des bénédictines de St-Julien-du-Pré. À l'intérieur, chapiteaux et chœur romans.

Jardin d'horticulture Hors plan
R. de l'Éventail. Alphand, architecte-paysagiste des Buttes-Chaumont, du parc Montsouris et du bois de Boulogne à Paris, dessina en 1851 ce beau jardin (5 ha), pour partie à la française et pour partie à l'anglaise.

Église de la Visitation Le Mans C2
Pl. de la République. Construite d'après les plans d'une religieuse, cette ancienne chapelle de couvent du 18e s. se trouve désormais en plein centre animé du Mans. Remarquez le décor classique de son portique à colonnes corinthiennes et sa porte rocaille.

★ **Église N.-D.-de-la-Couture** Le Mans D2
22 r. Berthelot. Aujourd'hui située en pleine ville, à côté de la préfecture installée dans ses anciens bâtiments conventuels (18e s.), l'église appartenait au 10e s. à l'abbaye St-Pierre-de-la-Couture (culture). Celle-ci devait son nom aux

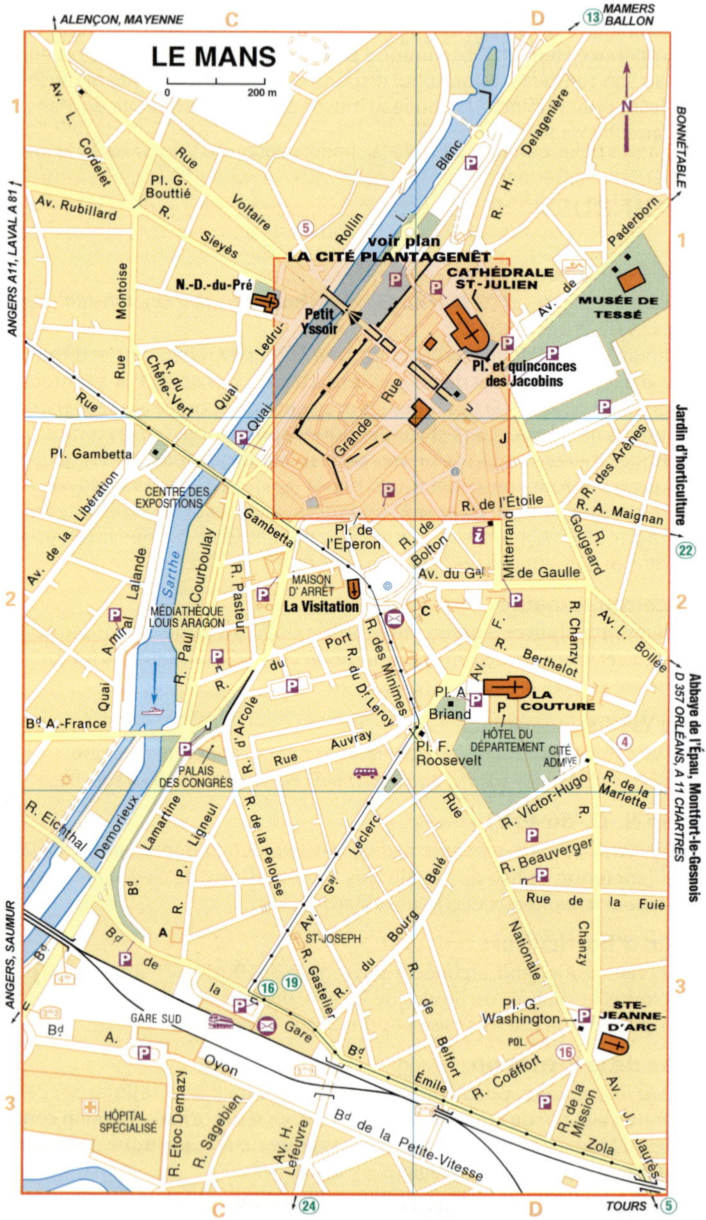
LE MANS
0
200 m
N
ALENÇON, MAYENNE
MAMERS BALLON
BONNÉTABLE
ANGERS A11, LAVAL A 81
Jardin d'horticulture
Abbaye de l'Épau, Montfort-le-Gesnois
D 357 ORLÉANS, A 11 CHARTRES
ANGERS, SAUMUR
TOURS
voir plan
LA CITÉ PLANTAGENÊT
CATHÉDRALE ST-JULIEN
MUSÉE DE TESSÉ
N.-D.-du-Pré
Petit Yssoir
Pl. et quinconces des Jacobins
Pl. G. Bouttié
Av. Rubillard
Av. L. Cordelet
Rue Voltaire
R. Sieyès
Rollin
Blanc
L.
R. H. Delagenière
Av. de Paderborn
Montoise
Rue
R. du Chêne-Vert
Quai Ledru-
Quai
Grande Rue
Pl. Gambetta
CENTRE DES EXPOSITIONS
Av. de la Libération
Gambetta
Pl. de l'Eperon
R. de Bolton
R. de l'Étoile
R. A. Maignan
R. des Arènes
R. Gougeard
Av. du Gal de Gaulle
Mitterrand
MAISON D'ARRÊT
La Visitation
Sarthe
Lalande
Quai Amiral
MÉDIATHÈQUE LOUIS ARAGON
R. Paul Courboulay
R. Pasteur
R. des Minimes
R. du Dr Leroy
Port du
R. Chanzy
Av. L. Bollée
R. Berthelot
Av. F.
Pl. A. Briand
LA COUTURE
HÔTEL DU DÉPARTEMENT
CITÉ ADMIVE
Pl. F. Roosevelt
Bd A.-France
PALAIS DES CONGRÈS
R. d'Arcole
Rue Auvray
R. de la Mariette
R. Victor-Hugo
R. Beauverger
Rue de la Fuie
R. Eichthal
Demorieux
Lamartine
Ligneul
R. de la Pelouse
Av. Gal Leclerc
Rue Belé
Bd R. P.
R. A.
Bd de la Gare
ST-JOSEPH
R. Gastelier
R. du Bourg
R. de Belfort
Nationale
Chanzy
Pl. G. Washington
STE-JEANNE-D'ARC
POL.
GARE SUD
Bd A. Oyon
Bd Émile Zola
R. Coëffort
R. de la Mission
Av. J. Jaurès
HÔPITAL SPÉCIALISÉ
R. Etoc Demazy
R. Sagebien
Av. H. Lefeuvre
Bd de la Petite-Vitesse
C
D
1
2
3
5
4
13
16
19
22
24

champs qui l'environnaient ; par la suite, le terme a curieusement glissé pour désigner le culte religieux.
La façade constitue l'aboutissement de quatre siècles de travaux : les deux tours gothiques sont de la fin du 13e s., le porche des 13e et 14e s. et la haute verrière du 14e s. Les apôtres terrassant les forces du Mal encadrent le portail ; au tympan, le Christ préside au Jugement dernier. Dans la cour céleste, les anges, les patriarches, les prophètes, les martyrs et les vierges.
La nef, très large, élevée à la fin du 12e s. en style Plantagenêt, est éclairée par d'élégantes baies géminées. Face à la chaire, ravissante **Vierge★★** en marbre blanc (1571), de Germain Pilon. Des panneaux peints au 16e s. par un abbé de la Couture ornent les arcades de la nef.
La crypte du 10e s., remaniée en 1838, comporte des colonnes et des chapiteaux préromans ou gallo-romains ; un chapiteau antique renversé sert de base à un pilier. À l'entrée est exposé le suaire oriental (6e ou 7e s.) de saint Bertrand, évêque du Mans et fondateur du monastère en 616.

★ **Église Ste-Jeanne-d'Arc** (ancien Hôtel-Dieu de Coëffort) Le Mans D3
14 r. Mangeard - ✆ 02 43 84 69 55 (M. le curé) - mai-sept. : dim. 15h-18h.
Derrière une façade unie percée d'un simple portail en plein cintre et de baies géminées s'ouvre une vaste salle à trois nefs d'égale hauteur, coiffées d'élégantes voûtes Plantagenêt portées par de hautes et fines colonnes à chapiteaux sculptés. Avant de devenir église paroissiale, ce beau bâtiment du 12e s. fut à l'origine la grande salle des Malades de l'hôpital fondé ici, d'après la tradition, en 1180 par Henri II Plantagenêt, époux d'Aliénor, en expiation du meurtre de son chancelier **Thomas Becket**.

9

★ **Musée de Tessé** Le Mans D1
2 av. de Paderborn - ✆ 02 43 47 38 51 - www.lemanstourisme.com - juil.-août : tlj sf lun. 10h-12h30, 14h-18h - 10 sept.-juin : tlj sf lun. 9h-12h, 14h-18h, week-end 10h-12h30, 14h-18h - fermé j. fériés - 4 € (-18 ans gratuit).
Cet ancien évêché bâti au 19e s. à l'emplacement de l'hôtel de la famille de Tessé contient une riche collection de peintures anciennes et d'archéologie.
Rez-de-chausée – La peinture italienne occupe une place privilégiée : retables à fond d'or des 14e et 15e s., délicieuse figure de sainte aux yeux bridés par le Siennois Pietro Lorenzetti, deux panneaux de coffre de mariage par le Florentin Pesellino… Willem Kalf *(La Nature morte aux armures)* illustre l'école flamande.
La peinture classique est aussi superbement représentée : Philippe de Champaigne (sa célèbre *Vanité*), Georges de La Tour *(Saint François en extase)*, Nicolas Tournier *(Réunion de buveurs)*. John Constable, Géricault et le Normand Jean-Jacques Monanteuil (19e s.), tout comme Roger de la Fresnaye et Maurice Loutreuil, pour le 20e s., complètent la collection
Sous-sol – Les **collections égyptiennes** comportent, entre autres : momie (750 av. J.-C.), barque (1950 av. J.-C.), objets funéraires, bijoux…
1er étage – Outre les toiles des Écoles du Nord, une salle entière est consacrée au *Roman comique* de Scarron : un portrait de l'auteur, des tableaux de Coulom, des gravures d'Oudry et de Pater illustrent les aventures burlesques créées par cet esprit brillant et plein de verve.
Le **2e étage** est réservé aux expositions temporaires.

Musée Vert – Véron-de-Forbonnais Hors plan
204 av. Jean-Jaurès - ✆ 02 43 47 39 94 - www.ville-lemans.fr - ♿ - tlj sf sam. 9h-12h, 14h-18h, dim. 14h-18h - fermé j. fériés - 2,80 € (-18 ans gratuit).

Les 24 Heures du Mans

QUELQUES GRANDES DATES

1923 – Première édition des 24 Heures remportée par Lagache et Léonard sur une Chenard et Walcker; 2 209,536 km à la moyenne de 92,064 km/h.

1971 – Sur le circuit de 13,469 km, H. Marko et G. Van Lennep parcourent 5 335,313 km sur Porsche 917 à la moyenne de 222,304 km/h; Siffert, aussi sur Porsche 917 effectue, le meilleur tour à la moyenne de 243,905 km/h.

1991 – Le circuit est doté de nouvelles installations le plaçant au premier rang des réalisations de ce type. La firme Mazda (première victoire d'une firme japonaise et d'un moteur rotatif) entre dans l'histoire.

1993 – Victoire historique de Peugeot : 3 voitures au départ, 3 voitures à l'arrivée, 3 voitures aux 3 premières places! Avec, en prime, le nouveau record de la distance sur le circuit : 5 100 km à 213,358 km/h de moyenne.

1998 – Le Britannique Alan McNish, les Français Laurent Aïello et Stéphane Ortelli savourent la 16e victoire de Porsche. Leur GT1 a parcouru 351 tours (4 723,78 km) à la vitesse moyenne de 199,32 km/h.

2008 – 9e victoire consécutive pour Audi.

2009 – 3e victoire de Peugeot qui fait un doublé avec les 908 HDI-FAP.

2011 – Audi renoue avec la victoire en 2010 et confirme l'année suivante.

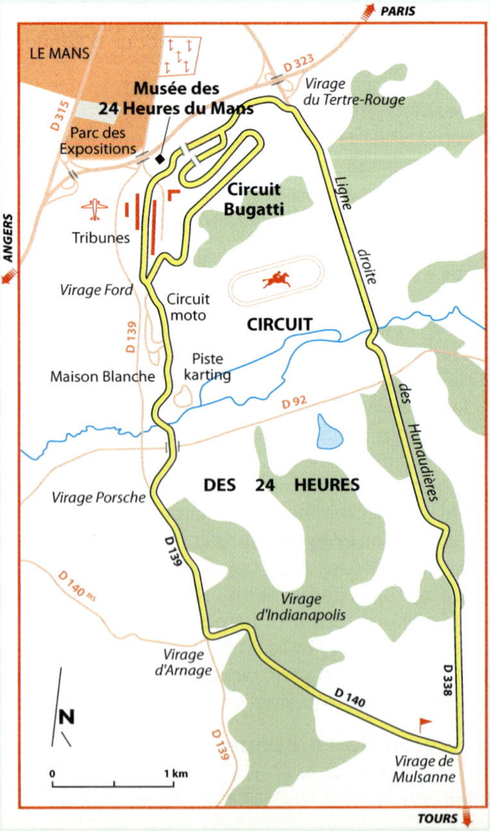

Course de nuit aux 24 heures du Mans.
S. Rabany / photononstop

Gustave Singher et Georges Durand lancèrent en 1923 la première épreuve d'endurance du Mans, qui allait devenir un événement sportif de retentissement mondial et un banc d'essai formidable pour l'automobile de série. Les difficultés du circuit et la durée de la course mettent à l'épreuve la solidité des machines et l'endurance des pilotes.
Le circuit a été considérablement amélioré depuis le tragique accident survenu en 1955 à la Mercedes de Levegh (83 morts et 100 blessés).

LE CIRCUIT

Long de 13,6 km, il s'amorce au virage du Tertre-Rouge sur la D 338. La route, large de 10 m environ, est jalonnée de repères kilométriques. Les courbes en S de la route privée, les virages en épingle à cheveux de Mulsanne et d'Arnage constituent les points les plus marquants du parcours, théâtre des « 24 Heures ».
Depuis 1972, le tracé permet au public de suivre la course sur 4 km. Le spectacle est inoubliable, vu des tribunes ou des prés et des bois de pins qui jalonnent le circuit ; le vrombissement des moteurs, le sifflement des bolides lancés à plus de 350 km/ h sur les Hunaudières, les odeurs de gaz brûlés se mêlant aux senteurs des résineux et, la nuit, les faisceaux des phares, attirent chaque année des milliers d'amateurs.

Les autres courses

L'Automobile-Club de l'Ouest organise également, chaque année, les 24 Heures du Mans moto, les 24 Heures du Mans camions et, régulièrement, le Grand Prix de France moto.

SILENCE ! ON TOURNE !

Lors des 24 Heures 1970, l'acteur **Steve Mc Queen** était la vedette du film *Le Mans*. Mais ses assureurs lui interdirent de prendre le volant d'un bolide. Les scènes de course furent réalisées par des pilotes officiellement inscrits dans l'épreuve, sur une Porsche équipée de trois caméras.

Ce riche musée accueille dans une ancienne école du 19e s. des collections de minéralogie, paléontologie, entomologie, botanique et ornithologie. Deux salles sont réservées aux enfants.

CIRCUITS AUTOMOBILES DE VITESSE

Au sud du Mans, entre la D 338 et la D 139. À l'entrée principale du circuit des « 24 Heures » (plan p. 456), sur la D 139, un souterrain donne accès au circuit permanent Bugatti et au musée.

Circuit permanent Bugatti

02 43 40 24 24 - www.lemans.org - avr.-sept. : 10h-19h ; oct.-mars : 10h-18h - 3,50 € - fermé j. de compétition.
Outre son école de pilotage, ce circuit (4,430 km) constitue un banc d'essai permanent utilisé par les écuries auto et moto de compétition dans le cadre de séances d'essais privés.

★★ Musée des 24 Heures - circuit de la Sarthe

Pl. Luigi-Chinetti - 02 43 72 72 24 - www.lemusee24h.com - ♿ - avr.-sept. : 10h-18h ; reste de l'année : 11h-17h - fermé 1er janv., 25 déc. - 8 € (10-18 ans 6 €).
La muséographie développe la genèse des 24 Heures du Mans et présente **110 véhicules** dans un décor résolument moderne et pédagogique. Maquettes et vidéo à l'appui, des vitrines retracent la saga de l'automobile depuis plus d'un siècle. Plusieurs **voitures victorieuses** : la Bentley de 1924, la Ferrari de 1949, la Matra de 1974, la Rondeau de 1983, la Jaguar de 1988, la Mazda de 1991, la Peugeot de 1992…

À proximité Carte de microrégion p. 444-445

★ Abbaye de l'Épau C3

4 km à l'est par l'av. Léon-Bollée et à droite la rocade passant au-dessus de la voie ferrée, puis suivez les flèches - rte de Changé. 02 43 84 22 29 - www.centre-culturel-de-la-Sarthe.com - mai-oct. : 9h-12h, 14h-18h ; reste de l'année : tlj sf lun.-mar. 10h-12h, 14h-17h - possibilité de visite guidée w.-end en juil.-août - fermé janv.-fév., 25 déc. - 2,30 € (enf. 1,50 €), visite guidée 1,50 €.
Cette **abbaye cistercienne** se dresse dans un site champêtre au bord de l'Huisne. Elle fut fondée en 1229 par la **reine Bérengère** (veuve de Richard Cœur de Lion), qui y termina ses jours. Incendiée pendant la guerre de Cent Ans, l'abbaye fut en partie reconstruite à partir de 1400.
Autour du cloître : à droite, le **réfectoire** avec les arcatures du lavabo. En face, le bâtiment des moines, comprenant le **scriptorium**, et la **salle capitulaire** ; le 1er étage abrite le **dortoir**, couvert d'une voûte de bois.
L'**église**, construite aux 13e et 14e s., a été reprise au début du 15e s. : de cette époque date l'immense verrière du chœur, délicatement sculptée ; remarquez son chevet plat et les trois chapelles orientées qui ouvrent sur chaque bras du transept ; dans le bras droit, à l'entrée de la sacristie, les chapiteaux carrés sont décorés de feuilles d'eau.
En mai, **Festival de l'Épau**, fort apprécié des mélomanes.

L'Arche de la Nature C3

Accès bus ligne 12 arrêt Espal - 16 av. François-Mitterrand - 72000 Le Mans - 02 43 50 38 45 - www.arche-nature.org - visite de la Maison de l'eau 2 € (- 2 ans gratuit).

Un vaste espace naturel de 450 ha où l'on a préservé tous les paysages représentatifs de la région : rivière, forêts, bocage, etc. La Ferme de la prairie et la Maison de l'eau en sont les deux pôles d'attraction. Également des activités sportives : randonnée pédestre, VTT, parcours santé… Une dizaine de manifestations s'y tient de mars à novembre (fête du Cochon, fête du miel, fête de la forêt…).

Montfort-le-Gesnois C2

15 km à l'est du Mans par l'av. Léon-Bollée et la D 323, puis la D 83 à gauche.

Proche de **Connerré**, petite ville célèbre pour ses rillettes, Montfort, issue de la fusion de Pont-de-Gennes et de Montfort-le-Rotrou, occupe un site paisible développé à partir du pont romain. Le **pont** du 15e s., étroit et coudé, paré de blocs de grès, franchit l'Huisne élargie coulant au milieu des arbres. Vue sur l'église St-Gilles du 13e s., le moulin couvert de vigne vierge et environné de saules pleureurs, le barrage où culbutent les flots de la rivière.

Bois de Loudon C3

18 km à l'est/sud-est par l'av. Jean-Jaurès, la D 304, puis à gauche la D 145E et, encore à gauche, la D 145.

Plusieurs chemins forestiers s'engagent dans ce bois de résineux au sol sablonneux, couvert en septembre d'un somptueux manteau de bruyères.

9

★ Jardins du manoir de la Massonnière A3

35 km à l'ouest à St-Christophe-en-Champagne, par l'A 11 sortie 9 Le Mans-sud, puis D 22 - 02 43 88 61 26 - 3 juin-sept. : sam. 13h-19h, dim. et j. fériés 11h-13h, 14h-18h - 5 € (-15 ans gratuit).

Autour d'un séduisant manoir des 15e et 17e s., ces jardins, inspirés par les impressionnistes, déploient couleurs, parfums et topiaires, arbres et arbustes taillés en pièces d'échecs. Jardins de vivaces, fruitiers, parc à la française, potager et parc à l'anglaise composent une remarquable harmonie.

★ Jardins du Mirail B3

23 km à l'ouest, à Crannes-en-Champagne, par l'A 11, sortie 9 Le Mans-sud, puis la D 22. 02 43 88 05 50 - ♿ - déb. juin-mi-sept. : merc.-dim. 13h-19h - 5 € (-14 ans gratuit).

Créés en 1987, les jardins du Mirail entourent un château du 16e s. édifié à flanc de coteau. Une élégante perspective répartit les chambres de verdure abritant les vivaces et une centaine de variétés de rosiers.

NOS ADRESSES AU MANS

TRANSPORTS

Ligne des Ducs/chemin de fer à vapeur de la Sarthe – *La Gare - 72160 Beillé - 02 43 89 00 37 - www.transvap.fr - juil.-août : dim. et j. fériés.* Autorails anciens et train à vapeur *(hor : se rens.)*. De Beillé *(28 km au nord-est)* à Bonnétable.

HÉBERGEMENT

PREMIER PRIX

Hôtel-Motel Papéa – *D 314 - Bener - 72530 Yvré-l'Évêque - 02 43 89 64 09 - www.hotellemanspapea.fr - fermé 1 sem. en août et 24 déc. - 1er janv. -* P *- 21 ch. 35/65 € - 6 €.* Ceux qui recherchent un hébergement un peu atypique apprécieront cet établissement, à mi-chemin entre le camping et le motel : 21 chalets disséminés dans un parc arboré de 3 ha. Aménagements intérieurs fonctionnels, terrasse et abri pour les voitures… Idéal pour les familles.

BUDGET MOYEN

Hôtel Le Commerce – *41 bd de la Gare - ✆ 02 43 83 20 20 - 31 ch. 54/65 € - ☕ 7 €.* Cet hôtel qui se trouve à proximité de la gare bénéficie d'une isolation phonique très efficace. Chambres fonctionnelles rénovées à la tenue irréprochable.

Chambre d'hôte Mme Bordeau Marie-Claire – *Le Monet - 72190 Coulaines - ✆ 02 43 89 45 56 - levaldumonet.midiblogs.com - P - 🚫 - 2 ch. 59/79 €.* La campagne à quelques kilomètres de la ville. Cette petite maison de pays entièrement rénovée a gardé son cachet d'origine, tout en se dotant du confort actuel. Jardin soigné et arboré.

Chambre d'hôte Le Petit Pont – *3 r. du Petit-Pont - 72230 Moncé-en-Belin - ✆ 02 43 42 03 32 - www.latourdesplantes.com - P - 6 ch. 60 € - ✗ 20/25 €.* Charmant accueil en cette maison située sur une ancienne exploitation agricole. Les chambres, réservées aux non-fumeurs, occupent presque toutes un bâtiment indépendant. Elles sont simples mais bien équipées. Table d'hôte.

Hôtel Émeraude – *18 r. Gastelier - ✆ 02 43 24 87 46 - www.hotel-emeraude-le-mans.com - P - 33 ch. 68/75 € - ☕ 7,80 €.* On vous réserve un accueil chaleureux dans cet hôtel proche de la gare. Chambres aux tons pastel. L'été, les petits-déjeuners sont servis dans la cour intérieure fleurie.

Hôtel Mercure Batignolles – *17 r. de la Pointe - ✆ 02 43 72 27 20 - www.mercure.com - P - 68 ch. 70/105 € - ☕ 12 €.* Établissement abritant des chambres actuelles, pratiques, bien tenues (plus calmes sur l'arrière). Jardin avec minigolf.

POUR SE FAIRE PLAISIR

La Demeure de Laclais – *4 bis pl. du Cardinal-Grente - ✆ 02 43 81 91 78 - www.lademeuredelaclais.fr - 3 ch. 110/135 € ☕.* Des tons rouges, bruns et lavande habillent les murs de cette demeure bourgeoise (1700) sise face à la cathédrale et autrefois rattachée à l'évêché voisin : la suite La Tourelle en a conservé de remarquables vestiges (vitraux et chapelle en guise de chambre). Terrasse privative dans la suite Bérangère. Chambre Cyrano moins onéreuse. Vue sur le jardin ou la cathédrale. Excellent petit-déjeuner.

RESTAURATION

PREMIER PRIX

L'Épicerie du Pré – *31 r. du Pré - ✆ 02 43 23 52 51 - mar.-sam. 12h-2h - 8/15 €.* Café cantine bohème et bio dans une maison du 16e s. de la rive droite, hors des sentiers battus. Lectures, débats, concerts… le petit monde associatif du Mans en a fait son repaire culturel ! Aux beaux jours, divine terrasse dans le jardin, pour s'éterniser devant un jeu de société ou un bouquin après une salade, une soupe ou une tartine.

Le Pré-Carré – *2 r. Claude-Blondeau - ✆ 09 53 61 83 73 - 10h-18h - fermé lun. - formule 10,50 €.* Bon marché et convivial, le café-restaurant du Carré Plantagenêt conclut la visite à merveille : plats terroirs, sandwichs et, pour les plus jeunes, cahiers de coloriage.

BUDGET MOYEN

La Ciboulette – *14 r. de la Vieille-Porte - ✆ 02 43 24 65 67 - fermé 24 août-8 sept. - formule déj. 13 € - 23/32,50 €.* Couleur rouge dominante et atmosphère bistrot composent le cadre feutré de ce restaurant occupant une maison médiévale du vieux Mans. Cuisine traditionnelle.

Le Grenier à Sel – *26 pl. de l'Éperon – ✆ 02 43 25 26 30 - www.restaurant-le-grenier-a-sel.fr - fermé 16 fév.-1er mars et 18 août-12 sept. - 24/60 €.* En plein centre-ville, à l'entrée de la Cité Plantagenêt, cet ancien grenier à sel propose aujourd'hui une cuisine actuelle. Cadre moderne et mise en place soignée, bon accueil.

La Maison d'Élise – *8 r. du Doyenné - ✆ 02 43 47 85 11 - www.restaurant-lamaisondelise.fr - fermé 15 juil.-15 août, 15-28 fév., dim. et lun. - formule déj. 20 € - 30/58 €.* Beau mobilier design à l'intérieur et terrasse au calme. Formule à midi et carte dans l'air du temps.

UNE FOLIE

Le Beaulieu – *Pl. des Ifs - ✆ 02 43 87 78 37 - www.restaurantlebeaulieu.com - fermé août, sam., dim. et j. fériés - 40/89 €.* Style contemporain et tonalités noir et or composent le cadre de ce restaurant proposant une appétissante cuisine au goût du jour : saint-jacques en hiver, ris de veau braisé aux truffes aux beaux jours.

PRENDRE UN VERRE

La Panetière – *32 av. François-Mitterrand - ✆ 02 43 24 93 90 - tlj sf dim. 7h-20h - fermé 1 sem. en fév. et août.* On cuit toute la journée les différents pains dans le four à bois. La flûte Gana, le pain de campagne et le seigle long sont particulièrement prisés des clients. Les pains aux abricots, aux figues, aux noix ou aux noisettes et les viennoiseries peuvent se déguster dans l'espace restauration.

ACHATS

À la Rouelle de Veau – *15 r. du Dr-Leroy - ✆ 02 43 28 30 45 - tlj sf dim. 8h-12h45, 15h-19h, lun. 8h-12h30 - fermé 3 sem. fin juin-déb. juil.* Dans leur magasin typique des années 1950, M. et Mme Harel proposent des charcuteries traditionnelles maison : boudin noir, andouillette, langue de bœuf, saucisses, rillons, etc. Le produit phare ? Les rillettes, bien sûr, présentées sous forme de pains aux morceaux maigres plus ou moins gros afin de satisfaire les goûts de chacun.

Reignier – *19 r. de Bolton - ✆ 02 43 24 02 15 - www.warain-reignier.com (vente en ligne) - tlj sf dim. et lun. 9h-19h - fermé j. fériés.* La maison Reignier propose des grands crus (60 000 bouteilles en cave), des thés et des cafés maison haut de gamme, de l'épicerie fine et des spécialités régionales.

EN SOIRÉE

La Péniche Excelsior – *ZA La Raterie - 72700 Allonnes - ✆ 02 43 83 42 25 - lexcelsior.fr* Amarée sur les bords de la Sarthe, la péniche Excelsior, malgré son nombre limité de places (99), propose, à un tarif modique, des concerts dédiés aux valeurs montantes de la musique actuelle, ainsi que des soirées électro, rock, hip-hop.

ACTIVITÉS

Promenade en calèche – *Pl. St-Michel - ✆ 06 76 32 43 42.* Faites résonner les pavés des ruelles de la cité Plantagenêt du pas de votre monture.

Cheval en Belinois – *La Gourdinière - Moncé-en-*

Belin - ✆ 02 43 42 56 92 - www.chevalenbelinois.fr - 30 € (à partir de 9 ans). Balades à cheval au cœur d'une foret de pins, où cohabitent chevreuils, biches et sangliers.

AGENDA

Bon à savoir – Pour les 24 Heures du Mans auto, les plus populaires, les réservations pour les places assises *(62/102 €, en sus de l'entrée)* ou les places de camping, commencent un an à l'avance. Sans réservation, vous pourrez toujours assister à la course *(62 €, valable 1 sem. pour les entraînements et visites d'écuries ; -16 ans gratuit).* Chaque année, un service de logement chez l'habitant est mis en place par l'office de tourisme.

24 Heures du Mans – Autos : juin ; motos : sept. ; camions : oct. - réserv. auprès de l'office de tourisme.

Europa Jazz Festival – *Avr.-mai.* Festival international de jazz.

Festival de l'Épau – *Mai.* Musique classique à l'abbaye de l'Épau - *www.festivaldelepau.com.*

Grand Prix de France moto – *Mai.*

Le Mans Classic – *Juil. des années paires.* Course d'automobiles ayant concouru entre 1923 et 1979.

Nuit des Chimères – *Juil.-août.* Le Mans illuminé : personnages historiques ou imaginaires, allégories et créatures légendaires défilent sur les monuments de la ville. Spectaculaire !

Sablé et la vallée de la Sarthe

12 602 Saboliens – Sarthe (72)

NOS ADRESSES PAGE 466

S'INFORMER

Office de tourisme – *R. du Château - 72300 Sablé-sur-Sarthe - ✆ 02 43 95 00 60 - www.tourisme.sablesursarthe.fr - juin-sept. : 9h30-12h30, 14h-18h, dim. et j. fériés 10h15-12h15 ; reste de l'année : lun.-vend. 9h30-12h30, 14h-17h30, sam. 10h-12h, 14h30-17h30 - fermé j. fériés.*

Visite guidée aux flambeaux – *« Sablé au clair de Lune » - juil.-août : merc. 20h30 devant l'office de tourisme - réserv. obligatoire - 3 €.*

Promenades en calèche – *St-Denis-d'Anjou - ✆ 02 43 70 64 10 (M. Lefebvre) - sur réservation.*

SE REPÉRER

Carte de microrégion A3 (p. 444) – *Carte Michelin Départements 310 G7.* À mi-chemin entre Le Mans (à 55 km au nord-est) et Angers (62 km au sud-ouest).

À NE PAS MANQUER

Les peintures murales d'Asnières-sur-Vègre et d'Auvers-le-Hamon ; les chants grégoriens de l'abbaye de Solesmes.

Le cloître de l'abbaye de Solesmes.
R. Manin / hemis.fr

ORGANISER SON TEMPS

Amateurs de chants grégoriens, renseignez-vous sur les horaires des offices. Comptez 30mn pour la ville, 2h30 pour les alentours.

AVEC LES ENFANTS

Fin juillet, le festival Rock Ici Mômes dans le parc du château.

Sablé, c'est d'abord un cœur de ville aux belles façades 18e s., que domine l'auguste château des Colbert. Située au confluent de la Vaige, de l'Erve et de la Sarthe, partez à la découverte de sa campagne, des peintures d'Asnières et de la vallée de la Sarthe, propice à d'agréables croisières… Puis laissez-vous surprendre par les chants grégoriens de l'abbaye de Solesmes.

Se promener

Le château des Colbert – *Ne se visite pas.* Dominant la ville, il est aujourd'hui occupé par les ateliers de restauration et de reliure de la Bibliothèque nationale de France. Colbert de Torcy, neveu du grand ministre de Louis XIV, le fit construire en 1711, donnant ainsi un visage nouveau à Sablé : l'hôpital et de nombreuses maisons datent de cette époque.

L'aménagement de la **place Raphaël-Élizé** a mis en valeur un bel ensemble architectural du 19e s. *(rue Carnot)*.

Le **port**, sur la Sarthe canalisée, recevait autrefois des péniches de sable venant de la Loire. Celui-ci a tout naturellement donné son nom à la ville qui en assurait le transit fluvial.

LE « SABLÉ DE SABLÉ »

Il naquit en 1923 avec M. Étienne, pâtissier de la ville, qui prouva là son sens de la formule publicitaire. Mais nul ne sait d'où est originaire ce biscuit au beurre et aux œufs.

Il accueille aujourd'hui les pénichettes réservées à la location, ainsi que le *Sablésien II* (*« Activités » p. 468*).

À proximité Carte de microrégion p. 444-445

Auvers-le-Hamon A3

8,5 km au nord par la D 24. Dans l'**église**, des **peintures murales** (15e-16e s.), très réalistes, figurent des saints et martyrs vénérés dans la région : à droite, saint Mamès qui tient ses entrailles, saint Martin à cheval, saint Cénéré en cardinal, saint Eutrope, saint André sur sa croix, saint Luc assis sur un bœuf… ; à gauche, une danse macabre, saint Avertin, sainte Apolline, dont les dents sont arrachées par ses bourreaux, saint Jacques et le sacrifice d'Isaac.

Circuit conseillé Carte de microrégion p. 444-445

FLÂNERIES EN VALLÉE DE LA SARTHE AB3

Comptez environ 4h. La Sarthe déroule paisiblement ses méandres parmi les beaux paysages du Maine angevin. Navigable jusqu'au Mans, elle est doublée de canaux latéraux. Les bois alternent avec les prairies et les cultures de céréales, de pommes de terre, de primeurs.

Sortez de Sablé par la D 138 (r. Aristide-Briand).

Solesmes A3

3 km au nord-est en prenant la jolie D 22. Du pont et de la rive droite de la Sarthe, vous aurez une **vue★** impressionnante sur l'abbaye, sombre muraille de 50 m de hauteur construite à la fin du 19e s. en style romano-gothique. Les bâtiments se reflètent dans les eaux de la rivière ; un prieuré du 18e s., moins imposant mais plus gracieux, les prolonge.

★ **Abbaye St-Pierre** – *Seule l'église abbatiale (au fond de la cour d'honneur) se visite.* Cette **église**, constituée d'une nef et d'un transept anciens (11e-15e s.), fut prolongée en 1865 par un chœur à voûtes bombées. Dans le transept, admirables groupes sculptés, les **saints de Solesmes★★** : au nord, « la belle chapelle » mariale du 16e s. abrite un remarquable ensemble sculpté évoquant la vie de la Vierge. Il fait pendant à la Mise au tombeau du bras sud (1496).

Juigné-sur-Sarthe A3

Son promontoire verrouille la vallée de la Sarthe. Cette localité recèle des maisons des 16e et 17e s. et le château du 18e s. des marquis de Juigné. De la place de l'église, vue plongeante sur la Sarthe et l'abbaye de Solesmes.

★ Asnières-sur-Vègre A3

6,5 km au nord-est par la D 22.

Pont – Ouvrage médiéval, en dos-d'âne. **Vue★** charmante sur la rivière, le vieux moulin ombragé aux installations encore intactes, et un élégant manoir à lucarnes et tourelle, rive droite.

Près du moulin, le château du Moulin-Vieux date des 17e et 18e s.

Église – À l'intérieur, on découvre un superbe ensemble de **peintures murales★** gothiques, plein de fraîcheur naïve, d'audace et d'invention (du 13e s. dans la nef, du 15e s. dans le chœur). La plus célèbre se trouve au revers du pignon ouest : elle figure l'Enfer. À gauche, le Christ s'apprêtant à délivrer les âmes enfermées dans les limbes attaque à la lance le Cerbère à trois

SOLESMES ET SES CHANTS

Fondé en 1010 par un seigneur de Sablé, le prieuré bénédictin de Solesmes, desservi par les moines de St-Pierre-de-la-Couture au Mans, connut un essor rapide. Ruiné à la Révolution, il fut rétabli en 1833 par un prêtre originaire de Sablé, dom Guéranger, et élevé en 1837 au rang d'abbaye-chef d'ordre de la congrégation de France de Saint-Benoît. Le nom de Solesmes est bien sûr lié au mouvement de rénovation du chant grégorien en France. Les **offices**, auxquels le public est admis, permettent d'apprécier l'exceptionnelle pureté de la liturgie bénédictine.

têtes; au centre, la gueule du Léviathan engloutit des damnés; enfin, un chaudron, où des démons à tête de chien brassent des réprouvés, parmi lesquels on reconnaît à son béguin la châtelaine, et à sa mitre l'évêque. Le cycle du Nouveau Testament est évoqué sur les parois de la nef et du chœur. Sur le mur gauche de la nef, trois scènes représentent l'Adoration des Mages, la Présentation au Temple et la Fuite en Égypte. Dans le chœur, on reconnaît le Baptême du Christ, la Flagellation et la Crucifixion.

Cour d'Asnières – À quelques pas de l'église, ce grand bâtiment gothique, allongé, a de jolies fenêtres géminées. Les chanoines du Mans, seigneurs d'Asnières, y exerçaient leurs droits seigneuriaux, d'où le nom de « cour ».

Jardin Mosaïque – *La Salle, route de Poillé - ✆ 02 43 92 52 35 - www.lejardinmosaique.com - de mai à mi-oct. : merc.-dim. 10h-12h, 14h-19h.* À la sortie nord du village, sur la D 190, ce jardin écologique de 2,5 ha abrite plusieurs centaines de variétés de fleurs vivaces, composant un tableau bucolique et sauvage où évoluent d'innombrables papillons. Belle collection de rosiers anciens.

Prenez la D 57 vers le sud.

À l'entrée d'Avoise, remarquez la Perrigne de Cry, manoir du 16e s. *(propriété privée)* surplombant la rivière.

Parcé-sur-Sarthe A3

Ravissant petit bourg avec son moulin au bord de la rivière, Parcé s'étage autour d'un clocher roman. À l'entrée du village, le cimetière, piqueté de cyprès, encadre sa chapelle surmontée d'un clocher-pignon.

Prenez la D 8 vers Malicorne-sur-Sarthe.

Malicorne-sur-Sarthe B3

Malicorne baigne ses pierres au ras de l'eau. Du pont, vue charmante sur un moulin et les rives plantées de peupliers.

L'**église**, du 11e s., abrite le gisant d'un seigneur de Chaource, une pietà *(croisillon droit)* et, sur le mur gauche de la nef, une jolie piscine (petite cuve destinée à recevoir l'eau qui a servi aux sacrements) du 16e s.

Non loin de la rivière, dans un beau parc, le **château** avec tourelles et toits à la Mansart (17e s.) appartenait à la marquise de Lavardin. Mme de Sévigné aimait y résider.

Malicorne Espace Faïence – *R. Victor-Hugo - ✆ 02 43 48 07 17 - www.espace-faience.fr - ♿ - de Pâques au 1er nov. : 10h-19h; reste de l'année : tlj sf mar. 10h-12h30, 14h30-18h30 - possibilité de visite guidée (3h) - 6 € (-7 ans gratuit).* Consacré à la prestigieuse spécialité locale, cet espace est implanté sur le site de l'ancienne manufacture Chardon dont certains bâtiments ont été rénovés; l'art de la faïence – ses usages et ses créations – y est évoqué à l'aide d'une intéressante mise en scène muséographique et d'ateliers qui permettent d'apprécier le savoir-faire des potiers.

À la sortie est du bourg vers Mézeray, les **Faïenceries d'art** sont encore en activité ; elles produisent les « ajourés » de Malicorne – fameux pichets à secret – et, surtout, des reproductions de faïences anciennes. *18 r. Bernard-Palissy - ✆ 02 43 94 81 18 - www.faiencerie-malicorne.com - ♿ - visite guidée ateliers et musée (45mn) - avr.-sept. : tlj sf lun., dim. et j. fériés 9h-11h, 14h-16h45, sam. 9h-11h, 14h-15h45 - 4,80 € (enf. 3 €).*

Prenez la D 41 vers le nord.

Noyen-sur-Sarthe B3

Ce village s'étage sur les bords de la Sarthe, large en cet endroit et doublée par un canal. Du pont, très jolie **vue** sur le barrage, le moulin, l'« île des peupliers », un fouillis de jardinets et de toits, la plage et une seconde île.

Pirmil B3

4 km au nord de Noyen par la D 69.

L'**église** romane, épaulée de contreforts, possède des chapiteaux finement sculptés. Aux retombées des voûtes d'ogives : saint Étienne, saint Michel, un évêque, un prêtre et… une tête grotesque.

Revenez jusqu'à la Sarthe et prenez la direction de St-Jean-du-Bois.

La D 229 passe devant le château de la Houssaye, de style « troubadour », offrant quelques échappées sur la Sarthe, avant l'intersection de la D 79 qui conduit, à travers bois, à Fercé.

Fercé-sur-Sarthe B3

Jolies vues du pont et de la route qui monte à l'église.

Rebroussez chemin et entrez dans La Suze.

La Suze-sur-Sarthe B3

Du pont, beau coup d'œil sur la Sarthe, les restes du château (15e s.) et l'église.

Quittez La Suze par la D 51 qui se dirige vers Fillé.

Fillé B3

L'**église**, sur la rive de la Sarthe, abrite une grande Vierge peinte (fin du 16e s.). Son aspect vernissé date de l'incendie d'août 1944. *Visite sur demande au 02 43 87 14 10.*

Continuez sur la D 51.

Spay B3

Dans cette **église** romane (9e-12e s.), voyez le beau retable (1773) et la très élégante Vierge à l'Enfant, du 14e s., ainsi qu'une précieuse pyxide (petite boîte sphérique en métal précieux dans laquelle on plaçait l'eucharistie) de 1621.

Revenez à Sablé par la D 309.

NOS ADRESSES DANS LA VALLÉE DE LA SARTHE

HÉBERGEMENT / RESTAURATION

PREMIER PRIX

Village Vacances nature et jardin – *53290 Bouère - ✆ 02 43 06 08 56 - www.vacances-nature-jardin.fr - ♿ - P - réserv. conseillée - 11 chalets pour 7 pers. - 75/420 €.* Village de 11 chalets (dont 1 aménagé pour personnes à mobilité réduite) en bois implanté au cœur d'un village fleuri et au bord d'un plan d'eau de 2 ha. Chaque chalet dispose d'une cheminée et d'un local privatif permettant de ranger vélos et matériel de pêche.

Hôtel Aster – *Rte de la Flèche - ✆ 02 43 92 28 96 - ♿ - P - 30 ch. 42/55 € - ☕ 6 € - ✕ 13/15 €.* Hôtel indépendant proche du centre de Sablé. Les chambres sont fonctionnelles et pourvues de salles de bains bien équipées. Au restaurant, décoration et ambiance provençales et cuisine traditionnelle à prix doux. Accueil aussi professionnel que sympathique.

BUDGET MOYEN

Chambre d'hôte La Ferme Chauvet – *« Chauvet » - 72430 Chantenay-Villedieu - ✆ 02 43 95 77 57 - www.fermechauvet.fr - ♿ - P - ⊠ - 5 ch. 50 € - ✕ 20 €.* Avec ces espaces fleuris et le petit bassin, ses poissons rouges et ses plantes aquatiques, on aurait presque du mal à se croire à la ferme. Les 5 chambres, dont 3 indépendantes avec chacune une petite terrasse, offrent tout le confort à un prix dérisoire. Deux roulottes sont désormais ouvertes à la réservation *(90 €)*. Table d'hôte familiale avec les produits du terroir.

Chambre d'hôte Le Fresne – *« Le Fresne » - 72300 Solesmes - ✆ 02 43 95 92 55 www.lefresne.com - P - ⊠ - 3 ch. 50/55 € + 15 € par pers. sup. - ✕ 25 €.* Retrouvez les plaisirs de la vie à la ferme au cœur de 130 ha de champs et de verdure. Les chambres, pleines de caractère, ont été aménagées de plain-pied dans un bâtiment annexe. Mise en valeur par un service en faïence de Malicorne, la table d'hôte doit aussi sa saveur aux produits de l'exploitation. Jolie piscine.

La Botte d'Asperges – *49 r. Nationale - 72230 Guécelard - ✆ 02 43 87 29 61 - fermé 3e sem. de mars, 3 sem. en août, dim. soir et lun. sf fériés - 15,60/52 €.* Ancien relais de poste au centre du village. Recettes de tradition avec les fameuses asperges locales (en saison) dans une salle ornée de fresques et de tableaux à motifs floraux.

Auberge du Rallye – *13 r. des Gesleries - 72210 Fillé-sur-Sarthe - ✆ 02 43 87 40 40 - www.aubergedurallye.com - fermé dim. soir, lun. soir, mar. soir et merc. - ♿ - P - formule déj. 13 € - 24/42 €.* Une adresse idéale pour se restaurer dans un cadre contemporain décoré avec goût, à l'écart du tumulte de la ville. Le chef prépare une appétissante cuisine du marché et un menu du jour à déguster, aux beaux jours, sur l'agréable terrasse ombragée. Membre des « 19 bonnes tables sarthoises ».

POUR SE FAIRE PLAISIR

Ricordeau – *13 r. de la Libération - 72540 Loué - ✆ 02 43 88 40 03 - fermé 2 sem. en nov. et 2 sem. en fév., dim. soir, lun. et mar. 27/56 €.* Aux beaux jours, installez-vous sur l'agréable terrasse de cet ancien relais de poste, dressée dans le parc, au bord de la Vègre. Salle à manger bourgeoise et cuisine actuelle.

ACHATS

La Maison du Sablé – *38 pl. Raphaël-Elizé - ✆ 02 43 95 01 72.* C'est tout le petit monde du sablé qui s'offre à vous dans cette avenante boutique à la façade vert d'eau de style Art déco et aux murs cassis. Le biscuit rond et doré est toujours fabriqué artisanalement selon la recette de 1932 dont la maison est dépositaire. Goûtez également le Croq'Amours, meringue légère aux amandes et noisettes entières, aromatisée au chocolat, au café ou à la vanille.

ACTIVITÉS

Croisières Saboliennes –*Quai National - ✆ 02 43 95 93 13 - www.sablesien.com* Les croisières organisées sur le bateau Sablésien II (74 pers. maxi) peuvent être accompagnées d'un repas et leur durée évolue en fonction du parcours choisi… Une façon originale de découvrir les beaux paysages de la Sarthe.

Anjou Navigation – *Quai National - ✆ 02 43 95 14 42 - www.anjou-navigation.fr* De deux jours à une semaine, grand choix de croisières sur la Sarthe.

Le Lutin Suzerain – *R. du Port - 72210 La Suze-sur-Sarthe - ✆ 02 43 84 13 13 - www.le-lutin-suzerain.com* Bateau-promenade.

Spaycific'zoo – *Jardin des oiseaux - 72700 Spay - ✆ 02 43 21 33 02 - www.zoospay.com - fév.-mars et oct.-nov. : merc. et w.-end 10h-18h ; avr.- oct. : tlj 10h-18h (20h juil.-août) ; vac. scol. 10h-18/19h - fermé de mi-nov. à mi-fév. - 9 € (-13 ans 6 €).* Parc paysager abritant 500 animaux de 150 espèces différentes.

Golf de Sablé-Solesmes – *Domaine de L'Outinière - Rte de Pincé - ✆ 02 43 95 28 78 - www.golfsablesolesmes.com - 9/18/27 trous : 32/89 €.*

AGENDA

Festival Rock Ici Mômes – *Fin juil. - parc du château - ✆ 02 43 62 22 22.* Ce festival rassemble pas loin de 10 000 enfants entre 3 et 12 ans.

Festival baroque – *Fin août - www.sable-culture.fr.*

Saint-Calais

3 589 Calaisiens – Sarthe (72)

NOS ADRESSES PAGE 470

S'INFORMER

Office de tourisme – *Pl. de l'Hôtel-de-Ville - 72120 St-Calais - ✆ 02 43 35 82 95 - www.officedetourisme-payscalaisien.com - juil-août : mar.-vend. 10h30-12h30, 14h30-18h, sam. 10h-12h30, 14h-17h ; reste de l'année : tlj sf dim. et lun. 10h30-12h30, 14h30-18h, sam. 10h-12h30 - fermé j. fériés.*

SE REPÉRER

Carte de microrégion D3 (p. 445) – *Carte Michelin Départements 310 N7.*
À 40 km à l'est du Mans, St-Calais est toisé par les ruines de son château ; cinq ponts enjambent sa rivière.

À NE PAS MANQUER

La façade de l'église Notre-Dame.

ORGANISER SON TEMPS

Comptez 1h30 pour visiter la ville et ses alentours.

AVEC LES ENFANTS

En septembre, la Fête du chausson aux pommes.

St-Calais séduit d'abord le promeneur par le charme de sa petite rivière, l'Anille, ses quais, ses lavoirs moussus. Puis la petite cité de caractère, aux confins du Maine blanc et du Vendômois, dévoile ses ruelles tortueuses et ses ruines romantiques...

Se promener

Déambulez à plaisir le long des **quais de l'Anille**, avec ses lavoirs moussus, son fouillis de jardins et de hautes toitures.

Le quartier de la rive droite est né de l'abbaye bénédictine. Du monastère détruit à la Révolution, seuls subsistent quelques bâtiments du 17e s., occupés par la bibliothèque, le théâtre et le musée.

Église Notre-Dame

Commencée par le chœur en 1425, elle se partage entre style gothique flamboyant et Renaissance. Le clocher est surmonté d'une belle flèche de pierre à crochets.

La **façade★** à l'italienne, typique de la seconde Renaissance, a été terminée en 1549. Deux portes jumelées à agrafes, et aux vantaux sculptés, s'inscrivent sous un grand arc en plein cintre encadré de pilastres ioniques; les portails latéraux sont surmontés de frontons curvilignes et de niches.

À l'intérieur, trois travées Renaissance avec de majestueuses colonnes à chapiteaux ioniques. Une tribune du 17e s., provenant de l'abbaye, soutient un orgue de même époque. Un retable baroque orne le maître-autel. Dans une armoire forte, à droite du chœur, le suaire de St-Calais est une étoffe byzantine inspirée d'un thème sassanide (Perse, 6e s.).

ORIGINE

L'abbaye fut fondée au 6e s. par un anachorète (moine vivant en solitaire) venu d'Auvergne, **Karilefus**. Son nom s'est mué en Calais.

9

À proximité Carte de microrégion p. 444-445

Château de Courtanvaux D3

12 km au sud, par la D 303 jusqu'à Bessé-sur-Braye; dans Bessé, suivez la signalisation - ✆ 02 43 35 34 43 - château uniquement en visite guidée (50mn), avr.-sept. : dép. 11h, 15h, 16h, 17h, 18h - de mi-avr. à fin sept. : tlj sf lun. 10h-12h, 15h-19h (dernière entrée 18h) - 4 € (-15 ans 2 €) - parc : accès libre tte l'année 9h-19h.

Une allée bordée de platanes mène à la poterne, charmante construction Renaissance. Cachés dans un vallon ombragé, les bâtiments présentent les caractéristiques des 15e et 16e s. : toits élevés, fenêtres à meneaux, lucarnes à fronton aigu. Deux terrasses qui dominent la cour intérieure permettent d'apprécier l'ensemble. Le corps principal, dit « grand château », comprend, au 1er étage, une enfilade de salles (47 m de longueur) refaites en 1882.

Ce château fut le siège d'un marquisat illustré par les Louvois et les Montesquiou, en particulier Michel Le Tellier, marquis de **Louvois** (1639-1691), le célèbre ministre de la Guerre de Louis XIV. Le château n'en fut pas moins délaissé pendant près de 150 ans. Il reprit vie en 1815 lorsque, à la chute de Napoléon, s'y retira la **comtesse de Montesquiou**. Autour du château, beaux parterres à la française et **parc** à l'anglaise de 68 ha.

NOS ADRESSES À SAINT-CALAIS

HÉBERGEMENT

BUDGET MOYEN

Chambre d'hôte Les Ganeries – *Les Ganeries - 41170 Sargé-sur-Braye - à 3 km au sud de Sargé par D 921, puis D 357 - dir. Épuisay et chemin à dte - ✆ 02 54 72 78 44 - http://lesganeries.free.fr - - 4 ch. 50/52 €* . Aménagées dans un bâtiment indépendant, les 4 très belles chambres vous garantissent un séjour de tout repos. Après un petit-déjeuner pris dans la salle à manger rustique. Au programme : promenade, baignade, farniente… Même les prix sont doux.

AGENDA

Fête du chausson aux pommes – Chaque année depuis 1581 se tient la Fête du chausson aux pommes, en souvenir de la fin de la peste. *1er w.-end de sept.*

La Ferté-Bernard

★

9 262 Fertois – Sarthe (72)

NOS ADRESSES PAGE 473

S'INFORMER

Office de tourisme – *15 pl. de la Lice - 72400 La Ferté-Bernard - ✆ 02 43 71 21 21 - www.tourisme-lafertebernard.fr - mai-sept. : 9h30-12h30, 14h30-18h30, dim. et j. fériés 14h30-18h30 ; janv.-avr. : tlj sf dim. 9h30-12h30, 14h30-17h30 - fermé dim. et lun. de Pâques, 1er et 11 Nov., 25 déc.*

SE REPÉRER

Carte de microrégion D 2 (p. 445) – *Carte Michelin Départements 310 M5.* À 40 km à l'est du Mans et à 5 km de l'autoroute A 11, aux limites de la Sarthe, de l'Orne et de l'Eure-et-Loir.

À NE PAS MANQUER

Le décor de Notre-Dame-des-Marais.

ORGANISER SON TEMPS

Comptez 1h30 pour la visite de la vieille ville, une demi-journée pour les environs.

AVEC LES ENFANTS

Promenade-découverte de la ville en canoë ou bateau électrique.

Les canaux de la Petite Venise de l'Ouest sinuent au cœur de la Ferté-Bernard, où les maisons Renaissance, la fontaine et les halles se serrent autour de la superbe et très flamboyante église Notre-Dame-des-Marais. Quoi d'étonnant dans un pays à l'origine couvert de marais et traversé par trois rivières…

Église Notre-Dame-des-Marais.
B. Rieger / hemis.fr

Se promener

Porte St-Julien

Pl. St-Julien. Édifiée au 15e s. sous Louis XI, elle comprend une porte charretière (passage des charrettes) et une porte discrète, dite poterne, flanquées de deux tours rondes. L'Huisne s'écoule dans le fossé (pont-levis disparu).

Maisons anciennes

Au-delà de la porte St-Julien, la rue de l'Huisne aligne quelques maisons Renaissance (n° 15, atlante). Rue Carnot, plusieurs demeures anciennes, dont une auberge du 15e s., halte sur la route de Compostelle, et une maison (boucherie) décorée d'atlantes peints : un pèlerin guetté par un fou et un Maure grimaçant et, à l'étage, deux personnages lapidant saint Étienne.

NÉ À LA FERTÉ
Le poète et dramaturge **Robert Garnier** (1544-1590) est aujourd'hui un peu oublié. Pourtant, ses tragédies (la plus célèbre est *Les Juives*) annonçaient Racine.

★★ Église N.-D.-des-Marais

Pl. Sadi-Carnot - 8h-20h.

La nef, le transept et la tour carrée furent bâtis de 1450 à 1500; entre 1535 et 1544, Mathurin Delaborde travailla à l'église et, de 1550 à 1590, les frères Viet dirigèrent la construction du chœur (achevé en 1596). Son décor sculpté extérieur comporte des éléments Renaissance (rinceaux et bustes d'empereurs romains), et le chevet une ornementation à l'italienne avec balustrade; deux chants à la Vierge s'y lisent : « *Regina Cæli* » et « *Ave Regina Cælorum* ».

Entrez par le portail sud, flamboyant.

Intérieur – Au revers de la façade ouest, voyez les bénitiers Renaissance originaux et, dans la nef, un buffet d'orgue que soutient un cul-de-lampe flamboyant. D'une élégance recherchée, le chœur s'élève par des arcades élancées (statuettes sous dais au-dessus de chaque ogive) : triforium Renaissance et lumineuses verrières des 16e et 17e s., corniche sculptée de coquilles et de bustes en relief en galerie basse. Ses balustres présentent les statuettes du roi de France et de ses douze pairs. Ne manquez pas les trois **chapelles de l'abside★**. Celle de droite est couverte d'un étonnant plafond à caissons ; ses vitraux sont du 16e s., comme ses délicats cartouches sculptés et sa piscine. Notez les stalactites et nids d'abeille (16e s.) entre les ogives de la chapelle axiale ; à gauche, un vitrail Renaissance évoque le repas de Béthanie avec Madeleine aux pieds du Sauveur. Retable intéressant dans le collatéral à gauche du chœur. Remarquez l'orgue « en nid d'hirondelle » (début 16e s.), et ne manquez pas, dans la sacristie, les panneaux d'albâtre polychromes (les Cinq Joies de la Vierge) du 15e s.

La fontaine

Pl. Carnot. 15e-16e s. En granit, elle est alimentée par une source issue du faubourg des Guillotières, à partir d'une canalisation qui passe sous l'Huisne.

Halles

Entre la place de la Lice et la rue Carnot. Elles furent édifiées en 1535. Belle façade sur la place (lions des Guises à chaque pignon) et très belle charpente.

Chapelle St-Lyphard

Imp. du Château. À deux pas des halles, cette ancienne chapelle du château, érigée au 12e s. et restaurée en 1980, est devenue un lieu d'exposition. Au 14e s., Louis d'Orléans et Valentine Visconti y firent aménager le très bel oratoire collatéral. Au fond de l'impasse, remarquez les murs, vestiges du château.

SUCCESSIONS

Ville forte née auprès d'un château, ou « ferté », elle adopta le nom de son premier seigneur, **Bernard**, dont les descendants tinrent la seigneurie jusqu'au 14e s. Propriété des Guises au 16e s., La Ferté fut vendue en 1642 au cardinal de **Richelieu** ; ses héritiers la gardèrent jusqu'à la Révolution.

À proximité Carte de microrégion p. 444-445

★ LE PERCHE-GOUËT SARTHOIS D 2

Circuit de 45 km au départ de Montmirail – Comptez 3h. Quittez La Ferté-Bernard par la D 7 puis la D 36.

Montmirail D 2

Un site défensif de premier ordre, jadis puissamment fortifiée et aujourd'hui labellisé « Petite Cité de Caractère ».

Le **château**, construit au 15e s., remanié au 18e s. par la princesse de Conti (fille de Louis XIV et de Mlle de La Vallière) conserve des souterrains des 11e et 14e s. Outre les cachots, on parcourt les salles d'armes voûtées d'ogives et les appartements de la princesse, dont le Grand Salon au décor Louis XV.

De la terrasse, on découvre la façade ouest, classique, qui contraste avec celles sud et est, d'allure féodale, et, surtout, un vaste **panorama★** sur le Perche-Gouët. *02 43 93 72 71 - visite guidée (45mn) de déb. juil. à mi-août. : 14h30-19h ; mai-juin et de mi-août à mi-sept. : w.-end et j. fériés 14h30-18h30 - fermé de mi-sept. à fin avr. - 6 € (-5 ans gratuit).*

L'**église** (12e-16e s.) conserve un vitrail du 16e s. dans le chœur et, dans le bas-côté gauche, un sépulcre polychrome du début du 17e s., très réaliste. En face de ce dernier, pierre sculptée recelant, jusqu'à la Révolution, un reliquaire.

LE PERCHE-GOUËT

Quelquefois appelé Bas-Perche, il reçut son nom au 11e s. de Guillaume Gouet, qui possédait **cinq baronnies** – Alluyes « la Belle », Brou « la Noble », Bazoche « la Gaillarde », Authon « la Gueuse » et Montmirail « la Superbe » – relevant de l'évêché de Chartres. Entre le Loir et l'Huisne, il dessine une sorte de croissant, dont le sol, formé de craie marneuse et de bancs de sable ou d'argile, ne porte plus qu'une partie des immenses forêts de jadis, remplacées par des prés et des vergers.

Prenez la direction de Vibraye. La D 302, puis les jolies D 72P et D 72 traversent une partie de la forêt de Vibraye.

Semur-en-Vallon D 2

Attrayante bourgade, avec plan d'eau aménagé. Niché au creux d'un vallon, en lisière de la forêt de Vibraye, un **château** du 15e s. cerné de douves : façade ornée de tours rondes à lanternons (17e s.) et beaux toits aigus à la française.

Empruntez la D 98 en direction de Lavaré. À hauteur de Bois-Guinant, ralentissez pour profiter du beau point de vue (à gauche) et prenez la première à gauche.

Bouër D 2

Ne ratez pas l'**église** de ce minuscule village perdu dans les collines qui dominent la vallée de l'Huisne : la flèche d'ardoises de son clocher se raccorde à la tour par des volutes. Deux jolis autels en bois. De l'esplanade, vue dégagée.

Empruntez la D 29 vers Montmirail jusqu'à l'intersection de la D 1, que vous prenez à gauche. À Lamnay, tournez à droite dans la D 125.

Château de Courtangis D 2

Dans le cadre idyllique d'un vallon retiré et planté de grands arbres (hêtres, chênes, frênes) pointent les tourelles, les lucarnes et les toits à la française de ce gracieux manoir du début du 16e s.

Quittez Courtangis en direction de Courgenard (D 36).

Courgenard D2

Dans ce village fleuri, l'**église** présente une harmonieuse porte Renaissance sculptée de statuettes en bas-relief. Sur le mur droit de la nef, des peintures murales du 16e s. illustrent l'enfer et le *Dict des Trois Morts et des Trois Vifs*. D'un côté, trois cavaliers (les « vifs ») prennent plaisir à la vie, de l'autre, trois morts les interpellent pour leur rappeler la nécessité de penser à leur salut : « Nous avons été ce que vous êtes, vous serez ce que nous sommes. »

Regagnez La Ferté-Bernard par la D 7.

NOS ADRESSES À LA FERTÉ-BERNARD

HÉBERGEMENT ET RESTAURATION

BUDGET MOYEN

Le Dauphin – *3 r. d'Huisne - ✆ 02 43 93 00 39 - fermé 2 sem. août, jeu. soir, dim. soir et lun. - 16/48 €.* Restaurant sympathique exploité par un couple aussi aimable que dynamique. Originale cuisine au goût du jour de David Guimier, qui officie au « piano » : lasagne de rascasse aux tagliatelles de légumes, filet de canette laquée à l'oxymel avec pommes tapées et coulis de petits pois…

Auberge de la Forêt – *38 r. Gabriel-Goussault - 72320 Vibraye - 16 km au sud de La Ferté-Bernard dir. St-Calais puis D 211 - ✆ 02 43 93 60 07 - restaurant-auberge-de-la-foret.fr - P - fermé de mi-janv. à 1re sem. fév., dim. soir et lun. - 12 € déj. - 18/46 € - 7 ch. 62-65 € - ☕ 9,50 €.* Repu et content ! C'est probablement l'impression que vous aurez en sortant de cette auberge rénovée après avoir dégusté ses plats du terroir. Sur les murs, quelques peintures à vendre. Terrasse d'été. Chambres actuelles.

Le Lavoir du Prieuré – *2 pl. de l'Église - 72160 Sceaux-sur-Huisne - ✆ 06 20 39 31 74 - ♿ - 1 gîte 65 € (2 nuits min.).* Un bassin paisible et un ancien lavoir du 14e s. transformé en gîte, que seule sépare une grande baie vitrée. On s'y endort les pieds (presque) dans l'eau ! Cuisine équipée. Terrasse.

Fresnay-sur-Sarthe

2 335 Fresnois – Sarthe (72)

NOS ADRESSES PAGE 478

S'INFORMER

Office du tourisme des Alpes mancelles – *19 av. du Dr-Riant - 72130 Fresnay-sur-Sarthe - ✆ 02 43 33 28 04 - www.ot-alpes-mancelles.com - juin-sept. : 10h-13h, 15h-18h, sam. 10h-17h, dim. 10h-13h ; reste de l'année : tlj sf dim. 10h-13h, 15h-18h, sam. 10h-13h - fermé 1er janv., dim. et lun. de Pâques, dim. et lun. de Pentecôte, 1er et 11 Nov., 25 déc.*

SE REPÉRER

Carte de microrégion B1-2 (p. 444) – *Carte Michelin Départements 310 J5.*
Pour bien apprécier le site de cette sympathique petite ville perchée au-dessus d'un méandre de la Sarthe, à 43 km au nord du Mans, arrêtez-vous près du pont sur la Sarthe au sud de la ville, sur la route de Sillé-le-Guillaume.

À NE PAS MANQUER

Les belles maisons médiévales du centre-ville.

ORGANISER SON TEMPS

Comptez 1h30 pour faire le tour de cette jolie cité, une journée pour découvrir le nord de la Sarthe.

Établie sur un site de toute beauté, Fresnay-sur-Sarthe a conservé ses ruelles bordées de maisons de tisserands et les vestiges de son château, ancienne forteresse avancée du Maine. Après une promenade agréable dans ce cadre charmant, vous pourrez sillonner le nord de la Sarthe, pour de belles excursions dans les Alpes mancelles ou dans la forêt de Perseigne.

Se promener

Terrasse de l'hôtel de ville

Un jardin public a été aménagé dans l'ancienne enceinte du château. De la terrasse, belle **vue★** sur la Sarthe, le pont à arches et les vieilles maisons.

Porte du château

Munie d'un double pont-levis, elle marquait l'entrée de la haute cour du château, cour ordinaire du seigneur et zone de repli lors des attaques. Les prisonniers étaient incarcérés dans les tours jusqu'à la Révolution. Elles abritent désormais des expositions estivales.

Église Notre-Dame

✆ 02 43 97 24 98 - juil.-août : 15h30-18h30 (18h le dim.) - gratuit.

Cet édifice, de style roman de transition, utilise une pierre du pays de couleur rouille, le « roussard ». Il est dominé par un remarquable clocher octogonal dont les diverses faces sont percées de fenêtres géminées ou ornées de clochetons ajourés.

Le portail en plein cintre ferme par deux vantaux à petits panneaux de chêne sculpté datant de la Renaissance (1528) ; à gauche, l'Arbre de Jessé, à droite, le Christ en croix entouré des deux larrons et des douze Apôtres.

Cave du Lion

✆ 02 43 33 64 42 ou 06 17 34 60 69 - visite (min. 20mn) sur demande préalable à M. Jean Gilles (4 j. av.) - gratuit, don possible.

De l'autre côté des halles en pierre, dans la ruelle du Lion, s'ouvre cette salle souterraine romane de style Plantagenêt, couverte de quatre voûtes nervurées portées par un pilier central de section octogonale; les chapiteaux en roussard sont décorés de feuilles et de crochets. Tour à tour crypte, chapelle souterraine, église du château, temple protestant, cave de l'hôtel du Lion d'Or (qui lui a donné son nom), elle est maintenant lieu d'expositions.

À proximité Carte de microrégion p. 444-445

Beaumont-sur-Sarthe B2

12 km au sud-est par la D 39.

Une promenade dans ce joli village au-dessus de la Sarthe permet de découvrir un **pont roman** (10e s.) que domine un **château** du 11e s. entouré de jardins en terrasses, d'un bassin du 18e s. et d'un colombier. Voyez également le vieux moulin à eau de Bois-Landon datant du 12e s.

GUERRES ET PAIX

En 1063, les troupes de Guillaume, duc de Normandie, occupèrent la ville qui se souleva à plusieurs reprises. Guillaume en personne vint mater les révoltes en 1068 et 1078. En 1100, après des luttes incessantes dans la région, Henri Ier, roi d'Angleterre, évacue le Maine alors rattaché à l'Anjou. Fresnay connaît la paix jusqu'aux troubles de la guerre de Cent Ans (fin du 14e s.). Le jeune Ambroise de Loré, farouche opposant à l'occupant anglais, s'y distingue et est reconnu héros de la ville en 1418.

9

ROUSSARD OU GRISON
Appelé aussi « grison », le roussard est un grès composé de grains de silex reliés entre eux par une pâte ferrugineuse compacte. Au contact de l'humidité de l'air ambiant, le fer s'oxyde et la pierre prend une teinte rouille plus ou moins accentuée. Cette pierre se retrouve sur de nombreux édifices civils ou religieux de l'Eure, de l'Orne et de la Sarthe.

Église – Brûlée par les huguenots en 1562, elle fut rebâtie en 1686, mais sur un modèle plus grand que la précédente (12e s.). Il fallut pour cela la réorienter, c'est pourquoi son chœur est à l'ouest. Remarquez, en sortant, les têtes grimaçantes de la **porte romane**.
En quittant Beaumont, arrêtez-vous sur la terrasse derrière la mairie pour profiter du panorama.

Prieuré Saint-Hippolyte B2
Vivoin, à 2,5 km de Beaumont-sur-Sarthe par la D 26. 02 43 97 04 36 - ♿ - visite libre des extérieurs tte l'année 9h-12h, 14h-17h30 ; visite guidée de l'église et du prieuré juil.-août : merc.-dim. 14h-17h - 5 € (-12 ans gratuit).
Fondé à la fin du 11e s. par Raoul Ier, vicomte de Beaumont, il a conservé de la période romane sa salle capitulaire, la Grande Salle et celle de Justice. Le logis, avec sa tourelle hexagonale, date du 16e s. De l'ancien cloître demeure une belle porte Renaissance. L'ensemble abrite désormais un centre culturel.
Église St-Hippolyte – Ancienne église du prieuré. Beaux vitraux du 13e s.
Musée du Chanvre et de la Vie d'autrefois – *Vivoin - 02 43 97 04 83 ou 02 43 33 51 26 - ♿ - visite guidée (1h30) juil.-août : merc.-dim. 14h-17h30 ; avr.-juin et sept.-oct. : w.-end et j. fériés 14h-17h30 - 2,70 € (-13 ans 1,40 €).* Consacré aux arts et traditions populaires, il présente une intéressante collection miniature d'anciens appareils agricoles parfois très insolites. Reconstitution d'un intérieur sarthois.

Circuits conseillés Carte de microrégion p. 444-445

★ LA FORÊT DE PERSEIGNE BC2

Circuit de 77 km au départ de Saint-Paterne (commune sarthoise jouxtant Alençon, dans l'Orne). Prenez la direction du sud-est (D 311) en direction de Chartres.
Aux confins du Perche et de la Champagne mancelle, la **forêt de Perseigne** s'étend sur plus de 5 000 ha. Le parcours de ses sous-bois de chênes, de hêtres ou de sapins est jalonné de profonds vallons.
L'itinéraire contourne d'abord la forêt par le nord avant d'y pénétrer au plus profond, à partir de la D 236. À la sortie du hameau du Buisson, prenez à gauche la D 236 ; 4 km plus loin, tournez à angle aigu à droite vers Aillières-Beauvoir, puis encore à droite direction Ancinnes dans la route forestière menant au rond de Croix-Pergeline. À ce dernier carrefour, devant une borne en pierre, empruntez à gauche la route du Gros-Houx.
La route en descente dans un vallon vous promène à travers de belles séries de chênes, de hêtres et de sapins. Au carrefour des Trois-Ponts, vous suivrez par la route en montée, à gauche, la très belle **vallée d'Enfer**, au fond de laquelle serpente un ruisseau.

Une tour-belvédère haute de 30 m a été érigée, sur la droite, au point culminant de la Sarthe *(340 m - aire de pique-nique).*

Circuits pédestres fléchés sur 8 km environ autour du belvédère et dans la vallée d'Enfer.

Empruntez dans l'axe la D 234 vers les villages jumelés d'Aillières-Beauvoir.

La route sort de la forêt, qu'elle contourne désormais par le sud. Belle vue sur le massif. Au carrefour de la D 3, prendre à droite la D 116. Entre Villaines-la-Carelle et le croisement de la D 311, remarquables vues rapprochées sur la forêt de Perseigne.

Mamers C1

À 8 km au sud-est par la D 311

Blottie dans un creux de la vallée de la Dives, Mamers est la capitale du Saosnois, petite région de transition entre les collines boisées du Perche et le plat pays du Mans. La spécialité culinaire est ici représentée par la confrérie des chevaliers des rillettes sarthoises.

Place de la République – Au n° 33, une plaque indique l'ancienne demeure du politicien Joseph Caillaux, mort à Mamers en 1944. Son nom reste associé à l'impôt sur le revenu et « aux affaires » : le meurtre de Calmette (directeur du *Figaro*), en 1914, par son épouse (pour le protéger) ou sa propre arrestation, en 1918, pour intelligence avec l'ennemi.

Remarquez, sur le toit de la maison du n° 26, une réplique miniature de la tour Eiffel (échelle 1/100) qui trône là depuis 1889 !

Le couvent de la Visitation et le cloître (1685), restaurés, abritent les instances administratives de la ville.

Place Carnot – L'église St-Nicolas, qui s'ouvre par un joli portail flanqué de colonnes, est le plus ancien monument de Mamers ; juste en face, **les halles** datent de 1818 et accueillent d'importantes foires.

Église Notre Dame – Fondée au 12e s., elle est presque entièrement refaite au 16e s. La nef principale montre un étrange triforium à larges baies à meneaux. Une jolie Dormition de la Vierge, terre cuite du 16e s., orne un revers à gauche de la façade.

Rebroussez chemin et tournez dans la D 310, vers St-Rémy-du-Val.

Chapelle Notre-Dame-de-Toutes-Aides C1

Ce gracieux sanctuaire de pèlerinage, au portail surmonté d'une Vierge à l'Enfant, abrite un retable du 17e s. avec, au-dessus, une Assomption. Au-dessous, tableau représentant l'Annonciation.

À St-Rémy-du-Val, tournez à droite, devant l'église, dans la route de Neufchâtel.

Entre Neufchâtel et le village d'Ancinnes, la route (D 165) longe l'agréable étang de Vaubezon. Au-delà d'Ancinnes et jusqu'à hauteur de Champfleur, des échappées s'offrent depuis la D 19 sur la forêt d'Écouves, la forêt de Multonne et la butte Chaumont, au profil conique très marqué.

★ À TRAVERS LES ALPES MANCELLES B1

★ St-Léonard-des-Bois B1

Au creux d'un méandre encaissé de la Sarthe, ce bourg bordé par des versants abrupts couverts de bruyère est le centre de tourisme le mieux situé des Alpes mancelles. Bâtie sur l'emplacement de l'oratoire de St-Léonard, l'église renferme une Mise au tombeau de la Vierge, composée de 14 personnages en terre cuite (17e s.).

Domaine du Gasseau – *✆ 02 43 34 34 44 - www.legasseau.fr - ♿ - 1er avr.-1er nov. : 9h-19h.*

Aujourd'hui animée par une association, cette ancienne ferme jouit du calme de la pleine campagne. Expositions, journées à thème, ateliers de découverte autour de la nature, de la botanique ou de la gastronomie font partie du programme. Le site propose aussi une multitude d'activités pour toute la famille : accrobranches, randonnées, ferme équestre, visites du verger et du potager (plantes alimentaires, médicinales et aromatiques). Point de départ de huit circuits VTT.

★ Vallée de Misère B1

1h30 à pied AR. Partez de la place de l'église de St-Léonard-des-Bois ; prenez le chemin qui s'amorce à l'angle de l'hôtel du Bon Laboureur. Au carrefour, en face d'une croix de pierre, prenez tout droit un chemin rocailleux en montée. Longez en hauteur le hameau du Champs-des-Pas et continuez à gauche. Après quelques mètres en montée, vous apercevrez des fléchages sur votre droite et un peu plus loin sur votre gauche. À vous de choisir par quel côté aborder la randonnée !
L'itinéraire dévoile de belles **vues★** sur la sauvage vallée de Misère.
En reprenant la D 146 en sens inverse, vous revoyez, à gauche, peu avant de rejoindre la D 56, le joli village de **St-Céneri-le-Gérei**. À partir d'Héloup, la vue se développe sur la forêt de Multonne, avec le mont des Avaloirs à gauche et le mont Souprat légèrement à sa droite. Plus à droite encore, la butte Chaumont et la forêt d'Écouves s'imposent une nouvelle fois à l'attention. Plus loin, le massif de la forêt de Perseigne se dégage, à l'est.

NOS ADRESSES DANS LE NORD DE LA SARTHE

VISITE

Disponible à l'office de tourisme, un dépliant *(gratuit)* indique le parcours-découverte du patrimoine balisé dans la cité.

HÉBERGEMENT ET RESTAURATION

PREMIER PRIX

Le Saint-Léo – *Pl. de l'Église - 72130 St-Léonard-des-Bois - 02 43 33 29 09 - fermé lun. soir, mar. et merc. hors sais. sf j. fériés - 7/16 €.* Halte simple et sympathique dans ce pittoresque village des Alpes mancelles. Salle à manger tournée vers la Sarthe. Cuisine maison privilégiant les produits frais et proposant également grillades, spécialités savoyardes, galettes et crêpes.

BUDGET MOYEN

Les Étangs de Guibert – *72600 Neufchâtel-en-Saosnois (à 2 km à l'est) - 02 43 97 15 38 - www.lesetangsdeguibert.com - fermé dim. soir et lun. 15 ch. 60/100 € - 10 € - 20/70 €.* En pleine campagne, on apprécie la quiétude de cette ancienne ferme et son étang privé (pêche possible). Chambres coquettes et calmes. Découvrez une cuisine actuelle, rehaussée d'épices et d'exotisme, dans une vaste salle rustique ou en terrasse face au plan d'eau.

POUR SE FAIRE PLAISIR

Chambre d'hôte Le Moulin de Linthe – *Rte de Sougé-le-Ganelon - 72130 St-Léonard-des-Bois - 02 43 33 79 22 - www.moulindelinthe.fr - fermé nov.-Pâques - P - 4 ch. 70 €, 1 suite 133 €.* Des chambres de caractère dans ce moulin qui a fière allure, même si sa roue à aubes ne tourne plus… Les pêcheurs pourront taquiner la truite ou le brochet dans les eaux de la Sarthe.

Sillé-le-Guillaume

2 386 Silléens – Sarthe (72)

NOS ADRESSES PAGE 481

S'INFORMER

Office du tourisme de Sillé-le-Guillaume – *Pl. de la Résistance - 72140 Sillé-le-Guillaume - 02 43 20 10 32 - www.tourisme.sille-le-guillaume.fr - juil.-août : 10h-12h30, 14h-18h, sam. 10h-13h, lun. 14h-18h ; reste de l'année : 10h-12h30, 14h-17h, sam. 10h-13h, lun. 14h-17h - fermé dim. et j. fériés.*

SE REPÉRER

Carte de microrégion B2 (p. 444) – *Carte Michelin Départements 310 I5.* Sillé-le-Guillaume est implanté au sud des Alpes mancelles, sur la D 304 qui part du Mans (35 km au sud-est) vers Mayenne (41 km au nord-ouest).

À NE PAS MANQUER

Un après-midi nature dans la forêt.

ORGANISER SON TEMPS

Si 2h suffisent pour parcourir la cité, comptez une demi-journée pour une balade tranquille sous les futaies de Sillé.

Renommé pour son lac et sa plage, Sillé-le-Guillaume a su mettre en valeur ses atouts pour se convertir en Station verte de vacances des plus agréables. Une multitude d'activités sont proposées, à commencer par l'escalade, le canoë-kayak et la randonnée. Riche d'un remarquable patrimoine, le château et la collégiale entourés de venelles médiévales, la ville est l'endroit rêvé pour musarder.

Se promener

Château

02 43 20 10 32 - visite guidée (1h30) juil.-août : h se rens. - 2,30 € (-12 ans 1,50 €), gratuit Journées du patrimoine.

À la fin de la guerre de Cent Ans, les Anglais saccagèrent la forteresse de Sillé, bâtie au 11e s. Sur ces ruines, Antoine de Beauvau construisit, au 15e s., le château actuel. Bien que très restaurés, son donjon bâti à même le roc et ses tours rondes, reliées par des corps de bâtiment des 16e et 17e s., lui conservent une fière allure !

Église Notre-Dame

Elle est bâtie sur l'emplacement d'une ancienne église romane dont subsistent la **crypte** et le pignon du croisillon sud. Elle a conservé un joli portail du 13e s., décoré d'une Vierge à l'Enfant coiffée d'un dais. Les travaux de restauration, nombreux du 15e au 20e s., ont rendu à la nef centrale du 15e s. son aspect primitif : voûtes lambrissées.

9

UNE VILLE FRONTIÈRE

Comme Ste-Suzanne et Mayenne, Sillé-le-Guillaume comptait parmi les places fortes qui protégeaient le nord du comté du Maine contre l'invasion normande. Son nom fait référence à Guillaume de Sillé, constructeur de la première forteresse.

Autrefois ville commerçante intéressée par le passage des pèlerins sur le chemin montois (du Mans au Mont-St-Michel), la ville est aujourd'hui très attachée au Parc naturel régional Normandie-Maine dont elle est l'une des portes vers les Alpes mancelles.

Circuit conseillé Carte de microrégion p. 444-445

LA FORÊT DE SILLÉ AB2

Circuit de 30 km – environ 1h. Quittez Sillé-le-Guillaume au nord-est par la D 310.

La route s'élève vers la forêt qu'elle traverse. Couvrant la crête est de la chaîne des Coëvrons, la forêt de Sillé est aménagée pour les promeneurs (abris, sentiers balisés, pistes équestres).

Très exploitée au début du siècle, cette forêt qui s'étend comme un écheveau sur près de 17 km se présente aujourd'hui sous la forme de taillis, de taillis sous futaie ou de plantations de résineux sur les sols les plus médiocres.

Prenez à gauche la première route forestière et la direction de Sillé-Plage par la D 105. Après environ 1,5 km, engagez-vous à gauche sur la route forestière qui mène à la D 203^E et à Sillé-Plage.

Lac de Sillé B2

Maison du lac et de la forêt - ✆ 02 43 20 19 97 - ouvert de mai à sept. Point d'information, expositions, réservation du train touristique.

Ce plan d'eau de 32 ha entouré de verdure est depuis des décennies le lieu de promenade favori des Silléens et un **centre de loisirs** (baignade et nombreuses activités nautiques) fréquenté en saison. Au nord de la plage qui porte encore son nom d'origine, Coco-plage, subsistent les vestiges d'un ancien château-refuge médiéval.

Achevez de contourner le lac en le longeant (dir. Sillé-le-Guillaume) afin de prendre à droite la route forestière de la Grande-Ligne (route goudronnée qui traverse la forêt de part en part) pour arriver à la Croix-de-la-Mare en traversant successivement la D 5, la D 35 et la D 403. 400 m après le dernier carrefour, un sentier fléché sur la gauche (petit parking en haut du chemin empierré) conduit à la Croix-de-la-Mare.

Croix-de-la-Mare A2

45mn AR. Point culminant (290 m) de la partie ouest de la forêt, le site doit son nom à une croix élevée par un certain M. Lamarre afin de se faire pardonner ses exactions pendant la Révolution. Une petite chapelle a été construite en 1862 et est devenue un lieu de pèlerinage chaque deuxième dimanche de septembre. Le chemin, en boucle, conduit un peu plus bas vers deux croix érigées sur le site choisi par M. Lamarre.

Revenez vers le dernier carrefour et prenez à droite la D 103 bis en direction de Rouessé-Vassé. La D 310 ramène à Sillé-le-Guillaume.

NOS ADRESSES À SILLÉ-LE-GUILLAUME

HÉBERGEMENT ET RESTAURATION

BUDGET MOYEN

Le Bretagne – *Pl. de la Croix-d'Or - ✆ 02 43 20 10 10 - www.hotelsarthe.com - fermé de fin juil. à mi-août, 24 déc.-2 janv., vend. soir, sam. midi, dim. soir - 17/50 € - 15 ch. 64/80 € - ☕ 6 €.* Les diligences ont depuis longtemps déserté cet ancien relais de poste. La maison, située en centre-ville, propose une cuisine simple et bien tournée d'un bon rapport qualité-prix et des chambres joliment redécorées.

ACTIVITÉS

Bon à savoir – Situé au cœur d'une forêt de 3 350 ha, le lac de Sillé-le-Guillaume et son domaine offrent de nombreuses activités de plein air. Le lac en concentre beaucoup avec des promenades en bateau *(✆ 06 80 01 20 29)* ou en petit train touristique *(✆ 02 43 20 10 32)*, des locations de pédalos, planches à voile (*✆ 02 43 20 10 36*), un club de voile *(✆ 02 43 20 10 36)*, une belle plage surveillée, etc. Il est également possible de pratiquer le golf miniature *(✆ 06 80 01 20 29)*, le VTT, l'escalade, de pêcher sur les étangs ou de se promener à pied ou à cheval.

AGENDA

Courses hippiques de Sillé-Plage – *1er dim. d'août - rens. à l'office de tourisme.* Sur l'hippodrome de la Forêt, cette réunion hippique réunit trot, plat et saut d'obstacles en sept courses.

9

LA VALLÉE DU LOIR

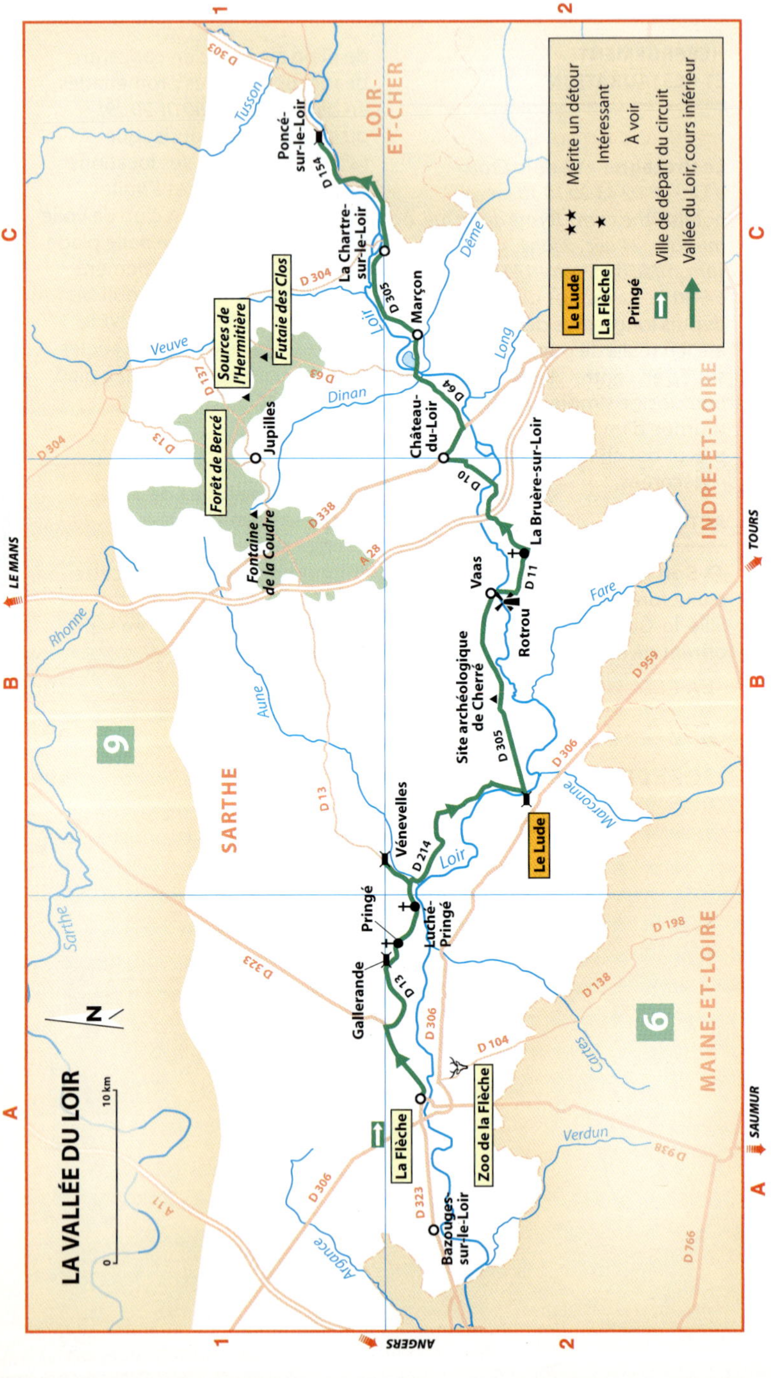

La vallée du Loir 10

Carte Michelin Départements 310 – Sarthe (72)

La Flèche et la vallée du Loir

★

15 321 Fléchois – Sarthe (72)

NOS ADRESSES PAGE 489

S'INFORMER

Office de tourisme – *Bd Montréal - 72200 La Flèche - ☎ 02 43 94 02 53 - www.tourisme-lafleche.fr - juin-sept. : 10h-12h30, 14h-18h30, dim. et j. fériés 10h-12h30, 14h-16h ; reste de l'année : tlj sf dim. 10h-12h, 14h-18h, lun. 14h-18h - fermé j. fériés.*

SE REPÉRER

Carte de microrégion A2 (p. 482) – *Carte Michelin Départements 310 I8.*
Deux axes traversent la ville : la D 323, véritable voie touristique qui relie Le Mans (55 km au nord-est) à Angers (50 km au sud-ouest), ou Saumur (77 km au sud) par la D 938 ; le Loir, élargi au centre, avec ses bassins et ses petits canaux.

À NE PAS MANQUER

La découverte du célèbre Prytanée ; les boiseries Renaissance de la chapelle N.-D.-des-Vertus.

ORGANISER SON TEMPS

Comptez 1h30 pour la ville, une journée pour la vallée du Loir.

AVEC LES ENFANTS

La visite du parc zoologique de La Flèche ; les loisirs du lac de la Monnerie.

De René Descartes au spationaute Jean-François Clervoy, le bel édifice du Prytanée, collège jésuite puis lycée militaire, compte nombre d'anciens élèves devenus célèbres. Il fit la renommée de La Flèche dès le 17e s. Mais la ville sait aussi jouer de charmes plus doux comme la vallée du Loir qui a obtenu le label Vignobles et Découvertes, sa belle forêt de Chambiers, ses châteaux et ses coquets villages…

Se promener

★ Prytanée national militaire

☎ 02 43 48 59 06 - déb. juil.-15 août : 10h-12h, 14h-18h ; reste de l'année, uniquement groupes sur réserv. - 3,50 € (-6 ans gratuit).

C'est ici que les brutions (élèves du Prytanée) préparent l'entrée à l'École polytechnique, l'École spéciale militaire de Coëtquidan, l'École navale de Brest, l'École de l'air de Salon-de-Provence et les écoles supérieures d'ingénieurs ou… le baccalauréat. Installée dans les locaux mêmes du prestigieux collège des jésuites fondé au 17e s., cette école militaire, établissement public d'enseignement général, regroupe aujourd'hui environ 900 élèves répartis sur les deux quartiers, Henri-IV et Gallieni.

Le portail baroque ouvre sur la cour d'honneur, appelée aussi cour d'Austerlitz, au fond de laquelle s'élève l'hôtel de style Louis XVI, bâti en 1784, affecté au

Bibliothèque du Prytanée national à La Flèche.
B. Rieger / hemis.fr

commandement de l'école. L'établissement possède une bibliothèque riche d'environ 45 000 volumes, dont certains datent du 15e s. *(ne se visite pas)*.

★ Église St-Louis

02 43 48 59 06 - mêmes conditions de visite que pour le Prytanée national militaire.

Caractéristique du style jésuite par son plan (nef unique) et sa luminosité, elle offre un remarquable exemple de décor baroque, depuis le retable du maître-autel jusqu'au magnifique **buffet d'orgue★** (1640) supporté par une élégante tribune. Nichée dans le croisillon gauche, l'urne de plomb doré, en forme de cœur, contient les cendres des cœurs d'Henri IV et de Marie de Médicis.

Chapelle N.-D.-des-Vertus

Dans l'av. Rhin-et-Danube, dir. Laval, prenez à droite dans l'impasse des Vertus. Tlj 10h-17h.

Dans ce charmant édifice roman à portail en plein cintre, remarquez la voûte de bois entièrement revêtue de peintures du 17e s. et les superbes **boiseries★**

UNE PÉPINIÈRE DE GRANDS HOMMES

En 1603, Henri IV, le Vert Galant, décida la fondation d'un collège confié aux jésuites, à La Flèche, en leur faisant don de son château. Dès 1625, l'établissement accueillait 1 500 élèves, et les bons pères, forts de leur succès, entamaient un conflit avec le gouverneur de la ville qui voulait leur interdire de pêcher dans leurs douves, conflit connu sous le nom de « guerre des Grenouilles ». Devenu école militaire après l'expulsion des jésuites en 1762, puis Prytanée militaire en 1808, le collège compta nombre de célébrités parmi ses élèves : Descartes, Borda, les maréchaux Clarke, Pélissier, Bertrand, Gallieni, plusieurs ministres et plus de 2 000 généraux, l'acteur Jean-Claude Brialy, les spationautes Patrick Baudry et Jean-François Clervoy…

Renaissance provenant du château du Verger. Ne manquez pas le **guerrier musulman★** sculpté au revers de la porte à vantaux.

Château des Carmes (actuelle mairie)

Il comporte des bâtiments du 17e s., accolés à un vestige de la forteresse du 15e s. Son pignon aigu flanqué de deux tourelles à mâchicoulis surplombe le Loir. Le **parc des Carmes** est un agréable jardin public bordé par le Loir ; du pont, belle perspective sur les eaux calmes où se mirent jardin et château.

À proximité Carte de microrégion p. 482

★ Zoo de la Flèche A2

5 km. Quittez La Flèche par la D 306 vers Le Lude et prenez à droite la D 104. Continuez sur 1 km après le 3e passage à niveau.

02 43 48 19 19 - www.zoo-la-fleche.com - ♿ - juil.-août : 9h30-19h ; avr.-juin et sept. : 9h30-18h, reste de l'année : 10h-12h, 13h30-17h30, vac. scol. 10h-17h30 (dernière entrée 1h av. la fermeture) - 18,50 € (3-11 ans 15 €).

Implanté en pleine forêt (7 ha), ce zoo accueille des mammifères (fauves, singes, cervidés, éléphants, etc.), de nombreux oiseaux, ainsi que des reptiles hébergés dans deux vivariums (pythons, boas, crocodiles, tortues, etc.). À heures régulières, spectacle d'otaries (un astucieux bassin vitré permet d'observer le jeu des loutres facétieuses, aussi bien sur terre que sous l'eau).

Bazouges-sur-le-Loir A2

7 km. Quittez La Flèche vers l'ouest et prenez la D 323. Du pont, **vue★** charmante sur la rivière et ses lavoirs, le château et son moulin, l'église, sa tour isolée sur la place, et sur les jardins montant vers les toits de Bazouges. La porte marinière rappelle l'époque où l'on naviguait sur le Loir.

JEAN-BAPTISTE GRESSET

Le poète (1709-1777), dont la verve badine a conté les aventures du perroquet Ver-Vert, composa une épopée héroïcomique à La Flèche, où il avait été expédié pour avoir eu la plume et la langue un peu trop acérées.

Château – ✆ *02 43 45 32 62 - visite guidée (30mn) 13 juil.-28 août : tlj sf mar. 14h30-17h30 ; de mi-avr. au 13 juil. : j. fériés 14h30-17h30 - 3 € (-10 ans gratuit).* Le château de Bazouges et son moulin seigneurial furent édifiés, au bord du Loir, aux 15e et 16e s. par la famille de Champagne. Deux grosses tours ovales à mâchicoulis et toits en poivrière encadrent l'entrée. L'une d'elles abrite la chapelle (15e s.) à l'élégante voûte angevine avec ses statues de sainte Barbe et de saint Jean. À voir aussi, la salle des gardes et son imposante cheminée de pierre, les salons du 18e s. et le parc à la française, entouré d'eau, planté d'ifs et de cyprès.

Église – Une solide tour surmonte la croisée du transept (12e s.). La voûte de la nef, en bardeaux de chêne, est peinte de 24 personnages (12 apôtres et 12 anges) que séparent des arbres portant chacun un verset du Credo (début 16e s.).

★ VALLÉE DU LOIR, COURS INFÉRIEUR

Pour visualiser ce circuit de 75 km, de La Flèche à La Chartre, reportez-vous à la carte ci-dessus – Comptez une journée. Quittez La Flèche par la D 323 puis la D 13 en direction de Luché-Pringé

Château de Gallerande A2

Ne se visite pas. La D 13 longe les douves qui cernent son parc romantique, où cèdres, tilleuls et chênes délimitent de vastes pelouses. On peut monter à pied jusqu'à la grille de la cour, d'où l'on a une belle vue sur un curieux donjon octogonal et sur la façade nord-est, flanquée de tours rondes à mâchicoulis.

Pringé A2

La façade de la petite **église** est percée d'un portail roman à voussures. À l'intérieur, voyez les peintures murales du 16e s. figurant saint Hubert, saint Georges et saint Christophe.

Luché-Pringé A2

L'**église** (13e-16e s.) présente de l'extérieur un aspect curieux et original, avec ses nombreux pignons aux rampants ornés de choux frisés et ses petits personnages musiciens assis au rebord du toit, de part et d'autre de la façade. Au-dessus du portail d'entrée, saint Martin à cheval. En entrant, à droite, remarquable pietà du début du 16e s., groupe sculpté en noyer. Avec son chevet plat et ses voûtes angevines supportées par de hautes et fines colonnes, le large chœur du 13e s. s'inscrit dans la pure tradition du style Plantagenêt. Devant l'église, gracieux prieuré (13e-15e s.) à tourelle octogonale.

Manoir de Vénevelles B1-2

Ne se visite pas. 15e-17e s. Larges douves, au creux d'un vallon paisible.

Prenez la D 214 vers Coulongé puis à droite vers Mansigné. Un joli point de vue se dégage sur la vallée après avoir passé le château de la Grifferie : arbres fruitiers, champs d'asperges et de maïs.

Prenez ensuite à droite la D 307.

★★ **Château du Lude** B2 (p. 491)

Par la rive droite du Loir, suivez la direction de Cherré.

Site archéologique de Cherré B2

Ce complexe gallo-romain des 1er et 2e s. s'étend sur 20 ha. Il semble avoir été un important sanctuaire rural, lieu de rencontres saisonnières, commerciales et religieuses, bien avant la conquête romaine. Les fouilles entreprises en 1977 ont permis d'y mettre au jour un théâtre antique, deux temples, des thermes romains, un forum et un aqueduc.

Suivez la D 305.

Vaas B2

Aux abords de ce village, le Loir est bordé de maisons, de jardinets, d'une église et de lavoirs. Après le pont, ne manquez pas à droite l'ancien **moulin à blé de Rotrou** – *✆ 02 43 46 70 22 - visite guidée (1h30) juil.-août : 14h30-17h30 ; de Pâques à fin juin et sept.-oct. : dim. et j. fériés 14h30-17h30 - 3,20 € (8-16 ans 1,50 €).* Prairies, pépinières, bois de résineux, fourrés d'ajoncs ou de genêts se succèdent.

Quittez Vaas par la D 30 et prenez à gauche la D 11.

La Bruère-sur-Loir B2

Dans la nef de l'**église** : statues populaires de saints reconnaissables à leurs attributs, gracieuses voûtes Renaissance très fines et vitraux du 16e s.

Poursuivez sur la D 11 puis tournez à gauche dans la D 10 vers Château-du-Loir.

Château-du-Loir BC2

Sous le donjon, seul vestige dans le jardin public du château féodal qui donna son nom à la ville, subsistent d'anciennes prisons où passèrent de nombreux prisonniers en route vers le bagne de Cayenne par les ports de Nantes ou de La Rochelle.

L'**église St-Guingalois** conserve, au fond du chœur, une monumentale pietà du 17e s. en terre cuite et, dans le transept gauche, deux panneaux sur bois de l'école maniériste flamande : la *Nativité* (15e s.) et la *Résurrection* (fin 15e s.).

Crypte romane sous le chœur ; au **presbytère**, beau *Christ aux outrages*, en bois, du 16e s.

Quittez Château-du-Loir au sud par la D 338 puis tournez à gauche dans la D 64 : la route borde un coteau percé d'habitations troglodytiques, sur lequel se découpe la chapelle de Ste-Cécile. Tournez à droite dans la D 61 qui traverse la rivière et coupe la plaine du Loir, jusqu'à Marçon.

De jolis paysages paisibles se succèdent entre **Marçon**, ville réputée pour ses vins, et La Chartre.

La Chartre-sur-le-Loir C1-2

À proximité de la forêt de Bercé, les vignobles de Jasnières donnent un vin blanc vieillissant très bien.

Poncé-sur-le-Loir C1

Vous trouverez à Poncé un château Renaissance *(sortie est).*

Château – *Fermé au public.* Il comportait à l'origine deux pavillons encadrant la tour centrale réservée à l'escalier ; un des pavillons disparut au 18e s. et fut remplacé par une aile plus modeste. L'élévation est rythmée de vigoureuses corniches et de baies à pilastres ioniques. La façade postérieure est bordée par une élégante galerie à l'italienne formant terrasse à sa partie supérieure.

★★ **Escalier Renaissance** - *Fermé au public pour une durée indéterminée.* C'est l'un des plus remarquables qui soit en France. À l'origine, il était précédé sur les jardins par une loggia dont des éléments sont encore visibles. Ses six volées droites sont couvertes de somptueuses voûtes à caissons en pierre blanche, sculptées avec une finesse, une fantaisie et une science des perspectives rarement atteintes. Plus de 160 motifs, réalistes, allégoriques ou mythologiques, les décorent.
Les jardins présentent un tracé symétrique parfait et, au-delà des parterres, la charmille abrite des salles de verdure, un labyrinthe et une longue allée voûtée ; un mail de tilleuls court sur la terrasse dominant l'ensemble.
Le colombier a conservé ses 1 800 niches et ses échelles tournantes.

NOS ADRESSES DANS LA VALLÉE DU LOIR

HÉBERGEMENT

PREMIER PRIX

Camping municipal de la Route d'Or – *Allée du Camping - La Flèche (sortie sud vers rte de Saumur et à dte, allée de la Providence, bord du Loir) - ✆ 02 43 94 55 90 - www.camping-laroutedor.com - déb. mars-fin oct. - ♿ - réserv. conseillée - 220 empl. 13,90 €.* Disposant d'un espace très bien entretenu, d'une superficie plus que correcte, cette structure achève la rénovation du bloc sanitaire et l'installation de nouveaux mobile homes. Au centre du terrain, on trouvera une aire de jeux pour enfants ainsi qu'une piscine 2 bassins. Base de canoë-kayak à côté.

PRIX MOYEN

Chambre d'hôte Le Grand Moulin – *8 r. de Syke - 72340 La Chartre-sur-le-Loir - ✆ 02 43 44 65 78 - P - 2 ch. 70/80 €, 1 suite 100 €.* Demeure et chambres de caractère dans un ancien moulin à eau du 18e s. au cœur de La Chartre. Les jours cléments, on prend son petit-déjeuner au bord du Loir, à l'abri des regards. Divin !

POUR SE FAIRE PLAISIR

Le Vert Galant – *70 Grande-Rue - La Flèche - ✆ 02 43 94 00 51 - www.vghotel.com - ♿ - P - 22 ch. 92/97 € - ☕ 12 €.* En centre-ville, non loin du Prytanée, ancien relais postal du 18e s. Mobilier traditionnel ou contemporain dans les chambres ; véranda où l'on propose le petit-déjeuner.

RESTAURATION

BUDGET MOYEN

Auberge du Port des Roches – *Au Port des Roches - 72800 Luché-Pringé (à 14 km à l'est de La Flèche par la D 54) - ✆ 02 43 45 44 48 - P - fermé vac. scol., dim. soir, mar. midi et lun. - 24/49 € - 12 ch. 49/59 € - ☕ 8 €.* Jardin-terrasse au fil de l'eau, plaisante salle à manger bourgeoise et chambres fraîches et colorées participent à l'agrément du séjour. Cuisine traditionnelle soignée servie en terrasse l'été.

POUR SE FAIRE PLAISIR

Le Moulin des Quatre Saisons – *R. Gallieni - La Flèche - ✆ 02 43 45 12 12 - www.moulindesquatresaisons.com - fermé vac. de la Toussaint, de fév.,* *dim. soir, merc. soir et lun. - P - 26,40/41,50€.* Moulin du 17e s. sur une petite île du Loir. Cuisine actuelle assortie d'une très belle carte des vins, dont certains crus autrichiens ou hongrois, servie dans un décor tyrolien.

ACHATS

Verrerie d'Art Gérard-Torcheux – *27 r. des Côteaux - 72340 Poncé-sur-le-Loir - ✆ 02 43 79 05 69 - www.torcheux.com - fermé 10-30 janv.* Dans l'atelier, au pied du château, vous pourrez assister à la réalisation de pièces uniques dans la tradition de l'art verrier.

BOIRE UN VERRE

Guillemard Création – *24 Grande-Rue - La Flèche - ✆ 02 43 94 02 11 - www.guillemardpatisserie.fr - mar.-vend. 9h-19h, sam. 8h-19h, dim. 8h-13h, fermé 1er janv., 2e sem. d'août et j. fériés.* Dresser la liste de toutes les douceurs proposées dans cette pâtisserie serait trop long. Sachez seulement que les macarons se déclinent en 10 parfums et que la Charlotte-Valentine reste le gâteau préféré des patrons. Pour déguster sereinement ces gourmandises, attablez-vous dans le salon de thé, avec son décor mi-moderne mi-rétro revêtu de couleurs chaudes.

EN SOIRÉE

Théâtre de la Halle au Blé – *Pl. du 8-Mai-1945 - La Flèche - ✆ 02 43 94 08 99.* Surnommé « la Bonbonnière », ce charmant théâtre à l'italienne inauguré en 1839 accueille encore aujourd'hui spectacles, concerts et expositions.

ACTIVITÉS

Canoë-kayak – *✆ 02 43 45 98 10 - www.canoe-kayak-lafleche.fr - merc. 14h-17h30 ; juin-août : tlj 9h-12h, 14h-17h30, sur réserv. - location kayak 7 €/h, canoë 10 €/h.* Initiation au canoë-kayak, sorties-découvertes et parcours libres ou accompagnés pour découvrir la vallée du Loir. Formules à la journée ou à la demi-journée. Location de matériel.

Lac de la Monnerie – *Rte du Mans - ✆ 02 43 94 25 50.* Base de loisirs où l'on peut pratiquer de nombreux sports de plage. Stages de voile, planche à voile, Optimist, dériveur, etc. Sentiers pédestres.

AGENDA

Festival des Affranchis – *✆ 02 43 94 08 99.* En plein cœur de l'été, les comédiens ambulants descendent dans les rues de La Flèche, prennent pour décor les restes d'une fontaine, un puits ancien… Un spectacle à ne pas manquer.

B. Rieger / hemis.fr

Château du Lude

★★

4 050 Ludois - 72800 - Sarthe (72)

NOS ADRESSES PAGE 493

S'INFORMER

Office de tourisme – *Pl. François-de-Nicolaÿ - 72800 Le Lude - ☎ 02 43 94 62 20 - www.tourisme-bassinludois.fr - juil.-août : 10h-13h, 14h-18h30, dim. et j. fériés 10h-13h ; reste de l'année : tlj sf lun. et dim. 9h30-12h30, 13h30-17h30, merc. 9h30-12h30.*

SE REPÉRER

Carte de microrégion B2 (p. 482) – *Carte Michelin Départements 310 J9.* Dans une région boisée aux confins du Maine et de l'Anjou, à 45 km au sud du Mans, sur la D 959. Situé au centre-ville, le château est encadré de douves sèches et de jardins à la française, face au Loir.

À NE PAS MANQUER

Les diverses animations organisées par le château.

ORGANISER SON TEMPS

Comptez 2h.

AVEC LES ENFANTS

Les ateliers pour enfants lors de la Fête des jardiniers.

Forteresse du 13e s. maintes fois réaménagée, l'imposant château du Lude surprend par la juxtaposition de ses styles. Alors que les lucarnes ouvragées des tours médiévales ont abandonné tout air martial, une façade Renaissance élevée dans le goût italien voisine avec une cour d'honneur très Grand Siècle. Mais le temps de contourner le château, nous quittons les médaillons à l'antique et nous voici déjà à l'époque de Louis XVI. Et les beaux jardins remaniés au 19e s. ne gâchent rien.

Découvrir

★★ LE CHÂTEAU

☏ 02 43 94 60 09 - www.lelude.com - ♿ - visite libre du château (45mn) et des jardins de mi-juin à fin août : 10h-12h30, 14h-18h ; avr. à mi-juin et sept. : tlj sf merc. 10h-12h, 14h-18h - 8,50 € (-15 ans 4 €).

Passé le portail d'entrée s'ouvre une cour en U, aménagée au début du 17e s., fermée par un portique à trois arcades de la fin du 18e s.

Façades – À droite, du côté du parc, se dresse la construction François Ier aux tours rondes encore médiévales, comme à Chambord, mais d'esprit Renaissance par ses baies encadrées de pilastres, ses lucarnes surmontées de frontons, ses médaillons et son abondant décor sculpté. À l'inverse, côté Loir, la façade Louis XVI, en tuffeau, affiche des lignes classiques, sobres, équilibrées, animées par l'avant-corps central coiffé d'un fronton. Enfin, l'aile nord *(visible de la rue du Pont)*, la plus ancienne, date du début du 16e s. Elle fut remaniée au 19e s. pour ajouter des balcons de pierre et la statue équestre de Jean de Daillon.

Intérieur – L'aile Louis-XII recèle une bibliothèque de quelque 4000 ouvrages, dont les plus anciens remontent au 16e s. Après la salle des fêtes restaurée dans le style des 15e et 16e s., la visite se poursuit par le beau salon ovale de style Louis XVI, à boiseries et glaces d'angle et la chambre à coucher du 18e s. Le **cabinet de peintures** est un exemple unique de *studiolo* à l'italienne dans un château français. Il est décoré de peintures murales des ateliers du Primatice (15e s.), représentant des scènes de la Bible et des *Triomphes* de Pétrarque, le tout sous un plafond somptueusement décoré dans le style grotesque italien. Dans l'aile François-Ier, voyez la petite bibliothèque ornée d'une tapisserie des Gobelins du 17e s. et la salle à manger aux profondes embrasures révélant l'épaisseur des murs de la **forteresse** ; la vaste cheminée

MILLE ANS D'HISTOIRE

À la forteresse des comtes d'Anjou du 11e s. succéda aux 13e et 14e s. un château fort qui résista à plusieurs assauts des Anglais avant d'être pris en 1425, puis reconquis deux ans plus tard par Ambroise de Loré, Beaumanoir et Gilles de Rais. En 1457, le château est acquis par Jean de Daillon, ami d'enfance de Louis XI. Son fils fait bâtir le bâtiment actuel sur les fondations de l'ancienne forteresse : le plan reste carré, de grosses tours cantonnent les angles, mais les baies largement ouvertes et la décoration raffinée en font une demeure de plaisance au goût du jour. Remanié à la Renaissance, par Jean Gendrot, maître d'œuvre du roi René, puis au 18e s., il resta dès lors entre les mains d'une même famille jusqu'à aujourd'hui, la plus belle partie de son mobilier survivant même à la Révolution. Quelques hôtes prestigieux y séjournèrent : Henri IV, Louis XIII, Madame de Sévigné...

porte la salamandre et l'hermine, et les murs s'ornent de trois tapisseries des Flandres, dont une rare verdure au perroquet rouge. Dans l'ancienne forteresse, sous le parterre de l'éperon, le souterrain et la salle des Gardes du 13e s. sont accessibles de l'extérieur.

Jardins – Créés au 17e s., ils ont été transformés à la fin du 19e s. par le paysagiste édouard André qui élabora le parc à l'anglaise et éloigna le potager du château. L'**éperon**, situé devant la façade Louis XVI, a été redessiné en 1997. Il propose un labyrinthe de buis et une roseraie agrémentée de vivaces contenant, notamment, des rosiers chinois, des hybrides de moschata et des roses thé. Les murs des anciennes fortifications y sont remplacés par des haies d'ifs. Le **jardin bas**, qui s'étend le long de la rivière sur plus de 200 m, est une composition à la française, ponctuée de grands bassins. Les ifs sont ordonnés en topiaire sur des parterres de verdure. Des arbustes à floraison parfumée et de grands rosiers s'abritent au pied du mur de soutènement de la terrasse. Le **jardin de la source** rassemble ses buissons et vivaces autour du kiosque d'inspiration chinoise. Enfouie sous une grotte, la source rejoint le Loir près de l'ancien embarcadère.

Le **parc** invite à la promenade sous les hêtres pourpres. Un chemin conduit au château d'eau qui assurait l'irrigation des jardins par l'eau pompée dans le Loir. Quant au **potager**, centenaire, on l'aperçoit derrière des grilles *(il est accessible pour la Fête du jardin et un week-end par mois en été).*

À voir aussi

La maison des Architectes

3 r. du Marché-au-Fil, près de l'entrée du château (ne se visite pas).

Construite au 16e s. par les architectes du château, elle présente les ornements de la seconde Renaissance : fenêtres à meneaux, pilastres à chapiteaux corinthiens décorés de cercles et de losanges, frise soulignant l'étage.

NOS ADRESSES AU LUDE

RESTAURATION

BUDGET MOYEN

La Renaissance – *2 av. de la Libération - ✆ 02 43 94 63 10 - www.renaissancelelude.com ♿ - P - fermé vac. de fév., 31 juil.-7 août, vac. de la Toussaint, dim. soir et lun. - 15/37 € - 8 ch. 47/57 € - ☕ 8,50 € -* Tout près du château, cet hôtel-restaurant sert une cuisine au goût du jour dans une salle à manger moderne ou en terrasse.

BOIRE UN VERRE

A comme… Bonheur – *4 r. d'Orée - ✆ 02 43 94 76 24 - tlj sf dim. et lun. -* À deux pas du château, ce beau magasin de décoration propose une belle carte de thés et de café servis au jardin à prix raisonnable.

AGENDA

Les Fêtes du Lude – *8 juil.-16 août.* Salon d'arts plastiques à l'hôtel de ville.

Journées potagères et gourmandes – *Un w.-end par mois en été.* Récitals de musique et découverte du château et de ses jardins. Confection de confitures à l'ancienne avec fruits, fleurs et légumes du potager, qui se visite à cette occasion.

Fête des jardiniers – *1er w.-end de juin - 8 € (-18 ans gratuit).* Fête des plantes, ateliers de jardinage, expositions…

Forêt de Bercé

★

Superficie : 5 400 ha – Sarthe (72)

S'INFORMER
Office de tourisme Loir et Bercé – *2 av. Jean-Jaurès - 72500 Château-du-Loir - ✆ 02 43 44 56 68 - www.ot-loir-et-berce.org - mai-sept. : lun.-sam. 9h30-12h30, 14h-18h30, dim. mat. en juil.-août ; oct.-avr. lun.-sam. 9h30-12h30, 14h-17h30, fermé dim. et j. fériés.*

SE REPÉRER
Carte de microrégion BC1 (p. 482) – *Carte Michelin Départements 310 L8.*
Aux confins du Maine et de la Touraine, ce vaste arc de cercle de 5 377 ha est à 30 km au sud-est du Mans, et à 11 km au nord de Château-du-Loir.

À NE PAS MANQUER
Les sources de l'Hermitière, Carnuta.

AVEC LES ENFANTS
Le sentier pédagogique de la fontaine de la Coudre ; les expositions de Carnuta.

Vestige de l'antique forêt des Carnutes, qui aurait jadis abrité les cérémonies de druides, Bercé est l'un des joyaux de la forêt française pour la qualité de ses chênes. Paradis des amis de la nature, des randonneurs et des cyclistes, elle séduit pour son couvert d'arbres géants centenaires. À l'ombre des hêtres, le chant des oiseaux et le murmure des ruisseaux accompagnent votre promenade.

Se promener Carte de microrégion p. 482

Fontaine de la Coudre B1

Au creux d'un vallon perdu dans la futaie des Forges, la fontaine, source du Dinan, s'écoule doucement sous les vieux chênes.

Un sentier pédagogique explique aux enfants le rôle et le fonctionnement de la forêt. Là, on pratique le martelage : les arbres prêts à être abattus sont marqués à l'aide du marteau forestier entamant l'écorce jusqu'à l'aubier (partie jeune du bois) d'un poinçon (marque du propriétaire), tandis que les « arbres réservés » (chênes ou hêtres) sont numérotés.

★ Sources de l'Hermitière C1

Nichées dans une petite gorge, ses eaux pures sourdent parmi chênes et hêtres dont les fûts presque rectilignes se perdent très haut dans les feuillages.

★ Futaie des Clos C1

C'était la plus belle futaie de la forêt ; les violentes tempêtes de 1967 et surtout celle du 26 décembre 1999, qui a touché environ 30 % des arbres, ont ouvert des brèches importantes dans sa frondaison. Pourtant, malgré la décrépitude des vieux chênes géants (300 à 350 ans), quelques-uns ont conservé toute leur splendeur.

Laissez la voiture au parc de stationnement aménagé sous les arbres.

Un chemin conduit au chêne Boppe, ou plutôt à sa souche que protège un

UNE FORÊT AU FIL DE L'HISTOIRE

Appelée Burcélum durant la période romaine, puis Burçay sous les comtes d'Anjou et enfin Bercé lorsqu'elle fut rattachée à la Couronne au 14e s., la forêt royale de Bercé fut l'objet, en 1669, d'une planification mise en place par Colbert qui entendait tirer le meilleur parti de la haute qualité de ses chênes pour la construction navale. D'abord abattus, ils étaient transportés jusqu'au port de flottage du Loir, Coëmont-Le Port-Gauthier. Puis des radeaux descendaient jusqu'aux arsenaux du pays nantais. Outre les bois de marine, le domaine de Bercé fournissait des hêtres pour la saboterie et pour la fabrication de meubles. De nos jours, l'exploitation rationnelle de Bercé est planifiée par l'Office national des forêts pour la production de chênes de qualité. Ceux-ci, abattus entre 200 et 240 ans d'âge, fournissent un bois jaune clair, au grain fin, apprécié dans l'ébénisterie, notamment pour les placages, et exporté dans toute l'Europe. Bercé attire également les amoureux de la nature, avec ses 65 espèces d'oiseaux, ses 220 points d'eau et un nombre incalculable de kilomètres de sentiers pédestres.

petit toit, car ce vénérable patriarche, qui portait le nom d'un directeur de l'École des eaux et forêts de Nancy, a été foudroyé en 1934. Il avait alors 262 ans et sa circonférence atteignait 4,77 m à 1,30 m du sol. Non loin, le chêne Roulleau de La Roussière, haut de 43 m, reste droit et vigoureux malgré un âge respectable estimé à 350 ans.

Carnuta

72500 Jupilles - ✆ 02 43 38 10 31 - www.carnuta.fr - juin-sept. de 10h à 18h; oct.-mai de 14h à 18h sf lun. - 6 €.

Cette étonnante structure de bois nichée au centre du village abrite la Maison de l'Homme et de la Forêt, qui proposes des expositions ludiques et pédagogiques sur le milieu naturel forestier.

NOS ADRESSES EN FORÊT DE BERCÉ

HÉBERGEMENT ET RESTAURATION

BUDGET MOYEN

Chez Miton – *15, pl. de l'Église - 72340 Chahaignes - ✆ 02 43 44 62 62 - mar.-jeu. et dim. 12h-14h, vend.-sam. 12h-14h, 19h30-21h - 16/27 €.* Resto-bistrot bon vivant doublé d'un bar à vin, pour déguster les crus du Loir. Carte terroir, plats sur l'ardoise.

Consulat de la Boirie – *75150 St-Georges-de-la-Couée - ✆ 02 43 79 17 25 - www.consulat-boirie.com - 4 ch. 67/178 €.* Salon arty, chambres décalées (*Asie Lazy, Le Dispensaire, Pompadour Flash* et *ChromoZone)* dans cet ovni posé au cœur d'un parc de 7 ha : adeptes du classicisme s'abstenir ! Piscine, table d'hôte sur demande.

ACTIVITÉS

À VTT – *✆ 02 43 38 16 60 - www.vallee-du-loir.com.* 315 km de circuits balisés. Nombreux parcours (de 8 à 41 km) pour débutants ou pratiquants confirmés. Carte sur demande.

Promenades à vélo ou dos d'âne – *berce-en-promenades.blogspot.com.*

L'aventure Michelin

Tout commence avec des balles en caoutchouc ! C'est ce que produit, vers 1880, la petite entreprise clermontoise dont héritent André et Édouard Michelin. Les deux frères saisissent vite le potentiel des nouveaux moyens de transport.

L'invention du pneumatique démontable pour la bicyclette est leur première réussite. Mais c'est avec l'automobile qu'ils donnent la pleine mesure de leur créativité. Tout au long du 20e s., Michelin n'a cessé d'innover pour créer des pneumatiques plus fiables et plus performants, du poids lourd à la F 1, en passant par le métro et l'avion.

Très tôt, Michelin propose à ses clients des outils et des services destinés à faciliter leurs déplacements, à les rendre plus agréables… et plus fréquents. Dès 1900, le Guide Michelin fournit aux chauffeurs tous les renseignements utiles pour entretenir leur automobile, trouver où se loger et se restaurer. Il deviendra la référence en matière de gastronomie. Parallèlement, le Bureau des itinéraires offre aux voyageurs conseils et itinéraires personnalisés.

En 1910, la première collection de cartes routières remporte un succès immédiat ! En 1926, un premier guide régional invite à découvrir les plus beaux sites de Bretagne. Bientôt, chaque région de France a son Guide Vert. La collection s'ouvre ensuite à des destinations plus lointaines (de New York en 1968… à Taïwan en 2011).

Au 21e s., avec l'essor du numérique, le défi se poursuit pour les cartes et guides Michelin qui continuent d'accompagner le pneumatique. Aujourd'hui comme hier, la mission de Michelin reste l'aide à la mobilité, au service des voyageurs.

MICHELIN AUJOURD'HUI

N°1 MONDIAL DES PNEUMATIQUES

- 70 sites de production dans 18 pays
- 111 000 employés de toutes cultures, sur tous les continents
- 6 000 personnes dans les centres de Recherche & Développement

Avancer
monde où la

Mieux avancer, c'est d'abord innover pour mettre au point des pneus qui freinent plus court et offrent une meilleure adhérence, quel que soit l'état de la route.

LA JUSTE PRESSION

BONNE PRESSION

- Sécurité
- Longévité
- Consommation de carburant optimale

-0,5 bar

- Durée de vie des pneus réduite de 20% (- 8 000 km)

-1 bar

- Risque d'éclatement
- Hausse de la consommation de carburant
- Distance de freinage augmentée sur sol mouillé

ensemble vers un mobilité est plus sûre

C'est aussi aider les automobilistes à prendre soin de leur sécurité et de leurs pneus. Pour cela, Michelin organise partout dans le monde des opérations **Faites le plein d'air** pour rappeler à tous que la juste pression, c'est vital.

L'USURE

COMMENT DETECTER L'USURE

La profondeur minimale des sculptures est fixée par la loi à 1,6 mm.
Les manufacturiers ont muni les pneus d'indicateurs d'usure.
Ce sont de petits pains de gomme moulés au fond des sculptures et d'une hauteur de 1,6 mm.

Les pneumatiques constituent le seul point de contact entre le véhicule et la route.

Ci-dessous, la zone de contact réelle photographiée.

PNEU NEUF

PNEU USÉ
(1,6 mm de sculpture)

Au-dessous de cette valeur, les pneus sont considérés comme lisses et dangereux sur chaussée mouillée.

Mieux avancer,
c'est développer une mobilité durable

INNOVATION ET ENVIRONNEMENT

Chaque jour, Michelin innove pour diviser par deux d'ici à 2050 la quantité de matières premières utilisée dans la fabrication des pneumatiques, et développe dans ses usines les énergies renouvelables. La conception des pneus MICHELIN permet déjà d'économiser des milliards de litres de carburant, et donc des milliards de tonnes de CO2.

De même, Michelin choisit d'imprimer ses cartes et guides sur des « papiers issus de forêts gérées durablement ». L'obtention de la certification ISO14001 atteste de son plein engagement dans une éco-conception au quotidien.

Un engagement que Michelin confirme en diversifiant ses supports de publication et en proposant des solutions numériques pour trouver plus facilement son chemin, dépenser moins de carburant.... et profiter de ses voyages !

Parce que, comme vous, Michelin s'engage dans la préservation de notre planète.

Chattez avec Bibendum

Rendez-vous sur:
www.michelin.com/corporate/fr
Découvrez l'actualité et
l'histoire de Michelin.

QUIZZ

Michelin développe des pneumatiques pour tous les types de véhicules. Amusez-vous à identifier le bon pneu...

Résultat : A-6 / B-4 / C-2 / D-1 / E-3 / F-7 / G-5

Notes

INDEX GÉNÉRAL

Saumur : villes, curiosités et régions touristiques.
Vernes, Jules : noms historiques ou termes faisant l'objet d'une explication.
Les sites isolés (châteaux, abbayes, grottes…) sont répertoriés à leur propre nom.
Nous indiquons par son numéro, entre parenthèses, le département auquel appartient chaque ville ou site. Pour rappel :
44 : Loire-Atlantique
49 : Maine-et-Loire
53 : Mayenne
72 : Sarthe
85 : Vendée

A

B

C

D

E

S

T

U

V

W

Y

CARTES ET PLANS

CARTE GÉNÉRALE

CARTES DE MICRORÉGIONS

RÉGIONS ET ITINÉRAIRES

PLANS DE VILLE

PLANS DES SITES

LÉGENDE DES CARTES ET PLANS

Curiosités et repères

Itinéraire décrit, départ de la visite
Église
Mosquée
Synagogue
Monastère - Phare
Fontaine
Point de vue
Château - Ruine ou site archéologique
Barrage - Grotte
Monument mégalithique
Tour génoise - Moulin
Temple - Vestiges gréco - romains
Temple : bouddhique - hindou
Autre lieu d'intérêt, sommet
Distillerie
Palais, villa, habitation
Cimetière : chrétien - musulman - israélite
Oliveraie - Orangeraie
Mangrove
Auberge de jeunesse
Gravure rupestre
Pierre runique
Église en bois
Église en bois debout
Parc ou réserve national
Bastide

Sports et loisirs

Piscine : de plein air - couverte
Plage - Stade
Port de plaisance - Voile
Plongée - Surf
Refuge - Promenade à pied
Randonnée équestre
Golf - Base de loisirs
Parc d'attractions
Parc animalier, zoo
Parc floral, arboretum
Parc ornithologique, réserve d'oiseaux
Planche à voile, kitesurf
Pêche en mer ou sportive
Canyoning, rafting
Aire de camping - Auberge
Arènes
Base de loisirs, base nautique ou canoë-kayak
Canoë-kayak
Promenade en bateau

Informations pratiques

Information touristique
Parking - Parking - relais
Gare : ferroviaire - routière
Voie ferrée
Ligne de tramway
Départ de fiacre
Métro - RER
Station de métro (Calgary, ...) (Montréal)
Téléphérique, télécabine
Funiculaire, voie à crémaillère
Chemin de fer touristique
Transport de voitures et passagers
Transport de passagers
File d'attente
Observatoire
Station service - Magasin
Poste - Téléphone
Internet
H Hôtel de ville - Banque, bureau de change
J × POL Palais de justice - Police
GNR Gendarmerie
T U M Théâtre - Université - Musée
Musée de plein air
Hôpital
Marché couvert
Aéroport
Parador, Pousada (Établissement hôtelier géré par l'État)
A Chambre d'agriculture
D Conseil provincial
G Gouvernement du district, Délégation du Gouvernement Police cantonale
L Gouvernement provincial (Landhaus)
P Chef lieu de province
Station thermale
Source thermale

Axes routiers, voirie

Autoroute ou assimilée
Échangeur : complet - partiel
Route
Rue piétonne
Escalier - Sentier, piste

Topographie, limites

Volcan actif - Récif corallien
Marais - Désert
Frontière - Parc naturel

Comprendre les symboles utilisés dans le guide

LES ÉTOILES

★★★ **Vaut le voyage** ★★ **Mérite un détour** ★ **Intéressant**

HÔTELS ET RESTAURANTS

9 ch.	Nombre de chambres
7,5 €	Prix du petit-déjeuner en sus
50 €	Prix de la chambre double, petit-déjeuner compris
bc	Menu boisson comprise
	Air conditionné dans les chambres
	Restaurant dans l'hôtel
	Établissement servant de l'alcool (à l'étranger)
	Piscine
CC	Paiement par cartes de crédit
	Carte de crédit non acceptée
P	Parking réservé à la clientèle
Tram	Station de tramway la plus proche
M	Station de métro la plus proche

SYMBOLES DANS LE TEXTE

	À faire en famille
	Pour aller au-delà
	Promenade à pied
	Randonnée à vélo
	Facilité d'accès pour les handicapés
A2 B	Repère sur le plan

Michelin Travel Partner

Société par actions simplifiées au capital de 11 629 590 EUR
27 Cours de l'Ile Seguin - 92100 Boulogne Billancourt (France)
R.C.S. Nanterre 433 677 721

Dépôt légal : 12-2011 – ISSN 0293-9436
Compograveur : Nord Compo, Villeneuve d'Ascq
Imprimeur : Chirat, Saint-Just-la-Pendue - N° 201203.0179
Imprimé en France : 03-2012

Usine certifiée 14001
Sur du papier issu de forêts gérées durablement (100% PEFC)

LE GUIDE VERT

Explorez vos envies de voyage

Nos guides sur le Monde

Argentine • Brésil • Canada • Chine Hong-Kong • Colombie • Corée du Sud • Cuba • Égypte • Guadeloupe • Indonésie • Japon • La Réunion • Maroc • Martinique • Maurice Rodrigues • Mexique • New York • Nouvelle Angleterre • Pérou • Québec • Rajasthan • Rio de Janeiro • Seychelles • Syrie Jordanie • Taïwan • Thaïlande • Tunisie • Vietnam

Nos guides sur l'Europe

Allemagne • Andalousie • Angleterre Pays de Galles • Autriche • Barcelone et la Catalogne • Belgique Luxembourg • Bulgarie • Crète • Croatie • Écosse • Espagne Atlantique • Espagne du Centre Madrid Castille • Espagne Méditerranéenne Baléares • Grèce continentale • Îles grecques Athènes • Irlande • Italie du Nord • Italie du Sud • Londres • Moscou Saint-Pétersbourg • Pays Baltes • Pays-Bas • Pologne • Portugal • Rome • Roumanie • Sardaigne • Scandinavie • Sicile • Suisse • Toscane Ombrie Marches • Turquie

Nos guides week-end en France et à l'étranger

Amsterdam • Athènes • Barcelone • Berlin • Bordeaux • Bruxelles • Budapest • Canaries • Cracovie • Dublin • Edimbourg • Fès Meknès • Florence • Grenade Malaga • Hong Kong Macao • Îles Anglo-Normandes • Istanbul • Lisbonne • Londres • Luxembourg • Lyon • Madrid • Malte • Marrakech Essaouira • Marseille • Milan et les lacs • Montpellier • Nantes • New York • Prague • Rome • Séville • Stockholm • Strasbourg • Tallinn • Tunis • Venise • Vienne

Nos guides sur la France

Alpes du Nord • Alpes du Sud • Alsace Lorraine • Aquitaine • Ardèche Drôme • Auvergne • Bourgogne • Bretagne Nord • Bretagne Sud • Champagne Ardenne • Châteaux de la Loire • Corse • Côte d'Azur • Franche-Comté Jura • Île-de-France • Languedoc Roussillon • Limousin Berry • Lyon et sa région • Midi Toulousain • Nord Pas-de-Calais Picardie • Normandie Cotentin • Normandie Vallée de la Seine • Paris • Pays Basque et Navarre • Pays de la Loire • Périgord Quercy • Poitou Charentes • Provence • Essonne • France • Haut-Rhin • Loiret • Moselle • Savoie Mont Blanc • Tarn • Les sites français du Patrimoine mondial de l'Unesco